Y. 5339.
A. 2.

1499

OEUVRES
DE
NICOLAS BOILEAU
DESPRÉAUX.
AVEC DES
ÉCLAIRCISSEMENS
HISTORIQUES,
DONNEZ PAR LUI-MEME.

Nouvelle Edition revuë, corrigée & augmentée de diverses Remarques.

TOME SECOND.

A AMSTERDAM,
Chez DAVID MORTIER.

MDCCXVIII.
AVEC PRIVILEGE.

TABLE
DES PIECES
CONTENUES DANS CE II. VOLUME.

Les Pièces ajoutées à l'Edition de 1717. en 4. voll. in 12. sont désignées par une Etoile *, & celles qui ont été ajoutées à cette Edition sont marquées par deux **.

TRAITÉ DU SUBLIME, *traduit du Grec de* LONGIN.
PREFACE *de Mr. Despréaux, sur le Traité du Sublime.* Pag. III
PREFACE *de Mr. Dacier.* VIII
CHAP. I. *Servant de Préface à tout l'Ouvrage.* 1
CHAP. II. *S'il y a un Art particulier du Sublime; & des trois vices qui lui sont opposez.* 4
CHAP. III. *Du stile froid.* 9
CHAP. IV. *De l'origine du stile froid.* 13
CHAP. V. *Des moyens en général pour connoître le Sublime.* 14
CHAP. VI. *Des cinq sources du Grand.* 16
CHAP. VII. *De la sublimité dans les pensées.* 17
CHAP. VIII. *De la sublimité qui se tire des circonstances.* 25
CHAP. IX. *De l'Amplification.* 29
CHAP. X. *Ce que c'est qu'Amplification.* 30
CHAP. XI. *De l'Imitation.* 32
CHAP. XII. *De la manière d'imiter.* 34
CHAP. XIII. *Des Images.* 35
CHAP. XIV. *Des Figures; & premierement de l'Apostrophe.* 41
CHAP. XV. *Que les Figures ont besoin du Sublime pour les soûtenir.* 44
CHAP. XVI. *Des Interrogations.* 45
CHAP. XVII. *Du mélange des Figures.* 47
CHAP. XVIII. *Des Hyperbates.* 48
CHAP. XIX. *Du changement de Nombre.* 50
CHAP. XX. *Des Pluriels reduits en Singuliers.* 52
CHAP. XXI. *Du Changement de Tems.* 53
CHAP. XXII. *Du Changement de Personnes.* ibid.
CHAP. XXIII. *Des Transitions imprevûes.* 54
CHAP. XXIV. *De la Periphrase.* 56
CHAP. XXV. *Du Choix des Mots.* 58
CHAP. XXVI. *Des Metaphores.* 60
CHAP. XXVII. *Si l'on doit préferer le Médiocre parfait, au Sublime qui a quelques défauts.* 64
CHAP. XXVIII. *Comparaison d'Hyperide & de Demosthène.* 65
CHAP. XXIX. *De Platon & de Lysias; & de l'excellence de l'Esprit humain.* 68
CHAP. XXX. *Que les fautes dans le Sublime se peuvent excuser.* 69
CHAP. XXXI. *Des Paraboles, des Comparaisons & des Hyperboles.* 71
CHAP. XXXII. *De l'arrangement des Paroles.* 75
CHAP. XXXIII. *De la mesure des Periodes.* 79
CHAP. XXXIV. *De la bassesse des termes.* 80
CHAP. XXXV. *Des causes de la decadence des Esprits.* 82

REFLEXIONS CRITIQUES
sur quelques Passages de LONGIN.

REFLEXION I. 86
REFLEXION II. 91
REFLEXION III. 93
REFLEXION IV. 103
REFLEXION V. 105
REFLEXION VI. 111
REFLEXION VII. 117
REFLEXION VIII. 120
REFLEXION IX. 125
CONCLUSION. 130
Avertissement de l'Abbé RENAUDOT *sur la Reflexion* X. 133
REFLEXION X. 136
REFLEXION XI. 149
REFLEXION XII. 152
EXAMEN *du sentiment de Longin sur ce Passage de la Genese, Et Dieu dit; que la Lumiere soit faite, & la Lumiere fut faite. Par Mr.* HUET *Ancien Evêque d'Avranches.* 155
REPONSE *à l'Avertissement de l'Abbé Renaudot sur la* X. *Reflexion.* 175

TABLE DES PIECES.

REMARQUES *de Mr. Le Clerc sur la X. Reflexion.* 183

* RE'PONSE *de Mr. de* La Motte *à la XI. Reflexion.* [Cette Réponse n'est point dans l'Edition des Oeuvres de Boileau faite à Geneve.] 195

Les He'ros de Roman, *Dialogue.* 201

Arret *burlesque pour le maintien de la Doctrine d'Aristote.* 241

Discours *sur la Satire.* 245

Remerciment *à Mrs. de l'Académie Françoise.* 251

Discours *sur le stile des Inscriptions.* 257

Lettre I. *A Mr. le Duc de Vivonne.* 259

* Lett. II. *Au même.* 265

Lett. III. *Réponse à Mr. le Comte d'Ericeyra.* 269

Lett. IV. *à Mr. Perrault.* 272

Lett. V. *De Mr. Arnauld à Mr. Perrault.* 280

Lett. VI. *A Mr. Arnauld.* 298

Lett. VII. *A Mr. Le Verrier.* 302

Lett. VIII. *A Mr. Racine.* 305

Lett. IX. *A Mr. de Maucroix.* 309

Lett. X. *Réponse de Mr. de Maucroix.* 316

* Lett. XI. *De Mr. Racine à l'Auteur des Heresies Imaginaires & des deux Visionnaires.* 320

* Lett. XII. *I. Réponse à la Lettre précédente de Mr. Racine.* [Cette Réponse ne se trouve pas dans l'Edition de Geneve.] 328

* Lett. XIII. *II. Réponse à la même Lettre.* [Elle n'est pas non plus dans l'Edition de Geneve.] 341

* Lett. XIV. *A Mr. l'Abbé le Vayer, Dissertation sur la Joconde.* 353

** Joconde *Nouvelle tirée de l'Arioste par Mr.* De la Fontaine. 369

** —— *Par Mr.* Bouillon. 385

PREFACES DIVERSES.

* *Préface de la première Edition faite en* 1666. 409

* *Préface pour l'Edition de* 1674. 412

* *Préface pour l'Edition de* 1675. 415

* *Préface pour les Editions de* 1683. & 1694. 416

* *Avertissement mis après la Préface en* 1694. 419

* *Avertissement pour la première Edition de la Satire IX.* 422

* *Avertissement pour la seconde Edition de l'Epitre I. en* 1672. 423

* *Avertissement pour la première Edition de l'Epitre IV. en* 1672. 424

* *Préface pour la première Edition du Lutrin, en* 1674. 425

TRAITÉ
DU
SUBLIME,
OU
DU MERVEILLEUX
DANS LE DISCOURS;

Traduit du Grec de LONGIN.

Tom. II. A

PREFACE.

CE petit Traité, [1] dont je donne la Traduction au Public, est une Piece échapée du naufrage de plusieurs autres Livres que Longin avoit composez. Encore n'est-elle pas venuë à nous toute entiere. Car bien que le volume ne soit pas fort gros, il y a plusieurs endroits défectueux, & nous avons perdu le Traité des Passions, dont l'Auteur avoit fait un Livre à part, qui étoit comme une suite naturelle de celui-ci. Neanmoins, tout défiguré qu'il est, il nous en reste encore assez pour nous faire concevoir une fort grande idée de son Auteur, & pour nous donner un veritable regret de la perte de ses autres Ouvrages. Le nombre n'en étoit pas médiocre. Suidas en compte jusqu'à neuf, dont il ne nous reste plus que des titres assez confus. C'étoient tous Ouvrages de critique. Et certainement on ne sauroit assez plaindre la perte de ces excellens originaux, qui, à en juger par celui-ci, devoient être autant de chef-d'œuvres de bon sens, d'érudition, & d'éloquence. Je dis d'éloquence; parce que Longin ne s'est pas contenté, comme Aristote & Hermogène, de nous donner des préceptes tout secs & dépouillez d'ornemens. Il n'a pas voulu tomber dans le défaut qu'il reproche à Cécilius, qui avoit, dit-il, écrit du Sublime en stile bas. En traitant des beautez de l'Elocution, il a emploïé toutes les finesses de l'Elocution. Souvent il fait la figure qu'il enseigne; & en parlant du Sublime, il est lui-même très-sublime. Cependant il fait cela si à propos, & avec tant d'art, qu'on ne sauroit l'accuser en pas un endroit de sortir du stile didactique. C'est ce qui a donné à son Livre cette haute reputation qu'il s'est acquise parmi les Savans, qui l'ont tous regardé comme un des plus précieux restes de l'Antiquité sur les matieres de Rhetorique. [2] Casaubon l'apele un Livre d'or, voulant marquer par là le poids de ce petit Ouvrage, qui, malgré sa petitesse, peut être mis en balance avec les plus gros volumes.

Aussi jamais homme, de son tems même, n'a été plus estimé que Longin. Le Philosophe Porphyre, qui avoit été son disciple, parle de lui comme d'un prodige. Si on l'en croit, son jugement etoit la regle du bon sens; ses décisions en matiere d'Ouvrages, passoient pour des Arrêts souverains; & rien n'étoit bon ou mauvais, qu'autant que Longin l'avoit approuvé ou blâmé. Eunapius, dans la Vie des Sophistes, passe encore plus avant. Pour exprimer l'estime qu'il fait de Longin, il se laisse emporter à des hyperboles extravagantes, & ne sauroit se résoudre à parler en stile raisonnable, d'un merite aussi extraordinaire que celui de cet Auteur. Mais Longin ne fut pas simplement un Critique habile: ce fut un Ministre d'Etat considerable; & il suffit, pour faire son éloge, de dire, qu'il fut consideré de Zénobie cette fameuse Reine des Palmyreniens, qui osa bien se declarer Reine de l'Orient après la mort de son mari Odenat. Elle avoit apelé d'abord Longin auprès d'elle, pour s'instruire dans la Langue Grecque. Mais de son Maître en Grec elle en fit à

la

REMARQUES.

1. *Dont je donne la Traduction*] L'Auteur la donna en 1674. étant dans sa 38me année.

2. *Casaubon.*] Exercit. 1. adv. Baronium. Dionysius Longinus, cujus extat aureolus περὶ Ὕψους libellus. Casaubon donne ailleurs à ce même Ouvrage de Longin, les épithetes de *très-docte*, & de *très-élegant*.

PREFACE.

la fin un de ses principaux Ministres. Ce fut lui qui encouragea cette Reine à soûtenir la qualité de Reine de l'Orient, qui lui rehaussa le cœur dans l'adversité, & qui lui fournit les paroles altieres qu'elle écrivit à Aurélian, quand cet Empereur la somma de se rendre. Il en coûta la vie à notre Auteur ; mais sa mort fut également glorieuse pour lui, & honteuse pour Aurélian, dont on peut dire qu'elle a pour jamais flétri la mémoire. Comme cette mort est un des plus fameux incidens de l'histoire de ce tems-là, le Lecteur ne sera peut-être pas fâché que je lui rapporte ici ce que Flavius Vopiscus en a écrit. Cet Auteur raconte, que l'armée de Zénobie & de ses alliez aiant été mise en fuite près de la Ville d'Emesse, Aurélian alla mettre le siège devant Palmyre, où cette Princesse s'étoit retirée. Il trouva plus de résistance qu'il ne s'étoit imaginé, & qu'il n'en devoit attendre vraisemblablement de la résolution d'une femme. Ennuié de la longueur du siège, il essaia de l'avoir par composition. Il écrivit donc une Lettre à Zénobie, dans laquelle il lui offroit la vie & un lieu de retraite, pourvû qu'elle se rendît dans un certain tems. Zénobie, ajoûte Vopiscus, répondit à cette Lettre avec une fierté plus grande que l'état de ses affaires ne le lui permettoit. Elle croioit par là donner de la terreur à Aurélian. Voici sa réponse.

ZÉNOBIE REINE DE L'ORIENT, A L'EMPEREUR AURÉLIAN. Personne jusques ici n'a fait une demande pareille à la tienne. C'est la vertu, Aurélian, qui doit tout faire dans la guerre. Tu me commandes de me remettre entre tes mains ; comme si tu ne savois pas que Cléopatre aima mieux mourir avec le titre de Reine, que de vivre dans toute autre dignité. Nous attendons le secours des Perses. Les Sarrazins arment pour nous. Les Arméniens se sont déclarez en notre faveur. Une troupe de voleurs dans la Syrie a défait ton armée. Juge ce que tu dois attendre, quand toutes ces forces seront jointes. Tu rabattras de cet orgueil avec lequel, comme maître absolu de toutes choses, tu m'ordonnes de me rendre. Cette Lettre, ajoûte Vopiscus, donna encore plus de colere que de honte à Aurélian. La Ville de Palmyre fut prise peu de jours après, & Zénobie arrêtée, comme elle s'enfuioit chez les Perses. Toute l'armée demandoit sa mort. Mais Aurélian ne voulut pas deshonorer sa victoire par la mort d'une femme. Il réserva donc Zénobie pour le triomphe, & se contenta de faire mourir ceux qui l'avoient assistée de leurs conseils. Entre ceux-là, continuë cet Historien, le Philosophe Longin fut extrêmement regretté. Il avoit été apelé auprès de cette Princesse pour lui enseigner le Grec. Aurélian le fit mourir, pour avoir écrit la Lettre précedente. Car bien qu'elle fût écrite en Langue Syriaque, on le soupçonnoit d'en être l'Auteur. L'Historien Zosime témoigne que ce fut Zénobie elle-même qui l'en accusa. Zénobie, dit-il, se voïant arrêtée, rejetta toute sa faute sur ses Ministres, qui avoient, dit-elle, abusé de la foiblesse de son esprit. Elle nomma, entre autres, Longin, celui dont nous avons encore plusieurs Ecrits si utiles. Aurélian ordonna qu'on l'envoïât au supplice. Ce grand personnage, poursuit Zosime, souffrit la mort avec une constance admirable ; jusques à consoler en mourant ceux que son malheur touchoit de pitié & d'indignation.

Par là on peut voir que Longin n'étoit pas seulement un habile Rhéteur, comme Quintilien & comme Hermogene ; mais un Philosophe, digne d'être mis en parallèle avec les Socrates & avec les Catons. Son Livre n'a rien qui démente ce que je dis. Le caractère d'honnête homme y paroit par tout ; & ses sentimens ont je ne sai quoi qui marque non seulement un esprit sublime, mais une ame fort élevée au dessus du commun. Je n'ai donc point de regret d'avoir emploié quelques-unes de mes veilles à débrouiller un si excellent Ouvrage, que je puis dire n'avoir été entendu jusqu'ici que d'un très-petit nombre de Savans. Muret fut le premier qui entreprit de le traduire en Latin, à la sollicitation de Manuce : mais il n'acheva pas cet Ouvrage ; soit parce que les difficultez l'en rebutérent, ou que la mort le surprit auparavant. [1] Gabriel

REMARQUES.

1. *Gabriel de Pétra*] Professeur en Grec à Lauzane. Il vivoit en 1615.

2. *Ce seroit faire trop d'honneur à leurs Auteurs*] Dominicus Pizimentius, & Petrus Paganus.

3. *Notes de Langbaine*] Gerard Langbaine, Anglois, a traduit en Latin le Traité du Sublime de Longin, avec des Notes fort estimées. Cet Ouvrage fut imprimé à Ox-

PRÉFACE.

briel de Pétra, à quelque tems de là, fut plus courageux; & c'est à lui qu'on doit la Traduction Latine que nous en avons. Il y en a encore deux autres; mais elles sont si informes & si grossieres, que ce seroit faire trop d'honneur à leurs Auteurs, que de les nommer. Et même celle de Pétra, qui est infiniment la meilleure, n'est pas fort achevée. Car outre que souvent il parle Grec en Latin, il y a plusieurs endroits où l'on peut dire qu'il n'a pas fort bien entendu son Auteur. Ce n'est pas que je veuille accuser un si savant Homme d'ignorance, ni établir ma réputation sur les ruines de la sienne. Je sai ce que c'est que de débrouiller le premier un Auteur, & j'avoue d'ailleurs que son Ouvrage m'a beaucoup servi, aussi-bien que les petites 3 Notes de Langbaine & de 4 Monsieur le Févre. Mais je suis bien-aise d'excuser, par les fautes de la Traduction Latine, celles qui pourront m'être échapées dans la Françoise. J'ai pourtant fait tous mes efforts pour la rendre aussi exacte qu'elle pouvoit l'être. A dire vrai, je n'ai pas trouvé de petites difficultez. Il est aisé à un Traducteur Latin de se tirer d'affaire, aux endroits même qu'il n'entend pas. Il n'a qu'à traduire le Grec mot pour mot, & à débiter des paroles, qu'on peut au moins soupçonner d'être intelligibles. En effet, le Lecteur, qui bien souvent n'y conçoit rien, s'en prend plûtôt à soi-même, qu'à l'ignorance du Traducteur. Il n'en est pas ainsi des Traductions en Langue vulgaire. Tout ce que le Lecteur n'entend point, s'appele un galimathias, dont le Traducteur tout seul est responsable. On lui impute jusqu'aux fautes de son Auteur, & il faut en bien des endroits qu'il les rectifie, sans néanmoins qu'il ose s'en écarter.

Quelque petit donc que soit le volume de Longin, je ne croirois pas avoir fait un médiocre présent au Public, si je lui en avois donné une bonne Traduction en notre Langue. Je n'y ai point épargné mes soins ni mes peines. Qu'on ne s'attende pas pourtant de trouver ici une Version timide & scrupuleuse des paroles de Longin. Bien que je me sois efforcé de ne me point écarter, en pas un endroit, des regles de la véritable Traduction, je me suis pourtant donné une honnête liberté, sur tout dans les passages qu'il rapporte. J'ai songé qu'il ne s'agissoit pas simplement ici de traduire Longin; mais de donner au Public un Traité du Sublime, qui pût être utile. Avec tout cela néanmoins il se trouvera peut-être des gens, qui non seulement n'approuveront pas ma Traduction, mais qui n'épargneront pas même l'Original. Je m'attends bien qu'il y en aura plusieurs qui déclineront la jurisdiction de Longin, qui condamneront ce qu'il approuve, & qui loüeront ce qu'il blâme. C'est le traitement qu'il doit attendre de la plûpart des Juges de notre siecle. Ces hommes accoûtumez aux débauches & aux excès des Poëtes modernes, & qui n'admirant que ce qu'ils n'entendent point, ne pensent pas qu'un Auteur se soit élevé, s'ils ne l'ont entierement perdu de vuë: ces petits Esprits, dis-je, ne seront pas sans doute fort frappez des hardiesses judicieuses des Homères, des Platons & des Démosthènes. Ils chercheront souvent le Sublime dans le Sublime, & peut-être se moqueront-ils des exclamations que Longin fait quelquefois sur des passages, qui, bien que très-sublimes, ne laissent pas d'être simples & naturels, & qui saisissent plûtôt l'ame, qu'ils n'éclatent aux yeux. Quelque assurance pourtant que ces Messieurs aïent de la netteté de leurs lumières, je les prie de considerer que ce n'est pas ici l'ouvrage d'un Apprenti, que je leur offre; mais le chef-d'œuvre d'un des plus savans Critiques de l'Antiquité. Que s'ils ne voïent pas la beauté de ces passages, cela peut aussi-tôt venir de la foiblesse de leur vuë, que du peu d'éclat dont ils brillent. Au pis-aller, je leur conseille d'en accuser la Traduction, puisqu'il n'est que trop vrai que je n'ai ni atteint, ni pû atteindre à la perfection de ces excellens Originaux; & je leur déclare par avance, que s'il y a quelques défauts, ils ne sauroient venir que de moi.

Il ne reste plus, pour finir cette Préface, que de dire ce que Longin entend par Sublime. Car comme il écrit de cette matiere après Cécilius, qui avoit presque emploïé tout son Livre à montrer ce que c'est que Sublime; il n'a pas crû devoir rebattre une chose qui n'avoit été déja que trop discutée par un autre. Il faut donc

REMARQUES.

Oxford, en 1638. Et ces mêmes Notes ont été insérées avec celles des autres Commentateurs de Longin, dans la belle édition que Jaques Tollius a donnée de cet excellent Critique, à Utrecht, en 1694. Langbaine mourut en 1657.

4. *Mr. le Févre.*] Tannegui le Févre, Professeur à Saumur, pere de l'illustre & savante Madame Dacier.

donc savoir que par *Sublime*, Longin n'entend pas ce que les Orateurs apèlent le *stile sublime*: mais cet *Extraordinaire* & ce *Merveilleux*, qui frappe dans le discours, & qui fait qu'un Ouvrage enleve, ravit, transporte. Le *stile sublime* veut toujours de grands mots; mais le *Sublime* se peut trouver dans une seule pensée, dans un seul tour de paroles. Une chose peut être dans le *stile sublime*, & n'être pourtant pas *Sublime*; c'est-à-dire, n'avoir rien d'extraordinaire ni de surprenant. Par exemple, Le souverain Arbitre de la Nature d'une seule parole forma la lumiere. Voilà qui est dans le *stile sublime*: cela n'est pas néanmoins *Sublime*; parce qu'il n'y a rien là de fort merveilleux, & qu'on ne pût aisément trouver. Mais, Dieu dit: Que la lumiere se fasse, & la lumiere se fit; ce tour extraordinaire d'expression, qui marque si bien l'obéïssance de la Créature aux ordres du Créateur, [1] est véritablement sublime, & a quelque chose de divin. Il faut donc entendre par *Sublime* dans Longin l'*Extraordinaire*, le *Surprenant*, & comme je l'ai traduit, le *Merveilleux dans le discours*.

[2] J'ai rapporté ces paroles de la Genèse, comme l'expression la plus propre à mettre ma pensée en son jour, & je m'en suis servi d'autant plus volontiers, que cette expression est citée avec éloge [3] par Longin même, qui, au milieu des ténèbres du Paganisme, n'a pas laissé de reconnoître le divin qu'il y avoit dans ces paroles de l'Ecriture. Mais, que dirons-nous [4] d'un des plus savans Hommes de notre siecle, qui éclairé des lumieres de l'Evangile, ne s'est pas apperçu de la beauté de cet endroit; qui a osé, dis-je, avancer [5] dans un Livre qu'il a fait pour démontrer la Religion Chrétienne, que Longin s'étoit trompé lors qu'il avoit crû que ces paroles étoient sublimes? J'ai la satisfaction au moins que [6] des personnes, non moins considerables par leur pieté que par leur profonde érudition, qui nous ont donné depuis peu la traduction du Livre de la Genèse, n'ont pas été de l'avis de ce savant Homme; & [7] dans leur Préface, entre plusieurs preuves excellentes qu'ils ont apportées pour faire voir que c'est l'Esprit saint qui a dicté ce Livre, ont allegué le passage de Longin, pour montrer combien les Chrétiens doivent être persuadez d'une verité si claire, & qu'un Païen même a sentie par les seules lumieres de la Raison.

[8] Au reste, dans le tems qu'on travailloit à cette derniere édition de mon Livre, Monsieur Dacier, celui qui nous a depuis peu donné les Odes d'Horace en François, m'a communiqué de petites Notes très-savantes qu'il a faites sur Longin, où il a cherché de nouveaux sens, inconnus jusques ici aux Interpretes. J'en ai suivi quelques-unes. Mais comme dans celles où je ne suis pas de son sentiment, je puis m'être trompé, il est bon d'en faire les Lecteurs juges. C'est dans cette vûë que [9] je les ai mises à la suite de mes

Re-

REMARQUES.

1. *Est veritablement sublime*.] Voiez ci-après, la Réflexion X. de Mr. Despreaux sur ce passage de Longin.

2. *J'ai raporté ces paroles de la Genèse*, &c.] Toute cette Section fut ajoutée par l'Auteur à sa Préface, dans l'édition de 1683. qui fut la troisième de ce Traité *du Sublime.*

3. *Par Longin même*.] Chapitre VII.

4. *D'un des plus savans Hommes*.] Monsieur Huet, alors Sous-Précepteur de Monseigneur le Dauphin, & ensuite Evêque d'Avranches.

5. *Dans un Livre qu'il a fait* &c.] Demonstratio Evangelica, Propos. 4. cap. 2. n. 53. pag. 54. Ce Livre fut imprimé en 1678. in folio.

6. *Des personnes non moins considerables* &c.] Mrs. de Port-roïal, & sur tout Mr. Le Maître de Saci.

7. *Dans leur Préface*.] Seconde partie, §. 3. où il est traité de la simplicité sublime de l'Ecriture Sainte. On y cite avec éloge Mr. Despreaux, Traducteur de Longin.

8. *Au reste, dans le tems qu'on travailloit* &c.] L'Auteur ajouta cette autre Section, à cette Préface, dans la même édition de 1683.

9. *Je les ai mises à la suite de mes Remarques*.] Mr. Despreaux avoit fait imprimer ses Remarques, celles de Monf. Dacier, & celles de Monf. Boivin, separément, & à la suite de sa Traduction. Dans cette nouvelle édition, l'on a mis les unes & les autres sous le Texte. On y a joint les Remarques Françoises de Monf. Tollius, qui a donné au public une édition de Longin, avec une Traduction Latine, enrichie de Notes très-savantes. Il avoit inseré dans son édition la Traduction Françoise de Mr. Despreaux.

10. *Mr. le Févre*.] Tannegui le Févre, Professeur de Rhétorique à Saumur, dont Monf. Dacier a épousé la Fille. Monf. Le Févre donna en 1663. une édition de Longin, avec des Notes très-estimées.

11. *En la même Langue*.] Outre ces Livres, Madame Dacier en a donné plusieurs autres, & en dernier lieu une Traduction de l'Iliade & de l'Odyssée d'Homere; Ces Ouvrages sont des preuves immortelles de sa science & de son esprit.

PRÉFACE.

Remarques, Monsieur Dacier n'étant pas seulement un homme de très-grande érudition, & d'une critique très-fine, mais d'une politesse d'autant plus estimable, qu'elle accompagne rarement un grand savoir. Il a été disciple du célebre 10 Monsieur le Févre, Pere de cette savante Fille à qui nous devons la premiere Traduction qui ait encore paru d'Anacreon en François; & qui travaille maintenant à nous faire voir Aristophane, Sophocle & Euripide 11 en la même Langue.

12 J'ai laissé dans toutes mes autres Editions cette Préface, telle qu'elle étoit lorsque je la fis imprimer pour la premiere fois il y a plus de vingt ans & je n'y ai rien ajoûté. Mais aujourd'hui, comme j'en revoiois les épreuves, & que je les allois renvoier à l'Imprimeur, il m'a paru qu'il ne seroit peut-être pas mauvais, pour mieux faire connoître ce que Longin entend par ce mot de Sublime, de joindre encore ici au passage que j'ai rapporté de la Bible, quelque autre exemple pris d'ailleurs. En voici un qui s'est présenté assez heureusement à ma mémoire. Il est tiré de l'Horace de Monsieur Corneille. Dans cette Tragedie, dont les trois premiers Actes sont, à mon avis, le chef-d'œuvre de cet illustre Ecrivain, une Femme qui avoit été présente au combat des trois Horaces, mais qui s'étoit retirée un peu trop-tôt, & n'en avoit pas vû la fin, vient mal à propos annoncer au vieil Horace leur Pere, que deux de ses Fils ont été tuez, & que le troisieme, ne se voiant plus en état de résister, s'est enfui. Alors, ce vieux Romain, possedé de l'amour de sa patrie, sans s'amuser à pleurer la perte de ses deux Fils, morts si glorieusement, ne s'afflige que de la fuite honteuse du dernier, qui a, dit-il, par une si lâche action, imprimé un opprobre éternel au nom d'Horace. Et leur Sœur, qui étoit là présente, lui aiant dit, Que vouliez-vous qu'il fît contre trois? Il répond brusquement, Qu'il mourût. Voila de fort petites paroles. Cependant il n'y a personne qui ne sente la grandeur héroïque qui est renfermée dans ce mot, Qu'il mourût, qui est d'autant plus sublime qu'il est simple & naturel, & que par là on voit que c'est du fond du cœur que parle ce vieux Heros, & dans les transports d'une colere vraiment Romaine. De fait, la chose auroit beaucoup perdu de sa force, si, au lieu de Qu'il mourût, il avoit dit, Qu'il suivît l'exemple de ses deux freres, ou, Qu'il sacrifiât sa vie à l'interêt & à la gloire de son païs. Ainsi, c'est la simplicité même de ce mot qui en fait la grandeur. Ce sont là de ces choses que Longin appèle sublimes, & qu'il auroit beaucoup plus admirées dans Corneille, s'il avoit vécu du tems de Corneille, que ces grands mots dont Ptolomée remplit sa bouche au commencement de 13 la Mort de Pompée, pour exagerer les vaines circonstances d'une déroute qu'il n'a point vûë.

REMARQUES.

12. *J'ai laissé dans toutes mes autres éditions* &c.] Ceci, jusqu'à la fin de la Préface, fut ajoûté par l'Auteur dans l'édition de 1701.

13. *La Mort de Pompée.*] Tragedie de Pierre Corneille.

PRÉFACE
DE Mr. DACIER.[1]

DE tous les Auteurs Grecs il n'y en a point de plus difficiles à traduire que les Rhéteurs, sur tout quand on débrouille le premier leurs Ouvrages. Cela n'a pas empêché que Monsieur Despreaux, en nous donnant Longin en François, ne nous ait donné une des plus belles Traductions que nous aïons en notre Langue. Il a non seulement pris la naïveté & la simplicité du stile Didactique de cet excellent Auteur; il en a même si bien attrapé le Sublime, qu'il fait valoir aussi heureusement que lui, toutes les grandes figures dont il traite, & qu'il emploie en les expliquant. Comme j'avois étudié ce Rhéteur avec soin, je fis quelques découvertes en le relisant sur la Traduction; & je trouvai de nouveaux sens, dont les Interprètes ne s'étoient point avisés. Je me crûs obligé de les communiquer à M. Despreaux. J'allai donc chez lui, quoi que je n'eusse pas l'avantage de le connoître. Il ne reçut pas mes critiques en Auteur, mais en homme d'esprit & en galant homme: il convint de quelques endroits; nous disputâmes long-tems sur d'autres; mais dans ces endroits mêmes dont il ne tomboit pas d'accord, il ne laissa pas de faire quelque estime de mes Remarques; & il me témoigna que si je voulois, il les feroit imprimer avec les siennes dans une seconde édition. C'est ce qu'il fait aujourd'hui. Mais de peur de grossir son Livre, j'ai abregé le plus qu'il m'a été possible, & j'ai tâché de m'expliquer en peu de mots. Il ne s'agit ici que de trouver la verité; & comme Monsieur Despreaux consent que, si j'ai raison, l'on suive mes Remarques; je serai ravi que s'il a mieux trouvé le sens de Longin, on laisse mes Remarques pour s'attacher à la Traduction, que je prendrois moi-même pour modèle, si j'avois entrepris de traduire un ancien Rhéteur.

AVERTISSEMENT.

On a encore ajoûté les Remarques de Mr. Boivin, Garde de la Bibliothèque du Roi, Homme d'un très-grand merite, & savant sur tout dans la Langue Grecque. Ces Remarques sont très-judicieuses & très-utiles. Mr. Despreaux les avoit insérées dans ses deux dernieres éditions.

REMARQUES.

1. Cette Préface, & les Remarques de Monsr. Dacier parurent pour la premiere fois dans l'édition de 1683.

TRAI-

TRAITÉ
DU
SUBLIME,
OU
DU MERVEILLEUX
DANS LE DISCOURS:
Traduit du Grec de LONGIN. *

CHAPITRE PREMIER.
Servant de Préface à tout l'Ouvrage.

Vous savez bien, ² mon cher Terentianus, que lorsque nous lûmes ensemble le petit Traité que ³ Cécilius a fait du Sublime, nous trouvâmes que ⁴ la bassesse de son stile répondoit assez mal à la dignité de son sujet; que les principaux points de cette matiere n'y étoient pas touchez, & qu'en un mot, cet Ouvrage ne pouvoit pas apporter un grand profit aux Lecteurs, qui est néanmoins
le

REMARQUES.

*. LE Roi a dans sa Bibliothèque un Manuscrit (No. 3083.) de sept à huit cens ans, où le Traité du Sublime de Longin se trouve à la suite des Problèmes d'Aristote. Il me seroit aisé de prouver que cet Exemplaire est original par raport à tous ceux qui nous restent aujourd'hui. Mais je n'entre point présentement dans un détail, que je réserve pour une Remarque particuliére sur le Chapitre VII. J'avertis seulement ceux qui voudront se donner la peine de lire les Notes suivantes, qu'elles sont pour la plûpart appuiées sur l'ancien Manuscrit. Il fournit lui seul un grand nombre de leçons, que Vossius a autrefois recueillies, & que Tollius a publiées. Il ne me reste à remarquer qu'un petit nombre de choses, auxquelles il me semble qu'on n'a pas encore fait attention.

1 *Chapitre I.*] Le partage des Chapitres n'est point de Longin. Les chiffres, qui en font la distinction, ont été ajoûtez d'une main récente dans l'ancien Manuscrit. A l'égard des Argumens ou Sommaires; il n'y en a qu'un très-petit nombre, qui même ne conviennent pas avec ceux que nous avons dans les Imprimez. Après cela il ne faut pas s'étonner si les Imprimez ne s'accordent pas entr'eux, en ce qui regarde la division & les argumens des Chapitres. BOIVIN.

2. *Mon cher Terentianus*] Le Grec porte, *mon cher Posthumius Terentianus*; mais j'ai retranché *Posthumius*: le nom de *Terentianus* n'étant déja que trop long. Au reste, on ne sait pas trop bien, qui étoit ce Terentianus. Ce qu'il y a de constant, c'est, que c'étoit un Latin, comme son nom le fait assez connoître, & comme Longin le témoigne lui-même dans le Chapitre X. BOILEAU.

3. *Cécilius.*] C'étoit un Rhéteur Sicilien. Il vivoit sous Auguste, & étoit contemporain de Denis d'Halicarnasse, avec qui il fut lié même d'une amitié assez étroite. BOILEAU.

4. *La bassesse de son stile*, &c.] C'est ainsi, qu'il faut entendre ταπεινότερον. Je ne me souviens point d'avoir

TRAITÉ

le but où doit tendre tout homme qui veut écrire. D'ailleurs, quand on traite d'un Art, il y a deux choses à quoi il se faut toûjours étudier. La première est de bien faire entendre son sujet. La seconde, que je tiens au fond la principale, consiste à montrer comment & par quels moïens ce que nous enseignons se peut acquerir. Cécilius s'est fort attaché à l'une de ces deux choses: car il s'efforce de montrer par une infinité de paroles, ce que c'est que le Grand & le Sublime, comme si c'étoit un point fort ignoré: mais il ne dit rien des moïens qui peuvent porter l'esprit à ce Grand & à ce Sublime. Il passe cela, je ne sai pourquoi, comme une chose absolument inutile. Après tout, cet Auteur peut-être n'est-il pas tant à reprendre pour ses fautes, qu'à loüer pour son travail, & 5 pour le dessein qu'il a eu de bien faire. Toutefois, puisque vous voulez que j'écrive aussi du Sublime, voïons pour l'amour de vous, si nous n'avons point fait, sur cette matiere, quelque observation raisonnable, 6 & dont les Orateurs puissent tirer quelque sorte d'utilité.

Mais c'est à la charge, mon cher Terentianus, que nous reverrons ensemble exactement mon Ouvrage, & que vous m'en direz votre sentiment avec cette sincerité que nous devons naturellement à nos amis. Car, comme

REMARQUES.

voir jamais vû ce mot emploïé dans le sens, que lui veut donner Monsieur Dacier, & quand il s'en trouveroit quelque exemple, il faudroit toûjours, à mon avis, revenir au sens le plus naturel, qui est celui, que je lui ai donné. Car pour ce qui est des paroles, qui suivent, τῆς ὅλης ὑποθέσεως, cela veut dire, que son stile est par tout inferieur à son sujet: y aïant beaucoup d'exemples en Grec de ces Adjectifs mis pour l'Adverbe. BOILEAU.

Ibid. *La bassesse de son stile répondoit assez mal à la dignité de son sujet.*] C'est le sens, que tous les Interpretes ont donné à ce passage: mais comme le Sublime n'est point necessaire à un Rhéteur pour nous donner des règles de cet Art, il me semble, que Longin n'a pû parler ici de cette pretenduë bassesse du stile de Cécilius. Il lui reproche seulement deux choses; la première, que son Livre est beaucoup plus petit, que son sujet; que ce Livre ne contient pas toute sa matiere; & la seconde, qu'il n'en a pas même touché les principaux points. Συγγραμμάτιον ταπεινότερον ἐφάνη τῆς ὅλης ὑποθέσεως, ne peut pas signifier, à mon avis, *le stile de ce Livre est trop bas*: mais, *ce livre est plus petit, que son sujet, ou trop petit pour tout son sujet.* Le seul mot ὅλης le détermine entierement. Et d'ailleurs on trouvera des exemples de ταπεινότερον pris dans ce même sens. Longin en disant, que Cécilius n'avoit exécuté qu'une partie de ce grand dessein, fait voir ce qui l'oblige d'écrire après lui sur le même sujet. DACIER.

Ibid. *La bassesse de son stile.*] Encore que Monsieur Dacier ait ici très-bien compris le sens de notre Auteur, néanmoins je ne trouve pas toute la netteté necessaire dans sa traduction. J'aimerois mieux traduire ces paroles ainsi: *Vous vous souvenez, mon cher Terentianus, que quand nous lûmes ensemble le petit Traité, que Cécile a fait du Sublime, nous le trouvâmes trop maigre à l'égard de toute sa matiere, & que nous jugeâmes, que les principaux points n'y étoient pas même touchez.* Mais comme c'est une temerité à un Etranger de corriger les François naturels, & principalement les hommes illustres par leur grand génie, & par leur érudition, je me contenterai de renvoïer le Lecteur à ma traduction Latine. TOLLIUS.

Ibid. *La bassesse de son stile.*] Longin se sert par tout du mot ταπεινὸς, dans le sens que lui donne M. Despreaux. Ce qu'il dit dans le Chapitre VII. en parlant d'Ajax, οὐ γὰρ ζῆν εὔχεται. ἦν γὰρ τὸ αἴτημα τοῦ ἥρωος ταπεινότερον: *Il ne demande pas la vie; un Heròs n'étoit pas capable de cette bassesse*; est fort semblable, pour la construction, à ce qu'il dit ici, τὸ συγγραμμάτιον ταπεινότερον ἐφάνη τῆς ὕλης ὑποθέσεως. Voïez aussi les Chapitres II. VI. XXVII. XXIX. XXXII. XXXIV. &c. BOIVIN.

5. *Pour le dessein, qu'il a eu de bien faire.*] Il faut prendre ici le mot d'ἐπίνοια, comme il est pris en beaucoup d'endroits pour une simple pensée. *Cecilius n'est pas tant à blâmer pour ses défauts, qu'à loüer pour la pensée, qu'il a euë: pour le dessein, qu'il a eu de bien faire.* Il se prend aussi quelquefois pour *Invention*; mais il ne s'agit pas d'invention dans un Traité de Rhétorique: c'est de la raison, & du bon sens, dont il est besoin. BOILEAU.

Ibid.

DU SUBLIME. Chap. I.

me un Sage * dit fort bien: si nous avons quelque voie pour nous rendre semblables aux Dieux, c'est 7 de *faire du bien*, & de *dire la verité*.

Au reste, comme c'est à vous que j'écris, c'est-à-dire, à un homme 8 instruit de toutes les belles connoissances, je ne m'arrêterai point sur beaucoup de choses qu'il m'eût fallu établir avant que d'entrer en matiere, pour montrer que le Sublime est en effet ce qui forme l'excellence & la souveraine perfection du Discours: que c'est par lui que les grands Poëtes & les Ecrivains les plus fameux ont remporté le prix, 9 & rempli toute la posterité du bruit de leur gloire.

Car il ne persuade pas proprement, mais il ravit, il transporte, & produit en nous une certaine admiration mêlée d'étonnement & de surprise, qui est toute autre chose que de plaire seulement, ou de persuader. Nous pouvons dire à l'égard de la persuasion, que pour l'ordinaire elle n'a sur nous qu'autant de puissance que nous voulons. Il n'en est pas ainsi du Sublime. 10 Il donne au Discours une certaine vigueur noble, une force invincible qui enlève l'ame de quiconque nous écoute. Il ne suffit pas d'un endroit

* *Pythagore.*

REMARQUES.

Ibid. *Pour le dessein, qu'il a eu de bien faire.*] Dans le texte il y a deux mots ἐπίνοια & σπουδή. Monsieur Despreaux ne s'est attaché qu'à exprimer toute la force du dernier. Mais il me semble, que cela n'explique pas assez la pensée de Longin, qui dit, que Cécilius n'est peut-être pas tant à blâmer pour ses defauts, qu'il est à loüer pour son invention, & pour le dessein, qu'il a eu de bien faire. Ἐπίνοια signifie *dessein*, *invention*, &, par ce seul mot, Longin a voulu nous apprendre, que Cécilius étoit le premier, qui eût entrepris d'écrire du Sublime. DACIER.

Ibid. *Pour le dessein.*] C'est une chose étonnante, que Monsieur Dacier ait touché justement les mêmes lieux, que j'avois marqués dans mon exemplaire. Car ce mot d'ἐπίνοια m'avoit aussi donné dans la vuë: c'est pourquoi je l'ai interpreté, *cogitationem*, en me servant d'une transposition, qui fait la cadence plus délicate. Car il est plus doux à l'oreille de dire, *curam cogitationemque susceperis*, que *cogitationem curamque susceperit*. Ἐπίνοια donc signifie ici le dessein, non pas de bien faire, mais de traiter du Sublime. TOLLIUS.

6. *Et dont les Orateurs.*] Le Grec porte ἀνδράσι πολιτικοῖς, *viris Politicis*: c'est-à-dire les Orateurs, entant qu'ils sont opposés aux Déclamateurs, & à ceux, qui font des discours de simple ostentation. Ceux, qui ont lû Hermogène, savent ce que c'est que πολιτικὸς λόγος, qui veut proprement dire un stile d'usage, & propre aux affaires; à la difference du stile des Déclamateurs, qui n'est qu'un stile d'apparat, où souvent l'on sort de la Nature, pour éblouïr les yeux. L'Auteur donc par *viros Politicos* entend ceux, qui mettent en pratique *sermonem politicum*. BOILEAU.

7. CHANGEMENT. *De faire du bien*] Dans l'édition de 1683. ces mots furent substituez à ceux-ci, *c'est de faire plaisir*, qui étoient dans les éditions précedentes. M. Despreaux fit plusieurs changemens à sa Traduction, dans cette même édition de 1683. comme on le verra dans la suite.

8. *Instruit de toutes les belles connoissances.*] Je n'ai point exprimé φίλτατον: parce qu'il me semble tout à fait inutile en cet endroit. BOILEAU.

Ibid. *Instruit de toutes les belles connoissances.*] J'ai changé dans le Grec le mot φίλτατον en φίλτατε, *mon cher ami*. TOLLIUS.

9. *Et rempli toute la posterité du bruit de leur gloire.*] Gerard Langbaine, qui a fait de petites Notes très-savantes sur Longin, prétend qu'il y a ici une faute, & qu'au lieu de περιέβαλον εὐκλείαις τὸν αἰῶνα, il faut mettre ὑπερέβαλον εὐκλείαις. Ainsi dans son sens, il faudroit traduire, *ont porté leur gloire au delà de leurs siècles*. Mais il se trompe: περιέβαλον veut dire ont embrassé, ont rempli toute la posterité de l'étenduë de leur gloire. Et quand on voudroit même entendre ce passage à sa maniere, il ne faudroit point faire pour cela de correction: puisque περιέβαλον signifie quelquefois ὑπερέβαλον, comme on le voit dans ce vers d'Homere, Il. 32. v. 276. Ἴστε γὰρ ὅσσον ἐμοὶ ἀρετῇ περιβάλλετον ἵπποι.

10. *Il donne au Discours une certaine vigueur noble, &c.*] Je ne sai pourquoi Monsieur le Févre veut changer cet endroit, qui, à mon avis, s'entend fort bien, sans mettre παντὸς au lieu de παντός, surmonte tous ceux qui l'écoutent; Se met au dessus de tous ceux

droit ou deux dans un Ouvrage, pour vous faire remarquer la finesse de l'*Invention*, la beauté de l'*Oeconomie*, & de la *Disposition*; c'est avec peine que cette justesse se fait remarquer par toute la suite même du Discours. Mais [11] quand le Sublime [12] vient à éclater où il faut, il renverse tout comme un foudre, & présente d'abord toutes les forces de l'Orateur ramassées ensemble. Mais ce que je dis ici, & tout ce que je pourrois dire de semblable, seroit fort inutile pour vous, qui savez ces choses par experience, & qui m'en feriez au besoin à moi-même des leçons.

CHAPITRE II.

S'il y a un Art particulier du Sublime; & des trois vices qui lui sont opposez.

IL faut voir d'abord s'il y a un Art particulier du Sublime. Car il se trouve des gens qui s'imaginent que c'est une erreur de le vouloir réduire en Art, & d'en donner des préceptes. Le Sublime, disent-ils, naît avec nous, & ne s'apprend point. Le seul Art pour y parvenir, c'est d'y être né. Et même, à ce qu'ils prétendent, il y a des Ouvrages que la Nature doit produire toute seule. La contrainte des préceptes ne fait que les affoiblir, & leur donner une certaine sécheresse qui les rend maigres & décharnez.

REMARQUES.

ceux qui l'écoutent. BOILEAU.

Ibid. Il donne au Discours une certaine vigueur noble, une force invincible, qui enleve l'âme de quiconque nous écoute.] Tous les Interpretes ont traduit de même; mais je crois, qu'ils se sont fort éloignés de la pensée de Longin, & qu'ils n'ont point du tout suivi la figure, qu'il employe si heureusement. Τὰ ὑπερφυᾶ προσ-Φέροντα βίαν, est ce qu'Horace diroit *adhibere vim*: au lieu de παντὸς, il faut lire πάντως avec un omega, comme Monsr. le Févre l'a remarqué. Πάντως ἐπ' ἄνω τοῦ ἀκροωμένου καθίσταται, est une metaphore prise du manège, & pareille à celle, dont Anacréon s'est servi, σὺ δ' οὐκ ἔχεις, οὐκ εἰδὼς ὅτι τῆς ἐμῆς ψυχῆς ἡνιοχεύεις. *Mais tu n'as point d'oreilles, & tu ne sais point, que tu es le maître de mon cœur.* Longin dit donc, *il n'en est pas ainsi du Sublime: par un effort, auquel on ne peut résister, il se rend entierement maître de l'Auditeur.* DACIER.

11. *Quand le Sublime vient à éclater.*] Notre Langue n'a que ce mot *éclater* pour exprimer le mot ἐξενεχθὲν, qui est emprunté de la tempête, & qui donne une idée merveilleuse, à peu près comme le mot de Virgile, *abrupti nubibus ignes*. Longin a voulu donner ici une image de la foudre, que l'on voit plûtôt tomber que partir. DACIER.

CHANGEMENT. 12. *Vient à éclater*]. Edition de 1683. Dans les précedentes on lisoit, *Vient à paroître.*

CHANGEMENT. CHAP. II. 1. *Qu'elle ne se laisse pas conduire au hazard,*] Ces mots furent ajoûtez dans l'édition de 1683.

2. *Car comme les vaisseaux, &c.*] Il faut suppléer au Grec, ou soûentendre πλοῖα, qui veut dire des vaisseaux de charge, καὶ ὡς ἐπικινδυνότερα οὗ τὰ πλοῖα, &c. & expliquer ἀνερμάτιστα, dans le sens de Monsieur le Févre, & de Suidas, des vaisseaux, qui flottent manque de sable, & de gravier dans le fond, qui les soûtienne, & leur donne le poids qu'ils doivent avoir; ausquels on n'a pas donné le lest. Autrement il n'y a point de sens. BOILEAU.

Ibid. Car comme les vaisseaux.] Je suis d'accord ici avec Monsieur Despreaux, qu'il y manque le mot πλοῖα, ou, si on aime mieux, le mot σκάφη, qu'on rencontre dans la même comparaison dans Theodoret. Orat. VIII. de Providentia: Ἐπειδὴ γὰρ ἡ φύσις πρὸς τὸ χεῖρον ἐξώκειλε, καὶ ὁ νοῦς τοῖς πάθεσι περικλυθεὶς, ὑποβρύχιός τε γενόμενος, οἷόν τι σκάφος ἀνερμάτιστον, ἀτάκτως φέρεσθαι τὸ σῶμα. κατέλιπεν, ἀναγκαίως ἐδεήθημεν νόμων, καθάπερ τινὸς ἀγκύρας ἱστώσης τὸ σκάφος, καὶ τὴν ἐπὶ πρόσω φορὰν κωλυούσης, καὶ συγχωρούσης ἀναδῦναι τὸν κυβερνήτην, καὶ τῶν οἰάκων ἐπιλαβέσθαι. TOLLIUS.

Ibid. Car comme les vaisseaux.] Les conjonctions ὡς δὲ ὄντω, usitées dans les comparaisons, le mot ἀνερμάτιστα, & quelques autres termes métaphoriques, ont fait croire aux Interpretes, qu'il y avoit une

DU SUBLIME. Chap. II.

nez. Mais je soûtiens, qu'à bien prendre les choses, on verra clairement tout le contraire.

Et à dire vrai, quoi que la Nature ne se montre jamais plus libre, que dans les discours sublimes & pathétiques; il est pourtant aisé de reconnoître [1] qu'elle ne se laisse pas conduire au hazard, & qu'elle n'est pas absolument ennemie de l'art & des règles. J'avouë que dans toutes nos productions il la faut toûjours supposer comme la base, le principe, & le premier fondement. Mais aussi il est certain que notre esprit a besoin d'une méthode pour lui enseigner à ne dire que ce qu'il faut, & à le dire en son lieu; & que cette méthode peut beaucoup contribuer à nous acquerir la parfaite habitude du Sublime. [2] Car comme les vaisseaux sont en danger de perir, lors qu'on les abandonne à leur seule légereté, & qu'on ne sait pas leur donner la charge & le poids qu'ils doivent avoir: il en est ainsi du Sublime, si on l'abandonne à la seule impétuosité d'une Nature ignorante & téméraire. Notre esprit assez souvent n'a pas moins besoin de bride que d'éperon. Démosthène dit en quelque endroit, que le plus grand bien qui puisse nous arriver dans la vie, c'est *d'être heureux*: mais qu'il y en a encore un autre qui n'est pas moindre, & sans lequel ce premier ne sauroit subsister, qui est de *savoir se conduire avec prudence.* [3] Nous en pouvons dire autant à l'égard du Discours. [4] La Nature est ce qu'il y a de plus nécessaire pour arriver au Grand:

REMARQUES.

une comparaison en cet endroit. Mr. Despreaux a bien senti qu'elle étoit défectueuse. *Il faut,* dit-il, *suppléer au Grec,* ou *sousentendre* πλοῖα, *qui veut dire des vaisseaux de charge.....Autrement il n'y a point de sens.* Pour moi je crois qu'il ne faut point chercher ici de comparaison. La conjonction οὕτω, qui en étoit, pour ainsi dire, le caractère, ne se trouve ni dans l'ancien Manuscrit, ni dans l'édition de Robortellus. L'autre conjonction, qui est ὡς, ne signifie pas, *comme*, en cet endroit, mais *que*. Cela posé, le raisonnement de Longin est très-clair, si on veut se donner la peine de le suivre. En voici toute la suite: *Quelques-uns s'imaginent que c'est une erreur de croire que le Sublime puisse être réduit en art. Mais je soûtiens que l'on sera convaincu du contraire, si on considère que la Nature, quelque liberté qu'elle se donne ordinairement dans les passions, & dans les grands mouvemens, ne marche pas tout-à-fait au hazard; que dans toutes nos productions il la faut supposer la baze, le principe & le premier fondement: mais que notre esprit a besoin d'une méthode, pour lui enseigner à ne dire que ce qu'il faut, & à le dire en son lieu: qu'enfin* (c'est ici qu'il y a dans le Grec καὶ ὡς, pour καὶ ὅτι, dont Longin s'est servi plus haut, & qu'il n'a pas voulu répéter) *le Grand, de soi-même, & par sa propre grandeur, est glissant & dangereux, lors qu'il n'est pas soûtenu & affermi par les règles de l'Art, & qu'on l'abandonne à l'impétuosité d'une nature ignorante*. On se passe très-bien de la comparaison, qui ne servoit qu'à embrouiller la phrase. Il faut seulement sous-entendre, εἰ ἐπισκέψαιτό τις, qui est six ou sept lignes plus haut, & faire ainsi la construction; καὶ [εἰ ἐπισκέψαιτό τις] ὡς ἐπικινδυνότερα. *& si l'on considère, que le Grand,* &c. ἐπικινδυνότερα αὐτὰ ἐφ' ἑαυτῶν τὰ μεγάλα, est précisément la même chose que, τὰ μεγάλα ἐπισφαλῆ δὲ αὐτὸ τὸ μέγεθος, qu'on lit dans le Chapitre XXVII. & que Mr. Despreaux a traduit ainsi: *Le Grand, de soi-même, & par sa propre grandeur, est glissant & dangereux*. Ἀνερμάτιστα & ἀσύμμικτα, sont des termes métaphoriques, qui, dans le sens propre, conviennent à de grands bâtimens; mais qui, pris figurément, peuvent très-bien s'appliquer à tout ce qui est grand, même aux ouvrages d'esprit. BOIVIN.

3. *Nous en pouvons dire autant,* &c.] J'ai suppléé la reddition de la comparaison, qui manque en cet endroit dans l'original. BOILEAU.

4. *La Nature est* &c.] Je traduirai ici ce qu'il y a de plus dans l'original de mon Manuscrit: *Que la Nature tienne pour arriver au Grand la place du bonheur; & l'Art celle de la prudence. Mais ce qu'on doit considerer sur toutes choses, c'est, que cette connoissance même, qu'il y a dans l'Eloquence quelque chose qu'on doit à la bonté de la Nature, ne nous vient que de l'Art même, qui nous l'indique. C'est pourquoi je ne doute pas, que quand celui qui nous blâme de ce que nous tâchons d'assujettir le Sublime aux études & à l'Art, voudra faire ses réflexions sur ce*

TRAITÉ

Grand: Cependant, si l'Art ne prend soin de la conduire, c'est une aveugle qui ne sait où elle va. 5 * * * * * * * * * * * * * * * *
6 Telles sont ces pensées: *Les Torrens entortillez de flammes. Vomir contre le Ciel. Faire de Borée son joueur de flûtes*; & toutes les autres façons de parler dont cette pièce est pleine. Car elles ne sont pas grandes & tragiques, mais enflées & extravagantes. 7 Toutes ces phrases ainsi embarrassées de vaines imaginations, troublent & gâtent plus un discours qu'elles ne servent à l'élever. De sorte qu'à les regarder de près & au grand jour, ce qui paroissoit d'abord si terrible, devient tout à coup sot & ridicule. Que si c'est un défaut insupportable dans la Tragédie, qui est naturellement pompeuse & magni-

REMARQUES.

que nous venons de débiter, il ne change bien-tôt d'avis, & qu'il ne condamne plus nos soins dans cette matière, comme s'ils étoient superflus, & sans aucun profit. TOLLIUS.

Ibid. *La Nature est ce qu'il y a.*] Il manque en cet endroit deux feuillets entiers dans l'ancien Manuscrit: c'est ce qui a fait la lacune suivante. Je ne sai par quel hazard les cinq ou six lignes que Tollius a eües d'un Manuscrit du Vatican, & qui se trouvent aussi dans un Manuscrit du Roi (No. 2171.) transposées & confonduës avec un fragment des Problèmes d'Aristote, ont pû être conservées. Il y a apparence que quelqu'un aïant rencontré un morceau des deux feuillets entiers, mais gâtez, n'aura pû copier que ces cinq ou six lignes. A la fin de ce petit Supplément, dont le Public est redevable à Tollius, je crois qu'il faut lire ἡγήσαιτο, & non pas κομίσαιτο, qui ne me paroît pas faire un sens raisonnable. Le Manuscrit du Roi, où se trouve ce même Supplément, n'a que σαιτο, de la première main: κομι est d'une main plus récente. Cela me fait soupçonner, que dans l'ancien Manuscrit le mot étoit à demi effacé, & que quelques-uns ont crû mal-à-propos qu'il devoit y avoir κομίσαιτο. BOIVIN.

5. * * * * * *] L'Auteur avoit parlé du stile enflé, & citoit à propos de cela les sotises d'un Poëte tragique dont voici quelques restes. BOILEAU.

6. *Telles sont ces pensées, &c.*] Il y a ici une lacune considérable. L'Auteur après avoir montré qu'on peut donner des règles du Sublime, commençoit à traiter des Vices qui lui sont opposés, & entre autres du stile enflé, qui n'est autre chose que le Sublime trop poussé. Il en faisoit voir l'extravagance par le passage d'un je ne sai quel Poëte Tragique, dont il reste encore ici quatre vers: mais comme ces vers étoient déja fort galimathias d'eux-mêmes, au rapport de Longin, ils le sont devenus encore bien davantage par la perte de ceux qui les précédoient. J'ai donc crû que le plus court étoit de les passer: n'y aiant dans ces quatre vers qu'un des trois mots que l'Auteur raille dans la suite. En voilà pourtant le sens confusément. C'est quelque Capanée qui parle dans une Tragédie: *Et qu'ils arrêtent la flamme qui sort à longs flots de la fournaise. * Car si je trouve le Maître de la maison seul, alors d'un seul torrent de flammes entortillé j'embraserai la maison, & la réduirai toute en cendres. Mais cette noble Musique ne s'est pas encore ouïr.* J'ai suivi ici l'interprétation de Langbaine. Comme cette Tragédie est perduë, on peut donner à ce passage tel sens qu'on voudra; mais je doute qu'on attrape le vrai sens. Voïez les Notes de Mr. Dacier. BOILEAU.

* *Car si je trouve le Maître.*] Monsieur Despréaux me semble avoir lû dans le Grec, εἰ γὰρ τὸν ἐστιοῦχον ὄψομαι μόνον, au lieu de τιν᾿ ἐστιοῦχον. Mais j'aimerois mieux dire: *Car si je trouve seulement le Maître de la maison.* TOLLIUS.

Ibid. *Telles sont ces pensées, &c.*] Dans la lacune suivante Longin rapportoit un passage d'un Poëte tragique, dont il ne reste que cinq vers. Monsieur Despréaux les a rejettez dans ses Remarques, & il les a expliquez comme tous les autres Interprètes. Mais je crois que le dernier vers auroit dû être traduit ainsi: *Ne viens-je pas de vous donner maintenant une agréable Musique?* Ce n'est pas quelque Capanée, mais Borée, qui parle, & qui s'applaudit pour les grands vers qu'il a récitez. DACIER.

Ibid. *Telles sont ces pensées.*] Il n'est pas besoin qu'on prononce le dernier de ces vers par forme d'interrogation. Je m'imagine que ma traduction Latine est assez claire, & qu'elle suffit pour soûtenir ce que j'avance. TOLLIUS.

7. *Toutes ces phrases ainsi embarassées de vaines imaginations, troublent & gâtent plus un discours.*] Monsieur Despréaux a suivi ici quelques exemplaires, où il y a, τεθόλωται γὰρ τῇ φράσει, du verbe θολόω, qui signifie *gâter, barbouiller, obscurcir*; mais cela ne me paroît pas assez fort pour la pensée de Longin, qui avoit écrit sans doute τετύλωται, comme je l'ai vû ailleurs. De cette manière le mot *gâter* me semble trop général, & il ne détermine point assez le vice que ces phrases ainsi embarassées causent, ou apportent au discours, au lieu que Longin, en se servant de ce mot, en marque précisément le défaut: car il dit,
que

gnifique, que de s'enfler mal-à propos; à plus forte raison doit-il être condamné dans le discours ordinaire. De là vient qu'on s'est raillé de Gorgias, pour avoir appelé Xerxès, *le Jupiter des Perses*, & les Vautours, [8] *des Sepulcres animez*. On n'a pas été plus indulgent pour Callisthène, qui en certains endroits de ses Ecrits [9] ne s'élève pas proprement, mais se guinde si haut qu'on le perd de vûë. De tous ceux-là pourtant [10] je n'en vois point de si enflé que Clitarque. Cet Auteur n'a que du vent & de l'écorce. Il ressemble à un homme, *qui*, pour me servir des termes de Sophocle, [11] *ouvre une grande bouche, pour souffer dans une petite flûte*. Il faut faire le même jugement d'Amphicrate, d'Hégésias, & de Matris. Ceux-ci quelquefois s'ima-

REMARQUES.

que *ces phrases, & ces imaginations vaines, bien loin d'élever & d'agrandir un discours, le troublent, & le rendent dur*. Et c'est ce que j'aurois voulu faire entendre, puisque l'on ne sauroit être trop scrupuleux, ni trop exact, lorsqu'il s'agit de donner une idée nette & distincte des vices, ou des vertus du discours. DACIER.

Ibid. *Toutes ces phrases*.] M. Dacier préfére ici le mot de τετύλωται: mais celui de τεθορύβηται est capable de soutenir le τετύλωται, par la ressemblance qu'il y a entre les expressions obscures & embarrassées du discours, & les pensées confuses & brouillées. Car un discours clair & net coule comme une eau pure, & donne du plaisir à ceux qui l'entendent. Cette confusion dans cette manière de parler, est très-bien remarquée par Plutarque, quand il dit, (*de liberorum educatione.*) Ἡ᾽ μὲν ὑπέρογκος λέξις ἀπολίτευτός ἐστι. C'est pourquoi, dit-il, il faut prendre garde, & τὴν θεατρικὴν καὶ παρατράγῳδον διευλαβεῖσθαι Je souhaite que l'on jette les yeux sur ma traduction Latine, & on verra sans doute ce qui manque ici. TOLLIUS.

8. *Des Sepulchres animez*.] Hermogène va plus loin, & trouve celui qui a dit cette pensée, digne des sepulchres dont il parle. Cependant je doute qu'elle déplût aux Poëtes de notre siécle, & elle ne seroit pas en effet si condamnable dans les vers. BOILEAU.

9. *Ne s'élève pas proprement*.] Le mot μετέωρα signifie ici ce que St. Augustin dit en quelque lieu de l'orgueil: *Tumor est, non magnitudo*. J'aimerois donc mieux m'expliquer de cette manière: *C'est de la même maniére quelquefois qu'on a traité Callisthène, qui, quand il affecte de s'énoncer en termes sublimes & relevez, s'égare alors dans les nuées*. TOLLIUS.

10. *Je n'en vois point de si enflé que Clitarque*.] Ce jugement de Longin est fort juste; &.pour le confirmer il ne faut que rapporter un passage de ce Clitarque, qui dit d'une guêpe, κατανέμεται τὴν ὀρεινήν, εἰσίπταται δὲ εἰς τὰς κοίλας δρῦς, *Elle pait sur les montagnes, & vole dans les creux des chênes*. Car en parlant ainsi de ce petit animal, comme s'il parloit du

Lion de Némée, ou du Sanglier d'Erymanthe, il donne une image qui est en même tems & désagreable & froide, & il tombe manifestement dans le vice que Longin lui a reproché. DACIER.

Ibid. *Je n'en vois point &c*.] Voilà encore une fois le même exemple cité par Monsieur Dacier, & qu'on trouve dans mes remarques. Mais, il a fort bien fait de n'avoir pas nommé son Auteur. TOLLIUS.

11. *Ouvre une grande bouche pour souffer dans une petite flûte*.] J'ai traduit ainsi Φορβειᾶς δ᾽ ἄτερ, afin de rendre la chose intelligible. Pour expliquer ce que veut dire Φορβειὰ, il faut savoir que la flûte chez les Anciens étoit fort differente de la flûte d'aujourd'hui. Car on en tiroit un son bien plus éclatant, & pareil au son de la trompette, *tubæque æmula*, dit Horace. Il faloit donc pour en jouer emploïer une bien plus grande force d'haleine, & par conséquent s'enfler extremement, qui étoit une chose désagreable à la vûe. Ce fut en effet ce qui en dégouta Minerve & Alcibiade. Pour obvier à cette difformité, ils imaginerent une espéce de laniere ou courroie, qui s'appliquoit sur la bouche, & se lioit derrière la tête, aïant au milieu un petit trou, par où l'on embouchoit la flûte. Plutarque prétend que Marsyas en fut l'inventeur. Ils appelloient cette laniere Φορβειὰν; & elle faisoit deux differens effets: car outre qu'en serrant les joües elle les empêchoit de s'enfler, elle donnoit bien plus de force à l'haleine, qui étant repoussée sortoit avec beaucoup plus d'impetuosité & d'agrément. L'Auteur donc pour exprimer un Poëte enflé, qui souffle & se démene sans faire de bruit, le compare à un Homme qui joüe de la flûte sans cette laniere. Mais comme cela n'a point de rapport à la flûte d'aujourd'hui, puisqu'à peine on serre les lèvres quand on en joüe, j'ai crû qu'il valoit mieux mettre une pensée équivalente, pourvû qu'elle ne s'éloignât point trop de la chose; afin que le Lecteur, qui ne se soucie pas tant des antiquailles, puisse passer, sans être obligé, pour m'entendre, d'avoir recours aux Remarques. BOILEAU.

12. *Dans*

s'imaginant qu'ils sont épris d'un enthousiasme & d'une fureur divine, au lieu de tonner, comme ils pensent, ne font que niaiser & que badiner comme des enfans.

Et certainement, en matière d'éloquence, il n'y a rien de plus difficile à éviter que l'*Enflure*. Car comme en toutes choses naturellement nous cherchons le Grand, & que nous craignons sur tout d'être accusez de sécheresse ou de peu de force, il arrive, je ne sai comment, que la plûpart tombent dans ce vice, fondez sur cette maxime commune:

12 *Dans un noble projet on tombe noblement.*

Cependant, il est certain que l'*Enflure* n'est pas moins vicieuse dans le discours que dans les corps. 13 Elle n'a que de faux dehors & une apparence trompeuse: mais au dedans elle est creuse & vuide, & fait quelquefois un effet tout contraire au Grand. Car, comme on dit fort bien, *Il n'y a rien de plus sec qu'un hydropique.*

Au reste, le défaut du stile enflé, c'est de vouloir aller au delà du Grand. Il en est tout au contraire du Puéril. Car il n'y a rien de si bas, de si petit, ni de si opposé à la noblesse du discours.

Qu'est-ce donc que puérilité? Ce n'est visiblement autre chose qu'une pensée d'Ecolier, qui, pour être trop recherchée, devient froide. C'est le vice où tombent ceux qui veulent toûjours dire quelque chose d'extraordinaire & de brillant; mais sur tout ceux qui cherchent avec tant de soin le plaisant & l'agréable: Parce qu'à la fin, 14 pour s'attacher trop au stile figuré, ils tombent dans une sotte affectation.

Il

REMARQUES.

12. *Dans un noble projet on tombe noblement.*] Il y a dans l'ancien Manuscrit μεγάλῳ ἀπολισθαίνειν ὅμως ἐυγενὲς ἁμάρτημα. Les Copistes ont voulu faire un vers; mais ce vers n'a ni césure, ni quantité. On ne trouvera point dans les Poëtes Grecs d'exemple d'un Iambe, qui commence par deux Anapestes. Il y a donc apparence que ce qu'on a pris jusques ici pour un vers, est plûtôt un proverbe, ou une Sentence tirée des écrits de quelque Philosophe. μεγάλῳ ἀπολισθαίνειν, ὅμως ἐυγενὲς ἁμάρτημα, est la même chose que s'il y avoit, μεγάλως ἀπολισθαίνειν ἁμάρτημα μὲν, ὅμως δὲ ἐυγενὲς ἁμάρτημα, *tomber est une faute; mais une faute noble, à celui qui est grand*; c'est-à-dire, *qui se montre grand dans sa chûte même, ou qui ne tombe que parce qu'il est grand.* C'est à peu près dans ce sens, que Mr. Corneille a dit, *Il est beau de mourir maître de l'Univers.* BOIVIN.

13. *Elle n'a que de faux dehors.*] Tous les Interpretes ont suivi ici la leçon corrompuë de ἀναληθεῖς, faux, pour ἀναλθεῖς, comme Monsieur le Févre à corrigé, qui se dit proprement de ceux qui ne peuvent croître; & dans ce dernier sens le passage est très-difficile à traduire en notre Langue. Longin dit: *Cependant il est certain, que l'enflure, dans le discours aussi-bien que dans le corps, n'est qu'une tumeur vuide, & un défaut de forces pour s'élever, qui fait quelquefois,* &c. Dans les Anciens on trouvera plusieurs passages, où ἀναλθεῖς a été mal pris pour ἀναληθεῖς. DACIER.

Ibid. *Elle n'a que de faux dehors.*] Je ne suis pas ici du même sentiment, comme j'ai montré dans mes remarques. Car je ne puis pas comprendre, comment il y auroit un ὄγκος, une *enflure*, ou une *grandeur*, quoique mauvaise, dans un corps qui ne peut croître, ou qui ne tire point de profit de sa nourriture. Nous avons le mot contraire ἐυαλθὲς dans le chap. xv. TOLLIUS.

14. *Pour s'attacher trop au stile figuré, ils tombent dans une*

DU SUBLIME Chap. III.

Il y a encore un troisième défaut opposé au Grand, qui regarde le Pathétique. Théodore l'appèle une *fureur hors de saison*, lors qu'on s'échauffe mal-à-propos, ou qu'on s'emporte avec excès, quand le sujet ne permet que de s'échauffer médiocrement. [15] En effet, on voit très-souvent des Orateurs, qui, comme s'ils étoient yvres, se laissent emporter à des passions qui ne conviennent point à leur sujet, mais qui leur sont propres, & qu'ils ont apportées de l'Ecole: si bien que comme on n'est point touché de ce qu'ils disent, ils se rendent à la fin odieux & insupportables. Car c'est ce qui arrive nécessairement à ceux qui s'emportent & se débattent mal-à-propos devant des gens qui ne sont point du tout émus. Mais nous parlerons en un autre endroit de ce qui concerne les passions.

CHAPITRE III.

Du Stile froid.

POUR ce qui est de ce Froid ou Puéril dont nous parlions, Timée en est tout plein. Cet Auteur est assez habile homme d'ailleurs; il ne manque pas quelquefois par le Grand & le Sublime: [1] il sait beaucoup, & dit même les choses d'assez bon sens: si ce n'est qu'il est enclin naturellement à reprendre les vices des autres, quoi qu'aveugle pour ses propres défauts, & si curieux au reste d'étaler de nouvelles pensées, que cela le fait tomber assez souvent dans la derniere puérilité. Je me contenterai d'en donner ici un ou deux exemples, parce que Céci-

REMARQUES.

une sotte affectation.] Longin dit d'une manière plus forte, & par une figure, *ils échouent dans le stile figuré, & se perdent dans une affectation ridicule.* DACIER.

CHANGEMENS. 15. *En effet, on voit très-souvent* &c.] Avant l'édition de 1683. le Traducteur avoit mis: *En effet, quelques-uns, ainsi que s'ils étoient yvres, ne disent point les choses de l'air, dont elles doivent être dites, mais ils sont entrainez de leur propre impétuosité, & tombent sans cesse en des emportemens d'Ecoliers & de Déclamateurs: si bien que* &c.

CHAP. III. 1. *Il sait beaucoup & dit les choses d'assez bon sens.*] Ἐπινοητικὸς veut dire un homme qui imagine, qui pense sur toutes choses ce qu'il faut penser, & c'est proprement ce qu'on apèle un homme de bon sens. BOILEAU.

Ibid. *Il sait beaucoup, & dit même les choses d'assez bon sens.*] Longin dit de Timée, πολυΐστωρ καὶ ἐπινοητικός. Mais ce dernier mot ne me paroît pas pouvoir signifier un homme *qui dit les choses d'assez bon sens*: & il me semble qu'il veut bien plûtôt dire un homme *qui a de l'imagination*, &c. Et c'est le caractère de Timée dans ces deux mots. Longin n'a fait que traduire ce que Cicéron a dit de cet Auteur dans le second Livre de son Orateur: *Rerum copia & sententiarum varietate abundantissimus.* Πολυΐστωρ repond à *rerum copia*, & ἐπινοητικὸς à *sententiarum varietate*. DACIER.

Ibid. *Il sait beaucoup* &c.] Monsieur Dacier est ici encore de mon sentiment. Nous avons vû dans le premier chapitre le mot ἐπίνοια. Ici nous en avons un qui en est dérivé, ἐπινοητικὸς, c'est-à-dire *qui est fort riche en pensées & en expressions*. Νοῆσαι ὀξὺς, ce qu'Herodien dit de l'Empereur Sévère, est encore un peu plus; & se dit d'un homme qui sait sur le champ trouver des expédiens pour se tirer d'affaires. TOLLIUS.

Cécilius en a déja raporté un assez grand nombre. En voulant louer Alexandre le Grand : *Il a*, dit-il, *conquis toute l'Asie en moins de tems qu'Isocrate n'en a employé* ² *à composer son Panégyrique.* ³ Voilà, sans mentir, une comparaison admirable d'Alexandre le Grand avec un Rhéteur ! Par cette raison, Timée, il s'ensuivra que les Lacédémoniens le doivent ceder à Isocrate : ⁴ puisqu'ils furent trente ans à prendre la ville de Messène, & que celui-ci n'en mit que dix à faire son Panégyrique.

Mais à propos des Athéniens qui étoient prisonniers de guerre dans la Sicile, de quelle exclamation penseriez-vous qu'il se serve ? Il dit, *Que c'étoit une punition du Ciel, à cause de leur impieté envers le Dieu Hermès, autrement Mercure ; & pour avoir mutilé ses statuës.* Vû principalement ⁵ qu'il y avoit un des Chefs de l'armée ennemie ⁶ qui tiroit son nom d'Hermès de pere en fils, savoir Hermocrate fils d'Hermon. Sans mentir, mon cher Terentianus, je m'étonne qu'il n'ait dit aussi de Denys le Tyran, que les Dieux permirent qu'il fût chassé de son Roïaume par *Dion* & par *Heraclide*, à cause de son peu de respect à l'égard de * *Dios* & d'*Heraclès*, c'est-à-dire, de *Jupiter* & d'*Hercule*.

Mais

REMARQUES.

2. *A composer son Panégyrique.*] Le Grec porte, *à composer son Panégyrique pour la guerre contre les Perses.* Mais si je l'avois traduit de la sorte, on croiroit qu'il s'agiroit ici d'un autre Panégyrique, que du Panégyrique d'Isocrate, qui est un mot consacré en notre Langue. BOILEAU.

Ibid. *A composer son Panégyrique.*] J'aurois mieux aimé traduire, *qu'Isocrate n'en a employé à composer le Panégyrique.* Car le mot *son* m'a semblé faire ici une équivoque, comme si c'étoit le Panégyrique d'Alexandre. Ce Panégyrique fut fait pour exhorter Philippe à faire la guerre aux Perses ; cependant les Interpretes Latins s'y sont trompez, & ils ont expliqué ce passage, comme si ce discours d'Isocrate avoit été l'éloge de Philippe pour avoir déja vaincu les Perses. DACIER.

3. *Voilà, sans mentir, une comparaison admirable d'Alexandre le Grand avec un Rhéteur !*] Il y a dans le Grec, *du Macédonien, avec un Sophiste*. A l'égard *du Macédonien*, il faloit que ce mot eût quelque grace en Grec, & qu'on appellât ainsi Alexandre par excellence, comme nous appellons Ciceron, l'Orateur Romain. Mais le Macédonien en François, pour Alexandre, seroit ridicule. Pour le mot de Sophiste, il signifie bien plutôt en Grec un Rhéteur, qu'un Sophiste, qui en François ne peut jamais être pris en bonne part, & signifie toûjours un homme qui trompe par de fausses raisons, qui fait des Sophismes, *Cavillatorem* : au lieu qu'en Grec c'est souvent un nom honorable. BOILEAU.

4. *Puis qu'ils furent trente ans à prendre la ville de Messène.*] Longin parle ici de cette expedition des Lacedémoniens, qui fut la cause de la naissance des Partheniens, dont j'ai expliqué l'Histoire dans Horace. Cette guerre ne dura que vingt ans ; c'est pourquoi, comme Monsieur le Févre l'a fort bien remarqué, il faut necessairement corriger le texte de Longin où les Copistes ont mis un λ, qui signifie *trente*, pour un κ, qui ne marque que *vingt*. Monsieur le Févre ne s'est pas amusé à le prouver ; mais voici un passage de Tyrtée qui confirme la chose fort clairement :

Ἄμφω τῷδ' ἐμάχοντ' ἐννεακαίδεκ' ἔτη
Νωλεμέως, αἰεὶ ταλασίφρονα θυμὸν ἔχοντες,
Αἰχμηταὶ πατέρων ἡμετέρων πατέρες.
Εἰκοστῷ δ' οἱ μὲν κατὰ πίονα ἔργα λιπόντες
Φεῦγον Ἰθωμαίων ἐκ μεγάλων ὀρέων.

Nos braves ayeux assiégerent pendant dix-neuf ans sans aucun relâche la ville de Messène, & à la vingtiéme année les Messéniens quitterent leur citadelle d'Ithome. Les Lacédémoniens eurent encore d'autres guerres avec les Messéniens, mais elles ne furent pas si longues. DACIER.

* Ζεὺς, Διὸς, Jupiter. Ἡρακλῆς, Hercule.

DU SUBLIME. Chap. III.

Mais pourquoi m'arrêter après Timée? Ces Héros de l'Antiquité, je veux dire Xénophon & Platon, sortis de l'Ecole de Socrate, s'oublient bien quelquefois eux-mêmes, jusqu'à laisser échaper dans leurs Ecrits des choses basses & pueriles. Par exemple ce premier, dans le livre qu'il a écrit de la République des Lacédémoniens: *On ne les entend, dit-il, non plus parler que si c'étoient des pierres. Ils ne tournent non plus les yeux que s'ils étoient de bronze. Enfin vous diriez qu'ils ont plus de pudeur* [7] *que ces parties de l'œil, que nous appellons en Grec du nom de Vierges.* C'étoit à Amphicrate, & non pas à Xénophon, d'appeler les prunelles, *des Vierges pleines de pudeur.* Quelle pensée! bon Dieu! parce que le mot de *Coré*, qui signifie en Grec la prunelle de l'œil, signifie une Vierge, de vouloir que toutes les prunelles universellement soient des Vierges pleines de modestie: vû qu'il n'y a peut-être point d'endroit sur nous où l'impudence éclate plus que dans les yeux; & c'est pourquoi Homere, pour exprimer un impudent, [8] *Homme chargé de vin*, dit-il, *qui as l'impudence d'un chien dans les yeux.* Cependant, Timée n'a pû voir une si froide pensée dans Xénophon, [9] sans la revendiquer comme un vol qui lui avoit été fait par cet Auteur. Voici donc

REMARQUES.

5. *Parce qu'il y avoit &c.*] Cela n'explique point, à mon avis, la pensée de Timée, qui dit, *Parce qu'il y avoit un des Chefs de l'armée ennemie, savoir Hermocrate fils d'Hermon, qui descendoit en droite ligne de celui qu'ils avoient si mal-traité.* Timée avoit pris la généalogie de ce Général des Syracusains, dans les Tables qui étoient gardées dans le Temple de Jupiter Olympien près de Syracuse, & qui furent surprises par les Atheniens au commencement de cette guerre, comme cela est expliqué plus au long par Plutarque dans la Vie de Nicias. Thucydide parle de cette mutilation des statuës de Mercure, & il dit qu'elles furent toutes mutilées, tant celles qui étoient dans les Temples, que celles qui étoient à l'entrée des maisons des particuliers. DACIER.

Ibid. *Parce qu'il y avoit* &c. J'avois ici mis en marge, *qui tiroit son origine de ce Dieu, dont il avoit outragé la Majesté.* Ce mot *maltraiter*, duquel Monsieur Dacier se sert, ne me semble pas assez fort; parce qu'il s'agit ici d'une impieté singuliere, & d'un sacrilège, par lequel on viole le droit des Dieux. De même Monsieur Despréaux peu après en disant, *à cause de son peu de respect*, ne me donne pas cette idée que l'impieté de Denys merite. TOLLIUS.

6. *Qui tiroit son nom d'Hermès*] Le Grec porte, *qui tiroit son nom du Dieu qu'on avoit offensé*; mais j'ai mis *d'Hermès*, afin qu'on vît mieux le jeu de mots. Quoique puisse dire Monsr. Dacier je suis de l'avis de Langbaine, & ne crois point que ἐς ἀπὸ παρανομηθέντος ἦν veuille dire autre chose que, *qui tiroit son nom de pere en fils, du Dieu qu'on avoit offensé.* BOILEAU.

7. *Que ces parties de l'œil, &c.*] Ce passage est corrompu dans tous les exemplaires que nous avons de Xénophon, où l'on a mis θαλάμοις pour ὀφθαλμοῖς; faute d'avoir entendu l'équivoque de κόρη. Cela fait voir qu'il ne faut pas aisément changer le texte d'un Auteur. BOILEAU.

Ibid. *Que ces parties de l'œil.*] Isidore de Péluse dit dans une de ses Lettres, αἱ κόραι, αἱ εἰσιν τῶν ὀφθαλμῶν, καθάπερ παρθένοι ἐν θαλάμοις, ἱδρυμέναι, καὶ τοῖς βλεφάροις καθάπερ παραπετάσμασι κεκαλυμμέναι: *les prunelles placées au dedans des yeux, comme des vierges dans la chambre nuptiale, & cachées sous les paupieres, comme sous des voiles.* Ces paroles mettent la pensée de Xénophon dans tout son jour. BOIVIN.

CHANGEMENS. 8. *Homme chargé de vin* &c.] Première maniere, avant l'édition de 1683. *Yvrogne, dit-il, avec tes yeux de chien.*

9. *Sans la revendiquer comme un vol.*] C'est ainsi qu'il faut entendre, ὡς φωρίον τινὸς ἐφαπτόμενος, & non pas *sans lui en faire une espece de vol, Tanquam furtum quoddam attingens.* Car cela auroit bien moins de sel. BOILEAU.

Ibid. *Sans la revendiquer* &c.] Je ne sai si cette expression de Monsieur Boileau est assez nette & exacte; parce que Timée aïant vécu assez long-

donc comme il l'emploie dans la Vie d'Agathocle. N'est-ce pas une chose étrange, qu'il ait ravi sa propre cousine qui venoit d'être mariée à un autre ; qu'il l'ait, dis-je, ravie le lendemain même de ses nôces ? Car qui est-ce qui eût voulu faire cela, [10] *s'il eût eu des vierges aux yeux, & non pas des prunelles impudiques ?* Mais que dirons-nous de Platon, quoi-que divin d'ailleurs, qui voulant parler de ces Tablettes de bois de cyprès, où l'on devoit écrire les actes publics, use de cette pensée : [11] *Aïant écrit toutes ces choses, ils poseront dans les Temples ces* [12] *monumens de cyprès.* Et ailleurs, à propos des murs : [13] *Pour ce qui est des murs,* dit-il, Mégillus, *je suis de l'avis de Sparte* *, [14] *de les laisser dormir à terre, & de ne les point faire lever.* Il y a quelque chose d'aussi ridicule dans Herodote, quand il appèle les belles femmes [15] *le mal des yeux.* Ceci néanmoins semble en quelque façon pardonnable à l'endroit où il est, [16] parce que ce sont des Barbares qui le disent dans le vin & dans la débauche : [17] mais ces personnes n'excusent pas la bassesse de la chose & il ne faloit pas, pour rapporter un méchant mot, se mettre au hazard de déplaire à toute la posterité.

C H A-

REMARQUES.

long-tems après Xenophon, ne pouvoit revendiquer cette pensée de Xenophon, comme un vol qui lui pût avoir été fait : mais il croioit qu'il s'en pouvoit servir comme d'une chose qui étoit exposée au pillage. TOLLIUS.

10. *S'il eût eu des vierges aux yeux, & non pas des prunelles impudiques.*] L'opposition, qui est dans le texte entre κόραις & πόρναις, n'est pas dans la traduction entre *vierges* & *prunelles impudiques.* Cependant comme c'est l'opposition qui fait le ridicule, que Longin a trouvé dans ce passage de Timée, j'aurois voulu la conserver, & traduire, S'il eût eu des vierges aux yeux, & non pas des courtisanes. DACIER.

11. *Aïant écrit toutes ces choses, ils poseront dans les Temples ces monumens de Cyprès.*] De la maniere dont Monsieur Boileau a traduit ce passage je n'y trouve plus le ridicule que Longin a voulu nous y faire remarquer. Car pourquoi *des Tablettes de Cyprès* ne pourroient-elles pas être appellées *des monumens de Cyprès ?* Platon dit, *ils poseront dans les Temples ces memoires de Cyprès* Et ce sont *les memoires de Cyprès,* que Longin blâme avec raison ; car en Grec, comme en notre Langue, on dit fort bien *des memoires*, mais le ridicule est d'y joindre la matiere, & de dire *des memoires de Cyprès.* DACIER.

12. *Monumens de Cyprès.*] J'ai oublié de dire, à propos de ces paroles de Timée, qui sont rapportées dans ce Chapitre, que je ne suis point du

sentiment de Monsieur Dacier, & que tout le froid, à mon avis, de ce passage consiste dans le terme de *Monumens* mis avec *Cyprès.* C'est comme qui diroit, à propos des Regîtres du Parlement, *ils poseront dans le Greffe ces monumens de parchemin.* BOILEAU.

13. *Pour ce qui est des murs.*] Il n'y avoit point de *murailles à Sparte.* Tollius a repris cette Note de Mr. Despréaux, disant que Platon parle ici des murs d'Athènes & du Port de Pirée, que les Lacédémoniens avoient abbatus, depuis la prise d'Athènes. Il y a beaucoup d'apparence que Tollius se trompe, car s'il avoit bien examiné le passage de Platon il auroit reconnu qu'il n'est point question en cet endroit-là, des murailles d'Athènes. Voiez Platon, L. 5. des Loix, p. 778. de l'édit. d'Henri Etienne.

CHANGEMENS. 14. *De les laisser dormir à terre, &c.*] Avant l'édition de 1683. on lisoit *de les laisser dormir, & de ne les point faire lever, tandis qu'ils sont couchez par terre.*

15. *Le mal des yeux.*] Ce sont des Ambassadeurs Persans, qui le disent dans Herodote chez le Roi de Macédoine Amyntas. Cependant Plutarque l'attribuë à Alexandre le Grand ; & le met au rang des Apophthegmes de ce Prince. Si cela est, il faloit qu'Alexandre l'eût pris à Herodote. Je suis pourtant du sentiment de Longin, & je trouve le mot froid dans la bouche même d'Alexandre. BOILEAU.

* Il n'y avoit point de murailles à Sparte.

CHAPITRE IV.

De l'origine du Stile froid.

TOUTES ces affectations cependant, si basses & si puériles, ne viennent que d'une seule cause, c'est à savoir de ce qu'on cherche trop la nouveauté dans les pensées, qui est la manie sur tout des Ecrivains d'aujourd'hui. Car du même endroit que vient le bien, assez souvent vient aussi le mal. Ainsi voïons-nous que ce qui contribuë le plus en de certaines occasions à embellir nos Ouvrages: ce qui fait, dis-je, la beauté, la grandeur, les graces de l'Elocution, cela même, en d'autres rencontres, est quelquefois cause du contraire; comme on le peut aisément reconnoître [1] dans les *Hyperboles*, & dans ces autres figures qu'on appelle *Pluriels*. En effet, nous montrerons dans la suite, combien il est dangereux de s'en servir. Il faut donc voir maintenant comment nous pourrons éviter ces vices, qui se glissent quelquefois.

REMARQUES.

Ibid. *Le mal des yeux.*] Ce passage d'Herodote est dans le cinquième Livre, & si l'on prend la peine de le lire, je m'assure que l'on trouvera ce jugement de Longin un peu trop sévère. Car les Perses, dont Herodote raporte ce mot, n'appelloient point en général les belles femmes *le mal des yeux*: ils parloient de ces femmes qu'Amyntas avoit fait entrer dans la chambre du festin, & qu'il avoit placées vis-à-vis d'eux, de manière qu'ils ne pouvoient que les regarder. Ces Barbares, qui n'étoient pas gens à se contenter de cela, se plaignirent à Amyntas, & lui dirent, qu'il ne faloit point faire venir ces femmes, ou qu'après les avoir fait venir, il devoit les faire asseoir à leurs côtez, & non pas vis-à-vis pour leur faire mal aux yeux. Il me semble que cela change un peu l'espèce. Dans le reste il est certain que Longin a eu raison de condamner cette figure. Beaucoup de Grecs déclineront pourtant ici sa jurisdiction sur ce que de fort bons Auteurs ont dit beaucoup de choses semblables. Ovide en est plein. Dans Plutarque un homme appèle un beau garçon, *la fièvre de son fils*. Terence a dit *tuos mores morbum illi esse scio*. Et pour donner des exemples plus conformes à celui, dont il s'agit, un Grec a appelé les fleurs ἑορτὴν ὄψεως, *la fête de la vûë*, & la verdure πανήγυριν ὀφθαλμῶν. DACIER.

Ibid. *Le mal des yeux.*] Comme je l'ai montré dans mes remarques, Herodote trouve dans cette faute, si c'en est une, beaucoup d'imitateurs, *sic ut ipsum numerus defendat, si quid peccaverit*. Quant à moi, je trouve ce trait assez délicat & agréable, & j'opposerai au jugement de Longin celui de Philostrate; qui louë un semblable trait de l'Orateur Isée: "Ἀρδυς γοῦν ῥήτορς ἐρομένου αὐτὸν, ἡ ἡ δεῖνα αὐτῷ καλὴ φαίνοιτο. μάλα σωφρόνως δ' Ἰσαῖος, πέπαυμαι, εἶπεν ὀφθαλμιῶν. Et, puisque ces façons de parler ont plû à tant de monde & à tant de Savans, je m'arrêterai à la sentence que Longin même lui donne à la fin du septième chapitre. TOLLIUS.

16. *Parce que ce sont des Barbares qui le disent dans le vin & dans la débauche.*] Longin rapporte deux choses qui peuvent en quelque façon excuser Herodote d'avoir appelé les belles femmes, *le mal des yeux*: la première, que ce sont des Barbares qui le disent; & la seconde, qu'ils le disent dans le vin & dans la débauche. En les joignant on n'en fait qu'une, & il me semble que cela affoiblit en quelque manière la pensée de Longin, qui a écrit, *parce que ce sont des Barbares qui le disent, & qui le disent même dans le vin & dans la débauche*. DACIER.

CHANGEMENS. 17. *Mais ces personnes* &c.] Editions avant celle de 1683. *Mais, comme ces personnes ne sont pas de fort grande considération, il ne faloit pas, pour en raporter un méchant mot*, &c.

CHAP. IV. 1. *Dans les Hyperboles.*] Dans le Grec il y a encore μεταβολαὶ, c'est-à-dire, *changemens*, de laquelle figure il parle dans le Chapitre XIX. (*suivant l'édition de Mr. Despréaux.*) TOLLIUS.

fois dans le Sublime. Or nous en viendrons à bout fans doute, fi nous nous acquerons d'abord une connoiffance nette & diftincte du véritable Sublime, & fi nous apprenons à en bien juger; ce qui n'eft pas une chofe peu difficile; puifqu'enfin, de favoir bien juger du fort & du foible d'un Difcours, ce ne peut être que l'effet d'un long ufage, & le dernier fruit, pour ainfi dire, d'une étude confommée. Mais par avance, voici peut-être un chemin pour y parvenir.

CHAPITRE V.

Des moïens en général pour connoître le Sublime.

IL faut favoir, mon cher Terentianus, que dans la vie ordinaire, on ne peut point dire qu'une chofe ait rien de grand, quand le mépris qu'on fait de cette chofe tient lui-même du grand. Telles font les richeffes, les dignitez, les honneurs, les empires, & tous ces autres biens en apparence, qui n'ont qu'un certain fafte au dehors, & qui ne pafferont jamais pour de véritables biens dans l'efprit d'un Sage : puis qu'au contraire ce n'eft pas un petit avantage que de les pouvoir méprifer. D'où vient auffi qu'on admire beaucoup moins ceux qui les poffedent, que ceux qui les pouvant poffeder, les rejettent par une pure grandeur d'ame.

Nous devons faire le même jugement à l'égard des ouvrages des Poëtes & des Orateurs. Je veux dire, qu'il faut bien fe donner de garde d'y prendre pour Sublime une certaine apparence de grandeur, bâtie ordinairement fur de grands mots affemblez au hazard, & qui n'eft, à la

REMARQUES.

CHAP. V. 1. *Car tout ce qui eft véritablement fublime*, &c.] Le Grand Prince de Condé entendant lire cet endroit; *Voilà le Sublime*, s'écria-t-il, *Voilà fon véritable caractere!*

2. *Quand donc un homme de bon fens.*] Voïez mes remarques Latines. TOLLIUS.

CHANGEMENS. 3. *Nous récitera quelque endroit* &c.] Avant l'édition de 1683. il y avoit: *Entendra réciter un ouvrage; fi après l'avoir ouï plufieurs fois, il ne fent point qu'il élève l'ame, & lui laiffe dans l'efprit une idée qui foit même au-deffus de fes paroles; mais fi au contraire, en le regardant avec attention, il trouve qu'il tombe,* &c.

4. *Nous laiffe beaucoup à penfer.*] Οὗ πολλὴ μὲν ἀναθεώρησις, dont la contemplation eft fort étenduë, qui nous remplit d'une grande idée. A l'égard de κατεξανάςησις, il eft vrai que ce mot ne fe rencontre nulle part dans les Auteurs Grecs; mais le fens que je lui donne eft celui, à mon avis, qui lui convient le mieux, & lorfque je puis trouver un fens au mot d'un Auteur, je n'aime point à corriger le texte. BOILEAU.

Ibid. *Qu'un difcours nous laiffe beaucoup à penfer, &c.*] Si Longin avoit défini de cette manière le Sublime, il me femble que fa définition feroit vicieufe, parce qu'elle pourroit convenir auffi à d'autres chofes qui font fort éloignées du Sublime. Monfieur Boileau a traduit ce paffage comme tous les autres Interpretes; mais je croi qu'ils ont confondu le mot κατεξανάςησις avec κατεξανάςησις. Il y a pourtant bien de la difference entre l'un & l'autre. Il eft vrai que la κατεξανάςησις de Longin ne fe trouve point ailleurs. Hefychius marque feulement ἀνάςημα, ὕψωμα. Où ἀνάςημα eft la même chofe qu'ἀνάςησις, d'où ἐξανάςησις & κατεξανάςησις ont été formés. Κατεξανάςησις n'eft donc ici que αὔξησις, augmentum: ce paffage eft très-important, & il me paroît que Longin a vou-

DU SUBLIME. Chap. V.

la bien examiner, qu'une vaine enflure de paroles, plus digne en effet de mépris que d'admiration. ¹ Car tout ce qui est véritablement Sublime, a cela de propre, quand on l'écoute, qu'il élève l'ame, & lui fait concevoir une plus haute opinion d'elle-même, la remplissant de joie & de je ne sai quel noble orgueil, comme si c'étoit elle qui eût produit les choses qu'elle vient simplement d'entendre.

² Quand donc un homme de bon sens, & habile en ces matieres, ³ nous récitera quelque endroit d'un Ouvrage; si après avoir ouï cet endroit plusieurs fois, nous ne sentons point qu'il nous élève l'ame, & nous laisse dans l'esprit une idée qui soit même au dessus de ce que nous venons d'entendre; mais si au contraire, en le regardant avec attention, nous trouvons qu'il tombe, & ne se soûtienne pas, il n'y a point là de Grand, puis qu'enfin ce n'est qu'un son de paroles, qui frappe simplement l'oreille, & dont il ne demeure rien dans l'esprit. La marque infaillible du Sublime, c'est quand nous sentons qu'un Discours ⁴ nous laisse beaucoup à penser; qu'il fait d'abord un effet sur nous, auquel il est bien difficile, pour ne pas dire impossible, de résister; & qu'ensuite le souvenir nous en dure, & ne s'efface qu'avec peine. En un mot, figurez-vous qu'une chose est véritablement sublime, quand vous voïez qu'elle plait universellement & dans toutes ses parties. ⁵ Car lors qu'en un grand nombre de personnes différentes de profession & d'âge, & qui n'ont aucun rapport ni d'humeur ni d'inclination, tout le monde vient à être frappé également ⁶ de quelque endroit d'un Discours, ce jugement & cette approbation uniforme de tant d'esprits, si discordans d'ailleurs, est une preuve certaine & indubitable qu'il y a là du Merveilleux & du Grand.

CHA-

REMARQUES.

voulu dire: *Le véritable Sublime est celui, auquel, quoique l'on médite, il est difficile, ou plûtôt impossible, de rien ajoûter, qui se conserve dans notre memoire, & qui n'en peut être qu'à peine effacé.* DACIER.

Ibid. *Qu'un discours nous laisse.*] Voïez mes remarques Latines. TOLLIUS.

5. *Car lors qu'en un grand nombre.*] C'est l'explication que tous les Interprètes ont donnée à ce passage; mais il me semble qu'ils ont beaucoup ôté de la force & du raisonnement de Longin pour avoir joint λόγων ἕν τι, qui doivent être separez. Λόγων n'est point ici *le discours*, mais *le langage*. Longin dit, *car lors qu'en un grand nombre de personnes dont les inclinations, l'âge, l'humeur, la profession, & le langage sont différens, tout le monde vient à être frappé également d'un même endroit, ce jugement, &c.* Je ne doute pas que ce ne soit le véritable sens. En effet, comme chaque Nation dans sa Langue a une maniere de dire les choses, & même de les imaginer, qui lui est propre; il est constant qu'en ce genre, ce qui plaira en même tems à des personnes de langage différent, aura véritablement ce Merveilleux & ce Sublime. DACIER.

Ibid. *Car lors qu'en un grand nombre &c.*] J'ai de la satisfaction de ce que Monf. Dacier est ici de même sentiment que moi: mais dans le Latin le mot de λόγων n'avoit point de grace. C'est pourquoi je me suis servi d'une autre expression, *ac tota denique vita ratione*, au lieu de *ac sermonis varietate*. J'eusse pû dire avec autant de douceur, *atque omni orationis varietate*: mais alors je ne m'en souvins pas. TOLLIUS.

6. *De quelque endroit d'un Discours.*] Λόγων ἕν τι, c'est ainsi que tous les Interprètes de Longin ont joint ces mots. Monsieur Dacier les arrange d'une autre forte; mais je doute qu'il ait raison. BOILEAU.

CHAPITRE VI.

Des cinq sources du Grand.

IL y a, pour ainsi dire, cinq sources principales du Sublime : [1] mais ces cinq sources présupposent, comme pour fondement commun, *une faculté de bien parler* ; sans quoi tout le reste n'est rien.

Cela posé, la premiere & la plus considerable est *une certaine élevation d'esprit, qui nous fait penser heureusement les choses* : comme nous l'avons déja montré dans nos Commentaires sur Xénophon.

La seconde consiste dans le *Pathétique* : j'entends par *Pathétique*, cet Enthousiasme, cette vehemence naturelle, qui touche & qui émeut. Au reste, à l'égard de ces deux premieres, elles doivent presque tout à la Nature, & il faut qu'elles naissent en nous ; au lieu que les autres dépendent de l'Art en partie.

La troisième n'est autre chose que *les Figures tournées d'une certaine manière*. Or les Figures sont de deux sortes : les Figures de Pensée, & les Figures de Diction.

Nous mettons pour la quatrième, *la noblesse de l'expression*, qui a deux parties ; le choix des mots, & la diction élégante & figurée.

Pour la cinquième, qui est celle, à proprement parler, qui produit le Grand, & qui renferme en soi toutes les autres, c'est *la Composition & l'arrangement des paroles dans toute leur magnificence & leur dignité*.

Examinons maintenant ce qu'il y a de remarquable dans chacune de ces especes en particulier : mais nous avertirons en passant, que Cécilius en a oublié quelques-unes, & entre autres le Pathétique. Et certainement, s'il l'a fait pour avoir crû que le Sublime & le Pathétique naturellement n'alloient jamais l'un sans l'autre, & ne faisoient qu'un, il se trompe : puisqu'il y a des Passions qui n'ont rien de grand, & qui ont même quelque chose de bas, comme l'Affliction, la Peur, la Tristesse ; & qu'au contraire il se rencontre quantité de choses grandes

des

REMARQUES.

CHAP. VI. 1. *Mais ces cinq sources présupposent comme pour fondement commun.*] Longin dit, *mais ces cinq sources présupposent comme pour fond, comme pour lit commun, la faculté de bien parler.* Mons. Despréaux n'a pas voulu suivre la figure, sans doute de peur de tomber dans l'affectation. DACIER.

2. *En parlant des Aloïdes.*] C'étoient des Géans, qui croissoient tous les ans d'une coudée en largeur, & d'une aune en longueur. Ils n'avoient pas encore quinze ans, lors qu'ils se mirent en état d'escalader le Ciel. Ils se tuérent l'un l'autre par l'adresse de Diane. *Odyss.* L. XI. V. 310. Aloüs étoit fils de Titan & de la Terre. Sa femme s'appelloit Iphimédie, elle fut violée par Neptune dont elle eut deux enfans, Otus & Ephialte, qui furent appelés Aloïdes ; à cause qu'ils furent nourris & élevés chez Aloüs, comme ses enfans. Virgile en a parlé dans le 6. de l'Eneïde ;

Hic

des & sublimes, où il n'entre point de passion. Tel est entre autres ce que dit Homère avec tant de hardiesse, * en parlant des Aloïdes:

> *Pour déthrôner les Dieux, leur vaste ambition*
> *Entreprit d'entasser Osse sur Pélion.*

Ce qui suit est encore bien plus fort.

> *Ils l'eussent fait sans doute, &c.*

Et dans la Prose, les Panégyriques, & tous ces Discours qui ne se font que pour l'ostentation, ont par tout du Grand & du Sublime, bien qu'il n'y entre point de passion pour l'ordinaire. De sorte que même entre les Orateurs, ceux-là communément sont les moins propres pour le Panégyrique, qui sont les plus pathétiques; & au contraire ceux qui réussissent le mieux dans le Panégyrique, s'entendent assez mal à toucher les passions.

Que si Cécilius s'est imaginé que le Pathétique en général ne contribuoit point au Grand, & qu'il étoit par conséquent inutile d'en parler; il ne s'abuse pas moins. Car j'ose dire qu'il n'y a peut-être rien qui relève davantage un Discours, qu'un beau mouvement & une passion poussée à propos. En effet, c'est comme une espèce d'enthousiasme & de fureur noble, qui anime l'Oraison, & qui lui donne un feu & une vigueur toute divine.

CHAPITRE VII.

De la Sublimité dans les pensées.

BIEN que des cinq parties dont j'ai parlé, la premiere & la plus considerable, je veux dire cette *Elevation d'esprit naturelle*, soit plutôt un présent du Ciel, qu'une qualité qui se puisse acquérir; nous devons, autant qu'il nous est possible, nourrir notre esprit au Grand, ¹ & le tenir

REMARQUES.

Hic & Aloïdas geminos immania vidi Corpora. BOILEAU.

CHAP. VII. 1. *Et le tenir toûjours plein & enflé, pour ainsi dire, d'une certaine fierté, &c.*] Il me semble que le mot *plein* & le mot *enflé* ne demandent pas cette modification, *pour ainsi dire*. Nous disons tous les jours, *c'est un esprit plein de fierté,*

cet homme est enflé d'orgueuil ; mais la figure dont Longin s'est servi la demandoit necessairement. J'aurois voulu la conserver & traduire, *& le tenir toûjours, pour ainsi dire, gros d'une fierté noble & genereuse.* DACIER.

Ibid. *Et le tenir toûjours plein.*] Ni l'un ni l'autre des Interprètes François n'a pû trouver dans sa Langue un mot qui exprimât la force du Grec ἐγκύμονας. Et c'est pour cela que Monsieur Boileau

tenir toûjours plein & enflé, pour ainsi dire, d'une certaine fierté noble & génereuse.

Que si on demande comme il s'y faut prendre, j'ai déja écrit ailleurs, que cette Elevation d'esprit étoit une image de la grandeur d'ame; & c'est pourquoi nous admirons quelquefois la seule pensée d'un homme, encore qu'il ne parle point, à cause de cette grandeur de courage que nous voions. Par exemple, le silence d'Ajax aux Enfers, dans l'Odyssée *. Car ce silence a je ne sai quoi de plus grand que tout ce qu'il auroit pû dire.

La première qualité donc qu'il faut supposer en un veritable Orateur, c'est qu'il n'ait point l'esprit rampant. En effet, il n'est pas possible qu'un homme qui n'a toute sa vie que des sentimens & des inclinations basses & serviles, puisse jamais rien produire qui soit fort merveilleux, ni digne de la Posterité. Il n'y a vraisemblablement que ceux qui ont de hautes & de solides pensées, qui puissent faire des Discours élevez; & c'est particulierement aux grands Hommes qu'il échappe de dire des choses extraordinaires. Voïez, par exemple, ce que répondit Alexandre, quand Darius lui offrit la moitié de l'Asie avec sa fille en mariage. *Pour moi*, lui disoit Parménion, *si j'étois Alexandre, j'accepterois ces offres*.

REMARQUES.

leau s'est servi de la modification que Monsieur Dacier rejette. On eût pû s'exprimer de cette manière. *Nous devons, autant qu'il nous est possible, accoûtumer notre ame aux pensées sublimes, & la tenir toûjours comme enceinte, pour ainsi dire, d'une certaine fierté noble & génereuse.* TOLLIUS.

CHANGEMENT. 2. *Et enflé.*] Addition faite en 1683.

3. *Une image de la grandeur*] Ce mot d'*image* n'est pas assez fort, ni assez clair dans cet endroit. C'est toute autre chose dans le Latin. Quant à moi, je me fusse servi du mot *écho*; ou plûtôt d'une autre similitude, en disant, *que cette Elevation d'esprit étoit la resplendeur de la sublimité d'ame*, TOLLIUS.

4. *Voïez, par exemple, &c.*] Tout ceci jusqu'à *cette grandeur qu'il lui donne*, &c. est suppléé au texte Grec qui est défectueux en cet endroit. BOILEAU.

Ibid. *Voïez, par exemple, ce que répondit Alexandre, &c.*] Il manque en cet endroit plusieurs feuillets. Cependant, Gabriel de Pétra a crû qu'il n'y manquoit que trois ou quatre lignes. Il les a suppléées. Mr. Le Févre de Saumur approuve fort sa restitution, qui en effet est très-ingénieuse, mais fausse, en ce qu'elle suppose que la réponse d'Alexandre à Parménion doit préceder immédiatement l'endroit d'Homère, dont elle étoit éloignée de douze pages raisonnablement grandes. Il est donc important de savoir précisément combien il manque dans tous les endroits défectueux, pour ne pas faire à l'avenir de pareilles suppositions. Il y a six grandes lacunes dans le Traité du Sublime. Les Chapitres, où elles se trouvent, sont le II. le VII. le X. le XVI. le XXV. & le XXXI. *selon l'édition de Mr. Despréaux*. Elles sont non seulement dans tous les Imprimez, mais aussi dans tous les Manuscrits. Les Copistes ont eu soin, pour la plûpart, d'avertir combien il manque dans chaque endroit. Mais jusqu'ici les Commentateurs n'ont eu égard à ces sortes d'avertissemens, qu'autant qu'ils l'ont jugé à propos: l'autorité des Copistes n'étant pas d'un grand poids auprès de ceux qui la trouvent opposée à d'heureuses conjectures. L'ancien Manuscrit de la Bibliothèque du Roi a cela de singulier, qu'il nous aprend la mesure juste de ce que nous avons perdu. Les cahiers y sont cottez jusqu'au nombre de trente. Les cottes ou signatures sont de même antiquité que le texte. Les vingt-trois premiers cahiers, qui contiennent les Pro-

* *C'est dans l'onzième Livre de l'Odyssée, V. 551. où Ulysse fait des soumissions à Ajax, mais Ajax ne daigne pas lui répondre.*

DU SUBLIME. Chap. VII.

offres. Et moi aussi, repliqua ce Prince, *si j'étois Parménion*. N'est-il pas vrai qu'il falloit être Alexandre pour faire cette réponse ?

Et c'est en cette partie qu'a principalement excellé Homère, dont les pensées sont toutes sublimes : comme on le peut voir dans la description * de la Déesse Discorde, qui a, dit-il,

La tête dans les Cieux, & les piés sur la Terre.

Car on peut dire que cette grandeur qu'il lui donne est moins la mesure de la Discorde, que de la capacité & de l'élevation de l'esprit d'Homère. Hésiode a mis un Vers bien différent de celui-ci, dans son Bouclier, s'il est vrai que ce Poëme soit de lui, 5 quand il dit *, à propos de la Déesse des Ténèbres :

Une puante humeur lui couloit des narines.

En effet, il ne rend pas proprement cette Déesse terrible, mais odieuse & dégoûtante. Au contraire, voïez quelle majesté Homère donne aux Dieux :

* *Au-*

* Iliad. liv. 4. V. 443.   * V. 267.

REMARQUES.

Problèmes d'Aristote, sont tous de huit feuillets chacun. A l'égard des sept derniers, qui apartiennent au Sublime de Longin, le premier, le troisième, le quatrième, & le sixième, cottés * 24. 26. 27. & 29. sont de six feuillets, aïant perdu chacun les deux feuillets du milieu. C'est ce qui a fait la première, la troisième, la quatrième, & la sixième lacune des Imprimez, & des autres Manuscrits. Le second cahier manque entièrement ; Mais comme il en restoit encore deux feuillets dans le tems que les premières copies ont été faites, il ne manque en cet endroit, dans les autres Manuscrits, & dans les Imprimez, que la valeur de six feuillets. C'est ce qui a fait la seconde lacune, que Gabriel de Pétra a prétendu remplir de trois ou quatre lignes. Le cinquième cahier, cotté 28. † n'est que de quatre feuillets : les quatre du milieu sont perdus. C'est la cinquième lacune. Le septième n'est que de trois feuillets continus, & remplis jusqu'à la dernière ligne de la dernière page. On examinera ailleurs, s'il y a quelque chose de perdu en cet endroit. De tout cela il s'ensuit qu'entre les six lacunes spécifiées, les moindres sont de quatre pages, dont le vuide ne pourra jamais être rempli par de simples conjectures. Il s'ensuit de plus, que le Manuscrit du Roi est original par raport à tous ceux qui nous restent aujourd'hui, puis qu'on y découvre l'origine & la veritable cause de leur imperfection. BOIVIN.

5. *Quand il a dit à propos de la Déesse des Ténèbres.*] Je ne sai pas pourquoi les Interprètes d'Hésiode & de Longin ont voulu que Ἀχλὺς soit ici la Déesse des Ténèbres. C'est sans doute la Tristesse, comme Mr. le Févre l'a remarqué. Voici le portrait qu'Hésiode en fait dans le *Bouclier*, au vers 264. *La Tristesse se tenoit près de là toute baignée de pleurs, pâle, sèche, défaite, les genoux fort gros, & les ongles fort longs. Ses narines étoient une fontaine d'humeurs ; le sang couloit de ses joues, elle grinçoit les dents, & couvroit ses épaules de poussière.* Il seroit bien difficile que cela pût convenir à la Déesse des Ténèbres. Lors qu'Héfychius a marqué ἀχλύμενος, λυπούμενος, il a fait assez voir que ἀχλὺς peut fort bien être prise pour λύπη, *tristesse*. Dans ce même chapitre Longin s'est servi de ἀχλὺς pour dire *les ténèbres*, *une épaisse obscurité* : & c'est peut-être ce qui a trompé les Interprètes. DACIER.

* κδ´. κϛ. κζ. κθ.   † κη.

> * *Autant qu'un homme* 6 *assis au rivage des mers*
> 7 *Voit d'un roc élevé d'espace dans les airs:*
> *Autant des Immortels les coursiers intrépides*
> *En franchissent d'un saut, &c.*

Il mesure l'étenduë de leur saut à celle de l'Univers. Qui est-ce donc qui ne s'écrieroit avec raison, en voïant la magnificence de cette Hyperbole, que si les chevaux des Dieux vouloient faire un second saut, ils ne trouveroient pas assez d'espace dans le Monde? Ces peintures aussi qu'il fait du combat des Dieux, ont quelque chose de fort grand, quand il dit:

> † *Le Ciel en retentit, & l'Olympe en trembla;*

Et ailleurs:

> ‡ *L'Enfer s'émeut au bruit de Neptune en furie.*
> *Pluton sort de son Thrône, il pâlit, il s'écrie:*
> *Il a peur que ce Dieu, dans cet affreux séjour,*
> *D'un coup de son Trident ne fasse entrer le jour;*
> *Et par le centre ouvert de la Terre ébranlée;*
> *Ne fasse voir du Styx la rive desolée;*
> *Ne découvre aux vivans cet Empire odieux,*
> *Abhorré des Mortels, & craint même des Dieux.*

Voïez-vous, mon cher Terentianus, la Terre ouverte jusqu'en son centre, l'Enfer prêt à paroître, & toute la machine du Monde sur le point d'être détruite & renversée, pour montrer que dans ce combat, le

REMARQUES.

6. *Assis au rivage des mers.*] Cette expression gâte ici la veritable idée que nous devions avoir de la hauteur d'un écueil aux bords de la mer: parce que ce mot *assis* ne fait pas monter nos pensées des rivages de la mer au haut d'une tour, qui y vient trop tard, & ne frappe pas l'imagination déja occupée de sa bassesse. TOLLIUS.

CHANGEMENT. 7. *Voit d'un roc élevé.*] *Voit du haut d'une tour*, avant l'édition de l'an 1683.

8. *Autrement elles ont.*] Monsieur Despréaux n'a pas ici assez bien compris le sens de notre Auteur. Il faloit avoir traduit: *Voilà des expressions qui jettent bien de la fraïeur dans nos ames: mais, si on ne* les prend pas dans un sens allégorique, elles ne peuvent être que très-impies, & très-injurieuses à la majesté & à la nature très-parfaite des Dieux. C'est une vertu de la Poësie, & c'est son but, de jetter de la fraïeur & de l'étonnement dans les ames des Lecteurs; ce que notre Longin appelle ἔκπληξις dans le Chap. XV, où il dit, ὅτι τῆς μὲν ἐν ποιήσει φαντασίας τέλος ἐςὶν ἔκπληξις. Mais il veut dire, encore que ce soit là une perfection de la Poësie, néanmoins ce seroit une horrible impieté d'attribuer aux Dieux des passions qui conviennent si mal à l'excellence & à la perfection de leur nature. TOLLIUS.

* *Iliad. liv. 5. V. 770.* † *Iliad. liv. 21. V. 388.* ‡ *Iliad. liv. 20. V. 61.*

DU SUBLIME. Chap. VII.

le Ciel, les Enfers, les choses mortelles & immortelles, tout enfin combattoit avec les Dieux, & qu'il n'y avoit rien dans la Nature qui ne fût en danger? Mais il faut prendre toutes ces pensées dans un sens allégorique; [8] autrement elles ont je ne sai quoi d'affreux, d'impie, & de peu convenable à la Majesté des Dieux. Et pour moi, lorsque que je vois dans Homère les plaies, les ligues, les suplices, les larmes, les emprisonnemens des Dieux, & tous ces autres accidens où ils tombent sans cesse; il me semble qu'il s'est efforcé, autant qu'il a pû, de faire des Dieux de ces Hommes qui furent au siège de Troie; & qu'au contraire, des Dieux mêmes il en a fait des Hommes. Encore les fait-il de pire condition: car à l'égard de nous, quand nous sommes malheureux, au moins avons-nous la mort, qui est comme un port assuré pour sortir de nos miseres: au lieu qu'en représentant les Dieux de cette sorte, il ne les rend pas proprement immortels, mais éternellement miserables.

Il a donc bien mieux réüssi, lors qu'il nous a peint un Dieu tel qu'il est dans toute sa majesté & sa grandeur, & sans mélange des choses terrestres; comme dans cet endroit, qui a été remarqué par plusieurs avant moi, où il dit*, en parlant de Neptune:

> *Neptune ainsi marchant dans ces vastes campagnes,*
> *Fait trembler sous ses pieds & forêts & montagnes.*

Et dans un autre endroit: †

> *Il attelle son char, & montant fierement,*
> *Lui fait fendre les flots de l'humide Element,*
> [9] *Dès qu'on le voit marcher sur ces liquides Plaines,*
> *D'aise on entend sauter les pesantes Baleines.*
> *L'Eau* [10] *frémit sous le Dieu qui lui donne la Loi,*

Et

REMARQUES.

9. *Dès qu'on le voit marcher sur ces liquides Plaines.*] Ces vers sont fort nobles & fort beaux: mais ils n'expriment pas la pensée d'Homère, qui dit que lorsque Neptune commence à marcher, les Baleines sautent de tous côtez devant lui, & reconnoissent leur Roi; que de joie la mer se fend pour lui faire place. Monsieur Despréaux dit de l'eau, ce qu'Homère a dit des Baleines, & il s'est contenté d'exprimer un petit frémissement, qui arrive sous les moindres barques comme sous les plus grands vaisseaux: au lieu de nous réprésenter, après Homère, des flots entr'ouverts & une mer qui se sépare. DACIER.

Ibid. *Dès qu'on le voit marcher.*] La traduction de ces vers, que j'ài donnée au public il y a quelques années, & qui peut-être a été vûe de Monsieur Dacier, me délivrera du soupçon qu'on pourroit avoir que je me suis servi de ses remarques, dans cette édition. Ces mots, *mare difficit undas,* est justement en François, *la mer se fend.* TOLLIUS.

10. *Frémit sous le Dieu qui lui donne la loi.*] Il y a dans le Grec, *que l'eau en voiant Neptune, se ridoit & sembloit soûrire de joie.* Mais cela seroit trop fort en notre Langue. Au reste, j'ai crû que, *l'Eau reconnoît son Roi,* seroit quelque chose de plus

* *Iliad. liv. 13. V. 18.* † *Ibid. V. 26.*

Et semble avec plaisir reconnoître son Roi.
Cependant le char vole, &c.

Ainsi le Législateur des Juifs, qui n'étoit pas un homme ordinaire, aïant fort bien conçu la grandeur & la puissance de Dieu, l'a exprimée dans toute sa dignité au commencement de ses Loix, par ces paroles, DIEU DIT: QUE LA LUMIERE SE FASSE; ET LA LUMIERE SE FIT: QUE LA TERRE SE FASSE; LA TERRE FUT FAITE.

Je pense, mon cher Terentianus, que vous ne serez pas fâché que je vous raporte encore ici un passage de notre Poëte, quand il parle des Hommes; afin de vous faire voir, comme Homère est heroïque lui-même en peignant le caractère d'un Heros. Une épaisse obscurité avoit couvert tout d'un coup l'armée des Grecs, & les empêchoit de combattre. En cet endroit Ajax, ne sachant plus quelle résolution prendre, s'écrie:

* *Grand Dieu, chasse la nuit qui nous couvre les yeux:*
11 *Et combats contre nous à la clarté des Cieux.*

Voilà les veritables sentimens d'un Guerrier tel qu'Ajax. Il ne demande pas la vie; un Heros n'étoit pas capable de cette bassesse: mais comme il ne voit point d'occasion de signaler son courage au milieu de l'obscurité, il se fâche de ne point combattre: il demande donc en hâte que le jour paroisse, pour faire au moins une fin digne de son grand cœur, quand il devroit avoir à combattre Jupiter même. En effet, Homère, en cet endroit, est comme un vent favorable, qui seconde l'ardeur des combattans. Car il ne se remuë pas avec moins de violence, que s'il étoit épris aussi de fureur.

Tel

REMARQUES.

sublime que de mettre comme il y a dans le Grec; que *les Baleines reconnoissent leur Roi.* J'ai tâché, dans les passages qui sont raportez d'Homère, à enchérir sur lui plûtôt que de le suivre trop scrupuleusement à la piste. BOILEAU.

11. *Et combats contre nous, &c.*] Il y a dans Homère: *Et après cela fais-nous perir si tu veux à la clarté des Cieux.* Mais cela auroit été foible en notre Langue, & n'auroit pas si bien mis en jour la remarque de Longin, que, *Et combats contre nous, &c.* Ajoûtez que de dire à Jupiter, *Combats contre nous,* c'est presque la même chose que, *fais nous perir:* puisque dans un combat contre Jupiter on ne sauroit éviter de perir. BOILEAU.

CHANGEMENT. 12. *Jettant par tout l'horreur.*] *Dans la nuit & l'horreur.* C'est ainsi qu'on lisoit avant l'édition de 1701.

CHANGEMENT. 13. *Comme autant d'Episodes.*] Première manière, avant l'édition de 1683. *Comme autant d'effets.*

* *Iliad. liv. 17. V. 645.*

DU SUBLIME. Chap. VII. 73

* *Tel que Mars en courroux au milieu des batailles:*
Ou comme on voit un feu, ¹² *jettant par tout l'horreur,*
Au travers des forêts promener sa fureur,
De colère il écume, &c.

Mais je vous prie de remarquer, pour plusieurs raisons, combien il est affoibli dans son Odyssée, où il fait voir en effet, que c'est le propre d'un grand Esprit, lors qu'il commence à vieillir & à décliner, de se plaire aux contes & aux fables. Car, qu'il ait composé l'Odyssée depuis l'Iliade, j'en pourrois donner plusieurs preuves. Et premierement il est certain qu'il y a quantité de choses dans l'Odyssée, qui ne sont que la suite des malheurs qu'on lit dans l'Iliade, & qu'il a transportées dans ce dernier Ouvrage, ¹³ comme autant d'Episodes de la guerre de Troie. ¹⁴ Ajoûtez que les accidens, qui arrivent dans l'Iliade, sont déplorez souvent par les Heros de l'Odyssée, comme des malheurs connus & arrivez il y a déja long-tems. Et c'est pourquoi l'Odyssée n'est, à proprement parler, que l'Epilogue de l'Iliade.

† *Là gît le grand Ajax, & l'invincible Achille.*
Là de ses ans Patrocle a vû borner le cours.
Là mon fils, mon cher fils, a terminé ses jours.

De là vient, à mon avis, que comme Homère a composé son Iliade durant que son esprit étoit en sa plus grande vigueur, tout le corps de son Ouvrage est dramatique, & plein d'action: au lieu que la meilleure partie de l'Odyssée se passe en narrations, qui est le génie de la vieillesse; tellement qu'on le peut comparer dans ce dernier Ouvrage au Soleil quand il se couche, qui a toûjours sa même grandeur, mais qui n'a plus tant d'ardeur ni de force. En effet, il ne parle plus du
même

REMARQUES.

14. *Ajoûtez que les accidens &c.*] La remarque de Monsieur Dacier sur cet endroit est fort savante & fort subtile: mais je m'en tiens pourtant toûjours à mon sens. BOILEAU.

Ibid. *Ajoûtez que les accidens, &c.*] Je ne croi point que Longin ait voulu dire, que les accidens, qui arrivent dans l'Iliade, sont déplorez par les Heros de l'Odyssée. Mais il dit: *Ajoûtez, qu'Homère rapporte dans l'Odyssée des plaintes & des lamen*tations, *comme connuës dès long-tems à ses Heros*. Longin a égard ici à ces chansons qu'Homère fait chanter dans l'Odyssée sur les malheurs des Grecs, & sur toutes les peines qu'ils avoient euës dans ce long siège. On n'a qu'à lire le Livre VIII. DACIER.

Ibid. *Ajoûtez que les accidens.*] On trouvera la même pensée dans ma traduction. TOLLIUS.

* *Iliad. liv.* 15. *V.* 605.
† *Ce sont des paroles de Nestor dans l'Odyssée, liv.* 3. *V.* 109.

même ton; on n'y voit plus ce Sublime de l'Iliade, qui marche par tout d'un pas égal, sans que jamais il s'arrête ni se repose. On n'y remarque point cette foule de mouvemens & de passions entassées les unes sur les autres. Il n'a plus cette même volubilité de discours, si propre pour l'action, & mêlée de tant d'images naïves des choses. ¹⁵ Nous pouvons dire que c'est le reflux de son esprit, qui, comme un grand Océan, se retire & deserte ses rivages. ¹⁶ A tout propos il s'égare dans des imaginations & des fables incroïables. ¹⁷ Je n'ai pas oublié pourtant les descriptions de tempêtes qu'il fait, les avantures qui arriverent à Ulysse chez Polyphême, & quelques autres endroits, qui sont sans doute fort beaux. Mais cette vieillesse dans Homère, après tout, c'est la vieillesse d'Homère, joint qu'en tous ces endroits-là il y a beaucoup plus de fable & de narration que d'action.

Je me suis étendu là-dessus, comme j'ai déja dit, afin de vous faire voir que les génies naturellement les plus élevez tombent quelquefois dans la badinerie, quand la force de leur esprit vient à s'éteindre. Dans ce rang on doit mettre ce qu'il dit du sac où Eole enferma les Vents, & des compagnons d'Ulysse changez par Circé en pourceaux, que Zoïle apèle de *petits cochons larmoïans*. ¹⁸ Il en est de même des Colombes qui nourrirent Jupiter comme un Pigeon: de la disette d'Ulysse, qui fut dix jours sans manger après son naufrage; & de toutes ces absurditez qu'il conte du meurtre des Amans de Pénelope. Car tout ce qu'on peut dire à l'avantage de ces fictions, c'est que ce sont d'assez beaux songes; &, si vous voulez, des songes de Jupiter même. Ce qui m'a encore obligé à parler de l'Odyssée, c'est pour vous montrer

que

REMARQUES.

15. *Nous pouvons dire que c'est le reflux de son esprit, &c.*] Les Interprètes n'ont point rendu toute la pensée de Longin, qui, à mon avis, n'auroit eu garde de dire d'Homère, qu'il s'égare dans des imaginations & des fables incroïables. Monsieur le Févre est le premier qui ait connu la beauté de ce passage; car c'est lui qui a découvert que le Grec étoit défectueux, & qu'après ἀμυνόντες, il faloit supléer, οὕτω παρ' Ὁμήρῳ. Dans ce sens-là on peut traduire ainsi ce passage. *Mais comme l'Océan est toûjours grand, quoi qu'il se soit retiré de ses rivages, & qu'il se soit resserré dans ses bornes; Homère aussi après avoir quitté l'Iliade, ne laisse pas d'être grand dans les narrations même incroïables & fabuleuses de l'Odyssée.* DACIER.

Ibid. *Nous pouvons dire.*] Je croïois avoir pleinement satisfait sur ce passage, dans ma traduction, & dans mes remarques Latines: néanmoins cette nouvelle traduction de Monsieur Dacier me plaît extrêmement. Seulement ce mot πλάνος ne peut pas s'accorder avec le sens que Monsieur Dacier nous y donne; parce que ὁ Ὁμήρου πλάνος ne peut être que son débordement. Et quand il s'est retiré, comme l'Océan, dans ses bornes, on peut bien reconnoître sa grandeur, mais il ne se déborde pas alors. On le verra plus clairement dans la suite, où néanmoins il me semble que Monsieur Dacier se trompe. Que l'on considère seulement ma traduction Latine. TOLLIUS.

16. *A tout propos il s'égare dans les imaginations, &c.*] Voilà, à mon avis, le veritable sens de πλάνος. Car pour ce qui est de dire qu'il n'y a pas d'apparence que Longin ait accusé Homère de tant d'absurditez, cela n'est pas vrai, puis qu'à quelques lignes de là il entre même dans le détail de ces absurditez. Au reste quand il dit, *des fables incroïables*, il n'entend pas des fables qui ne sont point vraisemblablement contées, comme la disette d'Ulysse qui fut dix jours sans manger, &c. BOILEAU.

que les grands Poëtes & les Ecrivains célèbres, quand leur esprit manque de vigueur pour le Pathétique, s'amusent ordinairement à peindre les mœurs. C'est ce que fait Homère, quand il décrit la vie que menoient les Amans de Pénélope dans la maison d'Ulysse. En effet, toute cette description est proprement une espèce de Comédie, où les differens caractères des hommes sont peints.

CHAPITRE VIII.

De la Sublimité qui se tire des Circonstances.

VOïons si nous n'avons point encore quelque autre moïen, par où nous puissions rendre un Discours sublime. Je dis donc, que comme naturellement rien n'arrive au monde qui ne soit toûjours accompagné de certaines circonstances, ce sera un secret infaillible pour arriver au Grand, si nous savons faire à propos le choix des plus considerables; & si en les liant bien ensemble, nous en formons comme un corps. Car d'un côté ce choix, & de l'autre cet amas de circonstances choisies attachent fortement l'esprit.

Ainsi, quand Sapho veut exprimer les fureurs de l'Amour, elle ramasse de tous côtez les accidens qui suivent & qui accompagnent en effet cette passion. Mais, où son adresse paroît principalement, c'est à choisir de tous ces accidens ceux qui marquent davantage l'excès & la violence de l'amour, & à bien lier tout cela ensemble.

¹ *Heu-*

REMARQUES.

17. *Je n'ai pas oublié pourtant les descriptions de tempêtes.*] De la manière dont Monsieur Despréaux a traduit ce passage, il semble que Longin en parlant de ces narrations incroïables & fabuleuses de l'Odyssée, n'y comprenne point ces tempêtes & ces avantures d'Ulysse avec le Cyclope; & c'est tout le contraire, si je ne me trompe, car Longin dit : *Quand je vous parle de ces narrations incroïables & fabuleuses, vous pouvez bien croire que je n'ai pas oublié ces tempêtes de l'Odyssée, ni tout ce qu'on y lit du Cyclope, ni quelques autres endroits*, &c. Et ce sont ces endroits même qu'Horace apèle *Speciosa miracula* †. DACIER.

18. *Il en est de même des Colombes qui nourrirent Jupiter.*] Le passage d'Homère est dans le XII. Livre de l'Odyss. v. 62.

——————— οὐδὲ πέλειαι
Τρήρωνες, ταί τ' ἀμβροσίην Διῒ πατρὶ φέρουσιν.

Ni les timides Colombes qui portent l'Ambrosie à Jupiter. Les Anciens ont fort parlé de cette fiction d'Homère, sur laquelle Alexandre consulta Aristote & Chiron. On peut voir Athenée Livre II. pag. 490. Longin la traite de songe ; mais peut-être Longin n'étoit-il pas si savant dans l'antiquité qu'il étoit bon Critique. Homère avoit pris ceci des Phéniciens, qui appeloient presque de la même maniere une Colombe & une Prêtresse ; ainsi quand ils disoient que les Colombes nourrissoient Jupiter, ils parloient des Prêtres & des Prêtresses qui lui offroient des sacrifices, que l'on a toûjours appelez la viande des Dieux. On doit expliquer de la même maniere la fable des Colombes de Dodone & de Jupiter Ammon. DACIER.

† *Poët. V.* 144.

Heureux! qui près de toi, pour toi seule soûpire;
Qui jouit du plaisir de t'entendre parler:
Qui te voit quelquefois doucement lui soûrire.
Les Dieux dans son bonheur peuvent-ils l'égaler?

✸ ✸ ✸ ✸ ✸ ✸ ✸ ✸

Je sens de veine en veine une subtile flame
Courir par tout mon corps, si-tôt que je te vois:
Et dans les doux transports où s'égare mon ame,
Je ne saurois trouver de langue, ni de voix.

✸ ✸ ✸ ✸ ✸ ✸ ✸ ✸

Un nuage confus se répand sur ma vûë.
Je n'entends plus: je tombe en de douces langueurs;
Et pâle, sans haleine, interdite, éperduë,
Un frisson me saisit, je tremble, je me meurs.

✸ ✸ ✸ ✸ ✸ ✸ ✸ ✸

Mais quand on n'a plus rien, il faut tout hazarder, &c.

N'admirez vous point comment elle ramasse toutes ces choses, l'ame, le corps, l'ouïe, la langue, la vûë, la couleur, comme si c'étoient au-

REMARQUES.

CHAP. VIII. 1. *Heureux, qui près de toi, &c.*] Cette Ode, dont Catulle a traduit les trois premieres strophes, & que Longin nous a conservée, étoit sans doute une des plus belles de Sapho. Mais, comme elle a passé par les mains des Copistes & des Critiques, elle a beaucoup souffert des uns & des autres. Il est vrai qu'elle est très-mal conçue dans l'ancien Manuscrit du Roi; il n'y a ni distinction de vers, ni ponctuation, ni orthographe. Cependant, on auroit peut-être mieux fait de la laisser telle qu'on l'y avoit trouvée, que de la changer entierement, comme l'on a fait. On en a ôté presque tous les Eolismes. On a retranché, ajouté, changé, transposé: enfin on s'est donné toutes sortes de libertez. Isaac Vossius, qui avoit vû les Manuscrits, s'est aperçu le premier du peu d'exactitude de ceux qui avoient avant lui corrigé cette Pièce. Voici comme il en parle dans ses Notes sur Catulle: *Sed ipsam nunc Lesbiam Musam loquentem audiamus; Cujus Odam relictam nobis Longini beneficio, emendatam adscribemus. Nam certè in hac corrigenda viri docti operam luserunt.* Après cela, il donne l'Ode telle qu'il l'a rétablie. Vossius pouvoit lui-même s'écarter moins qu'il n'a fait de l'ancien Manuscrit......... Pour moi je crois qu'il est bon de s'en tenir le plus qu'on pourra à l'ancien Manuscrit, qui est original par raport à tous les autres, comme on l'a fait voir ci-devant. Au reste, il faut avouer que toutes ces diversités de leçon ne changent pas beaucoup au sens, que Mr. Despréaux a admirablement bien exprimé. BOIVIN.

2. *Je sens de veine en veine &c.*] Lucrèce, dans le Livre III. 153. de son Poëme, semble avoir imité l'Ode de Sapho. Il applique à la Crainte les mêmes effets que Sapho attribuë à l'Amour.

Verùm ubi vehementi magis est commota metu mens;
Consentire animam totam per membra videmus.
Sudores itaque, & pallorem existere toto
Corpore, & infringi linguam, vocemque aboriri;
Caligare oculos, sonere aureis, succidere artus;
Denique concidere ex animi terrore videmui
Sæpe homines.

Catulle, Ode, ad Lesbiam, 52. a traduit les premières strophes de l'Ode de Sapho.

3. *Et pâle.*] Le Grec ajoûte, *comme l'herbe;* mais

DU SUBLIME. Chap. VIII.

autant de personnes differentes, & prêtes à expirer? Voïez de combien de mouvemens contraires elle est agitée. ⁶ Elle gèle, elle brûle, elle est folle, elle est sage; ⁷ ou elle est entiérement hors d'elle-même, ou elle va mourir. En un mot, on diroit qu'elle n'est pas éprise d'une simple passion, ⁸ mais que son ame est un rendez-vous de toutes les passions. Et c'est en effet ce qui arrive à ceux qui aiment. Vous voïez donc bien, comme j'ai déja dit, que ce qui fait la principale beauté de son Discours, ce sont toutes ces grandes circonstances marquées à propos, & ramassées avec choix. Ainsi quand Homère veut faire la description d'une tempête, il a soin d'exprimer tout ce qui peut arriver de plus affreux dans une tempête. Car, par exemple, l'Auteur * du Poëme des Arimaspiens † pense dire des choses fort étonnantes, quand il s'écrie:

O prodige étonnant! ô fureur incroïable!
Des hommes insensez, sur de frêles vaisseaux,
S'en vont loin de la terre habiter sur les eaux:
Et suivant sur la mer une route incertaine,
Courent chercher bien loin le travail & la peine.
Ils ne goûtent jamais de paisible repos.
Ils ont les yeux au Ciel, & l'esprit sur les flots:
Et les bras étendus, les entrailles émuës,
Ils font souvent aux Dieux des prières perduës.

Ce-

REMARQUES.

mais cela ne se dit point en François. BOILEAU.

4. *Un frisson me saisit, &c.*] Il y a dans le Grec *une sueur froide*; mais le mot de *sueur* en François ne peut jamais être agreable; & laisse une vilaine idée à l'esprit. BOILEAU.

5. *Comme si s'étoient, &c.*] Lisez plûtôt, *comme si c'étoient des choses empruntées, qu'elle fût obligée d'abandonner.* TOLLIUS.

6. *Elle gèle, elle brûle, elle est folle, elle est sage.*] Ces mots forment un vers. C'est pour cela que Mr. Patru, à qui Mr. Despréaux faisoit revoir tous ses Ouvrages, vouloit qu'il changeât cet endroit. Mr. Despréaux, pour se defendre, dit qu'il étoit impossible qu'il n'échapât quelquefois des vers dans la prose. Mais Mr. Patru soûtint avec raison, que c'étoit une faute que l'on devoit éviter, ajoûtant qu'il étoit bien assuré qu'on ne trouveroit aucun vers dans ses Plaidoiers imprimez. *Je parie,* dit Mr. Despréaux, *que j'y en trouverai quelqu'un si je cherche bien;* & prenant en même tems le volume des Oeuvres de Mr. Patru, il tomba à l'ouverture du Livre, sur ces mots qui font un vers:

Onzième Plaidoïé, pour un jeune Allemand.

7. *Ou elle est entiérement hors d'elle.*] C'est ainsi que j'ai traduit Φοβεῖται, & c'est ainsi qu'il le faut entendre, comme je le prouverai aisément s'il est nécessaire. Horace, qui est amoureux des Hellénismes, emploïe le mot de *metus* en ce même sens dans l'Ode *Bacchum in remotis*, quand il dit, Evoë *recenti mens trepidat metu*; car cela veut dire, *Je suis encore plein de la sainte horreur du Dieu qui m'a transporté.* BOILEAU.

8. *Mais que son ame est un rendez-vous de toutes les passions.*] Notre Langue ne sauroit bien dire cela d'une autre manière: cependant il est certain que le mot *rendez-vous* n'exprime pas toute la force du mot Grec σύνοδος, qui ne signifie pas seulement *assemblée*, mais *choc, combat*, & Longin lui donne ici toute cette étenduë; car il dit que *Sapho a ramassé & uni toutes ces circonstances, pour faire paroître non pas une seule passion, mais une assemblée de toutes les passions qui s'entrechoquent*, &c. DACIER.

* *Aristée.*   † *C'étoient des Peuples de Scythie.*

Cependant il n'y a personne, comme je pense, qui ne voïe bien que ce discours est en effet plus fardé & plus fleuri, que grand & sublime. Voïons donc comment fait Homère, & considerons cet endroit * entre plusieurs autres.

> *Comme l'on voit les flots soûlevez par l'orage,*
> *Fondre sur un vaisseau qui s'oppose à leur rage;*
> *Le vent avec fureur dans les voiles frémit;*
> *La mer blanchit d'écume, & l'air au loin gémit.*
> *Le Matelot troublé, que son art abandonne,*
> *Croit voir dans chaque flot la Mort qui l'environne.*

Aratus a tâché d'encherir sur ce dernier Vers, en disant:

> *Un bois mince & léger les défend de la Mort.*

Mais en fardant ainsi cette pensée, il l'a renduë basse & fleurie, de terrible qu'elle étoit. Et puis renfermant tout le peril dans ces mots, *Un bois mince & léger les défend de la Mort*, il l'éloigne & le diminuë plûtôt qu'il ne l'augmente. Mais Homère ne met pas pour une seule fois devant les yeux le danger où se trouvent les Matelots; il les représente, comme en un tableau, sur le point d'être submergez à tous les flots qui s'élèvent; & ⁹ imprime jusques dans ses mots & ses syllabes l'image du peril. ¹⁰ Archiloque ne s'est point servi d'autre artifice dans la description de son naufrage, non plus que Démosthène dans cet endroit où il décrit le trouble des Athéniens à la nouvelle de la prise d'Elatée, quand il dit: ¹¹ *Il étoit déja fort tard, &c.* Car ils n'ont fait tous deux que tirer, pour ainsi dire, & ramasser soigneusement les grandes circonstances, prenant garde à ne point inserer dans leurs dis-

REMARQUES.

9. *Imprime jusques dans ses mots.*] Il y a dans le Grec, & joignant par force ensemble des prepositions qui naturellement n'entrent point dans une même composition, ὑπ' ἐκ θανάτοιο: par cette violence qu'il leur fait, il donne à son vers le mouvement même de la tempête, & exprime admirablement la passion. Car par la rudesse de ces syllabes qui se heurtent l'une autre, il imprime jusques dans ses mots l'image du peril, ὑπ' ἐκ θανάτοιο Φέρονται. Mais j'ai passé tout cela, parce qu'il est entierement attaché à la Langue Grecque. BOILEAU.

10. *Archiloque ne s'est point servi d'autre artifice dans la description de son naufrage.*] Je sai bien que par son naufrage, Monsieur Despréaux a entendu le naufrage qu'Archiloque avoit décrit, &c. Néanmoins, comme le mot *son* fait une équivoque, & que l'on pourroit croire qu'Archiloque lui-même auroit fait le naufrage dont il a parlé, j'aurois voulu traduire, *dans la description du naufrage*. Archiloque avoit décrit le naufrage de son beau-frère. DACIER.

11. *Il étoit déja fort tard.*] L'Auteur n'a pas rap-

* Iliad. liv. 15. V. 624.

discours, des particularitez basses & superfluës, ou qui sentissent l'Ecole. En effet, de trop s'arrêter aux petites choses, cela gâte tout, & c'est comme du moëlon ou des plâtras qu'on auroit arrangez & comme entassez les uns sur les autres, pour élever un bâtiment.

CHAPITRE IX.

De l'Amplification.

ENTRE les moïens dont nous avons parlé, qui contribuent au Sublime, il faut aussi donner rang à ce qu'ils appèlent *Amplification*. Car quand la nature des Sujets qu'on traite, ou des causes qu'on plaide, demande des periodes plus étenduës, & composées de plus de membres, on peut s'élever par degrez, de telle sorte qu'un mot encherisse toûjours sur l'autre. Et cette adresse peut beaucoup servir, ou pour traiter quelque lieu d'un Discours, ou pour mettre en jour un fait, ou pour manier une passion. En effet, l'Amplification se peut diviser en un nombre infini d'espèces: mais l'Orateur doit savoir que pas une de ces espèces n'est parfaite de soi, s'il n'y a du Grand & du Sublime: si ce n'est lors qu'on cherche à émouvoir la pitié, ou que l'on veut ravaler le prix de quelque chose. Par tout ailleurs, si vous ôtez à l'Amplification ce qu'elle a de Grand, vous lui arrachez, pour ainsi dire, l'ame du corps. En un mot, dès que cet appui vient à lui manquer, elle languit, & n'a plus ni force ni mouvement. Maintenant, pour plus grande netteté, disons en peu de mots la difference qu'il y a de cette partie à celle dont nous avons parlé dans le Chapitre précedent, & qui, comme j'ai dit, n'est autre chose qu'un amas de circonstances choisies, que l'on réunit ensemble: & voïons par où l'Amplification en général differe du Grand & du Sublime.

CHA-

REMARQUES.

rapporté tout le passage, parce qu'il est un peu long. Il est tiré de l'Oraison pour Ctésiphon. Le voici. *Il étoit déja fort tard, lorsqu'un Courrier vint apporter au Prytanée la nouvelle que la ville d'Elatée étoit prise. Les Magistrats qui soupoient dans ce moment, quittent aussi-tôt la table. Les uns vont dans la place publique, ils en chassent les Marchans, & pour les obliger de se retirer, ils brûlent les pieux des boutiques où ils étaloient. Les autres envoient avertir les Officiers de l'Armée: on fait venir le Heraut public. Toute la ville est pleine de tumulte. Le lendemain dès le point du jour, les Magistrats assemblent le Sénat. Cependant, Messieurs, vous couriez de toutes parts dans la place publique, & le Sénat n'avoit pas encore rien ordonné, que tout le Peuple étoit déja assis. Dès que les Sénateurs furent entrez, les Magistrats firent leur raport. On entend le Courrier. Il confirme la nouvelle. Alors le Heraut commence à crier: Quelqu'un veut-il haranguer le Peuple ? mais personne ne lui répond. Il a beau répeter la même chose plusieurs fois. Aucun ne se leve. Tous les Officiers, tous les Orateurs étant présens, aux yeux de la commune Patrie, dont on entendoit la voix crier: N'y a-t-il personne qui ait un conseil à me donner pour mon salut?* BOILEAU.

TRAITÉ

CHAPITRE X.

Ce que c'est qu'Amplification.

JE ne saurois approuver la définition que lui donnent les Maîtres de l'Art. L'Amplification, disent-ils, est un *Discours qui augmente & qui agrandit les choses*. Car cette définition peut convenir tout de même au Sublime, au Pathétique, & aux Figures : puisqu'elles donnent toutes au Discours je ne sai quel caractère de grandeur. Il y a pourtant bien de la différence. Et premierement le Sublime consiste dans la hauteur & l'élevation, au lieu que l'Amplification consiste aussi dans la multitude des paroles. C'est pourquoi le Sublime se trouve dans une simple pensée : mais l'Amplification ne subsiste que dans la pompe & dans l'abondance. L'Amplification donc, pour en donner ici une idée génerale, *est un accroissement de paroles, que l'on peut tirer de toutes les circonstances particulieres des choses, & de tous les lieux de l'Oraison, qui remplit le Discours, & le fortifie, en appuiant sur ce qu'on a déja dit.* Ainsi elle differe de la preuve, en ce qu'on emploie celle-ci pour prouver la question, au lieu que l'Amplification ¹ ne sert qu'à étendre & à exagerer. * * * * * * * * * * * * * * * *

La

REMARQUES.

CHAP. X. 1. *Ne sert qu'à exagerer*] Cet endroit est fort défectueux. L'Auteur, après avoir fait quelques remarques encore sur l'*Amplification*, venoit ensuite à comparer deux Orateurs dont on ne peut pas deviner les noms : il reste même dans le texte trois ou quatre lignes de cette comparaison que j'ai supprimées dans la Traduction : parce que cela auroit embarrassé le Lecteur, & auroit été inutile ; puisqu'on ne sait point qui sont ceux dont l'Auteur parle. Voici pourtant les paroles qui en restent : *Celui-ci est plus abondant & plus riche. On peut comparer son Eloquence à une grande mer qui occupe beaucoup d'espace, & se repand en plusieurs endroits. L'un, à mon avis, est plus Pathétique, & a bien plus de feu & d'éclat. L'autre demeurant toûjours dans une certaine gravité pompeuse n'est pas froid à la verité, mais n'a pas aussi tant d'activité, ni de mouvement.* Le Traducteur Latin a crû que ces paroles regardoient Ciceron & Démosthène : mais il se trompe. BOILEAU.

2. *Entre Démosthène & Ciceron.*] J'ai montré dans mes remarques Latines, que c'est de Platon, & non pas de Ciceron, que notre Auteur parle ici. * TOLLIUS.

* Tollius se trompe ici doublement, en disant que cet endroit regarde Platon & non pas Ciceron, & qu'il l'a montré dans ses remarques Latines. Car 1. Longin fait ici la comparaison de Ciceron & de Démosthène, qu'il nomme tous deux : *Neque alia est, me judice*, dit Longin, suivant la traduction même de Tollius, *inter Ciceronis & Demosthenis granditatem, diversitas*. Καὶ ὁ Κικέρων τοῦ Δημοσθένους, &c. 2. Tollius a observé dans ses remarques Latines, que l'endroit où Longin fait la comparaison de Démosthène & de Platon, est le passage précedent, dont Tollius a traduit ce qui reste, mais que Mr. Despréaux a supprimé dans sa traduction, parce que cet endroit est mutilé & corrompu dans le texte. Tollius devoit donc tourner ainsi cette derniere note : *J'ai montré dans mes remarques Latines, que c'est de Platon, & non pas de Ciceron, que notre Auteur a parlé dans le passage précedent.* Ou plûtôt, Tollius devoit supprimer sa Remarque.

3. *Pour Ciceron*, &c.] Longin en conservant l'idée des embrasemens qui semblent quelquefois ne se ralentir que pour éclater avec plus de violence, désinit très-bien le caractère de Ciceron, qui conserve toujours un certain feu, mais qui le ranime en certains endroits, & lorsqu'il semble qu'il va s'éteindre. DACIER.

CHANGEMENT. Ibid. *Pour Ciceron, l'on peut dire.*

DU SUBLIME. Chap. X.

La même difference, à mon avis, est *entre Démosthène & Ciceron pour le Grand & le Sublime, autant que nous autres Grecs pouvons juger des Ouvrages d'un Auteur Latin. En effet, Démosthène est grand en ce qu'il est serré & concis, & Ciceron au contraire, en ce qu'il est diffus & étendu. On peut comparer ce premier, à cause de la violence, de la rapidité, de la force, & de la véhémence avec laquelle il ravage, pour ainsi dire, & emporte tout, à une tempête & à un foudre. 3 Pour Ciceron, l'on peut dire, à mon avis, que comme un grand embrasement, il devore & consume tout ce qu'il répand diversement dans ses Ouvrages; & qui, à mesure qu'il s'avance, prend toûjours de nouvelles forces. Mais vous pouvez mieux juger de cela que moi. Au reste, le Sublime de Démosthène vaut sans doute bien mieux dans les exagerations fortes, & dans les violentes passions, 4 quand il faut, pour ainsi dire, étonner l'Auditeur. Au contraire, l'abondance est meilleure, lorsqu'on veut, si j'ose me servir de ces termes, 5 répandre une rosée agréable dans les esprits. Et certainement un Discours diffus est bien plus propre pour les Lieux communs, les Peroraisons, les Digressions, & generalement pour tous ces Discours qui se font dans le Genre démonstratif. Il en est de même pour les Histoires, les Traitez de Physique, & plusieurs autres semblables matières.

CHA-

REMARQUES.

dire, &c.] Premiere traduction, avant l'édition de 1683. *Pour Ciceron, à mon sens, il ressemble à un grand embrasement qui se répand par tout, s'élève en l'air, avec un feu dont la violence & ne s'éteint point: qui fait de differens effets, selon les differens endroits où il se trouve; mais qui se nourrit neanmoins & s'entretient toûjours dans la diversité des choses où il s'attache. Mais vous pouvez.* &c.

4. *Quand il faut, pour ainsi dire, étonner l'Auditeur.*] Cette modification *pour ainsi dire,* ne me paroît pas necessaire ici, & il me semble qu'elle affoiblit en quelque manière la pensée de Longin, qui ne se contente pas de dire, *que le Sublime de Démosthène vaut mieux quand il faut étonner l'Auditeur;* mais qui ajoûte, *quand il faut entièrement étonner,* &c. Je ne croi pas que le mot François *étonner,* demande de lui-même cette excuse, puisqu'il n'est pas si fort que le Grec ἐκπλῆξαι, quoi qu'il serve également à marquer l'effet que produit la foudre dans l'esprit de ceux qu'elle a presque touchez. DACIER.

5. *Répandre une rosée agréable, &c.*] Monsieur le Févre & Monsieur Dacier donnent à ce passage une interpretation fort subtile: mais je ne suis point de leur avis, & je rens ici le mot de κατανυσαι dans son sens le plus naturel, *arroser, rafraîchir,* qui est le propre du stile abondant, opposé *au stile sec.* BOILEAU.

Ibid. *Répandre une rosée agréable dans les esprits.*] Outre que cette expression *répandre une rosée,* ne répond pas bien à l'abondance dont il est ici question, il me semble qu'elle obscurcit la pensée de Longin, qui oppose ici κατανυλῆσαι à ἐκπλῆξαι, & qui après avoir dit que *le Sublime concis de Démosthène doit être employé lorsqu'il faut entièrement étonner l'Auditeur,* ajoûte, *qu'on doit se servir de cette riche abondance de Ciceron lorsqu'il faut l'adoucir.* Ce κατανυλῆσαι est emprunté de la Médecine: il signifie proprement *fovere, fomenter, adoucir;* & cette idée est venuë à Longin du mot ἐκπλῆξαι. Le Sublime concis est pour frapper; mais cette heureuse abondance est pour guérir les coups que ce Sublime a portez. De cette manière Longin explique fort bien les deux genres de discours que les anciens Rhéteurs ont établis, dont l'un qui est pour toucher & pour frapper, est appelé proprement *Oratio vehemens;* & l'autre, qui est pour adoucir, *Oratio lenis.* DACIER.

Ibid. *Répandre une rosée.*] On verra dans ma Traduction Latine, & dans mes remarques, que je suis ici du même sentiment que Monsieur Dacier. TOLLIUS.

TRAITÉ

CHAPITRE XI.

De l'Imitation.

POUR retourner à notre Discours, Platon, dont le stile ne laisse pas d'être fort élevé, bien qu'il coule sans être rapide, & sans faire de bruit, nous a donné une idée de ce stile, que vous ne pouvez ignorer, si vous avez lû les Livres de sa République. * *Ces Hommes malheureux*, dit-il quelque part, *qui ne savent ce que c'est que de sagesse ni de vertu, & qui sont continuellement plongez dans les festins & dans la débauche, vont toûjours de pis en pis, & errent enfin toute leur vie. La verité n'a point pour eux d'attraits ni de charmes: Ils n'ont jamais levé les yeux pour la regarder, en un mot ils n'ont jamais goûté de pur ni de solide plaisir. Ils sont comme des bêtes qui regardent toûjours en bas, & qui sont courbées vers la terre. Ils ne songent qu'à manger & à repaître, qu'à satisfaire leurs passions brutales; & dans l'ardeur de les rassasier, ils regimbent, ils égratignent, ils se battent à coups d'ongles & de cornes de fer, & perissent à la fin par leur gourmandise insatiable.*

Au reste, ce Philosophe nous a encore enseigné un autre chemin, si nous ne voulons point le négliger, qui nous peut conduire au Sublime. Quel est ce chemin? c'est l'imitation & l'émulation des Poëtes & des Ecrivains illustres qui ont vécu avant nous. Car c'est le but que nous devons toûjours nous mettre devant les yeux.

Et certainement il s'en voit beaucoup que l'esprit d'autrui ravit hors d'eux-mêmes, comme on dit qu'une sainte fureur saisit la Prêtresse d'Apollon sur le sacré Trépié. Car on tient qu'il y a une ouverture en terre, d'où sort un souffle, une vapeur toute céleste, qui la remplit sur le champ d'une vertu divine, & lui fait prononcer des oracles. De même ces grandes beautez, que nous remarquons dans les Ouvrages des Anciens, sont comme autant de sources sacrées, d'où il s'élève des vapeurs

REMARQUES.

CHAP. XI. 1. *Si Ammonius n'en avoit déja rapporté plusieurs.*] Il y a dans le Grec εἰ μὴ τὰ ἐπ᾿ Ἰνδοὺς καὶ οἱ περὶ Ἀμμώνιον. Mais cet endroit est vraisemblablement corrompu. Car quel rapport peuvent avoir les Indiens au sujet dont il s'agit? BOILEAU.
Ibid. *Si Ammonius n'en avoit déja rapporté plusieurs*] Le Grec dit, *Si Ammonius n'en avoit rapporté de singuliers*, τὰ ἐπ᾿ εἴδους, comme Monsieur le Févre a corrigé. DACIER.

2. *En effet, jamais, à mon avis.*] Il me semble que cette periode n'exprime pas toutes les beautez de l'original, & qu'elle s'éloigne de l'idée de Longin, qui dit: *En effet Platon semble n'avoir entassé de si grandes choses dans ses Traitez de Philosophie, & ne s'être jetté si souvent dans des expressions & dans des matières Poëtiques, que pour disputer de toute sa force le prix à Homère, comme un nouvel athlète à celui qui a déja reçû toutes les acclamations*, &

* *Dialog. pag. 585. édit. de H. Etienne.*

peurs heureufes, qui fe répandent dans l'ame de leurs imitateurs, & animent les efprits même naturellement les moins échauffez: fi bien que dans ce moment ils font comme ravis & emportez de l'enthoufiafme d'autrui. Ainfi voïons-nous qu'Herodote, & avant lui Stéfichore & Archiloque, ont été grans imitateurs d'Homère. Platon néanmoins eft celui de tous qui l'a le plus imité: car il a puifé dans ce Poëte, comme dans une vive fource, dont il a détourné un nombre infini de ruiffeaux: & j'en donnerois des exemples, ¹ fi Ammonius n'en avoit déja rapporté plufieurs.

Au refte, on ne doit point regarder cela comme un larcin, mais comme une belle idée qu'il a euë, & qu'il s'eft formée fur les mœurs, l'invention, & les Ouvrages d'autrui. ² En effet, jamais, à mon avis, ³ il n'eût mêlé de fi grandes chofes dans fes Traitez de Philofophie, paffant, comme il fait, du fimple difcours à des expreffions & à des matières Poëtiques, s'il ne fût venu, pour ainfi dire, comme un nouvel Athlète, difputer de toute fa force le prix à Homère, c'eft-à-dire, à celui ⁴ qui avoit déja reçû les applaudiffemens de tout le monde. Car, bien qu'il ne le faffe peut-être qu'avec un peu trop d'ardeur, &, comme on dit, les armes à la main, cela ne laiffe pas néanmoins de lui fervir beaucoup, puis qu'enfin, felon Héfiode*,

La noble jaloufie eft utile aux Mortels.

Et n'eft-ce pas en effet quelque chofe de bien glorieux, & bien digne d'une ame noble, que de combattre pour l'honneur & le prix de la victoire, avec ceux qui nous ont précédé, puifque dans ces fortes de combats on peut même être vaincu fans honte?

CHA-

REMARQUES.

& qui a été l'admiration de tout le monde. Cela conferve l'image que Longin a voulu donner des Athlètes, & c'eft cette image qui fait la plus grande beauté de ce paffage. DACIER.

Ibid. *En effet, jamais.*] J'avois déja remarqué cet endroit dans la première édition de Monfieur Defpréaux, avec intention de l'éclaircir un peu mieux: mais la remarque de Monfieur Dacier m'en épargne la peine. TOLLIUS.

CHANGEMENT. 3. *Il n'eût mêlé de fi grandes chofes &c.*] Il ne dit de fi grandes chofes dans fes Traitez de Philofophie, que quand du fimple difcours, paffant à des expreffions & à des matières Poëtiques, il vient, s'il faut ainfi dire, comme un nouvel &c. Premières éditions.

CHANG. 4. *Qui avoit déja &c.*] Qui étoit déja l'admiration de tous les fiècles. Editions avant 1683.

* *Opera & Dies, V. 25.*
Tom. II.   E

TRAITÉ

CHAPITRE XII.

De la manière d'imiter.

TOUTES les fois donc que nous voulons travailler à un Ouvrage qui demande du Grand & du Sublime, il est bon de faire cette réflexion : Comment est-ce qu'Homère auroit dit cela ? Qu'auroient fait Platon, Démosthène, ou Thucydide même, s'il est question d'histoire, pour écrire ceci en stile sublime ? [1] Car ces grans Hommes que nous nous proposons à imiter, se présentant de la sorte à notre imagination, nous servent comme de flambeaux, & nous élèvent l'ame presque aussi haut que l'idée que nous avons conçuë de leur génie ; sur tout si nous nous imprimons bien ceci en nous-mêmes : Que penseroient Homère ou Démosthène de ce que je dis, s'ils m'écoutoient ? quel jugement feroient-ils de moi ? [2] En effet, nous ne croirons pas avoir un médiocre prix à disputer, si nous pouvons nous figurer que nous allons, mais sérieusement, rendre compte de nos Ecrits devant un si célèbre Tribunal, & sur un théatre où nous avons de tels Heros pour Juges & pour témoins. Mais un motif encore plus puissant pour nous exciter, c'est de songer au jugement que toute la posterité fera de nos Ecrits. [3] Car si un homme, [4] dans la défiance de ce jugement, a peur,

pour

REMARQUES.

CHAP. XII. 1. *Car ces grans Hommes que nous nous proposons à imiter.*] Sénéque à la fin de son Epître XI. donne, pour les mœurs, la même règle que Longin propose ici pour l'éloquence.

2. *En effet, nous ne croirons pas.*] A mon avis, le mot Grec ἀγώνισμα ne signifie point ici, *prix*, mais *spectacle*. Longin dit, *En effet, de nous figurer que nous allons rendre compte de nos Ecrits devant un si célèbre Tribunal, & sur un Théatre où nous avons de tels Heros pour Juges ou pour témoins, ce sera un spectacle bien propre à nous animer*, Thucydide s'est servi plus d'une fois de ce mot dans le même sens. Je ne rapporterai que ce passage du Livre VII. Ὁ γὰρ Γύλιππος καλὸν τὸ ἀγώνισμα ἐνόμιζεν οἱ εἶναι ἐπὶ τοῖς ἄλλοις καὶ τοὺς ἀντιστρατήγους κομίσαι Λακεδαιμονίοις. Gylippe *estimoit que ce seroit un spectacle bien glorieux pour lui, de mener comme en triomphe les deux Généraux des ennemis qu'il avoit pris dans le combat.* Il parle de Nicias & de Démosthène, chefs des Athéniens. DACIER.

Ibid. *En effet nous ne croirons.*] C'est encore ici que je ne trouve pas juste la Traduction Françoise : & j'ai montré ailleurs la force & la veritable signification de ces mots, ἀγών & ἀγώνισμα. On n'a qu'à voir ma Traduction Latine. TOLLIUS.

CHANGEMENT. Ibid. *En effet, nous ne croirons pas* &c.] On lisoit dans les premières éditions : *En effet, ce sera un grand avantage pour nous, si nous pouvons nous figurer* &c.

3. *Car si un homme dans la défiance de ce jugement.*] C'est ainsi qu'il faut entendre ce passage. Le sens que lui donne Monsieur Dacier s'accommode assez bien au Grec ; mais il fait dire une chose de mauvais sens à Longin, puisqu'il n'est point vrai qu'un Homme qui se défie que ses ouvrages aillent à la posterité, ne produira jamais rien qui en soit digne, & qu'au contraire cette défiance même lui fera faire des efforts pour mettre ces ouvrages en état d'y passer avec éloge. BOILEAU.

4. *Car si un homme dans la défiance de ce jugement a peur, pour ainsi dire, d'avoir dit quelque chose qui vive plus que lui*, &c.] A mon avis, aucun Interprète n'est entré ici dans le sens de Longin, qui n'a jamais eu cette pensée, *qu'un homme*

dans

pour ainsi dire, d'avoir dit quelque chose qui vive plus que lui, son esprit ne sauroit jamais rien produire que des avortons aveugles & imparfaits; & il ne se donnera jamais la peine d'achever des Ouvrages qu'il ne fait point pour passer jusqu'à la derniere posterité.

CHAPITRE XIII.

Des Images.

CEs *Images*, que d'autres appèlent *Peintures*, ou *Fictions*, sont aussi d'un grand artifice pour donner du poids, de la magnificence, & de la force au Discours. Ce mot d'*Images* se prend en général pour toute pensée propre à produire une expression, & qui fait une peinture à l'esprit de quelque manière que ce soit. Mais il se prend encore dans un sens plus particulier & plus resserré, pour ces Discours que l'on fait, *lors que par un enthousiasme & un mouvement extraordinaire de l'ame, il semble que nous vöions les choses dont nous parlons, & quand nous les mettons devant les yeux de ceux qui écoutent.*

Au reste, vous devez savoir que les *Images*, dans la Rhétorique, ont tout un autre usage que parmi les Poëtes. En effet, le but qu'on s'y propose dans la Poësie, c'est l'étonnement & la surprise: au lieu que dans la Prose, c'est de

REMARQUES.

dans la défiance de ce jugement pourra avoir peur d'avoir dit quelque chose qui vive plus que lui, ni même qu'il ne se donnera pas la peine d'achever ses ouvrages. Au contraire, il veut faire entendre que cette crainte ou ce découragement le mettra en état de ne pouvoir rien faire de beau, ni qui lui survive, quand il travailleroit sans cesse, & qu'il feroit les plus grans efforts; *car si un homme*, dit-il, *après avoir envisagé ce jugement, tombe d'abord dans la crainte de ne pouvoir rien produire qui lui survive, il est impossible que les conceptions de son esprit ne soient aveugles & imparfaites, & qu'elles n'avortent, pour ainsi dire, sans pouvoir jamais parvenir à la derniere posterité.* Un homme qui écrit doit avoir une noble hardiesse, ne se contenter pas d'écrire pour son siècle, mais envisager toute la posterité. Cette idée lui élevera l'ame & animera ses conceptions, au lieu que si dès le moment que cette posterité se présentera à son esprit, il tombe dans la crainte de ne pouvoir rien faire qui soit digne d'elle, ce découragement & ce desespoir lui feront perdre toute sa force, & quelque peine qu'il se donne, ses Ecrits ne seront jamais que des avortons. C'est manifestement la doctrine de Longin, qui n'a garde pourtant d'autoriser par là une confiance aveugle & téméraire, comme il seroit facile de le prouver. DACIER.

Ibid. *Car si un homme.*] C'est une chose assez surprenante, que Monsieur Dacier & moi nous nous soïons tant de fois rencontrez. Quand je considère sa traduction dans cet endroit, j'y trouve un parfait raport avec la mienne, excepté le mot d'*αὐτόθεν*, que Monsieur Boileau a aussi bien traduit que Monsieur Dacier, & que j'ai expliqué par les mots, *ita protinus*: c'est-à-dire, *aussi tôt, quand il entreprend quelque ouvrage.* On trouve chez Suidas un fragment d'un ancien Poëte Grec, où la Renommée immortelle est appelée, *la Fille de l'Esperance*: Τίκτον dit-il, ἐλπὶς ἄμβροτε φήμη. TOLLIUS.

CHANGEMENT. 4. *Dans la défiance &c.*] *Dans la crainte de ce jugement, ne se soucie pas qu'aucun de ses ouvrages vive plus que lui, son esprit ne sauroit rien produire que &c.* Avant l'édition de 1683.

de bien peindre les choſes, & de les faire voir clairement. Il y a pourtant cela de commun, qu'on tend à émouvoir ¹ en l'une & en l'autre rencontre.

> * *Mere cruelle, arrête, éloigne de mes yeux*
> *Ces Filles de l'Enfer, ces ſpectres odieux.*
> *Ils viennent: je les voi: mon ſupplice s'apprête.*
> ² *Quels horribles ſerpens leur ſiflent ſur la tête!*

Et ailleurs † :

> *Où fuirai je? Elle vient: Je la voi. Je ſuis mort.*

Le Poëte en cet endroit ne voïoit pas les Furies : cependant il en fait une image ſi naïve, qu'il les fait preſque voir aux Auditeurs. Et veritablement ³ je ne ſaurois pas bien dire ſi Euripide eſt auſſi heureux à exprimer les autres paſſions: mais pour ce qui regarde l'amour & la fureur, c'eſt à quoi il s'eſt étudié particulierement, & il y a fort bien réüſſi. Et même en d'autres rencontres il ne manque pas quelquefois de hardieſſe à peindre les choſes. Car bien que ſon eſprit de luimême ne ſoit pas porté au Grand, il corrige ſon naturel, & le force d'être tragique & relevé, principalement dans les grans ſujets : de ſorte, qu'on lui peut appliquer ces Vers du Poëte :

> ‡ *A l'aſpect du peril, au combat il s'anime :*

Et

REMARQUES.

CHAP. XIII. 1. *En l'une & en l'autre rencontre.*] Je préférerois , *en l'un & l'autre Art*. Voïez ce qu'en dit Porphyre *de Abſtinentia Animalium* lib. II. C. XLI. : Τὸ μὲν γὰρ ποιητικὸν καὶ συστρέφει καὶ τὰς ὑπολήψεις τῶν ἀνθρώπων τῷ χρῆσθαι φράσει σφοδρᾷ καὶ ἐκπλήξει, καὶ γοητείαν πεποιημένῃ, κηλῆσιν τ' ἐμποιεῖται, καὶ πίστιν περὶ τῶν ἀδυνάτων. TOLLIUS.

CHANGEMENT. 2. *Quels horribles ſerpens.*] *Mille horribles ſerpens*, avant l'édition de 1694.

3. *Je ne ſaurois pas bien dire.*] Monſieur Deſpréaux s'eſt ici ſervi du texte corrompu ; où il y avoit, εἰ τισὶν ἑτέροις, au lieu d'εἰ τις ἕτερος ; c'eſt-à-dire, ſi Euripide n'eſt pas plus heureux qu'aucun autre à exprimer les paſſions de l'amour & de la fureur, à quoi il s'eſt étudié avec une application très-particulière. TOLLIUS.

4. *Les yeux étincelans.*] J'ai ajoûté ce vers que j'ai pris dans le texte d'Homère. BOILEAU.

5. *Prens garde qu'une ardeur trop funeſte à ta vie.*] Je trouve quelque choſe de noble & de beau dans le tour de ces quatre vers : il me ſemble pourtant, que lors que le Soleil dit , *au deſſus de la Libye, le ſillon n'étant point arroſé d'eau, n'a jamais rafraîchi mon char,* il parle plûtôt comme un homme qui pouſſe ſon char à travers champs , que comme un Dieu qui éclaire la terre. Monſieur Deſpréaux a ſüivi ici tous les autres Interpretes; qui ont expliqué ce paſſage de la même manière, mais je croi qu'ils ſe ſont fort éloignez de la penſée d'Euripide, qui dit : *Marche & ne te laiſſe point emporter dans l'air de Libye,* qui n'aïant aucun mélange d'humidité , laiſſera tomber ton char. C'étoit l'opinion des Anciens qu'un mélange humide fait la force & la ſolidité de l'air. Mais ce n'eſt pas ici le lieu de parler de leurs principes de Phyſique. DACIER.

---

* *Paroles d'Euripide, dans ſon Oreſte,* V. 255.
† *Euripide, Iphigénie en Tauride,* V. 290.   ‡ *Iliad.* 20. V. 170.

DU SUBLIME. Chap. XIII.

Et le poil herissé, les yeux étincelans,
De sa queuë il se bat les côtez & les flancs.

Comme on le peut remarquer dans cet endroit*, où le Soleil parle ainsi à Phaëton, en lui mettant entre les mains les rênes de ses Chevaux:

Prens garde qu'une ardeur trop funeste à ta vie
Ne t'emporte au dessus de l'aride Libye.
Là jamais d'aucune eau le sillon arrosé
Ne rafraîchit mon char dans sa course embrasé.

Et dans ces Vers suivans:

Aussi-tôt devant toi s'offriront sept Etoiles.
Dresse par là ta course, & sui le droit chemin.
Phaëton, à ces mots, prend les rênes en main;
De ses chevaux aîlez il bat les flancs agiles.
Les coursiers du Soleil à sa voix sont dociles.
Ils vont: le char s'éloigne, & plus prompt qu'un éclair,
Pénètre en un moment les vastes champs de l'air.
Le Pere cependant, plein d'un trouble funeste,
Le voit rouler de loin sur la plaine céleste;
Lui montre encor sa route, ⁶ & du plus haut des Cieux,

Le

REMARQUES.

6. *Et du plus haut des Cieux.*] Le Grec porte, *au dessus de la Canicule* ; ὕπερ ταῦτα Σειρίου βεβώς, ἵππευε. Le Soleil à cheval monta au dessus de la Canicule. Je ne voi pas pourquoi Rutgersius, & Monsieur le Févre, veulent changer cet endroit, puisqu'il est fort clair, & ne veut dire autre chose, sinon que le Soleil monta au dessus de la Canicule, c'est-à-dire dans le centre du Ciel, où les Astrologues tiennent que cet Astre est placé, & comme j'ai mis, *au plus haut des Cieux*; pour voir marcher Phaëton, & que de là il lui crioit encore: *Va par là, revien, détourne*, &c. BOILEAU.
Ibid. *Et du plus haut des Cieux.*] Monsieur Despréaux dit dans sa Remarque, que le Grec porte *que le Soleil à cheval monta au dessus de la Canicule,* ὕπερ ταῦτα Σειρίου βεβώς, & il ajoute, qu'il ne voit pas pourquoi Rutgersius & Monsieur le Févre veulent changer cet endroit qui est fort clair. Premierement ce n'est point Monsieur le Févre, qui a voulu changer cet endroit ; au contraire il fait voir le ridicule de la correction de Rutgersius*, qui lisoit Σειραλις, au lieu de Σειρίου. Il a dit seulement qu'il faut lire Σειρίν & cela est sans difficulté, parce que le penultième pied de ce vers doit être un ïambe, ειν. Mais cela ne change rien au sens. Au reste, Euripide, à mon avis, n'a point voulu dire que *le Soleil à cheval monta au dessus de la Canicule* ; mais plûtôt que le Soleil pour suivre son fils monta à cheval sur un Astre qu'il appelle Σειριον, *Sirium*, qui est le nom general de tous les Astres, & qui n'est point du tout ici la Canicule : ὕπερ ne doit point être construit avec ταῦτα, il faut le joindre avec le verbe ἵππευε du vers

* *Euripide dans son Phaëton, Tragedie perduë.*

Le suit autant qu'il peut, de la voix & des yeux,
Va par là, lui dit-il: revien: détourne: arrête.

Ne diriez-vous pas que l'ame du Poëte monte sur le char avec Phaëton, qu'elle partage tous ses perils, & qu'elle vole dans l'air avec les chevaux? car s'il ne les suivoit dans les Cieux, s'il n'assistoit à tout ce qui s'y passe, pourroit-il peindre la chose comme il fait? Il en est de même de cet endroit de sa Cassandre*, qui commence par

Mais, ô braves Tröiens, &c.

7 Eschyle a quelquefois aussi des hardiesses & des imaginations tout-à-nobles & heroïques, comme on le peut voir dans sa Tragédie intitulée, *Les Sept devant Thèbes*, où un Courrier venant apporter à Etéocle la nouvelle de ces sept Chefs, qui avoient tous impitoïablement juré, pour ainsi dire, leur propre mort, s'explique ainsi:

† *Sur un bouclier noir sept Chefs impitoïables*
Epouvantent les Dieux de sermens effroïables:
Près d'un Taureau mourant qu'ils viennent d'égorger,
Tous, la main dans le sang, jurent de se venger.
Ils en jurent la Peur, le Dieu Mars, & Bellone.

Au

REMARQUES.

vers suivant, de cette manière: Πατὴρ δὲ βεβὼς νῶτα Σειρίω ἵππευε ὅπιςε, παῖδα νεθέτων; *Le Soleil monté sur un Astre, alloit après son fils, en lui criant, &c.* Et cela est beaucoup plus vrai-semblable, que de dire que le Soleil monta à cheval pour aller seulement au centre du Ciel au dessus de la Canicule, & pour crier de là à son fils & lui enseigner le chemin. Ce centre du Ciel est un peu trop éloigné de la route que tenoit Phaëton. DA-CIER.

* *Le ridicule de la correction de Rutgersius.*] Saumaise sur Solin, pag. 896. de l'édition de Paris, a le premier corrigé Rutgersius.

7. *Eschyle a quelquefois.*] Je ne trouve pas ici la connexion que je voudrois avec ce qui suit. Qu'on regarde seulement ma Traduction Latine, & on en verra la différence. TOLLIUS.

8. *S'expose quelquefois aux mêmes perils.*] Je me trompe fort, si un François entend le sens de ces paroles, sans qu'on leur donne quelque lumière. Car le mot Grec κίνδυνοι signifie ici les pensées & les expressions, qui par leur sublimité aprochent fort de l'enflure, ou plutôt de l'enthousiasme qui va trop loin, & qui selon l'expression de Quintilien, rend le Poëte *grandiloquum usque ad vitium.* Car c'est de lui que Longin a tiré cette belle remarque. Mais je ne trouve pas que Longin ait ici autant de raison qu'il croit, de préférer cet *adoucissement* d'Euripide à l'expression *trop rude*, comme il l'appèle, & *mal polie* d'Eschyle. Car c'étoit le sentiment universel de presque tous les Païens, que dans les apparitions des Dieux tout se mouvoit & trembloit, non seulement les édifices & les palais, mais les montagnes même. Et voici ce que Claudien dit à cet égard des temples, lib. 1. *de raptu Proserpinae:*

Jam mihi cernuntur trepidis delubra moveri
Sedibus, & clarum dispergere culmina lumen
Adventum testata Dei.

Virgile dit le même des montagnes; *libro VI. Æn.*

Ecce autem primi sub lumina solis & ortus

Sub

* *Piece perduë.*   † *V. 42.*

DU SUBLIME. Chap. XIII.

Au reste, bien que ce Poëte, pour vouloir trop s'élever, tombe assez souvent dans des pensées rudes, grossieres & mal polies, Euripide néanmoins, par une noble émulation, [8] s'expose quelquefois aux mêmes perils. Par exemple, dans Eschyle*, le Palais de Lycurgue est ému, & entre en fureur à la vûë de Bacchus:

> [9] *Le Palais en fureur mugit à son aspect.*

Euripide emploie cette même pensée d'une autre manière, en l'adoucissant néanmoins:

> *La Montagne à leurs cris répond en mugissant.*

Sophocle n'est pas moins excellent à peindre les choses, comme on le peut voir dans la description qu'il nous a laissée d'Oedipe mourant, & s'ensevelissant lui-même au milieu d'une tempête prodigieuse, & dans cet endroit, où il dépeint l'apparition d'Achille sur son tombeau, dans le moment que les Grecs alloient lever l'ancre. Je doute néanmoins, pour cette apparition, que jamais personne en ait fait une description plus vive que Simonide. Mais nous n'aurions jamais fait, si nous voulions étaler ici tous les exemples que nous pourrions rapporter à ce propos.

Pour retourner à ce que nous disions, [10] les *Images* dans la Poësie sont

REMARQUES.

Sub pedibus mugire solum, juga cœpta moveri Silvarum; visaque canes ululare per umbram, Adventante Dea.

De sorte que cette apparition ne se faisoit jamais sans quelque prodige, ou, comme les Grecs le nomment, διοσημείᾳ. Mais, comme je l'ai dit dans mes remarques Latines, ce n'est ni toute la pensée, ni le mot Ἐνθυσίᾳ, comme Monsieur le Févre a crû, mais le seul mot βακχῶν, qui deplait à Longin; & cela, parce qu'il n'a pas tant de douceur, & ne nous donne pas une idée si délicate que le mot συμβακχεῖν: qui marque un mouvement libre, agréable, & qui vient d'une volonté emportée plutôt par la joie que lui cause la vûë d'un si grand Dieu, que par l'effort ou par la présence de sa Divinité. TOLLIUS.

9. *Le Palais en fureur mugis à son aspect.*] Le mot *mugir* ne me paroît pas assez fort pour exprimer seul le ἐνθέῳ & le βακχεύων d'Eschyle; car ils ne signifient pas seulement *mugir*, mais *se remuer avec agitation, avec violence*. Quoique ce soit une folie de vouloir faire un vers mieux que Monsieur Despréaux, je ne laisserai pas de dire que celui d'Eschyle seroit peut-être mieux de cette manière pour le sens.

> *Du Palais en fureur les combles ébranlés Tremblent en mugissant.*

Et celui d'Euripide:

> *La Montagne s'ébranle, & répond à leurs cris.*

DACIER.

10. *Les Images dans la Poësie sont pleines ordinairement d'accidens fabuleux.*] C'est le sens que tous les Interprètes ont donné à ce passage: mais je ne crois pas que ç'ait été la pensée de Longin; car il n'est pas vrai que dans la Poësie les images soient ordinairement pleines d'accidens, elles n'ont en cela rien qui ne leur soit commun avec les images de la Rhétorique. Longin dit simplement, *que dans la Poësie les images sont poussées à un excès fabuleux & qui passe toute sorte de créance.* DACIER.

* *Lycurgue*, Tragedie perdue.

font pleines ordinairement d'accidens fabuleux, & qui paſſent toute ſorte de croïance; au lieu que dans la Rhétorique le beau des *Images*, c'eſt de repréſenter la choſe comme elle s'eſt paſſée, & telle qu'elle eſt dans la verité. Car une invention Poëtique & fabuleuſe, dans une Oraiſon, traîne néceſſairement avec ſoi [11] des digreſſions groſſieres & hors de propos, & tombe dans une extrême abſurdité. C'eſt pourtant ce que cherchent aujourd'hui nos Orateurs, ils voient quelquefois les Furies, ces grans Orateurs, auſſi bien que les Poëtes tragiques; & les bonnes gens ne prennent pas garde que lors qu'Oreſte dit dans Euripide:

    * *Toi qui dans les Enfers me veux précipiter,*
    Déeſſe, ceſſe enfin de me perſecuter.

Il ne s'imagine voir toutes ces choſes, que parce qu'il n'eſt pas dans ſon bon ſens. Quel eſt donc l'effet des *Images* dans la Rhétorique? C'eſt qu'outre pluſieurs autres proprietez, elles ont cela qu'elles animent & échauffent le Diſcours. Si bien qu'étant mêlées avec art dans les preuves, elles ne perſuadent pas ſeulement, mais elles domptent, pour ainſi dire, elles ſoumettent l'Auditeur. [12] *Si un homme*, dit un Orateur, *a entendu un grand bruit devant le Palais, & qu'un autre à même tems vienne annoncer que les priſons ſont ouvertes, & que les priſonniers de guerre ſe ſauvent, il n'y a point de vieillard ſi chargé d'années, ni de jeune homme ſi indifferent, qui ne coure de toute ſa force au ſecours. Que ſi quelqu'un, ſur ces entrefaites, leur montre l'auteur de ce deſordre, c'eſt fait de ce malheureux; il faut qu'il periſſe ſur le champ, & on ne lui donne pas le tems de parler.*

Hype-

REMARQUES.

11. *Des digreſſions groſſieres.*] Ce n'eſt pas tout-à-fait le ſentiment de Longin. Si je ne me trompe, il auroit falu le traduire de cette manière: *Car c'eſt une terrible faute, & tout-à-fait extravagante, de ſe ſervir dans celle-là des images & des fictions Poëtiques & fabuleuſes, qui ſont tout-à-fait impoſſibles.* Quand on prendra la peine de regarder mes remarques Latines, & de les conferer avec ma traduction, on y verra plus de jour. TOLLIUS.

12. *Si un homme &c.*] Ciceron s'eſt très-bien ſervi de cet endroit, quand il dit (l. IV. contra Verrem c. XLIII.) *Intereà ex clamore fama tota urbe percrebuit, expugnari Deos patrios, non hoſtium adventu inopinato, neque repentino prædonum impetu, ſed ex domo atque cohorte prætoriâ manum fugitivo-*

* Oreſte, *Tragédie*, V. 264.

rum inſtructam armatamque veniſſe. Nemo Agrigenti neque ætate tam affectâ, neque viribus tam infirmis fuit, qui non illa nocte eo nuntio excitatus ſurrexerit, telumque, quod cuique fors offerebat, arripuerit. Itaque brevi tempore ad fanum ex tota urbe concurritur. TOLLIUS.

13. *Ce n'eſt point*, dit-il, *un Orateur qui a fait paſſer cette Loi, c'eſt la bataille, c'eſt la défaite de Cheronée.*] Pour conſerver l'image que Longin a voulu faire remarquer dans ce paſſage d'Hyperide il faut traduire: *Ce n'eſt point,* dit-il, *un Orateur qui a écrit cette Loi, c'eſt la bataille, c'eſt la défaite de Cheronée.* Car c'eſt en cela que conſiſte l'image. *La bataille a écrit cette Loi.* Au lieu qu'en diſant, *la bataille a fait paſſer cette Loi,* on ne conſerve plus l'image, ou elle eſt du moins fort peu ſenſi-

DU SUBLIME. Chap. XIV.

Hyperide s'est servi de cet artifice dans l'Oraison, où il rend compte de l'Ordonnance qu'il fit faire, après la défaite de Cheronée, qu'on donneroit la liberté aux esclaves. [13] *Ce n'est point*, dit-il, *un Orateur qui a fait passer cette Loi; c'est la bataille, c'est la défaite de Cheronée*. Au même tems qu'il prouve la chose par raison, il fait une *Image*; & [14] par cette proposition qu'il avance, il fait plus que persuader & que prouver. Car comme en toutes choses on s'arrête naturellement à ce qui brille & éclate davantage, l'esprit de l'Auditeur est aisément entraîné par cette Image qu'on lui présente au milieu d'un raisonnement, & qui lui frappant l'imagination, l'empêche d'examiner de si près la force des preuves, à cause de ce grand éclat dont elle couvre & environne le Discours. Au reste, il n'est pas extraordinaire que cela fasse cet effet en nous, puisqu'il est certain que de deux corps mêlez ensemble, celui qui a le plus de force attire toujours à soi la vertu & la puissance de l'autre. Mais c'est assez parlé de cette Sublimité, qui consiste dans les pensées & qui vient, comme j'ai dit, ou de *la Grandeur d'ame*, ou de *l'Imitation*, ou de *l'Imagination*.

CHAPITRE XIV.

Des Figures; & premièrement de l'Apostrophe.

IL faut maintenant parler des Figures, pour suivre l'ordre que nous nous sommes prescrit. Car, comme j'ai dit, elles ne sont pas une des moindres parties du Sublime, lors qu'on leur donne le tour qu'elles doivent avoir. Mais ce seroit un Ouvrage de trop longue haleine, pour

REMARQUES.

sensible. C'étoit même chez les Grecs le terme propre, *écrire une Loi, une Ordonnance, un Edit*, &c. Monsieur Despréaux a évité cette expression, *écrire une Loi*, parce qu'elle n'est pas Françoise dans ce sens-là; mais il auroit pû mettre, *ce n'est pas un Orateur qui a fait cette Loi*, &c. Hyperide avoit ordonné qu'on donneroit le droit de bourgeoisie à tous les habitans d'Athènes indifféremment, la liberté aux esclaves; & qu'on envoïeroit au Pyrée les femmes & les enfans. Plutarque parle de cette Ordonnance, dans la Vie d'Hyperide, & il cite même un passage, qui n'est pourtant pas celui dont il est question. Il est vrai que le même passage rapporté par Longin, est cité fort différemment par Démétrius Phaléréus; *Ce n'est pas*, dit-il, *un Orateur qui a écrit cette Loi, c'est la guer-* re qui l'a écrite avec l'épée d'Alexandre. Mais pour moi je suis persuadé que ces derniers mots *qui l'a écrite avec l'épée d'Alexandre*, Ἀλεξάνδρου δόρατι γράφων, ne sont point d'Hyperide; elles sont apparemment de quelqu'un qui aura crû ajoûter quelque chose à la pensée de cet Orateur, & l'embellir même, en expliquant par une espèce de pointe, le mot πόλεμος ἔγραψεν, *la guerre a écrit*, & je m'assure que cela paroîtra à tous ceux qui ne se laissent point éblouïr par de faux brillans. DACIER.

Ibid. *Ce n'est point*, dit-il, *un Orateur &c.*] On eût pû traduire: *Ce n'est point*, dit-il, *l'Orateur*. Cela seroit un peu plus fort. TOLLIUS.

14. *Par cette proposition*] J'aimerois mieux dire, *& par ce tour d'adresse il fait plus &c.* TOLLIUS.

pour ne pas dire infini, si nous voulions faire ici une exacte recherche de toutes les figures qui peuvent avoir place dans le Discours. C'est pourquoi nous nous contenterons d'en parcourir quelques-unes des principales, je veux dire celles qui contribuent le plus au Sublime : seulement afin de faire voir que nous n'avançons rien que de vrai. Démosthène veut justifier sa conduite, & prouver aux Athéniens qu'ils n'ont point failli en livrant bataille à Philippe. Quel étoit l'air naturel d'énoncer la chose ? *Vous n'avez point failli*, pouvoit-il dire, *Messieurs, en combattant au peril de vos vies pour la liberté & le salut de toute la Grèce ; & vous en avez des exemples qu'on ne sauroit démentir. Car on ne peut pas dire que ces grans Hommes aient failli, qui ont combattu pour la même cause dans les plaines de Marathon, à Salamine, & devant Platées.* Mais il en use bien d'une autre sorte, & tout d'un coup, comme s'il étoit inspiré d'un Dieu ; & possédé de l'esprit d'Apollon même, il s'écrie en jurant par ces vaillans défenseurs de la Grèce : * *Non, Messieurs, non, vous n'avez point failli : j'en jure par les mânes de ces grans Hommes qui ont combattu pour la même cause dans les plaines de Marathon.* Par cette seule forme de serment, que j'appellerai ici *Apostrophe*, il déïfie ces anciens Citoïens dont il parle, & montre en effet, qu'il faut regarder tous ceux qui meurent de la sorte, comme autant de Dieux, par le nom desquels on doit jurer. Il inspire à ses Juges l'esprit & les sentimens de ces illustres Morts ; & changeant l'air naturel de la preuve en cette grande & pathétique manière d'affirmer par des sermens si extraordinaires, si nouveaux, & si dignes de foi, il fait entrer dans l'ame de ses Auditeurs comme une espèce de contrepoison & d'antidote, qui en chasse toutes les mauvaises impressions. Il leur élève le courage par des loüanges. En un mot il leur fait concevoir, qu'ils ne doivent pas moins s'estimer de la bataille qu'ils ont perduë contre Philippe, que des victoires qu'ils ont remportées à Marathon & à Salamine ; & par tous ces differens moïens, renfermez dans une seule figure, il les entraîne dans son parti. Il y en a pourtant qui prétendent que l'original de ce serment se trouve dans Eupolis, quand il dit :

On

REMARQUES.

CHAP. XIV. 1. *Mais il n'y a pas grande finesse.*] Ce jugement est admirable, & Longin dit plus lui seul que tous les autres Rhéteurs qui ont examiné le passage de Démosthène. Quintilien avoit pourtant bien vû que les sermens sont ridicules, si l'on n'a l'adresse de les emploïer aussi heureusement que l'Orateur ; mais il n'avoit point fait sentir tous les défauts que Longin nous explique clairement dans le seul examen qu'il fait de ce serment d'Eupolis. On peut voir deux endroits de Quintilien dans le Chap. 2. du Livre IX. DACIER.

* *De Corona*, pag. 343. *Edit. Basil.*

DU SUBLIME. Chap. XIV.

On ne me verra plus affligé de leur joie.
J'en jure mon combat aux champs de Marathon.

¹ Mais il n'y a pas grande finesse à jurer simplement. Il faut voir où, comment, en quelle occasion, & pourquoi on le fait. Or dans le passage de ce Poëte il n'y a rien autre chose qu'un simple serment. Car il parle aux Athéniens heureux, & dans un tems où ils n'avoient pas besoin de consolation. ² Ajoûtez, que dans ce serment il ne jure pas, comme Démosthène, par des Hommes qu'il rende immortels ; & ne songe point à faire naître dans l'ame des Athéniens des sentimens dignes de la vertu de leurs Ancêtres : vû qu'au lieu de jurer par le nom de ceux qui avoient combattu, il s'amuse à jurer par une chose inanimée, telle qu'est un combat. Au contraire, dans Démosthène ce serment est fait directement pour rendre le courage aux Athéniens vaincus, & pour empécher qu'ils ne regardassent dorénavant, comme un malheur, la bataille de Cheronée. De sorte que, comme j'ai déja dit, dans cette seule figure, il leur prouve par raison qu'ils n'ont point failli ; il leur en fournit un exemple ; il le leur confirme par des sermens ; il fait leur éloge, & ³ il les exhorte à la guerre contre Philippe.

Mais comme on pouvoit répondre à notre Orateur : il s'agit de la bataille que nous avons perduë contre Philippe, durant que vous maniiez les affaires de la République, & vous jurez par les victoires que nos Ancêtres ont remportées. Afin donc de marcher sûrement, il a soin de régler ses paroles, & n'emploie que celles qui lui sont avantageuses, faisant voir que même dans les plus grans emportemens il faut être sobre & retenu. ⁴ En parlant donc de ces victoires de leurs Ancêtres, il dit : *Ceux qui ont combattu par terre à Marathon, & par mer à Salamine ; ceux qui ont donné bataille près d'Artemise & de Platées.* Il se garde bien de dire, *ceux qui ont vaincu.* Il a soin de taire l'événement, qui avoit été aussi heureux en toutes ces batailles, que funeste à Cheronée, & prévient même l'Auditeur, en poursuivant ainsi: *Tous ceux, ô Eschine, qui sont peris en ces rencontres, ont été enterrez aux dépens de la République, & non pas seulement ceux dont la fortune a secondé la valeur.*

CHA-

REMARQUES.

CHANGEMENT. 2. *Ajoûtez, que dans ce serment &c.*] Première traduction, avant l'édition de 1683 : *Ajoûtez, que par ce serment il ne traite pas, comme Démosthène, ces grans hommes d'immortels, & ne songe point &c.*

CHANG. 3. *Il les exhorte à la guerre contre Philippe.*] Ces deux mots furent ajoûtez dans l'édition de 1683.

CHANGEMENT. 4. *En parlant donc de ces victoires &c.*] Premières éditions : *En disant donc que leurs Ancêtres avoient combatu par terre à Marathon, & par mer à Salamine, avoient donné bataille près d'Artemise & de Platées ; il se garde bien de dire qu'ils en fussent sortis victorieux. Il a soin de taire &c.*

TRAITÉ

CHAPITRE XV.

Que les Figures ont besoin du Sublime pour les soûtenir.

IL ne faut pas oublier ici une réflexion que j'ai faite, & que je vais vous expliquer en peu de mots. C'est que si les Figures naturellement soûtiennent le Sublime, le Sublime de son côté soûtient merveilleusement les Figures : mais où, & comment ; c'est ce qu'il faut dire.

En premier lieu, il est certain qu'un Discours où les Figures sont emploiées toutes seules, est de soi-même suspect d'adresse, d'artifice, & de tromperie ; principalement lors qu'on parle devant un Juge souverain, & sur tout si ce Juge est un grand Seigneur, comme un Tyran, un Roi, ou un Général d'Armée. Car il conçoit en lui-même une certaine indignation contre l'Orateur, [1] & ne sauroit souffrir qu'un chetif Rhétoricien entreprenne de le tromper, comme un enfant, par de grossières finesses. Il est même à craindre quelquefois, que prenant tout cet artifice pour une espèce de mépris, il ne s'effarouche entièrement : & bien qu'il retienne sa colère, [2] & se laisse un peu amolir aux charmes du discours, il a toûjours une forte répugnance à croire ce qu'on lui dit. C'est pourquoi il n'y a point de Figure plus excellente que celle qui est tout-à-fait cachée, & lors qu'on ne reconnoît point que c'est une Figure. Or il n'y a point de secours ni de remède plus merveilleux pour l'empêcher de paroître, que le Sublime & le Pathétique ; parce que l'Art ainsi renfermé au milieu de quelque chose de grand & d'éclatant, a tout ce qui lui manquoit, & n'est plus suspect d'aucune tromperie. Je ne vous en saurois donner un meilleur exemple que celui que j'ai déja rapporté : *J'en jure par les mânes de ces grans Hommes*, &c. Comment est-ce que l'Orateur a caché la Figure dont il se sert ? N'est-il pas aisé de reconnoître que c'est par l'éclat même

REMARQUES.

CHAP. XV. 1. *Et ne sauroit souffrir qu'un chetif*] Il me semble que ces deux expressions *chetif Rhetoricien* & *finesses grossieres* ne peuvent s'accorder avec ces charmes du discours dont il est parlé six lignes plus bas. Longin dit, & *ne sauroit souffrir qu'un simple Rhétoricien* ; τεχνίτης ῥήτωρ, *entreprenne de le tromper comme un enfant par de petites finesses*, σχημάτιοι. DACIER.

Ibid. *Et ne sauroit souffrir*] Τεχνίτης ῥήτωρ est ici un Orateur qui se sert de tous les artifices de son Art, pour duper les Juges, ou pour les attirer au moins dans ses sentimens. Et quand cela se fait un peu trop ouvertement, & qu'un Juge habile s'en apperçoit il s'en offense. C'est pourquoi Philostrate dans la Vie d'Apollonius l. VIII. ch. 11, le dissuade sérieusement. Δεινότης γ̀, dit-il, ἐν δικαστηρίοις ἡ μὲν φανερὰ, καὶ διάβολοι τινα ὡς ἐπιβουλεύοντα τοῖς ψηφιζομένοις. Ἡ δ' ἀφανὴς καὶ ἀπέδει κρατοῦσα. Τὸ γ̀ λαϑεῖν τὸς δικάζοντας ὡς δεινότης ἐστι, ἀληϑεστέρα δεινότης. TOLLIUS.

2. *Et se laisse un peu amolir aux charmes du discours*.] Tout cela ne se trouve pas dans le Grec. Je pense que notre Auteur veut dire, que quand le Juge auroit même assez de force & de prudence pour retenir sa colère, & ne la pas faire éclater, il s'opiniâtreroit néanmoins à rejetter tout ce que l'Orateur lui pourroit dire. TOLLIUS.

me de sa pensée ? Car comme les moindres lumieres s'évanouïssent quand le Soleil vient à éclairer ; de même, toutes ces subtilitez de Rhétorique disparoissent à la vuë de cette grandeur qui les environne de tous côtez. La même chose, à peu près, arrive dans la Peinture. ³ En effet, que l'on colore plusieurs choses également tracées sur un même plan, & qu'on y mette le jour & les ombres ; il est certain que ce qui se présentera d'abord à la vuë, ce sera le lumineux, à cause de son grand éclat, qui fait ⁴ qu'il semble sortir hors du Tableau, & s'approcher en quelque façon de nous. Ainsi le Sublime & le Pathétique, soit par une affinité naturelle qu'ils ont avec les mouvemens de notre ame, soit à cause de leur brillant, paroissent davantage, & semblent toucher de plus près notre esprit, que les Figures dont ils cachent l'Art, & qu'ils mettent comme à couvert.

CHAPITRE XVI.

Des Interrogations.

QUE dirai-je des demandes & des interrogations ? Car qui peut nier que ces sortes de Figures ne donnent beaucoup plus de mouvement, d'action, & de force au discours ? * *Ne voulez-vous jamais faire autre chose*, dit Démosthène aux Athéniens, *qu'aller par la Ville vous demander les uns aux autres ; Que dit-on de nouveau ? Et que peut-on vous apprendre de plus nouveau que ce que vous voïez ? Un homme de Macédoine se rend Maître des Athéniens, & fait la loi à toute la Grèce. Philippe est-il mort ?* dira l'un : *Non*, répondra l'autre, *il n'est que malade. Hé que vous importe, Messieurs, qu'il vive, ou qu'il meure ? Quand le Ciel vous en auroit délivrez, vous vous feriez bien-tôt vous-mêmes un autre Philippe.* Et ailleurs : *Embarquons-nous pour la Macédoine. Mais où aborderons-nous*, dira quelqu'un, *malgré Philippe ? La guerre même, Messieurs, nous découvrira* ¹ *par où Philippe est facile à vaincre.*

S'il

REMARQUES.

CHANGEMENT. 3. *En effet, que l'on colore &c.*] Première manière : *En effet, qu'on tire plusieurs lignes parallèles sur un même plan, avec les jours & les ombres ; il est certain &c.*

4. *Qu'il semble sortir hors du Tableau.*] Καιόμενον ἔξοχον, καὶ ἐγγυτέρω πολὺ φαίνεται. Καιόμενον ne signifie rien en cet endroit. Longin avoit sans doute écrit, καὶ οὐ μόνον ἔξοχον ἀλλὰ καὶ ἐγγυτέρω &c, *ac non modo eminens, sed & propius multo videtur*: Et paroît *non seulement relevé, mais même plus proche*. Il y a dâns l'ancien Manuscrit, καιο-

* *Première Philippique p. 15. Edit. de Besse.*

μόρον ἔξοχον ἀλλὰ καὶ ἐγγυτέρω &c. Le changement de ΚΑΙΟΥΜΟΝΟΝ en ΚΑΙΟΜΕΝΟΝ, est fort aisé à comprendre. BOIVIN.

CHAP. XVI. 1. *Par où Philippe est facile à vaincre.*] Le Grec porte, *la guerre même nous découvrira le foible de l'état, ou des affaires de Philippe*. Tacite a égard à ce passage de Démosthène, quand il dit l. 2. hist. *Aperiet & recludet contecta & tumescentia victricium partium vulnera bellum ipsum*. Où j'aimerois mieux lire, *ulcera* ; bien que je sâche que le mot *vulnera* se trouve quelquefois dans cette signification. TOLLIUS.

S'il eût dit la chose simplement, son discours n'eût point répondu à la majesté de l'affaire dont il parloit : au lieu que par cette divine & violente manière de se répondre sur le champ à soi-même, comme si c'étoit une autre personne, non seulement il rend ce qu'il dit plus grand & plus fort, mais plus plausible & plus vrai-semblable. Le Pathétique ne fait jamais plus d'effet, que lors qu'il semble que l'Orateur ne le recherche pas, mais que c'est l'occasion qui le fait naître. Or il n'y a rien qui imite mieux la passion que ces sortes d'interrogations & de réponses. ² Car ceux qu'on interroge, sentent naturellement une certaine émotion, qui fait que sur le champ ils se précipitent de répondre, ³ & de dire ce qu'ils savent de vrai, avant même qu'on ait achevé de les interroger. Si bien que par cette Figure l'Auditeur est adroitement trompé, & prend les discours les plus méditez pour des choses dites sur l'heure ⁴ & dans la chaleur * * * * * ⁵ Il n'y a rien encore qui donne plus de mouvement au discours, que d'en ôter les liaisons. En effet, un discours, que rien ne lie & n'embarasse, marche & coule de soi-même, & il s'en faut peu qu'il n'aille quelquefois plus vîte, que la pensée même de l'Orateur. * *Aiant approché leurs boucliers les uns des autres*, dit Xenophon, *ils reculoient, ils combattoient, ils tuoient, ils mouroient ensemble.* Il en est de même de ces paroles d'Euryloque à Ulysse dans Homère :

† *Nous avons, par ton ordre, à pas précipitez,*
Parcouru de ces Bois les sentiers écartez :
⁶ *Nous avons, dans le fond d'une sombre vallée,*
Découvert de Circé la maison reculée.

Car ces periodes ainsi coupées, & prononcées néanmoins avec précipitation, sont les marques d'une vive douleur, qui l'empêche en même tems ⁷ & le force de parler. C'est ainsi qu'Homère sait ôter, où il faut, les liaisons du discours.

CHA-

REMARQUES.

CHANGEMENT. 2. *Car ceux qu'on interroge, sentent* &c.] Première manière : *Car ceux qu'on interroge sur une chose dont ils savent la verité, sentent naturellement une certaine émotion, qui fait que sur le champ ils se précipitent de répondre. Si bien que* &c.

3. *Et de dire ce qu'ils savent de vrai.*] J'avois déja consideré cette periode dans la première édition, comme ne s'accordant pas tout-à-fait avec le texte Grec : mais Monsieur Boileau l'a un peu changée, de sorte qu'on n'y trouve rien à dire.

Je l'expliquai ainsi : *Car comme d'ordinaire ceux qu'on interroge, s'irritent, & répondent sur le champ à ce qu'on leur demande, avec quelque émotion de cœur, & avec un ton qui nous exprime & nous fait voir les veritables sentimens de leur ame, il arrive le plus souvent que l'auditeur se laisse duper & tromper par cette Figure, & qu'il prend le discours,* &c. TOLLIUS.

4. *Et dans la chaleur.*] Le Grec ajoûte : *Il y a encore un autre moien ; car on le peut voir dans ce passage d'Herodote, qui est extrêmement sublime.* Mais je

* Xenoph. Hist. Gr. liv. 4. pag. 519. Edit. de Leunclа.   † Odyss. l. 10. V. 251.

CHAPITRE XVII.

Du mélange des Figures.

IL n'y a encore rien de plus fort pour émouvoir, que de ramasser ensemble plusieurs Figures. Car deux ou trois Figures ainsi mêlées, se communiquent les unes aux autres de la force, des graces & de l'ornement: comme on le peut voir dans ce passage de l'Oraison de Démosthène contre Midias, où en même tems il ôte les liaisons de son discours, & mêle ensemble les Figures de Répétition & de Description. * *Car tout homme*, dit cet Orateur, *qui en outrage un autre, fait beaucoup de choses du geste, des yeux, de la voix, que celui qui a été outragé ne sauroit peindre dans un récit.* Et de peur que dans la suite son discours ne vînt à se relâcher, sachant bien que l'ordre appartient à un esprit rassis, & qu'au contraire le desordre est la marque de la passion, qui n'est en effet elle-même qu'un trouble & une émotion de l'ame; il poursuit dans la même diversité de Figures. †*Tantôt il le frappe comme ennemi, tantôt pour lui faire insulte, tantôt avec les poings, tantôt au visage.* Par cette violence de paroles ainsi entassées les unes sur les autres, l'Orateur ne touche & ne remuë pas moins puissamment ses Juges, que s'ils le voïoient frapper en leur présence. Il revient à la charge, & poursuit, comme une tempête: ‡ *Ces affronts émeuvent, ces affronts transportent un homme de cœur, & qui n'est point accoutumé aux injures. On ne sauroit exprimer par des paroles l'énormité d'une telle action.* Par ce changement continuel, il conserve par tout le caractère de ces Figures turbulentes: tellement que dans son ordre il y a un desordre; & au contraire, dans son desordre il y a un ordre merveilleux. ¹ *Pour preuve de ce que je dis, mettez, par plaisir, les conjonctions à ce passage, comme font les disciples d'Isocrate: Et certaine-*

REMARQUES.

je n'ai pas crû devoir mettre ces paroles en cet endroit qui est fort défectueux : puisqu'elles ne forment aucun sens, & ne serviroient qu'à embarrasser le Lecteur. BOILEAU.

5. *Il n'y a rien encore qui donne plus de mouvement au discours que d'en ôter les liaisons.*] J'ai suppléé cela au texte: parce que le sens y conduit de lui-même. BOILEAU.

6. *Nous avons dans le fond.*] Tous les exemplaires de Longin mettent ici des étoiles, comme si l'endroit étoit défectueux ; mais ils se trompent.

La remarque de Longin est fort juste, & ne regarde que ces deux periodes sans conjonction : *Nous avons par ton ordre.* &c. & ensuite : *Nous avons dans le fond* &c. BOILEAU.

7. *Et le force de parler.*] La restitution de Monsieur le Févre est fort bonne, συνδιοικήσης, & non pas συνδιοικήσης. J'en avois fait la remarque avant lui. BOILEAU.

CHAP. XVII. CHANGEMENT. 1. *Pour preuve de ce que je dis.*] Au lieu de ces mots on lisoit: *Qu'ainsi ne soit* dans les premières éditions.

* *Contre Midias. pag. 395. Edit. de Basle.*   † *Ibid.*   ‡ *Ibid.*

tainement il ne faut pas oublier que celui qui en outrage un autre, fait beaucoup de choses, premierement par le geste, ensuite par les yeux, & enfin par la voix même, &c. . . . . . Car en égalant & applaniſſant ainſi toutes choſes par le moïen des liaiſons, vous verrez que d'un Pathétique fort & violent vous tomberez dans une petite affeterie de langage, qui n'aura ni pointe ni aiguillon; & que toute la force de votre diſcours s'éteindra auſſi-tôt d'elle-même. Et comme il eſt certain que ſi on lioit le corps d'un homme qui court, on lui feroit perdre toute ſa force, de même, ſi vous allez embarraſſer une paſſion de ces liaiſons & de ces particules inutiles, elle les ſouffre avec peine ; ² vous lui ôtez la liberté de ſa courſe, & cette impétuoſité qui la faiſoit marcher avec la même violence qu'un trait lancé par une machine.

CHAPITRE XVIII.

Des Hyperbates.

¹ IL faut donner rang aux Hyperbates. L'Hyperbate n'eſt autre choſe que *la tranſpoſition des penſées ou des paroles dans l'ordre & la ſuite d'un Diſcours.* Et cette figure porte avec ſoi le caractère veritable d'une paſſion forte & violente. En effet, voïez tous ceux qui ſont émus de colere, de dépit, de jalouſie, ou de quelque autre paſſion que ce ſoit; car il y en a tant que l'on n'en ſait pas le nombre; leur eſprit eſt dans une agitation continuelle. ² A peine ont-ils formé un deſſein qu'ils en conçoivent auſſi-tôt un autre; & au milieu de celui-ci, s'en propoſant encore de nouveaux, où il n'y a ni raiſon ni rapport, ils reviennent ſouvent à leur première réſolution. La paſſion en eux eſt comme un vent léger & inconſtant, qui les entraîne, & les fait tourner ſans ceſſe de côté & d'autre : ſi bien que dans ce flux & ce reflux perpetuel de ſentimens oppoſez, ils changent à tous momens de penſée

REMARQUES.

2. *Vous lui ôtez.*] Parce que vous lui ôtez. TOLLIUS.

CHAP. XVIII. 1. *Il faut donner rang.*] Il faut conſiderer d'un même œil les Hyperbates. TOLLIUS.

2. *A peine ont-ils formé un deſſein*] J'aime mieux, à peine ont-ils commencé à former un diſcours, qu'ils ſe jettent fort ſouvent ſur une autre penſée, & comme s'ils avoient oublié ce qu'ils commençoient de dire, ils y entremêlent hors de propos ce qui leur vient dans la fantaiſie, & après cela ils reviennent à leur première démarche. TOLLIUS.

3. *Si donc vous voulez.*] Tous les Interprètes d'Herodote & ceux de Longin, ont expliqué ce paſſage comme Monſieur Deſpréaux. Mais ils n'ont pas pris garde, que le verbe Grec ἐνδέκεσθαι ne peut pas ſignifier *éviter*, mais *prendre*, & que ταλαιπωρία n'eſt pas plus ſouvent emploié pour *miſere*, *calamité*, que pour *travail*, *peine*. Herodote oppoſe manifeſtement ταλαιπωρίας ἐνδέκεσθαι, prendre de la peine, n'appréhender point la fatigue, à μαλακίη διαχρῆσθαι, être lâche, pareſſeux : & il dit, ſi donc vous ne voulez point appréhender la peine & la fatigue, commencez dès ce moment à travailler, & après la défaite de vos ennemis vous ſerez libres. Ce que je dis paroîtra plus clairement, ſi on prend la peine

DU SUBLIME. Chap. XVIII.

fée & de langage, & ne gardent ni ordre ni fuite dans leurs difcours.

Les habiles Ecrivains, pour imiter ces mouvemens de la Nature, fe fervent des Hyperbates. Et à dire vrai, l'Art n'eſt jamais dans un plus haut degré de perfection, que lors qu'il reſſemble ſi fort à la Nature, qu'on le prend pour la Nature même; & au contraire la Nature ne réüſſit jamais mieux que quand l'Art eſt caché.

Nous voïons un bel exemple de cette transpoſition dans Herodote, où Denys Phocéen parle ainſi aux Ioniens: * *En effet, nos affaires ſont réduites à la dernière extrémité, Meſſieurs. Il faut néceſſairement que nous ſoïons libres, ou eſclaves, & eſclaves miſerables.* ³ *Si donc vous voulez éviter les malheurs qui vous menacent, il faut, ſans differer, embraſſer le travail & la fatigue, & acheter votre liberté par la défaite de vos ennemis.* S'il eût voulu ſuivre l'ordre naturel, voici comme il eût parlé: *Meſſieurs, il eſt maintenant tems d'embraſſer le travail & la fatigue. Car enfin nos affaires ſont réduites à la dernière extrémité, &c.* Premièrement donc il tranſpoſe ce mot, *Meſſieurs*, & ne l'infère qu'immédiatement après leur avoir jetté la fraïeur dans l'ame, comme ſi la grandeur du peril lui avoit fait oublier la civilité, qu'on doit à ceux à qui l'on parle en commençant un diſcours. Enſuite il renverſe l'ordre des penſées. Car avant que de les exhorter au travail, qui eſt pourtant ſon but, il leur donne la raiſon qui les y doit porter: *En effet nos affaires ſont reduites à la dernière extrémité;* afin qu'il ne ſemble pas que ce ſoit un diſcours étudié qu'il leur apporte; mais que c'eſt la paſſion qui le force à parler ſur le champ. Thucydide a auſſi des Hyperbates fort remarquables, & s'entend admirablement à tranſpoſer les choſes qui ſemblent unies du lien le plus naturel & qu'on diroit ne pouvoir être ſeparées.

⁴ Démoſthène eſt en cela bien plus retenu que lui. ⁵ En effet, pour Thu-

REMARQUES.

peine de lire le paſſage dans le ſixième Livre d'Herodote, à la Section XI. DACIER.

Ibid. *Si donc vous voulez.*] Je penſe qu'on exprimeroit mieux la force de cette penſée en diſant: *Si donc vous voulez à preſent vous réſoudre à ſouffrir un peu de travail & de fatigue, cela vous donnera bien au commencement quelque embarras & quelque fâcherie, mais vous en tirerez auſſi ce profit, de voir vos ennemis défaits par votre courage, & votre liberté recouvrée & miſe en ſûreté.* Monſieur Dacier a vû le foible de la traduction dans cet endroit, auſſi-bien que moi: & l'on peut confronter ſes paroles avec ma traduction Latine. TOLLIUS.

CHANGEMENT. 4. *Démoſthène eſt en cela* &c.] Dans les premières éditions: *Pour Démoſthène, qui eſt d'ailleurs bien plus retenu que Thucydide,* il ne l'eſt pas en cela; & jamais perſonne n'a plus aimé les Hyperbates. Car dans la paſſion &c.

5. *En effet, pour Thucydide.*] Monſieur Deſpréaux a fait bien du changement ici dans ſa ſeconde édition. Mais je ne puis pas comprendre, pourquoi il a attribué dans celle-ci à Thucydide ce qui appartient à Démoſthène. Car ce πολὺ τὸ ἀγωνιςικὸν, ϰὴ τὸ ἐξ ὑπογυίου λέγειν, & tout ce qui ſuit, ne peut être

* *Herodote, liv. 6. pag. 338. Edit. de Francfort.*

Thucydide, jamais personne ne les a répanduës avec plus de profusion, & on peut dire qu'il en soûle ses Lecteurs. Car dans la passion qu'il a de faire paroître que tout ce qu'il dit, est dit sur le champ, il traîne sans cesse l'Auditeur par les dangereux détours de ses longues transpositions. Assez souvent donc il suspend sa première pensée, comme s'il affectoit tout exprès le desordre : & entremêlant au milieu de son discours plusieurs choses differentes ; qu'il va quelquefois chercher, même hors de son sujet ; il met la fraïeur dans l'ame de l'Auditeur, qui croit que tout ce discours va tomber, & l'interesse malgré lui dans le peril où il pense voir l'Orateur. Puis tout d'un coup, & lors qu'on ne s'y attendoit plus, disant à propos ce qu'il y avoit si long-tems qu'on cherchoit ; par cette Transposition également hardie & dangereuse, il touche bien davantage que s'il eût gardé un ordre dans ses paroles. Il y a tant d'exemples de ce que je dis, que je me dispenserai d'en rapporter.

CHAPITRE XIX.

Du changement de Nombre.

IL n'en faut pas moins dire de ce qu'on appelle *Diversitez de cas*, *Collections*, *Renversemens*, *Gradations*, & de toutes ces autres Figures, qui étant, comme vous savez, extrêmement fortes & véhémentes, peuvent beaucoup servir par conséquent à orner le discours, & contribuent en toutes manières au Grand & au Pathétique. Que dirai-je des changemens de Cas, de Tems, de Personnes, de Nombre, & de Genre ? En effet, qui ne voit combien toutes ces choses sont propres à diversifier & à ranimer l'expression ? [1] Par exemple, pour ce qui regarde le changement de Nombre, ces Singuliers, dont la terminaison est singuliere,

REMARQUES.

être entendu que de Démosthène, qui est proprement le modèle d'un Orateur parfaitement sublime. Même je ne trouve pas la traduction ici trop juste. J'eusse dit : *Démosthène est en cela bien plus retenu que lui, mais il surpasse néanmoins de beaucoup tous les autres ; & par ces Transpositions, & par cette manière de dire ce qu'il dit sur le champ, il nous fait paroître la force d'un discours vigoureux, & qui ébranle les ames. Et ; comme si cela n'étoit pas assez, il jette les Auditeurs dans le même embarras , & les traîne par les mêmes détours de ses longues Transpositions, où il leur semble qu'il s'égare.* TOLLIUS.
CHAP. XIX. 1. *Par exemple, pour ce qui regarde.*] Je ne trouve pas ici ce que le Grec me dit. Tâchons de le suivre: *Ici ma pensée n'est pas de dire, que la seule sorte de changement de Nombre, qui donne du lustre & de l'ornement à un discours, soit celle qui dans une terminaison Singuliere a pourtant toute la force & toute la vertu des Pluriels. ; comme par exemple ; Aussi-tôt &c.* Je regarde plus ici les Pluriels, que j'estime d'autant plus dignes de remarque, &c. TOLLIUS.
2. *Aussi-tôt un grand Peuple, &c.*] Quoiqu'en veuille dire Monsieur le Févre, il y a ici deux Vers ; & la Remarque de Langbaine est fort juste. Car je ne voi pas pourquoi, en mettant θύνον, il est absolument nécessaire de mettre καὶ. BOILEAU.
Ibid. *Aussi-tôt un grand Peuple accourant sur le port.*] Voici le passage Grec, ἤντικα λαὸς ἀπείρων θύνον

DU SUBLIME. Chap. XIX.

re, mais qui ont pourtant, à les bien prendre, la force & la vertu des Pluriels :

^a *Aussi-tôt un grand Peuple accourant sur le Port,*
Ils firent de leurs cris retentir le rivage.

Et ces Singuliers sont d'autant plus dignes de remarque, qu'il n'y a rien quelquefois de plus magnifique que les Pluriels. Car la multitude qu'ils renferment, leur donne du son & de l'emphase. Tels sont ces Pluriels qui sortent de la bouche d'Oedipe dans Sophocle :

* *Hymen, funeste Hymen, tu m'as donné la vie :*
Mais dans ces mêmes flancs, où je fus enfermé,
Tu fais rentrer ce sang dont tu m'avois formé.
Et par là tu produis & des fils, & des peres,
Des freres, des maris, des femmes, & des meres :
Et tout ce que du Sort la maligne fureur
Fit jamais voir au jour & de honte & d'horreur.

Tous ces differens noms ne veulent dire qu'une seule personne, c'est à savoir, Oedipe d'une part, & sa mere Jocaste de l'autre. Cependant, par le moïen de ce nombre ainsi répandu & multiplié en divers Pluriels, il multiplie en quelque façon les infortunes d'Oedipe. C'est par un même pléonasme, qu'un Poëte a dit :

On vit les Sarpédons & les Hectors paroître.

Il

REMARQUES.

Θύσαν ἐπ' ἠιόνεσσι διάρρυμοι κελάδησαν. Langbaine corrige Θῦνον pour Θύσαν, & il fait une fin de vers avec un vers entier,

———— αὐτίκα λαὸς ἀπείρων
Θῦνον ἐπ' ἠιόνεσσι διάρρυμοι κελάδησαν.

Mais Monsieur le Févre soûtient que c'est de la prose, qu'il n'y faut rien changer & que si l'on mettoit Θῦνον, il faudroit aussi ajoûter un κỳ, κỳ διάρρυμοι. Monsieur Despréaux se détermine sur cela, & il suit la remarque de Langbaine, qui lui a paru plus juste ; parce, dit-il, qu'il ne voit pas pourquoi, en mettant Θύσαν, on est obligé de mettre la liaison κỳ. Il veut dire sans doute, &

cela est vrai, que deux verbes se trouvent très-souvent sans liaison, comme dans le passage d'Homère que Longin rapporte dans le Chap. XVI : mais il devoit prendre garde que dans ce passage, chaque verbe occupe un vers, au lieu qu'ici il n'y auroit qu'un seul vers pour les deux verbes, ce qui est entierement opposé au génie de la Langue Grecque, qui ne souffre pas qu'un seul vers renferme deux verbes de même tems, & un participe, sans aucune liaison. Cela est certain. D'ailleurs on pourroit faire voir que cet asyndeton, que l'on veut faire dans ce prétendu vers, au lieu de lui donner de la force & de la vitesse, l'énerve, & le rend languissant. DACIER.

^b *Oedip. Tyran, V. 1417.*

Il en faut dire autant de ce passage de Platon, à propos des Athéniens, que j'ai rapporté ailleurs. * *Ce ne sont point des Pélops, des Cadmus, des Egyptes, des Danaüs, ni des hommes nez barbares, qui demeurent avec nous. Nous sommes tous Grecs, éloignez du commerce & de la fréquentation des Nations étrangeres, qui habitons une même Ville, &c.*

En effet tous ces Pluriels, ainsi ramassez ensemble, nous font concevoir une bien plus grande idée des choses. Mais il faut prendre garde à ne faire cela que bien à propos, & dans les endroits où il faut amplifier, ou multiplier, ou exagerer ; & dans la passion, c'est-à-dire, quand le sujet est susceptible d'une de ces choses, ou de plusieurs. 3 Car d'attacher par tout ces cymbales & ces sonnettes, cela sentiroit trop son Sophiste.

CHAPITRE XX.

Des Pluriels réduits en Singuliers.

ON peut aussi tout au contraire réduire les Pluriels en Singuliers, & cela a quelque chose de fort grand. *Tout le Péloponese*, dit Démosthène, † *étoit alors divisé en factions*. Il en est de même de ce passage d'Herodote : ‡ *Phrynichus faisant représenter sa Tragedie intitulée*, La prise de Milet, *tout* ¹ *le Théatre se fondit en larmes*. Car, de ramasser ainsi plusieurs choses en une, cela donne plus de corps au discours. Au reste, je tiens que pour l'ordinaire c'est une même raison qui fait valoir ces deux différentes Figures. En effet, soit qu'en changeant les Singuliers en Pluriels, d'une seule chose vous en fassiez plusieurs ; soit qu'en ramassant des Pluriels, dans un seul nom Singulier, qui sonne agréablement à l'oreille, de plusieurs choses vous n'en fassiez qu'une, ce changement imprévû marque la passion.

CHA-

REMARQUES.

3. *Car d'attacher par tout ces cymbales.*] Les Anciens avoient accoûtumé de mettre des sonnettes aux harnois de leurs chevaux dans les occasions extraordinaires, c'est-à-dire les jours où l'on faisoit des revuës ou des tournois ; il paroît même par un passage d'Eschyle, qu'on en garnissoit les boucliers tout autour. C'est de cette coûtume que dépend l'intelligence de ce passage de Longin, qui veut dire que, comme un homme, qui mettroit ces sonnettes tous les jours, seroit pris pour un Char-

* Platon. Menexenus. Tom. 2. pag. 245. Edit. de H. Etienne.   † De Corona, p. 315. Edit. Basil.
‡ Herodote, liv. 6. p. 341. Edit. de Francfort.

CHAPITRE XXI.

Du changement de Tems.

IL en est de même du changement de Tems : lors qu'on parle d'une chose passée, comme si elle se faisoit présentement ; parce qu'alors ce n'est plus une narration que vous faites, c'est une action qui se passe à l'heure même. * *Un Soldat*, dit Xenophon, *étant tombé sous le cheval de Cyrus, & étant foulé aux pieds de ce cheval, il lui donne un coup d'épée dans le ventre. Le cheval blessé se demene & secouë son Maître. Cyrus tombe.* Cette Figure est fort fréquente dans Thucydide.

CHAPITRE XXII.

Du changement de Personnes.

LE changement de Personnes n'est pas moins pathétique. Car il fait que l'Auditeur assez souvent se croit voir lui-même au milieu du peril.

† *Vous diriez, à les voir pleins d'une ardeur si belle,*
Qu'ils retrouvent toûjours une vigueur nouvelle ;
Que rien ne les sauroit ni vaincre, ni lasser,
Et que leur long combat ne fait que commencer.

Et dans Aratus :

Ne t'embarque jamais durant ce triste mois.

Cela se voit encore dans Herodote. ‡ *A la sortie de la ville d'Eléphantine*, dit cet Historien, *du côté qui va en montant, vous rencontrez d'abord une colline, &c. De là vous descendez dans une plaine. Quand vous l'avez traversée, vous pouvez vous embarquer tout de nouveau, & en douze*

REMARQUES.

Charlatan : l'Orateur qui emploïeroit par tout ces Pluriels, passeroit pour un Sophiste. DACIER.
   CHAP. XX. 1. *Le Theatre se fondit en larmes.*] Il y a dans le Grec οἱ Θεώδμοι. C'est une faute.

Il faut mettre comme il y a dans Herodote, Σίγγρος. Autrement Longin n'auroit sû ce qu'il vouloit dire. BOILEAU.

---

* *Institut. de Cyrus, liv. 7. pag. 178. Edit. Leuncl.*
‡ *Liv. 2. p. 100. Edit. de Francfurt.*
† *Iliad. liv. 15. V. 697.*

ze jours arriver à une grande ville qu'on appelle Méroé. Voïez-vous, mon cher Terentianus, comme il prend votre esprit avec lui, & le conduit dans tous ces differens païs, vous faisant plûtôt voir qu'entendre. Toutes ces choses, ainsi pratiquées à propos, arrêtent l'Auditeur, & lui tiennent l'esprit attaché sur l'action présente, principalement lors qu'on ne s'adresse pas à plusieurs en géneral, mais à un seul en particulier.

* *Tu ne saurois connoître au fort de la mêlée,*
Quel parti suit le fils du courageux Tydée.

Car en réveillant ainsi l'Auditeur par ces apostrophes, vous le rendez plus ému, plus attentif, & plus plein de la chose dont vous parlez.

CHAPITRE XXIII.

Des Transitions imprévûës.

IL arrive aussi quelquefois, qu'un Ecrivain parlant de quelqu'un, tout d'un coup se met à sa place, & jouë son personnage. Et cette Figure marque l'impétuosité de la passion.

† 1 *Mais Hector, de ses cris remplissant le rivage,*
Commande à ses Soldats de quitter le pillage:

De

REMARQUES.

CHAP. XXIII. CHANGEMENT. 1. *Mais Hector de ses cris.*] On a conservé ces cinq vers, tels qu'ils étoient dans les premières éditions. Dans celle de 1694. Mr. Despréaux les changea de cette manière:

Mais Hector, qui les voit épars sur le rivage,
Leur commande à grans cris de quitter le pillage:
De courir aux vaisseaux avec rapidité.
Car quiconque ces bords m'offriront écarté,
Moi-même dans son sang j'irai laver sa honte.

Enfin, dans l'édition de 1701. il refit ainsi le troisième & le quatrième Vers:

D'aller droit aux vaisseaux sur les Grecs se jetter,
Car quiconque mes yeux verront s'en écarter, &c.

CHANGEMENT. 2. *Avant que le Poëte même*

&c.] Première manière, avant l'édition de 1683. *Avant qu'on s'en soit aperçû.*

3. *Ce Heraut aiant pesé; &c.*] Monsieur le Févre & Monsieur Dacier donnent un autre sens à ce passage d'Hécatée, & font même une restitution sur ὡς μὴ ὤν, dont ils changent ainsi l'accent ὥς μὴ ὤν: prétendant que c'est un Ionisme, pour ὡς μὴ ὤν. Peut-être ont-ils raison, mais peut-être aussi qu'ils se trompent, puisqu'on ne sait dequoi il s'agit en cet endroit, le Livre d'Hécatée étant perdu. En attendant donc que ce Livre soit retrouvé, j'ai crû que le plus sûr étoit de suivre le sens de Gabriel de Petra, & des autres Interprètes, sans y changer ni accent ni virgule. BOILEAU.

Ibid. Ce Heraut aiant] Ce passage d'Hécatée a été expliqué de la même manière par tous les Interprètes; mais ce n'est guere la coûtume qu'un Heraut pèse la conséquence des ordres qu'il a reçûs;

* *Iliad. liv.* 4. V. 85. † *Iliad. liv.* 15. V. 346.

DU SUBLIME. Chap. XXIII.

De courir aux vaisseaux. Car j'atteste les Dieux,
Que quiconque osera s'écarter à mes yeux,
Moi-même dans son sang j'irai laver sa honte.

Le Poëte retient la narration pour soi, comme celle qui lui est propre, & met tout d'un coup & sans en avertir, cette menace précipitée dans la bouche de ce Guerrier bouillant & furieux. En effet, son discours auroit langui, s'il y eût entremêlé : *Hector dit alors de telles ou semblables paroles.* Au lieu que par cette Transition imprévûë il prévient le Lecteur, & la Transition est faite avant que le Poëte même ait songé qu'il la faisoit. Le veritable lieu donc où l'on doit user de cette Figure, c'est quand le tems presse, & que l'occasion qui se présente, ne permet pas de differer ; lors que sur le champ il faut passer d'une personne à une autre, comme dans Hecatée* : *Ce Heraut aiant assez pesé la conséquence de toutes ces choses, il commande aux descendans des Heraclides de se retirer. Je ne puis plus rien pour vous, non plus que si je n'étois plus au monde. Vous êtes perdus, & vous me forcerez bien-tôt moi-même d'aller chercher une retraite chez quelque autre Peuple.* Démosthène, dans son Oraison contre Aristogiton, † a encore emploïé cette Figure d'une manière differente de celle-ci, mais extrêmement forte & pathétique. *Et il ne se trouvera personne entre vous,* dit cet Orateur, *qui ait du ressentiment & de l'indignation de voir un impudent, un infame violer insolemment les choses les plus saintes ? Un scélérat, dis-je, qui . . . O le plus méchant de tous les hommes ! rien n'aura pû arrêter ton au-*

REMARQUES.

çûs : ce n'est point aussi la pensée de cet Historien. Monsieur le Févre avoit fort bien vû que ταῦτα δῦνα ποιηρῶ ne signifie point du tout pesant la conséquence de ces choses : mais, étant bien fâché de ces choses, comme mille exemples en font foi, & que ὢν n'est point ici un participe ; mais ὢν pour ἐν dans le stile d'Ionie, qui étoit celui de cet Auteur ; c'est-à-dire, que ὡς μὴ ὢν ne signifie point *comme si je n'étois point au monde ;* mais *afin donc,* & cela dépend de la suite. Voici le passage entier : *Le Heraut bien fâché de l'ordre qu'il avoit reçû, fait commandement aux descendans des Heraclides de se retirer. Je ne saurois vous aider. Afin donc que vous ne perissiez entierement, & que vous ne m'enveloppiez dans votre ruine en me faisant exiler ; partez, retirez-vous chez quelqu'autre Peuple.* DA-CIER.

Ibid. *Ce Heraut.*] J'ai si bonne opinion de la franchise de Monsieur Boileau, & de Monsieur Dacier, que je ne doute pas, qu'ils n'approuvent ma Traduction Latine que j'exprimerai, comme je pourrai, en François : *Le Roi Ceyx étant fort troublé de cette déclaration de guerre, commande incontinent aux descendans des Heraclides de quitter son Roïaume. Car je ne suis pas assez puissant pour vous proteger. Allez-vous-en donc, & retirez-vous dans un autre païs : afin que vous ne vous mettiez pas en danger de perdre la vie, & moi, d'être, à cause de vous, chassé de mon Roïaume.* TOLLIUS.

4. *Un scélérat, dis-je.*] J'aimerois mieux tourner : *De voir cet impudent, cet infame, forcer insolemment les droits sacrez de cette ville. Ce scélérat, dis-je, qui . . . . . (ô le plus méchant de tous les hommes) voïant qu'on avoit réprimé l'audace effrénée de tes discours, non par ces barreaux, ni par ces portes, qu'un autre pouvoit aussi-bien rompre que toi,* &c. TOL-LIUS.

* *Livre perdu.* † *Pag. 494. Edit. de Basle.*

audace effrenée? Je ne dis pas ces portes, je ne dis pas ces barreaux, qu'un autre pouvoit rompre comme toi. Il laisse là sa pensée imparfaite, la colère le tenant comme suspendu & partagé sur un mot, entre deux differentes personnes. *Qui... O le plus méchant de tous les hommes!* Et ensuite tournant tout d'un coup contre Aristogiton ce même discours, qu'il sembloit avoir laissé là, il touche bien davantage, & fait une plus forte impression. Il en est de même de cet emportement de Penelope dans Homère, quand elle voit entrer chez elle un Heraut de la part de ses Amans:

* *De mes fâcheux Amans Ministre injurieux,*
Heraut, que cherches-tu? Qui t'amène en ces lieux?
Y viens-tu de la part de cette troupe avare,
Ordonner qu'à l'instant le festin se prépare?
Fasse le juste Ciel, avançant leur trépas,
Que ce repas pour eux soit le dernier repas!
Lâches, qui pleins d'orgueil, & foibles de courage,
Consumez de son Fils le fertile heritage,
Vos peres autrefois ne vous ont-ils point dit
Quel homme étoit Ulysse, &c.

CHAPITRE XXIV.

De la Periphrase.

IL n'y a personne, comme je croi, qui puisse douter que la Periphrase ne soit encore d'un grand usage dans le Sublime. Car, comme dans

REMARQUES.

5. *Qu'il sembloit.*] J'eusse dit; *lors qu'il sembloit avoir abandonné les Juges, il les touche bien davantage par la chaleur de son emportement, & fait une bien plus forte impression dans leurs esprits, que s'il avoit simplement poursuivi le fil de son discours.* TOLLIUS.

CHAP. XXIV. 1. *Le son principal.*] La Partie principale, ou le Sujet, en termes de Musique. Par la manière dont j'ai traduit, dit Monsieur Despréaux dans une Lettre qu'il m'écrivit au Mois de Janvier, 1709. *tout le monde m'entend: au lieu que si j'avois mis les termes de l'Art il n'y auroit eu que les Musiciens proprement qui m'eussent bien entendu.*

2. *Des differentes parties qui lui répondent.*] C'est ainsi qu'il faut entendre παραφώνων. Ces mots φθόγγοι παράφωνοι. ne voulant dire autre chose que les parties faites sur le sujet, & il n'y a rien qui convienne mieux à la Periphrase, qui n'est autre chose qu'un assemblage de mots qui répondent differemment au mot propre, & par le moïen desquels, comme l'Auteur le dit dans la suite, d'une diction toute simple on fait une espèce de concert & d'harmonie. Voilà le sens le plus naturel qu'on puisse donner à ce passage. Car je ne suis pas de l'avis de ces Modernes, qui ne veulent

* *Odyss. liv.* 4. *V.* 681.

DU SUBLIME. Chap. XXIV.

dans la Musique [1] le son principal devient plus agréable à l'oreille, lors qu'il est accompagné [2] des differentes parties qui lui répondent : de même, la Periphrase tournant autour du mot propre, forme souvent, par rapport avec lui, une consonance & une harmonie fort belle dans le discours ; sur tout lors qu'elle n'a rien de discordant ou d'enflé, mais que toutes choses y sont dans un juste temperament. Platon * nous en fournit un bel exemple au commencement de son Oraison funèbre. *Enfin*, dit-il, *nous leur avons rendu les derniers devoirs, & maintenant ils achèvent ce fatal voïage, & ils s'en vont tout glorieux de la magnificence avec laquelle toute la Ville en géneral & leurs Parens en particulier, les ont conduits hors de ce monde.* Premièrement il appèle la Mort *ce fatal voïage*. Ensuite il parle des derniers devoirs qu'on avoit rendus aux morts, comme d'une pompe publique, que leur Païs leur avoit préparée exprès pour les conduire hors de cette vie. Dirons-nous que toutes ces choses ne contribuent que médiocrement à relever cette pensée? Avouons plûtôt que par le moïen de cette Periphrase, mélodieusement répanduë dans le discours, d'une diction toute simple, il a fait une espèce de concert & d'harmonie. De même Xénophon † : *Vous regardez le travail comme le seul guide qui vous peut conduire à une vie heureuse & plaisante. Au reste votre ame est ornée de la plus belle qualité que puissent jamais posséder des hommes nez pour la guerre ; c'est qu'il n'y a rien qui vous touche plus sensiblement que la louange.* Au lieu de dire : *Vous vous adonnez au travail,* il use de cette circonlocution : *Vous regardez le travail comme le seul guide qui vous peut conduire à une vie heureuse.* Et étendant ainsi toutes choses, il rend sa pensée plus grande, & relève beaucoup cet éloge. Cette periphrase d'Herodote ‡ me semble encore inimitable : *La Déesse Vénus, pour châtier l'insolence des Scythes, qui avoient pillé son Temple, leur envoïa* [3] *une maladie qui les rendoit Femmes* *.

[4] Au

REMARQUES.

lent pas, que dans la Musique des Anciens, dont on nous raconte des effets si prodigieux, il y ait eu des parties : puisque sans parties il ne peut y avoir d'harmonie. Je m'en raporte pourtant aux Savans en Musique : & je n'ai pas assez de connoissance de cet Art, pour décider souverainement là-dessus. BOILEAU.

3. *Une maladie qui les rendoit Femmes.*] Les fit devenir impuissans. ,, Ce passage, *dit Mr. Despréaux dans une Remarque*, a fort exercé jusques ,, ici les Savans, & entr'autres Mr. Costar & ,, Mr. de Girac : l'un prétendant que θήλεα νοῦσ⊕ ,, signifioit une maladie qui rendit les Scythes ,, efféminez ; l'autre que cela vouloit dire que ,, Vénus leur envoïa des Hémorrhoïdes. Mais ,, il paroît incontestablement, par un passage ,, d'Hippocrate, que le vrai sens est, qu'elle les ,, rendit impuissans, puisqu'en l'expliquant des ,, deux autres manières, la periphrase d'Herodo,, te seroit plûtôt une obscure énigme, qu'une ,, agréable circonlocution.

Dans les premières éditions Mr. Despréaux avoit

* *In Menexeno. pag.* 236. *Edit de H. Estienne.*
‡ *Liv.* 1. *p.* 45. *sect.* 105. *Edit. de Francfort.*
† *Instit. de Cyrus, liv.* 1. *pag.* 24. *Edit. de Leunel.*
* *Les fit devenir impuissans.*

Tom. II.   I

⁴ Au reste il n'y a rien dont l'usage s'étende plus loin que la Periphrase, pourvû qu'on ne la répande pas par tout sans choix & sans mesure. Car aussi-tôt elle languit, & a je ne sai quoi de niais & de grossier. Et c'est pourquoi Platon, qui est toûjours figuré dans ses expressions, & quelquefois même un peu mal à propos, au jugement de quelques-uns, a été raillé, pour avoir dit ⁵ dans ses Loix * : *Il ne faut point souffrir que les richesses d'or & d'argent prennent pié, ni habitent dans une Ville.* S'il eût voulu, poursuivent-ils, ⁶ interdire la possession du bétail, assurément qu'il auroit dit par la même raison, *les richesses de Bœufs & de Moutons*.

Mais ce que nous avons dit en géneral, suffit pour faire voir l'usage des Figures, à l'égard du Grand & de Sublime. Car il est certain qu'elles rendent toutes le discours plus animé & plus pathétique. Or le Pathétique participe du Sublime autant que ⁷ le Sublime participe du Beau & de l'Agréable.

CHAPITRE XXV.

Du choix des Mots.

PUISQUE la Pensée & la Phrase s'expliquent ordinairement l'une par l'autre, voïons si nous n'avons point encore quelque chose à remar-

REMARQUES.

avoit traduit : *Leur envoïa la maladie des Femmes :* ce qu'il expliquoit *des Hemorroïdes*, dans une note marginale. C'est à cette dernière Traduction que conviennent les trois Remarques suivantes de Mr. Despréaux, de Mr. Dacier, & de Mr. Tollius,

Ibid. *La maladie des Femmes.*] Ce passage a fort exercé jusqu'ici les Savans : , & entr'autres Mr. Costar & Mr. de Girac. C'est ce dernier dont j'ai suivi le sens qui m'a paru le meilleur : y aïant un fort grand raport de la maladie naturelle qu'ont les Femmes, avec les Hémorrhoïdes. Je ne blâme pourtant pas le sens de Mr. Dacier. BOILEAU.

Ibid. *La maladie des femmes.*] Par cette maladie des femmes tous les Interprètes ont entendu les Hémorrhoïdes ; mais il me semble qu'Herodote auroit eu tort de n'attribuer qu'aux femmes ce qui est aussi commun aux hommes, & que la periphrase dont il s'est servi, ne seroit pas fort juste. Ce passage a embarrassé beaucoup de gens , & Voiture n'en a pas été seul en peine. Pour moi je suis persuadé que la plûpart, pour avoir voulu trop finesser, ne sont point entrez dans la pensée d'Herodote, qui n'entend point d'autre maladie

que celle qui est particuliere aux femmes. C'est en cela aussi que sa periphrase paroît admirable à Longin, parce que cet Auteur avoit plusieurs autres manières de circonlocution, mais qui auroient été toutes ou rudes, ou mal-honnêtes, au lieu que celle qu'il a choisie est très-propre & ne choque point. En effet, le mot νοῦσος, *maladie*, n'a rien de grossier, & ne donne aucune idée sale ; on peut encore ajoûter pour faire paroître davantage la délicatesse d'Herodote en cet endroit, qu'il n'a pas dit νοῦσον γυναικῶν, *la maladie des femmes*, mais par l'Adjectif θήλειαν νοῦσον, *la maladie feminine*, ce qui est beaucoup plus doux dans le Grec, & n'a point du tout de grace dans notre Langue, où il ne peut être souffert. DACIER.

Ibid. *La maladie des femmes.*] Voïez mes remarques Latines, où je montre, que ce n'est ni l'une ni l'autre ; mais une maladie plus abominable. TOLLIUS.

CHANGEMENT. Ibid. *Une maladie qui les rendoit Femmes.*] Dans toutes les éditions avant celle de 1701. *La maladie des Femmes.*

4. *Au reste, il n'y a rien.*] Le mot Grec ἐπίκαιρος signifie une chose qui est fort commode pour l'usage. TOLLIUS.

* *Liv. 5. p. 741. & 742. Edit. de H. Estienne.*

DU SUBLIME. Chap. XXV.

marquer dans cette partie du difcours qui regarde l'expreffion. Or, que le choix des grans mots & des termes propres foit d'une merveilleufe vertu pour attacher & pour émouvoir, c'eft ce que perfonne n'ignore, & fur quoi par conféquent il feroit inutile de s'arrêter. En effet, il n'y a peut-être rien d'où les Orateurs, & tous les Ecrivains en général qui s'étudient au Sublime, tirent plus de grandeur, d'élegance, de netteté, de poids, de force & de vigueur pour leurs Ouvrages, que du choix des paroles. C'eft par elles que toutes ces beautez éclatent dans le difcours; comme dans un riche tableau; & elles donnent aux chofes une efpèce d'ame & de vie. * Enfin les beaux mots font, à vrai dire, la lumiere propre & naturelle de nos penfées. Il faut prendre garde néanmoins à ne pas faire parade par tout d'une vaine enflure de paroles. Car d'exprimer une chofe baffe en termes grans & magnifiques, c'eft tout de même que fi vous appliquiez un grand mafque de Théatre fur le vifage d'un petit enfant: fi ce n'eft à la vérité [1] dans la Poëfie *.*.*.*. [2] Cela fe peut voir encore dans un paffage de Théopompus, que Cécilius blâme, je ne fai pourquoi, & qui me femble au contraire fort à loüer pour fa jufteffe, & parce qu'il dit beaucoup. *Philippe*, dit cet Hiftorien, *boit fans peine les affronts que la néceffité de fes affaires l'oblige de fouffrir*. En effet, un difcours tout fimple exprimera quelquefois mieux la chofe que toute la pompe & tout l'ornement,

R E M A R Q U E S.

Changement. 5. *Dans fes Loix.*] Dans *fa République*: On lifoit ainfi dans toutes les éditions excepté la derniere de 1713.

Changement. 6. *Interdire la poffeffion.*] Dans toutes les Editions qui ont précedé celle-ci, on lifoit, *introduire*, au lieu d'*interdire*. La reffemblance de ces deux mots eft apparemment caufe que l'on a pris l'un pour l'autre. Mais il faut mettre, *interdire*. Ce qui précede le fait affez connoître: outre que c'eft le fens de ces mots ἐκώλυε κεκτῆσθαι, qui font dans le Texte de Longin, & qui doivent être traduits par *vetuiffet comparari*.

7. *Le Sublime.*] *Le Moral*, felon l'ancien Manufcrit. Boileau.

Ibid. *Le Sublime.*] *Que l'Ethique participe du Doux & de l'Agréable*. Tollius.

Chap. XXV. 1. *Dans la Poëfie.*] L'Auteur, après avoir montré combien les grans mots font impertinens dans le ftile fimple, faifoit voir que les termes fimples avoient place quelquefois dans le ftile noble. Boileau.

2. *Cela fe peut voir encore dans un paffage, &c.*] Il y a avant ceci dans le Grec, ὑπτικώτατον ϗ γόνιμον τὸ δ᾽ Ἀνακρέοντ᾽ οὐκέτι Θρηικίης ἐπιστρέφομαι. Mais je n'ai point exprimé ces paroles où il y a affurément de l'erreur; le mot ὑπτικώτατον n'é-

tant point Grec: & du refte, que peuvent dire ces mots, *Cette fécondité d'Anacréon? Je ne me foucie plus de la Thracienne*. Boileau.

Ibid. *Cela fe peut voir encore dans un paffage, &c.*] Monfr. Defpréaux a fort bien vû, que dans la lacune fuivante Longin faifoit voir que les mots fimples avoient place quelquefois dans le ftile noble, & que pour le prouver il rapportoit ce paffage d'Anacreon, οὐκέτι Θρηικίης ἐπιστρέφομαι Il a vû encore que dans le texte de Longin, ὑπτιώτατον καὶ γόνιμον τὸ δ᾽ Ἀνακρέοντ᾽, le mot ὑπτικώτατον eft corrompu & qu'il ne peut être Grec. Je n'ajoûterai que deux mots à ce qu'il a dit, c'eft qu'au lieu d'ὑπτικώτατον Longin avoit écrit ὑπτιώτατον, & qu'il l'avoit rapporté au paffage d'Anacréon, ὑπτιώτατον, καὶ γόνιμον τὸ δ᾽ Ἀνακρέοντ᾽ [οὐκέτι Θρηικίης ἐπιστρέφομαι] il falloit traduire, *cet endroit d'Anacreon eft très fimple, quoi que pur, je ne me foucie plus de la Thracienne*. Γόνιμον ne fignifie point ici *fécond*, comme Monfieur Defpréaux l'a crû avec tous les autres Interprètes; mais *pur*, comme quelquefois le *Genuinum* des Latins. La reftitution de ὑπτιώτατον eft très-certaine, & on pourroit la prouver par Hermogène, qui a auffi appellé ὑπτιώτατα λόγῳ, cette fimplicité du difcours. Dans le paffage d'Anacreon cette fimplicité confifte,

ment, comme on le voit tous les jours dans les affaires de la vie. A-
joûtez, qu'une chose énoncée d'une façon ordinaire, se fait aussi plus
aisément croire. Ainsi en parlant d'un homme, qui pour s'agrandir
souffre sans peine, & même avec plaisir, des indignitez; ces termes,
boire des affronts, me semblent signifier beaucoup. Il en est de même
de cette expression d'Herodote : * *Cléomène étant devenu furieux, il prit
un couteau, dont il se hacha la chair en petits morceaux ; & s'étant ainsi
déchiqueté lui-même, il mourut.* Et ailleurs † : *Pythès, demeurant toûjours dans le Vaisseau, ne cessa point de combatre qu'il n'eût été haché en
pièces.* Car ces expressions marquent un homme qui dit bonnement les
choses, & qui n'y entend point de finesse; & renferment néanmoins
en elles un sens qui n'a rien de grossier ni de trivial.

CHAPITRE XXVI.

Des Métaphores.

POUR ce qui est du nombre des Métaphores, Cécilius semble être
de l'avis de ceux qui n'en souffrent pas plus de deux ou de trois
au plus, pour exprimer une seule chose. ‡ Démosthène nous doit encore ici servir de règle. Cet Orateur nous fait voir, qu'il y a des occasions où l'on en peut emploïer plusieurs à la fois : quand les passions,
comme un torrent rapide, les entraînent avec elles nécessairement, &
en foule. *Ces Hommes malheureux*, dit-il quelque part, *ces lâches Fla-
teurs, ces Furies de la République ont cruellement déchiré leur patrie. Ce
sont eux qui dans la débauche ont autrefois* 1 *vendu à Philippe notre liberté, & qui la vendent encore aujourd'hui à Alexandre : qui mesurant, dis-
je, tout leur bonheur aux sales plaisirs de leur ventre, à leurs infâmes dé-
bordemens, ont renversé toutes les bornes de l'Honneur, & détruit parmi
nous*

REMARQUES.

te dans le mot ἐπιστρέφομαι, qui est fort simple &
du stile ordinaire. Au reste, par cette Thracienne il faut entendre cette fille de Thrace dont Anacreon avoit été amoureux, & pour laquelle il
avoit fait l'Ode LXIII : Πῶλε Θρηικίη, *jeune cavale
de Thrace*, &c. DACIER.

Ibid. *Cela se peut voir.*] Je ne dirai pas ici ce
que disoit cet impatient, *Pereant, qui ante nos
nostra dixerunt.* Mais, je veux bien que le Lecteur
se persuade, que cette remarque de Monsieur Dacier m'a fâché, parce qu'elle ressemble trop à ma

remarque Latine, pour ne donner pas quelque
soupçon, que je me suis servi de son industrie.
Mais ce seroit être trop effronté de le faire si ouvertement, & de joindre après cela ces remarques aux siennes dans la même Edition, comme
pour faire voir à tout le monde, qu'on fait aussi
impudemment usurper le travail d'autrui, que les
grans Guerriers savent s'emparer des terres de
leurs voisins. TOLLIUS.

CHAP. XXVI. 1. *Vendu à Philippe notre liberté.*] Il y a dans le Grec προπεπωκότες, comme
qui

* L. 6. pag. 358. Edit. de Francfort. † L. 7. pag. 444.
‡ De Corona, pag. 354. Edit. de Basle.

DU SUBLIME. Chap. XXVI.

nous cette règle, où les anciens Grecs faisoient consister toute leur félicité, de ne souffrir point de Maître. Par cette foule de Métaphores prononcées dans la colère, l'Orateur ferme entièrement la bouche à ces Traîtres. Néanmoins Aristote & Théophraste, pour excuser l'audace de ces Figures, pensent qu'il est bon d'y apporter ces adoucissemens, *pour ainsi dire; pour parler ainsi; si j'ose me servir de ces termes; pour m'expliquer un peu plus hardiment.* En effet, ajoûtent-ils, l'excuse est un remède contre les hardiesses du discours, & je suis bien de leur avis. Mais je soûtiens pourtant toûjours ce que j'ai déja dit, que le remède le plus naturel contre l'abondance & la hardiesse, soit des Métaphores, soit des autres Figures, c'est de ne les emploïer qu'à propos; je veux dire, dans les grandes passions, & dans le Sublime. Car comme le Sublime & le Pathétique, par leur violence & leur impétuosité, emportent naturellement & entraînent tout avec eux; ils demandent nécessairement des expressions fortes, & ne laissent pas de tems à l'Auditeur de s'amuser à chicaner le nombre des Métaphores, parce qu'en ce moment il est épris d'une commune fureur avec celui qui parle.

Et même pour les lieux communs & les descriptions, il n'y a rien quelquefois qui exprime mieux les choses, qu'une foule de Métaphores continuées. C'est par elles que nous voïons dans Xénophon une description si pompeuse de l'édifice du corps humain. Platon néanmoins en a fait la peinture d'une manière encore plus divine. Ce dernier appèle la tête *une Citadelle.* Il dit que le cou est *un Isthme, qui a été mis entre elle & la poitrine.* Que les vertèbres sont *comme des gonds sur lesquels elle tourne.* Que la Volupté est *l'amorce de tous les malheurs qui arrivent aux hommes.* Que la langue est *le Juge des saveurs.* Que le cœur est *la source des veines, la fontaine du sang, qui de là se porte avec rapidité dans toutes les autres parties, & qu'il est disposé comme une forteresse gardée de tous côtez.* Il appèle les pores, *des ruës étroites.*

Les

REMARQUES.

qui diroit, *ont bû notre liberté à la santé de Philippe.* Chacun sait ce que veut dire προπίνω en Grec, mais on ne le peut pas exprimer par un mot François. BOILEAU.

CHANGEMENT. 2. *Prononcées dans la colère, &c.*] Ce changement fut fait dans l'Edition de 1683. Auparavant on lisoit : *Par cette foule de Métaphores, l'Orateur décharge ouvertement sa colère contre ces Traîtres.*

3. *Mais je soûtiens &c.*] J'aimerois mieux traduire, *mais je soûtiens toûjours que l'abondance & la hardiesse des métaphores, comme je l'ai déja dit, les*

Figures emploïées à propos, les passions vehémentes, & le Grand, sont les plus naturels adoucissemens du Sublime. Longin veut dire, que pour excuser la hardiesse du discours dans le Sublime, on n'a pas besoin de ces conditions, *pour ainsi dire, si je l'ose dire, &c.* & qu'il suffit que les Métaphores soient fréquentes & hardies, que les Figures soient emploïées à propos, que les passions soient fortes, & que tout enfin soit noble & grand. DACIER.

Ibid. *Mais je soûtiens.*] Monsieur Dacier n'a pas bien compris ici le sens de notre Auteur. Voïez ma Traduction Latine. TOLLIUS.

* *Dans le Timée, pag. 69, & suiv. Edit. de H. Etienne.*

Les Dieux, poursuit-il, *voulant soûtenir le battement du cœur, que la vûë inopinée des choses terribles, ou le mouvement de la colère, qui est de feu, lui causent ordinairement; ils ont mis sous lui le Poûmon, dont la substance est molle, & n'a point de sang: mais aiant par dedans de petits trous en forme d'éponge, il sert au cœur comme d'oreiller, afin que quand la colère est enflamée, il ne soit point troublé dans ses fonctions.* Il appèle la partie concupiscible *l'appartement de la Femme*; & la partie irascible, *l'appartement de l'Homme*. +Il dit que la rate est *la cuisine des intestins; & qu'étant pleine des ordures du foie, elle s'enfle, & devient bouffie*. Ensuite, continuë-t-il, *les Dieux couvrirent toutes ces parties de chair qui leur sert comme de rempart & de défense contre les injures du chaud & du froid,* ⁵ *& contre tous les autres accidens. Et elle est,* ajoûte-t-il, *comme une laine molle & ramassée, qui entoure doucement le corps*. Il dit que le sang est *la pâture de la chair. Et afin que toutes les parties pûssent recevoir l'aliment, ils y ont creusé, comme dans un jardin, plusieurs canaux, afin que les ruisseaux des veines sortant du cœur comme de leur source, pûssent couler dans ces étroits conduits du corps humain*. Au reste, quand la Mort arrive, il dit, *que les organes se dénouënt comme les cordages d'un Vaisseau, & qu'ils laissent aller l'ame en liberté*. Il y en a encore une infinité d'autres ensuite, de la même force: mais ce que nous avons dit suffit pour faire voir combien toutes ces Figures sont sublimes d'elles-mêmes; combien, dis-je, les Métaphores servent au Grand, & de quel usage elles peuvent être dans les endroits pathétiques, & dans les descriptions.

Or, que ces Figures, ainsi que toutes les autres élegances du discours, portent toûjours les choses dans l'excès; c'est ce que l'on remarque assez sans que je le dise. Et c'est pourquoi Platon même * n'a pas été peu blâ-

REMARQUES.

2. *Il dit que la rate est la cuisine des intestins.*] Le passage de Longin est corrompu, & ceux qui le liront avec attention en tomberont sans doute d'accord; car la rate ne peut jamais être appelée raisonnablement, *la cuisine des intestins*, & ce qui suit détruit manifestement cette métaphore. Longin avoit écrit comme Platon ἐκμαγεῖον, & non pas μαγειεῖον. On peut voir le passage tout du long dans le Timée à la page 72. du Tome III. de l'édition de Serranus; ἐκμαγεῖον signifie proprement χειρόμακτρον, *une serviette à essuier les mains*. Platon dit, *que Dieu a placé la rate au voisinage du foie, afin qu'elle lui serve comme de torchon*, si j'ose me servir de ce terme, *& qu'elle le tienne toûjours propre & net; c'est pourquoi lorsque dans une maladie* le foie est environné d'ordures, la rate, qui est une substance creuse, molle, & qui n'a point de sang, le nettoie & prend elle-même toutes ces ordures, d'où vient qu'elle s'enfle & devient bouffie; comme au contraire, après que le corps est purgé, elle se defenfle, & retourne à son premier état. Je m'étonne que personne ne se soit apperçû de cette faute dans Longin, & qu'on ne l'ait corrigée sur le texte même de Platon, & sur le témoignage de Pollux, qui cite ce passage dans le chap. 4. du Livre II. DACIER.

Ibid. *Il dit que la rate.*] Monsieur Dacier a fort bien remarqué, qu'il faut lire ici ἐκμαγεῖον, comme j'ai fait dans le texte, suivant en cela l'avis de Monsieur Vossius. Julien l'Empereur se sert aussi de ce mot Orat. v. p. 305: ἡ ψυχὴ ὥσπερ ἐκμα-

* *Des Loix, liv. 6. pag. 773. Edit. de H. Etienne.*

DU SUBLIME. Chap. XXVI.

blâmé, de ce que souvent, comme par une fureur de discours, il se laisse emporter à des Métaphores dures & excessives, & à une vaine pompe allégorique. ⁶ *On ne concevra pas aisément*, dit-il en un endroit, *qu'il en doit être de même d'une Ville comme d'un vase, où le vin qu'on verse, & qui est d'abord bouillant & furieux, tout d'un coup entrant en societé avec une autre Divinité sobre, qui le châtie, devient doux & bon à boire.* D'appeler l'eau *une Divinité sobre*, & de se servir du terme de *châtier* pour temperer: en un mot, de s'étudier si fort à ces petites finesses, cela sent, disent-ils, son Poëte qui n'est pas lui-même trop sobre. Et c'est peut-être ce qui a donné sujet à Cécilius de décider si hardiment dans ses Commentaires sur Lysias, que Lysias valoit mieux en tout que Platon, poussé par deux sentimens aussi peu raisonnables l'un que l'autre. Car bien qu'il aimât Lysias plus que soi-même, il haïssoit encore plus Platon qu'il n'aimoit Lysias, si bien que porté de ces deux mouvemens, & par un esprit de contradiction, il a avancé plusieurs choses de ces deux Auteurs, qui ne sont pas des décisions si souveraines qu'il s'imagine. ⁷ De fait, accusant Platon d'être tombé en plusieurs endroits, il parle de l'autre comme d'un Auteur achevé, & qui n'a point de défauts; ce qui, bien loin d'être vrai, n'a pas même une ombre de vraisemblance. ⁸ Et en effet, où trouverons-nous un Ecrivain qui ne peche jamais, & où il n'y ait rien à reprendre?

CHA-

REMARQUES.

ἐκμαγεῖόν τι τῶν ἐνύλων εἰδῶν καὶ εἰκών ἐςι. Mais il signifie ici un modéle, un ἐκτύπωμα. καὶ ἐκφρώγισμα, comme l'explique Suidas, qui y joint μαγῆα τὸν δυπμάσσοντα. Τόντι μαγῆα σπόγγοι ὑπὸ σιβαρᾷ κεκλιμένον κοπιδί. Et ce passage-ci est très-propre pour confirmer l'explication de Monsieur Dacier. Car la rate est vraiment *l'éponge* des intestins. TOLLIUS.

5. *Et contre tous les autres accidens.*] Je ne me saurois pas ici aussi-bien expliquer en François, que j'ai fait en Latin. Le mot πτωμάτων ne signifie pas dans cet endroit *les autres accidens*, mais les *chûtes*: car la chair nous sert alors comme d'un rempart contre les blessures. TOLLIUS.

6. *On ne concevra &c.*] Ce n'est pas Platon qui dit ceci, mais ce sont ceux qui le blâment.

J'ai montré dans mes Remarques Latines, qu'il falloit lire ici φασίν, au lieu de φησίν: c'est-à-dire, *disent-ils*. TOLLIUS.

7. *De fait, accusant Platon &c.*] Il me semble que cela n'explique pas assez la pensée de Longin, qui dit: *En effet il préfere à Platon, qui est tombé en beaucoup d'endroits, il lui préfere, dis-je, Lysias, comme un Orateur achevé, & qui n'a point de défauts*, &c. DACIER.

8. *Et en effet.* Cette periode appartient au chapitre suivant, & y doit être jointe de cette manière: *Mais posons qu'on puisse trouver un Ecrivain qui ne peche jamais, & où il n'y ait rien à reprendre: un sujet si noble ne merite-t-il pas, qu'on examine ici cette question en géneral,* &c. TOLLIUS.

TRAITÉ

CHAPITRE XXVII.

Si l'on doit préférer le Médiocre parfait, au Sublime qui a quelques défauts.

PEut-etre ne sera-t-il pas hors de propos d'examiner ici cette question en géneral, savoir, lequel vaut mieux, soit dans la Prose, soit dans la Poësie, d'un Sublime qui a quelques défauts, ou d'une Médiocrité parfaite, & saine en toutes ses parties, qui ne tombe & ne se dément point: & ensuite lequel, à juger équitablement des choses, doit emporter le prix de deux Ouvrages, dont l'un a un plus grand nombre de beautez, mais l'autre va plus au Grand & au Sublime. Car ces questions étant naturelles à notre sujet, il faut nécessairement les résoudre. Premièrement donc je tiens pour moi, qu'une Grandeur au dessus de l'ordinaire, n'a point naturellement la pureté du Médiocre. En effet, dans un discours si poli & si limé, il faut craindre la bassesse: & il en est de même du Sublime que d'une richesse immense, où l'on ne peut pas prendre garde à tout de si près, & où il faut, malgré qu'on en ait, négliger quelque chose. Au contraire, il est presque impossible, pour l'ordinaire, qu'un esprit bas & médiocre fasse des fautes. Car, comme il ne se hazarde & ne s'élève jamais, il demeure toûjours en sûreté; au lieu que le Grand de soi-même, & par sa propre grandeur, est glissant & dangereux. [1] Je n'ignore pas pourtant ce qu'on me peut objecter d'ailleurs, que naturellement nous jugeons des Ouvrages des hommes par ce qu'ils ont de pire, & que le souvenir des fautes qu'on y remarque, dure toûjours, & ne s'efface jamais: au lieu que ce qui est beau, passe vite, & s'écoule bien-tôt de notre esprit. Mais bien que j'aie remarqué plusieurs fautes dans Homere, & dans tous les plus célèbres Auteurs, & que je sois peut-être l'homme du monde à qui elles plaisent le moins; j'estime, après tout, que ce sont des fautes dont ils ne se sont pas souciez, & qu'on ne peut appeler proprement fautes, mais qu'on doit simplement regarder comme

des

REMARQUES.

CHAP. XXVII. 1. *Je n'ignore pas pourtant.*] J'aimerois mieux traduire ainsi cette periode: *Mais aussi sai-je très-bien ce qu'il faut aussi-bien remarquer que le premier, que naturellement les fautes nous donnent beaucoup plus fortement dans la vûë, que les vertus; & que le souvenir &c.* Ou; *que naturellement nous nous appercevons plus vite & plus facilement des vices d'un autre, que de ses vertus.* TOLLIUS.

2. *Et dans Théocrite.*] Les Anciens ont remarqué, que la simplicité de Théocrite étoit très-heureuse dans les Bucoliques; cependant il est certain, comme Longin l'a fort bien vû, qu'il y a quelques endroits qui ne suivent pas bien la même idée, & qui s'éloignent fort de cette simplicité. On verra un jour dans les Commentaires que j'ai faits sur ce Poëte, les endroits que Longin me paroît avoir entendus. DACIER.

CHANGEMENT. 3. *Quelques endroits, où il sort un peu du caractère de l'Eglogue.*] *Quelques ouvrages qui ne sont pas de lui:* C'est ainsi qu'on lisoit avant l'Edition de 1683.

DU SUBLIME. Chap. XXVIII.

des méprises, & de petites négligences, qui leur font échapées, parce que leur esprit, qui ne s'étudioit qu'au Grand, ne pouvoit pas s'arrêter aux petites choses. En un mot, je maintiens que le Sublime, bien qu'il ne se soûtienne pas également par tout, quand ce ne seroit qu'à cause de sa grandeur, l'emporte sur tout le reste. En effet, Apollonius, par exemple, celui qui a composé le Poëme des Argonautes, ne tombe jamais; ² & dans Théocrite, ôté ³ quelques endroits, où il sort un peu du caractère de l'Eglogue, il n'y a rien qui ne soit heureusement imaginé. Cependant aimeriez-vous mieux être Apollonius, ou Théocrite, qu'Homère? L'Erigone d'Eratosthène est un Poëme où il n'y a rien à reprendre. Direz-vous pour cela qu'Eratosthène est plus grand Poëte qu'Archiloque, qui se brouille à la verité, & manque d'ordre & d'économie en plusieurs endroits de ses Ecrits ; ⁴ mais qui ne tombe dans ce défaut, qu'à cause de cet esprit divin dont il est entraîné, & qu'il ne sauroit régler comme il veut? Et même pour le Lyrique, choisiriez-vous plûtôt d'être Bacchylide que Pindare? ou pour la Tragédie, Ion, ce Poëte de Chio, que Sophocle? En effet, ceux-là ne font jamais de faux pas, & n'ont rien qui ne soit écrit avec beaucoup d'élegance & d'agrément. Il n'en est pas ainsi de Pindare & de Sophocle: car au milieu de leur plus grande violence, durant qu'ils tonnent & foudroient, pour ainsi dire, souvent leur ardeur vient mal à propos à s'éteindre, & ils tombent malheureusement. Et toutefois y a-t-il un homme de bon sens, ⁵ qui daignât comparer tous les Ouvrages d'Ion ensemble au seul Oedipe de Sophocle?

CHAPITRE XXVIII.

Comparaison d'Hyperide & de Démosthène.

QUE si au reste l'on doit juger du merite d'un Ouvrage par le nombre plûtôt que par la qualité & l'excellence de ses beautez ; il s'ensuivra qu'Hyperide doit être entierement preferé à Démosthène. En effet, ¹ outre qu'il est plus harmonieux, il a bien plus de parties

REMARQUES.

4. *Mais qui ne tombe dans ce défaut.*] Longin dit en général, *mais qui ne tombe dans ce défaut qu'à cause de cet esprit divin dont il est entraîné, & qu'il est bien difficile de régler.* DACIER.

5. *Qui daignât comparer*] Monsieur Despréaux a très-bien exprimé le sens de Longin, bien que je croie qu'il faille lire en cet endroit, ἀντιτιμήσαιτο ἐξ ἴσης, au lieu d'ἀντιτιμήσαιτο ἴσης. Ce qui m'est échappé dans mes remarques Latines. TOL-LIUS.

CHAP. XXVIII. 1. *Outre qu'il est plus harmonieux.*] Longin, à mon avis, n'a garde de dire d'Hyperide qu'il possède presque toutes les parties d'Orateur en un degré éminent : il dit seulement qu'il a plus de parties d'Orateur que Démosthène, & que dans toutes ces parties, *il est presque éminent, qu'il les possède toutes en un degré presque éminent*, καὶ σχεδὸν ὑπάρχῳ ἐν πᾶσιν. DACIER.

ties d'Orateur, qu'il possède presque toutes en un degré éminent; * semblable à ces Athlètes, qui réüssissent aux cinq sortes d'Exercices, & qui n'étant les premiers en pas-un de ces Exercices, passent en tous l'ordinaire & le commun. En effet, il a imité Démosthène en tout ce que Démosthène a de beau, excepté pourtant dans la composition & l'arrangement des paroles. ³ Il joint à cela les douceurs & les graces de Lysias. Il fait adoucir, où il faut, ⁴ la rudesse & la simplicité du discours, & ne dit pas toutes les choses d'un même air, comme Démosthène. Il excelle à peindre les mœurs. Son stile a, dans sa naïveté, une certaine douceur agréable & fleurie. Il y a dans ses Ouvrages un nombre infini de choses plaisamment dites. Sa manière de rire & de se moquer est fine, & a quelque chose de noble. Il a une facilité merveilleuse à manier l'ironie. Ses railleries ne sont point froides ni recherchées, ⁵ comme celles de ces faux imitateurs du stile Attique, mais vives & pressantes. Il est adroit à éluder les objections qu'on lui fait, & à les rendre ridicules en les amplifiant. Il a beaucoup de plaisant & de comique, & est tout plein de jeux & de certaines pointes d'esprit, qui frappent toûjours où il vise. Au reste, il assaisonne toutes ces choses d'un tour & d'une grace inimitable. Il est né pour toucher & émouvoir la pitié. Il est étendu dans ses narrations fabuleuses. Il a une flexibilité admirable pour les digressions; il se détourne, ⁶ il reprend haleine où il veut, comme on le peut voir dans ces Fables qu'il conte de Latone. Il a fait une Oraison funèbre, qui est écri-

REMARQUES.

2. *Semblable à ces Athlètes.*] De la manière que ce passage est traduit, Longin ne place Hyperide qu'au dessus de l'ordinaire, & du commun; ce qui est fort éloigné de sa pensée. A mon avis, Monsieur Despréaux & les autres Interprètes n'ont pas bien pris ni le sens ni les paroles de ce Rhéteur. Ἰδιῶται ne signifie point ici *des gens du vulgaire & du commun*, comme ils ont crû, mais des gens qui se mêlent des mêmes exercices; d'où vient qu'Héfychius a fort bien marqué ἰδιώτας, ἐπλίτας. Je traduirois, *Semblable à un Athlète que l'on appèle Pentathle, qui veritablement est vaincu par tous les autres Athlètes, dans tous les combats qu'il entreprend, mais qui est au dessus de tous ceux qui s'attachent comme lui à cinq sortes d'exercices.* Ainsi la pensée de Longin est fort belle de dire, que si l'on doit juger du merite par le nombre des vertus, plutôt que par leur excellence, & que l'on commette Hyperide avec Démosthène, comme deux Pentathles, qui combattent dans cinq sortes d'exercices, le premier sera beaucoup au dessus de l'autre: au lieu que si l'on juge des deux par un seul endroit, celui-ci l'emportera de bien loin sur le premier; comme un Athlète, qui ne se mêle que de la course ou de la lutte, vient facilement à bout d'un Pentathle qui a quitté ses compagnons pour courir, ou pour lutter contre lui. C'est tout ce que je puis dire sur ce passage, qui étoit assurément très-difficile, & qui n'avoit peut-être point encore été entendu. Monsieur le Févre avoit bien vû, que c'étoit une imitation d'un passage de Platon dans le Dialogue intitulé ἐρᾳςαί, mais il ne s'étoit pas donné la peine de l'expliquer. DACIER.

Ibid. *Semblable à ces Athlètes.*] Il y a ici tant de ressemblance entre la remarque & la Traduction Françoise de Monsieur Dacier, & la mienne Latine, que j'en suis surpris. Néanmoins on trouvera, comme je m'imagine, que je me suis expliqué en peu de mots aussi clairement que lui dans cette longue remarque. Car Longin compare Démosthène à un *Athlète*, qui se mêle seulement d'une sorte d'exercice, & qui y excelle: mais Hyperide à un *Pentathle*, qui surpasse bien tous ceux qui sont de son métier, mais doit ceder le prix à l'autre, qui dans le sien est le maître. TOLLIUS.

3. *Il joint à cela les douceurs & les graces de Lysias.*]

DU SUBLIME. Chap. XXVIII.

écrite avec tant de pompe & d'ornement, que je ne fai fi pas-un autre l'a jamais égalé en cela.

Au contraire, Démofthène ne s'entend pas fort bien à peindre les mœurs. Il n'eft point étendu dans fon ftile. Il a quelque chofe de dur, & n'a ni pompe ni oftentation. En un mot, il n'a prefque aucune des parties dont nous venons de parler. S'il s'efforce d'être plaifant, il fe rend ridicule, plûtôt qu'il ne fait rire, & s'éloigne d'autant plus du plaifant, qu'il tâche d'en approcher. Cependant, parce qu'à mon avis, toutes ces beautez, qui font en foule dans Hyperide, n'ont rien de grand; 7 qu'on y voit, pour ainfi dire, un Orateur toûjours à jeun, & une langueur d'efprit, qui n'échauffe, qui ne remuë point l'ame; perfonne n'a jamais été fort tranfporté de la lecture de fes Ouvrages. 8 Au lieu que Démofthène aïant ramaffé en foi toutes les qualitez d'un Orateur veritablement né au Sublime, & entierement perfectionné par l'étude, ce ton de majefté & de grandeur, ces mouvemens animez, cette fertilité, cette adreffe, cette promptitude, & ce qu'on doit fur tout eftimer en lui, cette force & cette vehémence, dont jamais perfonne n'a fû approcher: Par toutes ces divines qualitez, que je regarde en effet comme autant de rares préfens qu'il avoit reçûs des Dieux & qu'il ne m'eft pas permis d'appeler des qualitez humaines; il a effacé tout ce qu'il y a eû d'Orateurs célebres dans tous les fiècles, les laiffant comme abbatus & éblouïs, pour ainfi dire, de fes tonnerres & de fes éclairs. Car dans les parties où il excelle, il eft tellement élevé au deffus d'eux, qu'il répare entierement par là celles qui lui man-

REMARQUES.

fias.] Pour ne fe tromper pas à ce paffage, il faut favoir qu'il y a deux fortes de graces, les unes majeftueufes & graves, qui font propres aux Poëtes, & les autres fimples, & femblables aux railleries de la Comédie. Ces dernières entrent dans la compofition du ftile poli, que les Rhéteurs ont appelé γλαφυρὸν λόγον; & c'étoit là les Graces de Lyfias, qui, au jugement de Denys d'Halicarnaffe, excelloit dans ce ftile poli; c'eft pourquoi Ciceron l'appèle *venuſtiſſimum Oratorem*. Voici un exemple des gracés de ce charmant Orateur. En parlant un jour contre Efchine, qui étoit amoureux d'une vieille, *il aime*, dit-il, *une femme dont il eſt plus facile de compter les dents que les doigts*. C'eft par cette raifon que Démetrius a mis les Graces de Lyfias dans le même rang que celles de Sophron, qui faifoit des mimes. DACIER.

4. *La rudeſſe & la ſimplicité.*] Monfieur Defpreaux a pris ici le mot ἀφελείας, comme s'il fe devoit joindre avec le mot μαλακίζεται : mais la mauvaife diftinction l'a trompé. Lifez donc : *Il faut adoucir & abaiſſer le haut ton du diſcours, quand la matière a beſoin de ſimplicité.* TOLLIUS.

5. *Comme celles de ces faux imitateurs.*] Voïez mes remarques Latines. TOLLIUS.

6 *Il reprend haleine où il veut.*] Il ſe remet en chemin quand il le trouve à propos, comme il fait voir dans cette digreſſion de Latone, qui a toutes les beautez de la Poëſie. TOLLIUS.

7. *On y voit, pour ainſi dire, un Orateur toûjours à jeun.*] Je ne fai fi cette expreffion exprime bien la penfée de Longin. Il y a dans le Grec καρδία νήφοντ⸰, & par là ce Rhéteur a entendu un Orateur, *toûjours égal & moderé*; car νήφει eft oppofé à μαίνεσθαι, *être furieux*. Monfieur Defpreaux a crû conferver la même idée, parce qu'un Orateur veritablement sublime reffemble en quelque manière à un homme qui eft échauffé par le vin. DACIER.

Ibid. *On y voit.*] Mes remarques Latines montrent, que j'ai été encore ici de même fentiment que Monfieur Dacier. TOLLIUS.

8. *Au lieu que Démoſthène*] Je n'ai point exprimé ἤθη & ἤθων de peur de trop embaraffer la periode. BOILEAU.

manquent. Et certainement il est plus aisé d'envisager fixement, & les yeux ouverts, les foudres qui tombent du Ciel, que de n'être point ému des violentes passions qui regnent en foule dans ses Ouvrages.

CHAPITRE XXIX.

[1] *De Platon, & de Lysias; & de l'excellence de l'Esprit humain.*

POUR ce qui est de Platon, comme j'ai dit, il y a bien de la différence. Car il surpasse Lysias, non seulement par l'excellence, mais aussi par le nombre de ses beautez. Je dis plus, [2] c'est que Platon n'est pas tant au dessus de Lysias par un plus grand nombre de beautez, [3] que Lysias est au dessous de Platon par un plus grand nombre de fautes.

Qu'est-ce donc qui a porté ces Esprits divins à mépriser cette exacte & scrupuleuse délicatesse, pour ne chercher que le Sublime dans leurs Ecrits? En voici une raison. C'est que la Nature n'a point regardé l'Homme comme un animal de basse & de vile condition; mais elle lui a donné la vie, & l'a fait venir au monde comme dans une grande Assemblée, pour être spectateur de toutes les choses qui s'y passent; elle l'a, dis-je, introduit dans cette lice, comme un courageux Athlète, qui ne doit respirer que la gloire. C'est pourquoi elle a engendré d'abord en nos ames une passion invincible pour tout ce qui nous paroît de plus grand & de plus divin. Aussi voïons-nous que le Monde entier ne suffit pas à la vaste étenduë de l'esprit de l'Homme. Nos pensées vont souvent plus loin que les Cieux, & pénètrent au delà de ces bornes qui environnent & qui terminent toutes choses.

[4] Et

REMARQUES.

CHAP. XXIX. 1. *De Platon, & de Lysias.*] Le titre de cette Section suppose qu'elle roule entièrement sur Platon & sur Lysias: & cependant il n'y est parlé de Lysias qu'à la seconde ligne; & le reste de la Section ne regarde pas plus Lysias ou Platon, qu'Homère, Démosthène, & les autres Ecrivains du premier ordre. La division du Livre en Sections, comme on l'a déja remarqué, n'est pas de Longin, mais de quelque Moderne, qui a aussi fabriqué les argumens des Chapitres. Dans l'ancien Manuscrit, au lieu de ὁ Λυσίας, qui se lit ici dans le texte à la seconde ligne de la Section, on lit λυσυρίας. Mais λυσυρίας ne fait aucun sens: & je crois qu'en effet Longin avoit écrit. ὁ Λυσίας. BOIVIN.

CHANGEMENT. 2. *C'est que Platon n'est pas tant, &c.*] Ce changement est encore de l'Edition de 1683. Les Editions précédentes portoient: *C'est que Platon est au-dessus de Lysias, moins pour les qualitez qui manquent à ce dernier, que pour les fautes dont il est rempli.*

3. *Que Lysias est au dessous*] Le jugement que Longin fait ici de Lysias s'accorde fort bien avec ce qu'il a dit à la fin du Chapitre XXXII. pour faire voir que Cécilius avoit eu tort de croire que Lysias fût sans défaut; mais il s'accorde fort bien aussi avec tout ce que les Anciens ont écrit de cet Orateur. On n'a qu'à voir un passage remarquable dans le Livre *De optimo genere Oratorum*, où Ciceron parle & juge en même tems des Orateurs qu'on doit se proposer pour modèle. DACIER.

4. *Et certainement.*] Le texte Grec a été ici corrompu; & c'est la cause pourquoi Monsieur Boileau n'a pas bien réüssi dans la Traduction de ce

DU SUBLIME. Chap. XXX.

4. Et certainement si quelqu'un fait un peu de réflexion sur un Homme dont la vie n'ait rien eu dans tout son cours que de grand & d'illustre, il peut connoître par là à quoi nous sommes nez. Ainsi nous n'admirons pas naturellement de petits ruisseaux, bien que l'eau en soit claire & transparente, & utile même pour notre usage: mais nous sommes veritablement surpris quand nous regardons le Danube, le Nil, le Rhin, & l'Océan sur tout. Nous ne sommes pas fort étonnez de voir une petite flamme, que nous avons allumée, conserver long-tems sa lumiere pure: mais nous sommes frappez d'admiration, quand nous contemplons 5 ces feux, qui s'allument quelquefois dans le Ciel, bien que pour l'ordinaire ils s'évanouïssent en naissant: & nous ne trouvons rien de plus étonnant dans la Nature, que ces fournaises du mont Etna, qui quelquefois jette du profond de ses abîmes,

* *Des pierres, des rochers, & des fleuves de flammes.*

De tout cela il faut conclurre, que ce qui est utile, & même nécessaire aux hommes, souvent n'a rien de merveilleux, comme étant aisé à acquerir: mais que tout ce qui est extraordinaire, est admirable & surprenant.

CHAPITRE XXX.

Que les fautes dans le Sublime se peuvent excuser.

1. A L'ÉGARD donc des grans Orateurs, en qui le Sublime & le Merveilleux se rencontre joint avec l'Utile & le Necessaire, il faut avouer

REMARQUES.

ce passage. Il eût dû dire: *Et certainement si quelqu'un considère de toutes parts la vie humaine, & fait réflexion qu'on prefere toûjours en toutes choses le surprenant & le grand, au mignon & au beau, il pourra aussi-tôt connoitre par là, à quoi nous sommes nez.* TOLLIUS.

5. *Ces feux, qui s'allument.*] Ce sont ici le Soleil & la Lune, dont notre Auteur parle, qui s'obscurcissent quelquefois par des Eclipses. * TOLLIUS.

* Ainsi, selon Tollius, il faloit traduire: *Mais nous sommes frapez d'admiration, quand nous contemplons ces deux grandes lumieres du Ciel, quoi qu'elles s'obscurcissent quelquefois par des Eclipses.*

CHAP. XXX. 1. *A l'egard donc des grans Orateurs.*] Le texte Grec est entièrement corrompu en cet endroit, comme Monsieur le Févre l'a fort bien remarqué. Il me semble pourtant que le sens que Monsieur Despréaux en a tiré ne s'accorde pas bien avec celui de Longin. En effet, ce Rhéteur venant de dire à la fin du Chapitre précedent, qu'il est aisé d'acquerir l'utile & le nécessaire, qui n'ont rien de grand ni de merveilleux, il ne me paroît pas possible, qu'il joigne ici ce merveilleux avec ce necessaire & cet utile. Cela étant, je croi que la restitution de ce passage n'est pas si difficile que l'a cru Monsieur le Févre, & quoique ce savant homme ait desesperé d'y arriver sans le secours de quelque Manuscrit, je ne laisserai pas de dire ici ma pensée. Il y a dans le texte

* *Pind. Pyth.* I. p. 254. *Edit. de Benoist.*

avouer qu'encore que ceux dont nous parlions, n'aïent point été exempts de fautes, ils avoient néanmoins quelque chose de surnaturel & de divin. En effet, d'exceller dans toutes les autres parties, cela n'a rien qui passe la portée de l'homme: mais le Sublime nous élève presque aussi haut que Dieu. Tout ce qu'on gagne à ne point faire des fautes, c'est qu'on ne peut être repris: mais le Grand se fait admirer. Que vous dirai-je enfin? un seul de ces beaux traits & de ces pensées sublimes, qui sont dans les Ouvrages de ces excellens Auteurs, peut païer tous leurs défauts. Je dis bien plus; c'est que si quelqu'un ramassoit ensemble toutes les fautes qui sont dans Homère, dans Démosthène, dans Platon, & dans tous ces autres célèbres Heros, elles ne feroient pas la moindre ni la millième partie des bonnes choses qu'ils ont dites. C'est pourquoi l'Envie n'a pas empêché qu'on ne leur ait donné le prix dans tous les siècles, & personne jusqu'ici n'a été en état de leur enlever ce prix, qu'ils conservent encore aujourd'hui, & que vraisemblablement ils conserveront toûjours,

> * *Tant qu'on verra les eaux dans les plaines courir,*
> *Et les bois dépouillez au Printems refleurir.*

On me dira peut-être qu'un Colosse, qui a quelques défauts, n'est pas plus à estimer qu'une petite Statuë achevée; comme, par exemple, le Soldat de Polyclète †. A cela je réponds, que dans les Ouvrages de l'Art, c'est le travail & l'achèvement que l'on considère: au lieu que dans les Ouvrages de la Nature, c'est le Sublime & le Prodigieux. Or dis-

REMARQUES.

texte, ἐφ᾽ ὧν ἐκ ἔτ᾽ ἔξω τῆς χρείας, &c. Et je ne doute point que Longin n'eût écrit, ἐφ᾽ ὧν ἡ δἐν ἴσω τῆς χρείας καὶ ὠφιλείας πίπτει τὸ μέγεθ⊕. C'est-à-dire: *A l'égard donc des grans Orateurs, en qui se trouve ce Sublime & ce merveilleux, qui n'est point resserré dans les bornes de l'utile & du nécessaire, il faut avouer,* &c. Si l'on prend la peine de lire ce Chapitre & le précedent, j'espère que l'on trouvera cette restitution très-vraisemblable & très-bien fondée. DACIER.

Ibid. *A l'égard.*] On verra dans mes remarques Latines, que Monsieur Dacier n'a pas si bien compris le sens de notre Auteur, que Monsieur Despréaux: & qu'il ne faut rien ici changer dans le texte Grec. Dans ma Traduction Latine on a oublié de mettre ces deux paroles *apud illos* entre *quidem* & *ratio*; si on les y remet, tout sera clair & net. * TOLLIUS.

* Voici la Traduction de Tollius : *Ego igitur de hujuscemodi Viris, quorum tam excellens in scribendo est sublimitas, (quamquam ne hujus quidem apud illos ratio ab utilitate, atque commodo separata est) ita colligendum, pronuntiandumque est.*

2. *Comme c'est le devoir de l'Art d'empécher* &c.] Au lieu de τὸ δ᾽ ἐν ὑπεροχῇ πολλῇ ὑχ ὁμότονον, on lit dans l'ancien Manuscrit τὸ δ᾽ ἐν ὑπεροχῇ πολλῇ, πλὴν ἐχ ὁμότονον, &c. La construction est beaucoup plus nette en lisant ainsi, & le sens très-clair: *Puisque de ne jamais tomber, c'est l'avantage de l'Art; & que d'être très-élevé, mais inégal, est le partage d'un Esprit sublime : il faut que l'Art vienne au secours de la Nature.* BOIVIN.

CHAP. XXXI. 1. *Les Paraboles & les Comparaisons.*] Ce que Longin disoit ici de la différence qu'il

* *Epitaphe pour Midias, pag.* 534. 2. *vol. d'Homère Edition des Elzev.*
† *Le Doryphore, petite Statuë, faite par Polyclète, célèbre Sculpteur.*

discourir, c'est une operation naturelle à l'Homme. Ajoûtez, que dans une Statuë on ne cherche que le rapport & la ressemblance: mais dans le discours, on veut, comme j'ai dit, le surnaturel & le divin. Cependant, pour ne nous point éloigner de ce que nous avons établi d'abord, * comme c'est le devoir de l'Art d'empêcher que l'on ne tombe, & qu'il est bien difficile qu'une haute élevation à la longue se soûtienne, & garde toûjours un ton égal; il faut que l'Art vienne au secours de la Nature; parce qu'en effet c'est leur parfaite alliance qui fait la souveraine perfection. Voilà ce que nous avons crû être obligez de dire sur les questions qui se sont présentées. Nous laissons pourtant à chacun son jugement libre & entier.

CHAPITRE XXXI.

Des Paraboles, des Comparaisons, & des Hyperboles.

POUR retourner à notre discours, [1] les Paraboles & les Comparaisons approchent fort des Métaphores, & ne different d'elles [2] qu'en un seul point * * * * * * * * * * * * * * *
* * * * * * * *
[3] Telle est cette Hyperbole: * *Supposé que votre esprit soit dans votre tête, & que vous ne le fouliez pas sous vos talons.* C'est pourquoi il faut bien prendre garde jusqu'où toutes ces Figures peuvent être poussées; parce qu'assez souvent, pour vouloir porter trop haut une Hyperbole, on la détruit. C'est comme une corde d'arc, qui, pour être:

REMARQUES.

qu'il y a des Comparaisons aux Métaphores est entièrement perdu; mais on en peut fort bien suppléer le sens par Aristote, qui dit comme Longin, qu'elles ne different qu'en une chose, c'est en la seule énonciation: par exemple, quand Platon dit, *que la tête est une citadelle*, c'est une Métaphore, dont on fera aisément une Comparaison, en disant, *que la tête est comme une citadelle*. Il manque encore après cela quelque chose de ce que Longin disoit de la juste borne des Hyperboles, & jusques où il est permis de les pousser. La suite & le passage de Démosthène, ou plutôt d'Hégésippe son Collègue, font assez comprendre quelle étoit sa pensée. Il est certain que les Hyperboles sont dangereuses; & comme Aristote l'a fort bien remarqué, elles ne sont presque jamais supportables que dans la passion. DACIER.

2. *Qu'en un seul point*] Cet endroit est fort defectueux, & ce que l'Auteur avoit dit de ces Figures, manque tout entier. BOILEAU.
3. *Telle est cette Hyperbole: Supposé que votre esprit soit dans votre tête, & que vous ne le fouliez pas sous vos talons.*] C'est dans l'Oraison de Halonese que l'on attribuë vulgairement à Démosthène, quoi qu'elle soit d'Hégésippe son Collègue. Longin cite ce passage sans doute pour en condamner l'Hyperbole qui est en effet très-vicieuse; car *un esprit foulé sous les talons*, est une chose bien étrange. Cependant Hermogène n'a pas laissé de la loüer. Mais ce n'est pas seulement par ce passage, que l'on peut voir que le jugement de Longin est souvent plus sûr que celui d'Hermogène, & de tous les autres Rhéteurs. DACIER.

* *Démosth. ou Hégésippe*, de Halonese. p. 34. Edit. de Basle.

TRAITÉ

être trop tenduë, se relâche; & cela fait quelquefois un effet tout contraire à ce que nous cherchons.

Ainsi Isocrate dans son Panégyrique *, par une sotte ambition de ne vouloir rien dire 4 qu'avec emphase, est tombé, je ne sai comment, dans une faute de petit Ecolier. Son dessein, dans ce Panégyrique, c'est de faire voir que les Athéniens ont rendu plus de service à la Grèce, que ceux de Lacédémone : & voici par où il débute : *Puisque le Discours a naturellement la vertu de rendre les choses grandes, petites ; & les petites, grandes ; qu'il fait donner les graces de la nouveauté aux choses les plus vieilles, & qu'il fait paroître vieilles celles qui sont nouvellement faites.* Est-ce ainsi, dira quelqu'un, ô Isocrate, que vous allez changer toutes choses à l'égard des Lacédémoniens & des Athéniens ? En faisant de cette sorte l'éloge du Discours, il fait proprement un exorde pour exhorter ses Auditeurs à ne rien croire de ce qu'il leur va dire.

C'est pourquoi il faut supposer, à l'égard des Hyperboles, ce que nous

REMARQUES.

4. *Qu'avec emphase*] *Qu'en exagerant.* TOLLIUS.

5. *Les Siciliens étant descendus en ce lieu*, &c.] Ce passage est pris du septième Livre. Thucydide parle ici des Athéniens qui en se retirant sous la conduite de Nicias furent attrapez par l'armée de Gylippe & par les troupes des Siciliens près du fleuve Asinarus, aux environs de la ville *Neetum*; mais dans le texte, au lieu de dire *les Lacédémoniens étant descendus*, Thucydide écrit οἵ τε Πελοποννήσιοι ἐπικαταβάντες, & non pas οἵ τε ᾡ Συρακόσιοι, comme il y a dans Longin. Par *ces Péloponésiens* Thucydide entend les troupes de Lacédémone conduites par Gylippe, & il est certain que dans cette occasion les Siciliens tiroient sur Nicias de dessus les bords du fleuve, qui étoient hauts & escarpez, les seules troupes de Gylippe descendirent dans le fleuve, & y firent tout ce carnage des Athéniens. DACIER.

6. *Ils se défendirent encore quelque tems*] Ce passage est fort clair. Cependant c'est une chose surprenante qu'il n'ait été entendu ni de Laurent Valle, qui a traduit Herodote, ni des Traducteurs de Longin, ni de ceux qui ont fait des notes sur cet Auteur. Tout cela, faute d'avoir pris garde que le verbe καταχέω veut quelquefois dire *enterrer*. Il faut voir les peines que se donne Monsieur le Févre, pour restituer ce passage, auquel, après bien du changement ; il ne sauroit trouver de sens qui s'accommode à Longin, prétendant que le texte d'Herodote étoit corrompu dès le tems de notre Rhéteur, & que cette beauté qu'un si savant Critique y remarque, est l'ouvrage d'un mauvais Copiste, qui y a mêlé des paroles qui n'y étoient point Je ne m'arrêterai point à refuter un discours si peu vraisemblable. Le sens que j'ai trouvé, est si clair & si infaillible, qu'il dit tout. BOILEAU.

Ibid. *Ils se défendirent encore quelque tems*.] Monsieur Despréaux a expliqué ce passage au pied de la lettre, comme il est dans Longin, & il assûre dans sa remarque, qu'il n'a point été entendu, ni par les Interprètes d'Herodote, ni par ceux de Longin ; & que Monsieur le Févre, après bien du changement, n'y a sû trouver de sens. Nous allons voir si l'explication qu'il lui a donnée lui-même, est aussi sûre & aussi infaillible qu'il l'a crû. Herodote parle de ceux qui, au Détroit des Thermopyles, après s'être retranchez sur un petit poste élevé, soûtinrent tout l'effort des Perses, jusques à ce qu'ils furent accablez & comme ensevelis sous leurs traits. Comment peut-on donc concevoir que des gens postez & retranchez sur une hauteur se défendent avec les dents contre des ennemis qui tirent toûjours, & qui ne les attaquent que de loin. Monsieur le Févre, à qui cela n'a pas paru possible, a mieux aimé suivre toutes les éditions de cet Historien, où ce passage est ponctué d'une autre manière, & comme je le mets ici : ἐν τούτῳ σφίας, τῷ χώρῳ ἀλεξομένους μαχαίρῃσι τοῖσιν αὐτέων, τοῖσι ἐτύγχανον ἔτι περιεοῦσαι, ἢ χερσὶ ἢ στόμασι κατέχωσαν οἱ βάρβαροι βάλλοντες. Et au lieu de χερσὶ καὶ στόμασι, il a crû qu'il faloit corriger χερμάσιοις καὶ δόρασι, en le raportant à κατέχωσαν : *Comme ils se défendoient encore dans le même lieu avec les épées qui leur restoient, les Barbares*

* *Pag.* 42. *Edit. de* H. *Etienne.*

DU SUBLIME. Chap. XXXI.

nous avons dit pour toutes les Figures en général, que celles-là sont les meilleures, qui sont entièrement cachées, & qu'on ne prend point pour des Hyperboles. Pour cela donc, il faut avoir soin que ce soit toûjours la passion qui les fasse produire au milieu de quelque grande circonstance. Comme par exemple, l'Hyperbole de Thucydide, * à propos des Atheniens qui perirent dans la Sicile. *Les Siciliens étant descendus en ce lieu, ils y firent un grand carnage, de ceux sur tout qui s'étoient jettez dans le fleuve. L'eau fut en un moment corrompuë du sang de ces Miserables; & néanmoins toute bourbeuse & toute sanglante qu'elle étoit, ils se battoient pour en boire.* Il est assez peu croïable que des hommes boivent du sang & de la boüe, & se battent même pour en boire; & toutefois la grandeur de la passion, au milieu de cette étrange circonstance, ne laisse pas de donner une apparence de raison à la chose. Il en est de même de ce que dit Herodote † de ces Lacédémoniens, qui combattirent au Pas des Thermopyles. *⁶ Ils se défendirent encore quelque tems*

REMARQUES.

res les accablèrent de pierres & de traits. Je trouve pourtant plus vrai-semblable qu'Herodote avoit écrit λάεσι καὶ δόρασι. Il avoit sans doute en vûë ce vers d'Homère du III. de l'Iliade:

Ἴοισίν τε τιτυσκόμδροι λάεσσι τ' ἔβαλλον.
Ils les chargeoient à coups de pierres & de traits.

La corruption de λάεσι en χερσὶ étant très-facile. Quoi qu'il en soit, on ne peut pas douter que ce ne soit le veritable sens. Et ce qu'Herodote ajoûte le prouve visiblement. On peut voir l'endroit dans la Section 125. du Liv. VII. D'ailleurs Diodore, qui a décrit ce combat, dit que les Perses environnèrent les Lacédémoniens, & qu'en les attaquant de loin ils les percèrent tous à coups de flêches & de traits. A toutes ces raisons Monsieur Despréaux ne sauroit opposer que l'autorité de Longin, qui a écrit & entendu ce passage de la même manière dont il l'a traduit; mais je réponds, comme Monsieur le Févre, que dès le tems même de Longin ce passage pouvoit être corrompu: que Longin étoit homme, & que par conséquent il a pû faillir aussi-bien que Démosthène, Platon, & tous ces grans Heros de l'antiquité, qui ne nous ont donné des marques qu'ils étoient hommes, que par quelques fautes, & par leur mort. Si on veut encore se donner la peine d'examiner ce passage, on cherchera, si je l'ose dire, Longin dans Longin même. En effet, il ne rapporte ce passage que pour faire voir la beauté de cette Hyperbole, *des hommes se défendent avec les dents contre des gens armez*, & cependant cette Hyperbole est puerile; puisque lors qu'un homme a approché son ennemi, & qu'il l'a saisi au corps, comme il faut nécessairement en venir aux prises pour emploïer les dents, il lui a rendu ses armes inutiles, ou même plutôt incommodes: De plus, ceci, *des hommes se défendent avec les dents contre des gens armez*, ne présuppose pas que les uns ne puissent être armez comme les autres; & ainsi la pensée de Longin est froide, parce qu'il n'y a point d'opposition sensible entre des gens qui se défendent avec les dents & des hommes qui combattent armez. Je n'ajoûterai plus que cette seule raison, c'est que si l'on suit la pensée de Longin, il y aura encore une fausseté dans Herodote, puisque les Historiens remarquent que les Barbares étoient armez à la légère avec de petits boucliers, & qu'ils étoient par conséquent exposez aux coups des Lacédémoniens, quand ils approchoient des retranchemens, au lieu que ceux-ci étoient bien armez, serrez en peloton, & tous couverts de leurs larges boucliers. DACIER.

Ibid. *Ils se défendirent*] Je me suis servi dans ma Traduction Latine du mot *tumulaverunt*, pour expliquer le Grec κατέχουσιν. Je suis néanmoins de même sentiment que Mr. le Févre & Monsieur Dacier : hormis que je n'aprouve pas le mot χερμαδίοις, ni aussi l'autre λάεσι: mais au lieu de καὶ χερσὶ, καὶ σώμασι, je remets τοῖσι δ' ἐυξύροισι, ou τοξεύμασι. Philostrate dans la vie d'Apollonius de Tyane, liv. IV. ch. VII: Ἐπὶ δὲ τὸν κολωνὸν βαδίζων, ἐφ' ᾧ λέγονται οἱ Λακεδαιμόνιοι ἀπεγκαταθανεῖν τοῖς τοξεύμασιν, ἥκουε, &c. on pourroit aussi lire βέλεσι, καὶ τοξεύμασι. TOLLIUS.

* *Liv. 7. p. 555. Edit. de H. Etienne.*   † *Liv. 7. p. 458. Edit. de Francfort.*

tems en ce lieu avec les armes qui leur restoient, & avec les mains & les dents; jusqu'à ce que les Barbares, tirant toûjours, les eussent comme ensevelis sous leurs traits. Que dites-vous de cette Hyperbole ? Quelle apparence que des hommes se défendent avec les mains & les dents contre des gens armez; 7 & que tant de personnes soient ensevelies sous les traits de leurs Ennemis ? Cela ne laisse pas néanmoins d'avoir de la vraisemblance, parce que la chose ne semble pas recherchée pour l'Hyperbole, mais que l'Hyperbole semble naître du sujet même. En effet, pour ne me point départir de ce que j'ai dit, un remède infaillible pour empêcher que les hardiesses ne choquent; c'est de ne les emploïer que dans la passion, & aux endroits à peu près qui semblent les demander. Cela est si vrai, que dans le Comique on dit des choses qui sont absurdes d'elles-mêmes, & qui ne laissent pas toutefois de passer pour vraisemblables, à cause qu'elles émeuvent la passion, je veux dire, qu'elles excitent à rire. En effet, le Rire est une passion de l'ame, causée par le plaisir. Tel est ce trait d'un Poëte Comique : * *Il possedoit une Terre à la campagne,* 8 *qui n'étoit pas plus grande qu'une Epître de Lacédémonien.*

Au reste, on se peut servir de l'Hyperbole, aussi-bien pour diminuer les choses que pour les agrandir : car l'exageration est propre à ces deux differens effets ; & le *Diasyrme* †, qui est une espèce d'Hyperbole, n'est, à le bien prendre, que l'exageration d'une chose basse & ridicule.

CHA-

REMARQUES.

7. *Et que tant de personnes soient ensevelies*] Les Grecs dont parle ici Herodote étoient en fort petit nombre, Longin n'a donc pû écrire *& que tant de personnes*, &c. D'ailleurs de la manière que cela est écrit, il semble que Longin trouve cette Métaphore excessive, plutôt à cause du nombre des personnes qui sont ensevelies sous les traits, qu'à cause de la chose même, & cela n'est point; car au contraire Longin dit clairement, *quelle Hyperbole!* combattre avec les dents contre des gens armez ? *& celle-ci encore*, être accablé sous les traits ? *cela ne laisse pas néanmoins*, &c. DACIER.

8. *Qui n'étoit pas plus grande qu'une Epître de Lacédémonien.*] J'ai suivi la restitution de Casaubon. BOILEAU.

CHAP. XXXII. 1. *N'est pas simplement un agrément.*] Les Traducteurs n'ont point conçu ce passage, qui sûrement doit être entendu dans mon sens, comme la suite du Chapitre le fait assez connoître. Ἐνέργημα veut dire un *effet* & non pas *un moïen*, n'est pas simplement un *effet* de la nature de l'homme. BOILEAU.

Ibid. *N'est pas simplement &c.*] Monsieur Despréaux assûre dans ses Remarques, que ce passage doit être entendu comme il l'a expliqué ; mais je ne suis pas de son avis, & je trouve qu'il s'est éloigné de la pensée de Longin, en prenant le mot Grec *organum* pour un instrument, comme une flûte, une lyre, au lieu de le prendre dans le sens de Longin pour *un organe*, comme nous disons pour *une cause*, *un moïen*. Longin dit clairement, *l'harmonie n'est pas seulement un moïen naturel à l'homme pour persuader & pour inspirer le plaisir, mais encore un organe, un instrument merveilleux pour élever le courage & pour émouvoir les passions.* C'est, à mon avis, le veritable sens de ce passage. Longin vient ensuite aux exemples de l'harmonie de la flûte & de la lyre, quoi que ces organes, pour émouvoir & pour persuader, n'approchent point des moïens qui sont propres & naturels à l'homme, &c. DACIER.

* V. Strabon, l. 1. p. 36. Edit. de Paris.   † Διασυρμός.

CHAPITRE XXXII.

Du l'arrangement des Paroles.

DEs cinq parties qui produisent le Grand, comme nous avons supposé d'abord, il reste encore la cinquième à examiner; c'est à savoir, la Composition & l'Arrangement des Paroles. Mais, comme nous avons déja donné deux volumes de cette matière, où nous avons suffisamment expliqué tout ce qu'une longue speculation nous en a pû apprendre; nous nous contenterons de dire ici ce que nous jugeons absolument nécessaire à notre sujet; comme par exemple, que l'Harmonie [1] n'est pas simplement un agrément que la Nature a mis dans la voix de l'homme, pour persuader & pour inspirer: [2] mais que dans les instrumens même inanimez, c'est un moïen merveilleux [3] pour élever le courage, & pour émouvoir les passions.

Et de vrai, ne voïons-nous pas que le son des flûtes émeut l'ame de ceux qui l'écoutent, & les remplit de fureur, comme s'ils étoient hors d'eux-mêmes? Que leur imprimant dans l'oreille le mouvement de sa cadence, il les contraint de la suivre, & d'y conformer en quelque sorte le mouvement de leur corps. Et non seulement le son des flûtes, [4] mais presque tout ce qu'il y a de differens sons au monde, comme par exemple, ceux de la Lyre, font cet effet. Car bien qu'ils ne signi-

REMARQUES.

Ibid. *N'est pas simplement.*] Monsieur Dacier a raison ici de rejetter le sentiment de Monsieur Despréaux. Qu'on regarde ma Traduction, & mes remarques Latines: & on verra que ma conjecture a beaucoup de vraisemblance. Même Monsieur Despréaux a très-bien exprimé le mot μεγαληγορίας, que je préfere au μετ' ἐλευθερίας. TOLLIUS.

2. *Mais que dans &c.*] Cela ne se trouve pas dans le Grec. Lisez donc; *Mais que c'est un moïen merveilleux pour rendre le discours sublime, & pour émouvoir les passions. Car ce n'est pas la flûte seulement qui émeut, &c. mais presque tout ce &c.* TOLLIUS.

3. *Pour élever le courage & pour émouvoir les passions.*] Il y a dans le Grec μετ' ἐλευθερίας καὶ πάθους: c'est ainsi qu'il faut lire & non point ἔτι ἐλευθερίας, &c. Ces paroles veulent dire, *Qu'il est merveilleux de voir des instrumens inanimez avoir en eux un charme pour émouvoir les passions, & pour inspirer la noblesse de courage.* Car c'est ainsi qu'il faut entendre ἐλευθερίαν. En effet, il est certain que la trompette, qui est un instrument, sert à reveiller le courage dans la guerre. J'ai ajoûté le mot d'*inanimez*, pour éclaircir la pensée de l'Auteur, qui est un peu obscure en cet endroit. Ὀργάνων, absolument pris, veut dire toutes sortes d'instrumens musicaux & inanimez, comme le prouve fort bien Henri Etienne. BOILEAU.

4. *Mais presque tout ce qu'il y a de differens sons au monde.*] Καὶ ἄλλοις ὅσοι παντάπασι: Tollius veut qu'on lise, ἀλλὰ καὶ ὅσοι παντάπασι. Mr. le Févre lisoit, ἄλλως τε καὶ ἐπεὶ, &c. Certainement il y a faute dans le texte, & il est impossible d'y faire un sens raisonnable sans corriger. Je suis persuadé que Longin avoit écrit καὶ ἀμουσῷ ᾖ παντάπασι, licet imperitus sit omnino, ou, licet à Musis omninò alienus sit. La flûte, dit Longin, force celui qui l'entend, fût-il ignorant & grossier, n'eût-il aucune connoissance de la Musique, de se mouvoir en cadence, & de se conformer au son mélodieux de l'instrument. L'ancien Manuscrit, quoique fautif en cet endroit, autorise la nouvelle correction: Car on y lit, καὶ ἀλλουσόη. Ce qui ressemble fort à καὶ ἀμουσῷ ᾖ, sur-tout si on écrit en majuscules, sans accent, sans esprit, &

signifient rien d'eux-mêmes, néanmoins, par ces changemens de tons, qui s'entrechoquent les uns les autres, & par le mélange de leurs accords, souvent, comme nous voïons, ils causent à l'ame un transport & un ravissement admirable. 5. Cependant ce ne sont que des images & de simples imitations de la voix, qui ne disent & ne persuadent rien, n'étant, s'il faut parler ainsi, que des sons bâtards, & non point, comme j'ai dit, des effets de la nature de l'homme. Que ne dirons-nous donc point de la Composition, qui est en effet comme l'harmonie du discours, dont l'usage est naturel à l'homme, qui ne frappe pas simplement l'oreille, mais l'esprit; qui remuë tout à la fois tant de differentes sortes de noms, de pensées, de choses; tant de beautez & d'élégances, avec lesquelles notre ame a une espèce de liaison & d'affinité; qui par le mélange & la diversité des sons, insinuë dans les esprits,

inspi-

REMARQUES.

sans distinction de mots, comme on écrivoit autrefois, & comme il est certain que Longin avoit écrit, ΚΑΝΑΜΟΥϹΟϹΗ. Entre ΚΑΝΑΜΟΥϹΟϹΗ & ΚΑΝΑΛΛΟΥϹΟϹΗ, il n'y a de difference que de la lettre M aux deux Λ: difference très-légere, où les Copistes se peuvent aisément tromper. BOIVIN.

5. *Cependant ce ne sont que des images*] Longin, à mon sens, n'a garde de dire que les instrumens, comme la trompette, la lyre, la flûte, *ne disent & ne persuadent rien*. Il dit, *Cependant ces images & ces imitations ne sont que des organes bâtards pour persuader, & n'approchent point du tout de ces moïens qui, comme j'ai déja dit, sont propres & naturels à l'homme*. Longin veut dire, que l'harmonie qui se tire des differens sons d'un instrument, comme de la lyre ou de la flûte, n'est qu'une foible image de celle qui se forme par les differens sons, & par la differente flexion de la voix ; & que cette derniere harmonie, qui est naturelle à l'homme, a beaucoup plus de force que l'autre, pour persuader & pour émouvoir. C'est ce qu'il seroit fort aisé de prouver par des exemples. DACIER.

6. *Et l'experience en fait foi.*] L'Auteur justifie ici sa pensée par une periode de Démosthène. * dont il fait voir l'harmonie & la beauté. Mais, comme ce qu'il en dit, est entièrement attaché à la Langue Grecque, j'ai crû qu'il valoit mieux le passer dans la Traduction, & le renvoïer aux Remarques, pour ne point effraïer ceux qui ne savent point le Grec. En voici donc l'explication. *Ainsi cette pensée que Démosthène ajoûte, après la lecture de son Decret, paroît fort sublime, & est en effet merveilleuse. Ce Decret*, dit-il, *a fait évanouir le peril qui environnoit cette ville, comme un nuage*

qui se dissipe lui-même. Τοῦτο τὸ ψήφισμα τὸν τότε τῇ πόλει περιστάντα κίνδυνον παρελθεῖν ἐποίησεν, ὥσπερ νέφος. Mais il faut avoüer que l'harmonie de la periode ne cède point à la beauté de la pensée. Car elle va toûjours de trois tems en trois tems, comme si c'étoient tous Dactyles, qui sont les piés les plus nobles & les plus propres au Sublime : & c'est pourquoi le vers Heroïque, qui est le plus beau de tous les vers, en est composé. En effet, si vous ôtez un mot de sa place, vous mettiez τοῦτο τὸ ψήφισμα ὥσπερ νέφος ἐποίησε τὸν τότε κίνδυνον παρελθεῖν, ou si vous en retranchez une seule syllabe, comme ἐποίησε παρελθεῖν ὡς νέφος, vous connoîtrez aisément combien l'harmonie contribuë au Sublime. En effet, ὥσπερ νέφος, s'appuïant sur la premiere syllabe qui est longue, se prononcent à quatre reprises : De sorte que, si vous en ôtez une syllabe, ce retranchement fait que la periode est tronquée. Que si au contraire vous en ajoûtez une, comme παρελθεῖν ἐποίησεν ὥσπερ τε νέφος, c'est bien le même sens ; mais ce n'est plus la même cadence : parce que la periode s'arrêtant trop long-tems sur les dernieres syllabes, le Sublime, qui étoit serré auparavant, se relâche & s'affoiblit. Au reste, j'ai suivi, dans ces derniers mots, l'explication de Monsieur le Févre, & ajoûté comme lui, τε à ὥσπερ. BOILEAU.

Ibid. *Et l'experience en fait foi* ****.] Longin rapporte après ceci un passage de Démosthène que Monsieur Despréaux a rejetté dans ses Remarques, parce qu'il est entièrement attaché à la Langue Grecque. Le voici : τοῦτο τὸ ψήφισμα τὸν τότε τῇ πόλει περιστάντα κίνδυνον παρελθεῖν ἐποίησεν ὥσπερ νέφος. Comme ce Rhéteur assure que l'harmonie de la periode ne cède point à la beauté de la pensée, parce qu'elle est toute composée de nombres dactyliques ; je crois qu'il ne sera pas inutile d'ex-

pli-

* De Corona p. 340. Edit. de Bâle.

DU SUBLIME. Chap. XXXII.

inspire à ceux qui écoutent, les passions mêmes de l'Orateur, & qui bâtit sur ce sublime amas de paroles, ce Grand & ce Merveilleux que nous cherchons ? Pouvons-nous, dis-je, nier qu'elle ne contribuë beaucoup à la grandeur, à la majesté, à la magnificence du discours & à toutes ces autres beautez qu'elle renferme en soi ; & qu'aïant un empire absolu sur les esprits, elle ne puisse en tout tems les ravir & les enlever ? Il y auroit de la folie à douter d'une verité si universellement reconnuë, [6] & l'experience en fait foi.

Au reste, il en est de même des discours que des corps, qui doivent ordinairement leur principale excellence à l'assemblage & à la juste proportion de leurs membres : de sorte même qu'encore qu'un membre separé de l'autre n'ait rien en soi de remarquable, tous ensemble ne laissent pas de faire un corps parfait. Ainsi les parties du Sublime étant divi-

REMARQUES.

pliquer ici cette harmonie & ces nombres, vû même que le passage de Longin est un de ceux que l'on peut traduire fort bien au pié de la lettre, sans entendre la pensée de Longin, & sans connoître la beauté du passage de Démosthène. Je vais donc tâcher d'en donner au Lecteur une intelligence nette & distincte ; & pour cet effet je distribuerai d'abord la periode de Démosthène dans ces nombres dactyliques, comme Longin les a entendus,

[τοῦτο τὸ] [ψήφισμα] τὸν τότε] τῇ πόλει] περιστάν] τα]
[κίνδυνον] παρελθεῖν] ἐποίη] σεν] [ὥσπερ νέφος.]

Voilà neuf nombres dactyliques en tout. Avant que de passer plus avant, il est bon de remarquer que beaucoup de gens ont fort mal entendu ces nombres dactyliques, pour les avoir confondus avec les mètres, ou les piés que l'on appelle Dactyles. Il y a pourtant bien de la différence. Pour le nombre dactylique, on n'a égard qu'au tems & à la prononciation ; & pour le dactyle, on a égard à l'ordre & à la position des lettres, de sorte qu'un même mot peut faire un nombre dactylique sans être pourtant un Dactyle, comme cela paroît par [ψήφισμα] τῇ πόλει] παρελθεῖν]. Mais revenons à notre passage. Il n'y a plus que trois difficultez qui se présentent : la première, que ces nombres devant être de quatre tems, d'un long qui en vaut deux, & de deux courts ; le second nombre de cette periode ψήφισμα, le quatrième, le cinquième & quelques autres paroissent en avoir cinq ; parce que dans ψήφισμα la première syllabe étant longue, en vaut deux, la seconde étant aussi longue en vaut deux autres, & la troisième brève, un, &c. A cela je réponds, que dans les Rythmes, ou nombres, comme je l'ai déja dit, on n'a égard qu'au tems & à la voïelle, & qu'ainsi φις est aussi bref que μα. C'est ce qui paroîtra clairement par ce seul exemple de Quintilien, qui dit, que la seconde syllabe d'agrestis est brève. La seconde difficulté naît de ce précepte de Quintilien, qui dit dans le Chapitre IV. du Livre IX. *Que quand la periode commence par une sorte de rythme ou de nombre, elle doit continuer dans le même rythme jusques à la fin.* Or dans cette periode de Démosthène le nombre semble changer, puisque tantôt les longues & tantôt les brèves sont les premières. Mais le même Quintilien ne laisse aucun doute là-dessus, si l'on prend garde à ce qu'il a dit auparavant : *Qu'il est indifferent au rythme dactylique d'avoir les deux premières ou les deux dernières brèves, parce que l'on n'a égard qu'aux tems, & à ce que son élevation soit de même nombre que sa position.* Enfin, la troisième & dernière difficulté vient du dernier rythme ὥσπερ νέφος, que Longin fait de quatre syllabes, & par conséquent de cinq tems, quoique Longin assure qu'il se mesure par quatre. Je réponds, que ce nombre ne laisse pas d'être dactylique comme les autres, parce que le tems de la dernière syllabe est superflu & compté pour rien, comme les syllabes qu'on trouve de trop dans les vers qui de là sont appellez *hypermètres*. On n'a qu'à écouter Quintilien : *Les rythmes reçoivent plus facilement des tems superflus, quoique la même chose arrive aussi quelquefois aux mètres.* Cela suffit pour éclaircir la periode de Démosthène, & la pensée de Longin. J'ajoûterai pourtant encore, que Démétrius Phaleréus cite ce même passage de Démosthène, & qu'au lieu de περιστάντα, il a lu ἐπιόντα, ce qui fait le même effet pour le nombre. DACIER.

divisées, le Sublime se dissipe entièrement: au lieu que venant à ne former qu'un corps par l'assemblage qu'on en fait, & par cette liaison harmonieuse qui les joint, le seul tour de la periode leur donne du son & de l'emphase. C'est pourquoi on peut comparer le Sublime dans les periodes, à un festin par écot, auquel plusieurs ont contribué. Jusques-là qu'on voit beaucoup de Poëtes & d'Ecrivains, qui n'étant point nez au Sublime, n'en ont jamais manqué néanmoins; bien que pour l'ordinaire ils se servissent de façons de parler basses, communes, & fort peu élegantes. En effet, ils se soûtiennent par ce seul arrangement de paroles, qui leur enfle & grossit en quelque sorte la voix: si bien qu'on ne remarque point leur bassesse. 7 Philiste est de ce nombre. Tel est aussi Aristophane en quelques endroits, & Euripide en plusieurs, comme nous l'avons déja suffisamment montré. Ainsi quand Hercule dans cet Auteur*, après avoir tué ses enfans, dit:

Tant de maux à la fois 8 *sont entrez dans mon ame,*
Que je n'y puis loger de nouvelles douleurs:

Cette pensée est fort triviale. Cependant il la rend noble par le moïen de ce tour, qui a quelque chose de musical & d'harmonieux. Et certainement, pour peu que vous renverssiez l'ordre de sa periode, vous verrez manifestement combien Euripide est plus heureux dans l'arrangement de ses paroles, que dans le sens de ses pensées. De même, dans sa Tragédie intitulée, 9 *Dircé traînée par un Taureau*†,

Il tourne aux environs dans sa route incertaine:
Et courant en tous lieux où sa rage le meine,
Traîne après soi la femme, & l'arbre & le rocher.

Cette

REMARQUES.

7. *Philiste est de ce nombre.*] Le nom de ce Poëte est corrompu dans Longin; il faut lire *Philiscus*, & non pas *Philistus*. C'étoit un Poëte Comique, mais on ne sauroit dire précisément en quel tems il a vécu. DACIER.

Ibid. *Philiste est de ce nombre.*] Monsieur Dacier a raison de préferer ici *Philiscus* à *Philistus*. Mais ce pourroit bien être aussi ce Philiscus de Corfou, un des sept Tragiques du second rang, qui a vécu sous Philadelphe, & a été Prêtre de Bacchus. TOLLIUS.

CHANGEMENT. 8. *Sont entrez dans mon ame.*] Edition de 1683. Les éditions precedentes portoient, *Ont assiegé mon ame.*

CHANGEMENT. 9. *Dircé traînée par un Taureau.*] Cette correction fut faite dans l'Edition de 1701. Mr. Despréaux avoit traduit dans ses premieres Editions: *Dircé emportée* &c. Sur quoi Mr. Dacier fit cette Remarque, que Mr. Despréaux a suivie; ,, Longin dit, *traînée par* ,, *un Taureau*; & il faloit conserver ce mot, par,, ce qu'il explique l'histoire de Dircé, que Zé,, thus & Amphion attachèrent par les cheveux à ,, la queuë d'un Taureau, pour se vanger des ,, maux qu'elle & son mari Lycus avoient faits à ,, Antiope leur mere.

CHAP. XXXIII. 1. *De même, ces paroles mesurées,* &c.] Longin dit, *De même, quand les periodes*

* *Hercule furieux,* V. 1245.
† *Dircé, ou Antiope, Tragédie perduë.* V. les *Fragm. de M. Barnes,* p. 519.

Cette pensée est fort noble à la verité, mais il faut avouer que ce qui lui donne plus de force, c'est cette harmonie qui n'est point précipitée, ni emportée comme une masse pesante, mais dont les paroles se soûtiennent les unes les autres, & où il y a plusieurs pauses. En effet, ces pauses sont comme autant de fondemens solides, sur lesquels son discours s'appuïe & s'élève.

CHAPITRE XXXIII.

De la mesure des Periodes.

AU contraire, il n'y a rien qui rabaisse davantage le Sublime que ces nombres rompus, & qui se prononcent vîte, tels que sont les Pyrrhiques, les Trochées & les Dichorées, qui ne sont bons que pour la danse. En effet, toutes ces sortes de pieds & de mesures n'ont qu'une certaine mignardise & un petit agrément, qui a toûjours le même tour, & qui n'émeut point l'ame. Ce que j'y trouve de pire, c'est que comme nous voïons que naturellement ceux à qui l'on chante un air ne s'arrêtent point au sens des paroles, & sont entraînez par le chant: de même, ces paroles mesurées n'inspirent point à l'esprit les passions qui doivent naître du discours, & impriment simplement dans l'oreille le mouvement de la cadence. Si bien que comme l'Auditeur prévoit d'ordinaire cette chûte qui doit arriver, il va au devant de celui qui parle, & le prévient, marquant, comme en une danse, la chûte avant qu'elle arrive.

C'est encore un vice qui affoiblit beaucoup le discours, quand les periodes sont arrangées avec trop de soin, ou quand les membres en sont trop courts, & ont trop de syllabes brèves, étant d'ailleurs comme

REMARQUES.

riodes sont si mesurées, l'Auditeur n'est point touché du discours, il n'est attentif qu'au nombre & à l'harmonie : jusques-là que prévoïant les cadences qui doivent suivre, & batant toûjours la mesure comme en une danse, il prévient même l'Orateur, & marque la chûte avant qu'elle arrive. Au reste, ce que Longin dit ici, est pris tout entier de la Rhétorique d'Aristote, & il peut nous servir fort utilement à corriger l'endroit même d'où il a été tiré. Aristote, après avoir parlé des periodes mesurées, ajoûte, τὸ μὲν γὰρ ἀπέραντον, καπλάωδη γὰρ δοκεῖ, ἢ ἅμα *** ἐξήγησι, περιέχει ᾧ ποιεῖ τῷ ὁμοίῳ πάντα πάλιν ἥξει *** ὥσπερ ἂν τῶν κηρύκων σπλαμβανόντες τὰ παιδία τό, τίνα αἱρεῖται ἐπίτροπος ὁ ἀπελευθερωμένος; Κλέωνα. Dans la première lacune, il faut suppléer assurément, ᾧ ἅμα τῆς ἀκούοντας ἐξήχησι, & dans la seconde, après ἥξει ajoûter : ὁ ᾧ φθά-

νοντες προαπολέγουσιν ὥσπερ ἦν, &c. & après ἀπελευ-θερωμένος, il faut un point interrogatif. Mais c'est ce qui paroîtra beaucoup mieux par cette Traduction, Ces periodes mesurées ne persuadent point, car outre qu'elles paroissent étudiées, elles detournent l'Auditeur, & le rendent attentif seulement au nombre & aux chûtes, qu'il marque même par avance; comme on voit les enfans se hâter de repondre Cléon, avant que les Huissiers aient achevé de crier; qui est le Patron que veut prendre l'affranchi ? Le savant Victorius est le seul qui ait soupçonné que ce passage d'Aristote étoit corrompu; mais il n'a pas voulu chercher les moïens de le corriger. DACIER.

CHANGEMENT. La chûte avant qu'elle arrive.] La cadence, avant &c. dans les premières éditions.

me joints & attachez ensemble avec des cloux aux endroits où ils se désunissent. Il n'en faut pas moins dire des periodes qui sont trop coupées. Car il n'y a rien qui estropie davantage le Sublime, que de le vouloir comprendre dans un trop petit espace. Quand je défens néanmoins de trop couper les periodes, je n'entends pas parler de celles 3 qui ont leur juste étenduë, mais de celles qui sont trop petites, & comme mutilées. En effet, de trop couper son stile, cela arrête l'esprit; au lieu 4 que de le diviser en periodes, cela conduit le Lecteur. Mais le contraire en même tems apparoît des periodes trop longues. Et toutes ces paroles recherchées pour alonger mal-à-propos un discours, sont mortes & languissantes.

CHAPITRE XXXIV.

De la bassesse des termes.

UNE des choses encore qui avilit autant le discours, c'est la bassesse des termes. Ainsi nous voïons dans Herodote * une description de tempête, qui est divine pour le sens: mais il y a mêlé des mots extrêmement bas; comme quand il dit, 1 *La Mer commençant à bruire.* Le mauvais son de ce mot, *bruire*, fait perdre à sa pensée une partie de ce qu'elle avoit de grand. *Le vent*, dit-il en un autre endroit, *les balotta fort, & ceux qui furent dispersez par la tempête, firent une fin peu agréable.* Ce mot *balotter* est bas; & l'epithète de *peu agréable* n'est point propre pour exprimer un accident comme celui-là.

De même, l'Historien Théopompus † a fait une peinture de la descente du Roi de Perse dans l'Egypte, qui est miraculeuse d'ailleurs; mais il a tout gâté par la bassesse des mots qu'il y mêle. *Y a-t-il une Ville*, dit cet Historien, *& une Nation dans l'Asie, qui n'ait envoié des Ambassadeurs au Roi? Y a-t-il rien de beau & de précieux qui croisse, ou qui se fabrique en ces Païs, dont on ne lui ait fait des présens? Combien de tapis & de vestes magnifiques, les unes rouges, les autres blanches, &*
les

REMARQUES.

3. *Qui ont leur juste étenduë*] *Qui n'ont pas leur juste étenduë périodique.*) TOLLIUS.

4. *Que de le diviser en périodes*] *Au lieu qu'une louable brièveté le conduit & l'éclaire.* TOLLIUS.

CHAP. XXXIV. 1. *La Mer commençant à bruire.*] Il y a dans le Grec, *commençant à bouil-* lonner, ζεσκόντος : mais le mot de *bouillonner* n'a point de mauvais son en notre Langue, & est au contraire agréable à l'oreille. Je me suis donc servi du mot *bruire*, qui est bas, & qui exprime le bruit que fait l'eau quand elle commence à bouillonner. BOILEAU.

* Liv. 7. pag. 446. & 448. Edition de Francfort.   † Livre perdu.

les autres historiées de couleurs? Combien de tentes dorées, & garnies de toutes les choses nécessaires pour la vie? Combien de robes & de lits somtueux? Combien de vases d'or & d'argent enrichis de pierres précieuses, ou artistement travaillez? Ajoûtez à cela un nombre infini d'armes étrangeres & à la Grècque: une foule incroïable de bêtes de voiture, & d'animaux destinez pour les sacrifices: des boisseaux* remplis de toutes les choses propres pour rejouïr le goût: 2 *des armoires & des sacs pleins de papier, & de plusieurs autres ustenciles; & une si grande quantité de viandes salées de toutes sortes d'animaux, que ceux qui les voïoient de loin, pensoient que ce fussent des collines qui s'élevassent de terre.*

3 De la plus haute élevation il tombe dans la dernière bassesse, à l'endroit justement où il devoit le plus s'élever. Car mêlant mal à propos dans la pompeuse description de cet appareil, des boisseaux, des ragoûts & des sacs, il semble qu'il fasse la peinture d'une cuisine. Et comme si quelqu'un avoit toutes ces choses à arranger, & que parmi des tentes & des vases d'or, au milieu de l'argent & des diamans, il mît en parade des sacs & des boisseaux, cela feroit un vilain effet à la vûë. Il en est de même des mots bas dans le discours, & ce sont comme autant de taches & de marques honteuses, qui flétrissent l'expression. Il n'avoit qu'à détourner un peu la chose, & dire en general, à propos de ces montagnes de viandes salées, & du reste de cet appareil: qu'on envoïa au Roi des chameaux & plusieurs bêtes de voiture chargées de toutes les choses nécessaires pour la bonne chère & pour le plaisir: ou des monceaux de viandes les plus exquises, & tout ce qu'on sauroit s'imaginer de plus ragoûtant & de plus délicieux: ou, si vous voulez, tout ce que les Officiers de table & de cuisine pouvoient souhaiter de meilleur pour la bouche de leur Maître. Car il ne faut pas d'un discours fort élevé passer à des choses basses & de nulle consideration, à moins qu'on n'y soit forcé par une nécessité bien pressante. Il faut que les paroles répondent à la majesté des choses dont on traite, & il est bon en cela d'imiter la Nature, qui, en formant l'homme, n'a point exposé à la vûë ces parties qu'il n'est pas honnête de nommer, & par où le corps se purge: mais, pour me servir des termes
de

REMARQUES.

2. *Des armoires & des sacs pleins de papier.*] Théopompus n'a point dit *des sacs pleins de papier*, car ce papier n'étoit point dans les sacs; mais il a dit, *des armoires, des sacs, des rames de papier, &c.* & par ce papier il entend de gros papier pour enveloper les drogues & les épiceries dont il a par-lé. DACIER.

3. *De la plus haute* &c.] Je préférerois, *des hautes pensées il descend aux basses: tout au contraire des préceptes de l'Art*, qui nous enseigne d'élever toûjours le discours de plus en plus. TOLLIUS.

* V. *Athénée, liv. 2 pag. 67. Edition de Lyon.*

de Xénophon*, + *a caché & détourné ces égoûts le plus loin qu'il lui a été possible, de peur que la beauté de l'animal n'en fût souillée.* Mais il n'est pas besoin d'examiner de si près toutes les choses qui rabaissent le discours. En effet, puisque nous avons montré ce qui sert à l'élever & à l'annoblir, il est aisé de juger qu'ordinairement le contraire est ce qui l'avilit & le fait ramper.

CHAPITRE XXXV.

Des causes de la décadence des Esprits.

IL ne reste plus, mon cher Terentianus, qu'une chose à examiner. C'est la question que me fit il y a quelques jours un Philosophe. Car il est bon de l'éclaircir; & je veux bien, 1 pour votre satisfaction particulière, l'ajoûter encore à ce Traité.

Je ne saurois assez m'étonner, me disoit ce Philosophe, non plus que beaucoup d'autres, d'où vient que dans notre siècle il se trouve assez d'Orateurs qui savent manier un raisonnement, & qui ont même le stile oratoire: qu'il s'en voit, dis-je, plusieurs qui ont de la vivacité, de la netteté, & sur tout de l'agrément dans leurs discours: mais qu'il s'en rencontre si peu qui puissent s'élever fort haut dans le Sublime: tant la sterilité maintenant est grande parmi les esprits. N'est-ce point, poursuivoit-il, ce qu'on dit ordinairement, que c'est le Gouvernement populaire qui nourrit & forme les grans génies: puisqu'enfin jusqu'ici tout ce qu'il y a presque eu d'Orateurs habiles, ont fleuri, & sont morts avec lui? En effet, ajoûtoit-il, il n'y a peut-être rien qui élève davantage l'ame des grans Hommes que la liberté, ni qui excite & réveille plus puissamment en nous ce sentiment naturel qui nous porte

REMARQUES.

4. *A caché & détourné ces égoûts.*] La Nature savoit fort bien, que si elle exposoit en vûë ces parties qu'il n'est pas honnête de nommer, la beauté de l'homme en seroit souillée; mais de la manière que Monsieur Boileau a traduit ce passage, il semble que la Nature ait eu quelque espèce de doute, si cette beauté seroit souillée, ou si elle ne le seroit point; car c'est à mon avis l'idée que donnent ces mots, *de peur que, &c.* & cela déguise en quelque manière la pensée de Xenophon, qui dit, *La Nature a caché & détourné ces égoûts le plus loin qu'il lui a été possible, pour ne point souiller la beauté de l'animal.* DACIER.

Ibid. *A caché, & détourné ces égoûts.*] Ciceron a fort bien suivi Xénophon, *lib.* 1. de Officiis: *Principio, corporis nostri magnam natura ipsa videtur habuisse rationem, quæ formam nostram, reliquamque figuram, in qua esset species honesta, eam posuit in promtu: quæ partes autem corporis ad naturæ necessitatem datæ, adspectum essent deformem habituræ, atque turpem, eas contexit atque abdidit. Hanc natura tam diligentem fabricam imitata est hominum verecundia, &c.* TOLLIUS.

CHAP. XXXV. CHANGEMENT. 1. *Pour votre satisfaction.*] *Pour votre instruction* &c. on lisoit ainsi avant l'édition de 1683.

2. *Tellement qu'on voit briller dans leurs discours la liberté de leur païs.*] Longin dit, *tellement qu'on voit*

* *Liv.* 1. *des Mémorables, pag.* 726. *Edition de Leunclav.*

DU SUBLIME. Chap. XXXV.

porte à l'émulation, & cette noble ardeur de se voir élevé au dessus des autres. Ajoûtez que les prix qui se proposent dans les Républiques, aiguisent, pour ainsi dire, & achèvent de polir l'esprit des Orateurs, leur faisant cultiver avec soin les talens qu'ils ont reçûs de la Nature. ² Tellement qu'on voit briller dans leurs discours la liberté de leur païs.

Mais nous, continuoit-il, qui avons appris dès nos premières années à souffrir le joug d'une domination légitime, ³ qui avons été comme enveloppez par les coûtumes & les façons-de-faire de la Monarchie, lors que nous avions encore l'imagination tendre, & capable de toutes sortes d'impressions; en un mot, qui n'avons jamais goûté de cette vive & féconde source de l'éloquence, je veux dire, de la liberté: ce qui arrive ordinairement de nous, c'est que nous nous rendons de grans & magnifiques flatteurs. C'est pourquoi il estimoit, disoit-il, qu'un homme même né dans la servitude étoit capable des autres Sciences: mais que nul Esclave ne pouvoit jamais être Orateur. Car un esprit, continua-t-il, abbatu & comme dompté par l'accoûtumance au joug, n'oseroit plus s'enhardir à rien. Tout ce qu'il avoit de vigueur s'évapore de soi-même, & il demeure toûjours comme en prison. En un mot, pour me servir des termes d'Homère*,

> *Le même jour qui met un homme libre aux fers,*
> *Lui ravit la moitié de sa vertu première.*

De même donc que, si ce qu'on dit est vrai, ces boîtes où l'on enferme les Pygmées, vulgairement appelez Nains, les empêchent non seulement de croître, mais ⁴ les rendent même plus petits, par le moïen de

REMARQUES.

voit briller dans leurs discours la même liberté que dans leurs actions. Il veut dire, que comme ces gens-là sont les maîtres d'eux-mêmes, leur esprit accoûtumé à cet empire & à cette indépendance ne produit rien qui ne porte des marques de cette liberté, qui est le but principal de leurs actions, & qui les entretient toûjours dans le mouvement. Cela meritoit d'être bien éclairci; car c'est ce qui fonde en partie la réponse de Longin, comme nous l'allons voir dans la seconde Remarque après celle-ci. DACIER.

3. *Qui avons été comme enveloppez.*] Etre enveloppé par les coûtumes, me paroît obscur. Il semble même que cette expression dit tout autre chose

que ce que Longin a prétendu. Il y a dans le Grec, *qui avons été comme emmaillotez,* &c. Mais comme cela n'est pas François, j'aurois voulu traduire pour approcher de l'idée de Longin, *qui avons comme succé avec le lait les coûtumes,* &c. DACIER.

4. *Les rendent mêmes plus petits.*] Par cette bande Longin entend sans doute des bandelettes dont on emmaillottoit les Pygmées depuis la tête jusques aux pieds. Ces bandelettes étoient à peu près comme celles dont les filles se servoient pour empêcher leur gorge de croître. C'est pourquoi Terence appelle ces filles, *vincto pectore,* ce qui répond fort bien au mot Grec δεσμὸς, que Longin em-

* *Odyss. 17. V. 322.*

de cette bande dont on leur entoure le corps. Ainsi la servitude, je dis la servitude 5 la plus justement établie, est une espèce de prison, où l'ame décroît & se rapetisse en quelque sorte. 6 Je sai bien qu'il est fort aisé à l'homme, & que c'est son naturel, de blâmer toûjours les choses présentes : 7 mais prenez garde que * * * * * * * Et certainement, poursuivis-je, si les délices d'une trop longue paix sont capables de corrompre 8 les plus belles ames, cette guerre sans fin, qui trouble depuis si long-tems toute la terre, n'est pas un moindre obstacle à nos desirs.

Ajoûtez à cela ces passions qui assiègent continuellement notre vie, & qui portent dans notre ame la confusion & le désordre. En effet, continuai-je, c'est le desir des Richesses, dont nous sommes tous malades par excès; c'est l'amour des plaisirs, qui, à bien parler, nous jette dans la servitude, & pour mieux dire, nous traîne dans le précipice, où tous nos talens sont comme engloutis. Il n'y a point de passion plus basse que l'Avarice; il n'y a point de vice plus infame que la Volupté. Je ne voi donc pas comment ceux qui font si grand cas des richesses, & qui s'en font comme une espèce de Divinité, pourroient être atteints de cette maladie, sans recevoir en même tems avec elle tous les maux dont elle est naturellement accompagnée ? Et certainement la profusion 9 & les autres mauvaises habitudes, suivent de près les richesses excessives : elles marchent, pour ainsi dire, sur leurs pas, & par leur moïen elles s'ouvrent les portes des villes & des maisons,
elles

REMARQUES.

emploïe ici : & qui signifie *bande*, *ligature*. Encore aujourd'hui, en beaucoup d'endroits de l'Europe, les femmes mettent en usage ces bandes pour avoir les piés petits. DACIER.

Ibid. *Les rendent même plus petits.*] La remarque de Monsieur Dacier est très-belle : car ces γλωττόκομα n'étoient autre chose que des bandes, dont on entouroit les Nains. Suidas *in* είλητόν. φασινόλης, dit-il, είλητὸν τομάριον, μεμβράνιον, γλωττόκομον. Cet είλητὸν τομάριον, est justement le *volumen* des Romains. Néanmoins le même Suidas *in* γλωσσόκομον l'explique comme je l'ai fait dans ma Traduction Latine, Γλωσσόκομον θήκη λιιψάνων ξυλίνη. TOLLIUS.

5. *La plus justement établie.*] Le mot δικαιοτάτη ne signifie pas ici une servitude la plus justement établie, mais une très-douce, *clemens & justa servitus*, comme Térence l'appèle. TOLLIUS.

* C'est aussi le sentiment de Madame Dacier : Voïez sa Remarque sur le Vers 9. de la Scène I. de l'Andrienne : *Ut semper tibi apud me justa & clemens fuerit servitus.*

6. *Je sai bien qu'il est fort aisé à l'homme*, &c.] Mr. Despréaux suit ici tous les Interprètes, qui attribuent encore ceci au Philosophe qui parle à Longin. Mais je suis persuadé que ce font les paroles de Longin, qui interrompt en cet endroit le Philosophe & commence à lui répondre. Je croi même que dans la lacune suivante il ne manque pas tant de choses qu'on a crû, & peut-être n'est-il pas si difficile d'en suppléer le sens. Je ne doute pas que Longin n'ait écrit : *Je sai bien*, lui répondis-je alors, *qu'il est fort aisé à l'homme, & que c'est même son naturel de blâmer les choses présentes. Mais prenez y bien garde, ce n'est point la Monarchie qui est cause de la décadence des esprits; & les délices d'une longue paix ne contribuent pas tant à corrompre les grandes ames, que cette guerre sans fin qui trouble depuis si long-tems toute la terre, & qui oppose des obstacles insurmontables à nos plus généreuses inclinations.* C'est assurément le véritable sens de ce passage & il seroit aisé de le prouver par l'histoire même du siècle de Longin. De cette manière ce Rhéteur répond fort bien aux deux objections du Philosophe, dont l'une est, que le gouvernement Monarchique causoit la grande stérilité qui étoit alors

DU SUBLIME. Chap. XXXV.

elles y entrent, & elles s'y établissent. Mais à peine y ont-elles séjourné quelque tems, qu'elles y *font leur nid*, suivant la pensée des Sages, & travaillent à se multiplier. Voïez donc ce qu'elles y produisent. Elles y engendrent le Faste & [10] la Molesse, qui ne sont point des enfans bâtards, mais leurs vraies & légitimes productions. Que si nous laissons une fois croître en nous ces dignes enfans des Richesses; ils y auront bien-tôt fait éclorre l'Insolence, le Dérèglement, l'Effronterie, & tous ces autres impitoïables Tyrans de l'ame.

Si-tôt donc qu'un homme, oubliant le soin de la Vertu, n'a plus d'admiration que pour les choses frivoles & périssables; il faut de nécessité que tout ce que nous avons dit, arrive en lui: il ne sauroit plus lever les yeux pour regarder au dessus de soi, ni rien dire qui passe le commun: il se fait en peu de tems une corruption générale dans toute son ame. Tout ce qu'il avoit de noble & de grand se flétrit & se séche de soi-même, & n'attire plus que le mépris.

Et comme il n'est pas possible qu'un Juge, qu'on a corrompu, juge sainement & sans passion de ce qui est juste & honnête; parce qu'un esprit qui s'est laissé gagner aux présens, ne connoît de juste & d'honnête que ce qui lui est utile: comment voudrions-nous que dans ce tems, où la corruption regne sur les mœurs & sur les esprits de tous les hommes, [11] où nous ne songeons qu'à attraper la succession de celui-ci; qu'à tendre des pièges à cet autre, pour nous faire écrire dans son testament; qu'à tirer un infame gain de toutes choses, vendant

pour

REMARQUES.

alors dans les esprits; & l'autre, que dans les Républiques, l'émulation & l'amour de la liberté entretenoient les Républiquains dans un mouvement continuel, qui élevoit leur courage, qui aiguisoit leur esprit, & qui leur inspiroit cette grandeur & cette noblesse dont les hommes veritablement libres sont seuls capables. DACIER.

Ibid. *Je sai bien &c.*] Monsieur Dacier a eu ici les yeux assez pénetrans pour voir la vérité. Voïez ma Traduction, & mes remarques Latines. Pour peu qu'on y défère, on croira aisément qu'il faut traduire; *Alors prenant la parole:* Il est fort aisé, mon Ami, *dis-je*, & c'est le naturel de l'homme, de blâmer toûjours les choses présentes: mais considérez, je vous prie, si on n'aura pas plus de raison d'attribuer ce manquement des grans esprits aux délices d'une trop longue paix; ou plutôt à cette guerre sans fin, qui ravageant tout, bride & retient nos plus nobles desirs. TOLLIUS.

7. *Mais prenez garde que.*] Il y a beaucoup de choses qui manquent en cet endroit. Après plu-

sieurs autres raisons de la décadence des esprits, qu'aportoit ce Philosophe introduit par Longin. Notre Auteur vrai-semblablement reprenoit la parole & en établissoit de nouvelles causes, c'est à savoir la guerre qui étoit alors par toute la Terre, & l'amour du luxe, comme la suite le fait assez connoître. BOILEAU.

CHANGEMENT. 8. *Les plus belles ames.*] Après ces mots le Traducteur avoit ajoûté ceux-ci: *A plus forte raison;* qu'il retrancha dans l'édition de 1683.

9. *Et les autres mauvaises habitudes.*] *Et la Molesse.* TOLLIUS.

10. *La Molesse.*] *L'Arrogance.* TOLLIUS.

11. *Où nous ne songeons qu'à attraper la succession de celui-ci.*] Le Grec dit quelque chose de plus atroce; *où l'on ne songe qu'à hâter la mort de celui-ci,* &c. ἀλλοτρίων θηροι θανάτων. Il a égard aux moïens dont on se servoit alors pour avancer la mort de ceux dont on attendoit la succession; on voit assez d'exemples de cette horrible coûtume dans les Satires des Anciens. DACIER.

pour cela jufqu'à notre ame, miférables efclaves de nos propres paffions : comment, dis-je, fe pourroit-il faire, que dans cette contagion générale, il fe trouvât un homme fain de jugement, & libre de paffion; qui n'étant point aveuglé ni feduit par l'amour du gain, pût difcerner ce qui eft véritablement grand & digne de la pofterité ? En un mot, étant tous faits de la manière que j'ai dit, ne vaut-il pas mieux qu'un autre nous commande, que de demeurer en notre propre puiffance : de peur que cette rage infatiable d'acquerir, comme un Furieux qui a rompu fes fers, & qui fe jette fur ceux qui l'environnent, n'aille porter le feu aux quatre coins de la Terre ? Enfin, lui dis-je, c'eft l'amour du luxe qui eft caufe de cette faineantife, où tous les Efprits, excepté un petit nombre, croupiffent aujourd'hui. En effet, fi nous étudions quelquefois, on peut dire que c'eft comme des gens qui relèvent de maladie, pour le plaifir, & pour avoir lieu de nous vanter, & non point par une noble émulation, & pour en tirer quelque profit loüable & folide. Mais c'eft affez parlé là-deffus. Venons maintenant aux paffions, dont nous avons promis de faire un Traité à part. Car, à mon avis, elles ne font pas un des moindres ornemens du difcours, fur tout pour ce qui regarde le Sublime.

RÉFLEXIONS CRITIQUES
SUR QUELQUES PASSAGES
DE LONGIN,

Où par occasion on répond à plusieurs objections de Mr. PERRAULT contre HOMERE & contre PINDARE; & tout nouvellement à la Dissertation de Mr. LE CLERC contre Longin, & à quelques Critiques faites contre Mr. RACINE.

RÉFLEXION PREMIERE.

Mais c'est à la charge, mon cher Térentianus, que nous reverrons ensemble exactement mon Ouvrage, & que vous m'en direz votre sentiment avec cette sincérité que nous devons naturellement à nos Amis. PAROLES de Longin, CHAP. I.

LONGIN nous donne ici par son exemple un des plus importans préceptes de la Rhétorique, qui est de consulter nos Amis sur nos Ouvrages, & de les accoûtumer de bonne-heure à ne nous point flater. Horace & Quintilien nous donnent le même conseil en plusieurs endroits; & Vaugelas, le plus sage, à mon avis, des Ecrivains de notre Langue, con-

REMARQUES.

RÉFLEX. I. Mr. Perrault, de l'Académie Françoise, avoit fort maltraité tous les meilleurs Ecrivains de l'antiquité, dans son *Parallele des Anciens & des Modernes*. Quoique M. Despréaux n'y eût pas été beaucoup ménagé, il ne s'étoit vangé d'abord que par quelques Epigrammes contre l'Auteur de ces Dialogues, & n'avoit aucun dessein d'y répondre dans les formes. Cependant, bien des gens le sollicitoient de prendre en main la défense des Anciens, dont il étoit grand admirateur, & aux ouvrages desquels il reconnoissoit avoir de très-grandes obligations. M. Racine étoit un de ceux qui l'animoient le plus. Il étoit un peu piqué contre Mr. Perrault, & ce n'étoit pas sans raison, puisque ce dernier avoit affecté de ne le point nommer dans ses Dialogues, en parlant de la Tragédie, quelque avantage qu'il eût pû tirer contre les Anciens, de l'exemple de cet illustre Moderne. Mais ce qui acheva de déterminer M. Despréaux à prendre la plume, fut un mot de M. le Prince de Conti, sur le silence de notre Auteur. Ce grand Prince voiant qu'il ne répondoit point au Livre des Paralleles, dit un jour qu'il vouloit aller à l'Académie Françoise écrire sur la place de M. Despréaux : TU DORS, BRUTUS!

M. Despréaux aïant donc résolu d'écrire contre M. Perrault, prit le parti d'emploïer quelques pas-

confesse que c'est à cette salutaire pratique qu'il doit ce qu'il y a de meilleur dans ses Ecrits. Nous avons beau être éclairez par nous-mêmes : les yeux d'autrui voient toûjours plus loin que nous dans nos défauts ; & un Esprit mediocre fera quelquefois apercevoir le plus habile homme d'une méprise qu'il ne voïoit pas. On dit que Malherbe consultoit sur ses Vers jusqu'à l'oreille de sa Servante ; & je me souviens que Moliere m'a montré aussi plusieurs fois [1] une vieille Servante qu'il avoit chez lui, à qui il lisoit, disoit-il, quelquefois ses Comédies ; & il m'assûroit que lorsque des endroits de plaisanterie ne l'avoient point frappée, il les corrigeoit : parce qu'il avoit plusieurs fois éprouvé sur son Théatre, que ces endroits n'y réussissoient point. Ces exemples sont un peu singuliers ; & je ne voudrois pas conseiller à tout le monde de les imiter. Ce qui est de certain, c'est que nous ne saurions trop consulter nos Amis.

Il paroît néanmoins que Monsieur Perrault n'est pas de ce sentiment. S'il croïoit ses Amis, on ne les verroit pas tous les jours dans le monde nous dire, comme ils font : „ Monsieur Perrault est de mes amis,
„ & c'est un fort honnête Homme : je ne sai pas comment il s'est allé
„ mettre en tête de heurter si lourdement la Raison, en attaquant dans
„ ses Parallèles tout ce qu'il y a de Livres anciens estimez & estima-
„ bles. Veut-il persuader à tous les hommes, que depuis deux mille
„ ans ils n'ont pas eu le sens commun ? Cela fait pitié. Aussi se gar-
„ de-t-il bien de nous montrer ses Ouvrages. Je souhaiterois qu'il se
„ trouvât quelque honnête homme, qui lui voulût sur cela charitable-
„ ment ouvrir les yeux.

Je veux bien être cet homme charitable. Monsieur Perrault m'a prié de si bonne grace lui-même de lui montrer ses erreurs, qu'en vérité je ferois conscience de ne lui pas donner sur cela quelque satisfaction. J'espère donc de lui en faire voir plus d'une dans le cours de ces Remarques. C'est la moindre chose que je lui dois, pour reconnoître les grans services que feu Monsieur [2] son frere le Médecin m'a, dit-il, ren-

REMARQUES.

passages de Longin pour servir de Texte à ses Réfléxions critiques : voulant faire paroître qu'il ne répondoit à son Adversaire que par occasion. Il les composa en 1693. étant âgé de 57. ans, & les publia l'année suivante. Charles Perrault mourut au mois de Mai, 1703. âgé de 77. ans.

Il faut joindre aux Réfléxions critiques de notre Auteur, une Dissertation en forme de Lettre, que M. Huet, ancien Evêque d'Avranches, écrivit à M. Perrault, au mois d'Octobre, 1692. & dans laquelle ce savant & illustre Prélat réfute, d'une manière également vive & judicieuse, le Livre des Parallèles. Cette Lettre a été inserée dans un Recueil de Dissertations, imprimé à Paris, en 1712.

1. *Une vieille Servante.*] Nommée *La Forest*. Un jour Moliere, pour éprouver le gout de cette Servante, lui lut quelques Scènes d'une Comédie qu'il disoit être de lui, mais qui étoit de Brécourt, Comédien. La Servante ne prit point le chan-

rendus, en me guérissant de deux grandes maladies. ³ Il est certain pourtant que Monsieur son frere ne fut jamais mon Médecin. ⁴ Il est vrai que, lors que j'étois encore tout jeune, étant tombé malade d'une fièvre assez peu dangereuse, ⁵ une de mes Parentes chez qui je logeois, & dont il étoit Médecin, me l'amena, & qu'il fut appelé deux ou trois fois en consultation par le Médecin qui avoit soin de moi. Depuis, c'est-à-dire, trois ans après, cette même Parente me l'amena une seconde fois, & me força de le consulter sur une difficulté de respirer, que j'avois alors, & que j'ai encore. Il me tâta le pouls, & me trouva la fièvre, que sûrement je n'avois point. Cependant il me conseilla de me faire saigner du pié, remède assez bizarre pour l'asthme dont j'étois menacé. Je fus toutefois assez fou pour faire son ordonnance dès le soir même. Ce qui arriva de cela, c'est que ma difficulté de respirer ⁶ ne diminua point ; & que le lendemain aïant marché mal-à-propos, le pié m'enfla de telle sorte, que j'en fus trois semaines dans le lit. C'est-là toute la cure qu'il m'a jamais faite, que je prie Dieu de lui pardonner en l'autre Monde.

Je n'entendis plus parler de lui depuis cette belle consultation, sinon lors que mes Satires parurent, qu'il me revint de tous côtez, que, ⁷ sans que j'en aie jamais pû savoir la raison, il se déchaînoit à outrance contre moi ; ne m'accusant pas simplement d'avoir écrit contre des Auteurs, mais d'avoir glissé dans mes Ouvrages des choses dangereuses, & qui regardoient l'Etat. Je n'appréhendois guères ces calomnies, mes Satires n'attaquant que les méchans Livres, & étant toutes pleines des loüanges du Roi, & ces loüanges même en faisant le plus bel ornement. Je fis néanmoins avertir Monsieur le Médecin, qu'il prît garde à parler avec un peu plus de retenuë : mais cela ne servit qu'à l'aigrir encore davantage. Je m'en plaignis même alors à Monsieur son frere l'Académicien, qui ne me jugea pas digne de réponse. J'avouë que c'est ce qui me fit faire dans mon Art Poëtique la métamorphose du Médecin de Florence en Architecte : vengeance assez médiocre de

tou-

REMARQUES.

change ; & après en avoir ouï quelques mots, elle soutint que son Maître n'avoit pas fait cette Piéce.

2. *Son frere le Médecin.*] Claude Perrault, de l'Academie des Sciences.

CHANGEMENT. 3. *Il est certain pourtant.*] Première Edition de 1694 : *La verité est pourtant.*

CHANGEMENT. 4. *Il est vrai que, lorsque* &c.] Même Edition : *Il est vrai, qu'étant encore tout jeune, une de mes Parentes chez qui je logeois, &* *dont il étoit Médecin, me l'amena malgré moi, & me força de le consulter sur une difficulté* &c.

5. *Une de mes Parentes.*] La belle-Sœur de notre Auteur, veuve de Jérôme Boileau, son frere aîné.

CHANGEMENT. 6. *Ne diminua point.*] Même Edition : *Augmenta considérablement.*

CHANGEMENT. 7. *Sans que j'en aie jamais pû savoir la raison.*] Ces mots furent ajoûtez dans la seconde édition en 1701.

I. RÉFLEXION

toutes les infamies que ce Médecin avoit dites de moi. Je ne nierai pas cependant qu'il ne fût Homme de très-grand merite, 8 & fort savant, sur tout dans les matières de Physique. Messieurs de l'Académie des Sciences néanmoins ne conviennent pas tous de l'excellence de sa Traduction de Vitruve, ni de toutes les choses avantageuses que Monsieur son frere rapporte de lui. Je puis même nommer 9 un des plus célèbres de l'Académie d'Architecture, qui s'offre de lui faire voir, 10 quand il voudra, papier sur table, que c'est le dessein du fameux 11 Monsieur le Vau, qu'on a suivi dans la façade du Louvre; & qu'il n'est point vrai que ni ce grand Ouvrage d'Architecture, ni l'Observatoire, ni l'Arc de Triomphe, soient des Ouvrages d'un Médecin de la Faculté. C'est une querelle que je leur laisse démêler entr'eux, 12 & où je déclare que je ne prens aucun interêt; mes vœux même, si j'en fais quelques-uns, étant pour le Médecin. Ce qu'il y a de vrai, c'est que ce Médecin étoit de même goût que Monsieur son Frere sur les Anciens, & qu'il avoit pris en haine, aussi-bien que lui, tout ce qu'il y a de grans Personnages dans l'Antiquité. On assure que ce fut lui qui composa cette belle Défense de l'Opera d'Alceste, où voulant tourner Euripide en ridicule, il fit ces étranges bévûes, que Monsieur Racine a si bien relevées dans la Préface de son Iphigenie. C'est donc de lui, & 13 d'un autre Frere encore qu'ils avoient, grand ennemi comme eux de Platon, d'Euripide, & de tous les autres bons Auteurs; que j'ai voulu parler, quand j'ai dit, qu'il y avoit de la bizarrerie d'esprit dans leur famille, que je reconnois d'ailleurs pour une famille pleine d'honnêtes gens, & où il y en a même plusieurs, je croi, qui souffrent Homère & Virgile.

On me pardonnera, si je prens encore ici l'occasion de désabuser le Public d'une autre fausseté, que Mr. Perrault a avancée dans la Lettre bourgeoise qu'il m'a écrite, & qu'il a fait imprimer; où il prétend qu'il a autrefois beaucoup servi à 14 un de mes Freres auprès de Monsieur Colbert, pour lui faire avoir l'agrément de la Charge de Controlleur de l'Argenterie. Il allègue pour preuve, que mon Frere, depuis qu'il eut cette Charge, venoit tous les ans lui rendre une visite, qu'il appeloit

R E M A R Q U E S.

CHANGEMENT. 8. *Et fort savant, sur tout dans les matières de Physique.*] Addition faite en 1701.

9. *Un des plus célèbres* &c.] Mr. d'Orbay, Parisien, qui mourut en 1689. Il étoit Elève de M. le Vau, dont il est parlé dans la Remarque 11.

CHANGEMENT. 10. *Quand il voudra.*]

Après ces mots, il y avoit, *démonstrativement, &*; dans l'édition de 1694.

11. *Monsieur le Vau.*] Louïs Le Vau, Parisien, Premier Architecte du Roi. Il a eu la direction des Bâtimens Roïaux depuis l'année 1653. jusqu'en 1670. qu'il mourut âgé de 58. ans, pendant qu'on travailloit à la façade du Louvre.

CHANGEMENT. 12. *Et où je déclare que je*

loit de devoir, & non pas d'amitié. C'est une vanité, dont il est aisé de faire voir le mensonge; puisque mon Frere mourut dans l'année qu'il obtint cette Charge, qu'il n'a possedée, comme tout le monde fait, que quatre mois; & que même, en consideration de ce qu'il n'en avoit point joui, ¹⁵ mon autre Frere, pour qui nous obtinmes l'agrément de la même Charge, ne païa point le marc d'or, qui montoit à une somme assez considerable. Je suis honteux de conter de si petites choses au Public: mais mes Amis m'ont fait entendre que ces reproches de Mr. Perrault regardant l'honneur, j'étois obligé d'en faire voir la fausseté.

REFLEXION II.

Notre esprit, même dans le Sublime, a besoin d'une méthode, pour lui enseigner à ne dire que ce qu'il faut, & à le dire en son lieu.
PAROLES de Longin, CHAP. II.

CELA est si vrai, que le Sublime hors de son lieu, non seulement n'est pas une belle chose, mais devient quelquefois une grande puérilité. C'est ce qui est arrivé à Scuderi dès le commencement de son Poëme d'Alaric, lors qu'il dit:

Je chante le Vainqueur des Vainqueurs de la Terre.

Ce Vers est assez noble, & est peut-être le mieux tourné de tout son Ouvrage: mais il est ridicule de crier si haut, & de promettre de si grandes choses dès le premier Vers. Virgile auroit bien pû dire, en commençant son Enéïde: *Je chante ce fameux Heros, fondateur d'un Empire qui s'est rendu maître de toute la Terre.* On peut croire qu'un aussi grand Maître que lui auroit aisément trouvé des expressions, pour mettre cette pensée en son jour. Mais cela auroit senti son Déclamateur. Il s'est contenté de dire: *Je chante cet Homme rempli de piété, qui après bien des travaux, aborda en Italie.* Un exorde doit être simple & sans affectation. Cela est aussi vrai dans la Poësie que dans les

REMARQUES.

je ne prem. &c.] Ces mots, & ceux qui suivent, jusqu'à la fin de la phrase, furent ajoûtez dans l'édition de 1701.

13. *D'un autre Frere qu'ils avoient.*] Pierre Perrault Receveur Général des Finances, en la Généralité de Paris; qui a traduit en François le Poëme de *Secchia rapita.* Il a aussi composé un Traité de l'origine des Fontaines, &c. C'est lui, dit-on, qui avoit composé la Défense de l'Opera d'Alceste, dont notre Auteur vient de parler, & qu'il attribuë à M. Perrault le Médecin.

14. *Un de mes Freres.*] Gilles Boileau de l'Académie Françoise. Il mourut en 1669.

15. *Mon autre Frere.*] Pierre Boileau de Puimorin, mort en 1683. âgé de 58. ans.

les Discours oratoires : parce que c'est une règle fondée sur la Nature, qui est la même par tout ; & la comparaison du frontispice d'un Palais, ¹ que Mr. Perrault allègue pour défendre ce Vers de l'Alaric, n'est point juste. Le frontispice d'un Palais doit être orné, je l'avouë ; mais l'exorde n'est point le frontispice d'un Poëme. C'est plûtôt une avenuë, une avant-court qui y conduit, & d'où on le découvre. Le frontispice fait une partie essentielle du Palais, & on ne le sauroit ôter qu'on n'en détruise toute la symmetrie. Mais un Poëme subsistera fort bien sans exorde ; & même nos Romans, qui sont des espèces de Poëmes, n'ont point d'exorde.

Il est donc certain qu'un exorde ne doit point trop promettre ; & c'est sur quoi j'ai attaqué le Vers d'Alaric, à l'exemple d'Horace, qui a aussi attaqué dans le même sens le début du Poëme d'un Scuderi de son tems, qui commençoit par

Fortunam Priami cantabo, & nobile bellum :

Je chanterai les diverses fortunes de Priam, & toute la noble guerre de Troie. Car le Poëte, par ce début, promettoit plus que l'Iliade & l'Odyssée ensemble. Il est vrai que par occasion Horace se moque aussi fort plaisamment de l'épouvantable ouverture de bouche, qui se fait en prononçant ce futur *cantăbo* : mais au fond c'est de trop promettre qu'il accuse ce Vers. On voit donc où se réduit la critique de Mr. Perrault, qui suppose que j'ai accusé le Vers d'Alaric d'être mal tourné, & qui n'a entendu ni Horace, ni moi. Au reste, avant que de finir cette Remarque, il trouvera bon que je lui apprenne qu'il n'est pas vrai que l'*a* de *cano* dans *Arma virumque cano*, se doive prononcer comme l'*ā* de *cantăbo* ; & que c'est une erreur qu'il a succée dans le Collège, où l'on a cette mauvaise méthode de prononcer les brèves dans les Dissyllabes Latins, comme si c'étoient des longues. Mais c'est un abus qui n'empêche pas le bon mot d'Horace. Car il a écrit pour des Latins, qui savoient prononcer leur Langue, & non pas pour des François.

RE'-

REMARQUES.

RÉFLEX. II. 1. *Que Mr. Perrault allègue.*] Tome 3. de les Parallèles ; pag. 267. & suivantes.

RÉFLEX. III. 1. *Il commence la censure.*] d'Ho-

RÉFLEXION III.

Il étoit enclin naturellement à reprendre les vices des autres, quoi qu'aveugle pour ses propres défauts. PAROLES de Longin, CHAP. III.

IL n'y a rien de plus insupportable qu'un Auteur médiocre, qui ne voïant point ses propres défauts, veut trouver des défauts dans tous les plus habiles Ecrivains. Mais c'est encore bien pis, lors qu'accusant ces Ecrivains de fautes qu'ils n'ont point faites, il fait lui-même des fautes, & tombe dans des ignorances grossières. C'est ce qui étoit arrivé quelquefois à Timée, & ce qui arrive toûjours à Mr. Perrault. [1] Il commence la censure qu'il fait d'Homère par la chose du monde la plus fausse, qui est, que beaucoup d'excellens Critiques soûtiennent, qu'il n'y a jamais eu au monde un homme nommé Homère, qui ait composé l'Iliade & l'Odyssée, & que ces deux Poëmes ne sont qu'une collection de plusieurs petits Poëmes de differens Auteurs, qu'on a joints ensemble. Il n'est point vrai que jamais personne ait avancé, au moins sur le papier, une pareille extravagance: & Elien, que Mr. Perrault cite pour son garant, dit positivement le contraire, comme nous le ferons voir dans la suite de cette Remarque.

Tous ces excellens Critiques donc se réduisent à feu Monsieur [2] l'Abbé d'Aubignac, qui avoit, à ce que prétend Mr. Perrault, préparé des Mémoires pour prouver ce beau paradoxe. J'ai connu Monsieur l'Abbé d'Aubignac. Il étoit homme de beaucoup de mérite, & fort habile en matière de Poëtique, bien qu'il sût médiocrement le Grec. Je suis sûr qu'il n'a jamais conçû un si étrange dessein, à moins qu'il ne l'ait conçû les dernières années de sa vie, où l'on sait qu'il étoit tombé en une espèce d'enfance. Il savoit trop qu'il n'y eût jamais deux Poëmes si bien suivis & si bien liez, que l'Iliade & l'Odyssée, ni où le même génie éclate davantage par tout, comme tous ceux qui les ont lûs en conviennent. Mr. Perrault prétend néanmoins qu'il y a de fortes conjectures pour appuïer le prétendu paradoxe de cet Abbé; & ces fortes conjectures se réduisent à deux, dont l'une est, qu'on ne sait point la Ville qui a donné naissance à Homère. L'autre est, que ses Ouvrages s'appèlent Rhapsodies, mot qui veut dire un amas de chansons cousuës ensemble: d'où il conclut, que les Ouvrages d'Homère

REMARQUES.

d'Homère.] Parallèles de M. Perrault, Tome III. Pag. 33.   2. *L'Abbé d'Aubignac.*] Auteur de la Pratique du Theatre.

III. RÉFLEXION

mère sont des pièces ramaſſées de différens Auteurs; jamais aucun Poëte n'aïant intitulé, dit-il, ſes Ouvrages, Rhapſodies. Voilà d'étranges preuves. Car pour le premier point, combien n'avons-nous pas d'Ecrits fort célèbres, qu'on ne ſoupçonne point d'être faits par pluſieurs Ecrivains différens; bien qu'on ne ſache point les Villes où ſont nez ³ les Auteurs, ni même le tems où ils vivoient? témoin Quinte-Curce, Pétrone, &c. A l'égard du mot de Rhapſodies, on étonneroit peut-être bien Mr. Perrault ſi on lui faiſoit voir que ce mot ne vient point de ῥάπτειν, qui ſignifie joindre, coudre enſemble: mais de ῥάβδος, qui veut dire une branche; & que les Livres de l'Iliade & de l'Odyſſée ont été ainſi appelez, parce qu'il y avoit autrefois des gens qui les chantoient, une branche de Laurier à la main, & qu'on appeloit à cauſe de cela les *Chantres de la branche**.

La plus commune opinion pourtant eſt que ce mot vient de ῥάπτειν ᾠδὰς, & que Rhapſodie veut dire un amas de Vers d'Homère qu'on chantoit, y aïant des gens qui gagnoient leur vie à les chanter, & non pas à les compoſer, comme notre Cenſeur ſe le veut bizarrement perſuader. Il n'y a qu'à lire ſur cela Euſtathius. Il n'eſt donc pas ſurprenant, qu'aucun autre Poëte qu'Homère n'ait intitulé ſes Vers Rhapſodies, parce qu'il n'y a jamais eu ⁴ proprement, que les Vers d'Homère qu'on ait chantez de la ſorte. Il paroît néanmoins que ceux qui dans la ſuite ont fait de ces Parodies, qu'on appeloit Centons d'Homère †, ont auſſi nommé ces Centons *Rhapſodies*: & c'eſt peut-être ce qui a rendu le mot de Rhapſodie odieux en François, où il veut dire un amas de méchantes pièces recouſuës. Je viens maintenant au paſſage d'Elien, que cite Mr. Perrault: & afin qu'en faiſant voir ſa mépriſe & ſa mauvaiſe foi ſur ce paſſage, il ne m'accuſe pas, à ſon ordinaire, de lui impoſer, je vais rapporter ſes propres mots. ⁵ Les voici: *Elien, dont le témoignage n'eſt pas frivole, dit formellement, que l'opinion des anciens Critiques étoit, qu'Homère n'avoit jamais compoſé l'Iliade & l'Odyſſée que par morceaux, ſans unité de deſſein; & qu'il n'avoit point donné d'autres noms à ces diverſes parties, qu'il avoit compoſées ſans ordre & ſans arrangement, dans la chaleur de ſon imagination, que les noms des matières dont il traitoit: qu'il avoit intitulé,* La Colère d'Achille, *le chant qui a depuis été le premier Livre de l'Iliade*: Le Dénombrement des Vaiſſeaux, *celui qui eſt devenu le ſecond Livre*: Le Combat de Pâris & de Ménélas, *celui dont on a fait le troiſième*,

REMARQUES.

CHANGEMENT. 3. *Les Auteurs*] Leurs *Auteurs*, dans la première édition faite en 1694.
CHANGEMENT. 4. *Proprement.*] Mot a- joûté dans l'Edition de 1701.
5. *Les voici. Elien*, &c.] Parallèles de Mr. Perrault, Tome III. pag. 36. Mr. Perrault a copié

* Ῥαβδῳδοὺς. † Ὁμηρόκεντρα.

CRITIQUE. 95

fième, & ainsi des autres. Il ajoûte que Lycurgue de Lacédémone fut le premier qui apporta d'Ionie dans la Grèce ces diverses parties séparées les unes des autres; & que ce fut Pisistrate qui les arrangea comme je viens de dire, & qui fit les deux Poëmes de l'Iliade & de l'Odyssée, en la manière que nous les voïons aujourd'hui, de vingt-quatre Livres chacune, en l'honneur des vingt-quatre lettres de l'Alphabet.

A en juger par la hauteur dont Mr. Perrault étale ici toute cette belle érudition, pourroit-on soupçonner qu'il n'y a rien de tout cela dans Elien? Cependant il est très-veritable qu'il n'y en a pas un mot: Elien ne disant autre chose, sinon que les Oeuvres d'Homère, qu'on avoit complètes en Ionie, aïant couru d'abord par pièces détachées dans la Grèce, où on les chantoit sous differens titres, elles furent enfin apportées toutes entieres d'Ionie par Lycurgue, & données au Public par Pisistrate qui les revit. Mais pour faire voir que je dis vrai, il faut rapporter ici [6] les propres termes d'Elien: *Les Poësies d'Homère*, dit cet Auteur, *courant d'abord en Grèce par pièces détachées, étoient chantées chez les anciens Grecs sous de certains titres qu'ils leur donnoient. L'une s'appeloit*, Le Combat proche des Vaisseaux: *l'autre*, Dolon surpris: *l'autre*, La Valeur d'Agamemnon: *l'autre*, Le Dénombrement des Vaisseaux: *l'autre*, La Patroclée: *l'autre*, Le Corps d'Hector racheté: *l'autre*, Les Combats faits en l'honneur de Patrocle: *l'autre*, Les Sermens violez. *C'est ainsi à peu près que se distribuoit l'Iliade. Il en étoit de même des parties de l'Odyssée: l'une s'appeloit*, Le Voïage à Pyle: *l'autre*, Le Passage à Lacédemone, l'Antre de Calypso, le Vaisseau, la Fable d'Alcinoüs, le Cyclope, la Descente aux Enfers, les Bains de Circé, le Meurtre des Amans de Pénélope, la Visite renduë à Laërte dans son champ, &c. *Lycurgue Lacédémonien fut le premier, qui venant d'Ionie apporta assez tard en Grèce toutes les Oeuvres complètes d'Homère; & Pisistrate les aïant ramassées ensemble dans un volume, fut celui qui donna au Public l'Iliade & l'Odyssée en l'état que nous les avons.* Y a-t-il là un seul mot dans le sens que lui donne Mr. Perrault? Où Elien dit-il formellement, que l'opinion des anciens Critiques étoit qu'Homère n'avoit composé l'Iliade & l'Odyssée que par morceaux: & qu'il n'avoit point donné d'autres noms à ces diverses parties, qu'il avoit composées sans ordre & sans arrangement, dans la chaleur de son imagination, que les noms des matières dont il traitoit? Est-il seulement parlé là de ce qu'a fait ou pensé Homère en composant ses Ouvrages? Et tout ce qu'Elien avance ne regarde-t-il

pas

REMARQUES.

ce passage dans le Tome V. pag. 76. des Jugemens des Savans, par Mr. Baillet; & celui-ci avoit copié le P. Rapin, dans sa *Comparaison d'Ho-mère & de Virgile*, ch. 14.

6. *Les propres termes d'Elien.*] Livre XIII. des diverses Histoires, ch. 14.

III. REFLEXION

pas simplement ceux qui chantoient en Grèce les Poësies de ce divin Poëte, & qui en savoient par cœur beaucoup de pièces détachées, ausquelles ils donnoient les noms qu'il leur plaisoit; ces pièces y étant toutes, long-tems même avant l'arrivée de Lycurgue? Où est-il parlé que Pisistrate fit l'Iliade & l'Odyssée? Il est vrai que le Traducteur Latin a mis *confecit*. Mais outre que *confecit* en cet endroit ne veut point dire *fit*, mais *ramassa*; cela est fort mal traduit; & il y a dans le Grec ἀπέφηνε, qui signifie, *les montra, les fit voir au Public*. Enfin, bien loin de faire tort à la gloire d'Homère, y a-t-il rien de plus honorable pour lui que ce passage d'Elien, où l'on voit que les Ouvrages de ce grand Poëte avoient d'abord couru en Grèce dans la bouche de tous les Hommes, qui en faisoient leurs délices, & se les aprenoient les uns aux autres; & qu'ensuite ils furent donnez complets au Public par un des plus galans hommes de son siècle, je veux dire par Pisistrate, celui qui se rendit maître 7 d'Athènes? Eustathius cite encore, outre Pisistrate, 8 deux des plus 9 fameux Grammairiens d'alors, qui contribuèrent, dit-il, à ce travail; de sorte qu'il n'y a peut-être point d'Ouvrages de l'Antiquité qu'on soit si sûr d'avoir complets & en bon ordre, que l'Iliade & l'Odyssée. Ainsi voilà plus de vingt bévuës que Mr. Perrault a faites sur le seul passage d'Elien. Cependant c'est sur ce passage qu'il fonde toutes les absurditez qu'il dit d'Homère; prenant de là occasion de traiter de haut en bas l'un des meilleurs Livres de Poëtique, qui du consentement de tous les habiles gens, ait été fait en notre Langue; c'est à savoir, le Traité du Poëme Epique du Pere le Bossu; & où ce savant Religieux fait si bien voir l'unité, la beauté, & l'admirable construction des Poëmes de l'Iliade, de l'Odyssée, & de l'Enéide. Mr. Perrault, sans se donner la peine de réfuter toutes les choses solides que ce Pere a écrites sur ce sujet, se contente de le traiter d'homme à chimères & à visions creuses. On me permettra d'interrompre ici ma Remarque, pour lui demander de quel droit il parle avec ce mépris d'un Auteur approuvé de tout le monde; lui qui trouve si mauvais que je me sois moqué de Chapelain & de Cotin, c'est-à-dire, de deux Auteurs universellement décriez? Ne se souvient-il point que le Pere le Bossu est un Auteur moderne, & un Auteur moderne excellent? Assurément il s'en souvient, & c'est vrai-semblablement ce qui le lui rend insupportable. Car ce n'est pas simplement aux

Anciens

R E M A R Q U E S.

CHANGEMENT. 7. *D'Athènes.*] *De la ville d'Athènes*, dans l'Edition de 1694.
CHANG. 8. *Deux des plus fameux.*] Editions de 1694. & de 1701, *Trois des plus* &c.

9. *Fameux Grammairiens.*] Aristarque & Zénodote. *Eustath. Préf. pag. 5.*
10. *Qu'en son dernier Dialogue.*] Parallèles de Mr. Perrault, Tome III. publié en 1692. Quatre

Anciens qu'en veut Mr. Perrault, c'est à tout ce qu'il y a jamais eu d'Ecrivains d'un merite élevé dans tous les siécles, & même dans le nôtre, n'aïant d'autre but que de placer, s'il lui étoit possible, sur le Throne des belles Lettres, ses chers amis les Auteurs médiocres, afin d'y trouver sa place avec eux. C'est dans cette vuë, ¹⁰ qu'en son dernier Dialogue, il a fait cette belle apologie de Chapelain, Poëte à la verité un peu dur dans ses expressions, & dont il ne fait point, dit-il, son Heros, mais qu'il trouve pourtant beaucoup plus sensé qu'Homère & que Virgile, & qu'il met du moins en même rang que le Tasse, affectant de parler de la *Jérusalem délivrée* & de *la Pucelle*, comme de deux Ouvrages modernes, qui ont la même cause à soûtenir contre les Poëmes anciens.

Que s'il louë en quelques endroits Malherbe, Racan, Moliere, & Corneille, & s'il les met au dessus de tous les Anciens; qui ne voit que ce n'est qu'afin de les mieux avilir dans la suite, & pour rendre plus complet le triomphe de Monsieur Quinaut, qu'il met beaucoup au dessus d'eux, & *qui est*, dit-il en propres termes, *le plus grand Poëte que la France ait jamais eû pour le Lyrique, & pour le Dramatique?* Je ne veux point ici offenser la mémoire de Monsieur Quinaut, qui, malgré tous nos demêlez Poëtiques, est mort mon Ami. Il avoit, je l'avoüe, beaucoup d'esprit, & un talent tout particulier pour faire des Vers bons à mettre en chant. Mais ces Vers n'étoient pas d'une grande force, ni d'une grande élevation; & c'étoit leur foiblesse même qui les rendoit d'autant plus propres ¹¹ pour le Musicien, auquel ils doivent leur principale gloire, puisqu'il n'y a en effet de tous ses Ouvrages que les Opera qui soient recherchez. Encore est-il bon que les Notes de Musique les accompagnent. Car pour ¹² les autres Piéces de Théatre qu'il a faites en fort grand nombre, il y a long-tems qu'on ne les joüe plus, & on ne se souvient pas même qu'elles aient été faites.

Du reste, il est certain que Monsieur Quinaut étoit un très-honnête homme, & si modeste, que je suis persuadé que s'il étoit encore en vie, il ne seroit guères moins choqué des loüanges outrées que lui donne ici Mr. Perrault, que des traits qui sont contre lui dans mes Satires. Mais pour revenir à Homère, on trouvera bon, puisque je suis en train, qu'avant que de finir cette Remarque, je fasse encore voir ici cinq énormes bévüës, que notre Censeur a faites en sept ou huit pages, voulant reprendre ce grand Poëte. La

REMARQUES.

tre années après il en parut un quatrième volume.
11. *Pour le Musicien.*] M. de Lulli.

12. *Les autres Piéces de Théatre.*] Elles sont imprimées en deux Volumes ; & M. Quinaut les avoit faites avant ses Opera.

III. RÉFLEXION

La première est à la page 72. où il le raille d'avoir, par une ridicule observation anatomique, écrit, dit-il, dans le quatrième Livre de l'Iliade *, que Ménélas avoit les talons à l'extrémité des jambes. C'est ainsi qu'avec son agrément ordinaire, il traduit un endroit très-sensé & très-naturel d'Homère, où le Poëte, à propos du sang qui sortoit de la blessure de Ménélas, aïant apporté la comparaison de l'yvoire, qu'une femme de Carie a teint en couleur de pourpre, *De même*, dit-il, *Ménélas, ta cuisse & ta jambe, jusqu'à l'extrémité du talon, furent alors teintes de ton sang.*

> Τοῖοί τοι, Μενέλαε, μιάνθην αἵματι μηροὶ
> Εὐφυέες, κνῆμαί τ', ἠδὲ σφυρὰ κάλ' ὑπένερθε.

> *Talia tibi, Menelae, fœdata sunt cruore femora*
> *Solida, tibiæ, talique pulchri infrà.*

Est-ce là dire anatomiquement, que Ménélas avoit les talons à l'extrémité des jambes? Et le Censeur est-il excusable de n'avoir pas au moins vû dans la Version Latine, que l'adverbe *infrà* ne se construisoit pas avec *talus*, mais avec *fœdata sunt*? Si Mr. Perrault veut voir de ces ridicules observations anatomiques, il ne faut pas qu'il aille feuilleter l'Iliade: il faut qu'il relise la Pucelle. C'est là qu'il en pourra trouver un bon nombre, & entr'autres celle-ci, où son cher Monsieur Chapelain met au rang des agrémens de la belle Agnès, qu'elle avoit les doigts inégaux: ce qu'il exprime en ces jolis termes:

> *On voit hors des deux bouts de ses deux courtes manches*
> *Sortir à découvert deux mains longues & blanches,*
> *Dont les doigts inégaux, mais tout ronds & menus,*
> *Imitent l'embonpoint des bras ronds & charnus.*

La seconde bévuë est à la page suivante, où notre Censeur accuse Homère de n'avoir point sû les Arts. Et cela, pour avoir dit dans le troisième de l'Odyssée †, que le Fondeur, que Nestor fit venir pour dorer les cornes du Taureau qu'il vouloit sacrifier, vint avec son enclume, son marteau & ses tenailles. A-t-on besoin, dit Mr. Perrault,
d'en-

REMARQUES.

13. CHANGEMENT. *La ville de Pyle.*] *La petite ville de* &c. dans les Editions de 1694. & 1701.

CHANGEMENT. 14. *Elaborabat.*] *Fabricabat,* dans les mêmes Editions.

CHANGEMENT. 15. *Tenoit entre ses mains.*] Edi-

* Vers 146. † V. 425. & suiv.

d'enclume ni de marteau pour dorer? Il est bon premièrement de lui apprendre, qu'il n'est point parlé là d'un Fondeur, mais d'un *Forgeron; & que ce Forgeron, qui étoit en même tems & le Fondeur & le Batteur d'or de ¹³ la ville de Pyle, ne venoit pas seulement pour dorer les cornes du Taureau, mais pour battre l'or dont il les devoit dorer; & que c'est pour cela qu'il avoit apporté ses instrumens, comme le Poëte le dit en propres termes, οἷσίν τε χρυσὸν εἰργάζετο, *Instrumenta quibus aurum* ¹⁴ *elaborabat*. Il paroît même que ce fut Nestor qui lui fournit l'or qu'il battit. Il est vrai qu'il n'avoit pas besoin pour cela d'une fort grosse enclume : aussi celle qu'il apporta étoit-elle si petite, qu'Homère assure qu'il la ¹⁵ tenoit entre ses mains. Ainsi on voit qu'Homère a parfaitement entendu l'Art dont il parloit. Mais comment justifierons-nous Mr. Perrault, cet homme d'un si grand goût, & si habile en toute sorte d'Arts, ainsi qu'il s'en vante lui-même dans la Lettre qu'il m'a écrite; comment, dis-je, l'excuserons-nous d'être encore à apprendre que les feuilles d'or, dont on se sert pour dorer, ne sont que de l'or extrêmement battu?

La troisième bévûë est encore plus ridicule. ¹⁶ Elle est à la même page, où il traite notre Poëte de grossier, d'avoir fait dire à Ulysse par la Princesse Nausicaa, dans l'Odyssée†, *qu'elle n'approuvoit point qu'une fille couchât avec un homme avant que de l'avoir épousé*. Si le mot Grec, qu'il explique de la sorte, vouloit dire en cet endroit, *coucher*, la chose seroit encore bien plus ridicule que ne dit notre Critique, puisque ce mot est joint, en cet endroit, à un pluriel; & qu'ainsi la Princesse Nausicaa diroit, *qu'elle n'approuve point qu'une fille couche avec plusieurs hommes avant que d'être mariée*. Cependant c'est une chose très-honnête & pleine de pudeur qu'elle dit ici à Ulysse. Car dans le dessein qu'elle a de l'introduire à la Cour du Roi son pere, elle lui fait entendre qu'elle va devant préparer toutes choses; mais qu'il ne faut pas qu'on la voie entrer avec lui dans la Ville, à cause des ¹⁷ Phéaques, peuple fort médisant, qui ne manqueroient pas d'en faire de mauvais discours : ajoûtant qu'elle n'approuveroit pas elle-même la conduite d'une fille, qui, sans le congé de son pere & de sa mere, fréquenteroit des hommes avant que d'être mariée. C'est ainsi que tous les Interprètes ont expliqué en cet endroit les mots, ἀνδράσι μίσγεσθαι, *misceri hominibus*; y en aïant même qui ont mis à la marge du texte Grec, pour
pré-

REMARQUES.

Edition de 1694. *Tenoit à la main.*   CHANGEMENT. 17. *Phéaques.*] *Phéaciens.*
16. *Elle est à la même page.*] C'est à la page 79. Edition de 1694.

*Χαλκεύς.   † Liv. Z. Vers 288.

III. RÉFLEXION

prévenir les Perraults, *Gardez-vous bien de croire que* μίσγεσθαι *en cet endroit, veuille dire coucher*. En effet, ce mot est presque emploïé par tout dans l'Iliade, & dans l'Odyssée, pour dire fréquenter; & il ne veut dire coucher avec quelqu'un, que lors que la suite naturelle du discours, quelqu'autre mot qu'on y joint, & la qualité de la personne qui parle, ou dont on parle, le déterminent infailliblement à cette signification, qu'il ne peut jamais avoir dans la bouche d'une Princesse aussi sage & aussi honnête qu'est représentée Nausicaa.

Ajoûtez l'étrange absurdité qui s'ensuivroit de son discours, s'il pouvoit être pris ici dans ce sens; puisqu'elle conviendroit en quelque sorte par son raisonnement, qu'une femme mariée peut coucher honnêtement avec tous les hommes qu'il lui plaira. Il en est de même de μίσγεσθαι en Grec, que des mots *cognoscere* & *commisceri* dans le langage de l'Ecriture; qui ne signifient d'eux-mêmes que *connoître*, & *se mêler*, & qui ne veulent dire figurément *coucher*, que selon l'endroit où on les applique: si bien que toute la grossièreté prétenduë du mot d'Homère appartient entierement à notre Censeur, qui salit tout ce qu'il touche, & qui n'attaque les Auteurs anciens que sur des interprétations fausses, qu'il se forge à sa fantaisie, sans savoir leur Langue, & que personne ne leur a jamais données.

La quatrième bévüe est aussi sur un passage de l'Odyssée. Eumée, dans le [18] quinzième Livre de ce Poëme, raconte qu'il est né dans une petite Isle appelée [19] Syros, qui est au couchant de l'Isle [20] d'Ortygie. Ce qu'il explique par ces mots,

Ὀρτυγίης καθύπερθεν, ὅθι τροπαὶ ἠελίοιο.
Ortygiâ desuper, quâ parte sunt conversiones Solis.

petite Isle située au dessus de l'Isle d'Ortygie, du côté que le Soleil se couche. Il n'y a jamais eu de difficulté sur ce passage: tous les Interprètes l'expliquent de la sorte; & Eustathius même apporte des exemples, où il fait voir que le verbe τρέπεσθαι, d'où vient τροπαὶ, est emploïé dans Homère pour dire que le Soleil se couche. Cela est confirmé par Hésychius, qui explique le terme de τροπαὶ par celui de δύσεις, mot qui signifie incontesta-

---

REMARQUES.

CHANGEMENT. 18. *Quinzième Livre*.] Dans toutes les Editions on avoit mis, *neuvième*. Mais c'est par erreur. Vers 403.

19. *Syros*.] Isle de l'Archipel, du nombre des Cyclades. M. Perrault la nomme Syrie, Tome III. p. 90.

20. *Ortygie*.] Une des Cyclades, nommée depuis Delos.

21. *Un vieux Commentateur*.] Didymus.

22. *Il a mis le fleuve de Méandre...... dans la Grèce*.] Le Méandre est un fleuve de Phrygie, dans l'Asie mineure. Mr. Perrault avoit dit dans une Note de son Poëme intitulé, *Le Siècle de Louis le Grand*, que le Méandre étoit un fleuve de

testablement le Couchant. Il est vrai qu'il y a [21] un vieux Commentateur, qui a mis dans une petite note, qu'Homère, par ces mots, a voulu aussi marquer, *qu'il y avoit dans cette Isle un antre, où l'on faisoit voir les tours ou conversions du Soleil.* On ne sait pas trop bien ce qu'a voulu dire par là ce Commentateur, aussi obscur qu'Homère est clair. Mais ce qu'il y a de certain, c'est que ni lui, ni pas un autre, n'ont jamais prétendu qu'Homère ait voulu dire que l'Isle de Syros étoit située sous le Tropique: & que l'on n'a jamais attaqué ni défendu ce grand Poëte sur cette erreur; parce qu'on ne la lui a jamais imputée. Le seul Mr. Perrault, qui, comme je l'ai montré par tant de preuves, ne sait point le Grec, & qui sait si peu la Géographie, que dans un de ses Ouvrages [22] il a mis le fleuve de Méandre, & par conséquent la Phrygie & Troie, dans la Grèce; le seul Mr. Perrault, dis-je, vient, sur l'idée chimerique qu'il s'est mise dans l'esprit, & peut-être sur quelque miserable Note d'un Pédant, accuser un Poëte, regardé par tous les anciens Géographes comme le Pere de la Géographie, d'avoir mis l'Isle de Syros, & la Mer Méditerranée, sous le Tropique; faute qu'un petit Ecolier n'auroit pas faite: & non seulement il l'en accuse, mais il suppose que c'est une chose reconnuë de tout le monde, & que les Interprètes ont tâché en vain de sauver, en expliquant, dit-il, ce passage du Quadran que Phérecydès, qui vivoit trois cens ans depuis Homère, avoit fait dans l'Isle de Syros: quoi qu'Eustathius, le seul Commentateur qui a bien entendu Homère, ne dise rien de cette interprétation; qui ne peut avoir été donnée à Homère que par quelque Commentateur de [23] Diogène Laërce, [24] lequel Commentateur je ne connois point. Voilà les belles preuves, par où notre Censeur prétend faire voir qu'Homère ne savoit point les Arts; & qui ne font voir autre chose, sinon que Mr. Perrault ne sait point de Grec, [25] qu'il entend médiocrement le Latin, & ne connoît lui-même en aucune sorte les Arts.

Il a fait les autres bévûës pour n'avoir pas entendu le Grec; mais il est tombé dans la cinquième erreur, pour n'avoir pas entendu le Latin. La voici. * *Ulysse dans l'Odyssée est*, dit-il, *reconnu par son Chien, qui ne l'avoit point vû depuis vingt ans. Cependant Pline assûre que les Chiens*

REMARQUES.

de la Grèce. Mais il s'est justifié dans la suite, en disant que cette partie de l'Asie mineure où passe le Méandre, s'appèle la Grèce Asiatique.

23. *Diogène Laërce.*] Voïez Diogène Laërce de l'Edition de Mr. Ménage, pag. 67. du Texte, & pag. 68. des Observations.

CHANGEMENT. 24. *Lequel Commentateur*

je ne connois point.] Au lieu de ces mots, dans les Editions de 1694. & de 1701. on lisoit : *Que je ne connois point.*

CHANGEMENT. 25. *Qu'il entend.*] Ce mot, *qu'il*, n'étoit point dans les mêmes Editions.

* Liv. 17, V. 300. & suiv.

III. RE'FLE'XION

Chiens ne paſſent jamais quinze ans. Mr. Perrault ſur cela fait le procès à Homère, comme aïant infailliblement tort d'avoir fait vivre un Chien vingt ans: Pline aſſûrant que les Chiens n'en peuvent vivre que quinze. Il me permettra de lui dire que c'eſt condamner un peu légèrement Homère ; puiſque non ſeulement Ariſtote, ainſi qu'il l'avouë lui-même, mais tous les Naturaliſtes modernes ; comme Jonſton, Aldroand, &c. aſſûrent qu'il y a des Chiens qui vivent vingt années: que même je pourrois lui citer des exemples dans notre ſiècle, [26] de Chiens qui en ont vêcu juſqu'à vingt-deux ; & qu'enfin Pline, quoi qu'Ecrivain admirable, a été convaincu, comme chacun ſait, de s'être trompé plus d'une fois ſur les choſes de la Nature ; au lieu qu'Homère, avant les Dialogues de Mr. Perrault, n'a jamais été même accuſé ſur ce point d'aucune erreur. Mais quoi ? Mr. Perrault eſt réſolu de ne croire aujourd'hui que Pline, pour lequel il eſt, dit-il, prêt à parier. Il faut donc le ſatisfaire, & lui apporter l'autorité de Pline lui-même, qu'il n'a point lû, ou qu'il n'a point entendu, & qui dit poſitivement la même choſe qu'Ariſtote & tous les autres Naturaliſtes : c'eſt à ſavoir, que les Chiens ne vivent ordinairement que quinze ans, mais qu'il y en a quelquefois qui vont juſques à vingt. Voici ſes termes : * *Cette eſpèce de Chiens, qu'on appèle Chiens de Laconie, ne vivent que dix ans: Toutes les autres eſpèces de Chiens vivent ordinairement quinze ans, & vont quelquefois juſques à vingt.* CANES *Laconici vivunt annis denis, cetera genera quindecim annos, aliquando viginti.* Qui pourroit croire que notre Cenſeur voulant, ſur l'autorité de Pline, accuſer d'erreur un auſſi grand perſonnage qu'Homère, ne ſe donne pas la peine de lire le paſſage de Pline, ou de ſe le faire expliquer ; & qu'enſuite de tout ce grand nombre de bévûës, entaſſées les unes ſur les autres dans un ſi petit nombre de pages, il ait la hardieſſe de conclure, comme il a fait : *qu'il ne trouve point d'inconvénient* (ce ſont ſes termes) *qu'Homère, qui eſt mauvais Aſtronome & mauvais Géographe, ne ſoit pas bon Naturaliſte ?* Y a-t-il un homme ſenſé, qui liſant ces abſurditez, dites avec tant de hauteur dans les Dialogues de Mr. Perrault, puiſſe s'empêcher de jetter de colère le Livre, & de dire comme

R E M A R Q U E S.

26. *De Chiens qui en ont vécu &c.*] C'eſt le Roi lui-même qui a fourni cet exemple à notre Auteur. Sa Majeſté s'informant du ſujet de la diſpute de M. Deſpréaux avec M. Perrault ; Mr. le Marquis de Termes en expliqua les principaux chefs au Roi, & lui dit entr'autres que Mr. Perrault ſoûtenoit, contre le témoignage d'Homère, que les Chiens ne vivoient pas juſqu'à vingt ans. *Perrault ſe trompe*, dit le Roi : *j'ai eû un Chien qui a vécu vingt & trois ans.* ,, Tout ce que Mr. Per- ,, rault pourra dire, ajoûte Mr. Deſpréaux dans ,, une Lettre du 29. Décembre 1701. ,, C'eſt ,, que ce Prince eſt accoûtumé aux miracles, & ,, à des événemens qui n'arrivent qu'à lui ſeul ; ,, &

* *Pline, Hiſt. nat. liv.* X.

me Démiphon * dans Terence, ²⁷ *Ipsum gestio dari mi in conspectum?*

Je ferois un gros volume, si je voulois lui montrer toutes les autres bévuës qui sont dans les sept ou huit pages que je viens d'examiner, y en aïant presque encore un aussi grand nombre que je passe, & que peut-être je lui ferai voir dans la première édition de mon Livre; si je voi que les hommes daignent jetter les yeux sur ces éruditions Grecques, & lire des Remarques faites sur un Livre que personne ne lit.

RÉFLEXION IV.

C'est ce qu'on peut voir dans la description de la Déesse Discorde, qui a, dit-il †,
La tête dans les Cieux, & les piés sur la terre.
PAROLES de Longin, CH. III.

VIRGILE a traduit ce Vers presque mot pour mot dans le quatrième Livre de l'Eneïde ‡, appliquant à la Renommée ce qu'Homère dit de la Discorde:

Ingrediturque solo, & caput inter nubila condit.

Un si beau Vers imité par Virgile, & admiré par Longin, n'a pas été néanmoins à couvert de la critique de Mr. Perrault, ¹ qui trouve cette hyperbole outrée, & la met au rang des contes de peau-d'âne. Il n'a pas pris garde, que même dans le discours ordinaire, il nous échape tous les jours des hyperboles plus fortes que celle-là, qui ne dit au fond que ce qui est très-veritable; c'est à savoir, que la Discorde regne par tout sur la Terre, & même dans le Ciel entre les Dieux; c'est-à-dire, entre les Dieux d'Homère. Ce n'est donc point la description d'un Géant, comme le prétend notre Censeur, que fait ici Homère, c'est une allégorie très-juste: & bien qu'il fasse de la Discorde un personnage, c'est un personnage allégorique qui ne choque point, de quelque

REMARQUES.

„ & qu'ainsi, ce qui lui est arrivé ne peut pas
„ être tiré à conséquence pour les autres hom-
„ mes. Mais je n'aurai pas de peine à lui prou-
„ ver que dans notre famille même, j'ai eû un
„ Oncle qui n'étoit pas un homme fort miracu-
„ leux, lequel a nourri vingt & quatre années
„ une espèce de Bichon qu'il avoit. &c.

CHANGEMENT. 27: *Ipsum gestio &c.*] Dans les deux premières Editions on lisoit ainsi ce passage, que Mr. Despréaux avoit cité de mémoire: *Cuperem mihi dari in conspectum hunc hominem.*

RÉFLEX. IV. 1. *Qui trouve cette hyperbole &c.*] Parallèles, Tome III. p. 118. & suiv.

* *Phorm. Act. I. Sc. 5. v. 30.*   † *Iliad. l. 4. v. 443.*   ‡ *Vers 177.*

IV. RÉFLEXION

que taille qu'il le fasse; parce qu'on le regarde comme une idée & une imagination de l'esprit, & non point comme un être materiel subsistant dans la Nature. Ainsi cette expression du Pseaume, ² *J'ai vû l'Impie élevé comme un cèdre du Liban*, ne veut pas dire que l'Impie étoit un Géant, grand comme un cèdre du Liban. Cela signifie que l'Impie étoit au faîte des grandeurs humaines; & Monsieur Racine est fort bien entré dans la pensée du Psalmiste, par ces deux Vers de son Esther, qui ont du rapport au Vers d'Homère :

Pareil au cèdre, il cachoit dans les Cieux
Son front audacieux.

Il est donc aisé de justifier les paroles avantageuses, que Longin dit du Vers d'Homère sur la Discorde. La vérité est pourtant, que ces paroles ne sont point de Longin : puisque c'est moi, qui, à l'imitation de Gabriel de Petra, les lui ai en partie prêtées : le Grec en cet endroit étant fort défectueux, & même le Vers d'Homère n'y étant point raporté. C'est ce que Monsieur Perrault n'a eu garde de voir ; parce qu'il n'a jamais lû Longin, selon toutes les apparences, que dans ma Traduction. Ainsi pensant contredire Longin, il a fait mieux qu'il ne pensoit, puisque c'est moi qu'il a contredit. Mais en m'attaquant, il ne sauroit nier qu'il n'ait aussi attaqué Homère, & sur tout Virgile, qu'il avoit tellement dans l'esprit, quand il a blâmé ce Vers sur la Discorde, que dans son Discours, au lieu de la Discorde, il a écrit, sans y penser, la Renommée.

C'est donc d'elle qu'il fait cette belle critique : *Que l'exageration du Poëte en cet endroit ne sauroit faire une idée bien nette. Pourquoi? C'est,* ajoûte-t-il, *que tant qu'on pourra voir la tête de la Renommée, sa tête ne sera point dans le Ciel; & que si sa tête est dans le Ciel, on ne sait pas trop bien ce que l'on voit.* O l'admirable raisonnement ! Mais où est-ce qu'Homère & Virgile disent qu'on voit la tête de la Discorde, ou de la Renommée? Et afin qu'elle ait la tête dans le Ciel, qu'importe qu'on l'y voïe ou qu'on ne l'y voïe pas? N'est-ce pas ici le Poëte qui parle, & qui est supposé voir tout ce qui se passe même dans le Ciel, sans que pour cela les yeux des autres hommes le découvrent? En verité, j'ai peur que les Lecteurs ne rougissent pour moi, de me voir réfuter de si étran-

REMARQUES.

2. *J'ai vû l'Impie élevé.*] Psal. 36. v. 35. *Vidi impium superexaltatum & elevatum sicut Cedros Libani.*

RÉFLEX. V. 1. *Dans notre Siècle.*] Ces trois mots paroissent superflus.

2. *Puisqu'il fut toute sa vie très-pauvre.*] Il semble

* *Parallèles*, Tom. III. pag. 119.

étranges raisonnemens. Notre Censeur attaque ensuite une autre hyperbole d'Homère à propos des chevaux des Dieux. Mais comme ce qu'il dit contre cette hyperbole n'est qu'une fade plaisanterie, le peu que je viens de dire contre l'objection précedente, suffira, je croi, pour répondre à toutes les deux.

REFLEXION V.

*Il en est de même de ces compagnons d'Ulysse changez en pourceaux, que Zoïle appèle * de petits cochons larmoïans.* PAROLES de Longin, CHAP. VII.

IL paroît par ce passage de Longin, que Zoïle, aussi bien que Monsieur Perrault, s'étoit égaïé à faire des railleries sur Homère. Car cette plaisanterie, *de petits cochons larmoïans*, a assez de rapport avec *les comparaisons à longue queuë*, que notre Critique moderne reproche à ce grand Poëte. Et puisque [1] dans notre siècle, la liberté que Zoïle s'étoit donnée, de parler sans respect des plus grans Ecrivains de l'Antiquité, se met aujourd'hui à la mode parmi beaucoup de petits Esprits, aussi ignorans qu'orgueilleux & pleins d'eux-mêmes; il ne sera pas hors de propos de leur faire voir ici, de quelle manière cette liberté a reüssi autrefois à ce Rhéteur, homme fort savant, ainsi que le témoigne Denys d'Halicarnasse, & à qui je ne voi pas qu'on puisse rien reprocher sur les mœurs: [2] puisqu'il fut toute sa vie très-pauvre; & que malgré l'animosité que ses Critiques sur Homère & sur Platon avoient excitée contre lui, on ne l'a jamais accusé d'autre crime que de ces Critiques mêmes, & d'un peu de misanthropie.

Il faut donc premièrement voir ce que dit de lui Vitruve, le celèbre Architecte: car c'est lui qui en parle le plus au long; & afin que Monsieur Perrault ne m'accuse pas d'altérer le texte de cet Auteur; je mettrai ici les mots mêmes de Monsieur son Frere le Médecin, qui nous a donné Vitruve en François. *Quelques années après*, (c'est Vitruve qui parle dans la Traduction de ce Médecin) *Zoïle, qui se faisoit appeler le fléau d'Homère, vint de Macédoine à Alexandrie, & présenta au Roi les Livres qu'il avoit composez contre l'Iliade & contre l'Odyssée. Ptolémée indigné que l'on attaquât si insolemment le Pere de tous les Poëtes,*
 &

REMARQUES.

ble aussi que ces mots devroient être retranchez. Car on peut être mal-honnête homme, & très-pauvre. On pourroit donc mettre ici..... *rien reprocher sur les mœurs; puisque, malgré l'animosité* &c.

* Odyss. liv. 10. v. 239. & suiv.

& que l'on maltraitât ainsi celui que tous les Savans reconnoissent pour leur Maître, dont toute la Terre admiroit les Écrits, & qui n'étoit pas là présent pour se défendre, ne fit point de réponse. Cependant Zoïle, aïant long-tems attendu, & étant pressé de la nécessité, fit supplier le Roi de lui faire donner quelque chose. A quoi l'on dit qu'il fit cette réponse; que puis qu'Homère, depuis mille ans qu'il y avoit qu'il étoit mort, avoit nourri plusieurs milliers de personnes, Zoïle devoit bien avoir l'industrie de se nourrir non seulement lui, mais plusieurs autres encore, lui qui faisoit profession d'être beaucoup plus savant qu'Homère. Sa mort se raconte diversement. Les uns disent que Ptolémée le fit mettre en croix; d'autres qu'il fut lapidé; & d'autres, qu'il fut brûlé tout vif à Smyrne. Mais de quelque façon que cela soit, il est certain qu'il a bien mérité cette punition : puisqu'on ne la peut pas mériter pour un crime plus odieux qu'est celui de reprendre un Écrivain, qui n'est pas en état de rendre raison de ce qu'il a écrit.

Je ne conçois pas comment Monsieur Perrault le Medecin, qui pensoit d'Homère & de Platon à peu près les mêmes choses que Monsieur son Frere & que Zoïle, a pû aller jusqu'au bout, en traduisant ce passage. La vérité est qu'il l'a adouci, autant qu'il lui a été possible, tâchant d'insinuer que ce n'étoit que les Savans, c'est-à-dire, au langage de Messieurs Perrault, les Pédans, qui admiroient les Ouvrages d'Homère. Car dans le texte Latin il n'y a pas un seul mot qui revienne au mot de Savant, & à l'endroit où Monsieur le Médecin traduit : *Celui que tous les Savans reconnoissent pour leur Maître*, il y a, *celui que tous ceux qui aiment les belles Lettres,* [3] *reconnoissent pour leur Chef*. En effet, bien qu'Homère ait sû beaucoup de choses, il n'a jamais passé pour le Maître des Savans. Ptolémée ne dit point non plus à Zoïle dans le texte Latin, *qu'il devoit bien avoir l'industrie de se nourrir, lui qui faisoit profession d'être beaucoup plus savant qu'Homère*. Il y a, [4] *lui qui se vantoit d'avoir plus d'esprit qu'Homère*. D'ailleurs, Vitruve ne dit pas simplement, que Zoïle *présenta ses Livres contre Homère à Ptolémée* : mais [5] *qu'il les lui récita*. Ce qui est bien plus fort, & qui fait voir que ce Prince les blâmoit avec connoissance de cause.

Monsieur le Médecin ne s'est pas contenté de ces adoucissemens; il a fait une note, où il s'efforce d'insinuer qu'on a prêté ici beaucoup de choses à Vitruve; & cela fondé sur ce que c'est un raisonnement indigne de Vitruve, de dire, qu'on ne puisse reprendre un Ecrivain qui n'est pas en état de rendre raison de ce qu'il a écrit; & que par cette raison

REMARQUES.

3. *Reconnoissent pour leur Chef.*] Philologiæ omnis Ducem.

4. *Lui qui se vantoit* &c.] Qui meliori ingenio se profiteretur.

raison ce seroit un crime digne du feu, que de reprendre quelque chose dans les Ecrits que Zoïle a faits contre Homère, si on les avoit à présent. Je répons premièrement, que dans le Latin il n'y a pas simplement, reprendre un Ecrivain; mais citer, [6] appeler en jugement des Ecrivains; c'est-à-dire, les attaquer dans les formes sur tous leurs Ouvrages. Que d'ailleurs, par ces Ecrivains, Vitruve n'entend pas des Ecrivains ordinaires; mais des Ecrivains qui ont été l'admiration de tous les siècles, tels que Platon & Homère, & dont nous devons présumer, quand nous trouvons quelque chose à redire dans leurs Ecrits, que, s'ils étoient là présens pour se défendre, nous serions tout étonnez, que c'est nous qui nous trompons. Qu'ainsi il n'y a point de parité avec Zoïle, homme décrié dans tous les siècles, & dont les Ouvrages n'ont pas même eû la gloire que, grace à mes Remarques, vont avoir les Ecrits de Monsieur Perrault, qui est, qu'on leur ait répondu quelque chose.

Mais pour achever le Portrait de cet Homme, il est bon de mettre aussi en cet endroit ce qu'en a écrit l'Auteur que Mr. Perrault cite le plus volontiers, c'est à sçavoir Elien. C'est au Livre onzième de ses Histoires diverses. *Zoïle, celui qui a écrit contre Homère, contre Platon, & contre plusieurs autres grans personnages,* [7] *étoit d'Amphipolis, & fut Disciple de ce Polycrate qui a fait un Discours en forme d'accusation contre Socrate. Il fut appelé, le Chien de la Rhétorique. Voici à peu près sa figure. Il avoit une grande barbe qui lui descendoit sur le menton, mais nul poil à la tête qu'il se rasoit jusqu'au cuir. Son manteau lui pendoit ordinairement sur les genoux. Il aimoit à mal parler de tout, & ne se plaisoit qu'à contredire. En un mot, il n'y eût jamais d'homme si hargneux que ce Misérable. Un très-sçavant homme lui aïant demandé un jour, pourquoi il s'acharnoit de la sorte à dire du mal de tous les grands Ecrivains: C'est, repliqua-t-il, que je voudrois bien leur en faire, mais je n'en puis venir à bout.*

Je n'aurois jamais fait, si je voulois ramasser ici toutes les injures qui lui ont été dites dans l'Antiquité, où il étoit par tout connu sous le nom du *vil Esclave de Thrace*. On prétend que ce fut l'Envie, qui l'engagea à écrire contre Homère, & que c'est ce qui a fait que tous les Envieux ont été depuis appelez du nom de Zoïles, temoin ces deux Vers d'Ovide,

In-

REMARQUES.

5. *Qu'il les lui récita.*] Regi recitavit. &c.
6. *Appeler en jugement.*] Qui citat eos quorum
7. *Etoit d'Amphipolis.*] Ville de Thrace,

V. RÉFLEXION

Ingenium magni livor detrectat Homeri :
Quisquis es, ex illo, Zoïle, nomen habes.

Je raporte ici tout exprès ce passage, afin de faire voir à Monsieur Perrault qu'il peut fort bien arriver, quoi qu'il en puisse dire, qu'un Auteur vivant soit jaloux d'un Ecrivain mort plusieurs siècles avant lui. Et en effet, je connois [8] plus d'un Demi-savant qui rougit lors qu'on loüe devant lui avec un peu d'excès ou Ciceron, ou Démosthène, prétendant qu'on lui fait tort.

Mais pour ne me point écarter de Zoïle, j'ai cherché plusieurs fois en moi-même ce qui a pû attirer contre lui cette animosité & ce déluge d'injures. Car il n'est pas le seul qui ait fait des Critiques sur Homère & sur Platon. Longin dans ce Traité même, comme nous le voïons, en a fait plusieurs ; & [9] Denys d'Halicarnasse n'a pas plus épargné Platon que lui. Cependant on ne voit point que ces Critiques aient excité contre eux l'indignation des hommes. D'où vient cela ? En voici la raison, si je ne me trompe. C'est qu'outre que leurs Critiques sont fort sensées, il paroît visiblement qu'ils ne les font point pour rabaisser la gloire de ces grans Hommes ; mais pour établir la vérité de quelque précepte important. Qu'au fond, bien loin de disconvenir du mérite de ces Heros, c'est ainsi qu'ils les appèlent, ils nous font par tout comprendre, même en les critiquant, qu'ils les reconnoissent pour leurs Maîtres en l'Art de parler, & pour les seuls modèles que doit suivre tout homme qui veut écrire : Que s'ils nous y découvrent quelques taches, ils nous y font voir en même tems un nombre infini de beautez ; tellement qu'on sort de la lecture de leurs Critiques, convaincu de la justesse d'esprit du Censeur, & encore plus de la grandeur du génie de l'Ecrivain censuré. Ajoûtez, qu'en faisant ces Critiques, ils s'énoncent toûjours avec tant d'égards, de modestie, & de circonspection, qu'il n'est pas possible de leur en vouloir du mal.

Il n'en étoit pas ainsi de Zoïle, homme fort atrabilaire, & extrêmement rempli de la bonne opinion de lui-même. Car, autant que nous en pouvons juger par quelques fragmens qui nous restent de ses Critiques, & par ce que les Auteurs nous en disent, il avoit directement

---

REMARQUES.

8. *Plus d'un Demi-Savant.*] M. C*** de l'Académie Françoise, étant un jour chez M. Colbert, & entendant loüer Ciceron par M. l'Abbé Gallois, ne pût l'écouter sans rougir, & se mit à contredire l'éloge que cet Abbé en faisoit.

9. *Denys d'Halicarnasse.*] Le Grand Pompée s'étoit plaint à lui de ce qu'il avoit reproché quelques fautes à Platon, & Denys d'Halicarnasse lui fit

CRITIQUE.

ment entrepris de rabaisser les Ouvrages d'Homère & de Platon, en les mettant l'un & l'autre, au dessous des plus vulgaires Ecrivains. Il traitoit les fables de l'Iliade & de l'Odyssée, de contes de Vieille, appelant Homère, [10] un diseur de sornetes. Il faisoit de fades plaisanteries des plus beaux endroits de ces deux Poëmes, & tout cela avec une hauteur si pédantesque, qu'elle révoltoit tout le monde contre lui. Ce fut, à mon avis, ce qui lui attira cette horrible diffamation, & qui lui fit faire une fin si tragique.

Mais à propos de hauteur pédantesque, peut-être ne sera-t-il pas mauvais d'expliquer ici ce que j'ai voulu dire par là, & ce que c'est proprement qu'un Pédant. Car il me semble que Mr. Perrault ne conçoit pas trop bien toute l'étenduë de ce mot. En effet, si l'on en doit juger par tout ce qu'il insinuë dans ses Dialogues, un Pédant, selon lui, est un Savant nourri dans un Collège, & rempli de Grec & de Latin; qui admire aveuglément tous les Auteurs anciens; qui ne croit pas qu'on puisse faire de nouvelles découvertes dans la Nature, ni aller plus loin qu'Aristote, Epicure, Hippocrate, Pline; qui croiroit faire une espèce d'impieté, s'il avoit trouvé quelque chose à redire dans Virgile: qui ne trouve pas simplement Terence un joli Auteur, mais le comble de toute perfection; qui ne se pique point de politesse: qui non seulement ne blâme jamais aucun Auteur ancien; mais qui respecte sur tout les Auteurs que peu de gens lisent, comme Jason, Bartole, Lycophron, Macrobe, &c.

Voilà l'idée du Pédant qu'il paroît que Mr. Perrault s'est formée. Il seroit donc bien surpris si on lui disoit: qu'un Pédant est presque tout le contraire de ce tableau: qu'un Pédant est un homme plein de lui-même, qui avec un médiocre savoir décide hardiment de toutes choses: qui se vante sans cesse d'avoir fait de nouvelles découvertes: qui traite de haut en bas Aristote, Epicure, Hippocrate, Pline; qui blâme tous les Auteurs anciens: qui publie que Jason & Bartole étoient deux ignorans; Macrobe un Ecolier: qui trouve, à la vérité, quelques endroits passables dans Virgile; mais qui y trouve aussi beaucoup d'endroits dignes d'être siflez: qui croit à peine Terence digne du nom de joli: qui au milieu de tout cela se pique sur tout de politesse: qui tient que la plûpart des Anciens n'ont ni ordre, ni économie dans leurs discours: En un mot, qui compte pour rien de heurter sur cela le sentiment de tous les hommes.

Mr.

REMARQUES.

fit une réponse qui contient sa justification. Elle est dans le Tome second de ses Oeuvres pag. 125. pour le Grec, & 229. pour le Latin, de l'Edition de Francfort, 1586.

10. *Un diseur de sornetes.*] Φιλομυθότης.

P. 3.

V. RÉFLEXION

Mr. Perrault me dira peut-être que ce n'est point là le véritable caractère d'un Pédant. Il faut pourtant lui montrer que c'est le portrait qu'en fait le célèbre Regnier; c'est-à-dire, le Poëte François, qui, du consentement de tout le monde, a le mieux connu, avant Molière, les mœurs & le caractère des hommes. C'est dans sa dixième Satire, où décrivant cet énorme Pédant, qui, dit-il,

> *Faisoit par son savoir, comme il faisoit entendre,*
> *La figue sur le nez au Pédant d'Alexandre.*

Il lui donne ensuite ces sentimens,

> *Qu'il a, pour enseigner, une belle manière:*
> *Qu'en son globe il a vû la Matiere première:*
> *Qu'Epicure est yvrogne, Hippocrate un bourreau:*
> *Que Bartole & Jason ignorent le Barreau:*
> *Que Virgile est passable, encor qu'en quelques pages*
> *Il meritât au Louvre être sislé des Pages:*
> *Que Pline est inégal, Terence un peu joli:*
> *Mais sur tout il estime un langage poli.*
> *Ainsi sur chaque Auteur il trouve de quoi mordre.*
> *L'un n'a point de raison, & l'autre n'a point d'ordre:*
> *L'un avorte avant tems les Oeuvres qu'il conçoit:*
> *Souvent il prend Macrobe, & lui donne le foüet, &c.*

Je laisse à Mr. Perrault le soin de faire l'application de cette peinture, & de juger qui Regnier a décrit par ces Vers: ou un homme de l'Université, qui a un sincère respect pour tous les grans Ecrivains de l'Antiquité, & qui en inspire, autant qu'il peut, l'estime à la Jeunesse qu'il instruit; ou un Auteur présomptueux qui traite tous les Anciens d'ignorans, de grossiers, de visionnaires, d'insensez; & qui étant déja avancé en âge, emploie le reste de ses jours, & s'occupe uniquement à contredire le sentiment de tous les hommes.

CRITIQUE.

REFLEXION VI.

En effet, de trop s'arrêter aux petites choses, cela gâte tout.
PAROLES de Longin, CHAP. VIII.

IL n'y a rien de plus vrai, sur tout dans les Vers: & c'est un des grans défauts de Saint Amand. Ce Poëte avoit assez de génie pour les Ouvrages de débauche, & de Satire outrée, & il a même quelquefois des boutades assez heureuses dans le sérieux: mais il gâte tout par les basses circonstances qu'il y mêle. C'est ce qu'on peut voir dans son Ode intitulée *la Solitude*, qui est son meilleur Ouvrage, où parmi un fort grand nombre d'images très-agréables, il vient présenter mal-à-propos aux yeux les choses du monde les plus affreuses, des crapaux, & des limaçons qui bavent; le squelète d'un Pendu, &c.

> *Là branle, le squelète horrible*
> *D'un pauvre Amant qui se pendit.*

Il est sur tout bizarrement tombé dans ce défaut en son *Moïse sauvé*, à l'endroit du passage de la mer rouge; au lieu de s'étendre sur tant de grandes circonstances qu'un sujet si majestueux lui présentoit, il perd le tems à peindre le petit Enfant, qui va, saute, revient, & ramassant une coquille, la va montrer à sa Mere, & met en quelque sorte, comme j'ai dit dans ma Poëtique, les poissons aux fenêtres par ces deux Vers,

> *Et là, près des remparts que l'œil peut transpercer,*
> *Les poissons ébahis les regardent passer.*

Il n'y a que Mr. Perrault au monde qui puisse ne pas sentir le comique qu'il y a dans ces deux Vers, où il semble en effet que les poissons aïent loüé des fenêtres pour voir passer le Peuple Hébreu. Cela est d'autant plus ridicule que les poissons ne voïent presque rien au travers de l'eau, & ont les yeux placez d'une telle manière, qu'il étoit bien difficile, quand ils auroient eu la tête hors de ces remparts, qu'ils pussent bien découvrir cette marche. Mr. Perrault prétend néanmoins justifier ces deux Vers: mais c'est par des raisons si peu sensées, qu'en

véri-

REMARQUES.

RÉFLEX. VI. 1. *Dans ma Poëtique.*] Chant. III. v. 264.

VI. RÉFLEXION

vérité je croirois abuser du papier, si je l'emploïois à y répondre. Je me contenterai donc de le renvoïer à la comparaison que Longin raporte ici d'Homère. Il y pourra voir l'adresse de ce grand Poëte à choisir, & à ramasser les grandes circonstances. Je doute pourtant qu'il convienne de cette vérité. Car il en veut sur tout aux comparaisons d'Homère, & il en fait le principal objet de ses plaisanteries [2] dans son dernier Dialogue. On me demandera peut-être ce que c'est que ces Plaisanteries, Mr. Perrault n'étant pas en réputation d'être fort plaisant; & comme vraisemblablement on n'ira pas les chercher dans l'original, je veux bien, pour la curiosité des Lecteurs, en raporter ici quelque trait. Mais pour cela il faut commencer par faire entendre ce que c'est que les Dialogues de Mr. Perrault.

C'est une conversation qui se passe entre trois Personnages, dont le premier, grand ennemi des Anciens, & sur tout de Platon, est Mr. Perrault lui-même, comme il le déclare dans sa Préface. Il s'y donne le nom d'Abbé; & je ne sai pas trop pourquoi il a pris ce titre Ecclésiastique, puis qu'il n'est parlé dans ce Dialogue que de choses très-profanes; que les Romans y sont loüez par excès, & que l'Opera y est regardé comme le comble de la perfection, où la Poësie pouvoit arriver en notre Langue. Le second de ces Personnages est un Chevalier, admirateur de Monsieur l'Abbé; qui est là comme son Tabarin pour appuïer ses décisions, & qui le contredit même quelquefois à dessein, pour le faire mieux valoir. Mr. Perrault ne s'offensera pas sans doute de ce nom de Tabarin, que je donne ici à son Chevalier : puisque ce Chevalier lui-même déclare en un endroit, [3] qu'il estime plus les Dialogues de Mondor & de Tabarin, que ceux de Platon. Enfin le troisième de ces Personnages, qui est beaucoup le plus sot des trois, est un Président, protecteur des Anciens, qui les entend encore moins que l'Abbé, ni que le Chevalier; qui ne sauroit souvent répondre aux objections du monde les plus frivoles, & qui défend quelquefois si sottement la Raison, qu'elle devient plus ridicule dans sa bouche que le mauvais sens. En un mot, il est là comme le Faquin de la Comédie, pour recevoir toutes les nazardes. Ce sont là les Acteurs de la Pièce. Il faut maintenant les voir en action.

Monsieur l'Abbé, par exemple, [4] déclare en un endroit qu'il n'approuve point ces comparaisons d'Homère, où le Poëte non content de dire précisément ce qui sert à la comparaison, s'étend sur quelque cir-

con-

REMARQUES.

2. *Dans son dernier Dialogue.*] Parallèles de Mr. Perrault, Tome III.
3. *Qu'il estime plus les Dialogues de Mondor & de Tabarin.*] Parallèles de Mr. Perrault, Tome II. pag. 116. Voïez la Remarque sur le Vers 86. du premier Chant de l'Art poëtique, où il

constance historique de la chose, dont il est parlé: comme lors qu'il compare la cuisse de Ménélas blessé, à de l'yvoire teint en pourpre par une femme de Méonie & de Carie, &c. Cette femme de Méonie ou de Carie déplaît à Monsieur l'Abbé, & il ne sauroit souffrir ces sortes de *comparaisons à longue queuë*, mot agréable, qui est d'abord admiré par Monsieur le Chevalier, lequel prend de là occasion de raconter quantité de jolies choses qu'il dit aussi à la campagne l'année dernière, à propos de ces *comparaisons à longue queuë*.

Ces plaisanteries étonnent un peu Monsieur le Président, qui sent bien la finesse qu'il y a dans ce mot de *longue queuë*. Il se met pourtant à la fin en devoir de répondre. La chose n'étoit pas sans doute fort mal-aisée, puisqu'il n'avoit qu'à dire ce que tout homme qui sait les élemens de la Rhétorique auroit dit d'abord: Que les comparaisons, dans les Odes & dans les Poëmes Epiques, ne sont pas simplement mises pour éclaircir, & pour orner le discours; mais pour amuser & pour délasser l'esprit du Lecteur, en le détachant de tems en tems du principal sujet, & le promenant sur d'autres images agréables à l'esprit: Que c'est en cela qu'a principalement excellé Homère, dont non seulement toutes les comparaisons, mais tous les discours sont pleins d'images de la Nature, si vraies & si variées, qu'étant toûjours le même, il est néanmoins toûjours different: instruisant sans cesse le Lecteur, & lui faisant observer dans les objets mêmes, qu'il a tous les jours devant les yeux, des choses qu'il ne s'avisoit pas d'y remarquer. Que c'est une verité universellement reconnuë, qu'il n'est point nécessaire, en matière de Poësie, que les points de la comparaison se répondent si juste les uns aux autres: qu'il suffit d'un rapport général, & qu'une trop grande exactitude sentiroit son Rhéteur.

C'est ce qu'un homme sensé auroit pû dire sans peine à Monsieur l'Abbé, & à Monsieur le Chevalier: mais ce n'est pas ainsi que raisonne Monsieur le Président. Il commence par avoüer sincèrement que nos Poëtes se feroient moquer d'eux, s'ils mettoient dans leurs Poëmes de ces comparaisons étenduës; & n'excuse Homère, que parce qu'il avoit le goût Oriental, qui étoit, dit-il, le goût de sa Nation. Là-dessus il explique ce que c'est que le goût des Orientaux, qui, à cause du feu de leur imagination, & la vivacité de leur esprit, veulent toûjours, poursuit-il, qu'on leur dise deux choses à la fois, & ne sauroient souffrir un seul sens dans un discours: Au lieu que nous autres

REMARQUES.

il est parlé des Dialogues de Mondor & de Tabarin.

4. *Déclare en un endroit.*] Paralleles, Tom. III. pag. 58.

VI. REFLEXION

tres Européans, nous nous contentons d'un seul sens, & sommes bien aises qu'on ne nous dise qu'une seule chose à la fois. Belles observations que Monsieur le Président a faites dans la Nature, & qu'il a faites tout seul! puisqu'il est très-faux que les Orientaux aient plus de vivacité d'esprit que les Européans, & sur tout que les François, qui sont fameux par tout païs, pour leur conception vive & promte; le stile figuré, qui regne aujourd'hui dans l'Asie mineure & dans les païs voisins, & qui n'y regnoit point autrefois, ne venant que de l'irruption des Arabes, & des autres Nations Barbares, qui peu de tems après Heraclius inondèrent ces païs, & y portèrent avec leur Langue & avec leur Religion, ces manières de parler empoulées. En effet, on ne voit point que les Pères Grecs de l'Orient, comme Saint Justin, Saint Basile, Saint Chrysostome, Saint Grégoire de Nazianze, & tant d'autres, aient jamais pris ce stile dans leurs Ecrits: & ni Herodote, ni Denys d'Halicarnasse, ni Lucien, ni Josephe, ni Philon le Juif, ni aucun Auteur Grec, n'a jamais parlé ce langage.

Mais pour revenir aux *comparaisons à longue queuë* : Monsieur le Président rappèle toutes ses forces, pour renverser ce mot, qui fait tout le fort de l'argument de Monsieur l'Abbé, & répond enfin : Que comme dans les ceremonies on trouveroit à redire aux queuës des Princesses, si elles ne traînoient jusqu'à terre; de même les comparaisons dans le Poëme Epique seroient blâmables, si elles n'avoient des queuës fort traînantes. Voilà peut-être une des plus extravagantes réponses qui aient jamais été faites. Car quel rapport ont les comparaisons à des Princesses? Cependant Monsieur le Chevalier, qui jusqu'alors n'avoit rien approuvé de tout ce que le Président avoit dit, est ébloui de la solidité de cette réponse, & commence à avoir peur pour Monsieur l'Abbé, qui frappé aussi du grand sens de ce discours, s'en tire pourtant avec assez de peine, en avoüant, contre son premier sentiment, qu'à la vérité on peut donner de longues queuës aux comparaisons; mais soûtenant qu'il faut, ainsi qu'aux robes des Princesses, que ces queuës soient de même étoffe que la robe. Ce qui manque, dit-il, aux comparaisons d'Homère, où les queuës sont de deux étoffes differentes; de sorte que s'il arrivoit qu'en France, comme cela peut fort bien arriver, la mode vînt de coudre des queuës de differente étoffe aux robes des Princesses, voilà le Président qui auroit entièrement cause gagnée sur les comparaisons. C'est ainsi que ces trois Messieurs manient entre eux la Raison humaine; l'un faisant toûjours l'objection qu'il ne doit point faire; l'autre approuvant ce qu'il ne doit point approuver: & l'autre répondant ce qu'il ne doit point répondre.

Que si le Président a eu ici quelque avantage sur l'Abbé, celui-ci a bien-tôt sa revanche à propos d'un autre endroit d'Homère. Cet endroit

droit eſt dans le douzième Livre de l'Odyſſée*, où Homère, ſelon la traduction de Mr. Perrault, raconte: *Qu'Ulyſſe étant porté ſur ſon mât briſé, vers la Charybde, juſtement dans le tems que l'eau s'élevoit, & craignant de tomber au fond, quand l'eau viendroit à redeſcendre, il ſe prit à un figuier ſauvage qui ſortoit du haut du rocher, où il s'attacha comme une chauve-ſouris; & où il attendit, ainſi ſuſpendu, que ſon mât qui étoit allé à fond, revint ſur l'eau; ajoûtant que lors qu'il le vit revenir, il fut auſſi aiſe qu'un Juge qui ſe lève de deſſus ſon Siège pour aller diner, après avoir jugé pluſieurs procès.* Monſieur l'Abbé inſulte fort à Monſieur le Préſident ſur cette comparaiſon bizarre du Juge qui va diner; & voïant le Préſident embarraſſé, *Eſt-ce*, ajoûte-t-il, *que je ne traduis pas fidelement le Texte d'Homère?* Ce que ce grand Défenſeur des Anciens n'oſeroit nier. Auſſi-tôt Monſieur le Chevalier revient à la charge; & ſur ce que le Préſident répond: que le Poëte donne à tout cela un tour ſi agréable, qu'on ne peut pas n'en être point charmé: *Vous vous moquez*, pourſuit le Chevalier: *Dès le moment qu'Homère, tout Homère qu'il eſt, veut trouver de la reſſemblance entre un homme qui ſe réjouit de voir ſon mât revenir ſur l'eau, & un Juge qui ſe lève pour aller diner, après avoir jugé pluſieurs procès, il ne ſauroit dire qu'une impertinence.*

Voilà donc le pauvre Préſident fort accablé; & cela faute d'avoir ſû, que Monſieur l'Abbé fait ici une des plus énormes bévüës qui aïent jamais été faites, prenant une date pour une comparaiſon. Car il n'y a en effet aucune comparaiſon en cet endroit d'Homère. Ulyſſe raconte que voïant le mât, & la quille de ſon vaiſſeau, ſur leſquels il s'étoit ſauvé, qui s'engloutiſſoient dans la Charybde; il s'acrocha, comme un oiſeau de nuit, à un grand figuier qui pendoit là d'un rocher; & qu'il y demeura long-tems attaché, dans l'eſpérance que le reflux venant, la Charybde pourroit enfin revomir le débris de ſon vaiſſeau: Qu'en effet ce qu'il avoit prévû arriva; & qu'environ vers l'heure qu'un Magiſtrat, aïant rendu la juſtice, quitte ſa ſéance pour aller prendre ſa réfection, c'eſt-à-dire, environ ſur les trois heures après-midi, ces débris parurent hors de la Charybde, & qu'il ſe remit deſſus. Cette date eſt d'autant plus juſte qu'Euſtathius aſſure, que c'eſt le tems d'un des reflux de la Charybde, qui en a trois en vingt-quatre heures, & qu'autrefois en Grèce on datoit ordinairement les heures de la journée par le tems où les Magiſtrats entroient au Conſeil; par celui où ils y demeuroient; & par celui où ils en ſortoient. Cet endroit n'a jamais été entendu autrement par aucun Interprète, & le Traducteur Latin l'a fort bien rendu. Par là on peut voir à qui appartient l'impertinence de la comparaiſon prétenduë, ou à Homère qui ne l'a

point

* V. 420. & ſuiv.

point faite, ou à Monsieur l'Abbé qui la lui fait faire si mal-à-propos.

Mais avant que de quitter la conversation de ces trois Messieurs, Monsieur l'Abbé trouvera bon, que je ne donne pas les mains à la réponse décisive qu'il fait à Monsieur le Chevalier, qui lui avoit dit: *Mais à propos de comparaisons, on dit qu'Homère compare Ulysse, qui se tourne dans son lit, au boudin qu'on rôtit sur le gril.* A quoi Monsieur l'Abbé répond: *Cela est vrai;* & à quoi je réponds : Cela est si faux, que même le mot Grec, qui veut dire boudin, n'étoit point encore inventé du tems d'Homère, où il n'y avoit ni boudins, ni ragoûts. La vérité est que dans le vingtième Livre de l'Odyssée *, il compare Ulysse qui se tourne çà & là dans son lit, brûlant d'impatience de se soûler, comme dit Eustathius, du sang des Amans de Pénélope, à un homme affamé, qui s'agite pour faire cuire sur un grand feu le ventre sanglant, & plein de graisse, d'un animal, dont il brûle de se rassasier, le tournant sans cesse de côté & d'autre.

En effet, tout le monde sait que le ventre de certains animaux chez les Anciens étoit un de leurs plus délicieux mets : que le *sumen*, c'est-à-dire, le ventre de la truïe parmi les Romains, étoit vanté par excellence, 5 & défendu même par une ancienne Loi Censorienne, comme trop voluptueux. Ces mots, *plein de sang & de graisse*, qu'Homère a mis en parlant du ventre des animaux, & qui sont si vrais de cette partie du corps, ont donné occasion à un misérable Traducteur, qui a mis autrefois l'Odyssée en François, de se figurer qu'Homère parloit là du boudin : parce que le boudin de pourceau se fait communément avec du sang & de la graisse ; & il l'a ainsi sottement rendu dans sa traduction. C'est sur la foi de ce Traducteur, que quelques Ignorans, & Monsieur l'Abbé du Dialogue, ont crû qu'Homère comparoit Ulysse à un boudin : quoique ni le Grec ni le Latin n'en disent rien, & que jamais aucun Commentateur n'ait fait cette ridicule bévûë. Cela montre bien les étranges inconvéniens, qui arrivent à ceux qui veulent parler d'une Langue qu'ils ne savent point.

RE-

REMARQUES.

5. *Et défendu par une ancienne Loi Censorienne.*] *fœtus non hauserit.* Et Liv. VIII. ch. 77. *Hinc*
Pline, Livre XI. de son Histoire naturelle, ch. *Censoriarum Legum pagina, interdictaque cœnis abdo-*
84. *Hujus (suis fœminæ) sumen optimum, si modò mina.*

* V. 24. & suiv.

CRITIQUE.

RÉFLEXION VII.

Il faut songer au jugement que toute la Postérité fera de nos Ecrits.
PAROLES de Longin, CHAP. XII.

IL n'y a en effet que l'approbation de la Posterité, qui puisse établir le vrai mérite des Ouvrages. Quelque éclat qu'ait fait un Ecrivain durant sa vie, quelques éloges qu'il ait reçus, on ne peut pas pour cela infailliblement conclurre que ses Ouvrages soient excellens. De faux brillans, la nouveauté du stile, un tour d'esprit qui étoit à la mode, peuvent les avoir fait valoir; & il arrivera peut-être que dans le siècle suivant on ouvrira les yeux, & que l'on méprisera ce que l'on a admiré. Nous en avons un bel exemple dans Ronsard, & dans ses imitateurs, comme Du-Bellay, Du-Bartas, Des-Portes, qui dans le siècle précédent ont été l'admiration de tout le monde, & qui aujourd'hui ne trouvent pas même de Lecteurs.

La même chose étoit arrivée chez les Romains à Nævius, à Livius, & à Ennius, qui du tems d'Horace, comme nous l'apprenons de ce Poëte, trouvoient encore beaucoup de gens qui les admiroient; mais qui à la fin furent entièrement décriez. Et il ne faut point s'imaginer que la chûte de ces Auteurs, tant les François que les Latins, soit venuë de ce que les Langues de leurs païs ont changé. Elle n'est venuë, que de ce qu'ils n'avoient point attrapé dans ces Langues le point de solidité & de perfection, qui est nécessaire pour faire durer, & pour faire à jamais priser des Ouvrages. En effet, la Langue Latine, par exemple, qu'ont écrite Ciceron & Virgile, étoit déja fort changée du tems de Quintilien, & encore plus du tems d'Aulugelle. Cependant Ciceron & Virgile y étoient encore plus estimez que de leur tems même, parce qu'ils avoient comme fixé la Langue par leurs Ecrits, aïant atteint le point de perfection que j'ai dit.

Ce n'est donc point la vieillesse des mots & des expressions dans Ronsard, qui a décrié Ronsard; c'est qu'on s'est apperçû tout d'un coup que les beautez qu'on y croïoit voir n'étoient point des beautez. Ce que Bertaut, Malherbe, De Lingendes, & Racan, qui vinrent après lui, contribuèrent beaucoup à faire connoître, aïant attrapé dans le genre sérieux le vrai génie de la Langue Françoise, qui bien loin d'être en son point de maturité du tems de Ronsard, comme Pasquier se l'étoit persuadé faussement, n'étoit pas même encore sortie de sa première enfance. Au contraire le vrai tour de l'Epigramme, du Rondeau, & des Epîtres naïves, aïant été trouvé, même avant Ronsard, par Marot, par Saint-Gelais, & par d'autres, non seulement leurs Ouvrages en ce genre ne font point tombez dans le mépris, mais ils font encore aujourd'hui généralement eſtimez : juſques-là même, que pour trouver l'air naïf en François, on a encore quelquefois recours à leur ſtile ; & c'eſt ce qui a ſi bien réüſſi au célèbre Monſieur de la Fontaine. Concluons donc qu'il n'y a qu'une longue ſuite d'années, qui puiſſe établir la valeur & le vrai mérite d'un Ouvrage.

Mais lors que des Ecrivains ont été admirez durant un fort grand nombre de ſiècles, & n'ont été mépriſez que par quelques gens de goût bizarre ; car il ſe trouve toûjours des goûts dépravez : alors non ſeulement il y a de la témerité, mais il y a de la folie à vouloir douter du mérite de ces Ecrivains. Que ſi vous ne voïez point les beautez de leurs Ecrits, il ne faut pas conclurre qu'elles n'y ſont point, mais que vous êtes aveugle, & que vous n'avez point de goût. Le gros des Hommes à la longue ne ſe trompe point ſur les Ouvrages d'eſprit. Il n'eſt plus queſtion, à l'heure qu'il eſt, de ſavoir ſi Homère, Platon, Ciceron, Virgile, ſont des hommes merveilleux. C'eſt une choſe ſans conteſtation, puiſque vingt ſiècles en ſont convenus : il s'agit de ſavoir en quoi conſiſte ce merveilleux, qui les a fait admirer de tant de ſiècles ; & il faut trouver moïen de le voir, ou renoncer aux belles Lettres, auſquelles vous devez croire que vous n'avez ni goût ni génie, puiſque vous ne ſentez point ce qu'ont ſenti tous les hommes.

Quand je dis cela néanmoins, je ſuppoſe que vous ſachiez la Langue de ces Auteurs. Car ſi vous ne la ſavez point, & ſi vous ne vous l'êtes point familiariſée, je ne vous blâmerai pas de n'en point voir les beautez : je vous blâmerai ſeulement d'en parler. Et c'eſt en quoi on ne ſauroit trop condamner Mr. Perrault, qui ne ſachant point la Langue d'Homère, vient hardiment lui faire ſon procès ſur les baſſeſſes de ſes Traducteurs, & dire au Genre humain, qui a admiré les Ouvrages de ce grand Poëte durant tant de ſiècles : Vous avez admiré des ſottiſes. C'eſt à peu près la même choſe qu'un Aveugle-né, qui s'en iroit crier par toutes les rües : Meſſieurs, je ſai que le Soleil que vous voïez, vous paroît fort beau ; mais moi qui ne l'ai jamais vû, je vous déclare qu'il eſt fort laid.

Mais pour revenir à ce que je diſois : puis que c'eſt la Poſterité ſeule qui met le véritable prix aux Ouvrages, il ne faut pas, quelque admirable que vous paroiſſe un Ecrivain moderne, le mettre aiſément en parallèle avec ces Ecrivains admirez durant un ſi grand nombre de ſiècles : puiſqu'il n'eſt pas même ſûr que ſes Ouvrages paſſent avec gloire au ſiècle ſuivant. En effet, ſans aller chercher des exemples éloignez, combien n'avons-nous point vû d'Auteurs admirez dans notre ſiècle, dont la gloire eſt déchüë en très-peu d'années ? Dans quelle eſtime n'ont point été il y a trente ans les Ouvrages de Balzac ? On ne parloit

pas

pas de lui simplement comme du plus éloquent homme de son siècle, mais comme du seul éloquent. Il a effectivement des qualitez merveilleuses. On peut dire que jamais personne n'a mieux sû sa Langue que lui, ni mieux entendu la propriété des mots, & la juste mesure des périodes. C'est une loüange que tout le monde lui donne encore. Mais on s'est apperçû tout d'un coup, que l'Art où il s'est emploïé toute sa vie, étoit l'Art qu'il savoit le moins, je veux dire l'Art de faire une Lettre. Car bien que les siennes soient toutes pleines d'esprit, & de choses admirablement dites, on y remarque par tout les deux vices les plus opposez au Genre épistolaire, c'est à savoir, l'affectation & l'enflure; & on ne peut plus lui pardonner ce soin vicieux qu'il a de dire toutes choses autrement que ne le disent les autres hommes. De sorte que tous les jours on retorque contre lui ce même Vers que Mainard a fait autrefois à sa loüange,

Il n'est point de Mortel qui parle comme lui.

Il y a pourtant encore des gens qui le lisent; mais il n'y a plus personne qui ose imiter son stile, ceux qui l'ont fait s'étant rendus la risée de tout le monde.

Mais pour chercher un exemple encore plus illustre que celui de Balzac: Corneille est celui de tous nos Poëtes qui a fait le plus d'éclat en notre tems; & on ne croïoit pas qu'il pût jamais y avoir en France un Poëte digne de lui être égalé. Il n'y en a point en effet qui ait eu plus d'élevation de génie, ni qui ait plus composé. Tout son mérite pourtant à l'heure qu'il est aïant été mis par le tems comme dans un creuset, se réduit à huit ou neuf Pièces de Théatre qu'on admire, & qui sont, s'il faut ainsi parler, comme le Midi de sa Poësie, dont l'Orient & l'Occident n'ont rien valu. Encore dans ce petit nombre de bonnes Pièces, outre les fautes de Langue qui y sont assez fréquentes, on commence à s'apercevoir de beaucoup d'endroits de déclamation qu'on n'y voïoit point autrefois. Ainsi non seulement on ne trouve point mauvais qu'on lui compare aujourd'hui Monsieur Racine, mais il se trouve même quantité de gens qui le lui préferent. La Posterité jugera qui vaut le mieux des deux. Car je suis persuadé que les Ecrits de l'un & de l'autre passeront aux siècles suivans. Mais jusques-là ni l'un ni l'autre ne doit être mis en parallèle avec Euripide, & avec Sophocle : puisque leurs Ouvrages n'ont point encore le seau qu'ont les Ouvrages d'Euripide & de Sophocle, je veux dire, l'approbation de plusieurs siècles.

Au reste, il ne faut pas s'imaginer que dans ce nombre d'Ecrivains approuvez de tous les siècles, je veuille ici comprendre ces Auteurs, à la vérité anciens, mais qui ne fe font acquis qu'une médiocre eftime, comme Lycophron, Nonnus, Silius Italicus, l'Auteur des Tragédies attribuées à Sénèque, & plufieurs autres, à qui on peut non feulement comparer, mais à qui on peut, à mon avis, juftement préférer beaucoup d'Ecrivains modernes. Je n'admets dans ce haut rang que ce petit nombre d'Ecrivains merveilleux, dont le nom feul fait l'éloge, comme Homère, Platon, Ciceron, Virgile, &c. Et je ne règle point l'eftime que je fais d'eux par le tems qu'il y a qu'on les admire. C'eft de quoi il eft bon d'avertir beaucoup de gens, qui pourroient mal-à-propos croire ce que veut infinuer notre Cenfeur; qu'on ne loüe les Anciens que parce qu'ils font Anciens; & qu'on ne blâme les Modernes, que parce qu'ils font Modernes: ce qui n'eft point du tout véritable, y aïant beaucoup d'Anciens qu'on n'admire point, & beaucoup de Modernes que tout le monde loüe. L'antiquité d'un Ecrivain n'eft pas un titre certain de fon mérite: mais l'antique & conftante admiration qu'on a toûjours eüe pour fes Ouvrages, eft une preuve fûre & infaillible qu'on les doit admirer.

RÉFLEXION VIII.

[1] *Il n'en eft pas ainfi de Pindare & de Sophocle. Car au milieu de leur plus grande violence durant qu'ils tonnent & foudroient, pour ainfi dire, fouvent leur ardeur vient à s'éteindre, & ils tombent malheureufement.* PAROLES de Longin, CHAP. XXVII.

LONGIN donne ici affez à entendre qu'il avoit trouvé des chofes à redire dans Pindare. Et dans quel Auteur n'en trouve-t-on point? Mais en même tems il déclare que ces fautes, qu'il y a remarquées, ne peuvent point être appelées proprement fautes, & que ce ne font que de petites négligences où Pindare eft tombé, à caufe de cet efprit divin dont il eft entraîné, & qu'il n'étoit pas en fa puiffance de règler comme il vouloit. C'eft ainfi que le plus grand & le plus févère de tous les Critiques Grecs parle de Pindare, même en le cenfurant.

Ce n'eft pas là le langage de Mr. Perrault, homme qui fûrement ne fait

REMARQUES.

RÉFLEX. VIII. 1. *Il n'en eft pas ainfi de Pindare.*] Mr. Defpréaux n'avoit cité que ces mots dans la 1. édition de ces Réfléxions, en 1694. Il ajoûta le refte du paffage de Longin dans l'édition de 1701.

2. *La Serre.*] Voïez la Remarque fur le Vers 176. de la Satire III.

3. *Richefource.*] Jean de Soudier, Ecuïer, Sieur de Richefource, étoit un miferable Déclamateur, façon de Pédant, qui prenoit la qualité de *Modérateur de l'Académie des Orateurs*; parce qu'il faifoit des leçons publiques d'éloquence dans une cham-

CRITIQUE.

fait point de Grec. Selon lui * Pindare non feulement eft plein de véritables fautes; mais c'eft un Auteur qui n'a aucune beauté, un Difeur de galimathias impénétrable, que jamais perfonne n'a pû comprendre, & dont Horace s'eft moqué quand il a dit que c'étoit un Poëte inimitable. En un mot, c'eft un Ecrivain fans mérite, qui n'eft eftimé que d'un certain nombre de Savans, qui le lifent fans le concevoir, & qui ne s'attachent qu'à recueillir quelques miferables Sentences, dont il a femé fes Ouvrages. Voilà ce qu'il juge à propos d'avancer fans preuves dans le dernier de fes Dialogues. Il eft vrai que dans un autre de fes Dialogues † il vient à la preuve devant Madame la Préfidente Morinet, & prétend montrer que le commencement de la première Ode de ce grand Poëte ne s'entend point. C'eft ce qu'il prouve admirablement par la traduction qu'il en a faite : Car il faut avoüer que fi Pindare s'étoit énoncé comme lui, ² la Serre, ³ ni Richefource, ne l'emporteroient pas fur Pindare pour le galimathias, & pour la baffeffe.

On fera donc affez furpris ici de voir, que cette baffeffe & ce galimathias appartiennent entièrement à Mr. Perrault, qui en traduifant Pindare, n'a entendu ni le Grec, ni le Latin, ni le François. C'eft ce qu'il eft aifé de prouver. Mais pour cela, il faut favoir, que Pindare vivoit peu de tems après Pythagore, Thalès, & Anaxagore, fameux Philofophes Naturaliftes, & qui avoient enfeigné la Phyfique avec un fort grand fuccès. L'opinion de ⁴ Thalès, qui mettoit l'Eau pour le principe des chofes, étoit fur tout célèbre. Empédocle Sicilien, qui vivoit du tems de Pindare même, & qui avoit été Difciple d'Anaxagore, avoit encore pouffé la chofe plus loin qu'eux; & non feulement avoit pénétré fort avant dans la connoiffance de la Nature, mais il avoit fait ce que Lucrèce a fait depuis, à fon imitation; je veux dire, qu'il avoit mis toute la Phyfique en Vers. On a perdu fon Poëme. On fait pourtant que ce Poëme commençoit par l'éloge des quatre Elémens, & vraifemblablement il n'y avoit pas oublié la formation de l'Or & des autres Métaux. Cet Ouvrage s'étoit rendu fi fameux dans la Grèce, qu'il y avoit fait regarder fon Auteur comme une efpèce de Divinité.

Pin-

REMARQUES.

chambre qu'il occupoit à la Place Dauphine. Il avoit compofé quelques Ouvrages, parmi lefquels il y en a un de critique, intitulé le Camouflet des Auteurs, & chaque critique eft une Camouflade.

4. *Thalès, qui mettoit l'Eau pour le principe &c.*] *Thales enim Milefius, qui primus de talibus rebus qua-* fivit, *Aquam dixit effe initium rerum : Deum autem, eam Mentem, qua ex aquâ cuncta fingeret.* Cic. de nat. Deor. L. 1. n. 25. Vide Senec. natur. quaft. L. 3. C. 13. Plut. des opin. des Philof. L. 1. C. 3. &c.

* *Parallèles*, Tom. I. pag. 23. Tom. III. pag. 161.   † *Parallèles*, Tom. I. pag. 28.

Tom. II. R

VIII. RÉFLEXION

Pindare venant donc à composer sa première Ode Olympique à la loüange d'Hieron Roi de Sicile, qui avoit remporté le prix de la courfé des chevaux, débute par la chose du monde la plus simple & la plus naturelle, qui est : Que s'il vouloit chanter les merveilles de la Nature, il chanteroit, à l'imitation d'Empédocle Sicilien, l'Eau & l'Or, comme les deux plus excellentes choses du monde : mais que s'étant confacré à chanter les actions des hommes, il va chanter le combat Olympique ; puisque c'est en effet ce que les hommes font de plus grand : & que de dire qu'il y ait quelque autre combat auffi excellent que le combat Olympique, c'est prétendre qu'il y a dans le Ciel quelque autre Astre auffi lumineux que le Soleil. Voilà la pensée de Pindare mise dans son ordre naturel, & telle qu'un Rhéteur la pourroit dire dans une exacte Profe. Voici comme Pindare l'énonce en Poëte. *Il n'y a rien de si excellent que l'Eau : Il n'y a rien de plus éclatant que l'Or, & il se distingue entre toutes les autres superbes richeffes, comme un feu qui brille dans la nuit. Mais, ô mon Esprit,* ⁵ *puisque c'est des combats que tu veux chanter, ne va point te figurer, ni que dans les vastes deserts du Ciel, quand il fait jour,* ⁶ *on puiffe voir quelque autre Astre auffi lumineux que le Soleil ; ni que sur la Terre nous puiffions dire, qu'il y ait quelque autre combat auffi excellent que le combat Olympique.*

Pindare est presque ici traduit mot pour mot ; & je ne lui ai prêté que le mot de, *sur la Terre*, que le sens amène si naturellement, qu'en vérité il n'y a qu'un homme qui ne sait ce que c'est que traduire, qui puiffe me chicaner là-dessus. Je ne prétens donc pas, dans une traduction si litterale avoir fait sentir toute la force de l'original ; dont la beauté consiste principalement dans le nombre, l'arrangement, & la magnificence des paroles. Cependant quelle majesté & quelle noblesse un homme de bon sens n'y peut-il pas remarquer, même dans la sécherefle de ma traduction ? Que de grandes images présentées d'abord ! l'Eau, l'Or, le Feu, le Soleil ! Que de sublimes figures ensemble ! la Métaphore, l'Apostrophe, la Métonymie ! Quel tour & quelle agréable circonduction de paroles ! Cette expreffion : *Les vastes deserts du Ciel, quand il fait jour,* est peut-être une des plus grandes choses qui aïent jamais été dites en Poëfie. En effet, qui n'a point remarqué de quel nombre infini d'étoiles le Ciel paroît peuplé durant la nuit, &
quelle

REMARQUES.

5. *Puisque c'est.*] La particule *u* veut auffi bien dire en cet endroit, *puisque & comme*, que *si*. Et c'est ce que Benoît a fort bien montré dans l'Ode III. où ces mots *ἀείδων* &c. font répétez.

6. *On puiffe voir quelque autre.*] Le Traducteur Latin n'a pas bien rendu cet endroit, μηκέτι σκόπει ἄλλο φαεινὸν ἄςρον, *ne contempleris aliud visibile Astrum* ; qui doivent s'expliquer dans mon sens.

quelle vaste solitude c'est au contraire dès que le Soleil vient à se montrer ? De sorte que par le seul début de cette Ode on commence à concevoir tout ce qu'Horace a voulu faire entendre, quand il dit, que *Pindare est comme un grand fleuve qui marche à flots bouillonnans, & que de sa bouche, comme d'une source profonde, il sort une immensité de richesses & de belles choses.*

Fervet, immensusque ruit profundo
Pindarus ore.

Examinons maintenant la traduction de Monsieur Perrault. La voici: *L'eau est très-bonne à la vérité, & l'or qui brille, comme le feu durant la nuit, éclate merveilleusement parmi les richesses qui rendent l'homme superbe. Mais, mon Esprit, si tu desires chanter des combats, ne contemples point d'autre Astre plus lumineux que le Soleil, pendant le jour, dans le vague de l'air. Car nous ne saurions chanter des combats plus illustres que les combats Olympiques.* Peut-on jamais voir un plus plat galimathias? *L'Eau est très-bonne à la vérité*, est une manière de parler familière & comique, qui ne répond point à la majesté de Pindare. Le mot d'ἄριστον ne veut pas simplement dire en Grec *bon*, mais *merveilleux, divin,* [7] *excellent entre les choses excellentes.* On dira fort bien en Grec, qu'Alexandre & Jules César étoient ἄριστοι. Traduira-t-on qu'ils étoient de *bonnes gens*? D'ailleurs le mot de *bonne eau* en François, tombe dans le bas, à cause que cette façon de parler s'emploie dans des usages bas & populaires, *à l'enseigne de la Bonne eau, à la Bonne eau de vie.* Le mot *d'à la verité* en cet endroit est encore plus familier & plus ridicule, & n'est point dans le Grec, où le μὲν & le δὲ sont comme des espèces d'enclitiques, qui ne servent qu'à soûtenir la versification. [8] *Et l'or qui brille.* Il n'y a point d'*Et* dans le Grec, & *qui* n'y est point non plus. *Eclate merveilleusement parmi les richesses. Merveilleusement* est burlesque en cet endroit. Il n'est point dans le Grec, & se sent de l'ironie que Mr. Perrault a dans l'esprit, & qu'il tâche de prêter même aux paroles de Pindare en le traduisant. *Qui rendent l'homme superbe.* Cela n'est point dans Pindare, qui donne l'épithète de superbe aux richesses mêmes, ce qui est une figure très-belle: au lieu que dans

la

REMARQUES.

ne puta quòd videatur aliud Astrum. NE te figure pas qu'on puisse voir un autre *Astre*, &c.

CHANGEMENT. 7. *Excellent entre les choses excellentes.*] Edition de 1694; *Excellent par excellence.*

8. *Et l'or qui brille.*] S'il y avoit, *l'or qui brille*, dans le Grec, cela feroit un Solécisme, car il faudroit que αἰθόμενος fût l'adjectif de χρυσός.

VIII. RÉFLEXION

la traduction, n'y aïant point de figure, il n'y a plus par conséquent de Poësie. *Mais, mon Esprit, &c.* C'est ici où Mr. Perrault acheve de perdre la tramontane ; & comme il n'a entendu aucun mot de cet endroit, où j'ai fait voir un sens si noble, si majestueux, & si clair, on me dispensera d'en faire l'analyse.

Je me contenterai de lui demander dans quel Lexicon, dans quel Dictionaire ancien ou moderne, il a jamais trouvé que μηκέτι en Grec, ou *ne* en Latin, voulût dire, *Car.* Cependant c'est ce *Car* qui fait ici toute la confusion du raisonnement qu'il veut attribuer à Pindare. Ne sait-il pas qu'en toute Langue mettez un *Car* mal à propos, il n'y a point de raisonnement qui ne devienne absurde? Que je dise par exemple, *Il n'y a rien de si clair que le commencement de la première Ode de Pindare, & Mr. Perrault ne l'a point entendu.* Voilà parler très-juste. Mais si je dis : *Il n'y a rien de si clair que le commencement de la première Ode de Pindare, car Mr. Perrault ne l'a point entendu*, c'est fort mal argumenté ; parce que d'un fait très-veritable je fais une raison très-fausse, 9 & qu'il est fort indifférent, pour faire qu'une chose soit claire ou obscure, que Mr. Perrault l'entende ou ne l'entende point.

Je ne m'étendrai pas davantage à lui faire connoître une faute qu'il n'est pas possible que lui-même ne sente. J'oserai seulement l'avertir, que lors qu'on veut critiquer d'aussi grans Hommes qu'Homère & que Pindare, il faut avoir du moins les premières teintures de la Grammaire ; & qu'il peut fort bien arriver que l'Auteur le plus habile devienne un Auteur de mauvais sens entre les mains d'un Traducteur ignorant, qui ne sait pas même quelquefois, que *ni* ne veut point dire *car.*

Après avoir ainsi convaincu Mr. Perrault sur le Grec & sur le Latin, il trouvera bon que je l'avertisse aussi, qu'il y a une grossière faute de François dans ces mots de sa traduction : *Mais, mon Esprit, ne contemples point, &c.* & que *contemple*, à l'imperatif, n'a point d's. Je lui conseille donc de renvoïer cette *s* au mot de *Casuite*, qu'il écrit toûjours ainsi, quoi qu'on doive toûjours écrire & prononcer *Casuiste*. Cette *s*, je l'avouë, y est un peu plus nécessaire qu'au pluriel du mot d'*Opera* : car bien que j'aie toûjours entendu prononcer des Operas, comme on dit des Factums & des Totons, je ne voudrois pas assûrer qu'on le doive écrire, & je pourrois bien m'être trompé en l'écrivant de la sorte.

REMARQUES.

CHANGEMENT. 9. *Et qu'il est fort indifférent,* &c.] Première Edition : *Et qu'il y a un fort grand nombre de choses fort claires que Monsieur Perrault n'entend point.*

CRITIQUE.

RÉFLEXION IX.

Les mots bas sont comme autant de marques honteuses qui flétrissent l'expression.
PAROLES de Longin, CHAP. XXXIV.

CETTE Remarque est vraie dans toutes les Langues. Il n'y a rien qui avilisse davantage un discours que les mots bas. On souffrira plutôt, généralement parlant, une pensée basse exprimée en termes nobles, que la pensée la plus noble exprimée en termes bas. La raison de cela est, que tout le monde ne peut pas juger de la justesse & de la force d'une pensée : mais qu'il n'y a presque personne, surtout dans les Langues vivantes, qui ne sente la bassesse des mots. Cependant il y a peu d'Ecrivains qui ne tombent quelquefois dans ce vice. Longin, comme nous voïons ici, accuse Herodote, c'est-à-dire le plus poli de tous les Historiens Grecs, d'avoir laissé échaper des mots bas dans son Histoire. On en reproche à Tite-Live, à Saluste, & à Virgile.

N'est-ce donc pas une chose fort surprenante, qu'on n'ait jamais fait sur cela aucun reproche à Homère ? bien qu'il ait composé deux Poëmes, chacun plus gros que l'Eneïde; & qu'il n'y ait point d'Ecrivain qui descende quelquefois dans un plus grand détail que lui, ni qui dise si volontiers les petites choses : ne se servant jamais que de termes nobles, ou emploïant les termes les moins relevez avec tant d'art & d'industrie, comme remarque Denys d'Halicarnasse, qu'il les rend nobles & harmonieux. Et certainement, s'il y avoit eu quelque reproche à lui faire sur la bassesse des mots, Longin ne l'auroit pas vraisemblablement plus épargné ici qu'Herodote. On voit donc par là le peu de sens de ces Critiques modernes, qui veulent juger du Grec sans savoir de Grec; & qui ne lisant Homère que dans des Traductions Latines très-basses, ou dans des Traductions Françoises encore plus rampantes, imputent à Homère les bassesses de ses Traducteurs, & l'accusent de ce qu'en parlant Grec, il n'a pas assez noblement parlé Latin ou François. Ces Messieurs doivent savoir que les mots des Langues ne répondent pas toujours juste les uns aux autres; & qu'un terme Grec très-noble ne peut souvent être exprimé en François que par un terme très-bas. Cela se voit par le mot d'*Asinus* en Latin, & d'*Ane* en François, qui sont de la dernière bassesse dans l'une & dans l'autre de ces Langues; quoi que le mot qui signifie cet animal, n'ait rien de bas en Grec ni en Hébreu, où on le voit emploïé dans les endroits même les plus magnifiques. Il en est de même du mot de *Mulet*, & de plusieurs autres.

IX. RÉFLEXION

En effet, les Langues ont chacune leur bizarrerie: mais la Françoise est principalement capricieuse sur les mots; & bien qu'elle soit riche en beaux termes sur de certains sujets, il y en a beaucoup où elle est fort pauvre; & il y a un très-grand nombre de petites choses qu'elle ne sauroit dire noblement. Ainsi, par exemple, bien que dans les endroits les plus sublimes elle nomme, sans s'avilir, *un Mouton, une Chèvre, une Brebis*; elle ne sauroit, sans se diffamer, dans un stile un peu élevé, nommer *un Veau, une Truie, un Cochon*. Le mot de *Genisse* en François, est fort beau, sur tout dans une Eglogue: *Vache* ne s'y peut pas souffrir. *Pasteur* & *Berger* y sont du plus bel usage: *Gardeur de Pourceaux*, ou *Gardeur de Bœufs*, y seroient horribles. Cependant il n'y a peut-être pas dans le Grec deux plus beaux mots que Συβώτης & Βουκόλος, qui répondent à ces deux mots François: & c'est pourquoi Virgile a intitulé ses Eglogues de ce doux nom de *Bucoliques*, qui veut pourtant dire en notre Langue à la lettre, *Les Entretiens des Bouviers, ou des Gardeurs de Bœufs*.

Je pourrois raporter encore ici un nombre infini de pareils exemples. Mais au lieu de plaindre en cela le malheur de notre Langue, prendrons-nous le parti d'accuser Homère & Virgile de bassesse, pour n'avoir pas prévû que ces termes, quoi que si nobles & si doux à l'oreille en leur Langue, seroient bas & grossiers étant traduits un jour en François? Voilà en effet le principe sur lequel Mr. Perrault fait le procès à Homère. Il ne se contente pas de le condamner sur les basses traductions qu'on en a faites en Latin. Pour plus grande sûreté, il traduit lui-même ce Latin en François; & avec ce beau talent qu'il a de dire bassement toutes choses, il fait si bien que, racontant le sujet de l'Odyssée, il fait d'un des plus nobles sujets qui ait jamais été traité, un Ouvrage aussi burlesque que [1] *l'Ovide en belle humeur*.

Il change ce sage Vieillard, * qui avoit soin des troupeaux d'Ulysse, en un vilain Porcher. Aux endroits où Homère dit, *que la Nuit couvroit la Terre de son ombre, & cachoit les chemins aux Voïageurs*, il traduit: *que l'on commençoit à ne voir goute dans les ruës*. Au lieu de la magnifique chaussure dont Télémaque lie ses piés délicats, il lui fait mettre ses *beaux souliers* de parade. A l'endroit où Homère, pour marquer la propreté de la maison de Nestor, dit, *que ce fameux Vieillard s'assit devant sa porte sur des pierres fort polies, & qui reluisoient com-*
me

REMARQUES.

RÉFLEX. IX. 1. *L'Ovide en belle humeur.*] Ouvrage ridicule de Dassouci. Voïez la Remarque sur le Vers 90. du premier Chant de l'Art poëtique.

* *Parallèles, Tom. III. pag. 73. & suiv.*

me si on les avoit frotées de quelque huile précieuse: il met, *que Nestor s'alla asseoir sur des pierres luisantes comme de l'onguent*. Il explique par tout le mot de *Sus*, qui est fort noble en Grec, par le mot de *Cochon* ou de *Pourceau*, qui est de la dernière bassesse en François. Au lieu qu'Agamemnon dit, *qu'Egisthe le fit assassiner dans son Palais, comme un Taureau qu'on égorge dans une étable*: il met dans la bouche d'Agamemnon cette manière de parler basse: *Egisthe me fit assommer comme un bœuf*. Au lieu de dire, comme porte le Grec, *qu'Ulysse voïant son Vaisseau fracassé, & son mât renversé d'un coup de tonnerre, il lia ensemble, du mieux qu'il put, ce mât avec son reste de Vaisseau, & s'assit dessus*. Il fait dire à Ulysse, *qu'il se mit à cheval sur son mât*. C'est en cet endroit qu'il fait cette énorme bévûë, que nous avons remarquée ailleurs dans nos Observations. †

Il dit encore sur ce sujet cent autres bassesses de la même force, exprimant en stile rampant & bourgeois, les mœurs des hommes de cet ancien Siècle, qu'Hésiode appèle le Siècle des Heros, où l'on ne connoissoit point la mollesse & les délices; où l'on se servoit, où l'on s'habilloit soi-même, & qui se sentoit encore par là du siècle d'Or. Mr. Perrault triomphe à nous faire voir combien cette simplicité est éloignée de notre mollesse & de notre luxe, qu'il regarde comme un des grans présens que Dieu ait fait aux hommes, & qui sont pourtant l'origine de tous les vices, ainsi que Longin le fait voir dans son dernier Chapitre, où il traite de la décadence des Esprits, qu'il attribuë principalement à ce luxe & à cette mollesse.

Mr. Perrault ne fait pas refléxion, que les Dieux & les Déesses dans les Fables, n'en sont pas moins agréables, quoi qu'ils n'aïent ni Estafiers, ni Valets de Chambre, ni Dames d'atour; & qu'ils aillent souvent tout nuds: qu'enfin le luxe est venu d'Asie en Europe, & que c'est des Nations barbares qu'il est descendu chez les Nations polies, où il a tout perdu; & où, plus dangereux fléau que la peste ni que la guerre, il a, comme dit Juvénal, vangé l'Univers vaincu, en pervertissant les Vainqueurs:

Sævior armis
Luxuria incubuit, victumque ulciscitur Orbem:

J'aurois beaucoup de choses à dire sur ce sujet: mais il faut les réserver pour un autre endroit; & je ne veux parler ici que de la bassesse des mots. Mr. Perrault en trouve beaucoup dans les Epithètes d'Homère, qu'il accuse d'être souvent superfluës. Il ne sait pas sans doute ce

* *Réflex. VI.*

ce que fait tout homme un peu versé dans le Grec; que comme en Grèce autrefois le fils ne portoit point le nom du Père, il est rare, même dans la Prose, qu'on y nomme un homme, sans lui donner une épithète qui le distingue, en disant ou le nom de son Père, ou son païs, ou son talent, ou son défaut: *Alexandre fils de Philippe*, *Alcibiade fils de Clinias*, *Herodote d'Halicarnasse*, *Clément Alexandrin*, *Polyclète le Sculpteur*, *Diogène le Cynique*, *Denys le Tyran*, &c. Homère donc écrivant dans le génie de sa Langue, ne s'est pas contenté de donner à ses Dieux & à ses Heros ces noms de distinction, qu'on leur donnoit dans la Prose; mais il leur en a composé de doux & d'harmonieux, qui marquent leur principal caractère. Ainsi, par l'épithète de *léger à la course*, qu'il donne à Achille, il a marqué l'impétuosité d'un jeune homme. Voulant exprimer la prudence dans Minerve, il l'appèle *la Déesse aux yeux fins*. Au contraire, pour peindre la majesté dans Junon, il la nomme *la Déesse aux yeux grans & ouverts*; & ainsi des autres.

Il ne faut donc pas regarder ces épithètes qu'il leur donne, comme de simples épithètes, mais comme des espèces de surnoms qui les font connoître. Et on n'a jamais trouvé mauvais qu'on répétât ces épithètes; parce que ce sont, comme je viens de dire, des espèces de surnoms. Virgile est entré dans ce goût Grec, quand il a répété tant de fois dans l'Enéïde, *pius Æneas*, & *pater Æneas*, qui sont comme les surnoms d'Enée. Et c'est pourquoi on lui a objecté fort mal à propos, qu'Enée se loüe lui-même, quand il dit, *Sum pius Æneas*; *Je suis le pieux Enée*; parce qu'il ne fait proprement que dire son nom. Il ne faut donc pas trouver étrange, qu'Homère donne de ces sortes d'épithètes à ses Heros, en des occasions qui n'ont aucun raport à ces épithètes; puisque cela se fait souvent, même en François, où nous donnons le nom de Saint à nos Saints, en des rencontres où il s'agit de toute autre chose que de leur sainteté: comme quand nous disons que S. Paul gardoit les manteaux de ceux qui lapidoient S. Etienne.

Tous les plus habiles Critiques avoüent que ces épithètes sont admirables dans Homère; & que c'est une des principales richesses de sa

Poë-

REMARQUES.

2. *Maître de Rhétorique, sous lequel j'ai étudié.*] Mr. de la Place, Professeur de Rhétorique au Collége de St. Jean de Beauvais. Il étoit Recteur de l'Université en ce tems-là; c'est-à-dire, en 1650. & la même année il publia un Traité contre la pluralité des Bénéfices: *De necessaria unius uni Clerico Ecclesiastici Beneficii singularitate*. Quand quelqu'un de ses Ecoliers le faisoit impatienter: *Petit fripon*, lui disoit-il avec une emphase ridicule, *tu seras la première victime que j'immolerai à ma séverité*. Puis, en s'applaudissant, il disoit avec la même emphase.: *Encore, pourroient-ils même dans ma colere, apprendre de moi la belle locution Françoise!*

CHANGEMENT. 3. *L'Oraison pour Milon.*] Dans la première Edition l'Auteur avoit mis, l'*Oraison de Ciceron pour la Loi Manilia*. Mais dans les mots suivans qu'il avoit laissés dans les autres Editions:

CRITIQUE.

Poësie. Notre Censeur cependant les trouve basses : & afin de prouver ce qu'il dit, non seulement il les traduit bassement, mais il les traduit selon leur racine & leur étymologie ; & au lieu, par exemple, de traduire Junon *aux yeux grans & ouverts*, qui est ce que porte le mot βοῶπις, il le traduit selon sa racine, *Junon aux yeux de Bœuf*. Il ne sait pas qu'en François même il y a des dérivez & des composez qui sont fort beaux, dont le nom primitif est fort bas, comme on le voit dans les mots de *petiller* & de *reculer*. Je ne saurois m'empêcher de raporter, à propos de cela, l'exemple d'un ² Maître de Rhétorique, sous lequel j'ai étudié, & qui sûrement ne m'a pas inspiré l'admiration d'Homère, puisqu'il en étoit presque aussi grand ennemi que Mr. Perrault. Il nous faisoit traduire ³ l'Oraison pour Milon ; & à un endroit où Ciceron dit, *Obduruerat & percalluerat Respublica* : La République s'étoit endurcie, & étoit devenuë comme insensible ; les Ecoliers étant un peu embarassez sur *percalluerat*, qui dit presque la même chose qu'*obduruerat*, notre Régent nous fit attendre quelque tems son explication ; & enfin aïant défié plusieurs fois Messieurs de l'Académie, & sur tout ⁴ Monsieur d'Ablancourt, à qui il en vouloit, de venir traduire ce mot : *Percallere*, dit-il gravement, vient du cal & du durillon que les hommes contractent aux piés : & de là il conclut qu'il falloit traduire : *Obduruerat & percalluerat Respublica* : La République s'étoit endurcie, & avoit contracté un durillon. Voilà à peu près la manière de traduire de Mr. Perrault ; & c'est sur de pareilles traductions qu'il veut qu'on juge de tous les Poëtes & de tous les Orateurs de l'Antiquité : jusques-là qu'il nous avertit qu'il doit donner un de ces jours un nouveau volume de Parallèles, où il a, dit-il, ⁵ mis en Prose Françoise les plus beaux endroits des Poëtes Grecs & Latins, afin de les opposer à d'autres beaux endroits des Poëtes Modernes, qu'il met aussi en Prose : secret admirable qu'il a trouvé pour les rendre ridicules les uns & les autres, & sur tout les Anciens, quand il les aura habillez des impropriétez & des bassesses de sa traduction.

CON-

REMARQUES.

ditions ; *& à un endroit où cet Orateur dit* ; J'ai ôté, *cet Orateur*, & j'ai mis *Ciceron* : parce que *cet Orateur* ne se raportoit à rien.

Voici le passage de l'Oraison pour Milon : *Sed nescio quomodo jam usu obduruerat & percalluerat civitatis incredibilis patientia.* ,, Rome étoit deve-,, nuë comme insensible ; & la patience du Peu-,, ple Romain s'étoit, je ne sai comment, en-

,, durcie.

4. *Mr. D'Ablancourt.*] Célèbre Traducteur François.

5. *Mis en Prose Françoise les plus beaux endroits &c.*] Mr. Perrault a donné dans la suite un quatrième volume de Parallèles ; mais il n'a pas osé y mettre les Traductions qu'il avoit promises.

CONCLUSION.

Voila un léger échantillon du nombre infini de fautes, que Mr. Perrault a commises en voulant attaquer les défauts des Anciens. Je n'ai mis ici que celles qui regardent Homère & Pindare, encore n'y en ai-je mis qu'une très-petite partie, & selon que les paroles de Longin m'en ont donné l'occasion. Car si je voulois ramasser toutes celles qu'il a faites sur le seul Homère, il faudroit un très-gros volume. Et que seroit-ce donc si j'allois lui faire voir ses puérilitez sur la Langue Grecque & sur la Langue Latine; ses ignorances sur Platon, sur Démosthène, sur Ciceron, sur Horace, sur Térence, sur Virgile, &c. les fausses interprétations qu'il leur donne, les solécismes qu'il leur fait faire, les bassesses & les galimatias qu'il leur prête? J'aurois besoin pour cela d'un loisir qui me manque.

Je ne réponds pas néanmoins, comme j'ai déja dit, que dans les éditions de mon Livre, qui pourront suivre celle-ci, je ne lui découvre encore quelques-unes de ses erreurs, & que je ne le fasse peut-être repentir, de n'avoir pas mieux profité du passage de Quintilien, qu'on a allegué autrefois si à propos à [1] un de ses freres sur un pareil sujet. Le voici: *Modestè tamen & circumspecto judicio de tantis viris pronuntiandum est, ne, quod plerisque accidit, damnent quæ non intelligunt.* „ Il „ faut parler avec beaucoup de modestie & de circonspection de ces „ grans Hommes, de peur qu'il ne vous arrive ce qui est arrivé à plu-„ sieurs, de blâmer ce que vous n'entendez pas. Mr. Perrault me répondra peut-être ce qu'il m'a déja répondu: Qu'il a gardé cette modestie, & qu'il n'est point vrai qu'il ait parlé de ces grands Hommes avec le mépris que je lui reproche; mais il n'avance si hardiment cette fausseté, que parce qu'il suppose, & avec raison, que personne ne lit ses Dialogues. Car de quel front pourroit-il la soûtenir à des gens qui auroient seulement lû ce qu'il y dit d'Homère?

Il est vrai pourtant, que comme il ne se soucie point de se contredire, il commence ses invectives contre ce grand Poëte, par avoüer, qu'Homère est peut-être le plus vaste & le plus bel Esprit qui ait jamais été. Mais on peut dire que ces loüanges forcées qu'il lui donne, sont comme les fleurs dont il couronne la victime qu'il va immoler à son mauvais sens: n'y aïant point d'infamies qu'il ne lui dise dans la suite;

l'ac-

REMARQUES.

1. *Un de ses freres.*] Pierre Perrault, duquel il a été parlé dans la Remarque 6. sur la Réfléxion I. C'est Mr. Racine qui lui allégua ce passage de Quintilien, Livre X. Ch. I. dans la Préface d'Iphigénie.

CONCLUSION.

l'accufant d'avoir fait fes deux Poëmes fans deffein, fans vûë, fans conduite. Il va même jufqu'à cet excès d'abfurdité, de foûtenir qu'il n'y a jamais eu d'Homère; que ce n'eft point un feul homme qui a fait l'Iliade & l'Odyffée; mais plufieurs pauvres Aveugles, qui alloient, dit-il, de maifon en maifon réciter pour de l'argent de petits Poëmes qu'ils compofoient au hazard; & que c'eft de ces Poëmes qu'on a fait ce qu'on appèle les Ouvrages d'Homère. C'eft ainfi que de fon autorité privée il métamorphofe tout à coup ce vafte & bel Efprit en une multitude de miférables Gueux. Enfuite il emploie la moitié de fon Livre à prouver, Dieu fait comment, qu'il n'y a dans les Ouvrages de ce grand Homme ni ordre, ni raifon, ni économie, ni fuite, ni bienféance, ni nobleffe de mœurs: que tout y eft plein de baffeffes, de chevilles, d'expreffions groffières: qu'il eft mauvais Géographe, mauvais Aftronome, mauvais Naturalifte: finiffant enfin toute [2] cette Critique par ces belles paroles qu'il fait dire à fon Chevalier : *Il faut que Dieu ne faffe pas grand cas de la réputation de bel Efprit, puifqu'il permet que ces titres foient donnez, préférablement au refte du Genre humain, à deux hommes, comme* Platon *&* Homère, *à un Philofophe qui a des vifions fi bizarres, & à un Poëte qui dit tant de chofes fi peu fenfées*. A quoi Monfieur l'Abbé du Dialogue donne les mains, en ne le contredifant point, & fe contentant de paffer à la Critique de Virgile.

C'eft là ce que Mr. Perrault appèle parler avec retenuë d'Homère, & trouver, comme Horace, que ce grand Poëte s'endort quelquefois. Cependant comment peut-il fe plaindre que je l'accufe à faux, d'avoir dit qu'Homère étoit de mauvais fens? Que fignifient donc ces paroles, *Un Poëte qui dit tant de chofes fi peu fenfées?* Croit-il s'être fuffifamment juftifié de toutes ces abfurditez, en foûtenant hardiment, comme il a fait, qu'Erafme & le Chancelier Bacon ont parlé avec auffi peu de refpect que lui des Anciens? Ce qui eft abfolument faux de l'un & de l'autre, & fur tout d'Erafme, l'un des plus grans admirateurs de l'Antiquité. Car bien que cet excellent Homme fe foit moqué avec raifon de ces fcrupuleux Grammairiens, qui n'admettent d'autre Latinité que celle de Ciceron, & qui ne croient pas qu'un mot foit Latin, s'il n'eft dans cet Orateur: jamais Homme au fond n'a rendu plus de juftice aux bons Ecrivains de l'Antiquité, & à Ciceron même, qu'Erafme.

Mr. Perrault ne fauroit donc plus s'appuïer que fur le feul exemple de Jules Scaliger. Et il faut avoüer qu'il l'allègue avec un peu plus de fondement. En effet, dans le deffein que cet orgueilleux Savant s'étoit pro-

REMARQUES.

CHANGEMENT. 2. *Cette Critique par ces belles paroles.* Première Edition: *Cette belle Criti-* que par ces paroles &c. Parallèles, Tome III, pag. 125.

CONCLUSION.

proposé, [3] comme il le déclare lui-même, de dresser des autels à Virgile, il a parlé d'Homère d'une manière un peu profane. Mais outre que ce n'est que par raport à Virgile, & dans un Livre [4] qu'il appèle Hypercritique, voulant témoigner par là qu'il y passe toutes les bornes de la Critique ordinaire : Il est certain que ce Livre n'a pas fait d'honneur à son Auteur, Dieu aïant permis que ce savant Homme soit devenu alors un Mr. Perrault, & soit tombé dans des ignorances si grossières, qu'elles lui ont attiré la risée de tous les Gens de Lettres, & de son propre fils même.

Au reste, afin que notre Censeur ne s'imagine pas que je sois le seul qui aïe trouvé ses Dialogues si étranges, & qui aïe paru si sérieusement choqué de l'ignorante audace avec laquelle il y décide de tout ce qu'il y a de plus reveré dans les Lettres : Je ne saurois, ce me semble, mieux finir ces Remarques sur les Anciens, qu'en raportant le mot [5] d'un très-grand Prince d'aujourd'hui, non moins admirable par les lumières de son esprit, & par l'étenduë de ses connoissances dans les Lettres, que par son extrême valeur, & par sa prodigieuse capacité dans la guerre, où il s'est rendu le charme des Officiers & des Soldats ; & où, quoi qu'encore fort jeune, il s'est déja signalé par quantité d'actions dignes des plus expérimentez Capitaines. Ce Prince, qui, à l'exemple du fameux Prince de Condé son Oncle paternel, lit tout, jusqu'aux Ouvrages de Mr. Perrault, aïant en effet lû son dernier Dialogue, & en paroissant fort indigné, comme quelqu'un [6] eût pris la liberté de lui demander ce que c'étoit donc que cet Ouvrage, pour lequel il témoignoit un si grand mépris : *C'est un Livre,* dit-il, *où tout ce que vous avez jamais ouï louer au monde, est blâmé; & où tout ce que vous avez jamais entendu blâmer, est loué.*

AVER-

REMARQUES.

3. *Comme il le déclare lui même.*] A la fin de son Hypercritique, qui est le sixième Livre de sa Poëtique. *Ara P. Virgilii Maronis.* &c.

4. *Qu'il appèle Hypercritique.*] Le Livre où Scaliger, pour relever la gloire de Virgile, a si maltraité Homère, n'est pas l'Hypercritique ; C'est le livre précédent, dont le titre est *le Critique*, & où se trouve une longue comparaison de divers endroits d'Homère, & de divers endroits de Virgile, à qui Scaliger donne toûjours la preference. Le Livre qu'il nomme *Hypercritique*, ne parle que des Poëtes Latins, & il ne s'agit point là d'Homère.

5. *D'un très-grand Prince d'aujourd'hui.*] Le Prince de Conti : François Louis de Bourbon, né le 30. d'Avril, 1664. & mort à Paris, le 22. de Février, 1709.

CHANGEMENT. 6. *Eut pris la liberté de lui demander.*] *Lui eut demandé* : Première Edition, 1694.

AVERTISSEMENT[*]
Touchant la dixième Réfléxion sur Longin.

LEs Amis de feu Monsieur Despréaux savent qu'après qu'il eut eu connoissance de la Lettre qui fait le sujet de la dixième Réfléxion, il fut long-tems sans se déterminer à y répondre. Il ne pouvoit se résoudre à prendre la plume contre un Evêque, dont il respectoit la personne & le caractère, quoi qu'il ne fût pas fort frapé de ses raisons. Ce ne fut donc qu'après avoir vû cette Lettre publiée par Monsieur le Clerc, que Monsieur Despréaux ne put resister aux instances de ses Amis, & de plusieurs personnes distinguées par leur Dignité, autant que par leur zèle pour la Religion, qui le presserent de metre par écrit ce qu'ils lui avoient ouï dire sur ce sujet, lors qu'ils lui eurent réprésenté, que c'étoit un grand scandale, qu'un homme fort décrié sur la Religion s'appuïât de l'autorité d'un savant Evêque, pour soutenir une Critique, qui paroissoit plûtôt contre Moïse que contre Longin.

Monsieur Despréaux se rendit enfin, & ce fut en déclarant qu'il ne vouloit point attaquer Monsieur l'Evêque d'Avranches, mais Mr. le Clerc; ce qui est religieusement observé dans cette dixième Réfléxion. Monsieur d'Avranches étoit informé de tout ce détail, & il avoit témoigné en être content, comme en effet il avoit sujet de l'être.

Après cela, depuis la mort de Mr. Despréaux, cette Lettre a été publiée dans un Recueil de plusieurs Pièces, avec une longue Préface de Mr. l'Abbé de Tilladet, qui les a ramassées & publiées, à ce qu'il assure, sans la permission de ceux à qui appartenoit ce trésor. On ne veut pas entrer dans le détail de ce fait : le Public sait assez ce qui en est, & ces sortes de vols faits aux Auteurs vivans, ne trompent plus personne.

Mais supposant que Mr. l'Abbé de Tilladet, qui parle dans la Préface, en est l'Auteur, il ne trouvera pas mauvais qu'on l'avertisse, qu'il n'a pas été bien informé sur plusieurs faits qu'elle contient. On ne parlera que de celui qui regarde Mr. Despréaux, duquel il est assez étonnant qu'il attaque la mémoire, n'aïant jamais reçû de lui que des honnêtetez & des marques d'amitié.

Mr. Despréaux, *dit-il*, fit une sortie sur Mr. l'Evêque d'Avranches

---

[*] Cet Avertissement a été composé par M. l'Abbé Renaudot de l'Académie Françoise.

AVERTISSEMENT.

avec beaucoup de hauteur & de confiance. Ce Prélat se trouva obligé, pour sa justification, de lui répondre, & de faire voir que sa Remarque étoit très-juste, & que celle de son Adversaire n'étoit pas soutenable. Cet Ecrit fut adressé par l'Auteur à Mr. le Duc de Montausier, en l'année 1683. parce que ce fut chez lui que fut connuë d'abord l'insulte qui lui avoit été faite par Mr. Despréaux; & ce fut aussi chez ce Seigneur qu'on lut cet Ecrit en bonne compagnie, où les Rieurs, suivant ce qui m'en est revenu, ne se trouvèrent pas favorables à un homme, dont la principale attention sembloit être de mettre les Rieurs de son côté.

On ne contestera pas que cette Lettre ne soit adressée à feu Mr. le Duc de Montausier, ni qu'elle lui ait été lûë. Il faut cependant qu'elle ait été lûë à petit bruit, puisque ceux qui étoient le plus familiers avec ce Seigneur, & qui le voioient tous les jours, ne l'en ont jamais ouï parler, & qu'on n'en a eu connoissance que plus de vingt ans après, par l'impression qui en a été faite en Hollande. On comprend encore moins quels pouvoient être les Rieurs qui ne furent pas favorables à M. Despréaux dans un point de critique aussi sérieux que celui-là. Car si l'on appèle ainsi les approbateurs de la pensée contraire à la sienne, ils étoient en si petit nombre, qu'on n'en peut pas nommer un seul de ceux qui de ce tems-là étoient à la Cour en quelque réputation d'esprit, ou de capacité dans les belles Lettres. Plusieurs personnes se souviennent encore que feu M. l'Evêque de Meaux, feu M. l'Abbé de S. Luc, M. de Court, M. de Labrouë, à présent Evêque de Mirepoix, & plusieurs autres, se déclarèrent hautement contre cette pensée, dès le tems que parut la Démonstration Evangelique. On sait certainement, & non pas par des ouï dire, que M. de Meaux & M. l'Abbé de S. Luc, en disoient beaucoup plus que n'en a dit M. Despréaux. Si on vouloit parler des personnes aussi distinguées par leur esprit que par leur naissance, outre le grand Prince de Condé & les deux Princes de Conti ses neveux, il seroit aisé d'en nommer plusieurs qui n'approuvoient pas moins cette Critique de M. Despréaux, que ses autres Ouvrages. Pour les Hommes de Lettres, ils ont été si peu persuadez que sa censure n'étoit pas soutenable, qu'il n'avoit paru encore aucun Ouvrage sérieux pour soutenir l'avis contraire, sinon les Additions de M. le Clerc à la Lettre qu'il a publiée sans la participation de l'Auteur. Car Grotius & ceux qui ont le mieux écrit de la vérité de la Religion Chrétienne, les plus savans Commentateurs des Livres de Moïse, & ceux qui ont traduit ou commenté Longin, ont pensé & parlé comme M. Despréaux. Tollius, qu'on n'accusera pas d'avoir été trop scrupuleux, a réfuté par une Note ce qui se trouve sur ce sujet dans la Démonstration Evangelique; & les Anglois, dans leur dernière édition de Longin, ont adopté cette Note. Le Public n'en a pas jugé autrement depuis tant

d'an-

AVERTISSEMENT.

d'années, & une autorité, telle que celle de M. le Clerc, ne le fera pas apparemment changer d'avis. Quand on est loué par des hommes de ce caractère, on doit penser à cette parole de Phocion, lors qu'il entendit certains applaudissemens : N'ai-je point dit quelque chose mal à propos ?

Les raisons solides de M. Despréaux feront assez voir, que quoi que M. le Clerc se croie si habile dans la Critique qu'il en a osé donner des règles, il n'a pas été plus heureux dans celle qu'il a voulu faire de Longin, que dans presque toutes les autres.

C'est aux Lecteurs à juger de cette dixième Réfléxion de M. Despréaux, qui a un préjugé fort avantageux en sa faveur, puisqu'elle apuïe l'opinion communément reçuë parmi les Savans, jusqu'à ce que M. d'Avranches l'eût combatuë. Le caractère Episcopal ne donne aucune autorité à la sienne, puisqu'il n'en étoit pas revêtu lors qu'il la publia. D'autres grans Prélats, à qui M. Despréaux a communiqué sa Réfléxion, ont été entièrement de son avis & ils lui ont donné de grandes louanges, d'avoir soûtenu l'honneur & la dignité de l'Ecriture sainte contre un homme qui sans l'aveu de M. d'Avranches, abusoit de son autorité. Enfin comme il étoit permis à M. Despréaux d'être d'un avis contraire, on ne croit pas que cela fasse plus de tort à sa mémoire, que d'avoir pensé & jugé tout autrement que lui de l'utilité des Romans.

RÉFLEXION X.

OU

RÉFUTATION D'UNE DISSERTATION

DE Mr. LE CLERC,

CONTRE LONGIN.

Ainsi le Législateur des Juifs, qui n'étoit pas un homme ordinaire, aiant fort bien conçû la puissance & la grandeur de Dieu, l'a exprimée dans toute sa dignité au commencement de ses Loix par ces paroles : DIEU DIT ; QUE LA LUMIERE SE FASSE; ET LA LUMIERE SE FIT: QUE LA TERRE SE FASSE; LA TERRE FUT FAITE. PAROLES *de Longin,* CHAP. VII.

LORSQUE je fis imprimer pour la première fois, il y a environ trente-six ans, la Traduction que j'avois faite du Traité du Sublime de Longin, je crûs qu'il seroit bon, pour empêcher qu'on ne se méprît sur ce mot de *Sublime*, de mettre dans ma Préface ces mots, qui y sont encore, & qui par la suite du tems ne s'y sont trouvez que trop nécessaires. *Il faut savoir que par Sublime, Longin n'entend pas ce que les Orateurs appellent le stile sublime ; mais cet extraordinaire & ce merveilleux, qui fait qu'un Ouvrage enleve, ravit, transporte. Le stile sublime veut toûjours de grans mots; mais le Sublime se peut trouver dans une seule pensée, dans une seule figure, dans un seul tour de paroles. Une chose peut être dans le stile sublime, & n'être pourtant pas sublime. Par exemple : Le Souverain Arbitre de la Nature, d'une seule parole forma la Lumière: Voilà qui est dans le stile sublime. Cela n'est pas néanmoins sublime ; parce qu'il n'y a rien là de fort merveilleux, & qu'on ne pût aisément trouver. Mais Dieu dit :* QUE LA LUMIERE SE FASSE, ET LA LUMIERE SE FIT: *ce tour extraordinaire d'expression, qui marque si bien l'obéissance de la Créature aux ordres du Créateur, est veritablement sublime, & a quelque chose de Divin. Il faut donc entendre par sublime dans Longin, l'extraordinaire, le surprenant, & comme je l'ai traduit, le merveilleux dans le Discours.* Cette

REMARQUES.

L'Auteur composa cette dixième Réflexion critique & les deux suivantes, en 1710, étant âgé de 74. ans.

Cette précaution prise si à propos fut approuvée de tout le monde, mais principalement des Hommes vraiment remplis de l'amour de l'Ecriture sainte; & je ne croïois pas que je dûsse avoir jamais besoin d'en faire l'apologie. A quelque tems de là ma surprise ne fut pas médiocre, lors qu'on me montra dans un Livre, qui avoit pour titre, *Demonstration Evangelique*, composé par le célèbre Monsieur Huet, alors Sous-Précepteur de Monseigneur le Dauphin, un endroit, où non seulement il n'étoit pas de mon avis; mais où il soûtenoit hautement que Longin s'étoit trompé, lors qu'il s'étoit persuadé qu'il y avoit du sublime dans ces paroles, DIEU DIT, &c. J'avouë que j'eûs de la peine à digerer, qu'on traitât avec cette hauteur le plus fameux & le plus savant Critique de l'Antiquité. De sorte qu'en une nouvelle édition, qui se fit quelques mois après de mes Ouvrages, je ne pûs m'empêcher d'ajoûter dans ma Préface ces mots: *J'ai rapporté ces paroles de la Genèse, comme l'expression la plus propre à mettre ma pensée en son jour; & je m'en suis servi d'autant plus volontiers, que cette expression est citée avec éloge par Longin même, qui au milieu des ténèbres du Paganisme, n'a pas laissé de reconnoître le Divin qu'il y avoit dans ces paroles de l'Ecriture. Mais que dirons-nous d'un des plus savans Hommes de notre siècle, qui éclairé des lumières de l'Evangile, ne s'est pas apperçu de la beauté de cet endroit; qui a osé, dis-je, avancer dans un Livre, qu'il a fait pour démontrer la Religion Chrétienne, que Longin s'étoit trompé, lors qu'il avoit crû que ces paroles étoient sublimes?*

Comme ce reproche étoit un peu fort, & je l'avouë même, un peu trop fort, je m'attendois à voir bien-tôt paroître une replique très-vive de la part de Mr. Huet, nommé environ dans ce tems-là à l'Evêché d'Avranches; & je me préparois à y répondre le moins mal & le plus modestement qu'il me seroit possible. Mais soit que ce savant Prélat eût changé d'avis, soit qu'il dédaignât d'entrer en lice avec un aussi vulgaire Antagoniste que moi; il se tint dans le silence. Notre démêlé parut éteint, & je n'entendis parler de rien jusqu'en mil sept cens neuf qu'un de mes Amis me fit voir dans un dixième Tome de la *Bibliothèque Choisie* de Monsieur le Clerc, fameux Protestant de Genève, réfugié en Hollande, un Chapitre de plus de vint-cinq pages, où ce Protestant nous réfute très-impérieusement Longin & moi, & nous traite tous deux d'Aveugles, & de petits Esprits, d'avoir crû qu'il y avoit là quelque sublimité. L'occasion qu'il prend pour nous faire après coup cette insulte, c'est une prétenduë Lettre du savant Monsieur Huet, aujourd'hui ancien Evêque d'Avranches, qui lui est, dit-il, tombée entre les mains, & que pour mieux nous foudroïer, il transcrit toute entière; y joignant néanmoins, afin de la mieux faire valoir, plusieurs Remarques de sa façon, presque aussi longues que la Lettre même. De sorte que ce sont comme deux espèces de Dissertations ramassées ensemble, dont il fait un seul Ouvrage.

Bien que ces deux Dissertations soient écrites avec assez d'amertume & d'aigreur, je fus médiocrement ému en les lisant, parce que les raisons m'en parurent extrèmement foibles : que Monsieur le Clerc, dans ce long verbiage qu'il étale, n'entame pas, pour ainsi dire, la question ; & que tout ce qu'il y avance, ne vient que d'une équivoque sur le mot de Sublime, qu'il confond avec le stile sublime, & qu'il croit entièrement opposé au stile simple. J'étois en quelque sorte résolu de n'y rien répondre. Cependant mes Libraires depuis quelque tems, à force d'importunitez, m'aïant enfin fait consentir à une nouvelle édition de mes Ouvrages, il m'a semblé que cette édition seroit défectueuse, si je n'y donnois quelque signe de vie sur les attaques d'un si célèbre Adversaire. Je me suis donc enfin déterminé à y répondre ; & il m'a paru que le meilleur parti que je pouvois prendre, c'étoit d'ajoûter aux neuf Réfléxions que j'ai déja faites sur Longin, & où je crois avoir assez bien confondu Mr. Perrault, une dixième Réfléxion, où je répondrois aux deux Dissertations nouvellement publiées contre moi. C'est ce que je vais exécuter ici. Mais comme ce n'est point Monsieur Huet qui a fait imprimer lui-même la Lettre qu'on lui attribuë, & que cet illustre Prélat ne m'en a point parlé dans l'Académie Françoise, où j'ai l'honneur d'être son Confrere, & où je le vois quelquefois ; Monsieur le Clerc permettra que je ne me propose d'Adversaire que Monsieur le Clerc, & que par là je m'épargne le chagrin d'avoir à écrire contre un aussi grand Prélat que Monsieur Huet, dont, en qualité de Chrétien, je respecte fort la Dignité ; & dont, en qualité d'Homme de Lettres, j'honore extrèmement le mérite & le grand savoir. Ainsi c'est au seul Monsieur le Clerc que je vais parler ; & il trouvera bon, que je le fasse en ces termes :

Vous croïez donc, Monsieur, & vous le croïez de bonne foi, qu'il n'y a point de sublime dans ces paroles de la Genèse : DIEU DIT, QUE LA LUMIERE SE FASSE ; ET LA LUMIERE SE FIT. A cela je pourrois vous répondre en géneral, sans entrer dans une plus grande discussion ; que le Sublime n'est pas proprement une chose qui se prouve, & qui se démontre ; mais que c'est un Merveilleux qui saisit, qui frappe, & qui se fait sentir. Ainsi personne ne pouvant entendre prononcer un peu majestueusement ces paroles, QUE LA LUMIERE SE FASSE, &c. sans que cela excite en lui une certaine élevation d'ame qui lui fait plaisir ; il n'est plus question de savoir s'il y a du sublime dans ces paroles, puisqu'il y en a indubitablement. S'il se trouve quelque Homme bizarre qui n'y en trouve point,

il

il ne faut pas chercher des raisons pour lui montrer qu'il y en a; mais se borner à le plaindre de son peu de conception, & de son peu de goût, qui l'empêche de sentir ce que tout le monde sent d'abord. C'est là, Monsieur, ce que je pourrois me contenter de vous dire; & je suis persuadé que tout ce qu'il y a de gens sensez avoüeroient que par ce peu de mots je vous aurois répondu tout ce qu'il falloit vous répondre.

Mais puisque l'honnêteté nous oblige de ne pas refuser nos lumieres à notre Prochain, pour le tirer d'une erreur où il est tombé; je veux bien descendre dans un plus grand détail & ne point épargner le peu de connoissance que je puis avoir du Sublime, pour vous tirer de l'aveuglement où vous vous êtes jetté vous-même, par trop de confiance en votre grande & hautaine érudition.

Avant que d'aller plus loin, souffrez, Monsieur, que je vous demande comme il se peut faire qu'un aussi habile homme que vous, voulant écrire contre un endroit de ma Préface aussi considérable que l'est celui que vous attaquez, ne se soit pas donné la peine de lire cet endroit, auquel il ne paroît pas même que vous aiez fait aucune attention. Car si vous l'aviez lû, si vous l'aviez examiné un peu de près, me diriez-vous, comme vous faites, pour montrer que ces paroles, Dieu dit, &c. n'ont rien de sublime, qu'elles ne sont point dans le stile sublime; sur ce qu'il n'y a point de grans mots, & qu'elles sont énoncées avec une très-grande simplicité? N'avois-je pas prévenu votre objection, en assûrant, comme je l'assûre dans cette même Préface, que par Sublime, en cet endroit, Longin n'entend pas ce que nous appelons le stile sublime; mais cet extraordinaire & ce merveilleux qui se trouve souvent dans les paroles les plus simples, & dont la simplicité même fait quelquefois la sublimité? Ce que vous avez si peu compris, que même à quelques pages de là, bien loin de convenir qu'il y a du sublime dans les paroles que Moïse fait prononcer à Dieu au commencement de la Genèse, vous prétendez que si Moïse avoit mis là du sublime, il auroit péché contre toutes les règles de l'Art, qui veut qu'un commencement soit simple & sans affectation. Ce qui est très-veritable, mais ce qui ne dit nullement qu'il ne doit point y avoir de sublime: le sublime n'étant point opposé au simple, & n'y aïant rien quelquefois de plus sublime que le simple même, ainsi que je vous l'ai déja fait voir, & dont si vous doutez encore, je m'en vais vous convaincre par quatre ou cinq exemples, ausquels je vous défie de répondre. Je ne les chercherai pas loin. Longin m'en fournit lui-même d'abord un admirable, dans le Chapitre d'où j'ai tiré cette dixième Réfléxion. Car y traitant du sublime qui vient de la grandeur de la pensée, après avoir établi, qu'il n'y a proprement que les grans Hommes, à qui il échappe

de dire des choses grandes & extraordinaires : *Voïez , par exemple ,* ajoûte-t-il, *ce que répondit Alexandre quand Darius lui fit offrir la moitié de l'Asie, avec sa fille en mariage. Pour moi, lui disoit Parménion, si j'étois Alexandre, j'accepterois ces offres. Et moi aussi,* repliqua ce *Prince, si j'étois Parménion.* Sont-ce là de grandes paroles ? Peut-on rien dire de plus naturel, de plus simple & de moins affecté que ce mot ? Alexandre ouvre-t-il une grande bouche pour les dire ? & cependant ne faut-il pas tomber d'accord, que toute la grandeur de l'ame d'Alexandre s'y fait voir ? Il faut à cet exemple en joindre un autre de même nature, que j'ai allégué dans la Préface de ma dernière édition de Longin ; & je le vais raporter dans les mêmes termes qu'il y est énoncé ; afin que l'on voïe mieux que je n'ai point parlé en l'air, quand j'ai dit que Monsieur le Clerc, voulant combattre ma Préface, ne s'est pas donné la peine de la lire. Voici en éfet mes paroles. ,, Dans la Tragédie
,, d'Horace * du fameux Pierre Corneille, une femme qui avoit été pré-
,, sente au combat des trois Horaces contre les trois Curiaces, mais qui
,, s'étoit retirée trop tôt, & qui n'en avoit pas vû la fin ; vient mal à
,, propos annoncer au vieil Horace leur Pere, que deux de ses fils ont
,, été tuez ; & que le troisième, ne se voïant plus en état de résister,
,, s'est enfui. Alors ce vieux Romain possedé de l'amour de sa patrie,
,, sans s'amuser à pleurer la perte de ses deux fils morts si glorieusement,
,, ne s'afflige que de la fuite honteuse du dernier, qui a, dit-il, par une
,, si lâche action, imprimé un opprobre éternel au nom d'Horace ; &
,, leur sœur qui étoit là présente, lui aïant dit, *Que vouliez-vous qu'il*
,, *fît contre trois ?* il répond brusquement, *qu'il mourût.* Voilà des ter-
,, mes fort simples. Cependant il n'y a personne qui ne sente la gran-
,, deur qu'il y a dans ces trois syllabes, *qu'il mourût.* Sentiment d'au-
,, tant plus sublime qu'il est simple & naturel, & que par là on voit que
,, ce Heros parle du fond du cœur, & dans les transports d'une colère
,, vraiement Romaine. La chose effectivement auroit perdu de sa force,
,, si au lieu de dire, *qu'il mourût,* il avoit dit, *qu'il suivît l'exemple de*
,, *ses deux Freres ;* ou *qu'il sacrifiât sa vie à l'interêt & à la gloire de son*
,, *païs.* Ainsi c'est la simplicité même de ce mot qui en fait voir la gran-
,, deur. " N'avois-je pas, Monsieur, en faisant cette remarque, battu en ruine votre objection, même avant que vous l'eussiez faite ? & ne prouvois-je pas visiblement, que le Sublime se trouve quelquefois dans la manière de parler la plus simple ? Vous me répondrez peut-être que cet exemple est singulier, & qu'on n'en peut pas montrer beaucoup de pareils. En voici pourtant encore un que je trouve à l'ouverture du Livre dans la Médée † du même Corneille, où cette fameuse Enchanteresse, se vantant que seule & abandonnée comme elle est de tout le

mon-

* *Acte 3. Scène 6.* † *Acte 1. Scène 4.*

monde, elle trouvera pourtant bien moïen de se vanger de tous ses ennemis; Nerine sa Confidente lui dit:

Perdez l'aveugle erreur dont vous êtes seduite,
Pour voir en quel état le Sort vous a réduite.
Votre Païs vous hait, votre Epoux est sans foi.
Contre tant d'ennemis que vous reste-t-il?

A quoi Médée répond: *Moi.*

Moi, dis-je, & c'est assez.

Peut-on nier qu'il n'y ait du Sublime, & du Sublime le plus relevé dans ce monosyllabe, *Moi?* Qu'est-ce donc qui frappe dans ce passage, sinon la fierté audacieuse de cette Magicienne, & la confiance qu'elle a dans son Art? Vous voïez, Monsieur, que ce n'est point le stile sublime, ni par conséquent les grans mots, qui font toujours le Sublime dans le Discours; & que ni Longin, ni moi ne l'avons jamais prétendu. Ce qui est si vrai par rapport à lui, qu'en son Traité du Sublime, parmi beaucoup de passages qu'il rapporte, pour montrer ce que c'est qu'il entend par Sublime, il ne s'en trouve pas plus de cinq ou six, où les grans mots fassent partie du Sublime. Au contraire il y en a un nombre considérable, où tout est composé de paroles fort simples & fort ordinaires: comme, par exemple, cet endroit de Démosthène, si estimé & si admiré de tout le monde, où cet Orateur gourmande ainsi les Athéniens: *Ne voulez-vous jamais faire autre chose qu'aller par la Ville vous demander les uns aux autres: Que dit-on de nouveau? Et que peut-on vous apprendre de plus nouveau que ce que vous voïez? Un Homme de Macédoine se rend maître des Atheniens, & fait la loi à toute la Grèce. Philippe est-il mort, dira l'un? Non, répondra l'autre; il n'est que malade. Hé que vous importe, Messieurs, qu'il vive ou qu'il meure? Quand le Ciel vous en auroit délivré, vous vous feriez bien-tôt un autre Philippe.* Y a-t-il rien de plus simple, de plus naturel, & de moins enflé que ces demandes & ces interrogations? Cependant qui est-ce qui n'en sent point le Sublime? Vous peut-être, Monsieur, parce que vous n'y voïez point de grans mots, ni de ces *ambitiosa ornamenta*, en quoi vous le faites consister, & en quoi il consiste si peu, qu'il n'y a rien même qui rende le discours plus froid & plus languissant, que les grans mots mis hors de leur place. Ne dites donc plus, comme vous faites en plusieurs endroits de votre Dissertation, que la preuve qu'il n'y a point de Sublime dans le stile de la Bible

X. RÉFLEXION

Bible, c'est que tout y est dit sans exageration, & avec beaucoup de simplicité ; puisque c'est cette simplicité même qui en fait la sublimité. Les grans mots, selon les habiles connoisseurs, font en effet si peu l'essence entière du Sublime, qu'il y a même dans les bons Ecrivains des endroits sublimes, dont la grandeur vient de la petitesse énergique des paroles : comme on le peut voir dans ce passage d'Herodote, qui est cité par Longin : *Cléomene étant devenu furieux, il prit un couteau, dont il se hacha la chair en petits morceaux ; & s'étant ainsi déchiqueté lui-même, il mourut.* Car on ne peut guere assembler de mots plus bas & plus petits que ceux-ci, *se hacher la chair en morceaux, & se déchiqueter soi-même.* On y sent toutefois une certaine force énergique, qui marquant l'horreur de la chose qui y est énoncée, a je ne sai quoi de sublime.

Mais voilà assez d'exemples citez, pour vous montrer que le simple & le sublime dans le Discours ne sont nullement opposez. Examinons maintenant les paroles qui font le sujet de notre contestation : & pour en mieux juger considérons-les jointes & liées avec celles qui les précèdent. Les voici : *Au commencement*, dit Moïse, *Dieu créa le Ciel & la Terre. La Terre étoit informe & toute nuë. Les tenebres couvroient la face de l'abime, & l'Esprit de Dieu étoit porté sur les eaux.* Peut-on rien voir, dites-vous, de plus simple que ce début ? Il est fort simple, je l'avouë, à la réserve pourtant de ces mots, *Et l'Esprit de Dieu étoit porté sur les eaux* ; qui ont quelque chose de magnifique, & dont l'obscurité élegante & majestueuse nous fait concevoir beaucoup de choses au delà de ce qu'elles semblent dire. Mais ce n'est pas de quoi il s'agit ici. Passons aux paroles suivantes, puisque ce sont celles dont il est question. Moïse aïant ainsi expliqué dans une narration également courte, simple, & noble, les merveilles de la Création, songe aussi-tôt à faire connoître aux hommes l'Auteur de ces merveilles. Pour cela donc ce grand Prophète n'ignorant pas que le meilleur moïen de faire connoître les Personnages qu'on introduit, c'est de les faire agir ; il met d'abord Dieu en action, & le fait parler. Et que lui fait-il dire ? Une chose ordinaire peut-être ? Non ; mais ce qui s'est jamais dit de plus grand, ce qui se peut dire de plus grand, & ce qu'il n'y a jamais eu que Dieu seul qui ait pû dire : QUE LA LUMIERE SE FASSE. Puis tout à coup, pour montrer qu'afin qu'une chose soit faite, il suffit que Dieu veuille qu'elle se fasse ; il ajoûte avec une rapidité qui donne à ses paroles mêmes une ame & une vie, ET LA LUMIERE SE FIT ; montrant par là, qu'au moment que Dieu parle, tout s'agite, tout s'émeut, tout obéit. Vous me répondrez peut-être ce que vous me répondez dans la prétenduë Lettre de Monsieur Huet : Que vous ne voïez pas ce qu'il y a de si subli-

sublime dans cette manière de parler, QUE LA LUMIERE SE FASSE &c. puisqu'elle est, dites-vous, très-familière & très-commune dans la Langue Hébraïque, qui la rebat à chaque bout de champ. En éfet, ajoûtez-vous, si je disois : *Quand je sortis, je dis à mes gens, suivez-moi, & ils me suivirent: Je priai mon Ami de me prêter son cheval, & il me le prêta*; pourroit-on soûtenir que j'ai dit là quelque chose de sublime ? Non sans doute ; parce que cela seroit dit dans une occasion très-frivole, à propos de choses très-petites. Mais est-il possible, Monsieur, qu'avec tout le savoir que vous avez, vous soïez encore à apprendre ce que n'ignore pas le moindre Aprentif Rhétoricien, que pour bien juger du Beau, du Sublime, du Merveilleux dans le Discours, il ne faut pas simplement regarder la chose qu'on dit, mais la personne qui la dit, la manière dont on la dit, & l'occasion où on la dit : enfin qu'il faut regarder, *non quid sit, sed quo loco sit*. Qui est-ce en effet qui peut nier, qu'une chose dite en un endroit, paroîtra basse & petite ; & que la même chose dite en un autre endroit deviendra grande, noble, sublime, & plus que sublime ? Qu'un homme, par exemple, qui montre à danser, dise à un jeune garçon qu'il instruit : Allez par là, Revenez, Détournez, Arrêtez : cela est très-puéril, & paroît même ridicule à raconter. Mais que le Soleil, voïant son fils Phaëton qui s'égare dans les Cieux sur un char qu'il a eu la folle temerité de vouloir conduire, crie de loin à ce fils à peu près les mêmes ou de semblables paroles, cela devient très-noble & très-sublime; comme on le peut reconnoître dans ces Vers d'Euripide, raportez par Longin.

> *Le pere cependant, plein d'un trouble funeste,*
> *Le voit rouler de loin sur la plaine celeste;*
> *Lui montre encor sa route; & du plus haut des Cieux*
> *Le suit autant qu'il peut de la voix & des yeux:*
> *Va par là, lui dit-il. Revien. Détourne. Arrête.*

Je pourrois vous citer encore cent autres exemples pareils ; & il s'en présente à moi de tous les côtez. Je ne saurois pourtant, à mon avis, vous en alléguer un plus convainquant, ni plus démonstratif, que celui même sur lequel nous sommes en dispute. En effet, qu'un Maître dise à son Valet, *Apportez-moi mon manteau* : puis, qu'on ajoûte, *& son Valet lui apporta son manteau*: cela est très-petit ; je ne dis pas seulement en Langue Hébraïque, où vous prétendez que ces manières de parler sont ordinaires; mais encore en toute Langue. Au contraire, que dans une occasion aussi grande qu'est la Création du Mon-

Monde, Dieu diſe : QUE LA LUMIERE SE FASSE : puis, qu'on ajoûte, ET LA LUMIERE FUT FAITE; cela eſt non ſeulement ſublime, mais d'autant plus ſublime, que les termes en étant fort ſimples, & pris du langage ordinaire, ils nous font comprendre admirablement, & mieux que tous les plus grans mots; qu'il ne coûte pas plus à Dieu de faire la Lumiere, le Ciel & la Terre, qu'à un Maître de dire à ſon Valet, *Apportez-moi mon manteau.* D'où vient donc que cela ne vous frape point ? Je vais vous le dire. C'eſt que n'y voïant point de grans mots, ni d'ornemens pompeux; & prévenu comme vous l'êtes, que le ſtile ſimple n'eſt point ſuſceptible de ſublime, vous croïez qu'il ne peut y avoir là de vraïe ſublimité.

Mais c'eſt aſſez vous pouſſer ſur cette mépriſe, qu'il n'eſt pas poſſible à l'heure qu'il eſt que vous ne reconnoiſſiez. Venons maintenant à vos autres preuves. Car tout à coup retournant à la charge comme Maître paſſé en l'Art Oratoire, pour mieux nous confondre Longin & moi, & nous accabler ſans reſſource, vous vous mettez en devoir de nous apprendre à l'un & à l'autre ce que c'eſt que Sublime. Il y en a, dites-vous, quatre ſortes; le Sublime des termes, le Sublime du tour de l'expreſſion, le Sublime des penſées, & le Sublime des choſes. Je pourrois aiſément vous embarraſſer ſur cette diviſion, & ſur les définitions qu'enſuite vous nous donnez de vos quatre Sublimes : cette diviſion & ces définitions n'étant pas ſi correctes ni ſi exactes que vous vous le figurez. Je veux bien néanmoins aujourd'hui, pour ne point perdre de tems, les admettre toutes ſans aucune reſtriction. Permettez-moi ſeulement de vous dire qu'après celle du Sublime des choſes, vous avancez la propoſition du monde la moins ſoûtenable, & la plus groſſière. Car après avoir ſuppoſé, comme vous le ſuppoſez très-ſolidement, & comme il n'y a perſonne qui n'en convienne avec vous, que les grandes choſes ſont grandes en elles-mêmes & par elles-mêmes, & qu'elles ſe font admirer indépendamment de l'Art Oratoire; tout d'un coup prenant le change, vous ſoûtenez que pour être miſes en œuvre dans un Diſcours, elles n'ont beſoin d'aucun génie ni d'aucune adreſſe; & qu'un homme, quelque ignorant & quelque groſſier qu'il ſoit, ce ſont vos termes, s'il raporte une grande choſe ſans en rien dérober à la connoiſſance de l'Auditeur, pourra avec juſtice être eſtimé éloquent & ſublime. Il eſt vrai que vous ajoûtez, *non pas de ce Sublime dont parle ici Longin.* Je ne ſai pas ce que vous voulez dire par ces mots, que vous nous expliquerez quand il vous plaira.

Quoi qu'il en ſoit, il s'enſuit de votre raiſonnement, que pour être bon Hiſtorien (ô la belle découverte!) il ne faut point d'autre talent que celui que Démétrius Phaléreüs attribuë au Peintre Nicias, qui étoit, de choifir toujours de grans fujets. Cependant ne paroît-il pas au contraire, que pour bien raconter une grande chofe, il faut beaucoup plus d'efprit & de talent, que pour en raconter une médiocre? En effet, Monfieur, de quelque bonne foi que foit votre homme ignorant & groffier, trouvera-t-il pour cela aifément des paroles dignes de fon fujet? Saura-t-il même les conftruire? Je dis conftruire: car cela n'eft pas fi aifé qu'on s'imagine.

Cet homme enfin, fût-il bon Grammairien, faura-t-il pour cela, racontant un fait merveilleux, jetter dans fon difcours toute la netteté, la délicateffe, la majefté, & ce qui eft encore plus confidérable, toute la fimplicité néceffaire à une bonne narration ? Saura-t-il choifir les grandes circonftances ? Saura-t-il rejetter les fuperfluës ? En décrivant le paffage de la Mer rouge, ne s'amufera-t-il point, comme le Poëte dont je parle dans mon Art Poëtique, à peindre le petit Enfant,

Qui va, faute, & revient,
Et joïeux, à fa Mere offre un caillou qu'il tient?

En un mot, faura-t-il, comme Moïfe, dire tout ce qu'il faut & ne dire que ce qu'il faut ? Je voi que cette objection vous embarraffe. Avec tout cela néanmoins, répondrez-vous, on ne me perfuadera jamais que Moïfe, en écrivant la Bible, ait fongé à tous ces agrémens, & à toutes ces petites fineffes de l'Ecole ; car c'eft ainfi que vous appelez toutes les grandes figures de l'Art Oratoire. Affûrément Moïfe n'y a point penfé ; mais l'Efprit Divin qui l'infpiroit, y a penfé pour lui, & les y a mifes en œuvre, avec d'autant plus d'art, qu'on ne s'aperçoit point qu'il y ait aucun art. Car on n'y remarque point de faux ornemens, & rien ne s'y fent de l'enflûre & de la vaine pompe des Déclamateurs, plus oppofée quelquefois au vrai Sublime, que la baffeffe même des mots les plus abjets: mais tout y eft plein de fens, de raifon & de majefté. De forte que le Livre de Moïfe eft en même tems le plus éloquent, le plus fublime, & le plus fimple de tous les Livres. Il faut convenir pourtant que ce fut cette fimplicité, quoi que fi admirable, jointe à quelques mots Latins un peu barbares de la Vulgate, qui dégoûtèrent Saint Auguftin, avant fa converfion, de la lecture de ce Divin Livre; dont néanmoins depuis, l'aïant regardé de plus près, & avec des yeux plus éclairez, il fit le plus grand objet de fon admiration, & fa perpétuelle lecture.

Mais c'eft affez nous arrêter fur la confidération de votre nouvel Orateur. Reprenons le fil de notre difcours, & voïons où vous en voulez venir par la fuppofition de vos quatre Sublimes. Auquel de ces

X. RÉFLEXION

ces quatre genres, dites-vous, prétend-on attribuer le Sublime que Longin a crû voir dans le passage de la Genèse ? Est-ce au Sublime des mots ? Mais sur quoi fonder cette prétention, puisqu'il n'y a pas dans ce passage un seul grand mot ? Sera-ce au Sublime de l'expression ? L'expression en est très-ordinaire, & d'un usage très-commun & très-familier, sur tout dans la Langue Hébraïque, qui la répète sans cesse. Le donnera-t-on au Sublime des pensées ? Mais bien loin d'y avoir là aucune sublimité de pensée, il n'y a pas même de pensée. On ne peut, concluez-vous, l'attribuer qu'au Sublime des choses, auquel Longin ne trouvera pas son compte, puisque l'Art ni le Discours n'ont aucune part à ce Sublime. Voilà donc, par votre belle & savante démonstration les premières paroles de Dieu dans la Genèse entièrement dépossédées du Sublime, que tous les hommes jusqu'ici avoient crû y voir ; & le commencement de la Bible reconnu froid, sec, & sans nulle grandeur. Regardez pourtant comme les manières de juger sont differentes ; puisque si l'on me fait les mêmes interrogations que vous vous faites à vous-même, & si l'on me demande quel genre de Sublime se trouve dans le passage dont nous disputons ; je ne répondrai pas qu'il y en a un des quatre que vous raportez ; je dirai que tous les quatre y sont dans leur plus haut degré de perfection.

En effet, pour en venir à la preuve & pour commencer par le premier genre, bien qu'il n'y ait pas dans le passage de la Genèse des mots grans ni empoulez, les termes que le Prophète y emploie, quoique simples, étant nobles, majestueux, convenables au sujet, ils ne laissent pas d'être sublimes, & si sublimes, que vous n'en sauriez suppléer d'autres, que le Discours n'en soit considérablement affoibli ; comme si, par exemple, au lieu de ces mots, Dieu dit: Que la Lumiere se fasse : et la Lumiere se fit ; vous mettiez : *Le Souverain Maître de toutes choses commanda à la Lumiere de se former ; & en même tems ce merveilleux Ouvrage, qu'on appèle Lumiere, se trouva formé.* Quelle petitesse ne sentira-t-on point dans ces grans mots, vis-à-vis de ceux-ci, Dieu dit : Que la Lumiere se fasse, &c ? A l'égard du second genre, je veux dire du Sublime du tour de l'expression, où peut-on voir un tour d'expression plus sublime que celui de ces paroles, Dieu dit: Que la Lumiere se fasse, et la Lumiere se fit : dont la douceur majestueuse, même dans les Traductions Grecques, Latines & Françoises, frappe si agréablement l'oreille de tout homme qui a quelque délicatesse & quelque goût ? Quel effet donc ne feroient-elles point si elles étoient prononcées dans leur Langue originale, par une bouche qui les sût prononcer ; & écoutées par des oreilles qui les sussent entendre ? Pour ce qui est de ce que vous avancez au

sujet

sujet du Sublime des pensées, que bien loin qu'il y ait dans le passage qu'admire Longin aucune sublimité de pensée, il n'y a pas même de pensée; il faut que votre bon sens vous ait abandonné, quand vous avez parlé de cette manière. Quoi, Monsieur, le dessein que Dieu prend, immédiatement après avoir créé le Ciel & la Terre; car c'est Dieu qui parle en cet endroit; la pensée, dis-je, qu'il conçoit de faire la Lumiere, ne vous paroît pas une pensée? Et qu'est-ce donc que pensée, si ce n'en est là une des plus sublimes qui pouvoient, si en parlant de Dieu il est permis de se servir de ces termes, qui pouvoient, dis-je, venir à Dieu lui-même; pensée qui étoit d'autant plus nécessaire, que si elle ne fût venuë à Dieu, l'ouvrage de la Création restoit imparfait, & la Terre demeuroit informe & vuide, *Terra autem erat inanis & vacua?* Confessez donc, Monsieur, que les trois premiers genres de votre Sublime sont excellemment renfermez dans le passage de Moïse. Pour le Sublime des choses, je ne vous en dis rien, puisque vous reconnoissez vous-même qu'il s'agit dans ce passage de la plus grande chose qui puisse être faite, & qui ait jamais été faite. Je ne sai si je me trompe, mais il me semble que j'ai assez exactement répondu à toutes vos objections tirées des quatre Sublimes.

N'attendez pas, Monsieur, que je réponde ici avec la même exactitude à tous les vagues raisonnemens, & à toutes les vaines déclamations que vous me faites dans la suite de votre long discours, & principalement dans le dernier article de la Lettre attribuée à Monsieur l'Evêque d'Avranches, où vous expliquant d'une manière embarrassée, vous donnez lieu aux Lecteurs de penser, que vous êtes persuadé que Moïse & tous les Prophètes, en publiant les merveilles de Dieu, au lieu de relèver sa grandeur, l'ont, ce sont vos propres termes, en quelque sorte avili & deshonoré. Tout cela, faute d'avoir assez bien démêlé une équivoque très-grossière, & dont, pour être parfaitement éclairci, il ne faut que se ressouvenir d'un principe avoué de tout le monde, qui est, qu'une chose sublime aux yeux des hommes, n'est pas pour cela sublime aux yeux de Dieu, devant lequel il n'y a de vraiment sublime que Dieu lui-même. Qu'ainsi toutes ces manières figurées que les Prophètes & les Ecrivains sacrez employent pour l'exalter, lors qu'ils lui donnent un visage, des yeux, des oreilles; lors qu'ils le font marcher, courir, s'asseoir; lors qu'ils le représentent porté sur l'aîle des Vents; lors qu'ils lui donnent à lui-même des aîles; lors qu'ils lui prêtent leurs expressions, leurs actions, leurs passions, & mille autres choses semblables; toutes ces choses sont fort petites devant Dieu, qui les souffre néanmoins & les agrée, parce qu'il sait bien que la foiblesse humaine ne le sauroit louer autrement. En même tems il faut reconnoître, que ces mêmes choses présentées aux yeux des hom-

hommes, avec des figures & des paroles telles que celles de Moïse & des autres Prophètes, non seulement ne sont pas basses, mais encore qu'elles deviennent nobles, grandes, merveilleuses, & dignes en quelque façon de la Majesté Divine. D'où il s'enfuit que vos réflèxions sur la petitesse de nos idées devant Dieu sont ici très-mal placées, & que votre critique sur les paroles de la Genèse est fort peu raisonnable; puisque c'est de ce Sublime, présenté aux yeux des hommes, que Longin a voulu & dû parler, lorsqu'il a dit que Moïse a parfaitement conçû la puissance de Dieu au commencement de ses Loix, & qu'il l'a exprimée dans toute sa dignité par ces paroles, DIEU DIT, &c.

 Croïez-moi donc, Monsieur; ouvrez les yeux. Ne vous opiniâtrez pas davantage à défendre contre Moïse, contre Longin, & contre toute la Terre, une cause aussi odieuse que la vôtre, & qui ne sauroit se soûtenir que par des équivoques, & par de fausses subtilitez. Lisez l'Ecriture sainte avec un peu moins de confiance en vos propres lumières, défaites-vous de cette hauteur Calviniste & Socinienne, qui vous fait croire qu'il y va de votre honneur d'empêcher qu'on n'admire trop légèrement le début d'un Livre, dont vous êtes obligé d'avouer vous-même qu'on doit adorer tous les mots & toutes les syllabes; & qu'on peut bien ne pas assez admirer, mais qu'on ne sauroit trop admirer. Je ne vous en dirai pas davantage. Aussi-bien il est tems de finir cette dixième Réflèxion, déja même un peu trop longue, & que je ne croïois pas devoir pousser si loin.

 Avant que de la terminer néanmoins, il me semble que je ne dois pas laisser sans replique une objection assez raisonnable, que vous me faites au commencement de votre Dissertation, & que j'ai laissée à part, pour y répondre à la fin de mon Discours. Vous me demandez dans cette objection, d'où vient que dans ma Traduction du passage de la Genèse cité par Longin, je n'ai point exprimé ce monosyllabe τί; *Quoi?* puis qu'il est dans le texte de Longin, où il n'y a pas seulement, DIEU DIT: QUE LA LUMIERE SE FASSE: mais, DIEU DIT, QUOI? QUE LA LUMIERE SE FASSE. A cela je réponds en premier lieu, que sûrement ce monosyllabe n'est point de Moïse, & apartient entièrement à Longin, qui, pour préparer la grandeur de la chose que Dieu va exprimer, après ces paroles, DIEU DIT, se fait à soi-même cette interrogation, QUOI? puis ajoûte tout d'un coup, QUE LA LUMIERE SE FASSE. Je dis en second lieu, que je n'ai point exprimé ce QUOI, parce qu'à mon avis il n'auroit point eu de grace en François, & que non seulement il auroit un peu gâté les paroles de l'Ecriture, mais qu'il auroit pû donner occasion à quelques Savans, comme vous, de prétendre mal à propos, comme cela est effectivement arrivé, que Longin n'avoit pas lû le passage

de

de la Genèse dans ce qu'on appèle la Bible des Septante, mais dans quelque autre Version, où le texte étoit corrompu. Je n'ai pas eu le même scrupule pour ces autres paroles, que le même Longin infere encore dans le texte, lors qu'à ces termes, QUE LA LUMIERE SE FASSE; il ajoûte, QUE LA TERRE SE FASSE; LA TERRE FUT FAITE; parce que cela ne gâte rien, & qu'il est dit par une surabondance d'admiration que tout le monde sent. Ce qu'il y a de vrai pourtant, c'est que dans les règles, je devois avoir fait il y a long-tems cette Note que je fais aujourd'hui, qui manque, je l'avoüe, à ma Traduction. Mais enfin la voilà faite.

RÉFLEXION XI.

Néanmoins Aristote & Théophraste, afin d'excuser l'audace de ces figures, pensent qu'il est bon d'y apporter ces adoucissemens : Pour ainsi dire : si j'ose me servir de ces termes; pour m'expliquer plus hardiment, &c. PAROLES de Longin, CHAP. XXVI.

LE conseil de ces deux Philosophes est excellent; mais il n'a d'usage que dans la Prose; car ces excuses sont rarement souffertes dans la Poësie, où elles auroient quelque chose de sec & de languissant; parce que la Poësie porte son excuse avec soi. De sorte qu'à mon avis, pour bien juger si une figure dans les Vers n'est point trop hardie, il est bon de la mettre en Prose avec quelqu'un de ces adoucissemens; puis qu'en effet si, à la faveur de cet adoucissement, elle n'a plus rien qui choque, elle ne doit point choquer dans les Vers destituez même de cet adoucissement.

Monsieur de la Motte, mon Confrère à l'Académie Françoise, n'a donc pas raison en son [1] Traité de l'Ode, lors qu'il accuse l'illustre Monsieur Racine de s'être exprimé avec trop de hardiesse dans sa Tragédie de Phèdre, où le Gouverneur d'Hippolyte, faisant la peinture du Monstre effroïable que Neptune avoit envoïé pour effraïer les Chevaux de ce jeune & malheureux Prince, se sert de cette hyperbole,

Le flot qui l'apporta recule épouvanté:

puis qu'il n'y a personne qui ne soit obligé de tomber d'accord que cet-

REMARQUES.

RÉFLEX. XI. 1. *Traité de l'Ode.*] Lisez, *Discours sur l'Ode.*

cette hyperbole passeroit même dans la Prose à la faveur d'un *pour ainsi dire*, ou d'un *si j'ose ainsi parler*.

D'ailleurs Longin, ensuite du passage que je viens de rapporter ici, ajoûte des paroles qui justifient, encore mieux que tout ce que j'ai dit, le Vers dont il est question. Les voici: *L'excuse, selon le sentiment de ces deux célebres Philosophes, est un remède infaillible contre les trop grandes hardiesses du Discours; & je suis bien de leur avis.* Mais je soûtiens pourtant toûjours ce que j'ai déja avancé, que le remède le plus naturel contre l'abondance & l'audace des métaphores, c'est de ne les emploïer que bien à propos, je veux dire dans le Sublime, & dans les grandes passions. En effet, si ce que dit là Longin est vrai, Mr. Racine a entièrement cause gagnée: pouvoit-il emploïer la hardiesse de sa métaphore dans une circonstance plus considérable & plus sublime, que dans l'effroïable arrivée de ce Monstre, ni au milieu d'une passion plus vive que celle qu'il donne à cet infortuné Gouverneur d'Hippolyte, qu'il représente plein d'une horreur & d'une consternation, que, par son recit, il communique en quelque sorte aux Spectateurs mêmes ; de sorte que par l'émotion qu'il leur cause, il ne les laisse pas en état de songer à le chicaner sur l'audace de sa figure. Aussi a-t-on remarqué que toutes les fois qu'on joue la Tragédie de Phèdre, bien loin qu'on paroisse choqué de ce Vers,

Le flot qui l'apporta recule épouvanté ;

on y fait une espèce d'acclamation ; marque incontestable qu'il y a là du vrai Sublime, au moins si l'on doit croire ce qu'atteste Longin en plusieurs endroits, & sur tout à la fin de son sixième Chapitre, par ces paroles: *Car lors qu'en un grand nombre de personnes différentes de profession & d'âge, & qui n'ont aucun rapport ni d'humeurs, ni d'inclinations, tout le monde vient à être frapé également de quelque endroit d'un Discours, ce jugement & cette approbation uniforme de tant d'esprits si discordans d'ailleurs, est une preuve certaine & indubitable qu'il y a là du Merveilleux & du Grand.*

Mr. de la Motte néanmoins paroît fort éloigné de ces sentimens, puis qu'oubliant les acclamations que je suis sûr qu'il a plusieurs fois lui-même, aussi-bien que moi, entendu faire dans les représentations de Phèdre, au Vers qu'il attaque, il ose avancer, qu'on ne peut souffrir ce Vers; alléguant pour une des raisons qui empêchent qu'on ne l'approuve, la raison même qui le fait le plus approuver; je veux dire l'accablement de douleur où est Théramène. On est choqué, dit-il, de voir un homme accablé de douleur comme est Théramène, si attentif à sa description, & si recherché dans ses termes. Mr. de la Motte nous expli-

expliquera quand il le jugera à propos, ce que veulent dire ces mots, *si attentif à sa description, & si recherché dans ses termes*; puis qu'il n'y a en effet dans le Vers de Mr. Racine aucun terme qui ne soit fort commun & fort usité. Que s'il a voulu par là simplement accuser d'affectation & de trop de hardiesse la figure par laquelle Théramène donne un sentiment de fraïeur au flot même qui a jetté sur le rivage le Monstre envoïé par Neptune, son objection est encore bien moins raisonnable; puisqu'il n'y a point de figure plus ordinaire dans la Poësie, que de personifier les choses inanimées, & de leur donner du sentiment, de la vie, & des passions. Mr. de la Motte me répondra peut-être que cela est vrai quand c'est le Poëte qui parle, parce qu'il est supposé épris de fureur; mais qu'il n'en est pas de même des Personnages qu'on fait parler. J'avouë que ces Personnages ne sont pas d'ordinaire supposez épris de fureur; mais ils peuvent l'être d'une autre passion, telle qu'est celle de Théramène, qui ne leur fera pas dire des choses moins fortes & moins exagerées que celles que pourroit dire un Poëte en fureur. Ainsi Enée, dans l'accablement de douleur où il est, [2] à la fin du second Livre de l'Enéïde, lors qu'il raconte la miserable fin de sa patrie, ne cède pas en audace d'expression à Virgile même, jusques là que [3] la comparant à un grand arbre que des Laboureurs s'efforcent d'abbatre à coups de coignée, il ne se contente pas de prêter de la colère à cet arbre, mais il lui fait faire des menaces à ces Laboureurs. *L'arbre indigné*, dit-il, *les menace en branlant sa tête chevelue*:

Illa usque minatur,
Et tremefacta comam concusso vertice nutat.

Je pourrois rapporter ici un nombre infini d'exemples, & dire encore mille choses de semblable force sur ce sujet; mais en voilà assez, ce me semble, pour désiller les yeux de Mr. de la Motte, & pour le faire ressouvenir que lors qu'un endroit d'un Discours frappe tout le monde, il ne faut pas chercher des raisons, ou plutôt de vaines subtilitez, pour s'empêcher d'en être frapé; mais faire si bien que nous trouvions nous-mêmes les raisons pourquoi il nous frappe. Je n'en dirai pas davantage pour cette fois. Cependant afin qu'on puisse mieux prononcer sur tout ce que j'ai avancé ici en faveur de Mr. Racine, je

croi

REMARQUES.

2. *A la fin du second Livre.*] Vers 628. L'Auteur avoit mis par megarde: *Au commencement du second Livre* &c. suivant l'Edition de 1713.

3. *La comparant.*] On lisoit, *se comparant*, dans l'Edition de 1713. C'est la Ville de Troie qu'Enée compare à un Arbre.

XII. RÉFLEXION

croi qu'il ne sera pas mauvais, avant que de finir cette onzième Réfléxion, de raporter l'endroit tout entier du recit dont il s'agit. Le voici.

> *Cependant, sur le dos de la Plaine liquide*
> *S'élève à gros bouillons une Montagne humide.*
> *L'onde approche, se brise, & vomit à nos yeux*
> *Parmi des flots d'écume un Monstre furieux.*
> *Son front large est armé de cornes menaçantes.*
> *Tout son corps est couvert d'écailles jauniſſantes.*
> *Indomptable Taureau, Dragon impétueux,*
> *Sa croupe se recourbe en replis tortueux.*
> *Ses longs mugissemens font trembler le rivage;*
> *Le Ciel avec horreur voit ce Monstre sauvage;*
> *La Terre s'en émeut ; l'Air en est infecté;*
> * Le flot qui l'apporta recule épouvanté, &c.

RÉFLEXION XII.

Car tout ce qui est véritablement sublime, a cela de propre, quand on l'écoute, qu'il élève l'ame, & lui fait concevoir une plus haute opinion d'elle-même, la remplissant de joie, & de je ne sai quel noble orgueil, comme si c'étoit elle qui eût produit les choses qu'elle vient simplement d'entendre. PAROLES de Longin, CHAP. V.

VOILA une très-belle description du Sublime & d'autant plus belle, qu'elle est elle-même très-sublime. Mais ce n'est qu'une description ; & il ne paroît pas que Longin ait songé dans tout son Traité à en donner une définition exacte. La raison est, qu'il écrivoit après Cécilius, qui, comme il le dit lui-même, avoit emploïé tout son Livre à définir & à montrer ce que c'est que Sublime. Mais le Livre de

REMARQUES.

4. *Le flot qui l'apporta* &c.] Notre Auteur, en citant Virgile pour appuïer son sentiment, auroit pû dire, que dans ce Vers, Mr. Racine a voulu imiter celui-ci de Virgile même, Livre VIII. de l'Eneïde :

Dissultant ripa, refluitque exterritus amnis.

Ce qui paroît encore plus visiblement, si l'on compare le Vers du Poëte Latin avec les quatre derniers Vers du Poëte François. Et dans celui de Virgile, ce n'est pas le Poëte qui parle, c'est Evandre, un de ses Personnages.

Au reste, Mr. De la Motte a répondu à cette onzième Réfléxion, & dans sa Réponse il a conservé, comme il le dit lui-même, tous les égards qui étoient dûs *a la haute estime qu'il avoit* pour Mr. Despréaux, & *à l'amitié dont Mr. Despréaux l'honoroit.* Sa conduite est d'autant plus loüable, que la mort de son illustre Adversaire l'affranchis-
soit

de Cécilius étant perdu, je croi qu'on ne trouvera pas mauvais qu'au défaut de Longin, j'en hazarde ici une de ma façon, qui au moins en donne une imparfaite idée. Voici donc comme je croi qu'on le peut définir. *Le Sublime est une certaine force de discours propre à élever & à ravir l'Ame, & qui provient ou de la grandeur de la pensée & de la noblesse du sentiment, ou de la magnificence des paroles, ou du tour harmonieux, vif & animé de l'expression, c'est-à-dire d'une de ces choses regardées séparément, ou ce qui fait le parfait Sublime, de ces trois choses jointes ensemble.*

Il semble que dans les règles je devrois donner des exemples de chacune de ces trois choses. Mais il y en a un si grand nombre de raportez dans le Traité de Longin, & dans ma dixième Réflexion, que je croi que je ferai mieux d'y renvoïer le Lecteur, afin qu'il choisisse lui-même ceux qui lui plairont davantage. Je ne croi pas cependant que je puisse me dispenser d'en proposer quelqu'un où toutes ces trois choses se trouvent parfaitement ramassées. Car il n'y en a pas un fort grand nombre. Mr. Racine pourtant m'en offre un admirable dans la première Scène de son Athalie, où Abner, l'un des principaux Officiers de la Cour de Juda, représente à Joad le Grand Prêtre la fureur où est Athalie contre lui & contre tous les Lévites; ajoûtant, qu'il ne croit pas que cette orgueilleuse Princesse differe encore long-tems à venir *attaquer Dieu jusqu'en son Sanctuaire.* A quoi ce grand Prêtre sans s'émouvoir, répond:

> *Celui qui met un frein à la fureur des flots,*
> *Sait aussi des méchans arrêter les complots.*
> *Soûmis avec respect à sa volonté sainte,*
> *Je crains Dieu, cher Abner, & n'ai point d'autre crainte.*

En effet, tout ce qu'il peut y avoir de Sublime paroît rassemblé dans ces quatre Vers: la grandeur de la pensée, la noblesse du sentiment,

REMARQUES.

soit de la crainte de la replique. Cette Réponse * peut être proposée comme un modèle en ce genre: Mr. de la Motte n'aiant pas trouvé beaucoup d'exemples pareils d'honnêteté & de politesse dans les disputes des Gens de Lettres.

* *On la trouvera ci-dessous dans cette Edition d'Amsterdam. Je ne sai pourquoi on a négligé d'enrichir l'Edition de Genève d'une si excellente Pièce, qui*

a plus de rapport aux Oeuvres de Mr. Despréaux que la Lettre de Mr. Racine à l'Auteur des Hérésies Imaginaires, qu'on a bien voulu y inserer.

IMITATIONS. 1. *Je crains Dieu.....& n'ai point d'autre crainte.*] Virgile, Eneïd. XII. v. 894.

—— —— *Non me tua fervida terrent*
Dicta, ferox: Di me terrent, & Juppiter hostis.

la magnificence des paroles, & l'harmonie de l'expression, si heureusement terminée par ce dernier Vers: *Je crains Dieu, cher Abner &c.* D'où je conclus que c'est avec très-peu de fondement que les Admirateurs outrez de Mr. Corneille veulent insinuer que Mr. Racine lui est beaucoup inférieur pour le Sublime; puisque, sans apporter ici quantité d'autres preuves que je pourrois donner du contraire, il ne me paroît pas que toute cette grandeur de vertu Romaine tant vantée, que ce premier a si bien exprimée dans plusieurs de ses Pièces, & qui ont fait son excessive réputation; soit au dessus de l'intrépidité plus qu'heroïque & de la parfaite confiance en Dieu de ce véritablement pieux, grand, sage, & courageux Israëlite.

EXAMEN*
DU SENTIMENT DE
LONGIN
SUR CE PASSAGE DE LA GENESE,
ET DIEU DIT: QUE LA LUMIERE SOIT FAITE, ET LA LUMIERE FUT FAITE.
PAR Mr. HUET,
Ancien Evêque d'Avranches.

Il y a quelque tems que cette Differtation du favant Mr. *Huet* me tomba entre les mains. Je la lûs avec plaifir, & comme je croi qu'il a raifon, je jugeai qu'il feroit utile qu'elle vît le jour, & j'euffe fouhaité que l'Auteur lui-même l'eût publiée. Mais aïant apris qu'il ne vouloit pas fe donner cette peine, j'ai crû qu'il ne feroit nullement fâché qu'elle parût ici, & qu'on lui donnât place dans la *Bibliotheque Choifie*, en y joignant quelques réflexions pour la confirmer, que l'on pourra diftinguer des paroles de cet illuftre Prêlat, par les Guillemets, qu'on voit à côté de ces mêmes paroles; au lieu qu'il n'y en a point à côté de ce que l'on y ajoûte.

A Mr. LE DUC DE MONTAUSIER.

,, Vous avez voulu, Monfeigneur, que je priffe parti, dans le
,, différend, que vous avez eu † avec Mr. *l'Abbé de S. Luc*, tou-
,, chant *Apollon*. J'en ai un autre à mon tour avec M. *Defpréaux*,
,, dont je vous fupplie très-humblement de vouloir être juge. C'eft
,, fur un paffage de *Longin*, qu'il faut vous raporter, avant toutes cho-
,, fes. Le voici mot-à-mot: ‡ *Ainfi le Légiflateur des Juifs, qui*
,, n'é-

---

* Tiré de la *Bibliothéque Choifie*, de Mr. Le Clerc, Tom. X p. 211. & fuiv.
† Cet Abbé fohtenoit qu'Apollon & le Soleil ne font pas le même Dieu.
‡ Chap. VII. pag. 22. de cette Edition.

DISSERTATION

„ n'étoit pas un homme du Commun, aïant connu la puissance de Dieu,
„ selon sa dignité, il l'a exprimée de même, aïant écrit au commence-
„ ment de ses Loix en ces termes: Dieu dit. Quoi ? Que la Lumiere
„ soit faite, & la Lumiere fut faite ; que la Terre soit faite, & elle
„ fut faite.

Il y a proprement, dans l'Hebreu, *que la Lumiere soit*, & *la Lumiere fut* ; ce qui a meilleure grace, que de dire : *que la Lumiere soit faite & la Lumiere fut faite*, car à lire ces dernieres paroles, on diroit que Dieu commanda à quelque autre Etre de faire la Lumiere , & que cet autre Etre la fit. Ce qui a fait traduire ainsi, c'est la Vulgate qui a mis : *fiat lux, & lux facta est*, parce qu'elle suivoit le Grec, qui dit γενηθήτω φῶς, καὶ ἐγένετο φῶς, & qu'elle traduit ordinairement γίνεσθαι par *fieri* ; au lieu que ce verbe signifie souvent simplement *être*. Si la Vulgate a fait commettre cette faute aux Traducteurs Catholiques de la Bible ; les Traducteurs de *Longin* n'y devoient pas tomber, comme ils ont fait, en Latin & en François. Mais ce n'est pas sur quoi roule la dispute de Mrs. *Huet* & *Despréaux*. Le premier continuë ainsi.

„ Dès la première lecture, que je fis de *Longin*, je fus choqué de
„ cette remarque, & il ne me parut pas, que le passage de Moïse fût
„ bien choisi, pour un exemple du Sublime. Il me souvient qu'étant
„ un jour chez vous, Monseigneur, long-tems avant que j'eusse l'hon-
„ neur d'être chez Monseigneur le Daufin, je vous dis mon sentiment
„ sur cette observation, & quoi que la Compagnie fût assez grande,
„ il ne s'en trouva qu'un seul, qui fût d'un avis contraire. Depuis ce
„ tems-là, je me suis trouvé obligé de rendre public ce sentiment,
„ dans le Livre que j'ai fait, pour prouver la verité de notre Reli-
„ gion ; car aïant entrepris le dénombrement des Auteurs Profanes,
„ qui ont rendu témoignage à l'antiquité des Livres de Moïse, je
„ trouvai *Longin* parmi eux, & parce qu'il ne rapportoit ce qu'il dit
„ de lui, que sur la foi d'autrui, je me sentis obligé de tenir compte
„ au Public de cette conjecture, & de lui en dire la principale raison ;
„ qui est, que s'il avoit vû ce qui suit & ce qui précede le passage de
„ Moïse, qu'il allègue, il auroit bien-tôt reconnu qu'il n'a rien de su-
„ blime. Voici mes paroles : * Longin *Prince des Critiques, dans
„ l'excellent Livre, qu'il a fait touchant le Sublime, donne un très-bel
„ Eloge à Moïse, car il dit* qu'il a connu & exprimé la puissance de
„ Dieu selon sa dignité, aïant écrit au commencement de ses Loix,
„ que Dieu dit que la Lumiere soit faite, & elle fut faite ; que la Ter-
„ re soit faite, & elle fut faite. *Néanmoins ce que* Longin *raporte ici*
„ *de*

* *Demonst. Evang. Propos. IV. Cap. II. 51.*

,, de Moïſe, comme une expreſſion ſublime & figurée, me ſemble très-
,, ſimple. Il eſt vrai que Moïſe raporte une choſe, qui eſt grande; mais
,, il l'exprime d'une façon, qui ne l'eſt nullement. C'eſt ce qui me per-
,, ſuade que Longin n'avoit pas pris ces paroles, dans l'Original; car
,, s'il eût puiſé à la ſource, & qu'il eût eû les Livres mêmes de Moïſe,
,, il eût trouvé par tout une grande ſimplicité, & je croi que Moïſe l'a
,, affectée, à cauſe de la dignité de la matière, qui ſe fait aſſez ſentir,
,, étant raportée nuëment, ſans avoir beſoin d'être relevée, par des orne-
,, mens recherchez; quoi que l'on connoiſſe bien d'ailleurs, & par ſes
,, Cantiques, & par le Livre de Job, dont je croi qu'il eſt Auteur, qu'il
,, étoit fort entendu dans le Sublime.

,, Quoi que je ſuſſe bien que Mr. Deſpréaux avoit travaillé ſur Lon-
,, gin, que j'euſſe même lû ſon Ouvrage, & qu'après l'avoir examiné
,, ſoigneuſement, j'en euſſe fait le jugement qu'il mérite, je ne crus pas
,, qu'il eût pris cet Auteur ſous ſa protection, & qu'il ſe fût lié ſi étroi-
,, tement d'interêt avec lui, que de reprendre cet Auteur ce fût lui fai-
,, re une offenſe; non plus qu'à trois ou quatre Savans Hommes, qui
,, l'ont traduit avant lui. A Dieu ne plaiſe, que je vouluſſe épouſer
,, toutes les querelles d'Origène, & prendre fait & cauſe pour lui, lors
,, qu'on le traite tous les jours d'hérétique & d'idolatre! Vous ſavez
,, cependant, Monſeigneur, que j'ai pris des engagemens avec lui du
,, moins auſſi grands que Mr. Deſpréaux en a pris avec Longin. Ainſi
,, à dire la verité, je fus un peu ſurpris, lors qu'ayant trouvé l'autre
,, jour ſur votre table, la nouvelle Edition de ſes Oeuvres, à l'ouver-
,, ture du Livre je tombai ſur ces * paroles: *Mais que dirons-nous d'un
,, Savant de ce ſiècle, qui, éclairé des lumieres de l'Evangile, ne s'eſt
,, pas apperçû de la beauté de cet endroit,* (il parle du paſſage de Moïſe
,, raporté par Longin) *qui a oſé,* dis-je, *avancer, dans un Livre qu'il
,, a fait pour démontrer la Religion Chrétienne, que Longin s'étoit trom-
,, pé, lors qu'il avoit crû que ces paroles étoient ſublimes? J'ai la ſatis-
,, faction au moins que des perſonnes non moins conſiderables par leur pie-
,, té, que par leur ſavoir, qui nous ont donné depuis peu la Traduction
,, du Livre de la Geneſe, n'ont pas été de l'avis de ce ſavant Homme,
,, & dans leur Préface, entre pluſieurs preuves excellentes, qu'ils ont
,, apportées, pour faire voir que c'eſt l'Eſprit Saint, qui a dicté ce Li-
,, vre, ont allegué le paſſage de Longin; pour montrer combien les Chré-
,, tiens doivent être perſuadez d'une vérité ſi claire, & qu'un Païen mê-
,, me a ſentie, par les ſeules lumieres de la Raiſon.* Je fus ſurpris, dis-
,, je, de ce diſcours, Monſeigneur; car nous avons pris des routes ſi
,, differentes, dans le païs des Lettres, Mr. Deſpréaux & moi, que:
,, je

* *Dans la Préface ſur Longin p.* vi. *de cette Edition.*

,, je ne croyois pas le rencontrer jamais, dans mon chemin, & que je
,, penſois être hors des atteintes de ſa redoutable Critique. Je ne croyois
,, pas non plus que tout ce qu'a dit *Longin* fuſſent mots d'Evangile,
,, qu'on ne pût contredire ſans audace; qu'on fût obligé de croire,
,, comme un article de foi, que ces paroles de Moïſe ſont ſublimes; &
,, que de n'en demeurer pas d'accord, ce fût douter que les Livres de
,, Moïſe ſoient l'Ouvrage du S. Eſprit. Enfin je ne me ſerois pas atten-
,, du à voir *Longin* canoniſé, & moi preſque excommunié, comme je
,, le ſuis par Mr. *Deſpréaux*. Cependant, quelque bizarre que ſoit
,, cette cenſure, il pouvoit l'exprimer d'une maniere moins farouche &
,, plus honnête. Pour moi, Monſeigneur, je prétends vous faire voir,
,, pour ma juſtification, que non ſeulement, il n'y a rien d'approchant
,, du Sublime, dans ce paſſage de Moïſe, mais même que s'il y en
,, avoit, comme le veut *Longin*, le Sublime ſeroit mal employé, s'il
,, eſt permis de parler en ces termes d'un Livre Sacré.

,, C'eſt une maxime reçuë de tous ceux qui ont traité de l'Eloquen-
,, ce, que rien ne donne plus de force au Sublime, que de lui bien
,, choiſir ſa place, & que ce n'eſt pas un moindre défaut d'employer
,, le Sublime, là où le diſcours doit être ſimple; que de tomber dans
,, le genre ſimple, lors qu'il faut s'élever au Sublime. *Longin* lui-mê-
,, me, ſans en alleguer d'autres, en eſt un bon témoin. Quand les
,, Auteurs ne le diroient pas, le Bon Sens le dit aſſez. Combien eſt-
,, on choqué d'une baſſeſſe, qui ſe rencontre dans un Diſcours noble
,, & pompeux? Combien eſt-on ſurpris, au contraire, d'un Diſcours,
,, qui étant ſimple & dépouillé de tout ornement, ſe guinde tout d'un
,, coup, & s'emporte en quelque figure éclatante? Croiroit-on qu'un
,, homme fût ſage, qui racontant à ſes Amis quelque évenement
,, ſurprenant, dont il auroit été témoin, après avoir raporté le com-
,, mencement de l'aventure, d'une manière commune & ordinaire, s'a-
,, viſeroit tout d'un coup d'apoſtropher celui qui auroit eu la principale
,, part à l'action, quoi qu'il fût abſent, & reviendroit enſuite à ſa pre-
,, mière ſimplicité, & réciteroit la fin de ſon hiſtoire du même air, que
,, le commencement? Cette apoſtrophe pourroit-elle paſſer pour un ex-
,, emple du Sublime, & ne paſſeroit-elle pas, au contraire, pour un
,, exemple d'extravagance?

,, On accuſe cependant Moïſe d'avoir peché contre cette regle, quand
,, on ſoûtient qu'il s'eſt élevé au deſſus du langage ordinaire, en ra-
,, portant la création de la lumiere. Car ſi on examine tout le premier
,, Chapitre de la Geneſe, où eſt ce paſſage, & même tous les cinq
,, Livres de la Loi, hormis les Cantiques, qui ſont d'un autre genre,
,, & tous les Livres Hiſtoriques de la Bible, on y trouvera une ſi
,, grande ſimplicité, que des gens de ces derniers ſiècles, d'un eſprit
,, poli

,, poli à la verité, mais gâté par un trop grand usage des Lettres Pro-
,, fanes, & S. *Augustin*, lors qu'il étoit encore Païen, n'en pouvoient
,, souffrir la lecture.

Aux Cantiques, il faut ajoûter les Propheties, qui sont d'un stile
plus élevé que la narration, & que les Hebreux nomment *maschal*, ou
figuré. Voiez Genes. XLIX. & Deut. XXXIII. Du reste, toute la
narration de Moïse est la plus simple du monde. Ceux qui ne pouvoient souffrir le stile de la Bible étoient, à ce que l'on dit, *Ange
Politien* & *Pierre Bembe*, qui ne la lisoient point, de peur de se gâter le stile. Mais leur dégout tomboit plûtôt sur la Vulgate, que sur
les Originaux.

,, Je ne sortirai point de ce premier Chapitre, pour faire voir ce que
,, je dis. Y a-t-il rien de plus simple, que l'entrée du recit de la Créa-
,, tion du Monde: *Au commencement, Dieu créa le Ciel & la Terre, &
,, la Terre étoit vuide & informe, & les ténèbres étoient sur la face de
,, l'abime, & l'Esprit de Dieu étoit porté sur les eaux.* Moïse sentoit
,, bien que son sujet portoit avec soi sa recommandation, & son Subli-
,, me; que de le raporter nuëment, c'étoit assez s'élever, & que le
,, moins, qu'il y pourroit mettre du sien, ce seroit le mieux, & com-
,, me il n'ignoroit pas qu'un discours relevé (ce que *Longin* lui-même
,, a reconnu) n'est pas bon par tout, lors qu'il a voulu annoncer aux
,, hommes une vérité, qui confond toute la Philosophie profane, en
,, leur apprenant que Dieu, par sa parole, a pû faire quelque chose du
,, néant, il a crû ne devoir enseigner ce grand principe, qu'avec des
,, expressions communes & sans ornement. Pourquoi donc, après avoir
,, raporté la Création du Ciel & de la Terre d'une manière si peu étu-
,, diée, seroit-il sorti tout d'un coup de sa simplicité, pour narrer la
,, Création de la Lumiere d'une manière sublime? *Et Dieu dit que la
,, lumiere soit faite, & elle fut faite.* Pourquoi seroit-il retombé dans
,, sa simplicité, pour n'en plus sortir? *Et Dieu vit que la lumiere étoit
,, bonne, & il divisa la lumiere des ténèbres, & il appella la Lumiere
,, Jour, & les Ténèbres Nuit: & du soir & du matin se fit le premier
,, Jour.* Tout ce qui suit porte le même caractère: *Et Dieu dit que
,, le Firmament soit fait au milieu des eaux, & sepère les eaux des eaux.
,, Et Dieu divisa les eaux, qui étoient sous le Firmament, & il fut fait
,, ainsi, & Dieu appella le Firmament Ciel, & du soir & du matin se
,, fit le second Jour.* Dieu forma le Firmament de la même manière,
,, qu'il a formé la Lumiere, c'est-à-dire, par sa parole. Le récit, que
,, Moïse fait de la Création de la Lumiere, n'est point d'un autre genre
,, que la Création du Firmament. Puis donc qu'il est évident que le
,, récit de la Création du Firmament est très-simple, comment peut-
,, on soûtenir que le récit de la Création de la Lumiere est sublime?

Ces

Ces raifons font très-folides, pour ceux qui ont lû avec attention les Ecrits de Moïfe dans l'Original, ou au moins dans les Verfions & qui font un peu accoûtumez au ftile des Hebreux. Mais deux chofes peuvent empêcher qu'on ne s'apperçoive du peu de fondement qu'il y a, en ce que dit *Longin*. La première eft la grande idée, que l'on s'eft formée avec raifon de Moïfe, comme d'un homme tout extraordinaire. Dans cette fuppofition, on lui attribue, fans y penfer, un ftile tel que l'on croit que doit avoir un homme, dont on a une fi haute idée ; & l'on s'imagine que fon langage doit être fublime, lors qu'il parle de grandes chofes, & au contraire médiocre, lors qu'il parle de chofes médiocres, & fimple, lors qu'il s'agit de chofes communes, felon les regles ordinaires de l'Art, que les Rheteurs Grecs & Latins nous ont données. Ainfi quand on vient à lire fes Ecrits, avec cette prévention, on y trouve ce que l'on croit y devoir être, & qui n'y eft néanmoins pas. On croit voir des figures de Rhetorique, où il n'y en a point, & on lui attribue des vûës fines & recherchées, auxquelles il n'a jamais penfé. Que fi l'on dit que l'Efprit faint, qui a conduit la plume de Moïfe, a été capable des vûës les plus relevées, & que par conféquent on ne fauroit expliquer ce qu'il dit d'une manière trop fublime ; je réponds à cela que perfonne ne peut douter des grands deffeins du S. Efprit, mais à moins qu'il ne les faffe connoître lui-même, il n'eft pas permis de les imaginer, comme l'on trouve à propos, & de lui attribuer des projets, feulement parce qu'on les juge dignes de lui. J'ofe même dire qu'il a executé fes deffeins par des inftrumens foibles & incapables d'eux-mêmes d'y contribuer ; auffi-bien fous le Vieux, que fous le Nouveau Teftament ; c'eft en quoi la Providence Divine eft admirable, & cela fait voir que l'établiffement du culte d'un feul Dieu & fa propagation pendant tant de fiecles, eft un effet de fa puiffance, & non des moïens humains. Ainfi fans avoir aucun égard aux règles de la Rhetorique, qui étoient déja établies, ou que les fiècles à venir devoient établir ; les Livres Sacrez nous ont appris ce qu'il étoit néceffaire que nous fuffions, de la manière du monde la plus fimple & la plus éloignée de l'art, que les hommes ont accoûtumé d'emploïer dans leurs Difcours. Mr. *Huet* en parlera dans la fuite. L'autre chofe qui a fait que *Longin* a crû voir une expreffion fublime, dans Moïfe, & que l'on a applaudi à fa remarque, c'eft que l'on a confideré cette expreffion à part, *Dieu dit que la lumiere foit, & elle fut;* comme fi on l'avoit trouvée dans un Orateur Grec, ou Latin, qui l'auroit employée dans une pièce d'éloquence, où il auroit tâché de repréfenter la Puiffance Divine, dans les termes les plus relevez. A confiderer de la forte cette expreffion, elle paroît en effet fublime, & c'eft ce qui a trompé *Longin*, qui apparemment n'avoit jamais lû Moïfe, comme il paroîtra par la fuite.

De-

Depuis, les Chrétiens, prévenus de la manière, que j'ai déja dite, & voïant qu'un Païen avoit trouvé cette expression sublime, ils ont crû devoir parler de même de Moïse, comme s'il leur eût été honteux de n'admirer pas dans ses Ecrits, ce qu'un Païen y avoit admiré. Mr. *Despréaux* a fait valoir ce prejugé populaire, contre Mr. *Huet*; mais s'il l'examine de près, il trouvera que ce n'est qu'un préjugé sans fondement. Pour l'autorité de Mr. de *Sacy*, quelque pieté qu'il ait pû avoir d'ailleurs, elle ne peut pas être fort grande en matiere de Critique, & d'explication exacte de l'Ecriture Sainte; à moins qu'on n'ait aucune idée de l'une, ni de l'autre. Mais écoutons notre Prélat.

,, Toute la suite répond parfaitement à ce commencement, il se tient
,, toûjours dans sa simplicité, pour nous apprendre comment Dieu
,, forma les Astres & y renferma la lumiere. *Et Dieu dit: qu'il se*
,, *fasse des Luminaires dans le Firmament, qui divisent le jour & la nuit*
,, *& servent de signes pour marquer les tems, les jours & les années, &*
,, *luisent dans le Firmament & éclairent la Terre; & il fut fait ainsi.*
,, *Et Dieu fit deux grans Luminaires, le plus grand Luminaire, pour pré-*
,, *sider au Jour, & le plus petit Luminaire, pour présider à la Nuit; &*
,, *les Etoiles; & il les mit au Firmament, pour luire sur la Terre, &*
,, *présider au Jour & à la Nuit, & diviser la lumiere des ténèbres, &*
,, *Dieu vit que cela étoit bon.* La Création même de l'Homme, qui
,, devoit commander à la Terre, qui devoit porter l'image de Dieu,
,, & qui devoit être son Chef-d'œuvre, ne nous est enseignée qu'en
,, des termes communs, & des expressions vulgaires. *Et Dieu dit:*
,, *faisons l'Homme à notre image & à notre ressemblance & qu'il préside*
,, *aux poissons de la Mer & aux oiseaux du Ciel & aux bêtes & à*
,, *toute la Terre, & à tous les reptiles, qui se remuent sur la Terre.*
,, *Et Dieu créa l'Homme à son image, il le créa à l'image de Dieu &*
,, *il les créa mâle & femelle.* Si en tout ceci il n'y a nulle ombre de
,, Sublime, comme assurément il n'y en a aucune, je demande par quelle
,, prérogative la Création de la lumiere a mérité d'être raportée d'une
,, manière sublime, lors que tant d'autres choses plus grandes & plus
,, nobles, sont raportées d'un air qui est au-dessous du médiocre?

,, J'ajoûte encore, que si ces paroles sont sublimes, elles pechent
,, contre un autre précepte d'éloquence, qui veut que les entrées des
,, Ouvrages les plus grands & les plus sublimes soient simples, pour
,, faire sortir la flamme du milieu de la fumée, pour parler comme un
,, grand Maître de l'art. S. *Augustin* assujettit à cette Loi ceux même,
,, qui annoncent les Mystères de Dieu: *il faut*, dit-il, *que dans le*
,, *genre sublime, les commencemens soient médiocres.* Moïse se seroit
,, bien écarté de cette règle, si le sentiment de *Longin* étoit véritable;
,, puisque les Livres de la Loi auroient un exorde si auguste.

,, Aussi

DISSERTATION

„ Auſſi ne voïons-nous pas qu'aucun des anciens Peres de l'Egliſe,
„ ni des Interprêtes de l'Ecriture ait trouvé rien de relevé dans ce paſ-
„ ſage, hormis la matière, qui étant très-haute & très-illuſtre, frappe
„ vivement l'eſprit du Lecteur; en ſorte que, s'il n'a pas toute l'atten-
„ tion néceſſaire, il attribuë aiſément à l'artifice des paroles ce qui ne
„ vient que de la dignité du ſujet. Mais s'il conſidere cette expreſſion
„ en elle-même, faiſant abſtraction de ce grand ſens, qui la ſoûtient,
„ il la trouvera ſi ſimple, qu'elle ne peut l'être davantage: de ſorte que
„ ſi *Longin* avoit donné les regles du Simple, comme il a donné cel-
„ les du Sublime, il auroit trouvé, ſans y penſer, que les paroles qu'il
„ a rapportées de Moïſe, y ſont entièrement conformes.

Il eſt certain que la grandeur de la matiere fait ſouvent que l'on s'i-
magine, ſans y prendre garde, que celui qui en parle tient un langage
ſublime, quoi qu'il s'exprime d'une manière très-ſimple. C'eſt ce que
l'ancien Rheteur, dont nous avons un Traité du Style, ſous le nom
de *Demetrius de Phalere*, a très-bien * remarqué. *Il y a un Magnifi-*
que, dit-il, *qui conſiſte dans les choſes, comme eſt un grand & illuſtre*
combat par Terre, ou par Mer, ou lors que l'on parle du Ciel, ou de la
Terre: car ceux qui entendent parler d'une grande choſe s'imaginent d'a-
bord que celui qui parle a un Style grand & ſublime, & c'eſt en quoi ils
ſe trompent. Il faut conſidérer, non ce que l'on dit, mais la manière
dont on le dit; car on peut dire en ſtyle ſimple de grandes choſes; en ſorte
que l'on ne parle pas d'une manière, qui leur convienne. C'eſt pourquoi on
dit que certains Auteurs ont un ſtyle grand, qui diſent de grandes choſes
qu'ils n'expriment pas d'une manière relevée, comme Theopompe. On
peut dire la même choſe de ceux, qui cherchent du Sublime en certains
endroits de l'Ecriture Sainte, où il n'y en a point; ſeulement parce
qu'il s'agit de grandes choſes. C'eſt ce qui eſt arrivé à feu Mr. *Tollius*,
dans ſa note Latine ſur le paſſage de *Longin*, où il réfute Mr. *Huet*.
Il confond viſiblement le ſtyle ſublime, avec la choſe même; ſans prendre garde que tous ceux qui parleront de grandes choſes, en termes
qui ne ſoient pas tout-à-fait bas, parleront toûjours, à ſon compte,
d'une manière ſublime. Mr. *Huet* a très-bien montré, par toute la
ſuite du diſcours de Moïſe, qu'il n'y a rien de ſublime dans l'expreſſion, quoi que Dieu & la Création ſoient les choſes du monde les plus
ſublimes.

„ La verité de ceci, continue-t-il, paroîtra par des exemples. Pour-
„ roit-on ſoupçonner un homme de vouloir s'énoncer figurément, &
„ noblement, qui parleroit ainſi: *quand je ſortis je dis à mes gens, ſui-*
„ *vez-moi & ils me ſuivirent.* Trouveroit-on du merveilleux, dans
„ ces

* *Pa.* 75.

,, ces paroles: *je priai mon ami de me prêter son cheval & il me le prê-*
,, *ta?* On trouveroit fans doute au contraire, qu'on ne fauroit parler
,, d'une manière plus fimple. Mais fi le Sublime fe trouvoit dans la
,, chofe même, il paroîtroit dans l'expreffion, quelque nuë qu'elle fût.
,, *Xerxès commanda qu'on enchaînât la Mer, & la Mer fut enchaînée.*
,, *Alexandre dit: qu'on brûle Tyr & que l'on égorge les Tyriens, & Tyr*
,, *fût brûlée & les Tyriens furent égorgez.* Il y a en cela de l'élévation
,, & du grand, mais il vient du fujet, & ne pas faire cette diftinction
,, c'eft confondre les chofes avec les paroles; c'eft ne favoir pas fépa-
,, rer l'Art de la Nature, l'ouvrage de la matière, ni l'adreffe de l'Hif-
,, torien de la grandeur & de la puiffance du Heros.

C'eft pourquoi Mr. *Tollius* lui-même, dans une note fur le paffage de *Longin*, avouë qu'il n'y a rien de fublime dans ces paroles d'*Apulée*, qui font au * Liv. VII. de fa Métamorphofe: *noluit esse Cæsar Hæmi latronis collegium, & confestim interiit. Tantùm potest nutus etiam magni Principis!* ,, L'Empereur voulut qu'il n'y eût plus de
,, bande du brigand Hemus, & cette bande perit promptement. Tant
,, eft grande la force de la feule volonté d'un puiffant Prince! " Mr. *Tollius* a raifon de fe moquer d'*Apulée*, & de dire que fans les dernie- res paroles on n'auroit pas compris ce que veut dire fa figure. Elle eft même fans fondement, parce que ce ne fut pas par fa feule volonté que l'Empereur anéantit la bande d'Hemus, mais par le moïen de fes trou- pes, qu'il mit à la pourfuite de ces brigans, & qui les prirent ou les tuerent avec affez de peine.

,, Je ne puis pas croire qu'un homme d'un jugement auffi exquis que
,, *Longin* eût pû s'y méprendre, s'il avoit lû tout l'Ouvrage de Moï-
,, fe; & c'eft ce qui m'a fait foupçonner qu'il n'avoit pas vû ce paffage
,, dans l'Original. J'en ai même une autre preuve, qui me paroit in-
,, conteftable; c'eft qu'il fait dire à Moïfe ce qu'il ne dit point. *Dieu*
,, *dit.* Quoi? *Que la Lumiere foit faite & elle fut faite; que la Terre*
,, *foit faite & elle fut faite.* Ces dernieres paroles ne font point dans
,, Moïfe, non plus que cette interrogation, † *quoi?* & apparemment
,, *Longin* avoit lû cela, dans quelque Auteur, qui s'étoit contenté de
,, raporter la fubftance des chofes que Moïfe a écrites, fans s'attacher
,, aux paroles. Mr. *le Févre* ne s'éloigne pas de ce fentiment: *il eft*
,, *affez croïable*, dit-il, *que Longin avoit lû quelque chofe dans les Li-*
,, *vres de Moïfe, ou qu'il en avoit entendu parler.*

,, Le Philofophe *Ariftobule*, tout Juif qu'il étoit & paffionné pour
,, Moïfe, comme tous ceux de fa Nation, n'a pas laiffé de bien dif-
,, tinguer la parole dont Dieu fe fervit, pour créer le Monde, d'avec
,, la

* Pag. 191. Ed. Ehmenhorftii.   † Mr. Defpreaux l'a omife dans fa Verfion.

,, la parole, que Moïſe a emploïée pour nous en faire le récit. *Il ne
,, faut pas nous imaginer,* * dit-il, *que la voix de Dieu ſoit renfermée
,, dans un certain nombre de paroles, comme un diſcours, mais il faut
,, croire que c'eſt la production même des choſes, & c'eſt en ce ſens que
,, Moïſe appelle la Création de l'Univers la Voix de Dieu*; car il dit de
,, tous ſes Ouvrages: Dieu dit, & il fut fait. Vous voïez, Monſeigneur,
,, que cette remarque n'eſt pas faite pour la création ſeule de la Lu-
,, miere, mais pour la création de tous les Ouvrages de Dieu, & que,
,, ſelon cet Auteur, le Merveilleux & le Sublime, qui ſe trouvent dans
,, l'hiſtoire de la Création, ſont dans la parole de Dieu, qui eſt ſon
,, operation même, & non pas dans les paroles de Moïſe. *Ariſtobule*
,, pourſuit en ces termes: *& c'eſt à mon avis à quoi* Pythagore, Socra-
,, te *& Platon* ont eu égard quand ils ont dit que, lors qu'ils conſideroient
,, la Création du Monde, il leur ſembloit entendre la voix de Dieu. Ces
,, Philoſophes admiroient le ſublime de cette voix toute-puiſſante, &
,, n'en avoient remarqué aucun dans les paroles de Moïſe, quoi qu'ils
,, ne les ignoraſſent pas. Car, ſelon le témoignage du même *Ariſtobule*,
,, on avoit traduit en Grec quelques parties de la Sainte Ecriture avant
,, Alexandre; & c'eſt cette traduction que Platon avoit lûë.

Je ne croi pas que *Platon* ait jamais lû rien de Moïſe, & j'ai dit les
raiſons, que j'en ai, dans l'*Ars Critica* Tom. 3. Ep. VII. Cet *Ariſtobule*, Juif & Peripateticien, m'eſt extrêmement ſuſpect, auſſi-bien qu'à
Mr. *Hody*, que l'on peut conſulter dans ſon Ouvrage de la Verſion des
Septante, Liv. I. Ch. 9. Quand même ſes Livres feroient veritablement
d'un Juif, qui auroit en effet vécu dans le tems de *Ptolemée Philome-
tor*, ſous lequel *Ariſtobule* doit avoir vécu, je ne croirois pas pour cela
que *Platon* eût pillé l'Ecriture Sainte, pendant que je n'en voi aucune
preuve ſolide, & que j'ai même de très-fortes raiſons de ne le point
croire. Mais quoi qu'il en ſoit, cet *Ariſtobule* vrai, ou faux, a aſſez
bien réüſſi, dans ſon explication de ces mots, *& Dieu dit*. J'en ai
déja parlé dans mon Commentaire ſur la Geneſe, & je ne répeterai pas
ici ce que j'y ai dit. Voïons ce qu'ajoûte notre Prélat.

,, Je dis de plus que tant s'en faut que cette expreſſion de Moïſe
,, ſoit ſublime, elle eſt au contraire très-commune & très-familière
,, aux Auteurs Sacrez; de ſorte que ſi c'étoit une figure, étant
,, emploïée auſſi ſouvent qu'elle l'eſt, elle ceſſeroit d'être ſublime;
,, parce qu'elle ceſſeroit de toucher le Lecteur, & de faire impreſ-
,, ſion ſur ſon eſprit, à cauſe de ſa trop fréquente répetition. Car,
,, ſelon † *Quintilien*, les figures perdent le nom de figures,
,, quand elles ſont trop communes & trop maniées. J'en pourrois
,, don-

* *Apud* Euſebium *Præp. Evang. Lib. XIII. c.* 12.   † *Lib. IX. c.* 3.

,, donner mille exemples, mais il suffira d'en raporter quelques-uns,
,, qu'on ne peut soupçonner d'être sublimes. Dieu dit à Moïse, dans
,, le VIII. Chapitre de l'Exode: *dites à Aaron qu'il étende sa verge,*
,, *& qu'il frappe la poussière de la Terre, & qu'il y ait de la vermine*
,, *dans toute l'Egypte, & ils firent ainsi, & Aaron étendit sa main,*
,, *tenant sa verge, & frappa la poussiere de la Terre, & il y eut de la*
,, *vermine dans les hommes & dans les animaux.* Voilà le même lan-
,, gage que dans le I. Chapitre de la Genèse, & ce n'est point ici le
,, commencement de la Loi, que *Longin* a crû que Moïse avoit voulu
,, rendre plus auguste par une expression sublime. En voici une autre
,, du Chap. IX. de l'Exode, qui ne l'est pas davantage; *& Dieu dit*
,, *à Moïse, étendez votre main vers le Ciel, afin qu'il se fasse de la grê-*
,, *le dans toute la Terre d'Egypte. Et Moïse étendit sa verge vers le*
,, *Ciel, & Dieu fit tomber de la grêle sur la Terre d'Egypte.* Dans le
,, XVII. Chapitre du même Livre, Moïse dit à Josué: *combattez con-*
,, *tre les Amalecites. Josué fit comme Moïse lui avoit dit, & combattit*
,, *contre les Amalecites.* Dans le I. Chapitre des Paralipomenes, où
,, nous lisons que David aïant défait les Philistins prit leurs Idoles, &
,, les fit brûler, le Texte porte: *& David dit, & elles furent brûlées*
,, *dans le feu.* Ceci ressemble encore mieux à du Sublime, que ce qui
,, a imposé à *Longin*; & cependant tout le narré & tout le Livre des
,, Paralipomenes font assez voir que l'Historien Sacré n'a pensé à rien
,, moins, qu'à s'expliquer, en cet endroit, par une figure. Dans l'E-
,, vangile, lors que le Centurion veut épargner à Notre Seigneur la
,, peine de venir chez lui, pour guérir son fils: Seigneur, dit-il, sans vous
,, donner la peine de venir chez moi, vous n'avez qu'à dire une parole
,, & mon fils sera guéri, car j'obéis à ceux qui sont au dessus de moi,
,, & les Soldats, qui sont sous ma charge, m'obéïssent, *& je dis à l'un*
,, *va, & il va; & à l'un viens, & il vient; & à mon valet, fais*
,, *cela, & il le fait.* Ce Centurion avoit-il lû les Livres des Rheteurs
,, & les Traitez du Sublime, & vouloit-il faire voir à Notre Seigneur,
,, par ce trait de Rhetorique, la promptitude avec laquelle il étoit obéï?
,, Quand St. Jean raporte en ces termes, le miracle de la guérison de
,, l'aveugle-né, *Jesus lui dit, allez, lavez-vous dans la piscine de Si-*
,, *loé. Il s'y en alla & s'y lava;* & quand l'aveugle raconte ainsi en-
,, suite sa guérison: *il m'a dit, allez à la piscine de Siloé & vous y*
,, *lavez; j'y ai été, je m'y suis lavé & je vois;* l'aveugle & l'Evange-
,, liste usent-ils de cette expression figurée, pour faire admirer davanta-
,, ge le miracle? Croient-ils qu'il ne paroîtra pas assez grand, s'il n'est
,, rehaussé par le secours du Sublime? Est-ce dans cette vûë, que le
,, même Evangeliste raportant la guérison du malade de trente-huit ans,
,, s'explique ainsi: *Jesus lui dit: levez-vous, prenez votre lit & mar-*
,, *chez,*

„ *chez; & cet homme fut aussi-tôt guéri, & prit son lit & marcha?*
„ S. Matthieu prétend-il orner le récit de sa vocation, quand il dit par-
„ lant de soi-même: *Jesus lui dit, suivez-moi; & lui s'étant levé le*
„ *suivit?* A-t-il le même dessein, lors que parlant de l'homme, qui
„ avoit une main seche, & qui fut guéri par Notre Seigneur, il use
„ de ces termes: *alors il dit à cet homme, étendez votre main & il*
„ *l'étendit.*

Les exemples, que Mr. *Huet* raporte ici, peuvent être en quelque sorte contestez, parce qu'il s'y agit de paroles veritablement proferées, & executées en leur sens propre, par des hommes. On ne pouvoit pas exprimer les choses, dont il est parlé, plus simplement & plus naturellement. Mais dans cette description de la Création du Monde, *Dieu dit & ses commandemens furent executez*, l'action de Dieu est représentée figurément, sous l'image d'un commandement, pour dire qu'il fit tout par sa volonté, & c'est en quoi consiste la figure, qui n'a néanmoins rien de Sublime, dans Moïse, qui dans ses narrations n'a rien moins pensé qu'à s'exprimer d'une manière relevée.

„ Ces façons de parler, continue Mr. *Huet*, ne sont pas particulieres
„ aux Auteurs Sacrez; quand les Juifs, qui sont venus après eux, par-
„ lent de Dieu, ils le nomment souvent ainsi: *Celui qui a dit & le*
„ *Monde a été fait;* pour dire, celui qui a créé le Monde par sa pa-
„ role. Ils le nomment ainsi, dans des Ouvrages dogmatiques, dénuez
„ de toutes sortes d'ornemens & de figures. La louange la plus ordi-
„ naire, que Mahomet donne à Dieu, dans l'Alcoran, c'est que lors
„ qu'il veut quelque chose, *il dit, sois, & elle est*. Tout cela fait voir
„ manifestement, que quand Moïse a écrit: *Dieu dit que la Lumiere*
„ *soit faite, & la Lumiere fut faite*, ce n'est qu'un tour de la Langue
„ Hebraïque, qui n'a point d'autre signification, ni d'autre force, que
„ s'il avoit dit: Dieu créa la Lumiere, par sa parole. Comme cette
„ expression, qui est si commune & si naturelle, dans la Langue He-
„ braïque, ne s'emploie guere dans la Grecque, que par figure, le pas
„ étoit glissant pour *Longin*, & il lui a été aisé de tomber dans l'er-
„ reur; particulierement l'aïant trouvée répetée coup sur coup, dans
„ les Livres, qu'il avoit vûs, où ce passage étoit autrement raporté,
„ que Moïse ne l'avoit écrit: *Que la Lumiere soit faite, & elle fut*
„ *faite*. Cette répetition, dis-je, qui est souvent figurée, parmi les
„ Grecs, & qui ne l'est point, parmi les Hebreux, a paru à *Longin*
„ avoir été faite avec dessein: car, selon * *Quintilien*, la répetition
„ seule fait une figure. Et même l'interrogation, qui précède: *Dieu*
„ *dit, quoi? que la Lumiere soit faite;* cette interrogation, dis-je, qui
„ n'est

* *Lib. VIII. c. 5.*

,, n'eſt pas de Moïſe, excitant, comme elle fait, l'attention du Lec-
,, teur, & préparant ſon eſprit à apprendre quelque choſe de grand,
,, & n'étant point du langage ordinaire, a dû lui paroître venir de
,, l'Art. C'eſt en vain que quelques-uns prétendent, que ce *quoi* n'a
,, pas été mis là comme venant de Moïſe & faiſant partie du paſſage
,, qu'il raporte, mais qu'il l'a mis comme venant de lui-même. Car à quoi
,, ſeroit bonne cette interrogation ? Si la ſublimité prétenduë du paſſa-
,, ge conſiſtoit purement dans ces paroles, *que la Lumiere ſoit faite*,
,, on pourroit croire qu'il auroit voulu réveiller par là l'eſprit du Lec-
,, teur, pour les lui faire mieux entendre. Mais ſi ce Sublime conſiſte,
,, ſelon l'opinion des Adverſaires, dans l'expreſſion vive de l'obéïſſan-
,, ce de la Créature à la voix du Créateur, il s'étend autant ſur ce
,, qui précède l'interrogation, que ſur ce qui la ſuit, & ainſi elle auroit
,, été miſe là fort mal-à-propos par *Longin* ; outre que ce n'eſt pas ſa
,, coûtume que de ſe mêler ainſi, parmi les Auteurs, qu'il cite. Dans
,, tous les paſſages, dont ſon Ouvrage eſt rempli, il raporte nuëment leurs
,, paroles, ſans y rien mettre du ſien. Ainſi on peut dire, que ſi l'on
,, n'a égard qu'aux paroles de Moïſe alterées, & peu fidélement rapor-
,, tées, telles qu'il les avoit lûës, le jugement qu'il en fait peut s'excuſer.
,, Mais il n'eſt pas ſupportable, ſi on le rapporte à ce que Moïſe a
,, dit en effet ; & c'eſt cet Original que Mr. *Deſpréaux* devoit conſulter.

C'eſt auſſi ce qu'il a fait, comme il ſemble, bien plus que ce qu'il
liſoit dans ſon exemplaire de *Longin*, puiſque dans la citation du paſſage de Moïſe, il a ôté ce *quoi* ? Je ſuis ſurpris qu'il n'en ait rien dit,
dans ſes notes, & que notre Prélat ne lui ait pas reproché ce retranchement ; car enfin, comme il le remarque très-bien, ce *quoi* fait tomber le
Sublime ſeulement ſur les paroles ſuivantes, au lieu qu'on prétend qu'il
* ne conſiſte pas moins dans ces paroles, & *Dieu dit*. Il n'eſt pas permis
de retrancher rien, dans un paſſage de cette ſorte, en le traduiſant.
Autrement on fait dire à un Auteur non ce qu'il a dit, mais ce qu'il a
dû dire effectivement.

,, Il ſe trouve d'autres expreſſions dans l'Ecriture Sainte, qu'on a
,, crû figurées & ſublimes, & qui dans leur Langue Originale ne le
,, ſont nullement. Un des plus polis Ecrivains de ce ſiècle a mis dans
,, ce genre ce paſſage du I. Livre des Macchabées, * où il eſt dit *que
,, la Terre ſe tut devant Alexandre* ; prenant ce ſilence pour une ex-
,, preſſion métaphorique de la ſoumiſſion que la Terre domptée eut
,, pour ce Conquerant ; & cela faute de ſavoir que l'origine de cette
,, façon de parler vient d'un mot de la Langue Hebraïque qui ſignifie
,, *ſe taire*, *ſe repoſer* & *être en paix*. Il ſeroit aiſé d'en raporter plu-
,, ſieurs

* Ch. I. 3.

,, sieurs exemples ; de sorte que ce qui paroissoit sublime dans notre
,, Langue, & dans la Langue Latine, n'est en Hebreu qu'une façon
,, de parler simple & vulgaire. Aussi dans ce même Livre des Maccha-
,, bées, on trouve ces paroles, *& siluit terra dies paucos; & siluit ter-
,, ra annis duobus*, où le Grec porte, ἡσύχασεν, *fut en paix* : de même
,, que dans S. Luc, lors qu'il dit que les femmes de Galilée *sabbatho
,, siluerunt* pour dire qu'elles se tinrent en repos le jour du Sabbat. Le
,, Lecteur jugera si ces expressions sont sublimes.

Il est certain que c'est un Hebraïsme, car on dit en Hebreu *schaketah erets* ; le païs se tut, pour dire qu'il se reposa. Voyez Josué XI. 23.

,, Je ne desavouërai pas que David n'ait parlé figurément, quand il a
,, dit au Pseaume XXXII. * en parlant de Dieu; *car il a dit, & il a
,, été. Il a commandé & il s'est arrêté*. C'est ainsi que porte l'Origi-
,, nal. Tout le tissu de ce Pseaume, enrichi de tant de figures si no-
,, bles & si hautes, fait assez voir ce qu'on doit penser de celle-ci, &
,, elle porte aussi en elle-même des marques du Sublime ; car en disant
,, que Dieu *a dit*, sans ajoûter quoi, & que ce qu'il a dit *a été*, le
,, Prophete ne donne aucunes bornes à l'Imagination du Lecteur, & par
,, deux paroles, il lui fait parcourir en esprit tout le Ciel & toute la Terre,
,, & tous les grands Ouvrages, qui sont sortis de la main de Dieu. Il
,, fait ensuite une gradation, & de la simple parole, il passe au com-
,, mandement, pour faire connoître la puissance infinie de cette parole
,, & la souveraineté de Dieu. Quand il ajoûte qu'à ce commande-
,, ment, *il s'est arrêté*, sans dire ce qui s'est arrêté ; soit qu'il veuille
,, rapeller le souvenir du miracle, qui arriva à la bataille de Gabaon,
,, quand le Soleil s'arrêta, ou qu'il veuille faire entendre le pouvoir
,, absolu que Dieu a toûjours sur ses créatures, pour les tenir dans le
,, repos & dans le mouvement, pour les créer & les conserver ; ne dé-
,, terminant rien, il porte notre esprit jusques dans l'infini, & c'est-là
,, ce qui mérite le nom de Sublime.

Il est certain qu'il en est tout autrement d'une simple narration, comme le commencement de la Genèse, & d'un Cantique, tel qu'est le Pseaume, que Mr. *Huet* cite. Ce qui est simple, dans l'un, devient sublime dans l'autre, par le sens qu'on lui donne. Par exemple, le Psalmiste dit, verset 6. *Par la parole du Créateur les Cieux ont été faits & par le souffle de sa bouche toute leur Armée*. Il est visible que ces expressions sont sublimes, non-seulement parce qu'elles le sont en elles-mêmes, mais parce qu'elles sont insérées dans un Cantique. Pour le verset 9. je croirois qu'il faut le traduire: *il dit & le* Monde *fut* ; il com-

* *On* XXXIII. 9.

commanda, & il *se présenta à lui* en Latin, *dixit & Orbis fuit*, *imperavit, & se ei stitit*; car le verbe *jahamod*, ne se raporte pas à Dieu, mais à la Créature, ou au mot *thebel*, qui est le dernier du verset précedent & qui signifie *le Monde*. C'est comme S. *Jerôme* l'a entendu, dans sa Version sur l'Hebreu, dont voici les termes: *quia ipse dixit & factus est* (Orbis) *ipso præcipiente, stetit.* Mr. *Huet* continue de la sorte.

„ Pour mieux juger encore du passage de Moïse, il faut faire une
„ distinction des divers genres de Sublime, différente de celle de *Lon-*
„ *gin*, & en établir de quatre sortes, qui étant bien reconnuës feront
„ la décision entiere de notre Differend; le Sublime des termes, le
„ Sublime du tour de l'expression, le Sublime des pensées & le Subli-
„ me des choses. *Le Sublime des termes* est une élevation du dis-
„ cours, qui ne consiste que dans un choix de beaux & de grands mots,
„ qui ne renferment qu'une pensée commune; & quelques-uns ne
„ croïent pas que ce genre mérite proprement le nom de Sublime.
„ Mais en cela il n'est question que du nom. *Le Sublime du tour de*
„ *l'expression* vient de l'arrangement & de la disposition des paroles,
„ qui mises en un certain ordre ébranlent l'Ame, & qui demeurant au
„ contraire dans leur ordre naturel la laissent sans aucune émotion.
„ *Le Sublime des pensées* part immédiatement de l'esprit & se fait sen-
„ tir par lui-même, pourvû qu'il ne soit point affoibli, ou par la
„ bassesse des termes, ou par leur mauvaise disposition. Pour le *Su-*
„ *blime des choses*, il dépend uniquement de la grandeur & de la di-
„ gnité du sujet, que l'on traite; sans que celui qui parle ait besoin
„ d'emploïer aucun artifice, pour le faire paroître aussi grand qu'il est;
„ de sorte que tout homme qui saura raporter quelque chose de grand,
„ tel qu'il est, sans en rien dérober à la connoissance de l'Audi-
„ teur, & sans y rien mettre du sien; quelque grossier & quelque
„ ignorant qu'il soit d'ailleurs, il pourra être estimé, avec justice, ve-
„ ritablement sublime dans son discours, mais non pas de ce Sublime
„ enseigné par *Longin*. Il n'y a presque point de Rheteurs, qui
„ n'aient reconnu ces quatre sortes de Sublimes; mais ils ne convien-
„ nent pas dans la manière de les distinguer & de les définir. De ces
„ quatre Sublimes, il est évident que les trois premiers sont de la ju-
„ risdiction de l'Orateur, & dépendent des préceptes, mais que la Na-
„ ture seule a droit sur le dernier, sans que l'Art y puisse rien préten-
„ dre, & par conséquent quand *Longin*, Rheteur de profession, a
„ donné des regles du Sublime, ce n'a pas été de ce dernier Sublime,
„ qui n'est point de sa competence; puisque ce qui est naturellement
„ grand est toujours grand, & paroîtra grand, aux yeux de ceux qui
„ le regarderont tel qu'il est en lui-même.

„ Cela posé, si on applique cette distinction des Sublimes au passa-
„ ge

„ ge de Moïfe, on verra bientôt que le Sublime des termes ne s'y trou-
„ ve pas, puifque les termes en font communs. Le Sublime de l'ex-
„ preffion façonnée & figurée n'y eſt pas non plus ; puifque j'ai fait
„ voir que les paroles font difpofées d'une manière, qui eſt très-ordi-
„ naire dans les Livres de Moïfe, & dans tous les Livres des Hebreux
„ anciens & modernes, & que c'eſt un tour de leur Langue & non de
„ leur Rhetorique. On ne peut pas dire non plus qu'il y ait aucune
„ fublimité de penfée, car où trouveroit-on cette penfée? Donc ce qui
„ nous frappe & nous émeut, en lifant ces paroles de Moïfe, c'eſt le
„ fublime même de la chofe exprimé par ces paroles : car quand on en-
„ tend que la feule voix du Seigneur a tiré la Lumiere des abîmes du
„ néant, une verité fi furprenante donne un grand branle à l'efprit,
„ & le faint Hiſtorien aïant bien connu que tout ce qu'il pourroit a-
„ joûter de fon invention, en obfcurciroit l'éclat, il l'a renfermée dans
„ des termes fimples & vulgaires, & ne lui a point donné d'autre tour,
„ que celui qui étoit d'un ufage commun & familier, dans fa Langue;
„ femblable à un Ouvrier habile, qui aïant à enchaffer une pierre pré-
„ cieufe, fans défaut, n'employe qu'un filet d'or pour l'environner &
„ la foûtenir, fans rien dérober de fa beauté aux yeux de ceux qui la
„ regardent ; fachant bien que ce qu'il ajoûteroit ne vaudroit pas ce
„ qu'il cacheroit, & que le grand art, c'eſt qu'il n'y ait point d'art :
„ au lieu que quand il faut mettre en œuvre une pierre, où il y a quel-
„ que défaut, il ufe d'un artifice contraire, couvrant adroitement fous
„ l'or & l'émail, la tache, qui en peut diminuer le prix. Ce Sublime
„ des chofes eſt le veritable Sublime, le Sublime de la Nature, le Su-
„ blime original ; & les autres ne le font que par imitation & par art.
„ Le Sublime des chofes a la fublimité en foi-même ; les autres ne
„ l'ont que par emprunt ; le premier ne trompe point l'efprit ; ce qu'il
„ lui fait paroître grand, l'eſt en effet. Le Sublime de l'Art au con-
„ traire, tend des pieges à l'efprit, & n'eſt employé que pour faire
„ paroître grand ce qui ne l'eſt pas, ou pour le faire paroître plus
„ grand qu'il n'eſt. Donc le Sublime que *Longin* & fes Sectateurs trou-
„ vent dans le paffage conteſté fait veritablement honneur à Moïfe,
„ mais un honneur qu'il a méprifé. Celui que j'y trouve fait honneur
„ à l'Ouvrage de Dieu, & c'eſt ce que Moïfe lui-même s'eſt propofé.
„ C'eſt dans cette vûë que *Chalcidius* Platonicien, en raportant le
„ commencement de la Genèfe, a dit, que Moïfe, qui en eſt l'Au-
„ teur, n'étoit pas foûtenu & animé d'une éloquence humaine,
„ mais que Dieu même lui mettoit les paroles à la bouche, & l'infpi-
„ roit. Ce Philofophe ne trouvoit pas, comme *Longin*, dans le dif-
„ cours de Moïfe, le fard de l'Ecole, & les déguifemens, que l'efprit
„ humain a inventez; mais il y reconnoiffoit la voix féconde de Dieu,
„ qui eſt tout efprit & vie.   „ Mais

„ Mais ce n'eſt pas encore le ſeul & le principal défaut que je trou-
„ ve, dans le jugement que *Longin* a fait du paſſage en queſtion.
„ Quand il a dit ces paroles: *Dieu dit, Que la Lumiere ſoit faite, &*
„ *elle fut faite*, en voulant réhauſſer la beauté de cette expreſſion, il
„ a rabaiſſé la grandeur de Dieu; & a fait voir que ni la baſſeſſe de
„ l'eſprit humain, ni l'élevation de la Majeſté Divine ne lui étoient
„ pas aſſez connues. Il ne ſavoit pas que nos conceptions & nos pa-
„ roles ne ſauroient atteindre à la hauteur infinie de la ſageſſe de Dieu,
„ dont les richeſſes ne ſont jamais entrées dans le cœur de l'homme,
„ & qui lui ſont incomprehenſibles; & que quand Dieu a commandé
„ aux Prophetes de publier ſes myſteres, l'un lui a remontré qu'il
„ étoit incirconcis de lèvres; l'autre lui a dit qu'il ne ſauroit par-
„ ler, & tous ſe ſont reconnus inferieurs à la dignité de cet emploi:
„ & cela ſeul découvre aſſez l'erreur de ceux qui croyent, que le Su-
„ blime de ce paſſage conſiſte, en ce que l'acte de la volonté de Dieu
„ nous y eſt repréſenté comme une parole. Quoi que les hommes
„ n'aïent que des idées très-baſſes & très-groſſieres de la grandeur de
„ Dieu, leurs expreſſions ſont pourtant encore au deſſous de leurs idées.
„ Ne pouvant s'élever juſqu'à lui, ils le rabaiſſent juſqu'à eux, & par-
„ lent de lui comme d'un homme. Ils lui donnent un viſage, une
„ bouche, des yeux & des oreilles, des pieds & des mains. Ils le font
„ aſſeoir, marcher & parler. Ils lui attribuent les paſſions des hommes,
„ la joie & le deſir, le repentir & la colere. Ils lui donnent juſqu'à
„ des ailes & le font voler. Eſt-ce-là connoître la puiſſance de Dieu,
„ ſelon ſa dignité, & l'exprimer de même? Et oſera-t-on donner le
„ nom de Sublime à un diſcours, qui avilit infiniment, & deshonore
„ ſon ſujet? Enfin, ſi c'eſt une expreſſion ſublime, que de dire que
„ Dieu a parlé, qui eſt celui des Prophetes qui n'ait pû fournir mille
„ exemples pareils à celui que *Longin* a tiré de Moïſe? Les Prophetes
„ même ne donnent-ils pas le nom de parole aux jugemens que nous
„ faiſons interieurement des choſes, pour y conſentir ou n'y conſentir
„ pas: & la parole exterieure, que forme notre bouche, qu'eſt-ce au-
„ tre choſe que l'image de la parole interieure de l'entendement? Moïſe
„ s'eſt donc exprimé en Philoſophe & non pas en Rheteur, quand il
„ a dit que Dieu a créé la Lumiere, par ſa parole.

On ne peut pas nier que ces reflexions de Mr. *Huet* ne ſoient très-
fines, très-exactes & très-juſtes. Il n'y a rien de ſi vrai, que nous
n'avons qu'une très-foible idée de la Divinité, & qui eſt infiniment au
deſſous de la réalité; quelque ſoin que nous ayions pris d'épurer notre
Raiſon par l'étude, & quelque effort que nous faſſions pour nous élever au deſſus des erreurs vulgaires. Il eſt encore très-vrai qu'après cela,
lors que nous eſſayons de faire paſſer nos idées dans l'eſprit des autres
hom-

hommes, par le moyen de la parole, nous ne faifons qu'emploïer des expreffions métaphoriques, dont la plûpart font tirées des chofes corporelles, parce qu'il n'y en a point d'autres. Ainfi à parler exactement, les hommes font encore moins en état de parler d'une manière fublime de la Divinité, qu'ils ne le font de s'en former une idée qui réponde à cet immenfe Original; quoi qu'il foit auffi peu poffible d'en approcher, que d'épuifer l'infini. Tous les efforts des hommes ne ferviroient qu'à tromper les autres, & à les tromper eux-mêmes, fi nous nous imaginions que nous pouvons parler de lui d'une manière, *qui exprime fa grandeur & fa puiffance dans toute fa dignité*, comme parle *Longin*. Dieu même ne s'eft fait connoître aux Prophetes, qu'autant que leur foibleffe le pouvoit permettre, & d'une manière proportionnée à la petiteffe de l'efprit de ceux à qui il envoyoit ces faints hommes. Autrement fi Dieu eût voulu fe manifefter d'une manière, qui fût au deffus de notre portée, cela nous auroit été inutile. C'eft à caufe de cela que l'on voit dans l'Ecriture une infinité d'expreffions, que les Théologiens nomment des *Anthropopathies*, ou qui expriment des chofes divines, par des métaphores tirées des chofes humaines; & qui font bien éloignées d'élever nos efprits à une connoiffance, qui ait quelque proportion avec l'éternelle grandeur de la Divinité.

Cependant nous difons quelquefois que d'autres hommes ont parlé d'une manière fublime de Dieu, fans penfer que nous n'avons ni idées, ni paroles, qui ne le rabaiffent infiniment. Mais ce Sublime doit s'entendre par raport à notre foibleffe, & nous appellons relevé un langage, qui eft au deffus de celui dont on fe fert communément, & par lequel d'excellens génies, à proportion des autres, ont tâché d'élever nos efprits autant qu'ils ont pû au deffus des idées vulgaires. Mais il faut toujours fe reffouvenir que ceux que nous admirons le plus parmi les hommes, ont tous été renfermez dans les bornes de la Nature Humaine, defquelles il eft impoffible à la pofterité d'Adam de jamais fortir, ici bas. Les efprits du premier ordre, parmi nous, font des efprits fans doute très-populaires, en comparaifon des Intelligences élevées au deffus de notre nature, & il y a toujours une diftance infinie entre les Intelligences les plus relevées & la Divinité. Ainfi ce ne peut être que très-improprement que nous difons que quelque homme a parlé d'une maniere fublime de la Divinité; & cette expreffion, comme toutes les autres femblables, doit être entenduë par raport à nous.

Homère qui, comme le remarque *Longin*, dans le Chapitre, où font les paroles que l'on a examinées, décrit les Dieux comme des hommes, & quelquefois même comme des Etres plus malheureux que les hommes, fe guinde d'autres fois auffi haut qu'il peut pour en parler d'une manière plus relevée; mais il ne satisfait pas même, en toutes choses, *Longin*, & là où il fait le mieux, & où ce Rhéteur le trouve sublime, il est infiniment au dessous des idées des Philosophes; comme ceux qui liront ce Chapitre en conviendront. Ainsi ce Rhéteur n'étoit pas un Juge fort pénétrant, quand il s'agissoit de juger si une expression est digne de Dieu, ou non.

Je dois encore dire, que Mr. *Huet* a fort bien réfuté, par ce qu'il a dit des différentes sortes de Sublimes, ce que Mr. *Tollius* avoit dit contre lui, dans ses notes sur *Longin*, & que je ne raporterai pas, à cause de cela.

Si l'on veut donc dire encore que le Législateur des Juifs, qui en effet n'étoit pas un homme du commun, *aiant fort bien conçû la grandeur & la puissance de Dieu, l'a exprimée dans toute sa dignité*, il le faut entendre par raport à la foiblesse de la Nature humaine, à laquelle la révelation, qu'il avoit reçuë du Ciel, avoit dû être nécessairement proportionnée. Il faut nous former la plus grande & la plus magnifique idée de la Divinité qu'il nous est possible, & cependant nous garder avec soin de nous imaginer que nous approchions de cet incompréhensible Original. Se conduire autrement c'est être peuple, & n'en vouloir pas revenir, c'est vouloir demeurer parmi la populace ignorante & entêtée.

„ Il est aisé maintenant de voir, conclut Mr. *Huet*, si la censure de
„ Mr. *Despréaux* est bien fondée. Elle se réduit à faire un point de
„ Religion, de notre Différend, & à m'accuser d'une espece d'impie-
„ té d'avoir nié que Moïse ait employé le Sublime, dans le passage
„ dont il s'agit. Mais cela est avancé sans preuve, & c'est donner
„ pour raison ce qui est en question. Or s'il est contre le Bon-Sens de
„ dire que ce passage est sublime, comme je croi l'avoir fait voir, il
„ est ridicule de dire que c'est blesser la Religion, que de ne parler
„ pas contre le Bon-Sens. La seconde preuve roule sur les nouveaux
„ Traducteurs de la Genèse, qui ont appuyé son opinion. Mais il
„ est visible que Mr. *Despréaux* ne les a pas tant alleguez, pour le
„ poids qu'il a crû qu'auroit leur sentiment en cette matiere, que pour
„ s'aquiter des louanges, qu'ils lui ont données, en raportant ce mê-
„ me passage:

„ Puis donc que cette censure n'est soûtenue, que de l'air décisif
„ dont elle est avancée; il me semble que j'ai droit de demander à
„ mon tour ce que nous dirons d'un homme, qui, bien qu'éclairé des
„ lumieres de l'Évangile, a osé faire passer Moïse pour un mauvais
„ Rhetoricien, qui a soûtenu qu'il avoit employé des figures inutiles,
„ dans son Histoire, & qu'il avoit déguisé par des ornemens super-
„ flus, une matiere excellemment belle & riche d'elle-même? Que di-
„ rons-

„ rons-nous, dis-je, de cet homme, qui ignore que la bonté, la force
„ & le prix de l'Ecriture Sainte ne confifte pas dans la richeffe de fes
„ figures, ni dans la fublimité de fon langage? *Non in fublimitate fer-
„ monis aut fapientiæ, non in perfuafibilibus humanæ fapientiæ verbis;
„ fed in oftenfione fpiritûs & virtutis; ut fides noftra non fit in fapientia
„ hominum, fed in virtute Dei; & que ni l'élevation, ni la fimplicité
„ des Livres Sacrez ne font pas les marques, qui font connoître que
„ l'Efprit faint les a dictez, puifque S. Auguftin a eftimé qu'il étoit
„ indifférent que le langage de l'Ecriture fût poli ou barbare; qui a
„ ignoré que S. Paul n'entendoit point les fineffes de la Rhetorique,
„ & qu'il étoit † imperitus fermone; que Moïfe avoit de la peine à
„ s'expliquer; que le Prophete Amos étoit groffier & ruftique, & que
„ tous ces faints Perfonnages, quoi que parlans des Langages differens,
„ étoient pourtant animez du même Efprit?

„ Du refte, Monfeigneur, je vous demande un jugement. Vos lu-
„ mieres vives & pénétrantes, & le grand ufage que vous avez des
„ faintes Lettres vous feront voir clair dans cette queftion. Quelque
„ encens, que M. *Defpréaux* vous ait donné dans la derniere Edition
„ de fes Ouvrages, pour tâcher de fléchir l'indignation fi digne de vo-
„ tre Vertu, que vous avez publiquement temoignée contre fes Sati-
„ res, ni les louanges intereffées, ni le fouvenir du paffé, ne fauroient
„ vous empêcher de tenir la balance droite, & de garder entre lui &
„ moi cette droiture, que vous obfervez fi réligieufement en toutes
„ chofes. Pour moi, je ne ferai pas moins docile & foûmis à votre
„ décifion que j'ai toujours été avec refpect, Monfeigneur, votre &c.

„ *A Paris le* 26. *de Mars* 1683.

Je n'ai rien rien apris de la fuite de ce démêlé, & je n'ai garde d'y
entrer, en ce qu'il peut renfermer de perfonnel. La Differtation de
Mr. *Huet* m'a paru digne de voir le jour, & je l'ai donnée, comme
elle eft tombée entre mes mains, fans y rien changer, finon que j'ai
mis au long le nom de Mr. *Defpréaux*, qui n'y étoit marqué que par
des étoiles, parce qu'il l'a mis lui-même dans la derniere Edition de fes
Oeuvres. Il femble qu'il n'ait pas changé de fentiment, puifque ce
qu'il avoit dit de Mr. *l'Evêque d'Avranches* eft demeuré dans cette
Edition, à quelques legers changemens près. Quoi qu'il en foit, on
peut, fans perdre rien de l'eftime, que Mr. *Defpréaux* mérite, n'être
pas de fon fentiment, en cette occafion.

* 1 *Cor.* II, 1. 4.   † 2 *Cor.* XI, v. 6.

RE-

RÉPONSE
A L'AVERTISSEMENT
Qui a été ajoûté à la nouvelle Edition
DES OEUVRES
DE Mr. DESPREAUX,

Envoyée de Paris, à Mr. Le Clerc & inserée dans sa Bibliotheque Choisie, *Tom. XXVI. pag.* 64.

MR. *Despréaux*, dans sa dixième Réflexion, par laquelle il répond à la Lettre de Mr. *Huet*, sur le fameux passage de *Longin*, a été trop modeste, au gré de ceux qui ont pris soin de la derniere Edition de ses Ouvrages. Ils ont jugé devoir suppléer du leur, à ce qu'ils ont crû qui manquoit d'aigreur à cette Réponse; & ils avoient déja menacé Mr. *Huet* de l'indignation de leur cabale, pour avoir osé laisser paroître sa défense, contre une insulte publique réiterée par plusieurs Editions, que lui fit Mr. *Despréaux*.

Mais Mr. *Despréaux* & ses sectateurs devoient au moins, avant que de l'attaquer, s'éclaircir nettement du veritable sujet de la contestation, & tâcher d'entendre bien la matière & le nœud de la question. Il paroît clairement qu'ils ne l'ont pas fait, par un mot qui leur est échappé dans leur Avertissement, lorsqu'ils ont dit, que *la Critique de Mr. Huet paroît plûtôt contre Moïse, que contre Longin*; & que le conseil de répondre à Mr. *Huet*, fut donné à Mr. *Despréaux*, par plusieurs personnes zelées pour la Religion. Ils ont suivi en cela leur oracle Mr. *Despréaux*, qui dans ses Préfaces avoit déja voulu faire un point de Religion à Mr. *Huet*, & presque un Article de foi, du jugement qu'il avoit fait du sentiment de *Longin*, sur ce passage de Moïse, & d'avoir douté que *Longin* ait vû ce passage dans l'original. Mais lors qu'il a voulu raffiner, par une distinction frivole du Sublime & du stile sublime, & lorsqu'il a confondu le Sublime des choses, & le Sublime de l'expression; il a montré clairement, qu'il a traité du Sublime, sans le connoître; qu'il a traduit *Longin*, sans l'entendre; & qu'il devoit se

con-

contenir dans les bornes d'une Satire modeste, sans entrer dans les épines de la Critique, qui demandent d'autres talens.

Ses Editeurs l'ont imité, en parlant avec confiance de choses, dont ils sont fort mal instruits. *Il faut*, disent-ils, *que la Lettre de Mr. Huet ait été luë à petit bruit, puisque ceux qui étoient le plus familiers avec Mr. de Montausier & qui le voioient tous les jours, ne l'en ont jamais ouï parler: & qu'on n'en a eu connoissance, que plus de vingt ans après, par l'impression qui en a été faite en Hollande.* On leur répond que ceux, qui voioient Mr. de *Montausier* plus souvent & plus particulierement qu'eux, qu'on ne connoissoit pas alors, l'entendoient incessamment parler de ce différend & de la juste indignation qu'il sentoit de l'audace effrenée d'un homme, tel que Mr. *Despréaux*, de décrier une infinité de gens de mérite, qui valoient mieux que lui & qui ne lui étoient inférieurs en rien, qu'en l'Art de médire. Comme Mr. *Huet* proteste de n'avoir jamais donné d'autre copie de cette Lettre, que celle qu'il fut obligé de donner à Mr. de *Montausier*, à qui elle étoit adressée; il y a apparence que cette copie passa en d'autres mains, lorsqu'on la tira de son cabinet, après sa mort.

Mr. de *Montausier* ajoûtoit que, dans un Etat bien policé, tel que le nôtre, un calomniateur de profession devoit être envoié aux Galeres. Il pouvoit joindre à cela l'ordonnance d'Auguste, raportée par *Dion*, & les Loix de *Constantin* & des autres Empereurs, inserées dans le Code *Theodosien*, qui condamnent au feu les libelles scandaleux, & médisans, & leurs Auteurs au fouet. Comme l'applaudissement, recevoit tous les jours Mr. *Despréaux*, des gens de son humeur, lui avoit enflé le courage; il eut l'insolence de rappeller Mr. de *Montausier* à l'exemple odieux de Neron. Toute la vengeance qu'en prit Mr. de *Montausier*, ce fut de dire souvent & publiquement, qu'il se levoit tous les matins, avec le dessein de châtier le Satirique, de la peine ordinaire des gens de son métier, & qui a été pratiquée depuis peu avec éclat, sur un de ses imitateurs, à la satisfaction de tous les gens de bien. C'est cette même peine, qui fut ordonnée dans l'ancienne Rome, par la Loi des XII. Tables, *ut fustibus feriretur, qui publicè invehebatur*: & qu'*Horace* dit avoir fait changer de ton à plusieurs Satiriques de son tems, & les avoir réduit, malgré eux, à donner des louanges, au lieu des injures, qui leur étoient familieres, & à divertir seulement les Lecteurs. Mais comme Mr. de *Montausier* avoit de la pieté & de la bonté, il avouoit que sa colere du matin se trouvoit amortie, après sa priere. Un autre Duc *, illustre par la beauté de son esprit & les agrémens de ses vers, qui n'étoit pas favorable à la Satire maligne de Mr. *Despréaux*,

---

* Mr. le Duc de Nevers.

préaux, jugeoit à propos d'emploïer le même moïen pour la corriger. Il a même annoncé au Public, par une Epigramme fort élegante, que notre homme avoit déja tâté de ce correctif, & en avoit profité. Il paroît du moins l'avoir apprehendé, lors qu'il a dit, au commencement de la septième Satire, que le métier de médire, qu'il pratiquoit, est souvent fatal à son Auteur, lui attire de la honte & ne lui cause que des larmes. Après la lecture que Mr. *Huet* fit de sa Lettre, dans cette bonne compagnie, que Mr. de *Montausier* avoit assemblée chez lui, pour l'entendre; le même Mr. de *Montausier* avouoit, selon sa candeur, qu'il avoit autrefois incliné vers le sentiment de *Longin*; mais que les raisons, qu'il venoit d'entendre, l'avoient pleinement desabusé. Et ces gens, qui se portent dans le Public pour témoins secrets, & confidents intimes de toutes ses paroles & de ses pensées, n'en seront pas crus sur leur témoignage; quand on saura que long-tems avant cette lecture, & le différend de Mr. *Huet* avec Mr. *Despréaux*, la question sur le passage de *Longin* aïant été proposée un jour à sa table, devant plusieurs personnes fort intelligentes, tout le monde se trouva de l'avis de Mr. *Huet*; hormis un seul homme, qui étoit reconnu pour affecter de se distinguer, par des opinions singulieres & bizarres.

Les Editeurs des Oeuvres de Mr. *Despréaux* disent, dans leur Avertissement, qu'il fût long-tems sans se déterminer à répondre à l'Ecrit de Mr. *Huet*, publié en Hollande par Mr. *Le Clerc*. Si cela est ainsi, Mr. *Despréaux* avoit donc bien changé d'humeur; étant devenu si lent à sa propre défense, lui qui s'étoit montré si prompt à l'attaque, dans la Préface de ses Oeuvres; & étant devenu si circonspect à la replique, lui qui, dans toutes les Editions de ses Oeuvres, qui se faisoient presque tous les ans, (car le peuple aime la médisance) n'oublioit pas de renouveller la remarque injurieuse, qu'il avoit lâchée contre Mr. *Huet*; qui, pendant tout ce tems-là, avoit eu assez de moderation, pour s'abstenir de rendre sa défense publique. Il faut avertir cependant cette petite cabale, protectrice de la Satire, que quand ils avancent, que Mr. *Despréaux* fût long-tems à se determiner à répondre à Mr. *Huet*, ils le contrédisent ouvertement; car il déclare dans sa dixième Réflexion, que quand il eut insulté Mr. *Huet*, par sa *Préface*, d'une manière qu'il reconnoît avoir été peu honnête, il s'attendoit à voir bien-tôt paroître une replique très-vive de sa part, & qu'il se préparoit à y répondre. Le voilà tout préparé à répondre à un Ecrit, qu'il savoit bien s'être attiré, qu'il n'avoit pas encore vû, & qui n'étoit pas encore fait; & le voici fort lent & indéterminé à répondre à cet Ecrit, après qu'il eut été vû par tous les Gens Lettrez de la Cour. Comment Mr. *Despréaux* pût-il donc ignorer un fait si public, dont Mr. *Huet* parla même exprès, en pleine Académie, en préfence de fes plus particuliers amis ? Comment a-t-il pû dire, qu'après le traitement que Mr. *Huet* avoit reçû de lui, il fe tint dans le filence ?

Les fuppôts du Satirique expofent, dans leur Avertiffement, que Mr. *Huet* étoit informé de tout le détail de ce qui fe paffa chez Mr. *Defpréaux*, lorfqu'il eut vû la Lettre imprimée à Amfterdam, par Mr. *Le Clerc*, Mr. *Huet* le nie. Il avoit fû par Mr. l'Abbé *Boileau*, frere du Satirique, que dans la nouvelle Edition de fes Oeuvres, qu'il préparoit fur la fin de fa vie, il répondroit à Mr. *Huet* d'une maniere, dont il n'auroit pas fujet de fe plaindre. Voilà ce que Mr. *Huet* a fû: mais que des perfonnes diftinguées, par leur dignité & par leur zele pour la Religion, au nombre defquels apparemment fe mettent les approbateurs de la Satire, lui aïent confeillé de répondre ; c'eft ce que Mr. *Huet* ne fait point, & ne croit point ; car il ne fe perfuadera pas aifément que des perfonnes zélées pour la Religion aïent emploïé leur zèle & leur foin, pour favorifer la défenfe d'une nouvelle publication de calomnies fanglantes ; dont toutes les perfonnes de confcience, & qui fe croient obligées de pratiquer la charité Chrétienne, doivent au contraire fouhaiter la fuppreffion. Le fameux Docteur, qui s'eft voulu fignaler pendant tant d'années par l'aufterité de fa doctrine, & par tant d'Ecrits contentieux, s'eft déclaré, fur fes vieux jours, le défenfeur de la Satire, par une longue Apologie, que l'on voit dans cette nouvelle Edition des Oeuvres de Mr. *Defpréaux*. Par-là, il a fait voir que, du moins en ce point, il n'eft pas fort ennemi de la Morale relâchée. Il ne faut pas trop s'en étonner. Que ne croïoit-il point devoir faire, pour s'acquitter envers un homme, qui avoit pris fi hautement fon parti décrié ? Il fe perfuada fans doute d'être obligé, par fa reconnoiffance, de rabbattre au moins quelque chofe de la feverité de fes maximes ; pour excufer l'injuftice du Poëte Satirique fon ami, & les traits envenimez de fa médifance, en foûtenant qu'ils ne font tout au plus qu'effleurer la charité.

Les patrons de la Satire veulent rendre fufpecte la bonne foi de Mr. l'Abbé de *Tilladet*, fur ce qu'il a dit, dans la Préface de fon Recueuil de Differtations, qu'il les a publiées, fans la permiffion de ceux à qui appartenoit ce tréfor. C'eft à cet illuftre Abbé, à fe juftifier de cette calomnieufe imputation, digne des défenfeurs de la calomnie. Il ne conviendra pas fans doute du reproche, qu'ils lui font d'avoir attaqué la mémoire de Mr. *Defpréaux*, en publiant une Lettre déja publique ; qui ne traite que d'un point de Critique, & qui n'a été écrite que pour défendre Mr. *Huet*, contre les infultes de Mr. *Defpréaux*. Si la délicateffe de cette petite cabale eft fi grande, qu'il leur paroiffe auffi étonnant, qu'ils le difent, que Mr. l'Abbé de *Tilladet* ait pris une

telle

telle hardieſſe, contre le nom illuſtre de Mr. *Deſpréaux*, ſans avoir reçû de lui aucune offenſe; il eſt plus étonnant encore, qu'ils approuvent la note injurieuſe, que Mr. *Deſpréaux* a publiée tant & tant de fois contre Mr. *Huet*, qui ne lui avoit jamais donné aucun ſujet de plainte; & il ne l'eſt pas moins qu'ils attaquent eux-mêmes aujourd'hui publiquement & de ſang froid Mr. *Huet*, à qui non ſeulement ils ne peuvent pas reprocher la moindre offenſe, mais qui croïoit leur avoir donné ſujet d'être de ſes amis.

On n'a pas pû dire, qu'on n'a eu connoiſſance de l'Ecrit de Mr. *Huet*, que plus de vingt ans après l'Edition de la Préface injurieuſe de Mr *Deſpréaux*. Après la lecture, qui en fut faite publiquement chez Mr. de *Montauſier*, en l'année 1683. & la connoiſſance que l'on en donna à l'Academie, Mr. *Huet* fut fort ſollicité de la rendre publique, comme l'étoit l'inſulte, qui lui avoit été faite. Il répondit qu'il en uſeroit, ſelon que Mr. *Deſpréaux* profiteroit de ſa correction; & que s'il regimboit contre l'éperon, elle ſeroit auſſi-tôt publiée. Mais Mr. *Deſpréaux* s'étant prudemment tû, Mr. *Huet* garda ſa Lettre, dans ſon porte-feuille, ſans en vouloir donner d'autre copie, que celle qu'il fut obligé de laiſſer entre les mains de Mr. de *Montauſier*, à qui elle étoit écrite.

Les protecteurs du Poëte diſent, qu'ils ne comprennent pas quels pouvoient être les rieurs, qui ne furent pas favorables à Mr. *Deſpréaux*, après la lecture de la Lettre de Mr. *Huet*; ne les trouvant pas dans la liſte, qu'il leur plaît de faire des beaux Eſprits, qui étoient alors à la Cour. En cela ces Mrs. perſeverent dans leur hardieſſe d'avancer des faits, qu'ils ne ſavent point, & où ils ne furent point appellez, étant inconnus alors. Du reſte quand on a dit, que Mr. *Deſpréaux* n'eut pas les rieurs de ſon côté, on ne l'a pas dit par raport à la matière, qui n'étoit pas propre à faire rire; mais par raport à Mr. *Deſpréaux*, qui dans la plus grande partie de ſes Ouvrages, ſemble n'avoir eu en vûë, que de faire rire les Lecteurs, & qui dans ſa première jeuneſſe n'avoit point de plus agréable exercice, que de faire rire les Clercs du Palais. Du nombre de ces rieurs, qui ne furent pas favorables au Poëte Satirique; dont les Auteurs de l'Avertiſſement diſent, avec leur confiance ordinaire, qu'on n'en peut pas nommer un ſeul; on leur en nommera un, qui en vaut mille autres, par la beauté de ſon eſprit, & la fineſſe de ſon goût. Je veux dire Mr. de *Pelliſſon*; ſans parler de tous les autres, qui aſſiſterent à cette lecture, au nombre de neuf, ou dix, dont aucun ne contredit le ſentiment de Mr. *Huet*, non pas même l'Abbé *de St. Luc*: quoi qu'en diſent au contraire les nouveaux Editeurs des Satires, parmi tous les autres faits apocryphes, qu'ils debitent ſi liberalement. Mais quand le nombre des contradicteurs de Mr.

Huet seroit aussi grand, & plus grand encore, qu'ils ne le font sans aucune preuve; la lumiere du Soleil est-elle obscurcie, parce que les taupes ne la peuvent voir? A quoi bon donc cette Kyrielle de gens, qu'ils veulent faire ici escadronner contre Mr. *Huet?* Ce gros se trouveroit foible, si l'on affectoit de leur opposer tous ceux, qui ont applaudi à la censure, que Mr. *Huet* a faite du passage de *Longin.* Ils doivent cependant, s'ils sont touchez de quelque amour de la Verité, en retrancher Mr. de *Meaux*, qu'ils mettent à la tête; puisque Mr. *Huet*, qui lui avoit communiqué sa Démonstration Evangelique avant l'Edition, en le priant de lui marquer ce qui ne seroit pas de son goût, ne lui opposa aucune contradiction, sur le passage de *Longin.*

Le petit bataillon Satirique, fertile en fictions, tâche de fortifier son parti, du nom du grand Prince de *Condé*, & de ceux des Princes de *Conti* ses neveux. Ce Prince avoit lû veritablement la Démonstration Evangelique, avec une grande avidité, comme il s'en expliqua avec l'Auteur; lui marquant même les endroits, qu'il souhaitoit, qui fussent retouchez dans la seconde Edition, sans lui rien dire du passage de *Longin.* Pour Mrs. les Princes de *Conti*, qui étoient à peine alors sortis de l'enfance, on voit bien que la cabale Satirique cherche à honorer le parti de son Heros, par de grands noms, & à éblouïr le Public, par l'éclat d'une haute naissance; sans examiner, si elle étoit soûtenue de la maturité de l'âge, que demande la discussion de ces matières. Lors même que ces Princes furent dans un âge plus avancé, ils étoient encore si éloignez de la capacité, qu'elles demandent, que Mr. le Prince de *Condé* leur Oncle prenoit soin de ne laisser approcher d'eux, & entrer dans leur familiarité, que des gens sages, non suspects, & incapables de corrompre ces jeunes Esprits, par leur doctrine dangereuse.

Pour Mr. *Le Clerc*, je ne sais pas comment il s'accommodera de l'air méprisant, dont il est traité par Mr. *Despréaux*, & par sa petite cohorte, & des injures atroces, qu'ils ont vomies contre lui. Ce seroit peu pour lui, que de n'avoir que le *Jansenisme* à leur objecter, contre le *Socinianisme*, qu'ils lui imputent. Mais il a un mérite à leur opposer, qui offusquera aisément le leur; & il a du reste bec & ongles, pour se défendre, contre les vangeurs de la Satire; qui, à l'exemple de leur Dictateur, répandent sur lui si librement le venin de leur médisance.

La conclusion de l'Avertissement, qui nous apprend le jugement que faisoit Mr. *Despréaux* de l'utilité des Romans, contraire à ce que Mr. *Huet* en a écrit, est entierement postiche & étrangere à la question présente; & ne sert qu'à découvrir de quel esprit est animée cette Societé, lors qu'ils ramassent si soigneusement tout ce qu'ils croïent pouvoir

voir faire repentir Mr. *Huet*, de n'avoir pas prodigué, comme eux, son encens à leur idole. Mais quand Mr. *Despréaux* tiendroit, comme ils le prétendent, quelque rang entre les Poëtes du premier ordre, est-ce un titre, pour lui en faire aussi tenir un parmi les Casuistes? Esperent-ils faire recevoir, dans les matieres de conscience, l'autorité d'un homme, qui, pendant tout le cours de sa vie, a fait son unique occupation d'exercer une maligne & noire médisance, & de décrier la réputation du prochain; sans épargner, ni la vertu, ni le mérite, ni même le caractere Ecclesiastique, pour lequel il veut paroître avoir quelques égards; quoi que dans les premières copies, qu'il répandit de son Lutrin, il ait produit à visage découvert, & sous son nom propre, un bon *Evêque*, qui a long-tems exercé avec édification une Prélature considerable, au milieu de Paris; plus respectable encore par l'integrité de ses mœurs, que par sa dignité? Voilà le Casuiste rafiné, au tribunal duquel la cabale Satirique soûmet les Gens de Lettres, & les Ouvrages d'esprit. Voudront-ils aussi faire valoir la censure, qu'il a prononcée tant de fois contre les Opera; tâchant de nous faire accroire, qu'il ne les a condamnez, que par délicatesse de conscience; & non parce qu'aïant tenté d'y réüssir, il se trouva infiniment au dessous d'un homme, qu'il avoit entrepris de tourner en ridicule, & de ruiner de réputation, & dont il n'a jamais pû égaler le génie?

Mais avant que de finir cette Réponse, je crois devoir rendre ce bon office aux adorateurs insensez de Mr. *Despréaux*, de les faire revenir des fausses idées, qu'ils ont conçuës de son mérite, afin que le voïant réduit à sa juste valeur, ils cessent de nous le surfaire; & se délivrent d'un préjugé, qui n'est pas soûtenable, devant ceux qui ont le véritable goût de la bonne Poësie, & qui, par un long usage des Poëtes anciens & modernes, savent distinguer le Poëte du Versificateur, & l'inventeur de l'imitateur, qu'*Horace* apèle *une bête née pour l'esclavage*. Il faut pour cela les rappèler à la regle de ce même *Horace*, que Mr. *Despréaux* a choisi pour son modèle.

Neque si quis scribat, uti nos,
Sermoni propiora, putes hunc esse Poëtam.
Ingenium cui sit, cui mens divinior, atque os
Magna sonaturum, des nominis hujus honorem.

C'est à eux d'examiner de bonne foi, s'ils trouveront dans Mr. *Despréaux* ce génie divin, cet esprit sublime, & de belles & grandes choses sorties de sa bouche. Rien de tout cela; au contraire un esprit sombre, & sec; plaisantant d'une manière chagrine, stérile, ennuïeuse par ses redites importunes; des idées basses, bourgeoises, presque toutes tirées de l'enceinte du Palais; un stile pesant, nulle amenité, nulles fleurs, nulles lumieres, nuls agrémens, autres que ceux, que la malignité des hommes leur fait trouver dans la médisance; une humeur noire, envieuse, outrageuse, misantrope, incapable de louer, telle qu'il la reconnoit lui-même. *Eumolpe*, dans *Petrone*, demande encore une autre condition dans les bons Poëtes, à laquelle je ne crois pas que Mr. *Despréaux* ait jamais aspiré. *Neque concipere*, dit-il, *aut edere partum mens potest, nisi ingenti flumine litterarum inundata.* Quelque ostentation de savoir, qu'il ait affectée, elle n'impose pas aux connoisseurs; qui apperçoivent bien-tôt, dans ses Ecrits, une érudition mince & superficielle. On auroit du moins attendu d'un Académicien un stile châtié, & des expressions correctes & c'est ce qu'on ne trouve pas. Pour conclusion, si la vaine confiance & la présomption des suppôts Satiriques ne leur permettent pas de reconnoître cette peinture; du moins aura-t-elle servi, à mettre en évidence leur entêtement, & leur mauvais goût.

*REMARQUES DE MR. LE CLERC,

Sur la Réflexion X. de la nouvelle Edition de LONGIN, *par Monsieur* DESPRE´AUX.

ON peut avoir vû, dans l'Article précedent, que j'ai inferé ici, comme je l'ai reçû, que tout Paris ne parle pas, comme feu Mr. *Despréaux*, ou comme Mr. l'Abbé *Renaudot* Auteur de l'Avertiſſement, qui eſt à la tête de la nouvelle Edition, des Oeuvres de ce Poëte Satirique, quoi que ces Meſſieurs ſe vantent beaucoup du nombre de leurs approbateurs. On a trop bon goût à Paris, pour approuver généralement un ſentiment ſi bien réfuté par Mr. *Huet*, & trop d'équité, pour trouver bonne l'aigreur de l'un & de l'autre, dans une conteſtation de nulle importance. Tout le monde n'eſt pas dans ce parti échauffé, qui croit avoir droit de maltraiter tous ceux, qui ne ſont pas de ſes ſentimens, quelque moderation, qu'ils gardent d'ailleurs à ſon égard. On ſait que je ne ſuis point du ſentiment des *Janſeniſtes*, mais cela n'a pas empêché que je n'aye parlé d'eux avec éloge, quand j'ai crû qu'ils le méritoient, & que je n'aye marqué de l'eſtime, pour pluſieurs de leurs Livres. Je n'ai jamais approuvé la manière, dont on les a traitez, pour leurs ſentimens. Au contraire, j'ai témoigné que je croïois qu'on devoit les tolerer, pourvû que de leur côté, ils uſaſſent de la même douceur, envers leurs Adverſaires.

Cela auroit dû rendre Mr. l'Abbé *Renaudot*, à qui d'ailleurs je n'ai jamais rien fait, plus retenu envers moi; & bien loin d'exhorter feu Mr. *Despréaux*, à me maltraiter & de le faire lui-même, il auroit dû l'en détourner, & parler plus civilement. Voudroit-il que je diſſe que le *Janſeniſme* n'eſt qu'une pure faction, & que bien des gens ſoupçonnent que parmi ceux, qui l'approuvent, quelque dévotion qu'ils faſſent paroître, il y a des *Spinoſiſtes* cachez, qui cherchent à introduire la néceſſité de toutes choſes, comme faiſoit *Spinoſa*? Il ſe récrieroit ſans doute à la calomnie, & par conſéquent il ne doit pas en uſer de même, en parlant de moi, comme d'un homme *dont la Religion eſt décriée.* Je n'ai point de Religion, que la Chrétienne; & ſi elle eſt *décriée*

* Tirées de la Biblioth. Choiſie, Tom. XXVI. p. 83. & ſuiv.

parmi quelques *Janfeniftes*, j'efpere qu'elle ne le fera jamais par tout.

Il y a fix ans, ou environ, que je publiai, dans l'Article 3. du X. Tome de cette *Bibliotheque Choifie*, une Differtation * de Mr. *Huet*, ancien Evêque d'Avranches, touchant le paffage de *Longin*, où ce Rheteur foûtient qu'il y a un très-grand Sublime dans ces paroles de Moïfe: *Que la Lumiere foit & la Lumiere fut*; dans lefquelles cet Evêque avoit foûtenu, en fa *Démonftration Evangelique*, qu'il n'y a point le Sublime, que *Longin* y trouve. J'appuïai le fentiment de ce favant homme, par quelques raifons, que l'on y peut lire, & qui me paroiffoient propres à l'éclaircir & à le confirmer. Mr. *Huet* & moi convenions avec Mr. *Defpréaux* 1. que la chofe même eft fublime, parce qu'il s'agit de la Création de la Lumiere, par la feule volonté de Dieu: 2. que l'expreffion, prife à part, peut auffi paffer pour fublime, & qu'elle le feroit dans un Difcours Oratoire, dont l'Auteur entreprendroit de relever la puiffance de Dieu. Tout le différend, qu'il y avoit entre Mr. *Defpréaux* & nous, confiftoit uniquement à favoir fi les paroles que j'ai raportées font fublimes, dans l'endroit de Moïfe, où elles fe trouvent. Il foûtenoit qu'elles le font, & nous prétendions que non; parce qu'il ne fe peut rien de plus fimple, que toute la narration de Moïfe, au Chap. I. de la Genèfe, quoi que la chofe même foit très-relevée. Il s'agiffoit donc de favoir ici, s'il y a là une figure de Rhetorique, dans l'expreffion, ou s'il n'y en a point. On voit que le différend étoit de très-petite conféquence.

Mr. *Huet* s'eft défendu d'ailleurs, avec une très-grande retenue, fans dire un feul mot, qui pût bleffer la délicateffe de Mr. *Defpréaux*; qui l'avoit traité avec beaucoup de hauteur, dans fa Préface fur *Longin*. Je n'ai rien ajoûté non plus, qui le pût offenfer légitimement, dans les Remarques, que j'ai jointes à la Differtation de Mr. *Huet*, que j'ai même finies par ces mots: *On peut, fans perdre rien de l'eftime, que Mr. Defpréaux mérite, n'être pas de fon fentiment, en cette occafion*. Aïant apris en 1710. que Mr. *Defpréaux* avoit répondu à Mr. *Huet*, je dis dans le XXI. Volume de cette même *Bibliotheque*, Part. 2. Art. III. après avoir parlé d'une nouvelle Edition de *Longin*, que je verrois, avec plaifir, la Differtation de Mr. *Defpréaux*; *qui apparemment*, continuois-je, *fe fera défendu avec beaucoup d'efprit & de politeffe. C'eft ici une de ces matieres*, difois-je encore, *où l'on peut être de divers fentimens, fans perdre l'eftime, que les gens diftinguez, comme Mrs. Huet & Defpréaux, doivent avoir les uns pour les autres*. J'ajoûtois de plus, *que le dernier fembloit être tombé dans*

la

---

* Elle eft ci-deffus, pag. 155. & fuiv.

la pensée de Longin, par respect pour l'Ecriture Sainte. On voit par-là, que notre Poëte Satirique n'avoit aucun sujet de se plaindre de moi, non plus que de Mr. *Huet*; à moins qu'il ne crût que c'étoit l'offenser, que de n'être pas de son sentiment, même dans des choses de néant. J'avouë que je n'avois pas crû qu'il fût capable de se fâcher, contre moi, avec toute l'aigreur & tout le fiel d'un esprit né pour la Satire, seulement parce que j'avois publié la Dissertation de son Adversaire, & témoigné que j'étois de son sentiment. Je m'étois encore moins imaginé, qu'il se trouvât des gens capables d'entrer dans sa passion, même après sa mort.

Je vois, par sa X. Réflexion sur *Longin*, & par l'Avertissement de Mr. *Renaudot*, que je m'étois trompé. Mais j'aime mieux m'être trompé, en pensant bien du Prochain, quoi que l'on m'ait rendu le mal, pour le bien; que d'avoir fait un mauvais jugement de quelcun, qui ne l'auroit pas mérité. Comme ce que je puis dire à présent ne peut pas nuire à feu Mr. *Despréaux*, & que ses Amis ont publié, après sa mort, une Pièce, contre moi, qu'ils auroient dû supprimer, s'ils avoient eu un peu d'équité; personne ne pourra trouver mauvais, que je dise ce que j'en pense, avec autant de liberté, qu'il en a prise.

Avant toutes choses, il est ridicule de s'adresser à moi, comme si j'étois plus coupable de l'avoir contredit, que Mr. *Huet*, qui l'avoit réfuté exprès & beaucoup plus au long. Notre homme étoit si en colere, contre moi, de ce que j'avois crû que la Dissertation de Mr. *Huet* étoit digne de voir le jour, qu'il n'a pas pris garde à sa longueur, ni à celle de mes Remarques. Il dit que le tout a *vint-cinq pages*, pour dire vint-cinq feuillets, ou cinquante pages; & il ajoûte que mes *Remarques sont presque aussi longues, que la Lettre même*; au lieu que, de cinquante pages, elles n'en tiennent qu'environ quatorze. Le mécompte est un peu grand, mais ce faux calcul lui donnoit plus de droit, comme il lui sembloit, de ne s'adresser qu'à moi; & il lui étoit avantageux de le faire, plûtôt que de parler à Mr. *Huet*; contre qui il n'auroit osé vomir toute la bile, dont il se trouvoit chargé. Autrement, s'il avoit eu droit de se plaindre de ce qu'on n'entroit pas dans tous ses sentimens, & qu'on osoit les réfuter; il auroit eu bien plus de sujet de se fâcher contre ce savant Evêque, que contre moi; puis qu'il l'a fait bien plus directement, & avec beaucoup plus d'étenduë, non seulement dans sa Lettre Françoise, mais encore dans la 3. Edition de sa *Démonstration Evangelique*; où il y a, ce me semble, quelque chose, qui n'étoit pas dans la première; que je n'ai pas à présent, pour la comparer avec la troisième. Voïez la Proposition IV. Chap. II, 55. La chose est visible, & quelque semblant qu'il fasse de ne lui en vouloir pas, l'on doit regarder ce qu'il dit contre moi, comme s'il le disoit contre Mr. *Huet*; à qui, dans le fond de son ame, il adressoit tous ces beaux discours.

Il est surprenant que notre Poëte Satirique se soit imaginé d'avoir droit de laisser, dans toutes les Editions de ses Poësies, pendant plus de vint ans, des paroles très-aigres contre ce Prélat; sans que ce Prélat, ni aucune autre personne pût défendre en public un sentiment opposé à celui de *Longin*, & de son Interprete. S'il s'étoit agi d'un passage d'un Poëte, ou d'un Orateur Grec, on auroit cru devoir avoir plus d'égard au jugement de ce Rhéteur; parce qu'il auroit pû en être un Juge plus competent, que nous. Mais il est absurde de vouloir qu'un Rhéteur Païen, qui n'avoit jamais lû l'Ecriture Sainte, & qui n'entendoit point l'Hebreu, ni le stile des Livres Sacrez, ait plus de droit de décider de ce qu'on doit penser d'un passage de Moïse, que Mr. *Huet*, qui a fait une très-longue étude de l'Ecriture Sainte, dans ses Originaux, & qui a d'ailleurs toutes les lumieres nécessaires, pour s'en bien acquiter. Je ne parle pas de moi, quoique j'aie emploié la plus grande partie de ma vie à cette même étude, & que le Public n'ait pas mal reçû ce que j'ai produit, sur l'Ancien Testament. Mais je croi qu'on regarderoit en moi, comme une modestie ridicule & affectée, une disposition, qui m'empêcheroit de dire librement mes sentimens, sur un passage de l'Ecriture, lorsqu'ils se trouveroient contraires à ceux de *Longin*, ou de quelque autre Auteur Païen.

S'il s'agissoit encore d'un passage d'un Poëte François, il se pourroit faire que l'on auroit de la déférence, pour les sentimens de Mr. *Despéaux*, qui avoit fait toute son étude de la Poësie Françoise, à laquelle ni Mr. *Huet*, ni moi, ne nous sommes jamais attachez. Notre Poëte auroit peut-être, avec quelque apparence de raison, pû prendre, en cette occasion, un ton de Maître & décider plus hardiment, que nous. Mais c'étoit une présomption intolerable, à un homme, qui n'avoit que peu, ou point de lecture de l'Ecriture Sainte, & qui ne savoit pas plus d'Hebreu, que *Longin*; à l'égard de Mr. *Huet*, de l'érudition de qui il ne pouvoit pas douter. Je ne crois pas même qu'il pût s'imaginer d'être aussi habile, à peu près, dans les Belles Lettres, que ce savant Evêque; au moins il auroit été le seul, de son opinion, parmi ceux qui ont lû les Ouvrages de l'un & de l'autre. Il étoit donc de la Bienséance & de l'Equité de parler de lui, avec plus de respect, que notre Poëte n'a fait. Il auroit même beaucoup mieux valu se taire entierement; puisque Mr. *Huet* n'avoit nommé personne, ni rien dit, qui le pût choquer. Il est trop tard de dire, après tant d'années d'insulte, *que Mr. Huet est un grand Prélat, dont, en qualité de Chrétien, il respecte fort la Dignité, & dont, en qualité d'homme de Lettres, il honore extrémement le mérite & le grand savoir.* C'est un mauvais compliment, & qui ressemble à ceux, qu'il a faits à Mr. *Perrault*, après sa réconciliation avec lui. Il falloit au moins, s'il ne vouloit pas se taire, réfuter civilement

la

la Differtation de Mr. *Huet*; car enfin, quoi qu'en dife notre Poëte accoûtumé aux fictions, c'eſt de lui, & non de moi, dont il s'agit. Pour s'excuſer, il dit que *les deux Differtations*, celle de Mr. *Huet*, & la mienne (car c'eſt ainſi qu'il nomme mes Remarques) *font écrites avec affez d'amertume & d'aigreur*; ce qui n'eſt point véritable, comme on peut s'en aſſurer, en les liſant. Il n'eſt pas plus vrai, que j'aie, en mon particulier, *réfuté très-imperieufement*, comme il s'en plaint, *Longin & lui, & que je les aie traitez d'Aveugles & de petits Eſprits d'avoir crû qu'il y avoit là quelque fublimité*. Il n'y a aucune expreſſion ſemblable, dans mes Remarques, & je n'ai jamais eu la moindre penſée de mal parler de Mr. *Defpréaux*. J'ai appuïé ſeulement la refutation, que Mr. *Huet* avoit faite de ſon ſentiment, qui peut être faux, comme il l'eſt en effet, ſans que perſonne puiſſe dire que ni *Longin*, ni Mr. *Defpréaux*, aient été des *Aveugles* & de *petits Eſprits*. Je pourrois citer plus d'un endroit de mes Ouvrages, où j'ai fait l'éloge de ce dernier. Voïez le I. Tome des *Parrhaſiana* p. 7. & ce que j'ai dit depuis peu, de ſa Vie, dans le Tome XXIV. de cette *Bibliotheque Choiſie*, p. 460. Mais il parle, comme un homme en colere, qui s'imagine d'avoir été offenfé, quoi qu'on n'en ait eu aucun deſſein; & qui ſe poſſede d'autant moins, qu'il n'oſe pas ſe fâcher contre ceux, qui ſont la véritable cauſe de ſon chagrin, & qu'il n'a rien de ſolide à leur répondre.

C'eſt ſe moquer du Public, que d'apeller *infulte* la publication de la Lettre de Mr. *Huet*, & la liberté que l'on a priſe de témoigner d'être du ſentiment d'un auſſi ſavant homme, plutôt que de celui de Mr. *Defpréaux*. J'avois déja dit, depuis l'an MDCXCIII. dans mon Commentaire ſur la Genèſe, que je ne croïois pas qu'il y eût rien de ſublime, dans l'expreſſion de l'endroit de Moïſe, de laquelle il s'agit, & j'avois renvoïé le Lecteur à la *Démonſtration Evangelique*, ſans que Mr. *Defpréaux* l'eût pris pour un affront. Il ne devoit pas ignorer qu'il étoit l'homme du monde, qui avoit le moins de droit d'exiger qu'on ne ſe déclarât pas contre ſes ſentimens, & cela d'une manière civile & modeſte, puis qu'il étoit l'homme du monde, qui avoit cenſuré le plus librement, dans ſes Satires, ceux qui ne lui plaiſoient pas. Mais on voit ſouvent que ceux, qui aiment à contredire les autres, ne peuvent pas ſouffrir d'être contredits; ce qui eſt très-injuſte.

M. *Defpréaux* croit qu'il ſuffiroit, pour faire ſentir la ſublimité de ces paroles, *que la Lumiere ſe faſſe & la Lumiere ſe fit*, de les prononcer un peu majeſtueuſement. Mais ce n'eſt pas de quoi il s'agit. Mr. *Huet* & moi lui avons accordé que ces paroles, priſes à part, ou inſérées dans une Pièce d'éloquence, peuvent paroître ſublimes. Il s'agit de ſavoir ſi elles le ſont, dans le Chap. I. de la Genèſe, où Moïſe ne fait que raconter, le plus ſimplement & le plus naïvement, qu'il a pû, la création du Monde. On pourra voir ce que j'avois déja remarqué là-dessus au Tome X. *pagg.* 224. *& * 244. *& fuivantes * *.

Je n'ai point soûtenu, comme notre Poëte me le fait dire, que *si Moïse avoit mis du sublime au commencement de la Genèse, il auroit péché contre toutes les Regles de l'Art.* C'eft Mr. *Huet*, qui dit quelque chofe de femblable, pag. 227. † Il n'y en a rien, dans mes Remarques. Ainfi c'eft à lui en particulier que la cenfure de notre Satirique s'adreffe ; & quoi qu'il fût facile de lui répondre, je ne m'y arrêterai pas.

Il s'applique en vain à montrer que l'on peut dire des chofes fublimes, en ftile fimple, comme fi on le lui avoit nié: puis que Mr. *Huet* l'avoit expliqué au long, en parlant du Sublime des chofes, pag. 248. ‡ *& fuiv.* On ne lui a jamais nié le Sublime de l'idée, mais on a dit qu'il n'y avoit rien de fublime dans le tour, ni dans les mots, en cet endroit de Moïfe, & on l'a, ce me femble, prouvé. Ainfi il fe bat ici contre fa propre ombre, en croïant porter des coups à fes Adverfaires. On tombe d'accord qu'on peut dire de grandes chofes, en termes fimples, & l'on reconnoît que Moïfe l'a fait ; mais il s'agit de favoir fi Moïfe a eu deffein d'exprimer, d'une maniere fublime, la création de la Lumiere, en parlant de la forte, & on lui a foûtenu que non ; parce que toute la fuite du difcours eft tournée de la maniere du monde la moins fublime, comme tout le refte de la narration de Moïfe. Qu'on life de fens froid quelque peu de Chapitres de ce Prophete, & l'on s'en convaincra. Il eft donc inutile de chercher des exemples, où des chofes fublimes foient dites, en termes fimples.

Mr. *Defpréaux* demande enfuite à Mr. *Huet*, car enfin ce font fes paroles, qu'il cenfure, & non les miennes, *s'il eft poffible, qu'avec tout le favoir qu'il a, il foit encore à apprendre ce que n'ignore pas le moindre Apprentif Rhetoricien, que pour bien juger du Beau, du Sublime, du Merveilleux, il ne faut pas fimplement regarder la chofe que l'on dit, mais la perfonne, qui la dit, la maniere dont on la dit, & l'occafion, où on la dit?* Cette demande eft ridicule, parce que Mr. *Huet* a remarqué prefque tout cela, dans fa Lettre, & que j'ai réfuté le préjugé populaire tiré de la perfonne qui parle, * pag. 222. *& fuiv.* Le refte de la déclamation de Mr. *Defpréaux* n'a pas befoin d'être réfuté ; il ne faut que prier le Lecteur, qui entend l'Hebreu, ou qui eft au moins un peu verfé dans le ftile de l'Ecriture Sainte, & qui fait ce que les Rhéteurs nomment *Sublime*, de lire de nouveau les deux ou trois premiers Chapitres de la Genèfe, & de dire, en confcience, s'il en trouve le ftile fublime. Pour bien juger de cela, il faut avoir lû avec foin l'Ecriture Sain-

* Pag. 160. *& fuiv.* & 168. de cette Edition. † P. 161. ‡ P. 170.
* Ci-deffus pag. 160. *& fuiv.*

Sainte, en elle-même, & l'avoir méditée, comme l'on fait toutes fortes d'Auteurs, que l'on veut bien entendre; & non, comme notre Poëte semble l'avoir fait, n'y jetter les yeux que par occasion, ou en passant.

Mr. *Huet* avoir assuré, * pag. 247. que tout homme, qui saura raporter quelque chose de grand, tel qu'il est, sans en rien dérober à la connoissance de l'Auditeur & sans y mettre du sien, quelque grossier & quelque ignorant qu'il soit d'ailleurs; il pourra être estimé, avec justice, veritablement sublime, dans son discours, non pas de ce Sublime enseigné par *Longin*. Notre Poëte Satirique feint de ne pas entendre ce qu'il veut dire, par *le Sublime de Longin*; quoique son Adversaire l'explique assez clairement, dans la suite, d'un Sublime, qui dépend de l'art & qui est recherché, par celui qui parle. Tel est le Sublime des Cantiques, mais il n'y en a point de semblable, dans la Genèse, ni dans la narration des Livres Historiques. Il feint encore de croire que Mr. *Huet* a voulu dire *que les grandes choses, pour être mises en œuvre dans un Discours, n'ont besoin d'aucun génie, ni d'aucune adresse*; ce qui n'est pas veritable de tout un Discours, sur tout s'il est un peu long, mais qui est très-vrai d'une période, ou deux, où la grandeur de la chose se trouvera soutenue par des expressions nobles, quoique celui qui parle, ne les ait point recherchées.

Notre Poëte déclamateur continue à montrer qu'un homme grossier ne sauroit faire un discours d'un Sublime soutenu, & ménagé avec art; ce que personne ne lui nie. Il prétend ensuite *que l'Esprit de Dieu a mis, dans l'Ouvrage de Moïse, quoique le Prophete n'y ait point pensé, toutes les grandes figures de l'Art Oratoire, avec d'autant plus d'art qu'on ne s'apperçoit point qu'il y ait aucun art*. Il semble qu'il parle de Moïse, par ouïr dire, & sur la foi de quelque Prédicateur, ou de quelque Auteur semblable, sans l'avoir jamais lû. L'Esprit de Dieu n'y a point employé d'art, ni sensible, ni caché; mais seulement de la naïveté & de la simplicité, qui doivent être les compagnes du Vrai; quand il s'agit de veritez serieuses & importantes. C'est par les choses, & non par les mots & l'artifice de la diction, qu'il a voulu gagner les Esprits.

Il n'y a ensuite que des répétitions de son sentiment, que Mr. *Huet* a très-bien réfuté. Après tout, ce savant homme convenant, aussi bien que moi, avec Mr. *Despréaux*, de la sublimité de la chose; il étoit ridicule de le chicaner sur la division, qu'il fait de quatre sortes de Sublimes, & sur tout sur celui *de la pensée*; par où il semble qu'il a voulu dire une pensée recherchée, & qui ne tombe pas d'elle-même dans l'esprit. En effet, l'Esprit de Dieu, ni Moïse n'ont pas voulu parler ici,

com—

* Ci dessus pag. 169.

comme un Rhéteur, qui auroit cherché la manière la plus noble d'exprimer la Création; mais seulement dire naïvement, selon l'usage des Hebreux, que j'ai prouvé par des exemples dans mon Commentaire, que Dieu a créé tout, par sa volonté; car *vouloir* & *dire* sont très-souvent la même chose, dans la Langue Hebraïque. Si Moïse avoit dit: DIEU VOULUT QUE LA LUMIERE FUT, & ELLE FUT, la Sublimité de la chose feroit trouver ce discours sublime; quoi que celui, qui s'en seroit servi, n'eût point pensé à parler d'une manière sublime, & il seroit plus clair, que de dire que DIEU DIT &c.

Mr. *Despréaux* me querelle, après cela, moi-même d'une manière assez grossière, selon sa coûtume, de ce que j'ai dit pag. 253. * & suivantes des vains efforts, que les hommes font pour parler de Dieu, d'une manière sublime; parce qu'après tout nous ne faisons que bégaier là-dessus. Cependant il convient de la verité de ce que je dis, & il ne laisse pas de soûtenir que les expressions des hommes sont *sublimes*, selon la portée des hommes. Je ne le nie point, mais je dis que l'on doit s'en souvenir & ne pas s'écrier sur la beauté des expressions, & dire avec *Longin*, qui n'avoit qu'une mauvaise idée de Dieu, que les hommes *expriment la puissance & la grandeur de Dieu, dans toute sa dignité*. Ce que j'ai dit là-dessus ne se trouvant pas du goût d'une imagination Poëtique, qui pour l'ordinaire se paie de mots, & ne pénètre point les choses, a paru à notre Poëte du *verbiage*. Je ne m'en étonne point; il falloit avoir plus de Philosophie & de Théologie, qu'il n'en avoit, pour le goûter. Je m'en raporte à ceux, qui ont étudié ces Sciences.

Enfin il m'apostrophe, d'une manière odieuse, & en même tems Mr. *Huet*; car je n'ai paru digne à notre Poëte de ressentir le venin de sa plume Satirique, que parce que j'ai appuié le sentiment de cet habile homme. Il ne s'agit point ici des opinions, qui distinguent les Protestans de l'Eglise Romaine, ou de quelque pensée qui me soit particuliere; mais d'un point de Critique, où l'on peut prendre quelque parti, que l'on veut, dans les différentes Societez des Chrétiens, sans en blesser aucune. La chose, dans le fonds, est de très-petite conséquence, & devoit être traitée, avec douceur; mais c'est une vertu peu connuë, parmi les Poëtes Satiriques, & notre Auteur est aigre, jusques dans les complimens, qu'il tâche de faire à ceux, avec qui il veut paroître réconcilié, comme on le peut voir, par sa Lettre à Mr. *Perrault*; tant est vrai ce que dit un † Poëte, que Mr. *Despréaux* estimoit beaucoup:

Natu-

---

* Ci-dessus p. 171. † Hor. L. I, Ep. X. v. 24.

Naturam expellas furcâ, tamen usque recurret.

Voici comme il parle; *Croiez-moi donc, Monsieur, ouvrez les yeux. Ne vous opiniâtrez pas davantage à défendre, contre Moïse, contre Longin & contre toute la Terre, une cause aussi odieuse que la vôtre, & qui ne sauroit se soutenir, que par des equivoques, & par de fausses subtilitez.* Cela s'adresse, dans le fonds, autant à Mr. *Huet,* qu'à moi. Ce vénérable vieillard, dont la Science & la Probité sont connues de tout le Monde, sans parler de la dignité de l'Episcopat, méritoit assurément un traitement plus doux. Il s'agissoit, comme je l'ai dit, d'une question de peu d'importance, & où l'on peut se tromper, sans que la Conscience y soit interessée. Il s'agissoit d'un point de Critique, qui ne pouvoit être bien entendu par notre Poëte, qui n'étoit pas capable de lire l'Original, que Mr. *Huet* entend à fonds. Par conséquent c'étoit une hardiesse inexcusable, dans notre Satirique, de prétendre en pouvoir mieux juger, que lui, & sur tout de le censurer, avec cette aigreur. Cela méritoit une rétractation, au lit de la mort. C'est se moquer du Lecteur, que de dire que ce Prélat, ou moi, soûtenons quelque chose *contre Moïse*; pour lequel nous avons témoigné plus de respect mille fois, que notre Poëte; en soûtenant l'un & l'autre la verité & l'authenticité de ses Livres; lui dans sa *Démonstration Evangelique*, & moi dans la 3. *Dissertation*, que j'ai mise au devant du *Pentateuque*. Si j'ajoûte encore le Commentaire, que j'ai publié sur ses Livres, dont j'ai fait voir la sagesse & l'excellence, il n'y aura personne, qui me conteste l'estime infinie que j'en fais. Il n'est pas besoin, pour cela, de chercher dans le stile des figures de Rhetorique, qui n'y sont pas. Au contraire ce seroit l'exposer à la raillerie des Libertins, sans y penser; parce qu'ils verroient, sans peine, que l'on parleroit par un entêtement, qui ne doit se trouver, que dans les fausses Religions; où l'on emploie de mauvaises raisons, pour faire respecter ce qui ne le mérite pas. Moïse mérite si fort, par les choses qu'il dit, notre véneration, que nous n'avons que faire de lui prêter un stile, dans ses narrations, qu'il n'a point, & qu'il ne fait paroître que dans les endroits Oratoires, ou dans les Cantiques, qui sont dans ses Ouvrages. *Toute la Terre*, qu'on nous oppose, est un petit parti de gens, qui ne savent pas mieux l'Hebreu, & qui n'ont pas mieux lû le Pentateuque, que notre Satirique. Il n'y a rien d'*odieux* à dire qu'une chose est sublime, quoi que l'expression ne le soit pas, & à soûtenir que l'Auteur Sacré n'a point eu dessein de parler d'une manière sublime. Mr. *Despréaux*, ni qui que ce soit au monde, ne sauroit prouver, que ç'ait été le dessein de Moïse; & dans la supposition que ce ne l'a point été, comme il paroît roit par tout le Livre, on ne parle point *contre lui*, lors qu'on soûtient qu'il n'a point recherché d'expression sublime dans le passage, dont il s'agit. Il n'y a point là *d'équivoque*, & Mr. *Huet* s'est exprimé très-nettement. Je ne croi pas non plus qu'il y en ait aucune, dans ce que j'ai dit. Mais il y en a, sans doute, une, si cela ne mérite pas un autre nom, en ce que Mr. *Despréaux* dit, dans l'Avertissement de cette Edition de ses Oeuvres, *qu'il n'a point fait la Satire, de l'Equivoque, contre les Jesuites*. Tout le Monde & sur tout ses meilleurs Amis, à qui il en a plusieurs fois récité des morceaux, savent le contraire. La sincérité demandoit que, s'il n'osoit avouër la verité, il se tût là-dessus; pour ne pas grossir le nombre de ceux qui se servent d'Equivoques, & pour ne pas se condamner lui-même.

Lisez, continue-t-il, *l'Ecriture, avec un peu moins de confiance en vos propres lumieres*. Aux lumieres de qui faut-il donc, que je me soumette? Est-ce à celles d'un Rhéteur Païen, qui n'avoit jamais lû Moïse, & qui le prenoit pour un Imposteur? Est-ce à celles d'un Poëte Satirique, qui n'entendoit pas plus l'Original de Moïse, que celui de l'*Alcoran*, & qui, selon toutes les apparences, ne l'avoit pas lû non plus? Je croi que personne ne doutera que je ne l'aie lû avec application, & que je n'y entende quelque chose, puisque je l'ai traduit & commenté. Ce seroit donc à moi une extrême folie de renoncer à des lumieres claires, pour suivre les conjectures de *Longin*, & de Mr. *Despréaux*. *Défaites-vous*, ajoûte-t-il, *de cette hauteur Calviniste & Socinienne, qui vous fait croire qu'il y va de votre honneur d'empêcher qu'on n'admire trop legerement le debut d'un Livre, dont vous êtes obligé d'avouër vous-même qu'on doit adorer tous les mots & toutes les syllabes & qu'on peut bien ne pas assez admirer, mais qu'on ne sauroit trop admirer*. Je ne suis ni *Calviniste*, ni *Socinien*; mais ni les uns, ni les autres n'ont point d'orgueuil, qui leur fasse croire qu'il est de leur honneur d'empêcher qu'on n'admire Moïse. Ils n'emploient point, à la verité, de mauvais artifices, pour y trouver une figure de Rhetorique, qui n'y est pas. Ils s'attachent avec raison, plus aux choses, qu'aux mots, & sur tout ils tâchent, comme je le fais aussi, d'observer exactement ses préceptes, en ce qu'ils ont de commun avec l'Evangile. Ce ne sera pas pour avoir dit que l'on admire le Sublime d'un Prophete, que l'on n'a jamais lû, au moins dans l'Original, & peut-être pas même dans une Version; mais pour avoir suivi sa doctrine, que l'on sera jugé l'avoir respecté. Mr. *Despréaux* ne devoit pas reprocher aux Protestans de respecter moins Moïse, que lui. Il savoit bien les Disputes, qu'ils ont avec l'Eglise Romaine, sur le premier & le second Commandement du Décalogue; touchant le culte de ce qui n'est pas Dieu, &

tou-

touchant les Images. Je fai auſſi ce que l'Egliſe Romaine en croit, & je n'attribue pas à tous ceux, qui y vivent, les mêmes excès. Mais il eſt certain que les Proteſtans obſervent ces commandemens, beaucoup plus à la lettre, que les Catholiques Romains. C'eſt à cette lettre, à quoi il faut s'attacher, & non à de prétendues figures de Rhetorique, qui ne font rien à la Religion. Ajoûtez à tout ceci, qu'il ne s'agit point ici de *Socinianiſme*, ni de *Calviniſme*, & que Mr. *Huet*, ſans avoir *l'orgueuil*, que l'Auteur Satirique lui attribue, a été le premier qui a ſoûtenu le ſentiment, que Mr. *Despréaux* me reproche, avec tant de hauteur.

 Il auroit auſſi dû penſer à une autre controverſe, qui eſt entre l'Egliſe Romaine & nous, ſur le ſtile de l'Ecriture; par où il auroit compris qu'il n'étoit pas à propos de parler de *l'admiration*, qu'il veut faire paroître pour les Livres Sacrez. A cet égard Mr. *Nicole*, qui a été l'un de ſes Héros, lui auroit pû apprendre qu'il regardoit ce ſtile, comme un ſtile ſi obſcur, qu'on ne peut ſavoir ce que les Ecrivains Sacrez ont crû des Articles de Foi les plus eſſentiels, ſans l'explication de l'Egliſe. Si cela étoit vrai, le ſtile de l'Ecriture ne ſeroit guere digne de notre admiration; car le plus grand défaut du ſtile eſt l'obſcurité, ſur tout lors qu'elle eſt ſi grande, qu'on ne ne peut entendre un Livre, avec quelque étude que l'on y apporte & quelque attention qu'on le liſe, pas même en ce qu'il renferme de principal. Mais ce n'eſt pas ici le lieu de pouſſer ce raiſonnement plus loin, & je ſuis même perſuadé que l'air dévot, que notre Satirique prend ici mal-à-propos, ſur cette matiere, ne venoit que du deſſein de nuire; & non d'une opinion, qu'il s'en fût formée, par la lecture de l'Ecriture Sainte.

 Il répond enfin * à l'objection que Mr. *Huet* avoit faite, pour montrer que *Longin* n'avoit pas lû les paroles, qu'il cite, dans Moïſe même; parce qu'il les raporte autrement, qu'elles n'y ſont. Il me ſemble que Mr. *Despréaux* n'y ſatisfait point, & je ſuis perſuadé qu'un Rhéteur Païen, qui auroit lû quelques Chapitres dans la Verſion des Septante, n'y auroit aſſurément point trouvé de Sublime; ni même, comme je l'ai dit, dans l'Original, s'il avoit été capable de l'entendre. Mr. *Despréaux* en ſeroit peut-être convenu, s'il ne s'étoit pas entêté de l'Auteur, qu'il avoit publié, comme le font communément les Editeurs.

 Je crois néanmoins qu'outre le penchant que ce Poëte Satirique avoit à défendre *Longin*, qu'il avoit pris ſous ſa protection; il y a eu des perſonnes *zelées*, *non pour la Religion*, comme l'Auteur de l'Avertiſſement nous le veut faire croire, mais pour un parti fort décrié, dans

Tom. II.   Cc   toute

---

* *Voiez Tom. X.* p. 232. qui eſt la p. 163. de cette Edition.

toute l'Eglife Romaine, qui ont échauffé l'imagination d'un homme facile à enflammer. Mr. *Huet* n'a jamais été dans ce parti, & il n'avoit pas parlé, non plus que moi, de Mr. de *Saci*, comme d'un Interprete fort exact & fort verfé dans la Critique. Cela a fuffi pour mettre ces gens en colere, contre nous. Mais les Verfions de la Vulgate & les Remarques de Mr. de *Saci* font entre les mains de tout le Monde, & ceux qui en font capables en peuvent juger. Je n'empêche nullement qu'on ne s'édifie de fes Remarques fpirituelles, fur tout fi l'on en devient plus doux envers le prochain; mais fi on le prend, pour un bon Interprete, j'avouë que je ne pourrai m'empêcher de croire, qu'on n'a aucun goût pour cette forte de chofes. D'ailleurs l'aigre dévotion, que l'on affecte, n'eft qu'un pur efprit de parti; la vraie dévotion eft inféparable de la juftice, de la charité & de la moderation. Tout le mal, que j'ai à fouhaiter, à ceux en qui ces vertus ne fe trouvent pas, confifte à prier Dieu de les éclairer & de leur toucher le cœur.

*RÉPONSE
DE Mr. DE LA MOTTE
A LA
XI. RÉFLEXION
DE Mr. DESPRÉAUX
SUR
LONGIN.

EN parlant des expressions audacieuses, dans mon Discours sur l'Ode, j'ai dit qu'elles ne convenoient proprement qu'au Poëte Lyrique, & au Poëte Epique, quand il ne fait pas parler ses personnages : & j'ai crû que dès qu'on introduisoit des Acteurs, il se falloit contenter du langage ordinaire, soûtenu seulement de l'élégance & des graces que pouvoit comporter leur état.

J'ai cité de plus, pour exemple de l'excès que les Auteurs de Théatre doivent éviter, le vers célèbre que Mr. Racine met dans la bouche de Théramène,

Le flot qui l'aporta, recule épouvanté.

Mr. Despréaux, digne ami de Mr. Racine, lui a fait l'honneur de le défendre, en me faisant celui de combattre mon sentiment, qu'il eût pû juger sans conséquence, s'il m'avoit traité à la rigueur.

Il emploïe sa onzième Réflexion sur Longin, à vouloir démontrer que le Vers en question n'est point excessif. Je ferois gloire de me rendre, s'il m'avoit convaincu; mais comme les Esprits superieurs, quelque chose qu'ils avancent, prétendent païer de raison, & non pas d'autorité, je fais la justice à Mr. Despréaux de penser que s'il vivoit encore, il trouveroit fort bon que je défendisse mon opinion, dût-elle se trouver la meilleure.

* Cette Piéce ne se trouve pas dans l'Edition de Geneve.

Je me justifierai donc le mieux qu'il me sera possible, & pour le faire avec tout le respect que je dois à la memoire de Mr. Despréaux, je suppose que je lui parle à lui-même, comme j'y aurois été obligé, un jour qu'il m'alloit communiquer sa Réfléxion, si quelques visites imprevûes ne l'en avoient empêché.

Ce que la haute estime que j'avois pour lui, ce que l'amitié dont il m'honoroit m'auroient inspiré d'égards en cette occasion, je vais le joindre, s'il se peut, à l'exactitude & à la fermeté qui m'eussent manqué sur le champ & en sa présence.

J'aurois peine à trouver des modèles dans les disputes des Gens de Lettres. Ce n'est guere l'honnêteté qui les assaisonne ; on attaque d'ordinaire par les railleries, & l'on se défend souvent par les injures : ainsi les manières font perdre le fruit des choses, & les Auteurs s'avilissent eux-mêmes, plus qu'ils n'instruisent les autres. Quelle honte que dans ce genre d'écrire, ce soit être nouveau que d'être raisonnable !

Je suppose donc que Mr. Despréaux me lit sa Réfléxion : je l'écoute jusqu'au bout sans l'interrompre, & comme l'intérêt de me corriger ou de me défendre, auroit alors redoublé mon attention, & soûtenu ma mémoire, je m'imagine qu'après la première lecture j'aurois été en état de lui repondre à peu près en ces termes :

Il me semble, Monsieur, que la première raison que vous alleguez, contre moi, est la plus propre à justifier mon sentiment. Vous dites que les expressions audacieuses qui seroient reçûes dans la prose, à l'aide de quelque adoucissement, peuvent & doivent s'emploïer en vers sans correctif, parce que la Poësie porte son excuse avec elle. J'en conviens, Monsieur, mais vous en concluez aussi-tôt que le Vers en question est hors de censure, parce que la même expression, que Theramène emploie sans correctif, seroit fort bonne en prose avec quelque adoucissement. J'accepte de bon cœur cette manière de verifier la convenance d'une audace poëtique ; & il me semble qu'elle met Théramène tout-à-fait dans son tort ; car s'il parloit en prose, & qu'il dit à Théfée en parlant du Monstre,

Le flot qui l'apporta recule, pour ainsi dire, *épouvanté ;*

ne sentiroit-on pas dans ce discours une affectation d'Orateur, incompatible avec le sentiment profond de douleur dont il doit être pénètré ? Je ne sai si je me trompe ; mais je sens vivement que ce *pour ainsi dire,* met dans tout son jour le défaut que la hardiesse brusque de la Poësie ne laissoit pas si bien apercevoir.

Vous ajoutez avec Longin, que le meilleur remède à ces figures audacieuses, c'est de ne les emploïer qu'à propos & dans les grandes occa-

A LA XI. REFLEXION CRITIQUE. 197

occasions. Mr. Racine, dites-vous, a donc entiérement cause gagnée: car quel plus grand événement que l'arrivée de ce Monstre effroïable envoïé par Neptune contre Hippolyte? Je l'avoue, Monsieur, la circonstance est grande, & si elle étoit unique, s'il ne s'agissoit que de la peindre, je ne trouverois pas que Mr. Racine eût emploïé des couleurs trop fortes : mais la mort d'Hippolyte aïant été causée par l'arrivée du Monstre, cette mort devient le seul événement important pour Théramène qui le raconte, & pour Thesée qui l'entend : c'est, sans comparaison, l'idée la plus intéressante pour le Gouverneur & pour le Pere; & je ne conçois pas qu'elle pût laisser à l'un de l'attention de reste pour la description du Monstre, & de la curiosité à l'autre pour l'entendre. Ainsi, Monsieur, en m'en tenant au mot décisif de Longin, qui veut qu'on n'emploïe ces figures audacieuses qu'à propos, je ne crois pas encore que Mr. Racine fût dans le cas de les pouvoir prêter à Théramène.

Vous faites valoir contre moi les acclamations que le Vers, dont il s'agit, a toujours attirées dans la représentation de Phèdre ; car selon vous & Longin, rien ne prouve mieux la sublime beauté d'une expression que ce concours de suffrages : *lors*, dit Longin, *qu'en un grand nombre de personnes différentes de profession & d'âge, & qui n'ont aucun rapport, ni d'humeurs, ni d'inclinations, tout le monde vient à être frappé également de quelque endroit d'un Discours, ce jugement & cette aprobation uniforme de tant d'esprits si discordans d'ailleurs, est une marque certaine & indubitable, qu'il y a là du merveilleux & du grand.*

Permettez-moi de vous dire d'abord, Monsieur, qu'à prendre la supposition de Longin à la lettre, elle est presque impossible, & qu'on ne trouveroit guère de Sublime par cette voie; la différence d'âge, d'humeur, & de profession, empêchera toujours que les hommes ne soient également frappez des mêmes choses. Tout ce qui peut arriver, c'est que le plus grand nombre soit frappé vivement, & que l'impression du plaisir se répande comme par contagion sur le reste, avec plus ou moins de vivacité: encore y a-t-il toujours des rebelles, & quelquefois judicieux, qui resistent à l'aprobation générale.

Mais, Monsieur, je ne prétends point chicaner; je m'en tiens à l'expérience pour faire voir que les acclamations du Théatre sont souvent fautives, & sujettes à de honteux retours. Rappellez, je vous prie, ces vers fameux du Cid:

Pleurez, pleurez, mes yeux, & fondez-vous en eau.
La moitié de ma vie a mis l'autre au tombeau;
Et m'oblige à vanger après ce coup funeste,
Celle que je n'ai plus sur celle qui me reste.

Vous ne sauriez douter du plaisir que ces Vers ont fait, & cependant ne feriez-vous pas le premier à déssiller les yeux du Public, s'ils ne s'étoient déja ouverts sur la mauvaise subtilité de ces expressions. Je comprends pourtant ce qui charmoit dans ces Vers : la situation de Chimène aussi cruelle que singuliere, touchoit sans doute le cœur ; le brillant de l'Antithèse éblouïssoit l'imagination : ajoutez à cela le goût régnant des pointes, on n'avoit garde de regretter le naturel qui manque en cet endroit. Mais, me direz-vous, on en est revenu. Je n'en veux pas davantage, Monsieur ; les acclamations ne prouvent donc pas absolument, & elles ne sauroient prescrire contre la Raison.

J'oserai vous dire de plus, qu'on est aussi desabusé de l'expression de Mr. Racine, & je n'ai presque trouvé personne qui ne convînt qu'elle est excessive dans le Personnage, quoi qu'elle fût fort belle à ne regarder que le Poëte. C'auroit été dommage en cet endroit de ne pouvoir m'armer d'une autorité que j'ai recueillie depuis, à une séance de l'Académie, où tout ce qui se trouva d'Académiciens, me confirma dans mon sentiment.

Mr. Despréaux n'auroit pû moins faire en ce cas que de trouver la question plus problématique qu'il ne l'avoit crue d'abord.

Mais, Monsieur, aurois-je continué, vous faites une remarque importante sur la différence que j'ai voulu mettre entre le Personnage & le Poëte. Le Personnage, selon vous, peut être agité de quelque passion violente, qui vaudroit bien la fureur poëtique, & le Personnage alors peut emploïer des figures aussi hardies que le Poëte.

Ecartons, s'il vous plaît, l'équivoque des termes, afin qu'il n'y en ait point non plus dans mes raisons. Si vous entendez par fureur poëtique, ce génie heureusement échauffé qui fait mettre les objets sous les yeux, & peindre les diverses passions, de leurs véritables couleurs. Cette idée même fait voir que le Poëte est obligé d'imiter la nature, soit dans les tableaux qu'il trace, soit dans les Discours qu'il prête à ses Personnages, & qu'on peut traiter hardiment de fautes tout ce qui s'en éloigne.

Si, au contraire, par fureur poëtique vous entendez simplement, ce langage particulier aux Poëtes, que la hardiesse des fictions & des termes a fait appeller le langage des Dieux : je réponds que les passions ne l'emprunteront jamais. Ce langage est le fruit de la méditation & de la recherche, & l'impétuosité des passions n'en laisse ni le goût ni le loisir.

Vous m'alleguez vainement l'exemple de Virgile. Vous voïez bien, Monsieur, que puis que j'ose combattre vos raisons, je ne suis pas d'humeur de me rendre aux autoritez. Enée, dites-vous, au commencement du second Livre de l'Enéïde, racontant avec une extrême douleur la

chû-

chûte de fa patrie & fe comparant lui-même à un grand arbre que des Laboureurs s'efforcent d'abattre à coups de coignée, ne fe contente pas de prêter à cet arbre, du fentiment & de la colere, mais il lui fait faire des menaces à ceux qui le frappent, jufqu'à ce qu'enfin il foit renverfé fous leurs coups. Vous pourriez, ajoutez-vous, m'apporter cent exemples de même force. Qu'importe le nombre, Monfieur, fi j'ai raifon? C'eft autant de rabbattu fur la perfection des Anciens, & le Bon Sens, qui eft uniforme, n'aprouvera pas chez eux ce qu'il condamne chez nous.

Quant à l'exemple particulier d'Enée, quoi qu'on puiffe dire qu'il n'eft pas dans le cas de Théramène, & qu'après fept ans paffez depuis les malheurs qu'il raconte, il peut conferver affez de fang froid pour orner fon recit de ces comparaifons; j'avoue encore qu'il m'y paroît exceffivement Poëte, & c'eft un défaut que j'ai fenti dans tout le fecond & tout le troifième Livre de l'Enéide, où Enée n'eft ni moins fleuri ni moins audacieux que Virgile. Peut-être que Virgile a bien apperçu lui-même ce défaut de convenance, mais aïant à mettre deux Livres entiers dans la bouche de fon Héros il n'a pû fe refoudre à les dépouiller des ornemens de la grande Poëfie.

J'aurois pû dire d'autres chofes à Mr. Defpréaux, fi j'avois vérifié l'endroit qu'il me cite, comme je l'ai fait depuis. Il fe trompe dans le fens du paffage, parce qu'il s'en eft fié à fa mémoire, confiance dangereufe pour les plus favans même.

La preuve qu'il a citée de mémoire, c'eft qu'il place la comparaifon au commencement du fecond Livre, au lieu qu'elle eft vers la fin. Il eft tombé par cette négligence dans une double erreur; l'une de croire qu'Enée fe compare lui-même à l'arbre, quoique la comparaifon ne tombe manifeftement que fur la Ville de Troye faccagée par les Grecs; l'autre, de penfer qu'Enée prête à l'arbre du fentiment & de la colere, quoi que les termes dont Virgile fe fert, ne fignifient que l'ébranlement & que les fecouffes violentes de l'arbre fous la coignée des Laboureurs.

Je ne puis m'empêcher de dire ici que les Auteurs ne fauroient être trop en garde contre ces fortes de méprifes, parce que rien n'eft plus propre à diminuer leur autorité; mais j'ajoûterai que ceux qui apperçoivent ces fautes n'en doivent pas tirer trop d'avantage contre ceux qui y tombent. On va quelquefois en pareille occafion jufqu'à accufer un homme de n'entendre ni la Langue ni l'Auteur qu'il cite, & l'on traite témérairement d'ignorance groffière, ce qui peut n'être qu'un effet d'inattention. Quelle extravagance feroit-ce, par exemple, d'accufer Mr. Defpréaux, fur ce que je viens de dire, de n'entendre ni Virgile ni le Latin & cependant on a fait cette injure à d'autres, peut-être avec auſſi peu de fondement.

Je finis enfin ma Réponſe, comme Mr. Deſpréaux finit ſa Réflexion, en mettant ſous les yeux le récit entier dont il s'agit. Mr. Deſpréaux l'expoſe, afin qu'on puiſſe mieux prononcer ſur tout ce qu'il a dit, je l'expoſe de même, afin qu'on en juge mieux de mon ſentiment ; & ſur tout pour l'explication de quelques termes de mon Diſcours ſur l'Ode, que Mr. Deſpréaux n'a pas trouvé aſſez clairs ; *on eſt choqué, ai-je oſé dire, de voir un homme accablé de douleur, comme eſt Théramène, ſi attentif à ſa deſcription, & ſi recherché dans ſes termes.* Je crois que les Vers ſuivans pleins d'expreſſions & de tours poëtiques, éclairciront ma penſée mieux que tout ce que je pourrois dire.

Cependant ſur le dos de la plaine liquide
S'élève à gros bouillons une montagne humide.
L'onde aproche, ſe briſe & vomit à nos yeux,
Parmi des flots d'écume un Monſtre furieux.
Son front large eſt armé de cornes ménaçantes;
Tout ſon dos eſt couvert d'écailles jauniſſantes,
Indomptable taureau, dragon impetueux,
Sa croupe ſe recourbe en replis tortueux.
Ses longs mugiſſemens font trembler le rivage;
Le Ciel avec horreur voit ce Monſtre ſauvage;
La Terre s'en émeut; l'air en eſt infecté;
Le flot qui l'apporta recule épouvanté.

J'avoue de bonne foi que plus j'examine ces Vers, & moins je puis me repentir de ce que j'en ai dit.

LES HEROS
DE ROMAN,
DIALOGUE.

DISCOURS
SUR LE
DIALOGUE SUIVANT.

LE *Dialogue*, qu'on donne ici au Public, a été composé à l'occasion de cette prodigieuse multitude de Romans, qui parurent vers le milieu du Siècle précedent, & dont voici en peu de mots l'origine. Honoré d'Urfé, Homme de fort grande qualité dans le Lyonnois, & très-enclin à l'amour, voulant faire valoir un grand nombre de Vers qu'il avoit composez pour ses Maîtresses, & rassembler en un corps plusieurs avantures amoureuses qui lui étoient arrivées, s'avisa d'une invention très-agréable. Il feignit que dans le *Forez*, petit Païs contigu à la Limagne d'Auvergne, il y avoit eû [2] du tems de nos premiers Rois, une Troupe de Bergers & de Bergeres, qui habitoient sur les bords de la Riviere du Lignon, & qui assez accommodez des biens de la fortune, ne laissoient pas néanmoins, par un simple amusement & pour leur seul plaisir, de mener paître eux-mêmes leurs Troupeaux. Tous ces Bergers & toutes ces Bergeres, étant d'un fort grand loisir, l'Amour, comme on le peut penser, & comme il le raconte lui-même, ne tarda guères à les y venir troubler, & produisit quantité d'événemens considérables. D'Urfé y fit arriver toutes ses avantures; parmi lesquelles il en mêla beaucoup d'autres, & enchassa les Vers dont j'ai parlé, qui, tout méchans qu'ils étoient, ne laissèrent pas d'être soufferts, & de passer à la faveur de l'art avec lequel il les mit en œuvre. Car il soûtint tout cela d'une narration également vive & fleurie, de fictions très-ingenieuses, & de caractères aussi finement imaginez qu'agréablement variez & bien suivis. Il composa ainsi un Roman, qui lui acquit beaucoup de réputation, & qui fut fort estimé, même des gens du goût le plus exquis; bien que la Morale en fût fort vicieuse, ne prêchant que l'Amour & la mollesse, & allant quelquefois jusqu'à blesser un peu la pudeur. [3] Il en fit

REMARQUES.

1. Ce Discours a été composé en 1710. l'Auteur étant âgé de 74. ans.
2. *Du tems de nos premiers Rois.*] A la fin du cinquième siècle, & au commencement du sixième.

3. *Il en fit quatre volumes.*] Le premier parut en 1610. Le second fut publié dix ans après; le troisième, quatre ou cinq ans après le second. La quatrième Partie étoit achevée lors que l'Auteur mourut en 1625.

DISCOURS SUR LE

fit quatre volumes, qu'il intitula ASTRÉE [4] du nom de la plus belle de ses Bergeres: & sur ces entrefaites étant mort, Baro son Ami, & [5] selon quelques-uns, son Domestique, en composa sur ses Mémoires, un cinquième Tome, qui en formoit la conclusion, & qui ne fut guères moins bien reçû que les quatre autres Volumes. Le grand succès de ce Roman échauffa si bien les beaux Esprits d'alors, qu'ils en firent à son imitation quantité de semblables, dont il y en avoit même de dix & de douze volumes: & ce fut quelque tems comme une espèce de débordement sur le Parnasse. On vantoit sur tout ceux de Gomberville, de la Calprenède, de Desmarêts, & de Scuderi. Mais ces Imitateurs s'efforçant mal-à-propos d'enchérir sur leur Original, & prétendant annoblir ses caractères; tombèrent, à mon avis, dans une très-grande puérilité. Car au lieu de prendre comme lui pour leurs Heros, des Bergers occupez du seul soin de gagner le cœur de leurs Maîtresses, ils prirent, pour leur donner cette étrange occupation, non seulement des Princes & des Rois, mais les plus fameux Capitaines de l'Antiquité, qu'ils peignirent pleins du même esprit que ces Bergers; aïant, à leur exemple, fait comme une espèce de vœu de ne parler jamais & de n'entendre jamais parler que d'Amour. De sorte qu'au lieu que d'Urfé, dans son Astrée, de Bergers très-frivoles, avoit fait des Heros de Roman considérables, ces Auteurs au contraire, des Heros les plus considérables de l'Histoire firent des Bergers très-frivoles, & [6] quelquefois même des Bourgeois encore plus frivoles que ces Bergers. Leurs Ouvrages néanmoins ne laissèrent pas de trouver un nombre infini d'Admirateurs, & eurent long-tems une fort grande vogue. Mais ceux qui s'attirèrent le plus d'applaudissemens, ce furent le Cyrus & la Clélie de Mademoiselle de Scuderi, Sœur de l'Auteur du même nom. Cependant, non seulement elle tomba dans la même puérilité, mais elle la poussa encore à un plus grand excès. Si bien qu'au lieu de représenter, comme elle devoit, dans la personne de Cyrus, un Roi promis par les Prophètes, tel qu'il est exprimé dans la Bible, ou comme le peint Herodote, le plus grand Conquérant, que l'on eût encore vû; ou enfin tel qu'il est figuré dans Xenophon, qui a fait aussi bien qu'elle, un Roman de la vie de ce Prince; au lieu, dis-je, d'en faire un modèle de toute perfection, elle en composa un Artamène plus fou que tous [7] les Celadons & tous les Sylvandres, qui n'est

oc-

REMARQUES.

4. *Du nom de la plus belle de ses Bergeres.*] C'é-toit Diane de Chateau-morand, qui fut mariée au frere aîné de Mr. d'Urfé, & ensuite à lui-même. Voiez les Eclaircissemens de Mr. Patru sur l'Histoire de l'Astrée, & la XII. Dissertation de Mr. Huet, Ancien Evêque d'Avranches.

5. *Selon quelques-uns, son Domestique.*] Baltasar Baro avoit été son Secretaire, selon l'Auteur de l'Histoire de l'Académie Françoise. Il publia la cinquième Partie de l'Astrée en 1627.

6. *Quelquefois même des Bourgeois.*] Les Auteurs de ces Romans, sous le nom de ces Heros, peignoient quelquefois le caractère de leurs Amis particuliers, gens de peu de conséquence. Voiez la

occupé que du seul soin de sa Mandane, qui ne fait du matin au soir que lamenter, gémir, & filer le parfait Amour. Elle a encore fait pis dans son autre Roman, intitulé Clélie, où elle représente tous les Heros de la République Romaine naissante, les Horatius Cocles, les Mutius Scévola, les Clélies, les Lucreces, les Brutus, encore plus amoureux qu'Artamène, ne s'occupant qu'à tracer [8] des Cartes Géographiques d'Amour, qu'à se proposer les uns aux autres des Questions & des Enigmes galantes; en un mot qu'à faire tout ce qui paroit le plus opposé au caractere & à la gravité heroïque de ces premiers Romains. Comme j'étois fort jeune dans le tems que tous ces Romans, tant ceux de Mademoiselle de Scuderi, que ceux de la Calprenède & de tous les autres, faisoient le plus d'éclat, je les lûs, ainsi que les lisoit tout le monde avec beaucoup d'admiration, & je les regardai comme des chef-d'œuvres de notre Langue. Mais enfin mes années étant accrûës, & la Raison m'aïant ouvert les yeux, je reconnus la puérilité de ces Ouvrages. Si bien que l'esprit satirique commençant à dominer en moi, je ne me donnai point de repos, que je n'eusse fait contre ces Romans un Dialogue à la manière de Lucien, où j'attaquois non seulement leur peu de solidité, mais leur afféterie précieuse de langage, leurs conversations vagues & frivoles, les portraits avantageux faits à chaque bout de champ de personnes de très-médiocre beauté, & quelquefois même laides par excès, & tout ce long verbiage d'Amour qui n'a point de fin. Cependant comme Mademoiselle de Scuderi étoit alors vivante, je me contentai de composer ce Dialogue dans ma tête; & bien loin de le faire imprimer, je gagnai même sur moi de ne point l'écrire, & de ne le point laisser voir sur le papier, ne voulant pas donner ce chagrin à une Fille, qui après tout avoit beaucoup de mérite, & qui, s'il en faut croire tous ceux qui l'ont connuë, nonobstant la mauvaise Morale enseignée dans ses Romans, avoit encore plus de probité & d'honneur que d'esprit. Mais aujourd'hui qu'enfin la Mort [9] l'a raïée du nombre des Humains, Elle, & tous les autres Compositeurs de Romans, je croi qu'on ne trouvera pas mauvais que je donne au Public mon Dialogue, tel que je l'ai retrouvé dans ma memoire. Cela me paroît d'autant plus nécessaire, qu'en ma jeunesse l'aïant récité plusieurs fois dans des Compagnies, où il se trouvoit des gens qui avoient beaucoup de mémoire, ces personnes

en

REMARQUES.

la remarque sur le Vers 115. du Chant III. de l'Art poétique.

7. *Les Céladons & les Sylvandres.*] Bergers du Roman de l'Astrée.

8. *Des Cartes Géographiques d'Amour.*] La Carte du Païs de Tendre, dans la première Partie du Roman de Clélie.

9. *L'a raïée du nombre des Humains.*] Vers 34. de l'Epître VII. de notre Auteur. *La Parque l'a raïé du nombre* &c. Mademoiselle Magdelaine de Scuderi mourut à Paris, le 2. de Juin 1701. âgée de 95. ans.

DISCOURS SUR LE DIALOGUE SUIVANT.

en ont retenu plusieurs lambeaux, dont elles ont ensuite composé un Ouvrage, qu'on a distribué sous le nom de Dialogue de Monsieur Despréaux, & 1º qui a été imprimé plusieurs fois dans les païs étrangers. Mais enfin le voici donné de ma main. Je ne sai s'il s'attirera les mêmes applaudissemens qu'il s'attiroit autrefois dans les fréquens récits que j'étois obligé d'en faire. Car outre qu'en le récitant, je donnois à tous les personnages que j'y introduisois, le ton qui leur convenoit, ces Romans étant alors lûs de tout le monde, on concevoit aisément la finesse des railleries qui y sont. Mais maintenant que les voilà tombez dans l'oubli, qu'on ne les lit presque plus, je doute que mon Dialogue fasse le même effet. Ce que je sai pourtant à n'en point douter, c'est que tous les gens d'esprit & de véritable vertu me rendront justice, & reconnoîtront sans peine, que sous le voile d'une fiction en apparence extrêmement badine, folle, outrée, où il n'arrive rien qui soit dans la vérité & dans la vraisemblance, je leur donne peut-être ici le moins frivole Ouvrage, qui soit encore sorti de ma plume.

REMARQUES.

1º. *Qui a été imprimé plusieurs fois*, &c.] Il parut d'abord en 1688. dans le Second Tome du Retour des Pièces choisies. Ensuite on l'insera parmi les Oeuvres de Monsieur de saint Evremond, sous le titre de *Dialogue des Morts*. Mr. Despréaux soupçonnoit Mr. le Marquis de Sevigné d'en être le principal Auteur: *Car c'est lui*, dit Mr. Despréaux dans une Lettre qu'il m'écrivit le 27. de Mars, 1704. *qui en a retenu le plus de choses*. „ Mais, *ajoûte-t-il*, tout cela n'est point „ mon Dialogue, & vous en conviendrez vous-„ même quand je vous en réciterai des endroits. „ J'ai jugé à propos de ne le point donner au pu-„ blic, pour des raisons très-légitimes, & que „ je suis persuadé que vous approuverez. . . . „ Mais tout cela n'empêche pas que je ne le „ trouve encore fort bien dans ma memoire, „ quand je voudrai un peu y rêver, & que je „ ne vous en dise assez pour enrichir votre Com-„ mentaire sur mes Ouvrages, &c.

Voici les raisons que j'emploïai dans ma Lettre du 11. d'Avril suivant, pour l'engager à mettre son Dialogue par écrit. „ I. Ce Dialogue fera „ sentir le ridicule, & la mauvaise morale des „ Romans. II. Après le témoignage public de „ Mr. Arnauld, & de plusieurs autres Ecrivains „ qui ont parlé de ce Dialogue, la Posterité vous „ attribuera celui qui a été imprimé sous votre „ nom, quoi qu'il ne soit pas de vous.

Mr. Despréaux se détermina peu de tems après à le mettre sur le papier, & il voulut que le Manuscrit original m'en fût remis: ce qui a été fidellement exécuté après sa mort.

LES HEROS DE ROMAN.

DIALOGUE[1]

A LA MANIERE DE LUCIEN.

MINOS,
Sortant du lieu où il rend la Justice proche le Palais de Pluton.

MAUDIT soit l'impertinent harangueur qui m'a tenu toute la matinée ! Il s'agissoit d'un méchant drap qu'on a dérobé à un Savetier en passant le fleuve, & jamais je n'ai tant ouï parler d'Aristote. Il n'y a point de Loi qu'il ne m'ait citée.

PLUTON.

Vous voila bien en colère, Minos.

MINOS.

Ah ! c'est vous, Roi des Enfers. Qui vous amène ?

PLUTON.

Je viens ici pour vous en instruire. Mais auparavant peut-on savoir quel est cet Avocat qui vous a si doctement ennuïé ce matin ? Est-ce que [2] Huot & Martinet sont morts ?

MINOS.

Non, grace au Ciel : mais c'est un jeune Mort, qui a été sans doute à leur École. Bien qu'il n'ait dit que des sottises, il n'en a avancé pas

REMARQUES.

[1] Ce Dialogue fût composé à la fin de l'année 1664. & en 1665.
[2] *Huot & Martinet sont morts.*] Au lieu d'Huot, dans la première composition il y avoit, *Bilain*; mais Bilain n'étoit pas un Avocat braillard.

pas une qu'il n'ait appuïée de l'autorité de tous les Anciens ; & quoi qu'il les fit parler de la plus mauvaise grace du monde, il leur a donné à tous, en les citant, de la galanterie, de la gentilleſſe, & de la bonne grace. 3 *Platon dit galamment dans ſon Timée. Séneque eſt joli dans ſon Traité des Bienfaits. Eſope a bonne grace dans un de ſes Apologues.*

PLUTON.

Vous me peignez-là un Maître Impertinent. Mais pourquoi le laiſſiez-vous parler ſi long-tems ? Que ne lui impoſiez-vous ſilence ?

MINOS.

Silence, lui ? C'eſt bien un homme qu'on puiſſe faire taire quand il a commencé à parler. J'ai eû beau faire ſemblant vingt fois de me vouloir lever de mon ſiége ; j'ai eû beau lui crier, Avocat, concluez de grace : concluez, Avocat. Il a été juſqu'au bout, & a tenu à lui ſeul toute l'Audience. Pour moi je ne vis jamais une telle fureur de parler, & ſi ce deſordre-là continue, je crois que je ſerai obligé de quitter la charge.

PLUTON.

Il eſt vrai que les Morts n'ont jamais été ſi ſots qu'aujourd'hui. Il n'eſt pas venu ici depuis long-tems une Ombre qui eût le ſens commun ; & ſans parler des gens de Palais, je ne vois rien de ſi impertinent que ceux qu'ils nomment Gens du monde. Ils parlent tous un certain langage, qu'ils appèlent galanterie : & quand nous leur témoignons, Proſerpine & moi, que cela nous choque, ils nous traitent de Bourgeois, & diſent que nous ne ſommes pas galans. On m'a aſſûré même, que cette peſtilente galanterie avoit infecté tous les païs infernaux, & même les Champs Eliſées ; de ſorte que les Heros, & ſur tout les Heroïnes qui les habitent, ſont aujourd'hui les plus ſottes gens du monde, grace à certains Auteurs, qui leur ont appris, dit-on, ce beau langage, & qui en ont fait des Amoureux tranſis. A vous dire le vrai, j'ai bien de la peine à le croire. J'ai bien de la peine, dis-je, à m'imaginer, que les Cyrus & les Alexandres ſoient devenus tout-à-coup, comme on me le veut faire entendre, des Thyrſis & des Céladons. Pour m'en éclaircir donc moi-même par mes propres yeux, j'ai donné ordre qu'on fît venir ici aujourd'hui des Champs Eliſées, & de toutes les autres Ré-

REMARQUES.

3. *Platon dit galamment* &c.] Manières de parler de ce tems-là, fort communes dans le Barreau.

4. *Un Lieutenant Criminel.*] Le Lieutenant Criminel

DE ROMAN.

Régions de l'Enfer, les plus célèbres d'entre ces Heros; & j'ai fait préparer pour les recevoir ce grand Sallon, où vous voïez que sont postez mes Gardes. Mais où est Rhadamanthe?

MINOS.

Qui? Rhadamanthe? Il est allé dans le Tartare pour y voir entrer + un Lieutenant Criminel, nouvellement arrivé de l'autre Monde, où il a, dit-on, été tant qu'il a vécu aussi célèbre par sa grande capacité dans les affaires de judicature, que diffamé par son excessive avarice.

PLUTON.

N'est-ce pas celui qui pensa se faire tuer une seconde fois, pour une Obole qu'il ne voulut pas païer à Caron en passant le Fleuve?

MINOS.

C'est celui-là même. Avez-vous vû sa femme? C'étoit une chose à peindre que l'entrée qu'elle fit ici. Elle étoit couverte d'un linceul de Satin.

PLUTON.

Comment? de Satin? Voilà une grande magnificence.

MINOS.

Au contraire c'est une épargne. Car tout cet accoûtrement n'étoit autre chose que trois Théses cousuës ensemble, dont on avoit fait présent à son Mari en l'autre Monde. O la vilaine Ombre! Je crains qu'elle n'empeste tout l'Enfer. J'ai tous les jours les oreilles rebattuës de ses larcins. Elle vola avanthier la quenouille de Clothon, & c'est elle qui avoit dérobé ce Drap, dont on m'a tant étourdi ce matin, à un Savetier qu'elle attendoit au passage. Dequoi vous êtes-vous avisé, de charger les Enfers d'une si dangereuse créature?

PLUTON.

Il falloit bien qu'elle suivît son Mari. Il n'auroit pas été bien damné sans elle. Mais à propos de Rhadamanthe, le voici lui-même, si je ne me trompe, qui vient à nous. Qu'a-t-il? Il paroit tout effraïé.

RHA-

REMARQUES.

minel Tardieu & sa femme, avoient été assassinez à Paris, la même année que ce Dialogue fut commencé, en 1664. Voiez la Satire X. depuis le Vers 253. avec les Remarques.

LES HEROS
RHADAMANTHE.

Puiſſant Roi des Enfers, je viens vous avertir qu'il faut ſonger tout de bon à vous défendre, vous & votre Roïaume. Il y a un grand parti formé contre vous dans le Tartare. Tous les Criminels, réſolus de ne vous plus obéïr, ont pris les Armes. J'ai rencontré là bas Prométhée avec ſon Vautour ſur le poing. Tantale eſt yvre comme une ſoupe: Ixion a violé une Furie: & Siſyphe, aſſis ſur ſon Rocher, exhorte tous ſes voiſins à ſecouër le joug de votre domination.

MINOS.

O les Scélerats! Il y a long-tems que je prévoïois ce malheur.

PLUTON.

Ne craignez rien, Minos. Je ſai bien le moïen de les réduire. Mais ne perdons point de tems. Qu'on fortifie les avenuës. Qu'on redouble la garde de mes Furies. Qu'on arme toutes les milices de l'Enfer. Qu'on lâche Cerbère. Vous, Rhadamanthe, allez vous en dire à Mercure qu'il nous faſſe venir l'Artillerie de mon Frere Jupiter. Cependant Vous, Minos, demeurez avec moi. Voïons nos Heros, s'ils ſont en état de nous aider. J'ai été bien inſpiré de les mander aujourd'hui. Mais quel eſt ce bon Homme qui vient à nous, avec ſon bâton & ſa beſace? Ha! c'eſt ce fou de Diogène. Que viens-tu chercher ici?

DIOGENE.

J'ai appris la néceſſité de vos affaires; & comme votre fidèle Sujet je viens vous offrir mon bâton.

PLUTON.

Nous voilà bien forts avec ton bâton.

DIOGENE.

Ne penſez pas vous moquer. Je ne ſerai peut-être pas le plus inutile de tous ceux que vous avez envoïé chercher.

PLUTON.

Hé, quoi? Nos Heros ne viennent-ils pas?

DIOGENE.

Oui, je viens de rencòntrer une troupe de fous là bas. Je croi que ce ſont eux. Eſt-ce que vous avez envie de donner le bal?

PLU-

DE ROMAN.
PLUTON.

Pourquoi le bal ?

DIOGENE.

C'eſt qu'ils ſont en fort bon équipage pour danſer. Ils ſont jolis ma foi ; je n'ai jamais rien vû de ſi dameret ni de ſi galant.

PLUTON.

Tout beau, Diogène. Tu te mêles toujours de railler. Je n'aime point les Satiriques. Et puis ce ſont des Heros, pour leſquels on doit avoir du reſpect.

DIOGENE.

Vous en allez juger vous-même tout à l'heure. Car je les voi déja qui paroiſſent. Approchez, fameux Heros ; & vous auſſi, Heroïnes encore plus fameuſes, autrefois l'admiration de toute la Terre. Voici une belle occaſion de vous ſignaler. Venez ici tous en foule.

PLUTON.

Tai-toi. Je veux que chacun vienne l'un après l'autre, accompagné tout au plus de quelqu'un de ſes confidens. Mais avant tout, Minos, paſſons vous & moi dans ce Sallon, que j'ai fait, comme je vous ai dit, préparer pour les recevoir, & où j'ai ordonné qu'on mît nos ſièges, avec une baluſtrade qui nous ſépare du reſte de l'Aſſemblée. Entrons. Bon. Voilà tout diſpoſé ainſi que je le ſouhaitois. Sui-nous, Diogène. J'ai beſoin de toi pour nous dire le nom des Heros qui vont arriver. Car de la manière dont je voi que tu as fait connoiſſance avec eux, perſonne ne me peut mieux rendre ce ſervice que toi.

DIOGENE.

Je ferai de mon mieux.

PLUTON.

Tien toi donc ici près de moi. Vous, Gardes, au moment que j'aurai interrogé ceux qui ſeront entrez, qu'on les faſſe paſſer dans les longues & ténébreuſes Galeries qui ſont adoſſées à ce Sallon, & qu'on leur diſe d'y aller attendre mes ordres. Aſſéïons-nous. Qui eſt celui qui vient le premier de tous, nonchalamment appuïé ſur ſon Ecuïer ?

DIOGENE.

C'eſt le grand Cyrus.

PLUTON.

Quoi ce grand Roi, qui transfera l'Empire des Mèdes aux Perses, qui a tant gagné de batailles? De son tems les Hommes venoient ici tous les jours par trente & quarante mille. Jamais personne n'y en a tant envoïé.

DIOGENE.

Au moins ne l'allez pas appeler Cyrus.

PLUTON.

Pourquoi?

DIOGENE.

Ce n'est plus son nom. Il s'appèle maintenant Artamène.

PLUTON.

Artamène! Et où a-t-il pêché ce nom-là? Je ne me souviens point de l'avoir jamais lû.

DIOGENE.

Je voi bien que vous ne savez pas son histoire.

PLUTON.

Qui, moi? Je sais aussi-bien mon Herodote qu'un autre.

DIOGENE.

Oui. Mais avec tout cela, diriez-vous bien pourquoi Cyrus a tant conquis de Provinces, traversé l'Asie, la Médie, l'Hyrcanie, la Perse, & ravagé enfin plus de la moitié du monde?

PLUTON.

Belle demande! C'est que c'étoit un Prince ambitieux, qui vouloit que toute la Terre lui fût soumise.

DIOGENE.

Point du tout. C'est qu'il vouloit délivrer sa Princesse, qui avoit été enlévée.

PLUTON.

Quelle Princesse?

DIO-

DIOGENE.

Mandane.

PLUTON.

Mandane?

DIOGENE.

Oui. Et savez-vous combien elle a été enlevée de fois?

PLUTON.

Où veux-tu que je l'aille chercher?

DIOGENE.

Huit fois.

MINOS.

Voilà une Beauté qui a passé par bien des mains.

DIOGENE.

Cela est vrai. Mais tous ses Ravisseurs étoient les Scélérats du monde les plus vertueux. Assûrément ils n'ont pas osé lui toucher.

PLUTON.

J'en doute. Mais laissons-là ce fou de Diogène. Il faut parler à Cyrus lui-même. Hé bien, Cyrus, il faut combatre. Je vous ai envoié chercher pour vous donner le commandement de mes troupes. Il ne répond rien. Qu'a-t-il? Vous diriez qu'il ne sait où il est.

CYRUS.

Eh, divine Princesse!

PLUTON.

Quoi?

CYRUS.

Ah! injuste Mandane.

PLUTON.

Plaît-il?

LES HEROS

CYRUS.

5 Tu me flattes, trop complaisant Feraulas. Es-tu si peu sage que de penser que Mandane, l'illustre Mandane, puisse jamais tourner les yeux sur l'infortuné Artamène? Aimons-la toutefois. Mais aimerons-nous une Cruelle? Servirons-nous une Insensible? Adorerons-nous une Inéxorable? Oui, Cyrus, il faut aimer une Cruelle. Oui, Artamène, il faut servir une Insensible. Oui, fils de Cambyse, il faut adorer l'inéxorable fille de Cyaxare.

PLUTON.

Il est fou. Je croi que Diogène a dit vrai.

DIOGENE.

Vous voïez bien que vous ne saviez pas son histoire. Mais faites approcher son Ecuïer Feraulas; il ne demande pas mieux que de vous la conter. Il sait par cœur tout ce qui s'est passé dans l'esprit de son Maître, & a tenu un registre exact de toutes les paroles, que son Maître a dites en lui-même depuis qu'il est au monde, avec un rouleau de ses Lettres qu'il a toûjours dans sa poche. A la vérité vous êtes en danger de baailler un peu. Car ses narrations ne sont pas fort courtes.

PLUTON.

Oh, j'ai bien le tems de cela.

CYRUS.

Mais trop engageante Personne.....

PLUTON.

Quel langage? A-t-on jamais parlé de la sorte? Mais dites-moi vous, trop pleurant Artamène, est-ce que vous n'avez pas envie de combattre?

CYRUS.

Eh de grace, généreux Pluton, souffrez que j'aille entendre l'histoire d'Aglatidas & d'Amestris, qu'on me va conter. Rendons ce devoir à deux illustres malheureux. Cependant voici le fidèle Feraulas que je vous laisse, qui vous instruira positivement de l'histoire de ma vie, & de l'impossibilité de mon bonheur.

PLU-

REMARQUES.

5. *Tu me flattes, trop complaisant Feraulas, &c.*] Affectation du stile du Cyrus, imitée.

6. *Ne reconnoissez-vous pas Tomyris?*] On avoit ômis ces mots dans l'édition de 1713. & l'on faisoit

DE ROMAN.
PLUTON.

Je n'en veux point être instruit moi. Qu'on me chasse ce grand Pleureux.

CYRUS.

Eh de grace!

PLUTON.

Si tu ne fors.....

CYRUS.

En effet.....

PLUTON.

Si tu ne t'en vas.....

CYRUS.

En mon particulier.....

PLUTON.

Si tu ne te retires..... A la fin le voilà dehors. A-t-on jamais vû tant pleurer?

DIOGENE.

Vraiment il n'eſt pas au bout, puiſqu'il n'en eſt qu'à l'hiſtoire d'Aglatidas & d'Ameſtris. Il a encore neuf gros Tômes à faire ce joli métier.

PLUTON.

Hé bien, qu'il rempliſſe, s'il veut, cent volumes de ſes folies. J'ai d'autres affaires préſentement qu'à l'entendre. Mais quelle eſt cette femme que je voi qui arrive?

DIOGENE.

* Ne reconnoiſſez-vous pas Tomyris?

PLU-

REMARQUES.

ſoit dire mal-à-propos à Diogene, ce que Pluton dit ici, ſuivant le manuſcrit de l'Auteur: *Quoi? Cette Reine ſauvage des Maſſagètes, &c.*

LES HEROS.
PLUTON.

Quoi? Cette Reine sauvage des Massagètes, qui fit plonger la tête de Cyrus dans un Vaisseau de sang humain. Celle ci ne pleurera pas, j'en réponds. Qu'est-ce qu'elle cherche?

TOMYRIS.

7 Que l'on cherche par tout mes Tablettes perduës;
Mais que sans les ouvrir, elles me soient renduës.

DIOGENE.

Des Tablettes! Je ne les ai pas au moins. Ce n'est pas un meuble pour moi que des tablettes; & l'on prend assez de soin de retenir mes bons mots, sans que j'aie besoin de les recueillir moi-même dans des Tablettes.

PLUTON.

Je pense qu'elle ne fera que chercher. Elle a tantôt visité tous les coins & les recoins de cette Salle. Qu'y avoit-il donc de si précieux dans vos Tablettes, grande Reine?

TOMYRIS.

Un Madrigal, que j'ai fait ce matin pour le charmant Ennemi que j'aime.

MINOS.

Helas! qu'elle est doucereuse!

DIOGENE.

Je suis fâché que ses Tablettes soient perduës. Je serois curieux de voir un Madrigal Massagète.

PLUTON.

Mais qui est donc ce charmant Ennemi qu'elle aime?

DIOGENE.

C'est ce même Cyrus qui vient de sortir tout à l'heure.

PLU-

REMARQUES.

7. *Que l'on cherche par tout* &c.] C'est par ces deux Vers que Tomyris débute, dans la Tragé- die de M. Quinaut, intitulée *la Mort de Cyrus*, Acte 1. Sc. 5. Ce ne sont pas les deux premiers Vers

DE ROMAN.

PLUTON.

Bon! Auroit-elle fait égorger l'objet de sa passion?

DIOGENE.

Egorgé! C'est une erreur dont on a été abusé seulement durant vingt & cinq siècles; & cela par la faute du Gazetier de Scythie, qui répandit mal-à-propos la nouvelle de sa mort sur un faux bruit. On en est détrompé depuis quatorze ou quinze ans.

PLUTON.

Vraiment je le croi encore. Cependant, soit que le Gazetier de Scythie se soit trompé ou non, qu'elle s'en aille dans ces Galeries chercher, si elle veut, son charmant Ennemi, & qu'elle ne s'opiniâtre pas davantage à retrouver des Tablettes, que vrai-semblablement elle a perduës par sa négligence, & que sûrement aucun de nous n'a volées. Mais quelle est cette voix robuste que j'entens là-bas qui fredonne un air?

DIOGENE.

C'est ce grand Borgne d'Horatius Coclès, qui chante ici proche, comme m'a dit un de vos Gardes, [8] à un Echo qu'il y a trouvé, une chanson qu'il a fait pour Clélie?

PLUTON.

Qu'a donc ce fou de Minos, qu'il crève de rire?

MINOS.

Et qui ne riroit? Horatius Coclès chantant à l'Echo!

PLUTON.

Il est vrai que la chose est assez nouvelle. Cela est à voir. Qu'on le fasse entrer, & qu'il n'interrompe point pour cela sa Chanson, que Minos vraisemblablement sera bien aise d'entendre de plus près.

MINOS.

Assûrément.

HO-

REMARQUES.

Vers de la Tragédie, comme on l'avoit mis dans une Note sur cet endroit en l'édition de 1713.

8. *A un Echo qu'il y a trouvé.*] Voïez le premier Volume de la Clélie, page 318.

LES HEROS

HORATIUS COCLES,
chantant la reprife de la Chanfon qu'il chante dans Clélie.

Et Phéniffe même publie,
Qu'il n'eft rien fi beau que Clélie.

DIOGENE.

Je penfe reconnoître l'air. C'eſt ſur le chant de *Thoinon la belle Jardinière.*

Ce n'étoit pas de l'eau de rofe,
Mais de l'eau de quelque autre chofe.

HORATIUS COCLES.

Et Phéniffe même publie,
Qu'il n'eft rien fi beau que Clélie.

PLUTON.

Quelle eſt donc cette Phéniſſe?

DIOGENE.

C'eſt une Dame des plus galantes & des plus ſpirituelles de la Ville de Capouë, mais qui a une trop grande opinion de ſa beauté, & qu'Horatius Coclès raille dans cet impromptu de ſa façon, dont il a compofé auffi le chant, en lui faifant avouër à elle-même, que tout cède en beauté à Clélie.

MINOS.

Je n'euſſe jamais crû, que cet illuſtre Romain fût ſi excellent Muſicien, & ſi habile faiſeur d'Impromptus. Cependant je voi bien par celui-ci qu'il y eſt Maître paſſé.

PLUTON.

Et moi je voi bien que pour s'amuſer à de ſemblables petiteſſes, il
faut

REMARQUES.

9. *Thoinon la belle Jardinière*] Chanfon du Savoïard, alors à la mode, En voici les paroles.
Thoinon la belle Jardinière
N'arrofe jamais fon jardin

De cette belle eau coûtumière,
Dont on arrofe le Jafmin:
Non pas même de l'eau de rofe,
Mais de l'eau de quelque autre chofe.
Enfin

DE ROMAN.

faut qu'il ait entièrement perdu le sens. Hé, Horatius Coclès, vous qui étiez autrefois si déterminé Soldat, & qui avez défendu vous seul un Pont contre toute une Armée, de quoi vous êtes-vous avisé de vous faire Berger après votre mort, & qui est le fou, ou la folle, qui vous ont appris à chanter?

HORATIUS COCLES.

Et Phénisse même publie,
Qu'il n'est rien si beau que Clélie.

MINOS.

Il se ravit dans son chant.

PLUTON.

Oh, qu'il s'en aille dans mes galeries chercher, s'il veut, un nouvel Echo. Qu'on l'emmène.

HORATIUS COCLES,
s'en allant, & toûjours chantant.

Et Phénisse même publie,
Qu'il n'est rien si beau que Clélie.

PLUTON.

Le fou! le fou! Ne viendra-t-il point à la fin une personne raisonnable?

DIOGENE.

Vous allez avoir bien de la satisfaction. Car je vois entrer la plus illustre de toutes les Dames Romaines, cette Clélie, qui passa le Tibre à la nage, pour se dérober du Camp de Porsena, & dont Horatius Coclès, comme vous venez de le voir, est amoureux.

PLUTON.

J'ai cent fois admiré l'audace de cette fille dans Tite-Live. Mais je meurs de peur que Tite-Live n'ait encore menti. Qu'en dis-tu, Diogène?

DIO-

REMARQUES.

Enfin elle n'en fut maitresse,
Et a fait son jardin si beau,
Tous les neuf mois, par son adresse

Il y venoit du fruit nouveau.
Ce n'étoit pas de l'eau de rose,
Mais de l'eau de quelque autre chose.

DIOGENE.

Ecoutez ce qu'elle vous va dire.

CLELIE.

Eſt-il vrai, ſage Roi des Enfers, qu'une troupe de mutins ait oſé ſe ſoûlever contre Pluton, le vertueux Pluton?

PLUTON.

Ah! à la fin nous avons trouvé une perſonne raiſonnable. Oui, ma fille, il eſt vrai que les Criminels dans le Tartare ont pris les armes, & que nous avons envoïé chercher les Heros dans les Champs Elyſées & ailleurs, pour nous ſecourir.

CLELIE.

Mais de grace, Seigneur, les Rebelles ne ſongent-ils point à exciter quelque trouble 10 dans le Roïaume de Tendre? Car je ſerois au deſeſpoir s'ils étoient ſeulement poſtez dans le Village de Petits-Soins. N'ont-ils point pris Billets-doux, ou Billets-galants?

PLUTON.

De quel païs parle-t-elle-là? Je ne me ſouviens point de l'avoir vû dans la Carte.

DIOGENE.

Il eſt vrai que Ptolomée n'en a point parlé. Mais on a fait depuis peu de nouvelles découvertes. Et puis ne voïez-vous pas que c'eſt du païs de Galanterie qu'elle vous parle?

PLUTON.

C'eſt un païs que je ne connois point.

CLELIE.

En effet, l'illuſtre Diogène raiſonne tout-à-fait juſte. Car il y a trois ſortes de Tendres; Tendre ſur Eſtime, Tendre ſur Inclination, & Tendre ſur Reconnoiſſance. Lorſque l'on veut arriver à Tendre ſur Eſtime, il faut aller d'abord au Village de Petits-Soins, & . . .

PLU-

REMARQUES.

10. *Dans le Roïaume de Tendre.*] Voïez le Roman de Clélie, Partie I. pag. 398. & le Vers 161. de la Satire X.

PLUTON.

Je voi bien, la belle Fille, que vous favez parfaitement la Géographie du Roïaume de Tendre, & qu'à un Homme qui vous aimera, vous lui ferez voir bien du païs dans ce Roïaume. Mais pour moi, qui ne le connois point, & qui ne le veux point connoître, je vous dirai franchement que je ne fai fi ces trois Villages & ces trois Fleuves mènent à Tendre, mais qu'il me paroît que c'eft le grand chemin des Petites-Maifons.

MINOS.

Ce ne feroit pas trop mal fait, non, d'ajoûter ce Village-là dans la Carte de Tendre. Je croi que ce font ces Terres inconnuës dont on y veut parler.

PLUTON.

Mais vous, tendre Mignonne, vous êtes donc auffi amoureufe, à ce que je voi?

CLELIE.

Oui, Seigneur, je vous concède que j'ai pour Aronce une amitié qui tient de l'Amour véritable: Auffi faut-il avouër que cet admirable fils du Roi de Clufium a en toute fa perfonne je ne fai quoi de fi extraordinaire, & de fi peu imaginable, qu'à moins que d'avoir une dureté de cœur inconcevable, on ne peut pas s'empêcher d'avoir pour lui une paffion tout-à-fait raifonnable. Car enfin.....

PLUTON.

Car enfin, Car enfin.... je vous dis moi, que j'ai pour toutes les folles une averfion inexplicable; & que quand le fils du Roi de Clufium auroit un charme inimaginable, avec votre langage inconcevable, vous me feriez plaifir de vous en aller, vous & votre Galant, au Diable. A la fin la voilà partie. Quoi, toujours des Amoureux? Perfonne ne s'en fauvera; & un de ces jours nous verrons Lucrèce galante.

DIOGENE.

Vous en allez avoir le plaifir tout à l'heure. Car voici Lucrèce en perfonne.

PLUTON.

Ce que j'en difois n'eft que pour rire. A Dieu ne plaife que j'aïe une fi baffe penfée de la plus vertueufe perfonne du monde.

LES HEROS

DIOGENE.

Ne vous y fiez pas. Je lui trouve l'air bien coquet. Elle a ma foi les yeux fripons.

PLUTON.

Je voi bien, Diogène, que tu ne connois pas Lucrèce. Je voudrois que tu l'eusses vûë la première fois qu'elle entra ici toute sanglante, & toute échevelée. Elle tenoit un poignard à la main. Elle avoit le regard farouche, & la colère étoit encore peinte sur son visage, malgré les pâleurs de la Mort. Jamais personne n'a porté la chasteté plus loin qu'elle. Mais pour t'en convaincre, il ne faut que lui demander à elle-même ce qu'elle pense de l'Amour. Tu verras. Dites-nous donc, Lucrèce; mais expliquez-vous clairement. Croïez-vous qu'on doive aimer?

LUCRECE, *tenant des Tablettes à la main.*

Faut-il absolument sur cela vous rendre une réponse éxacte & décisive?

PLUTON.

Oui.

LUCRECE.

Tenez, la voilà clairement énoncée dans ces Tablettes. Lisez.

PLUTON. *lisant.*

11 *Toûjours. l'on. si. Mais. aimoit. d'éternelles. helas. amours. d'aimer. doux. il. point. seroit. n'est. Qu'il.*

Que veut dire tout ce galimatias?

LUCRECE.

Je vous assûre, Pluton, que je n'ai jamais rien dit de mieux, ni de plus clair.

PLUTON.

Je voi bien que vous avez accoûtumé de parler fort clairement. Peste soit de la folle. Où a-t-on jamais parlé comme cela? *Point. si. éternelles.*

REMARQUES.

11. *Toûjours. l'on. si. &c.*] Voïez la pag. 348. man. & suivantes de la seconde Partie du même Ro-

les. Et où veut-elle que j'aille chercher un Oedipe pour m'expliquer cette Enigme?

DIOGENE.

Il ne faut pas aller fort loin. En voici un qui entre, & qui est fort propre à vous rendre cet office.

PLUTON.

Qui est-il ?

DIOGENE.

C'est Brutus, celui qui délivra Rome de la tyrannie des Tarquins.

PLUTON.

Quoi ? cet austère Romain, qui fit mourir ses Enfans pour avoir conspiré contre leur Patrie ? Lui, expliquer des Enigmes ? Tu ès bien fou, Diogène.

DIOGENE.

Je ne suis point fou. Mais Brutus n'est pas non plus cet austère personnage que vous vous imaginez. C'est un Esprit naturellement tendre & passionné, qui fait de fort jolis Vers, & les billets du monde les plus galants.

MINOS.

Il faudroit donc que les paroles de l'Enigme fussent écrites, pour les lui montrer.

DIOGENE.

Que cela ne vous embarrasse point. Il y a long-tems que ces paroles sont écrites sur les Tablettes de Brutus. Des Heros comme lui sont toujours fournis de Tablettes.

PLUTON.

Hé bien, Brutus, nous donnerez-vous l'explication des paroles qui sont sur vos Tablettes ?

BRUTUS.

Volontiers. Regardez bien. Ne les sont-ce pas là ?

Toûjours l'on si : Mais, &c.

LES HEROS
PLUTON.

Ce les font-là elles-mêmes.

BRUTUS.

Continuez donc de lire. Les paroles fuivantes non feulement vous feront voir que j'ai d'abord conçû la fineffe des paroles embrouillées de Lucrèce ; mais elles contiennent la réponfe précife que j'y ai faite. *Moi. nos. verrez. vous. de. permettez. d'éternelles. jours. qu'on. merveille. peut. amours. d'aimer. voir.*

PLUTON.

Je ne fai pas fi ces paroles fe répondent jufte les unes aux autres. Mais je fai bien que ni les unes ni les autres ne s'entendent, & que je ne fuis pas d'humeur à faire le moindre effort d'efprit pour les concevoir.

DIOGENE.

Je voi bien que c'eft à moi de vous expliquer tout ce myftère. Le myftère eft que ce font des paroles tranfpofées. Lucrèce, qui eft amoureufe & aimée de Brutus, lui dit en mots tranfpofez :

Qu'il feroit doux d'aimer, fi l'on aimoit toûjours !
Mais helas ! il n'eft point d'éternelles Amours.

Et Brutus, pour la raffûrer, lui dit en d'autres termes tranfpofez.

Permettez-moi d'aimer, Merveille de nos jours :
Vous verrez qu'on peut voir d'éternelles Amours.

PLUTON.

Voilà une groffe fineffe. Il s'enfuit de là que tout ce qui fe peut dire de beau eft dans les Dictionaires. Il n'y a que les paroles qui font tranfpofées. Mais eft-il poffible que des perfonnes du merite de Brutus & de Lucrèce en foient venus à cet excès d'extravagance, de compofer de femblables bagatelles ?

DIOGENE.

C'eft pourtant par ces bagatelles, qu'ils ont fait connoître l'un & l'autre qu'ils avoient infiniment d'efprit.

DE ROMAN.
PLUTON.

Et c'est par ces bagatelles moi, que je reconnois qu'ils ont infiniment de folie. Qu'on les chasse. Pour moi, je ne sai tantôt plus où j'en suis. Lucrèce amoureuse! Lucrèce coquette! Et Brutus son Galant! Je ne desespère pas un de ces jours de voir Diogène lui-même galant.

DIOGENE.

Pourquoi non? Pythagore l'étoit bien.

PLUTON.

Pythagore étoit galant?

DIOGENE.

Oui, & ce fut de Théano sa fille, formée par lui à la galanterie, ainsi que le raconte le génereux Herminius dans l'histoire de la vie de Brutus, ce fut, dis-je, de Théano que cet illustre Romain apprit ce beau Symbole, qu'on a oublié d'ajoûter aux autres Symboles de Pythagore: *Que c'est à pousser les beaux sentimens pour une Maîtresse, & à faire l'Amour, que se perfectionne le grand Philosophe.*

PLUTON.

J'entens. Ce fut de Théano qu'il sût que c'est la folie qui fait la perfection de la Sagesse. O l'admirable précepte! Mais laissons là Théano. Quelle est cette Précieuse renforcée que je voi qui vient à nous?

DIOGENE.

[12] C'est Sappho, cette fameuse Lesbienne, qui a inventé les Vers Sapphiques.

PLUTON.

On me l'avoit dépeinte si belle. Je la trouve bien laide.

DIOGENE.

Il est vrai qu'elle n'a pas le teint fort uni, ni les traits du monde les plus réguliers. Mais prenez garde qu'il y a une grande opposition du blanc

REMARQUES.

[12.] *C'est Sappho, cette fameuse Lesbienne,* &c.] Mademoiselle de Scuderi paroît ici sous le nom de Sappho, nom qui lui avoit été donné par les Poëtes qui vivoient de son tems.

blanc & du noir de fes yeux, comme elle le dit elle-même dans l'hiftoire de fa vie.

PLUTON.

Elle fe donne là un bizarre agrément; & Cerbère, felon elle, doit donc paffer auffi pour beau, puifqu'il a dans les yeux la même oppofition.

DIOGENE.

Je vois qu'elle vient à vous. Elle a fûrement quelque queftion à vous faire.

SAPPHO.

Je vous fupplie, fage Pluton, de m'expliquer fort au long ce que vous penfez de l'Amitié, & fi vous croïez qu'elle foit capable de tendreffe auffi bien que l'Amour. Car ce fût le fujet d'une genereufe converfation que nous eumes l'autre jour avec le fage Démocède & l'agréable Phaon. De grace, oubliez donc pour quelque tems le foin de votre perfonne & de votre Etat; & au lieu de cela, fongez à me bien définir ce que c'eft que cœur tendre, tendreffe d'Amitié, tendreffe d'Amour, tendreffe d'Inclination, & tendreffe de Paffion.

MINOS.

Oh celle-ci eft la plus folle de toutes. Elle a la mine d'avoir gâté toutes les autres.

PLUTON.

Mais regardez cette impertinente. C'eft bien le tems de réfoudre des queftions d'Amour, que le jour d'une revolte.

DIOGENE.

Vous avez pourtant autorité pour le faire: & tous les jours, les Heros que vous venez de voir, fur le point de donner une bataille, où il s'agit du tout pour eux, au lieu d'emploïer le tems à encourager les Soldats, & à ranger leurs armées, s'occupent à entendre l'hiftoire de Timarète ou de Bérelife, dont la plus haute avanture eft quelquefois un billet perdu, ou un braffelet égaré.

PLUTON.

Ho bien, s'ils font fous, je ne veux pas leur reffembler, & principalement à cette Précieufe ridicule.

SAP-

SAPPHO.

Eh de grace, Seigneur, défaites-vous de cet air groſſier & Provincial de l'Enfer, & ſongez à prendre l'air de la belle galanterie de Carthage & de Capouë. A vous dire le vrai, pour décider un point auſſi important que celui que je vous propoſe, je ſouhaiterois fort que toutes nos génereuſes Amies & nos illuſtres Amis fuſſent ici. Mais en leur abſence, le ſage Minos repréſentera le diſcret Phaon, & l'enjoüé Diogene le galant Eſope.

PLUTON.

Atten, atten, je m'en vai te faire venir ici une perſonne, avec qui lier converſation. Qu'on m'appelle Tiſiphone.

SAPPHO.

Qui? Tiſiphone? Je la connois, & vous ne ſerez peut-être pas fâché que je vous en faſſe voir le Portrait, que j'ai déja compoſé par précaution, dans le deſſein où je ſuis de l'inſerer dans quelqu'une des Hiſtoires, que nous autres faiſeurs & faiſeuſes de Romans, ſommes obligez de raconter à chaque Livre de notre Roman.

PLUTON.

Le Portrait d'une Furie! Voila un étrange projet.

DIOGENE.

Il n'eſt pas ſi étrange que vous penſez. En effet cette même Sappho, que vous voïez, a peint dans ſes Ouvrages beaucoup de ſes génereuſes Amies, qui ne ſurpaſſent guères en beauté Tiſiphone, & qui néanmuins, à la faveur des mots galants, & des façons de parler élégantes & précieuſes, qu'elle jette dans leurs peintures, ne laiſſent pas de paſſer pour de dignes Heroïnes de Roman.

MINOS.

Je ne ſai ſi c'eſt curioſité ou folie. Mais je vous avoüe que je meurs d'envie de voir un ſi bizarre Portrait.

PLUTON.

Hé bien donc qu'elle vous le montre; j'y conſens. Il faut bien vous contenter. Nous allons voir comment elle s'y prendra pour rendre la plus effroïable des Euménides, agréable & gracieuſe.

LES HEROS
DIOGENE.

Ce n'est pas une affaire pour elle, & elle a déja fait un pareil chef-d'œuvre, en peignant la vertueuse Arricidie. Ecoutons donc. Car je la vois qui tire le Portrait de sa poche.

SAPPHO lisant.

13 L'illustre fille, dont j'ai à vous entretenir, a en toute sa personne je ne sai quoi de si furieusement extraordinaire, & de si terriblement merveilleux, que je ne suis pas médiocrement embarrassée, quand je songe à vous en tracer le Portrait.

MINOS.

Voila les adverbes *furieusement* & *terriblement*, qui sont, à mon avis, bien placez, & tout-à-fait en leur lieu.

SAPPHO continuë de lire.

Tisiphone a naturellement la taille fort haute, & passant de beaucoup la mesure des personnes de son sexe; mais pourtant si dégagée, si libre, & si bien proportionnée en toutes ses parties, que son énormité même lui sied admirablement bien. Elle a les yeux petits, mais pleins de feu, vifs, perçans & bordez d'un certain vermillon qui en relève prodigieusement l'éclat. Ses cheveux sont naturellement bouclez & annelez; & l'on peut dire que ce sont autant de Serpens, qui s'entortillent les uns dans les autres, & se jouent nonchalamment autour de son visage. Son teint n'a point cette couleur fade & blanchâtre des femmes de Scythie; mais il tient beaucoup de ce brun mâle & noble, que donne le Soleil aux Africaines qu'il favorise le plus près de ses regards. Son sein est composé de deux demi-globes, brûlez par le bout, comme ceux des Amazones, & qui s'éloignant le plus qu'ils peuvent de sa gorge, se vont négligemment & languissamment perdre sous ses deux bras. Tout le reste de son corps est presque composé de la même sorte. Sa démarche est extrémement noble & fière. Quand il faut se hâter, elle vole plûtôt qu'elle ne marche; & je doute qu'Atalante la pût devancer à la course. Au reste, cette vertueuse fille est naturellement ennemie du vice, sur tout des grands crimes, qu'elle poursuit par tout, un flambeau à la main, & qu'elle ne laisse jamais en repos; secondée en cela par ses deux illustres sœurs, Alecto & Mégère, qui n'en sont pas
moins

REMARQUES.

13. *L'illustre fille, dont j'ai à vous entretenir*, &c.] Portrait de Mademoiselle Scuderi elle-même.

moins ennemies qu'elle : & l'on peut dire de toutes ces trois Sœurs, que c'est une Morale vivante.

DIOGENE.

Hé bien, n'est-ce pas là un Portrait merveilleux?

PLUTON.

Sans doute, & la Laideur y est peinte dans toute sa perfection, pour ne pas dire dans toute sa beauté. Mais c'est assez écouter cette extravagante. Continuons la revûë de nos Heros; & sans plus nous donner la peine, comme nous avons fait jusqu'ici, de les interroger l'un après l'autre, puisque les voilà tous reconnus veritablement insensez, contentons-nous de les voir passer devant cette balustrade, & de les conduire exactement de l'œil dans mes Galeries, afin que je sois sûr qu'ils y sont. Car je défens d'en laisser sortir aucun, que je n'aïe précisément déterminé ce que je veux qu'on en fasse. Qu'on les laisse donc entrer; & qu'ils viennent maintenant tous en foule. En voilà bien, Diogène. Tous ces Heros sont-ils connus dans l'Histoire?

DIOGENE.

Non; il y en a beaucoup de chimeriques, mêlez parmi eux.

PLUTON.

Des Heros chimeriques! Et sont-ce des Heros?

DIOGENE.

Comment, si ce sont des Heros! Ce sont eux qui ont toûjours le haut bout dans les Livres, & qui battent infailliblement les autres.

PLUTON.

Nomme-m'en par plaisir quelques-uns.

DIOGENE.

Volontiers. Orondate, Spitridate, Alcamène, Mélinte, Britomare, Merindor, Artaxandre, &c.

PLUTON.

Et tous ces Heros-là, ont-ils fait vœu comme les autres de ne jamais s'entretenir que d'Amour?

LES HEROS

DIOGENE.

Cela feroit beau qu'ils ne l'euffent pas fait. Et de quel droit fe diroient-ils Heros, s'ils n'étoient point amoureux? N'eft-ce pas l'Amour qui fait aujourd'hui la vertu heroïque?

PLUTON.

Quel eft ce grand Innocent, qui s'en va des derniers, & qui a la molleffe peinte fur le vifage? Comment t'appelles-tu?

ASTRATE.

14 Je m'appelle Aftrate.

PLUTON.

Que viens-tu chercher ici?

ASTRATE.

Je veux voir la Reine.

PLUTON.

Mais admirez cet impertinent. Ne diriez-vous pas que j'ai une Reine, que je garde ici dans une boite, & que je montre à tous ceux qui la veulent voir? Qu'es-tu, toi? As-tu jamais été?

ASTRATE.

Oui-da, j'ai été, & il y a un Hiftorien Latin qui dit de moi en propres termes; *Aftratus vixit*; Aftrate a vécu.

PLUTON.

Eft-ce là tout ce qu'on trouve de toi dans l'Hiftoire?

ASTRATE.

Oui; & c'eft fur ce bel argument, qu'on a compofé une Tragédie intitulée du nom d'ASTRATE, où les paffions tragiques font maniées fi adroitement, que les Spectateurs y rient à gorge deployée depuis le commencement jufqu'à la fin, tandis que moi, j'y pleure toujours, ne pouvant obtenir que l'on m'y montre une Reine, dont je fuis paffionnément épris.

PLU-

REMARQUES.

14. *Je m'appelle Aftrate.*] Dans le tems que l'Auteur fit ce Dialogue, on jouoit à l'Hôtel de Bourgogne, l'Aftrate de Mr. Quinaut, & l'Oftorius de l'Abbé de Pure. Sur l'Aftrate, voïez la Re-

PLUTON.

Ho bien, va-t-en dans ces Galeries voir fi cette Reine y eſt. Mais quel eſt ce grand mal-bâti de Romain, qui vient après ce chaud Amoureux? Peut-on favoir fon nom?

OSTORIUS.

Mon nom eſt Oſtorius.

PLUTON.

Je ne me fouviens point d'avoir jamais nulle-part lû ce nom-là dans l'Hiſtoire.

OSTORIUS.

Il y eſt pourtant. L'Abbé de Pure aſſûre qu'il l'y a lû.

PLUTON.

Voilà un merveilleux garand. Mais, dis-moi, appuïé de l'Abbé de Pure, comme tu ës, as-tu fait quelque figure dans le monde? T'y a-t-on jamais vû?

OSTORIUS.

Oui-da, & à la faveur d'une Pièce de Théatre, que cet Abbé a faite de moi, on m'a vû 15. à l'Hôtel de Bourgogne.

PLUTON.

Combien de fois?

OSTORIUS.

Eh, une fois.

PLUTON.

Retourne-t-y en.

OSTORIUS.

Les Comédiens ne veulent plus de moi.

PLU-

REMARQUES.

Remarque fur le Vers 194. de la Satire troifiéme.

15. *A l'Hôtel de Bourgogne.*] Théatre où l'on jouoit autrefois.

LES HEROS.
PLUTON.

Crois-tu que je m'accommode mieux de toi qu'eux ? Allons, déloge d'ici au plus vîte, & va te confiner dans mes Galeries. Voici encore une Heroïne, qui ne se hâte pas trop, ce me semble, de s'en aller. Mais je lui pardonne. Car elle me paroît si lourde de sa personne, & si pesamment armée, que je vois bien que c'est la difficulté de marcher, plûtôt que la répugnance à m'obéïr, qui l'empêche d'aller plus vîte. Qui est-elle ?

DIOGENE.

Pouvez-vous ne pas reconnoître la Pucelle d'Orleans ?

PLUTON.

C'est donc-là cette vaillante fille, qui délivra la France du joug des Anglois ?

DIOGENE.

C'est elle-même.

PLUTON.

Je lui trouve la physionomie bien platte, & bien peu digne de tout ce qu'on dit d'elle.

DIOGENE.

Elle tousse, & s'approche de la Balustrade. Ecoutons. C'est assurément une harangue qu'elle vous vient faire, & une harangue en Vers. Car elle ne parle plus qu'en Vers.

PLUTON.

A-t-elle en effet du talent pour la Poësie ?

DIOGENE.

Vous l'allez voir.

LA PUCELLE.

[16] *O grand Prince, que grand dès cette heure j'appèle,*
Il est vrai, le respect sert de bride à mon zèle :

Mais

REMARQUES.

16. *O grand Prince ; que grand &c.*] Vers extraits du Poëme de la Pucelle.

DE ROMAN.

Mais ton illustre aspect me redouble le cœur,
Et me le redoublant me redouble la peur.
A ton illustre aspect mon cœur se sollicite,
Et grimpant contre-mont la dure Terre quitte.
O que n'ai-je le ton desormais assez fort,
Pour aspirer à toi sans te faire de tort !
Pour toi puissé-je avoir une mortelle pointe,
Vers où l'épaule gauche à la gorge est conjointe ;
Que le coup brisât l'os, & fit pleuvoir le sang
De la temple, du dos, de l'épaule, & du flanc.

PLUTON.

Quelle Langue vient-elle de parler ?

DIOGENE.

Belle demande ! Françoise.

PLUTON.

Quoi ! c'est du François qu'elle a dit ? Je croïois que ce fût du bas-Breton, ou de l'Alleman. Qui lui a appris cet étrange François-là ?

DIOGENE.

[17] C'est un Poëte, chez qui elle a été en pension quarante ans durant.

PLUTON.

Voila un Poëte, qui l'a bien mal élevée.

DIOGENE.

Ce n'est pas manque d'avoir été bien payé, & d'avoir exactement touché ses pensions.

PLUTON.

Voila de l'argent bien mal emploïé. Hé, Pucelle d'Orleans, pourquoi vous êtes-vous chargé la mémoire de ces grands vilains mots, vous qui ne songiez autrefois qu'à délivrer votre patrie, & qui n'aviez d'objet que la gloire ?

LA

REMARQUES.

17. *C'est un Poëte.*] Chapelain.

LES HEROS

LA PUCELLE.

La gloire?

¹⁸ *Un seul endroit y mène ; & de ce seul endroit*
Droite & roide...

PLUTON.

Ah! Elle m'écorche les oreilles.

LA PUCELLE.

Droite & roide est la côte, & le sentier étroit.

PLUTON.

Quels Vers, juste Ciel! Je n'en puis pas entendre prononcer un, que ma tête ne soit prête à se fendre.

LA PUCELLE.

De flèches toutefois aucune ne l'atteint,
Ou pourtant l'atteignant, de son sang ne se teint.

PLUTON.

Encore. J'avouë que de toutes les Heroïnes qui ont paru en ce lieu, celle-ci me paroît beaucoup la plus insupportable. Vraiment elle ne prêche pas la tendresse. Tout en elle n'est que dureté & que sécheresse, & elle me paroît plus propre à glacer l'ame, qu'à inspirer l'amour.

DIOGENE.

Elle en a pourtant inspiré au vaillant Dunois.

PLUTON.

Elle? inspirer de l'amour au cœur de Dunois!

DIOGENE.

Oui assûrément,

Au grand cœur de Dunois, le plus grand de la Terre,
Grand cœur, qui dans lui seul deux grands Amours enserre.

Mais

REMARQUES.

18. *Un seul endroit y mène,* &c.] Livre cinquième du même Poëme.

Mais il faut savoir quel Amour. Dunois s'en explique ainsi lui-même en un endroit du Poëme fait pour cette merveilleuſe fille.

> [19] *Pour ces céleſtes yeux, pour ce front magnanime,*
> *Je n'ai que du reſpect, je n'ai que de l'eſtime:*
> *Je n'en ſouhaitte rien, & ſi j'en ſuis Amant,*
> *D'un Amour ſans deſir je l'aime ſeulement.*
> *Et ſoit. Conſumons-nous d'une flamme ſi belle.*
> *Brûlons en holocauſte aux yeux de la Pucelle.*

Ne voila-t-il pas une paſſion bien exprimée, & le mot d'holocauſte n'eſt-il pas tout-à-fait bien placé dans la bouche d'un Guerrier comme Dunois?

PLUTON.

Sans doute; & cette vertueuſe Guerriere peut innocemment, avec de tels Vers, aller tout de ce pas, ſi elle veut, inſpirer un pareil Amour à tous les Heros qui ſont dans ces Galeries. Je ne crains pas que cela leur amolliſſe l'ame. Mais du reſte qu'elle s'en aille. Car je tremble qu'elle ne me veuille encore réciter quelques-uns de ſes Vers, & je ne ſuis pas réſolu de les entendre. La voilà enfin partie. Je ne vois plus ici aucun Heros, ce me ſemble. Mais non, je me trompe. En voici encore un qui demeure immobile derriere cette porte. Vraiſemblablement il n'a pas entendu que je voulois que tout le monde ſortît. Le connois-tu, Diogène?

DIOGENE.

[20] C'eſt Pharamond, le premier Roi des François.

PLUTON.

Que dit-il? Il parle en lui-même.

PHARAMOND.

Vous le ſavez bien, divine Roſemonde, que pour vous aimer je n'attendis pas que j'euſſe le bonheur de vous connoître, & que c'eſt ſur le ſeul récit de vos charmes, fait par un de mes rivaux, que je devins ſi ardemment épris de vous.

PLU-

REMARQUES.

[19] *Pour ces celeſtes yeux*, &c.] Livre 2. du même Poëme.

[20] *C'eſt Pharamond, le prémier Roi* &c.] Critique de Pharamond, Roman de la Calprenède.

PLUTON.

Il semble que celui-ci soit devenu amoureux avant que de voir sa maîtresse.

DIOGENE.

Assûrément, il ne l'avoit point vûë.

PLUTON.

Quoi? il est devenu amoureux d'elle sur son portrait?

DIOGENE.

Il n'avoit pas même vû son portrait.

PLUTON.

Si ce n'est-là une vraie folie, je ne sai pas ce qui peut l'être. Mais dites-moi, vous, amoureux Pharamond, n'êtes-vous pas content d'avoir fondé le plus florissant Roïaume de l'Europe, & de pouvoir compter au rang de vos Successeurs le Roi qui y regne aujourd'hui? Pourquoi vous êtes-vous allé mal-à-propos embarrasser l'esprit de la Princesse Rosemonde?

PHARAMOND.

Il est vrai, Seigneur. Mais l'Amour......

PLUTON.

Ho! l'Amour! l'Amour! [21] Va exagerer, si tu veux, les injustices de l'Amour dans mes Galeries. Mais pour moi, le premier qui m'en viendra encore parler, je lui donnerai de mon sceptre tout au travers du visage. En voila un qui entre. Il faut que je lui casse la tête.

MINOS.

Prenez garde à ce que vous allez faire. Ne voïez vous pas que c'est Mercure?

PLUTON.

Ah, Mercure, je vous demande pardon. Mais ne venez-vous point aussi me parler d'Amour?

MER-

REMARQUES.

21. *Va exagerer, si tu veux, les injustices de l'Amour dans mes Galeries.*] Ces mots, qui sont dans l'Original de l'Auteur, avoient été omis dans l'édition de 1713.

MERCURE.

Vous savez bien que je n'ai jamais fait l'amour pour moi-même. La verité est que je l'ai fait quelquefois pour mon Pere Jupiter, & qu'en sa faveur autrefois j'endormis si bien le bon Argus, qu'il ne s'est jamais réveillé. Mais je viens vous apporter une bonne nouvelle. C'est qu'à peine l'artillerie que je vous amène a parû, que vos Ennemis se sont rangez dans le devoir. Vous n'avez jamais été Roi plus paisible de l'Enfer que vous l'êtes.

PLUTON.

Divin Messager de Jupiter, vous m'avez rendu la vie. Mais au nom de notre proche parenté, dites-moi, vous qui êtes le Dieu de l'Eloquence, comment vous avez souffert qu'il se soit glissé dans l'un & dans l'autre Monde une si impertinente maniere de parler que celle qui regne aujourd'hui, sur tout en ces Livres qu'on appelle Romans; & comment vous avez permis que les plus grands Heros de l'Antiquité parlassent ce langage.

MERCURE.

Helas! Apollon & moi, nous sommes des Dieux qu'on n'invoque presque plus, & la plûpart des Ecrivains d'aujourd'hui ne connoissent pour leur veritable patron qu'un certain Phébus, qui est bien le plus impertinent personnage qu'on puisse voir. Du reste je viens vous avertir qu'on vous a joué une piéce.

PLUTON.

Une piéce à moi! Comment?

MERCURE.

Vous croïez que les vrais Heros sont venus ici?

PLUTON.

Assûrément je le crois, & j'en ai de bonnes preuves, puisque je les tiens encore ici tous renfermez dans les Galeries de mon Palais.

MERCURE.

Vous sortirez d'erreur, quand je vous dirai que c'est une troupe de faquins, ou plûtôt de fantômes chimeriques, qui n'étant que de fades copies de beaucoup de personnages modernes, ont eû pourtant l'audace de prendre le nom des plus grands Heros de l'Antiquité, mais dont la vie a été fort courte, & qui errent maintenant sur les bords du Cocyte & du Styx. Je m'étonne que vous y aïez été trompé. Ne voïez-vous pas que ces gens-là n'ont nul caractère de Heros? Tout ce qui les soûtient aux yeux des Hommes, c'eſt un certain oripeau, & un faux clinquant de paroles, dont les ont habillez ceux qui ont écrit leur vie, & qu'il n'y a qu'à leur ôter pour les faire paroître tels qu'ils ſont. J'ai même amené des champs Elyſées, en venant ici, un François pour les reconnoître quand ils ſeront dépouillez. Car je me perſuade que vous conſentirez ſans peine qu'ils le ſoient.

PLUTON.

J'y conſens ſi bien, que je veux que ſur le champ la choſe ici ſoit exécutée. Et pour ne point perdre de tems, Gardes, qu'on les faſſe de ce pas ſortir tous de mes Galeries par les portes dérobées, & qu'on les amène tous dans la grande Place. Pour nous, allons-nous mettre ſur le Balcon de cette Fenêtre baſſe, d'où nous pourrons les contempler, & leur parler tout à notre aiſe. Qu'on y porte nos ſièges. Mercure, mettez-vous à ma droite; & vous, Minos, à ma gauche: & que Diogène ſe tienne derriere nous.

MINOS.

Les voilà qui arrivent en foule.

PLUTON.

Y ſont-ils tous?

UN GARDE.

On n'en a laiſſé aucun dans les Galeries.

PLUTON.

Accourez donc, vous tous, fidelles exécuteurs de mes volontez, Spectres, Larves, Démons, Furies, Milices Infernales que j'ai fait aſſembler. Qu'on m'entoure tous ces prétendus Heros, & qu'on me les dépouille.

CYRUS.

Quoi, vous ferez dépouiller un Conquerant comme moi?

PLUTON.

Hé de grace, génereux Cyrus, il faut que vous paſſiez le pas.

DE ROMAN.
HORATIUS COCLES,

Quoi! un Romain comme moi, qui a défendu lui seul un pont contre toutes les forces de Porsena? Vous ne le considererez ²² pas plus qu'un Coupeur de bourse.

PLUTON.

Je m'en vais te faire chanter.

ASTRATE.

Quoi un Galant aussi tendre & aussi passionné que moi, vous le ferez mal-traiter!

PLUTON.

Je m'en vais te faire voir la Reine. Ah! les voila dépouillez.

MERCURE.

Où est le François que j'ai amené?

LE FRANÇOIS.

Me voila, Seigneur. Que souhaitez-vous?

MERCURE.

Tien, regarde bien tous ces gens-là; les connois-tu?

LE FRANÇOIS.

Si je les connois? Hé ce sont tous la plûpart des Bourgeois de mom quartier. Bon-jour, Madame Lucrèce. Bon-jour, Monsieur Brutus. Bonjour Mademoiselle Clélie. Bonjour Monsieur Horatius Coclès.

PLUTON.

Tu vas voir accommoder tes Bourgeois de toutes pièces. Allons, qu'on ne les épargne point; & qu'après qu'ils auront été abondamment fustigez, on me les conduise tous sans differer droit aux bords du ²³ Fleuve de Léthé. Puis lorsqu'ils y seront arrivez, qu'on me les jette tous la tête la premiere dans l'endroit du Fleuve le plus profond, eux, leurs billets doux, leurs Lettres galantes, leurs Vers passion-

REMARQUES.

22. *Pas plus qu'un Coupeur de Bourse.*] On condamne ordinairement les Coupeurs de bourses, à la peine du foüet.

23. *Fleuve de Leṭhé.*] Fleuve de l'Oubli.

fionnez, avec tous les nombreux volumes, ou pour mieux dire les monceaux de ridicule papier, où font écrites leurs hiſtoires. Marchez donc, faquins, autrefois ſi grands Heros. Vous voilà arrivez à votre fin, ou pour mieux dire, au dernier Acte de la Comédie que vous avez jouée ſi peu de tems.

CHOEUR DE HEROS,
s'en allant chargé d'écourgées.

Ah! La Calprenède! Ah! Scudéri!

PLUTON.

Hé, que ne les tiens-je! Que ne les tiens-je! Ce n'eſt pas tout, Minos. Il faut que vous vous en alliez tout de ce pas donner ordre que la même juſtice ſe faſſe ſur tous leurs pareils dans les autres Provinces de mon Roïaume.

MINOS.

Je me charge avec plaiſir de cette commiſſion.

MERCURE.

Mais voici les veritables Heros qui arrivent, & qui demandent à vous entretenir. Ne voulez-vous pas qu'on les introduiſe?

PLUTON.

Je ſerai ravi de les voir. Mais je ſuis ſi fatigué des ſotiſes que m'ont dites tous ces impertinents uſurpateurs de leurs noms, que vous trouverez bon qu'avant tout j'aille faire un ſomme.

A R.

ARRÊT BURLESQUE,

Donné en la grand'Chambre du Parnasse, en faveur des Maîtres-ès-Arts, Medecins & Professeurs de l'Université [2] de Stagire, au Païs des Chimères, pour le maintien de la Doctrine d'Aristote.

Vu par la Cour la Requête presentée par les Régens, Maîtres-ès-Arts, Docteurs & Professeurs de l'Université, tant en leurs noms que comme Tuteurs & défenseurs de la Doctrine de [3] Maître en blanc Aristote, ancien Professeur Roïal en Grec dans le Collège du Lycée, & Précepteur du feu Roi [4] de querelleuse mémoire Alexandre dit le Grand, acquereur de l'Asie, Europe, Afrique & autres lieux; Contenant que [5] depuis

REMARQUES.

1. L'Université de Paris vouloit présenter Requête au Parlement pour empêcher qu'on n'enseignât la Philosophie de Descartes. On en parla même à Mr. le Premier Président de Lamoignon, qui dit un jour à M. Despréaux, en s'entretenant familierement avec lui, qu'il ne pourroit se dispenser de donner un Arrêt conforme à la Requête de l'Université. Sur cela, Mr. Despréaux imagina cet Arrêt burlesque, & le composa avec le secours de Mr. Bernier & de Mr. Racine, qui fournirent chacun leurs pensées. Mr. Dongois, Neveu de l'Auteur, & Greffier de la Grand' Chambre, y eut aussi beaucoup de part, sur-tout pour le stile & les termes de pratique qu'il entendoit mieux qu'eux. Quelque tems après, Mr. Dongois donnant à signer à Mr. le P. Président ses expéditions qu'il avoit laissé amasser exprès pendant deux jours, y joignit l'Arrêt burlesque, pour tâcher de surprendre ce Magistrat, & le lui faire signer avec les autres. Mais ce Magistrat s'en aperçut: & comme il étoit extrêmement doux & familier avec ceux qu'il aimoit, il fit semblant de le jetter au nez de Mr. Dongois, en lui disant: *A d'autres. Voilà un tour de Despréaux.* Il le lût avec grand plaisir: Il en rit plusieurs fois avec l'Auteur; & il convenoit que cet Arrêt burlesque l'avoit empêché d'en donner un serieux,

qui auroit apprêté à rire à tout le monde.
La Requête de l'Université ne parut point. Bernier en fit une autre sur le modèle de l'Arrêt; mais notre Auteur n'en faisoit pas grand cas. On la peut voir imprimée dans le Menagiana, Tom. 4. pag. 271. de l'Édition de 1715.

CHANGEMENT. Ibid. *Arrêt burlesque, &c.*] Cet Arrêt fut composé en 1674. & on le fit imprimer en feuille volante. Voici les Changemens que l'Auteur y fit en 1701. quand il l'insera dans le corps de ses Oeuvres.
Le titre étoit ainsi dans l'Édition de 1674. *Arrêt donné en faveur des Maîtres-ès-Arts, Medecins & Professeurs de l'Université; Pour le maintien de la doctrine d'Aristote.*

2. *De Stagire.*] Ville de Macédoine, sur la Mer Egée, & Patrie d'Aristote.

CHANGEMENT. 3. *Maître en blanc Aristote.*] Il y avoit: *Maître.... Aristote.* Ces mots, *en blanc*, sont pour suppléer au nom de baptême, qui se met au devant des noms des Maîtres-ès-Arts.

CHANGEMENT. 4. *De querelleuse mémoire.*] 1674 *de redoutable mémoire.*

CHANGEMENT. 5. *Depuis quelques années.*] Il avoit ajoûté, *en ça*, dans l'Edition de 1674.

ARRET

puis quelques années, une inconnuë, nommée la Raison, auroit entrepris d'entrer par force dans les Ecoles de ladite Université, & pour cet effet à l'aide de certains Quidams factieux, prenant les surnoms de [6] Gassendistes, Cartésiens, Malebranchistes & Pourchotistes, gens sans aveu, se seroit mise en état d'en expulser ledit Aristote, ancien & paisible possesseur desdites Ecoles, contre lequel, Elle & ses Consorts auroient déja publié plusieurs Livres, Traitez, Dissertations & Raisonnemens diffamatoires, voulant assujettir ledit Aristote à subir devant Elle l'examen de sa Doctrine; ce qui seroit directement opposé aux Loix, Us & Coûtumes de ladite Université, où ledit Aristote auroit toûjours été reconnu pour Juge sans appel & non comptable [7] de ses opinions. Que même sans l'aveu d'icelui, Elle auroit changé & innové plusieurs choses en & au dedans de la Nature, aïant ôté au Cœur la prérogative d'être le principe des Nerfs, que ce Philosophe lui avoit accordée liberalement & de son bon gré, & laquelle Elle auroit cedée & transportée au Cerveau. Et ensuite, par une procédure nulle de toute nullité, auroit attribué audit Cœur la charge de recevoir le Chile, appartenant ci-devant au Foie; comme aussi de faire voiturer le Sang par tout le corps, avec plein pouvoir audit Sang d'y vaguer, errer & circuler impunément par les veines & artères, n'aïant autre droit ni titre pour faire lesdites vexations [8] que la seule Experience, dont le témoignage n'a jamais été reçu dans lesdites Ecoles. Auroit aussi attenté [9] ladite Raison, par une entreprise inouïe, de déloger le Feu de la plus haute région du Ciel, & prétendu qu'il n'avoit là aucun domicile, nonobstant les certificats dudit Philosophe, & les visites & descentes faites par lui sur les lieux. Plus, par un attentat & voie de fait énorme contre la Faculté de Medecine, se seroit ingerée de guerir, & auroit réellement & de fait gueri quantité de fièvres intermittentes, comme tierces, double-tierces, quartes, triple-quartes, & même continuës, avec vin pur, poudres, écorce de Quinquina, & autres drogues inconnuës audit Aristote, & à Hippocrate son devancier; & ce sans saignée, purgation ni évacuation précedentes; ce qui est non seulement irrégulier, mais tortionnaire & abusif; ladite Raison n'aïant jamais été admise ni

aggre-

REMARQUES.

CHANGEMENT. 6. *Gassendistes, Cartésiens, Malebranchistes, & Pourchotistes.*] Edition de 1674. *Cartésiens, nouveaux Philosophes, Circulateurs, & Gassendistes.*

Ibid. *Gassendistes, Cartésiens,* &c.] Sectateurs de Gassendi, de Descartes, de Malebranche, & de Pourchot. Ce dernier est un Professeur au Collège des quatre Nations, qui a fait imprimer une Philosophie.

CHANGEMENT. 7. *De ses opinions.*] 1674. *De ses Argumens.*

CHANGEMENT. 8. *Que la seule Experience.*] 1674. *Que l'Experience.*

CHANGEMENT. 9. *Ladite Raison.*] Ces mots n'étoient pas dans l'Edition de 1674.

CHANGEMENT. 10. *Comme elle ne l'a* &c.] 1674.

aggregée au Corps de ladite Faculté, & ne pouvant par conséquent consulter avec les Docteurs d'icelle, ni être consultée par eux, 10 comme Elle ne l'a en effet jamais été. Nonobstant quoi, & malgré les plaintes & oppositions réiterées des Sieurs 11 Blondel, Courtois, Denyau, & autres défenseurs de la bonne Doctrine, Elle n'auroit pas laissé de se servir toûjours desdites drogues, aïant eu la hardiesse de les employer sur les Medecins mêmes de ladite Faculté, dont plusieurs, au grand scandale des Règles, ont été guéris par lesdits remèdes. Ce qui est d'un exemple très-dangereux, & ne peut avoir été fait que par mauvaises voies, sortilèges & pactes avec le Diable. Et non contente de ce, auroit entrepris de diffamer & de bannir des Ecoles de Philosophie les Formalitez, Materialitez, Entitez, Identitez, Virtualitez, Ecceïtez, Pétreïtez, Polycarpeïtez, & autres Etres imaginaires, tous Enfans & aïans cause de deffunt 12 Maitre Jean Scot leur Pere. Ce qui porteroit un préjudice notable, & causeroit la totale subversion de la Philosophie Scholastique, dont elles font 13 tout le Mystère, & qui tire d'elles toute sa subsistance, s'il n'y étoit par la Cour pourvû. Vû les libelles intitulez Physique de Rohault, Logique de Port-Roïal, Traitez du Quinquina, même l'*Adversus Aristoteleos* de Gassendi, & autres pièces attachées à ladite Requête, 14 Signée CHICANEAU, Procureur de ladite Université. Ouï le rapport du Conseiller Commis. Tout consideré,

La Cour aïant égard à ladite Requête, a maintenu & gardé, maintient & garde ledit Aristote en la pleine & paisible possession & jouissance desdites Ecoles. Ordonne qu'il sera toûjours suivi & enseigné par les Régens, Docteurs, Maîtres-ès-Arts & Professeurs de ladite Université: Sans que pour ce ils soient obligés de le lire, ni de savoir sa Langue & ses sentimens. Et sur le fond de sa doctrine, les renvoie à leurs cahiers. Enjoint au Cœur de continuer d'être le principe des Nerfs, & à toutes personnes, de quelque condition & profession qu'elles soient, de le croire tel, nonobstant toute experience à ce contraire. Ordonne pareillement au Chile d'aller droit au Foie sans plus passer par le Cœur, & au Foie de le recevoir. Fait défenses au Sang d'être plus vagabond, errer ni circuler dans le corps, sous peine d'être entierement

REMARQUES.

1674. *Comme ils ne l'ont en effet jamais pratiqué.*
11. *Blondel, Courtois, Denyau.*] Medecins de la Faculté de Paris. *Blondel* a écrit que la vertu du Quinquina venoit des pactes que les Americains ont faits avec le Diable. *Courtois* aimoit fort la saignée. *Denyau* nioit la circulation du sang.
12. *Maitre Jean Scot.*] Jean Duns, Chef de

l'Ecole des Franciscains, surnommé le Docteur subtil, & appelé communément *Scot*, parce qu'il étoit Ecossois.
CHANGEMENT. 13. *Tout le Mystère.*] 1674. *Tout le savoir.*
CHANGEMENT. 14. *Signée* Chicaneau.] 1674. CROTÉ.

ment livré & abandonné à la Faculté de Medecine. Défend à la Raison, & à ses adherans, de plus s'ingerer à l'avenir de guérir les fièvres tierces, double-tierces, quartes, triple-quartes ni continuës, par mauvais moïens & voies de sortilèges, comme vin pur, poudre, écorce de Quinquina, & autres drogues non approuvées ni connuës des Anciens. Et en cas de guérison irreguliere par icelles drogues, permet aux Medecins de ladite Faculté de rendre, suivant leur méthode ordinaire, la fièvre aux Malades, avec casse, séné, syrops, juleps, & autres remedes propres à ce; & de remettre lesdits Malades en tel & semblable état qu'ils étoient auparavant; pour être ensuite traitez selon les Règles; & s'ils n'en réchappent, conduits du moins en l'autre monde suffisamment purgez & évacuez. Remet les Entitez, Identitez, Virtualitez, Ecceïtez, & autres pareilles formules Scotistes, en leur bonne fâme & renommée. A donné acte aux Sieurs Blondel, Courtois & Denyau de leur opposition au Bon Sens. A réintegré le Feu dans la plus haute région du Ciel, suivant & conformément aux descentes faites sur les lieux. Enjoint à tous Régens, Maîtres-és-Arts & Professeurs, d'enseigner comme ils ont accoûtumé, & de se servir pour raison de ce, de tels raisonnemens qu'ils aviseront bon être; & aux Répetiteurs Hibernois & autres leurs Suppôts, de leur prêter main-forte, & de courir sus aux Contrevenans, [15] à peine d'être privez du droit de disputer sur les Prolégomènes de la Lógique. Et afin qu'à l'avenir il n'y soit contrevenu, a banni à perpétuité la Raison des Ecoles de ladite Université; lui fait défenses d'y entrer, troubler, ni inquieter ledit Aristote en la possession & jouïssance d'icelles, [16] à peine d'être declarée Janseniste, & amie des nouveautez. Et à cet effet sera le présent Arrêt lû & publié [17] aux Mathurins [18] de Stagire, à la première Assemblée qui sera faite pour la Procession du Recteur, & affiché aux portes de [19] tous les Collèges du Parnasse, & par tout où besoin sera. [20] Fait ce trente-huitième jour d'Août onze mil six cens soixante & quinze.

Collationné avec paraphe.

D I S-

R E M A R Q U E S.

CHANGEMENT. 15. *A peine d'être privez du droit* &c.] 1674. *A peine d'être chassez de l'Université.*

CHANGEMENT. 16. *A peine d'être déclarée Janseniste* &c.] 1674. *A peine d'être déclarée Heretique & Perturbatrice des Disputes publiques.*

17. *Aux Mathurins de Stagire.*] Quand le Recteur de l'Université de Paris fait ses processions, l'Université s'assemble aux Mathurins.

CHANGEMENT. 18. *De Stagire.*] Mots ajoûtez dans l'Edition de 1701.

CHANGEMENT. 19. *Tous les Collèges du Parnasse.*] 1674. *Tous les Collèges de cette Ville.*

CHANGEMENT. 20. *Fait ce trente-huitième* &c.] Au lieu de cette date imaginaire, on lisoit dans la première Edition: *Fait ce douzième jour d'Août, mil six cens soixante & quatorze.*

DISCOURS
SUR
LA SATIRE [1]

QUAND je donnai la premiere fois mes Satires au Public, je m'étois bien préparé au tumulte que l'impression de mon Livre a excité sur le Parnasse. Je savois que la nation des Poëtes, & sur tout des mauvais Poëtes, est une nation farouche qui prend feu aisément; & que ces Esprits avides de louanges, ne digereroient pas facilement une raillerie, quelque douce qu'elle pût être. Aussi oserai-je dire à mon avantage, que j'ai regardé avec des yeux assez Stoïques [2] les Libelles diffamatoires qu'on a publiez contre moi. Quelques calomnies dont on ait voulu me noircir, quelques faux bruits qu'on ait semez de ma personne, j'ai pardonné sans peine ces petites vengeances au déplaisir d'un Auteur irrité, qui se voïoit attaqué par l'endroit le plus sensible d'un Poëte, je veux dire, par ses Ouvrages.

Mais j'avouë que j'ai été un peu surpris du chagrin bizarre [3] de certains Lecteurs, qui, au lieu de se divertir d'une querelle du Parnasse, dont ils pouvoient être spectateurs indifferens, ont mieux aimé prendre parti & s'affliger avec les Ridicules, que de se réjouir avec les honnêtes gens. C'est pour les consoler que j'ai composé ma neuvième Satire, où je pense avoir montré assez clairement, que sans blesser l'Etat, ni sa conscience, on peut trouver de méchans Vers méchans, & s'ennuïer de plein droit à la lecture d'un sot Livre. Mais puisque ces Messieurs ont parlé de la liberté que je me suis donnée de nommer, comme d'un attentat inouï & sans exemple, & que des exemples ne se peuvent pas mettre en rimes, il est bon d'en dire ici un mot, pour les instruire d'une chose qu'eux seuls veulent ignorer; & leur faire voir,

qu'en

REMARQUES.

1. Ce Discours parut la premiere fois en 1668. avec la Satire neuvième. Le but de l'Auteur est de justifier ici la liberté qu'il s'est donnée de nommer quelques Ecrivains dans ses Satires; Ce qu'il prétend faire en montrant qu'il n'a fait en cela que suivre les exemples des plus fameux Poëtes, anciens & modernes.

2. *Les Libelles diffamatoires* &c.] Il couroit dès ce tems-là, contre notre Auteur, une Satire en Vers, & un Libelle en prose, intitulé, *La Critique désinteressée sur les Satires du tems*, l'un & l'autre de l'Abbé Cotin: Voiez les Remarques sur le Vers 60. de la Sat. III. & sur le Vers 306. de la Sat. IX.

3. *De certains Lecteurs.*] Ceci regarde particulierement M. le Duc de Montauzier.

qu'en comparaison de tous mes Confreres les Satiriques, j'ai été un Poëte fort retenu.

Et pour commencer par Lucilius [4] inventeur de la Satire, quelle liberté, ou plûtôt, quelle licence ne s'est-il point donnée dans ses Ouvrages? Ce n'étoit pas seulement des Poëtes & des Auteurs qu'il attaquoit: [5] c'étoit des gens de la premiere qualité de Rome; c'étoit des personnes Consulaires. Cependant, Scipion & Lélius ne jugerent pas ce Poëte, tout déterminé Rieur qu'il étoit, indigne de leur amitié; & vraisemblablement dans les occasions ils ne lui refuserent pas leurs conseils sur ses Ecrits, non plus qu'à Terence. Ils ne s'aviserent point de prendre le parti de Lupus & de Métellus, qu'il avoit jouez dans ses Satires; & ils ne crurent pas lui donner rien du leur, en lui abandonnant tous les Ridicules de la République.

num Lælius, aut qui
Duxit ab oppressâ meritum Carthagine nomen,
Ingenio offensi aut læso doluêre Metello,
Famosisve Lupo cooperto versibus?

En effet Lucilius n'épargnoit ni petits ni grands: & souvent, des Nobles & des Patriciens il descendoit jusqu'à la lie du peuple:

Primores populi arripuit, populumque tributim.

On me dira que Lucilius vivoit dans une République, où ces sortes de libertez peuvent être permises. Voïons donc Horace, qui vivoit sous un Empereur, dans les commencemens d'une Monarchie, où il est bien plus dangereux de rire qu'en un autre tems. Qui ne nomme-t-il point dans ses Satires? & Fabius le grand causeur, & Tigellius le fantasque, & Nasidiénus le ridicule, [6] & Nomentanus le débauché, & tout ce qui vient au bout de sa plume. On me répondra que ce sont des noms supposez. O la belle réponse! Comme si ceux qu'il attaque n'étoient pas des gens connus d'ailleurs: comme si l'on ne savoit pas que Fabius étoit un Chevalier Romain, qui avoit composé un Livre
de

REMARQUES.

CHANGEMENT. 4. *Inventeur de la Satire.*] Au lieu de ces mots, il y avoit dans les premieres Editions: *Satirique premier du nom.*
5. *C'étoit des gens de la premiere qualité.* &c.]

Martial, Liv. 1. Epître au Lecteur: *Cùm (libelli mei) salvâ infimarum quoque personarum reverentiâ, ludant; quæ adeò antiquis auctoribus defuit, ut nominibus non tantùm veris abusi sint, sed etiam magnis.*

* *Horat. Sat. 1. v. 65. lib. 2.*   † *Hor. ibid.*

SUR LA SATIRE.

de Droit : que Tigellius fut en son tems un Musicien cheri d'Auguste : que Nasidienus Rufus étoit un ridicule célèbre dans Rome : que [7] Cassius Nomentanus étoit un des plus fameux débauchez de l'Italie. Certainement il faut que ceux qui parlent de la sorte, n'aïent pas fort lû les Anciens, & ne soient pas fort instruits des affaires de la Cour d'Auguste. Horace ne se contente pas d'appeler les gens par leur nom : il a si peur qu'on ne les méconnoisse, qu'il a soin de rapporter jusqu'à leur surnom, jusqu'au métier qu'ils faisoient, jusqu'aux Charges qu'ils avoient exercées. Voïez, par exemple, comme il parle d'Aufidius Luscus, Préteur de Fondi :

* *Fundos Aufidio Lusco Prætore libenter*
Linquimus, insani ridentes præmia Scribæ,
Prætextam & latum clavum, &c.

Nous abandonnames, dit-il, *avec joie le Bourg de Fondi, dont étoit Préteur un certain Aufidius Luscus ; mais ce ne fut pas sans avoir bien ri de la folie de ce Préteur, auparavant Commis, qui faisoit le Sénateur, & l'Homme de qualité.* Peut-on désigner un homme plus précisément ; & les circonstances seules ne suffisoient-elles pas pour le faire reconnoître ? On me dira peut-être, qu'Aufidius étoit mort alors : mais Horace parle là d'un voïage fait depuis peu. Et puis, comment mes Censeurs répondront-ils à cet autre passage ?

† *Turgidus Alpinus jugulat dum Memnona, dumque*
Diffingit Rheni luteum caput, hæc ego ludo.

Pendant, dit Horace, *que ce Poëte enflé d'Alpinus, égorge Memnon dans son Poëme, & s'embourbe dans la description du Rhin, je me jouë en ces Satires.* Alpinus vivoit donc du tems qu'Horace se jouoit en ces Satires ; & si Alpinus en cet endroit est un nom supposé, l'Auteur du Poëme de Memnon pouvoit-il s'y méconnoître ? Horace, dira-t-on, vivoit sous le regne du plus poli de tous les Empereurs : mais vivons-nous

REMARQUES.

CHANGEMENT. 6. *Et Nomentanus le débauché.*] Edition de 1668. *Et Tanaïs le châtré :*
CHANGEMENT. 7. *Cassius Nomentanus étoit &c.*] Au lieu de ces mots on lisoit dans la première Edition : *Tanaïs étoit un Affranchi de Mecénas.* Voïez Acron, Porphyrion, & Suétone dans la Vie d'Auguste, &c.

* *Horace Sat.* 5. *v.* 36. *l.* 1. † *Sat.* 10. *v.* 36. *lib.* 1.

nous sous un regne moins poli ? Et veut-on qu'un Prince, qui a tant de qualités communes avec Auguste, soit moins dégouté que lui des méchans Livres, & plus rigoureux envers ceux qui les blâment ?

Examinons pourtant Perse, qui écrivoit sous le regne de Neron. Il ne raille pas simplement les Ouvrages des Poëtes de son tems : il attaque les Vers de Neron même. Car enfin tout le monde sait, & toute la Cour de Neron le savoit, que ces quatre Vers, *Torva Mimalloneis &c.* dont Perse fait une raillerie si amère dans sa première Satire, [8] étoient des Vers de Neron. Cependant on ne remarque point que Neron, tout Neron qu'il étoit, [9] ait fait punir Perse, & ce Tyran, ennemi de la Raison, & amoureux, comme on sait, de ses Ouvrages, fut assez galant homme pour entendre raillerie sur ses Vers, & ne crût pas que l'Empereur, en cette occasion, dût prendre les intérets du Poëte.

Pour Juvénal, qui florissoit sous Trajan, il est un peu plus respectueux envers les grands Seigneurs de son siècle. Il se contente de répandre l'amertume de ses Satires sur ceux du regne précédent : mais à l'égard des Auteurs, il ne les va point chercher hors de son siècle. A peine est-il entré en matiere, que le voilà en mauvaise humeur contre tous les Ecrivains de son tems. Demandez à Juvénal ce qui l'oblige de prendre la plume. C'est qu'il est las d'entendre & la *Théseïde* de Codrus, & l'*Oreste* de celui-ci, & le *Télephe* de cet autre, & tous les Poëtes enfin, comme il dit ailleurs, qui récitoient leurs Vers au mois d'Août, *ex Augusto recitantes mense Poëtas*. Tant il est vrai que le droit de blâmer les Auteurs est un droit ancien, passé en coûtume parmi tous les Satiriques, & souffert dans tous les siècles. Que s'il faut venir des anciens aux modernes, Regnier, qui est presque notre seul Poëte Satirique a été veritablement un peu plus discret que les autres. Cela n'empêche pas néanmoins [10] qu'il ne parle hardiment de Gallet, ce célèbre joüeur, qui *assignoit ses créanciers sur sept & quatorze* ; & du Sieur de Provins, *qui avoit changé son balandran* [11] *en manteau court* ; & du Cousin, *qui abandonnoit sa maison de peur de la réparer* ; & de Pierre du Puis, & de plusieurs autres.

[12] Que

REMARQUES.

8. *Etoient des Vers de Neron.*] Mr. Bayle *Diction. Crit. au mot*, PERSE, Poëte Satirique, Rem. D. ne croïoit pas que ces Vers : *Torva Mimalloneis* &c. fussent de Neron. Mr. Despréaux appuïoit le sentiment contraire sur le témoignage du vieux Scholiaste de Perse, qui a été suivi par la plûpart des autres Commentateurs.

CHANGEMENT. 9. *Ait fait punir Perse.*] Dans la première Edition il y avoit ici : *Ait envoïé Perse aux Galères*. Cela faisoit allusion à une vivacité de M. le Duc de Montauzier qui avoit répondu brusquement à une personne qui lui disoit que Monsr. Despréaux étoit un excellent Poëte : *Hé bien, il faut l'envoier aux Galères, couronné de lauriers*. Voïez la Remarque sur le Vers 136. de la Satire IX.

10. *Qu'il ne parle hardiment de Gallet, &c.*] Regnier parle de *Gallet*, du *S. de Provins*, & du Cou-

SUR LA SATIRE.

¹² Que répondront à cela mes Censeurs? Pour peu qu'on les presse, ils chasseront de la République des Lettres tous les Poëtes Satiriques, comme autant de perturbateurs du repos public. Mais que diront-ils de Virgile, le sage, le discret Virgile, qui dans une Eglogue, où il n'est pas question de Satire, tourne d'un seul Vers deux Poëtes de son tems en ridicule?

* *Qui Bavium non odit, amet tua carmina, Mævi:*

dit un Berger satirique dans cette Eglogue. Et qu'on ne me dise point que Bavius & Mævius en cet endroit sont des noms supposez: puisque ce seroit donner un trop cruel démenti au docte Servius, qui assure positivement le contraire. En un mot, qu'ordonneront mes Censeurs, de Catulle, de Martial, & de tous les Poëtes de l'Antiquité, qui n'en ont pas usé avec plus de discrétion que Virgile? Que penseront-ils de Voiture, qui n'a point fait conscience de rire aux dépens du célèbre Neuf-Germain, quoi-qu'également recommandable par l'antiquité de sa barbe, & par la nouveauté de sa Poësie? Le banniront-ils du Parnasse, lui & tous les Poëtes de l'Antiquité, pour établir la sûreté des Sots & des Ridicules? Si cela est, je me consolerai aisément de mon exil. Il y aura du plaisir à être relegué en si bonne compagnie. Raillerie à part, ces Messieurs veulent-ils être plus sages que Scipion & Lélius, plus délicats qu'Auguste, plus cruels que Neron? Mais eux qui sont si rigoureux envers les Critiques, d'où vient cette clémence qu'ils affectent pour les méchans Auteurs? Je voi bien ce qui les afflige: ils ne veulent pas être détrompez. Il leur fâche ¹³ d'avoir admiré serieusement des Ouvrages que mes Satires exposent à la risée de tout le monde, & de se voir condamnez à oublier, dans leur vieillesse, ces mêmes Vers qu'ils ont autrefois appris par cœur comme des chefs-d'œuvres de l'Art. Je les plains sans doute: mais quel remède? Faudra-t-il, pour s'acommoder à leur goût particulier, renoncer au Sens commun? Faudra-t-il applaudir indifferemment à toutes les impertinences qu'un Ridicule aura répandues sur le papier? Et au lieu ¹⁴ qu'en cer-

REMARQUES.

Cousin, dans sa quatorzième Satire.
11. *Balandran.*] Casaque de Campagne.
12. *Que répondront à cela mes Censeurs?*] Ceci regarde toujours M. le Duc de Montauzier.
13. *Il leur fâche d'avoir admiré* &c.] Horace, Epître I. Liv. II. 82.

Vel quia nil rectum, nisi quod placuit sibi, ducunt;
Vel quia turpe putant parere minoribus, & quæ
Imberbes didicere, senes perdenda fateri.

14. *En certains païs.*] A Lyon, dans un Temple célèbre, que les soixante Nations des Gaules firent

* *Eglogue III.* 90.

certains païs on condamnoit les méchans Poëtes à effacer leurs Ecrits avec la langue, les Livres deviendront-ils deformais un afyle inviolable, où toutes les fottifes auront droit de bourgeoifie ; où l'on n'ofera toucher fans profanation ? J'aurois bien d'autres chofes à dire fur ce fujet. Mais comme j'ai déja traité de cette matière dans ma neuvième Satire, il eft bon d'y renvoyer le Lecteur.

REMARQUES.

rent bâtir en l'honneur de l'Empereur Augufte, au confluent du Rhône & de la Saône, dans l'endroit où eft à préfent l'Abbaïe d'Ainai. L'Empereur Caligula y inftitua des Jeux, & y fonda des prix pour les difputes d'Eloquence & de Poëfie, qui s'y faifoient en Langue Grecque & Latine; mais il établit aufli des peines contre ceux qui ne réuffiroient pas en ces fortes de difputes. Les vaincus étoient obligez de donner des prix aux vainqueurs, & de compofer des difcours à leur louange. Mais ceux dont les difcours avoient été trouvez les plus mauvais, étoient contraints de les effacer avec la langue, ou avec une éponge; pour éviter d'être battus de verges, ou d'être plongez dans le Rhône. *Suétone, Vie de Caligula*, 20. *Voïez l'Hiftoire abregée, ou l'Eloge Hiftorique de Lyon, Part. 1. Ch. 12.*

C'eft à ces fortes de peines que Juvénal a fait allufion dans fa premiere Satire, Vers 43.

Palleat, ut nudis preffû qui calcibus anguem,
Aut Lugdunenfem Rhetor dicturus ad Aram.

RÉMERCIMENT
A MESSIEURS
DE L'ACADÉMIE
FRANÇOISE[1].

ESSIEURS,

L'honneur que je reçois aujourd'hui est quelque chose pour moi de si grand, de si extraordinaire, de si peu attendu, & tant de sortes de raisons [2] sembloient devoir pour jamais m'en exclure, que dans le moment même où je vous en fais mes remercimens, je ne sai encore ce que je dois croire. Est-il possible, est-il bien vrai, que vous m'aïez en

REMARQUES.

1. La mort de M. Colbert, arrivée le 6. de Septembre, 1683. aïant laissé une place vacante à l'Académie Françoise, quelques-uns des Académiciens, & entre autres M. l'Abbé Regnier & M. Rose, allèrent trouver M. Despréaux pour savoir s'il accepteroit cette place, au cas que l'Académie voulut la lui donner. M. Despréaux reçut fort bien cette proposition ; mais comme il savoit qu'une des loix de cette Compagnie étoit de n'offrir jamais ces sortes de places, il retint sur tout qu'il ne la demanderoit point. Ils y consentirent : de sorte qu'ils proposèrent eux-mêmes M. Despréaux pour remplir la place de M. Colbert.

M. De la Fontaine, qui aspiroit à la même place, appréhendant l'exclusion s'il avoit M. Despréaux pour concurrent, le pria de s'en désister en sa faveur. M. Despréaux lui dit, que si l'Académie le nommoit, il ne pouvoit refuser cet honneur ; mais il lui promit de ne faire aucune démarche pour l'obtenir.

L'Académie fut partagée entre ces deux grands Hommes. Mais quelques Académiciens, sensibles au chagrin de voir leurs noms dans les Satires de M. Despréaux, craignirent de l'avoir pour leur Confrère : ainsi la pluralité des suffrages fut pour M. De la Fontaine.

Le Roi ne fut pas content de cette élection : non pas que Mr. de la Fontaine ne fût très-digne d'être choisi, mais parce qu'on l'avoit préféré à Mr. Despréaux. Quand les Députez de l'Académie Françoise allèrent, selon l'usage de cette Compagnie, demander au Roi son agrément pour la nomination de Mr. De la Fontaine, Sa Majesté les renvoïa sans leur expliquer son intention, & les laissa très-long-tems dans cette incertitude. Le Roi fit même la campagne de Luxembourg sans se déclarer là-dessus.

Pendant cet intervale, Mr. de Bezons, Conseiller d'Etat, & l'un des Membres de l'Académie, vint à mourir. Cet illustre Corps ne balança point à nommer Mr. Despréaux pour son Successeur : & le Roi, en approuvant ce choix, confirma celui qu'on avoit fait de Mr. De la Fontaine.

Mr. Despréaux fut reçu le 3. de Juillet, 1684. Dans son Rémerciment il affecta beaucoup de modestie, de peur de faire croire qu'il voulût tirer vanité de l'attention que le Roi avoit donnée à sa nomination.

2. *Sembloient devoir.....m'en exclure.*] L'Auteur avoit écrit contre plusieurs Académiciens.

en effet jugé digne d'être admis dans cette illustre Compagnie, dont le fameux établissement ne fait guères moins d'honneur à la mémoire du Cardinal de Richelieu, que tant de choses merveilleuses qui ont été exécutées sous son Ministère? Et que penseroit ce grand Homme? Que penseroit 3 ce sage Chancelier qui a possédé après lui la Dignité de votre Protecteur, & après lequel vous avez jugé ne pouvoir choisir d'autre Protecteur que le Roi même? Que penseroient-ils, dis-je, s'ils me voïoient aujourd'hui entrer dans ce Corps si célèbre, l'objet de leurs soins & de leur estime, & où par les loix qu'ils ont établies, par les maximes qu'ils ont maintenuës, personne ne doit être reçu qui ne soit d'un merite sans reproche, d'un esprit hors du commun, en un mot, semblable à vous? Mais à qui est-ce encore que je succède dans la place que vous m'y donnez ? 4 N'est-ce pas à un Homme également considerable, & par ses grands emplois, & par sa profonde capacité dans les affaires ; qui tenoit une des premières places dans le Conseil, & qui en tant d'importantes occasions a été honoré de la plus étroite confiance de son Prince; à un Magistrat non moins sage qu'éclairé, vigilant, laborieux, & avec lequel, plus je m'examine, moins je me trouve de proportion?

Je sai bien, MESSIEURS, & personne ne l'ignore, que dans le choix que vous faites des Hommes propres à remplir les places vacantes de votre savante Assemblée, vous n'avez égard ni au rang ni à la dignité : que la politesse, le savoir, la connoissance des belles Lettres, ouvrent chez vous l'entrée aux honnêtes gens, & que vous ne croïez point remplacer indignement un Magistrat du premier ordre, un Ministre de la plus haute élèvation, en lui substituant un Poëte célèbre, un Ecrivain illustre par ses Ouvrages, & qui n'a souvent d'autre dignité que celle que son merite lui donne sur le Parnasse. Mais en qualité même d'Homme de Lettres, que puis-je vous offrir qui soit digne de la grace dont vous m'honorez? Seroit-ce un foible Recueil de Poësies, qu'une témerité heureuse, & quelque adroite imitation des Anciens, ont fait valoir, plûtôt que la beauté des pensées, ni la richesse des expressions? Seroit-ce une Traduction si éloignée de ces grands chefs-d'œuvres que vous nous donnez tous les jours, & où vous faites si glorieusement revivre les Thucydides, les Xenophons, les Tacites, & tous ces autres célèbres Heros de la savante Antiquité? Non, MESSIEURS, vous connoissez trop bien la juste valeur des choses, pour payer d'un si grand

REMARQUES.

3. *Ce sage Chancelier.*] Mr. Seguier. Après sa mort, arrivée en 1672. le Roi voulut bien se declarer Protecteur de l'Académie Françoise, à laquelle il permit de tenir ses Assemblées au Louvre.

4. *N'est-ce pas à un Homme &c.*] Mr. de Bezons (Claude Bazin.) Conseiller d'Etat.

5. *Et pour m'offrir de vous-mêmes*, &c.] *Quem &*

grand prix des Ouvrages aussi médiocres que les miens, ⁵ & pour m'offrir de vous-mêmes, s'il faut ainsi dire, sur un si léger fondement, un honneur que la connoissance de mon peu de mérite ne m'a pas laissé seulement la hardiesse de demander.

Quelle est donc la raison qui vous a pû inspirer si heureusement pour moi en cette rencontre? Je commence à l'entrevoir; & j'ose me flatter que je ne vous ferai point souffrir en la publiant. La bonté qu'a eu le plus grand Prince du monde, en voulant bien que je m'emploiasse ⁶ avec un de vos plus illustres Ecrivains à ramasser en un corps le nombre infini de ses actions immortelles; cette permission, dis-je, qu'il m'a donnée, m'a tenu lieu auprès de vous de toutes les qualitez qui me manquent. Elle vous a entierement déterminez en ma faveur. Oui, MESSIEURS, quelque juste sujet qui dût pour jamais m'interdire l'entrée de votre Académie, vous n'avez pas crû qu'il fût de votre équité de souffrir, qu'un Homme destiné à parler de si grandes choses, fût privé de l'utilité de vos leçons, ni instruit en d'autre Ecole qu'en la vôtre. Et en cela vous avez bien fait voir, que lorsqu'il s'agit de votre auguste Protecteur, quelque autre consideration qui vous pût retenir d'ailleurs, votre zèle ne vous laisse plus voir que le seul interêt de sa gloire.

Permettez pourtant que je vous désabuse, si vous vous êtes persuadez que ce grand Prince, en m'accordant cette grace, ait crû rencontrer en moi un Ecrivain capable de soûtenir en quelque sorte par la beauté du stile, & par la magnificence des paroles, la grandeur de ses exploits. C'est à vous, MESSIEURS, c'est à des plumes comme les vôtres, qu'il appartient de faire de tels chef-d'œuvres; & il n'a jamais conçû de moi une si avantageuse pensée. Mais comme tout ce qui s'est fait sous son regne tient beaucoup du miracle & du prodige, il n'a pas trouvé mauvais, qu'au milieu de tant d'Ecrivains célèbres, qui s'apprêtent à l'envi à peindre ses actions dans tout leur éclat, & avec tous les ornemens de l'éloquence la plus sublime, un Homme sans fard, & accusé plûtôt de trop de sincerité que de flatterie, contribuât de son travail & de ses conseils à bien mettre en jour & dans toute la naïveté du stile le plus simple, la verité de ces actions, qui étant si peu vraisemblables d'elles-mêmes, ont bien plus besoin d'être fidelement écrites, ⁷ que fortement exprimées.

En

REMARQUES.

& absentem in amplissimum Ordinem cooptarunt; & ea non petenti detulerunt, qua multis petentibus denegarunt. Cic. pro M. Cœlio.

6. *Avec un de vos plus illustres Ecrivains.*] Mr. Racine avoit été reçu à l'Académie en 1673. Il fut nommé en 1677 avec Mr. Despréaux, pour écrire l'Histoire du Roi.

CHANGEMENT. 7. *Que fortement exprimées.*] *Fortement exagerées,* dans les premières Editions.

En effet, MESSIEURS, lorsque des Orateurs & des Poëtes, ou des Historiens même aussi entreprenans quelquefois que les Poëtes & les Orateurs, viendront à déploïer sur une matiere si heureuse toutes les hardiesses de leur Art, toute la force de leurs expressions : Quand ils diront de LOUIS LE GRAND, à meilleur titre qu'on ne l'a dit d'un fameux Capitaine de l'Antiquité, qu'il a lui seul plus fait d'exploits [8] que les autres n'en ont lû ; qu'il a plus pris de Villes que les autres Rois n'ont souhaité d'en prendre : Quand ils assureront, qu'il n'y a point de Potentat sur la terre, quelque ambitieux qu'il puisse être, qui dans les vœux secrets qu'il fait au Ciel, ose lui demander autant de prosperitez & de gloire, que le Ciel en a accordé liberalement à ce Prince : Quand ils écriront, que sa conduite est maîtresse des évenemens, que la Fortune n'oseroit contredire ses desseins : Quand ils le peindront à la tête de ses armées, marchant à pas de Géant au travers des fleuves & des montagnes, foudroïant les remparts, brisant les rocs, terrassant tout ce qui s'oppose à sa rencontre, ces expressions paroîtront sans doute grandes, riches, nobles, accommodées au sujet : mais en les admirant, on ne se croira point obligé d'y ajoûter foi, & la Verité sous ces ornemens pompeux, pourra aisément être desavoüée ou méconnuë.

Mais lorsque des Ecrivains sans artifice, se contentant de rapporter fidelement les choses, & avec toute la simplicité de témoins qui déposent, plûtôt même que d'Historiens qui racontent, exposeront bien tout ce qui s'est passé en France depuis la fameuse Paix des Pirénées, tout ce que le Roi a fait pour rétablir dans ses Etats l'ordre, les Loix, la Discipline : Quand ils compteront bien toutes les Provinces que dans les guerres suivantes il a ajoûtées à son Roïaume, toutes les Villes qu'il a conquises, tous les avantages qu'il a eûs, toutes les victoires qu'il a remportées sur ses Ennemis : l'Espagne, la Hollande, l'Allemagne, l'Europe entière trop foible contre lui seul, une guerre toujours féconde en prosperitez, une paix encore plus glorieuse : Quand, dis-je, des plumes sinceres, & plus soigneuses de dire vrai que de se faire admirer, articuleront bien tous ces faits disposez dans l'ordre des tems, & accompagnez de leurs veritables circonstances ; qui est-ce qui en pourra disconvenir, je ne dis pas de nos Voisins, je ne dis pas de nos Alliez, je dis de nos Ennemis mêmes ? Et quand ils n'en voudroient pas tomber d'accord, leurs puissances diminuées, leurs Etats resserrez dans des

bor-

REMARQUES.

[8. *Que les autres n'en ont lû.*] Mot fameux de Ciceron, en parlant de Pompée : *Plura bella ges- fit, quàm ceteri legerunt. Plures Provincias confecit, quàm alii concupiverunt.* Pro Lege Manilia.

bornes plus étroites, leurs plaintes, leurs jalousies, leurs fureurs, leurs invectives même ne les en convaincront-ils pas malgré eux ? Pourront-ils nier, que l'année même où je parle, ce Prince voulant les contraindre d'accepter la Paix qu'il leur offroit pour le bien de la Chrétienté, il a tout-à-coup, & lors qu'ils le publioient entierement épuisé d'argent & de forces, il a, dis-je, tout-à-coup fait sortir comme de terre dans les Païs-bas deux Armées de quarante mille hommes chacune, & les y a fait subsister abondamment malgré la disette des fourrages & la sécheresse de la saison ? Pourront-ils nier, que tandis qu'avec une de ses Armées il faisoit assiéger Luxembourg, lui-même avec l'autre, tenant toutes les Villes du Hainaut & du Brabant comme bloquées ; par cette conduite toute merveilleuse, ou plûtôt par une espèce d'enchantement, semblable à celui de 9 cette Tête si célèbre dans les Fables, dont l'aspect convertissoit les hommes en rochers, il a rendu les Espagnols immobiles spectateurs de la prise de cette Place si importante, où ils avoient mis leur dernière ressource : Que par un effet non moins admirable d'un enchantement si prodigieux, 10 cet opiniâtre Ennemi de sa gloire, cet industrieux Artisan de ligues & de querelles, qui travailloit depuis si long-tems à remuer contre lui toute l'Europe, s'est trouvé lui-même dans l'impuissance, pour ainsi dire, de se mouvoir ; lié de tous côtez, & réduit, pour toute vengeance, à semer des libelles, à pousser des cris & des injures ? Nos Ennemis, je le répète, pourront-ils nier toutes ces choses ? Pourront-ils ne pas avoüer, qu'au même tems que ces merveilles s'exécutoient dans les Païs-bas, notre Armée navale sur la Mer Méditerranée, après avoir forcé Alger à demander la paix, faisoit sentir à Gènes, par un exemple à jamais terrible, la juste punition de ses insolences & de ses perfidies; ensevelissoit sous les ruines de ses Palais & de ses Maisons cette superbe Ville, plus aisée à détruire qu'à humilier ? Non sans doute, nos Ennemis n'oseroient démentir des véritez si reconnuës ; sur tout, lors qu'ils les verront écrites avec cet air simple & naïf, & dans ce caractère de sincerité & de vraisemblance, qu'au défaut des autres choses je ne desespere pas absolument de pouvoir, au moins en partie, fournir à l'Histoire.

Mais comme cette simplicité même, toute ennemie qu'elle est de l'ostentation & du faste, a pourtant son art, sa méthode, ses agrémens; où pourrois-je mieux puiser cet art & ces agrémens, que dans

la

REMARQUES.

9. *Cette Tête si fameuse.*] La Tête de Meduse. ce d'Orange, Guillaume de Nassau, depuis Roi
10. *Cet opiniâtre Ennemi de sa gloire.*] Le Prin- d'Angleterre.

la source même de toutes les délicatesses ; dans cette Académie qui tient depuis si long-tems en sa possession tous les thrésors, toutes les richesses de notre Langue? C'est donc, MESSIEURS, ce que j'espère aujourd'hui trouver parmi vous ; c'est ce que j'y viens étudier, c'est ce que j'y viens apprendre. Heureux ! si par mon assiduité à vous cultiver ; par mon adresse à vous faire parler sur ces matieres, je puis vous engager à ne me rien cacher de vos connoissances & de vos secrets. Plus heureux encore ! si par mes respects, & par mes sincères soûmissions, je puis parfaitement vous convaincre de l'extrême reconnoissance, que j'aurai toute ma vie de l'honneur inespéré que vous m'avez fait.

DISCOURS
SUR LE STILE
DES INSCRIPTIONS.

Mr. Charpentier de l'Académie Françoise, aïant composé des Inscriptions pleines d'emphase, qui furent mises par ordre du Roi au bas des Tableaux des Victoires de ce Prince, peints dans la grande Galerie de Versailles par M. le Brun; M. de Louvois, qui succeda à M. Colbert dans la Charge de Sur-Intendant des Bâtimens, fit entendre à sa Majesté, que ces Inscriptions déplaisoient fort à tout le monde; & pour mieux lui montrer que c'étoit avec raison, me pria de faire sur cela un mot d'écrit qu'il pût montrer au Roi. Ce que je fis aussi-tôt. Sa Majesté lût cet Ecrit avec plaisir, & l'approuva. De sorte que la saison l'appelant à Fontainebleau, il ordonna qu'en son absence on ôtât toutes ces pompeuses déclamations de M. Charpentier, & qu'on y mît les Inscriptions simples, qui y sont; que nous composames presque sur le champ, M. Racine & moi, & qui furent approuvées de tout le monde. C'est cet Ecrit, fait à la priere de M. de Louvois, que je donne ici au Public.

Les Inscriptions doivent être simples, courtes, & familières. La pompe, ni la multitude des paroles n'y valent rien, & ne sont point propres au stile grave, qui est le vrai stile des Inscriptions. Il est absurde de faire une déclamation autour d'une Médaille, ou au bas d'un Tableau; sur tout lors qu'il s'agit d'actions comme celles du Roi, qui étant d'elles-mêmes toutes grandes & toutes merveilleuses, n'ont pas besoin d'être exagerées.

Il suffit d'énoncer simplement les choses pour les faire admirer. *Le passage du Rhin* dit beaucoup plus, que *le merveilleux passage du Rhin*. L'Epithète de *merveilleux* en cet endroit, bien loin d'augmenter l'action, la diminuë, & sent son déclamateur qui veut grossir de petites choses. C'est à l'Inscription à dire, *voilà le passage du Rhin*; & celui qui lit, saura bien dire sans elle, *Le passage du Rhin est une des plus merveilleuses actions qui aïent jamais été faites dans la guerre.* Il le dira même d'autant plus volontiers, que l'Inscription ne l'aura pas dit avant lui; les hommes naturellement ne pouvant souffrir qu'on pré-

prévienne leur jugement, ni qu'on leur impose la nécessité d'admirer ce qu'ils admireront assez d'eux-mêmes.

D'ailleurs, comme les Tableaux de la Galerie de Versailles sont des espèces d'Emblêmes heroïques des actions du Roi, il ne faut dans les règles que mettre au bas du Tableau le fait historique, qui a donné occasion à l'Emblême. Le Tableau doit dire le reste, & s'expliquer tout seul. Ainsi, par exemple, lors qu'on aura mis au bas du premier Tableau, *Le Roi prend lui-même la conduite de son Roïaume, & se donne tout entier aux affaires*, 1661. il sera aisé de concevoir le dessein du Tableau, où l'on voit le Roi fort jeune, qui s'éveille au milieu d'une foule de Plaisirs dont il est environné, & qui tenant de la main un timon, s'apprête à suivre la Gloire qui l'appelle, &c.

Au reste, cette simplicité d'Inscriptions est extrèmement du goût des Anciens, comme on le peut voir dans les Médailles, où ils se contentoient souvent de mettre pour toute explication la date de l'action qui est figurée, ou le Consulat sous lequel elle a été faite, ou tout au plus deux mots, qui apprennent le sujet de la Médaille.

Il est vrai que la Langue Latine dans cette simplicité a une noblesse & une énergie, [1] qu'il est difficile d'attraper en notre Langue. Mais si l'on n'y peut atteindre, il faut s'efforcer d'en approcher ; & tout du moins ne pas charger nos Inscriptions d'un verbiage & d'une enflûre de paroles, qui étant fort mauvaise par tout ailleurs, devient sur tout insupportable en ces endroits.

Ajoûtez à tout cela, que ces Tableaux étant dans l'appartement du Roi, & aïant été faits par son ordre, c'est en quelque sorte le Roi lui-même qui parle à ceux qui viennent voir sa Galerie. C'est pour ces raisons qu'on a cherché une grande simplicité dans les nouvelles Inscriptions, où l'on ne met proprement que le titre & la date, & où l'on a sur tout évité le faste & l'ostentation.

A.

REMARQUES.

1. *Qu'il est difficile d'attraper en notre Langue.*] La raison de cela est bien expliquée dans une Lettre que l'Auteur m'écrivit le 15. de Mai, 1705. ..... „ Je n'aurai pas grand' peine à me déter„ miner là-dessus, puisque je suis entierement „ déclaré pour la Langue Latine, qui est extrê„ mement propre, à mon avis, pour les Inscrip„ tions, à cause de ses Ablatifs absolus : au lieu „ que la Langue Françoise, en de pareilles oc„ casions, traîne & languit par ses Gerondifs in„ commodes, & par ses Verbes auxiliaires, où „ elle est indispensablement assujettie, & qui sont „ toujours les mêmes. Ajoûtez, qu'aïant be„ soin, pour plaire, d'être soûtenuë, elle n'ad„ met point cette simplicité majestueuse du Latin, „ & pour peu qu'on l'orne, on donne dans un „ certain Phébus, qui la rend sotte & fade. En „ effet, Monsieur, voiez, par exemple, quelle „ comparaison il y auroit entre ces mots qui me „ viennent au bout de la plume : *Regiâ Familiâ* „ *Urbem invisente* ; & ceux-ci : *La Roïale Famille* „ *étant venuë voir la Ville*. Avec tout cela néan„ moins peut-être que je me trompe ; & je me „ rendrai volontiers sur cela à l'avis. &c.

A MONSEIGNEUR
LE DUC
DE VIVONNE
SUR SON ENTRÉE
DANS LE FARE DE MESSINE.
LETTRE I.

ONSEIGNEUR,

Savez-vous bien qu'un des plus sûrs moïens pour empêcher un homme d'être plaisant, c'est de lui dire : Je veux que vous le soïez ? Depuis que vous m'avez défendu le serieux, je ne me suis jamais senti si grave, & je ne parle plus que par sentences. Et d'ailleurs, votre derniere action a quelque chose de si grand, qu'en vérité je ferois conscience de vous en écrire autrement qu'en stile heroïque. Cependant je ne saurois me résoudre à ne vous pas obéir en tout ce que vous m'ordonnez. Ainsi dans l'humeur où je me trouve, je tremble également de vous fatiguer par un serieux fade, ou de vous ennuïer par une méchante plaisanterie. Enfin, mon Apollon m'a secouru ce matin; & dans le tems que j'y pensois le moins, m'a fait trouver sur mon chevet deux Lettres, qui, au défaut de la mienne, pourront peut-être vous amuser agréablement. Elles sont datées des Champs Elysées. L'une est de Balzac, & l'autre de Voiture, qui tous deux charmez du récit de votre dernier Combat, vous écrivent de l'autre Monde, pour vous en féliciter.

Voici celle de Balzac. Vous la reconnoîtrez aisément à son stile, qui ne sauroit dire simplement les choses, ni descendre de sa hauteur.

MON-

REMARQUES.

1. Cette Lettre est du 4. de Juin, 1675. Mr. le Duc de Vivonne commandoit alors l'armée navale que le Roi avoit envoïée au secours des Messinois. Après avoir battu la Flotte d'Espagne qui barroit le Port de Messine, & secouru la ville de vivres & de munitions, il manda à Mr. Despréaux qu'il le prioit de lui écrire quelque chose, qui le consolât des mauvaises harangues qu'il étoit obligé d'entendre. C'est ce qui donna lieu à l'Auteur d'imaginer ces deux Lettres, & il les composa de génie, étant chez Mr. de Lamoignon à Bâville, où il n'avoit sous les yeux ni les Lettres de Voiture, ni celles de Balzac. Au reste, il donnoit la préférence à la seconde Lettre, c'està-dire, à celle qui imite le stile de Voiture.

LETTRE I. AU DUC.

Monseigneur,

Aux Champs Elyfées le 2. Juin.

¹ Le bruit de vos actions reffufcite les Morts. Il réveille des gens endormis depuis trente années, & condamnez à un fommeil éternel. Il fait parler le filence même. La belle, l'éclatante, la glorieufe conquête que vous avez faite fur les Ennemis de la France ! Vous avez redonné le pain à une Ville qui a accoûtumé de le fournir à toutes les autres. Vous avez nourri la Mere-nourrice de l'Italie. Les tonnerres de cette Flote, qui vous fermoit les avenuës de fon port, n'ont fait que faluer votre entrée. Sa réfiftance ne vous a pas arrêté plus long-tems qu'une réception un peu trop civile. Bien loin d'empêcher la rapidité de votre courfe, elle n'a pas feulement interrompu l'ordre de votre marche. Vous avez contraint à fa vûë le Sud & le Nord de vous obéïr. ² Sans châtier la mer, comme Xerxès, vous l'avez renduë difciplinable. Vous avez plus fait encore; vous avez rendu l'Efpagnol humble : Après cela, que ne peut-on point dire de vous ? Non, la Nature, je dis la Nature encore jeune, & du tems qu'elle produifoit les Alexandres & les Céfars, n'a rien produit de fi grand que fous le regne de LOUIS quatorzième. Elle a donné aux François, fur fon déclin, ce que Rome n'a pas obtenu d'elle dans fa plus grande maturité. Elle a fait voir au monde dans votre fiècle, en corps & en ame, cette valeur parfaite, dont on avoit à peine entrevû l'idée dans les Romans & dans les Poëmes heroïques. ³ N'en déplaife à un de vos Poëtes, il n'a pas raifon d'écrire, qu'au-delà du Cocyte le merite n'eft plus connu. Le vôtre, MONSEIGNEUR, eft vanté ici d'une commune voix des deux côtez du Styx. Il fait fans ceffe reffouvenir de vous dans le féjour même de l'Oubli. Il trouve des partifans zélez dans le païs de l'Indifference. Il met l'Acheron dans les interêts de la Seine. Difons plus, il n'y a point d'Ombre parmi nous,

fi.

REMARQUES.

1. *Le bruit de vos actions* &c.] Ce commencement eft imité d'une Lettre de Balzac à Corneille, Livre 16. Lettre 9. de l'Edition in. *folio*.

2. *Sans châtier la mer, comme Xerxès*] Herodote, Livre 7. & Juvenal, Satire 10.

3. *N'en déplaife à un des vos Poëtes.*] Voiture, dans l'Epitre en Vers à Monfeigneur le Prince, a dit:

Au delà des bords du Cocyte
Il n'eft plus parlé de merite.

4. *A la fin c'eft trop de filence* &c.] Commencement d'une Ode adreffée à Mr. le Duc de Bellegarde. Scarron a mis ces deux mêmes Vers dans une Ode à Madame d'Eguillon.

si prévenuë des principes du Portique, si endurcie dans l'Ecole de Zénon, si fortifiée contre la joie & contre la douleur, qui n'entende vos loüanges avec plaisir, qui ne crie, miracle ! au moment que l'on vous nomme, & qui ne soit prête de dire avec votre Malherbe :

+ A la fin c'est trop de silence
En si beau sujet de parler.

Pour moi, MONSEIGNEUR, 5 qui vous conçois encore beaucoup mieux, je vous médite sans cesse dans mon repos ; je m'occupe tout entier de votre idée, dans les longues heures de notre loisir ; je crie continuellement, le grand Personnage ! & si je souhaite de revivre, c'est moins pour revoir la lumiere, que pour jouïr de la souveraine félicité de vous entretenir, & de vous dire de bouche, avec combien de respect je suis de toute l'étenduë de mon ame,

MONSEIGNEUR,

Votre très-humble, & très-obéïssant
serviteur, BALZAC.

Je ne sai, MONSEIGNEUR, si ces violentes exagerations vous plairont, & si vous ne trouverez point que le stile de Balzac s'est un peu corrompu dans l'autre Monde. Quoi qu'il en soit, jamais à mon avis il n'a prodigué ses hyperboles plus à propos. C'est à vous d'en juger. Mais auparavant lisez, je vous prie, la Lettre de Voiture.

REMARQUES.

Or çà, tout de bon je commence.
Aussi bien, c'est trop de silence
En si beau sujet de parler.
Ces Vers sont ici d'importance :
J'ai fort bien fait de les voler.

5. *Qui vous conçois.*] Quelques-uns vouloient que l'Auteur mît, *connois*, au lieu de *conçois*. Mais il leur fit voir que ce dernier mot en cet endroit, renferme une idée plus grande, & pour ainsi dire, plus gigantesque ; par conséquent plus propre au stile de Balzac.

LETTRE I. AU DUC

MONSEIGNEUR,

Aux Champs Elyſées le 2. Juin.

Bien que nous autres Morts ne prenions pas grand interêt aux affaires des Vivans, & ne ſoïons pas trop portez à rire, je ne ſaurois pourtant m'empêcher de me rejouïr des grandes choſes que vous faites au deſſus de notre tête. Serieuſement, votre dernier combat fait un bruit de Diable, aux Enfers. Il s'eſt fait entendre dans un lieu, où l'on n'entend pas Dieu tonner, & a fait connoître votre Gloire dans un pays, où l'on ne connoît point le Soleil. Il eſt venu ici un bon nombre d'Eſpagnols qui y étoient, & qui nous en ont appris le détail. Je ne ſai pas pourquoi on veut faire paſſer les gens de leur Nation pour fanfarons. Ce ſont, je vous aſſure, de fort bonnes gens ; & le Roi, depuis quelque temps, nous les envoie ici fort humbles & fort honnêtes. Sans mentir, MONSEIGNEUR, vous avez bien fait des vôtres depuis peu. A voir de quel air vous courez la Mer Méditerranée, il ſemble qu'elle vous appartienne toute entiere. Il n'y a pas à l'heure qu'il eſt, dans toute ſon étenduë, un ſeul Corſaire en ſûreté ; & pour peu que cela dure, je ne voi pas dequoi vous voulez que Tunis & Alger ſubſiſtent. Nous avons ici les Céſars, les Pompées, & les Alexandres. Ils trouvent tous que vous avez aſſez attrapé leur air dans votre maniere de combattre. Sur tout, Céſar vous trouve très-Céſar. Il n'y a pas juſqu'aux Alarics, aux Genſerics, aux Théodorics, & à tous ces autres Conquerans en ics, *qui ne parlent fort bien de votre action: & dans le Tartare même, je ne ſai ſi ce lieu vous eſt connu, il n'y a point de Diable, MONSEIGNEUR, qui ne confeſſe ingénument, qu'à la tête d'une Armée vous êtes beaucoup plus Diable que lui. C'eſt une verité dont vos ennemis tombent d'accord. Néanmoins, à voir le bien que vous avez fait à Meſſine, j'eſtime pour moi que vous tenez plus de l'Ange que du*

Dia-

REMARQUES.

1. *Hors que les Anges ont la taille* &c.] Mr. de Vivonne étoit extrêmement gros.

2. *Et n'ont point le bras en écharpe.*] Dans l'action qui ſuivit le fameux paſſage du Rhin, Mr. de Vivonne reçut une grande bleſſure à l'épaule gauche, & demeura eſtropié du bras, qu'il a toûjours porté en écharpe.

3. *C'eſt fort peu de choſe qu'un Demi-Dieu* &c.] Voiture, dans la même Epître à Monſieur le Prince.

4. *A ces ſept Maîtreſſes* &c.] Voïez l'Hiſtoire de l'Académie Françoiſe, & la Pompe funèbre de Voiture.

5. *Quatre ou cinq mots de votre façon.*] Mr. de Vivonne étoit fertile en bons mots. On ſe contentera d'en mettre ici un ſeul exemple. Un jour le Roi railloit Mr. de Vivonne ſur ſa groſſeur extraordinaire, en préſence de Mr. le Duc d'Aumont ;

Diable, ¹ *hors que les Anges ont la taille un peu plus légère que vous,* ² *& n'ont point le bras en écharpe. Raillerie à part, l'Enfer est extrèmement déchainé en votre faveur. On ne trouve qu'une chose à redire à votre conduite ; c'est le peu de soin que vous prenez quelquefois de votre vie. On vous aime assez en ce païs-ci, pour souhaiter de ne vous y point voir. Croïez-moi,* MONSEIGNEUR, *je l'ai dit en l'autre Monde,* ³ *C'est fort peu de chose qu'un Demi-Dieu quand il est mort. Il n'est rien tel que d'être vivant. Et pour moi, qui sais maintenant par experience ce que c'est que de ne plus être ; je fais ici la meilleure contenance que je puis. Mais, à ne vous rien celer, je meurs d'envie de retourner au monde ; ne fût-ce que pour avoir le plaisir de vous y voir. Dans le dessein même que j'ai de faire ce voïage, j'ai déja envoïé plusieurs fois chercher les parties de mon corps, pour les rassembler : mais je n'ai jamais pû ravoir mon cœur, que j'avois laissé en partant* ⁴ *à ces sept Maîtresses, que je servois, comme vous savez, si fidellement toutes sept à la fois. Pour mon esprit, à moins que vous ne l'ayez, on m'a assûré qu'il n'étoit plus dans le monde. A vous dire le vrai, je vous soupçonne un peu d'en avoir au moins l'enjouëment. Car on m'a rapporté ici* ⁵ *quatre ou cinq mots de votre façon, que je voudrois de tout mon cœur avoir dits, & pour lesquels* ⁶ *je donnerois volontiers le Panégyrique de Pline, & deux de mes meilleures Lettres. Supposé donc que vous l'aïez, je vous prie de me le renvoïer au plûtôt. Car en vérité, vous ne sauriez croire quelle incommodité c'est, que de n'avoir pas tout son esprit ; sur tout lors qu'on écrit à un Homme comme vous. C'est ce qui fait que mon stile aujourd'hui est tout changé. Sans cela, vous me verriez encore rire, comme autrefois,* ⁷ *avec mon Compere le Brochet, & je ne serois pas réduit à finir ma Lettre trivialement, comme je fais, en vous disant que je suis,*

MONSEIGNEUR,

Votre très-humble, & très-obéïssant
serviteur VOITURE.

Voilà

REMARQUES.

mont, qui n'étoit pas moins gros que Mr. le Duc de Vivonne. *Vous grossissez à vûë d'œil*, lui dit le Roi, *vous ne faites point d'exercice. Ah ! Sire, c'est une médisance*, reprit Mr. de Vivonne. *Il n'y a point de jour que je ne fasse au moins trois fois le tour de mon Cousin d'Aumont.* Il y a une réponse à peu près semblable dans Rabelais, Liv. 1. c. 21. J'ai rapporté d'autres mots de Mr. de Vivonne sur le Vers. 107. de l'Epitre IV.

6. *Je donnerois volontiers le Panégyrique de Pline.*] Voiture se déclaroit hautement contre ce Panégyrique, qu'il trouvoit peu naturel, & plein d'affectation. A lire aujourd'hui Voiture on diroit au contraire qu'un Auteur peu naturel & plein d'affectation a dû être de son gout.

7. *Avec mon Compere le Brochet.*] Voïez la Lettre 143. de Voiture.

Voilà les deux Lettres telles que je les ai reçuës. Je vous les envoïe écrites de ma main, parce que vous auriez eu trop de peine à lire les caractères de l'autre Monde, si je vous les avois envoïées en original. N'allez donc pas vous figurer, Monseigneur, que ce soit ici un pur jeu d'esprit, & une imitation du style de ces deux Ecrivains. Vous savez bien que Balzac & Voiture sont deux Hommes inimitables. Quand il seroit vrai pourtant, que j'aurois eu recours à cette invention pour vous divertir, aurois-je si grand tort? Et ne devroit-on pas au contraire m'estimer, d'avoir trouvé cette adresse pour vous faire lire des loüanges que vous n'auriez jamais souffertes autrement? En un mot, pourrois-je mieux faire voir avec quelle sincerité & quel respect je suis,

Monseigneur,

Votre, &c.

A MONSEIGNEUR
LE MARE'CHAL DUC
DE VIVONNE,
A MESSINE.
¹ LETTRE II.

ONSEIGNEUR,

Sans une maladie très-violente qui m'a tourmenté pendant quatre mois, & qui m'a mis très-long-tems dans un état moins glorieux à la vérité, mais presque aussi périlleux que celui où vous êtes tous les jours, vous ne vous plaindriez pas de ma paresse.

Avant ce tems-là je me suis donné l'honneur de vous écrire plusieurs fois: & si vous n'avez pas reçû mes Lettres, c'est la faute des courriers & non pas la mienne. Quoi qu'il en soit, me voilà guéri: je suis en état de réparer mes fautes, si j'en ai commis quelques-unes; & j'espère que cette Lettre-ci prendra une route plus sûre que les autres. Mais dites-moi, Monseigneur, sur quel ton faut-il maintenant vous parler? Je savois assez bien autrefois de quel air il falloit écrire à Monseigneur de Vivonne, General des Galères de France; mais oseroit-on se familiariser de même avec ² le Libérateur de Messine, ³ le Vainqueur de Ruyter,

---

REMARQUES.

1. Cette Lettre n'a point été imprimée dans les éditions qui ont précédé celle-ci. L'original est sans date. L'Auteur n'y en voulut point mettre, parce que la Lettre devoit demeurer long-tems en chemin. Elle fut écrite en l'année 1676. Après les diverses Victoires que Mr. de Vivonne remporta en Sicile sur les Espagnols & les Hollandois. L'année précedente il avoit été fait Maréchal de France, étant sur la Flotte en Sicile.

2. *Le Libérateur de Messine.*] Il avoit secouru & délivré la Ville de Messine, en battant la Flotte Espagnole, le 11. de Fevrier, 1675. & le 17. Août suivant il prit la Ville d'Agosta en Sicile. Au mois de Mars, 1676. il tailla en pièces sept mille hommes près de Messine.

3. *Le Vainqueur de Ruyter.*] Le 22. d'Avril 1676. il vainquit Michel Adrien Ruyter, Lieutenant-Amiral des Hollandois, qui fut blessé à mort dans le combat naval, donné devant Agosta.

ter, ⁴ le Destructeur de la Flotte Espagnole ? Seriez-vous le premier Héros qu'une extrème prosperité ne pût enorgueillir ? Etes-vous encore ce même grand Seigneur qui venoit souper chez un misérable Poëte, & y porteriez-vous sans honte vos nouveaux Lauriers au second & au troisième étage ? Non, non, Monseigneur, je n'oserois plus me flater de cet honneur. Ce seroit assez pour moi que vous fussiez de retour à Paris ; & je me tiendrois trop heureux de pouvoir grossir les pelotons de peuple qui s'amasseroient dans les ruës, pour vous voir passer. Mais je n'oserois pas même esperer cette joie. Vous vous êtes si fort habitué à gagner des batailles, que vous ne voulez plus faire d'autre métier. Il n'y a pas moïen de vous tirer de la Sicile. Cela accommode fort toute la France ; mais cela ne m'accommode point du tout. Quelques belles que soient vos victoires, je n'en saurois être content, puisqu'elles vous rendent d'autant plus nécessaire au païs où vous êtes ; & qu'en avançant vos conquêtes, elles reculent votre retour. Tout passionné que je suis pour votre gloire, je cheris encore plus votre personne, & j'aimerois encor mieux vous entendre parler ici de Chapelain & de Quinault, que d'entendre la Rénommée parler si avantageusement de Vous. Et puis, Monseigneur, combien pensez-vous que votre protection m'est nécessaire en ce Païs, dans les démêlez que j'ai incessamment sur le Parnasse ? Il faut que je vous en conte un, pour vous faire voir que je ne mens pas. Vous saurez donc, Monseigneur, qu'il y a un Medecin à Paris, nommé M. Perrault, très-grand ennemi de la santé & du bon sens ; mais en recompense, fort grand ami de Mr. Quinault. Un mouvement de pitié pour son païs, ou plûtôt, le peu de gain qu'il faisoit dans son métier, lui en a fait à la fin embrasser un autre. ⁵ Il a lû Vitruve, il a fréquenté ⁶ Mr. Le Vau & Mr. Ratabon, & s'est enfin jetté dans l'Architecture, où l'on prétend qu'en peu d'années il a autant élevé de mauvais bâtimens, qu'étant Medecin il avoit ruiné de bonnes santés. Ce nouvel Architecte, qui veut se mêler aussi de Poësie, m'a pris en haine sur le peu d'estime que je faisois des ouvrages de son cher Quinault. Sur cela il s'est déchainé contre moi dans le monde. Je l'ai souffert quelque tems avec assez de moderation ; mais enfin la bile Satirique

REMARQUES.

4. *Le Destructeur de la Flotte Espagnole.*] Le 2. de Juin il détruisit le reste de la Flotte des Espagnols & des Hollandois au port de Palerme.

5. *Il a lû Vitruve.*] En 1673. il publia une Traduction Françoise de l'Architecture de Vitruve accompagnée de Notes, avec des figures.

6. *Mr. Le Vau, & Mr. Ratabon.*] Deux fameux Architectes. M. Le Vau avoit été Premier Architecte du Roi ; & Mr. Ratabon, qui avoit été Sûr-Intendant des Bâtimens de sa Majesté, vendit cette Charge à Mr. Colbert, en 1664. Il étoit aussi Directeur de l'Académie Roïale de Peinture & de Sculpture.

7. *Qui ait quitté sa Robe pour la Truelle.*] On indique ici Loüis Savot, Medecin du Roi, & de la Faculté de Paris, qui négligea sa profession pour

rique n'a pû se contentir : si bien que dans le quatrième Chant de ma Poëtique, à quelque tems de là, j'ai inseré la Métamorphose d'un Medecin en Architecte. Vous l'y avez peut-être vûë ; elle finit ainsi :

> *Notre Assassin renonce à son Art inhumain,*
> *Et desormais la Règle & l'Equierre à la main,*
> *Laissant de Galien la Science suspecte,*
> *De méchant Medecin devient bon Architecte.*

Il n'avoit pourtant pas sujet de s'offenser, puisque je parle d'un Medecin de Florence ; & que d'ailleurs il n'est pas le premier Medecin qui dans Paris ait [7] quitté sa Robe pour la Truelle. Ajoûtez, que si en qualité de Medecin il avoit raison de se fâcher, vous m'avouerez qu'en qualité d'Architecte il me devoit des remercimens. Il ne me remercia pas pourtant. Au contraire, comme il a [8] un Frere chez Mr. Colbert, & qu'il est lui-même [9] emploié dans les Bâtimens du Roi, il cria fort hautement contre ma hardiesse : jusques là que mes amis eurent peur que cela ne me fît une affaire auprès de cet illustre Ministre. Je me rendis donc à leurs rémontrances ; & pour racommoder toutes choses, je fis une réparation sincère au Medecin, par l'Epigramme que vous allez voir.

> *Oui, j'ai dit dans mes vers, qu'un célèbre Assassin,*
> *Laissant de Galien la Science infertile,*
> *D'Ignorant Medecin devint Masson habile.*
> *Mais de parler de vous je n'eus jamais dessein.*
> *Lubin, ma Muse est trop correcte.*
> *Vous êtes, je l'avouë, ignorant Medecin,*
> *Mais non pas habile Architecte.*

REMARQUES.

pour s'attacher à la Science des Bâtimens. Il fit imprimer en 1624. & en 1632. l'Architecture Françoise des bâtimens particuliers. Ce Livre fût réimprimé en 1673. avec des Notes de Monsieur Blondel.

8. *Comme il a un Frere.*] Charles Perrault, Controleur Général des Bâtimens du Roi sous Mr. Colbert qui en étoit Sur-Intendant. C'est celui contre qui notre Auteur a écrit les Réflexions Critiques sur Longin.

9. *Emploié dans les Bâtimens du Roi.*] Ce fut, dit-on, sur les desseins de Claude Perrault que fut élevée la façade du Louvre du côté de Saint Germain l'Auxerrois. Il a aussi donné les desseins de l'Arc de Triomphe, de l'Observatoire, &c. Voïez la premiere Réflex. Crit. sur Longin.

LETTRE II. AU DUC DE VIVONNE.

Cependant, regardez, Monseigneur, comme les esprits des hommes sont faits: cette réparation bien loin d'appaiser l'Architecte, l'irrita encore davantage. Il gronda, il se plaignit, il me menaça [10] de me faire ôter ma pension. A tout cela je répondis que je craignois ses remédes, & non pas ses menaces. Le dénouëment de l'affaire est, que j'ai touché ma pension; que l'Architecte s'est [11] brouillé auprès de Mr. Colbert; & que si Dieu ne regarde en pitié son peuple, notre Homme va se rejetter dans la Medecine. Mais, Monseigneur, je vous entretiens là d'étranges bagatelles. Il est tems, ce me semble, de vous dire que je suis avec toute sorte de zèle & de respect,

MONSEIGNEUR,

Votre, &c.

REMARQUES.

10. *De me faire ôter ma pension.*] Le Roi avoit gratifié l'Auteur d'une pension de deux mille Livres, en 1671. *Voiez la Remarque sur le dernier vers de l'Epitre I. au Roi.*

11. *S'est brouillé auprés de Mr. Colbert.*] Pour n'avoir pas bien reçu Mr. de Merille, premier Valet de chambre de MONSIEUR le Duc d'Orleans, qui alla lui demander de la part de ce Prince quelques desseins d'Architecture pour le Château de Saint Cloud.

RÉPONSE A LA LETTRE,

Que son Excellence Monsieur le Comte d'Ericeyra m'a écrite de Lisbone, en m'envoïant la Traduction de mon Art Poëtique faite par lui en Vers Portugais.

LETTRE III.

MONSIEUR,

Bien que mes Ouvrages aient fait de l'éclat dans le monde, je n'en ai point conçu une trop haute opinion de moi-même; & si les loüanges qu'on m'a données m'ont flatté assez agréablement, elles ne m'ont pourtant point aveuglé. Mais j'avouë que [1] la Traduction que votre Excellence a bien daigné faire de mon Art Poëtique, & les éloges dont elle l'a accompagnée en me l'envoïant, m'ont donné un véritable orgueil. Il ne m'a plus été possible de me croire un homme ordinaire en me voïant si extraordinairement honoré; & il m'a paru que d'avoir un Traducteur de votre capacité, & de votre élévation, étoit pour moi un titre de mérite, qui me distinguoit de tous les Ecrivains de notre siècle. Je n'ai qu'une connoissance très-imparfaite de votre Langue, & je n'en ai fait aucune

REMARQUES.

1. *La Traduction* &c.] Voici ce que M. Despréaux m'en écrivit le 10. de Juillet 1701. en m'envoïant sa nouvelle Edition *in quarto*.

„ Il y a environ quatre ans que Mr. le Comte „ d'Ericeyra m'envoïa la Traduction en Portu- „ gais de ma Poëtique, avec une Lettre très- „ obligeante, & des Vers François à ma loüan- „ ge. Je sai assez bien l'Espagnol, mais je n'en- „ tens point le Portugais qui est fort different du „ Castillan; & ainsi, c'est sur le raport d'autrui „ que j'ai loüé sa Traduction. Mais les gens ins- „ truits de cette Langue, à qui j'ai montré cet „ Ouvrage, m'ont assuré qu'il étoit merveilleux. „ Au reste, Monsieur d'Ericeyra est un Seigneur „ des plus qualifiez du Portugal, & a une Mère „ qui est, dit-on, un prodige de merite. On „ m'a montré des Lettres Françoises de sa fa- „ çon, où il n'est pas possible de rien voir qui „ sente l'étranger. Ce qui m'a plû davantage de „ la Mere & du Fils, c'est qu'ils ne me parois- „ sent ni l'un ni l'autre entêtés des pointes & des „ faux brillans de leur païs, & qu'on ne voit „ point que leur Soleil leur ait trop échauffé la „ cervelle. En vous envoïant la petite Edition „ que l'on fait de mes Oeuvres, je vous enverrai „ aussi les Vers François qu'il m'a écrits.
Le Pere du Comte d'Ericeyra étoit Directeur des Finances de la Repartition des Indes.

LETTRE III. AU COMTE

cune étude particuliere. J'ai pourtant assez bien entendu votre Traduction pour m'y admirer moi-même, & pour me trouver beaucoup plus habile Ecrivain en Portugais qu'en François. En effet vous enrichissez toutes mes pensées en les exprimant. Tout ce que vous maniez se change en or ; & les cailloux même, s'il faut ainsi parler, deviennent des pierres précieuses entre vos mains. Jugez après cela si vous devez exiger de moi, que je vous marque les endroits où vous pouvez vous être un peu écarté de mon sens. Quand à la place de mes pensées vous m'auriez, sans y prendre garde, prêté quelques-unes des vôtres, bien loin de m'employer à les faire ôter, je songerois à profiter de votre méprise, & je les adopterois sur le champ pour me faire honneur. Mais vous ne me mettez nulle part à cette épreuve. Tout est également juste, exact, fidelle dans votre Traduction ; & bien que vous m'y aïez fort embelli, je ne laisse pas de m'y reconnoitre par tout. Ne dites donc plus, MONSIEUR, que vous craignez de ne m'avoir pas assez bien entendu. Dites-moi plûtôt comment vous avez fait pour m'entendre si bien, & pour apercevoir dans mon Ouvrage jusqu'à des finesses, que je croïois ne pouvoir être senties que par des gens nez en France, & nourris à la Cour de LOUIS LE GRAND. Je voi bien que vous n'êtes étranger en aucun païs, & que par l'étenduë de vos connoissances vous êtes de toutes les Cours, & de toutes les Nations. La Lettre & les Vers François, que vous m'avez fait l'honneur de m'écrire, en sont un bon témoignage. On n'y voit rien d'étranger que votre nom, & il n'y a point en France d'homme de bon goût, qui ne voulût les avoir faits. Je les ai montrez à plusieurs de nos meilleurs Ecrivains. Il n'y en a pas un qui n'en ait été extrèmement frappé, & qui ne m'ait fait comprendre que s'il avoit reçû de vous de pareilles loüanges, il vous auroit déja récrit des volumes de prose & de vers. Que penserez-vous donc de moi, de me contenter d'y répondre par une simple Lettre de compliment? Ne m'accuserez-vous point d'être ou méconnoissant, ou grossier? Non, MONSIEUR, je ne suis ni l'un ni l'autre: Mais franchement je ne fais pas des Vers, ni même de la Prose, quand je veux. Apollon est pour moi un Dieu bizarre, qui ne me donne pas comme à vous audience à toutes les heures. Il faut que j'attende les momens favorables. J'aurai soin d'en profiter dès que je les trouverai: & il y a bien du malheur si je ne meurs enfin quitte d'une partie de vos éloges. Ce que

REMARQUES.

2. *Je ne manquerai pas d'y inserer votre Traduction.*] L'Auteur ne s'est pas acquité de cette promesse. La raison qu'il en rend dans la Préface de ses Oeuvres, est que malheureusement un de ses Amis, à qui il avoit prêté cette Traduction, en avoit égaré le premier Chant. Cet Ami étoit Mr. l'Abbé Regnier Des Marais, Secretaire de l'Académie Françoise. Mais dans le fond, cette ex-

que je puis vous dire par avance, c'est qu'à la premiere édition de mes Ouvrages, [2] je ne manquerai pas d'y inferer votre Traduction, & que je ne perdrai aucune occasion de faire savoir à toute la Terre, que c'est des extrémitez de notre Continent, & [3] d'aussi loin que les Colonnes d'Hercule, que me sont venuës les loüanges dont je m'applaudis davantage, & l'Ouvrage dont je me sens le plus honoré. Je suis avec un très-grand respect,

DE VOTRE EXCELLENCE,

Très-humble & très-obéissant serviteur DESPREAUX.

REMARQUES.

cuse n'est qu'une honnête défaite, car Mr. Despréaux ne voulut pas grossir son Livre, d'une Traduction Portugaise que personne n'auroit entenduë.

3. *Et d'aussi loin que les Colonnes d'Hercule.*] En cet endroit l'Auteur a un peu haussé le ton, à dessein de s'accommoder au génie de la Nation Portugaise.

A

A MONSIEUR PERRAULT DE L'ACADEMIE FRANÇOISE.

LETTRE IV.

MONSIEUR,

Puisque le Public a été instruit de notre démêlé, il est bon de lui apprendre aussi notre réconciliation, & de ne lui pas laisser ignorer, qu'il en a été de notre querelle sur le Parnasse, comme de ces Duels d'autrefois, que la Prudence du Roi a si sagement réprimez, où après s'être battu à outrance, & s'être quelquefois cruellement blessé l'un l'autre, on s'embrassoit & on devenoit sincèrement amis. Notre Duel Grammatical s'est même terminé encore plus noblement ; & je puis dire, si j'ose vous citer Homère, que nous avons fait comme Ajax & Hector dans l'Iliade, qui aussi-tôt après leur long combat en présence des Grecs & des Troïens, se comblent d'honnêtetez, & se font des présens. En effet, MONSIEUR, notre dispute n'étoit pas encore bien finie, que vous m'avez fait l'honneur de m'envoïer vos Ouvrages, & que j'ai eu soin qu'on vous portât les miens. Nous avons d'autant mieux imité ces deux Heros du Poëme qui vous plaît si peu, qu'en nous faisant ces civilitez nous sommes demeurez comme eux, chacun dans notre même parti & dans nos mêmes sentimens ; c'est-à-dire, vous toujours bien résolu de ne point trop estimer Homère ni Virgile, & moi toujours leur passionné Admirateur. Voilà dequoi il est bon que le Public soit informé : & c'étoit pour commencer à le lui faire entendre,

REMARQUES.

1. Cette Lettre fut faite en l'année 1700. & insérée dans l'Edition que l'Auteur donna l'année suivante. C'est proprement une Dissertation, où il fixe le véritable point de la Controverse sur les Anciens & les Modernes.

dre, que peu de tems après notre réconciliation, je composai une Epigramme qui a couru, & que vrai-semblablement vous avez vuë. La
voici.

> *Tout le trouble Poëtique*
> *A Paris s'en va cesser:*
> *Perrault l'anti-Pindarique,*
> *Et Despréaux l'Homerique,*
> *Consentent de s'embrasser.*
> *Quelque aigreur qui les anime,*
> *Quand, malgré l'emportement,*
> *Comme Eux l'un l'autre on s'estime,*
> *L'accord se fait aisément.*
> *Mon embarras est comment*
> *On pourra finir la guerre*
> *De Pradon & du Parterre.*

Vous pouvez reconnoître, Monsieur, par ces Vers, où j'ai exprimé sincérement ma pensée, la différence que j'ai toujours fait de vous,
& de ce Poëte de Theatre, dont j'ai mis le nom en œuvre pour égaïer
la fin de mon Epigramme. Aussi étoit-ce l'Homme du monde qui vous
ressembloit le moins.

Mais maintenant que nous voilà bien remis, & qu'il ne reste plus
entre nous aucun levain d'animosité ni d'aigreur, oserois-je, comme
vôtre Ami, vous demander ce qui a pû depuis si long-tems vous irri-
ter, & vous porter à écrire contre tous les plus célèbres Ecrivains de
l'Antiquité? Est-ce le peu de cas qu'il vous a paru que l'on faisoit parmi nous des bons Auteurs modernes? Mais où avez-vous vû qu'on les
méprisât? Dans quel siècle a-t-on plus volontiers applaudi aux bons
Livres naissans que dans le nôtre? Quels éloges n'y a-t-on point donnez aux Ouvrages de Monsieur Descartes, de Monsieur Arnauld, de
Monsieur Nicole, & de tant d'autres admirables Philosophes & Théologiens, que la France a produits depuis soixante ans, & qui sont en
si grand nombre, qu'on pourroit faire un petit volume de la seule liste
de leurs Ecrits. Mais pour ne nous arrêter ici qu'aux seuls Auteurs qui
nous touchent vous & moi de plus près, je veux dire, aux Poëtes;
quelle gloire ne s'y sont point acquis les Malherbes, les Racans, les
Mainards? Avec quels battemens de mains n'y a-t-on point reçû les
Ouvrages de Voiture, de Sarrazin, & de la Fontaine? Quels honneurs
n'y a-t-on point, pour ainsi dire, rendus à Monsieur de Corneille &
à Mon-

à Monsieur Racine ? Et qui est-ce qui n'a point admiré les Comédies de Moliere ? Vous-même, Monsieur, pouvez-vous vous plaindre qu'on n'y ait pas rendu justice à votre Dialogue de l'Amour & de l'Amitié, à votre Poëme sur la Peinture, à votre Epître sur Monsieur de la Quintinie, & à tant d'autres excellentes pièces de votre façon ? On n'y a pas veritablement fort estimé nos Poëmes Heroïques : mais a-t-on eu tort ? Et ne confessez-vous pas vous-même, 2 en quelque endroit de vos Parallèles, que le meilleur de ces Poëmes est si dur & si forcé, qu'il n'est pas possible de le lire ?

Quel est donc le motif qui vous a tant fait crier contre les Anciens ? Est-ce la peur qu'on ne se gâtât en les imitant ? Mais pouvez-vous nier, que ce ne soit au contraire à cette imitation-là même, que nos plus grands Poëtes sont redevables du succès de leurs Ecrits ? Pouvez-vous nier que ce ne soit dans Tite-Live, dans Dion Cassius, dans Plutarque, dans Lucain & dans Senèque, que Monsieur Corneille a pris ses plus beaux traits, a puisé ces grandes idées qui lui ont fait inventer un nouveau genre de Tragédie inconnu à Aristote ? Car c'est sur ce pié, à mon avis, qu'on doit regarder quantité de ses plus belles Pièces de Théatre, où se mettant au dessus des règles de ce Philosophe, il n'a point songé, comme les Poëtes de l'ancienne Tragédie, à émouvoir la Pitié & la Terreur ; mais à exciter dans l'ame des Spectateurs, par la sublimité des pensées, & par la beauté des sentimens, 3 une certaine admiration, dont plusieurs Personnes, & les jeunes gens sur tout, s'accommodent souvent beaucoup mieux que des véritables passions Tragiques. Enfin, Monsieur, pour finir cette periode un peu longue, & pour ne me point écarter de mon sujet, pouvez-vous ne pas convenir, que ce sont Sophocle & Euripide qui ont formé Monsieur Racine ? Pouvez-vous ne pas avoüer que c'est dans Plaute & dans Terence que Moliere a appris les plus grandes finesses de son Art ?

D'où a pû donc venir votre chaleur contre les Anciens ? Je commence, si je ne m'abuse, à l'apercevoir. Vous avez vrai-semblablement rencontré, il y a long-tems, dans le monde, quelques-uns de ces faux-Savans, tels que le Président de vos Dialogues, qui ne s'étudient qu'à

en-

REMARQUES.

2. *En quelque endroit de vos Parallèles.*] Tome III. où il parle du Poëme de la Pucelle d'Orleans, par Chapelain.

3. *Une certaine admiration.*] Mr. Despréaux avoit en vûë ce passage de Mr. de Saint-Evremond, dans son Traité de la Tragédie ancienne & moderne. ,, Je finirai, *dit-il*, par un senti-,, ment hardi & nouveau. C'est qu'on doit re-,, chercher à la Tragédie, devant toutes choses, ,, une grandeur d'ame bien exprimée, qui excite ,, en nous une tendre admiration. Il y a dans ,, cette sorte d'admiration, quelque ravissement ,, pour l'esprit : le courage y est élevé, l'ame y ,, est touchée.

Cette admiration que Mr. de St. Evremond recherchoit dans la Tragédie, est sans doute bien éloignée des passions & des sentimens que la veritable Tragédie doit exciter en nous. Mais il

avoit

A Mr. PERRAULT.

enrichir leur mémoire, & qui n'aïant d'ailleurs ni esprit, ni jugement, ni goût, n'estiment les Anciens, que parce qu'ils sont Anciens; ne pensent pas que la Raison puisse parler une autre Langue, que la Grecque ou la Latine; & condamnent d'abord tout Ouvrage en Langue vulgaire, sur ce fondement seul, qu'il est en Langue vulgaire. Ces ridicules Admirateurs de l'Antiquité vous ont revolté contre tout ce que l'Antiquité a de plus merveilleux. Vous n'avez pû vous résoudre d'être du sentiment de gens si déraisonnables dans la chose même où ils avoient raison. Voilà, selon toutes les apparences, ce qui vous a fait faire vos Parallèles. Vous vous êtes persuadé qu'avec l'esprit que vous avez, & que ces gens-là n'ont point, & avec quelques argumens spécieux, vous déconcerteriez aisément la vaine habileté de ces foibles Antagonistes; & vous y avez si bien réussi, que si je ne me fusse mis de la partie, le champ de bataille, s'il faut ainsi parler, vous demeuroit: ces faux Savans n'aïant pû, & les vrais Savans, par une hauteur un peu trop affectée, n'aïant pas daigné vous répondre. Permettez-moi cependant de vous faire ressouvenir, que ce n'est point à l'approbation des faux ni des vrais Savans, que les grands Ecrivains de l'Antiquité doivent leur gloire: mais à la constante & unanime admiration de ce qu'il y a eu dans tous les siècles d'Hommes sensez & délicats, entre lesquels on compte plus d'un Alexandre & plus d'un César. Permettez-moi de vous représenter, qu'aujourd'hui même encore ce ne sont point, comme vous vous le figurez, les Schrévélius, les Perarédus, les Ménagius, ni, pour me servir des termes de Molière, les Savans en *us*, qui goûtent davantage Homère, Horace, Ciceron, Virgile. Ceux que j'ai toujours vûs le plus frapez de la lecture des Ecrits de ces grands Personnages, ce sont des Esprits du premier ordre, ce sont des Hommes de la plus haute élévation. Que s'il falloit nécessairement vous en citer ici quelques-uns, je vous étonnerois peut-être par les noms illustres que je mettrois sur le papier; & vous y trouveriez non seulement des Lamoignons, des Daguesseaux, 4 des Troisvilles, mais des Condez, des Contis, & des Turennes.

Ne pourroit-on point donc, MONSIEUR, aussi galant homme que

REMARQUES.

avoit formé ce jugement sur les Tragédies de Corneille.

4. *Des Troisvilles*] Henri-Joseph de Peyre, Comte de Troisville, qui se prononce *Tréville*, aïant quitté la profession des armes en 1667. vécut ensuite dans la retraite, & s'y appliqua uniquement à l'étude & à la devotion. Il fit de grands progrès dans l'une & dans l'autre: sur tout par une étude continuelle des Peres Grecs,

qu'il préferoit aux Latins. C'étoit un Esprit si juste & si exact, qu'il *parloit* toûjours *comme un Livre*. Aussi disoit-on que cette espèce de proverbe sembloit avoir été faite pour lui. Il avoit eu l'honneur d'être élevé près de la Personne du Roi. Il mourut à Paris au mois d'Août, 1708. âgé de 66. ans; & fut enterré à Saint Nicolas du Chardonnet sa Parroisse.

que vous l'êtes, vous réünir de sentimens avec tant de si galans Hommes ? Oui, sans doute, on le peut ; & nous ne sommes pas même, vous & moi, si éloignez d'opinion que vous pensez. En effet, qu'est-ce que vous avez voulu établir par tant de Poëmes, de Dialogues & de Dissertations sur les Anciens & sur les Modernes ? Je ne sai si j'ai bien pris votre pensée : mais la voici, ce me semble. Vôtre dessein est de montrer, que pour la connoissance, sur tout des beaux Arts, & pour le merite des belles Lettres, notre Siècle, ou pour mieux parler, le Siècle de LOUÏS LE GRAND, est non seulement comparable, mais supérieur à tous les plus fameux siècles de l'Antiquité, & même au Siècle d'Auguste. Vous allez donc être bien étonné, quand je vous dirai, que je suis sur cela entierement de votre avis ; & que même, si mes infirmitez & mes emplois m'en laissoient le loisir, je m'offrirois volontiers de prouver comme vous cette proposition la plume à la main. A la verité j'emploierois beaucoup d'autres raisons que les vôtres, car chacun a sa maniere de raisonner ; & je prendrois des précautions & des mesures que vous n'avez point prises.

Je n'opposerois donc pas, comme vous avez fait, notre Nation & notre Siècle seuls, à toutes les autres Nations & à tous les autres Siècles joints ensemble. L'entreprise, à mon sens, n'est pas soûtenable. J'examinerois chaque Nation & chaque Siècle l'un après l'autre ; & après avoir mûrement pesé en quoi ils sont au-dessus de nous, & en quoi nous les surpassons, je suis fort trompé, si je ne prouvois invinciblement, que l'avantage est de notre côté. Ainsi, quand je viendrois au Siècle d'Auguste, je commencerois par avouer sincérement, que nous n'avons point de Poëtes heroïques, ni d'Orateurs, que nous puissions comparer aux Virgiles & aux Cicerons. Je conviendrois que nos plus habiles Historiens sont petits devant les Tite-Lives & les Sallustes. Je passerois condamnation sur la Satire & sur l'Elégie ; quoi qu'il y ait ⁵ des Satires de Regnier admirables, & des Elégies de Voiture, de Sarrazin, de la Comtesse de la Suze, d'un agrément infini. Mais en même tems je ferois voir que pour la Tragédie nous sommes beaucoup superieurs aux Latins, qui ne sauroient opposer à tant d'excellentes Pièces Tragiques que nous avons en notre Langue, que quelques déclamations plus pompeuses que raisonnables d'un prétendu Sénèque, & un peu de bruit qu'ont fait en leur tems le Thyeste de Varius, & la Médée d'Ovide. Je ferois voir, que bien loin qu'ils aient eu dans ce siècle-là des Poëtes Comiques meilleurs que les nôtres, ils n'en ont
pas

REMARQUES.

5. *Des Satires de Regnier admirables.*] Mr. Despréaux ne parle point de ses Satires ; ce silence a bien de la grandeur.

pas eu un feul dont le nom ait merité qu'on s'en fouvînt: les Plautes, les Cécilius & les Terences étant morts dans le fiècle précédent. Je montrerois que fi pour l'Ode nous n'avons point d'Auteurs fi parfaits qu'Horace, qui eft leur feul Poëte Lyrique, nous en avons néanmoins un affez grand nombre, qui ne lui font guères inferieurs en délicateffe de Langue & en juftesse d'expreffion, & dont tous les Ouvrages, mis enfemble, ne feroient peut-être pas dans la balance un poids de merite moins confidérable, que les cinq Livres d'Odes qui nous reftent de ce grand Poëte. Je montrerois qu'il y a des genres de Poësie, où non feulement les Latins ne nous ont point furpafsé, mais qu'ils n'ont pas même connus: comme, par exemple, ces Poëmes en profe qne nous appelons *Romans*, & dont nous avons chez nous des modèles, qu'on ne fauroit trop eftimer, à la Morale près qui y eft fort vicieufe, & qui en rend la lecture dangereufe aux jeunes perfonnes. Je foûtiendrois hardiment qu'à prendre le Siècle d'Augufte dans fa plus grande étenduë, c'eft-à-dire, depuis Ciceron jufqu'à Corneille Tacite, [6] on ne fauroit pas trouver parmi les Latins un feul Philofophe, qu'on puiffe mettre pour la Phyfique en parallèle avec Defcartes, ni même avec Gaffendi. Je prouverois que pour le grand favoir & la multiplicité de connoiffances, leurs Varrons & leurs Plines, qui font leurs plus doctes Ecrivains, paroîtroient de médiocres Savans devant nos Bignons, nos Scaligers, nos Saumaifes, nos Peres Sirmonds, & nos Peres Pétaux. Je triompherois avec vous du peu d'étenduë de leurs lumieres fur l'Aftronomie, fur la Géographie, & fur la Navigation. Je les défierois, dis-je, de me nommer un feul habile Peintre Latin: Ceux qui ont fait du bruit à Rome dans tous ces Arts, étant des Grecs d'Europe & d'Afie, qui venoient pratiquer chez les Latins, des Arts que les Latins, pour ainfi dire, ne connoiffoient point: au lieu que toute la Terre aujourd'hui eft pleine de la réputation & des Ouvrages de nos Pouffins, de nos le Bruns, de nos Girardons & de nos Manfards. Je pourrois ajoûter encore à cela beaucoup d'autres chofes: mais ce que j'ai dit eft fuffifant, je croi, pour vous faire entendre, comment je me tirerois d'affaire à l'égard du Siècle d'Augufte. Que fi de la comparaifon des Gens de Lettres & des illuftres Artifans, il falloit paffer à celle des Heros & des grands Princes, peut-être en fortirois-je avec encore plus de fuccès. Je fuis bien fûr au moins que je ne ferois pas fort embarraffé à montrer, que l'Augufte des Latins ne l'emporte pas fur l'Augufte des François. Par tout ce que je viens de dire, vous voïez,

MON-

REMARQUES.

6. *On ne fauroit pas trouver.*] Il faudroit dire, fuivant l'ufage & les Grammairiens, *on ne fauroit trouver.*

LETTRE IV.

Monsieur, qu'à proprement parler, nous ne sommes point d'avis different sur l'estime qu'on doit faire de notre Nation & de notre Siècle: mais que nous sommes differemment de même avis. Aussi n'est-ce point votre sentiment que j'ai attaqué dans vos Parallèles; mais la maniere hautaine & méprisante, dont votre Abbé & votre Chevalier y traitent des Ecrivains, pour qui, même en les blâmant, on ne sauroit, à mon avis, marquer trop d'estime, de respect, & d'admiration. Il ne reste donc plus maintenant, pour assurer notre accord, & pour étoufer entre nous toute semence de dispute, que de nous guérir l'un & l'autre; Vous, d'un penchant un peu trop fort à rabaisser les bons Ecrivains de l'Antiquité, & Moi d'une inclination un peu trop violente à blâmer les méchans, & même les médiocres Auteurs de notre Siècle. C'est à quoi nous devons serieusement nous appliquer. Mais quand nous n'en pourrions venir à bout, je vous répons que de mon côté cela ne troublera point notre réconciliation; & que pourvû que vous ne me forciez point à lire le Clovis ni la Pucelle, je vous laisserai tout à votre aise critiquer l'Iliade & l'Eneïde; me contentant de les admirer, sans vous demander pour elles cette espèce de culte tendant à l'adoration, que vous vous plaignez [7] en quelqu'un de vos Poëmes, qu'on veüt exiger de vous, & que Stace semble en effet avoir eû pour l'Eneïde, quand il se dit à lui-même:

nec tu divinam Æneida tenta:
Sed longè sequere, & vestigia semper adora.

Voila, Monsieur, ce que je suis bien aise que le Public sache: & c'est pour l'en instruire à fond, que je me donne l'honneur de vous écrire aujourd'hui cette Lettre, que j'aurai soin de faire imprimer dans la nouvelle Edition, qu'on fait en grand & en petit de mes Ouvrages. J'aurois bien voulu pouvoir adoucir en cette nouvelle Edition quelques railleries un peu fortes, qui me sont échapées dans mes Réflexions sur Longin; mais il m'a paru que cela seroit inutile, à cause des deux Editions qui l'ont précédée, auxquelles on ne manqueroit pas de recourir, aussi bien qu'aux fausses Editions qu'on en pourra faire dans les Païs étrangers, où il y a de l'apparence qu'on prendra soin de mettre les choses en l'état qu'elles étoient d'abord. J'ai crû donc, que le meilleur

REMARQUES.

7. *En quelqu'un de vos Poëmes.*] Au commencement du Poëme intitulé, *Le Siècle de Louis le Grand*.

8. *Glissé.*] Le verbe *Glisser* est mis là dans le sens actif, dequoi on trouve peu d'exemples.

A Mr. PERRAULT.

leur moïen d'en corriger la petite malignité, c'étoit de vous marquer ici, comme je viens de le faire, mes vrais sentimens pour vous. J'espere que vous serez content de mon procedé, & que vous ne vous choquerez pas même de la liberté que je me suis donnée de faire imprimer dans cette derniere Edition la Lettre que l'illustre Monsieur Arnauld vous a écrite au sujet de ma dixième Satire.

Car outre que cette Lettre a déja été renduë publique dans deux Recueils des Ouvrages, de ce grand Homme, je vous prie, MONSIEUR, de faire réflexion, que dans la Préface de votre Apologie des Femmes, contre laquelle cet Ouvrage me défend, vous ne me reprochez pas seulement des fautes de Raisonnement & de Grammaire: mais que vous m'accusez d'avoir dit des mots sales, d'avoir [8] glissé beaucoup d'impuretez, & d'avoir fait des médisances. Je vous suplie, dis-je, de considerer, que ces reproches regardant l'honneur, ce seroit en quelque sorte reconnoître qu'ils sont vrais, que de les passer sous silence. Qu'ainsi je ne pouvois pas honnêtement me dispenser de m'en disculper moi-même dans ma nouvelle Edition, ou d'y inserer une Lettre qui m'en disculpe si honorablement. Ajoûtez que cette Lettre est écrite avec tant d'honnêteté & d'égards pour celui même contre qui elle est écrite, qu'un honnête homme, à mon avis, ne sauroit s'en offenser. J'ose donc me flater, je le répète, que vous la verrez sans chagrin, & que, comme j'avouë franchement que le dépit de me voir critiqué [9] dans vos Dialogues m'a fait dire des choses qu'il seroit mieux de n'avoir point dites; vous confesserez aussi que le déplaisir d'être attaqué [10] dans ma dixième Satire, vous y a fait voir des médisances & des saletez qui n'y sont point. Du reste, je vous prie de croire que je vous estime comme je dois, & que je ne vous regarde pas simplement comme un très-bel Esprit, mais comme un des Hommes de France qui a le plus de probité & d'honneur. Je suis,

MONSIEUR,

Votre, &c.

LET-

REMARQUES.

9. *Dans vos Dialogues.*] Parallèle des Anciens & des Modernes, Tome III. page 228. & sui-vantes, de l'Edition de Paris. 10. *Dans ma dixième Satire.*] Vers 452.

LETTRE
DE MONSIEUR
ARNAULD
DOCTEUR DE SORBONNE
A Mr. PERRAULT,
Au sujet de ma dixième Satire.

¹ LETTRE V.

Vous pouvez être surpris, Monsieur, de ce que j'ai tant différé à vous faire réponse, aïant à vous remercier de votre présent, & de la maniere honnête dont vous me faites souvenir de l'affection que vous m'avez toujours témoignée, vous & Messieurs vos Freres, depuis que j'ai le bien de vous connoître. Je n'ai pû lire votre Lettre sans m'y trouver obligé. Mais, pour vous parler franchement, la lecture que je fis ensuite de la Préface de votre Apologie des Femmes, me jetta dans un grand embarras & me fit trouver cette réponse plus difficile que je ne pensois. En voici la raison.

Tout le monde sait que Mr. Despréaux est de mes meilleurs amis, & qu'il m'a rendu des témoignages d'estime & d'amitié en toutes sortes de tems. Un de mes Amis m'avoit envoïé sa derniere Satire. Je témoignai à cet ami la satisfaction que j'en avois euë, & lui marquai en particulier, que ce que j'en estimois le plus, par rapport à la Morale, c'étoit la maniere si ingénieuse & si vive dont il avoit représenté les mauvais effets que pouvoient produire dans les jeunes personnes les Opera & les Romans. Mais comme je ne puis m'empêcher de parler à cœur ouvert à mes amis, je ne lui dissimulai pas que j'aurois souhaité qu'il

REMARQUES.

1. Cette Lettre fut écrite au mois de Mai, 1694. peu de tems avant la mort de Mr. Arnauld, & c'est son dernier Ouvrage. Il l'envoïa ouverte à un de ses Amis à Paris, afin qu'il la fît lire à Mr. Despréaux; & cet Ami en garda une copie, avant que de la rendre à Mr. Perrault.

LETTRE V. DE Mr. ARNAULD.

qu'il n'y eût point parlé [2] de l'Auteur de Saint Paulin. Cela a été écrit avant que j'eusse rien sû de l'Apologie des Femmes, que je n'ai reçuë qu'un mois après. J'ai fort approuvé ce que vous y dites en faveur des peres & des meres, qui portent leurs enfans à embrasser l'état du Mariage par des motifs honnêtes & Chrétiens; & j'y ai trouvé beaucoup de douceur & d'agrément dans les Vers.

Mais aïant rencontré dans la Préface diverses choses que je ne pouvois approuver sans blesser ma conscience, cela me jetta dans l'inquiétude de ce que j'avois à faire. Enfin, je me suis déterminé à vous marquer à vous-même quatre ou cinq points qui m'y ont fait le plus de peine, dans l'esperance que vous ne trouveriez pas mauvais que j'agisse à votre égard avec cette naïve & cordiale sincerité, que les Chrétiens doivent pratiquer envers leurs Amis.

La premiere chose que je n'ai pû approuver, c'est que vous aïez attribué à votre Adversaire cette proposition générale: *Que l'on ne peut manquer en suivant l'exemple des Anciens*; & que vous aïez conclu, que parce qu'Horace & Juvénal ont déclamé contre les Femmes d'une maniere scandaleuse, il avoit pensé qu'il étoit en droit de faire la même chose. Vous l'accusez donc d'avoir déclamé contre les Femmes d'une maniere scandaleuse, & en des termes qui blessent la pudeur, & de s'être crû en droit de le faire à l'exemple d'Horace & de Juvénal. Mais bien loin de cela, il déclare positivement le contraire. Car après avoir dit dans sa Préface, *qu'il n'apprehende pas que les Femmes s'offensent de sa Satire*, il ajoûte, *qu'une chose au moins dont il est certain qu'Elles le loüeront, c'est d'avoir trouvé moïen, dans une matiere aussi délicate que celle qu'il y traitoit, de ne pas laisser échapper un seul mot qui pût blesser le moins du monde la pudeur.* C'est ce que vous-même, Monsieur, avez rapporté de lui dans votre Préface; & ce que vous prétendez avoir réfuté par ces paroles: *Quelle erreur! Est-ce que des Heros à voix luxurieuse, des Morales lubriques, des rendez-vous chez la Cornu, & les plaisirs de l'Enfer qu'on goûte en Paradis, peuvent se présenter à l'esprit, sans y faire des images dont la pudeur est offensée?*

Je vous avoüe, Monsieur, que j'ai été extrêmement surpris de vous voir soûtenir une accusation de cette nature contre l'Auteur de la Satire, avec si peu de fondement. Car il n'est point vrai que les termes que vous raportez soient des termes deshonnêtes, & qui blessent la pudeur:

REMARQUES.

2. *De l'Auteur de Saint Paulin.*] Dans la premiere Edition de la Satire X. l'Auteur avoit mis quatorze Vers, contre Mr. Perrault Auteur du Poëme de Saint Paulin. Mais ces vers ont été retranchez dans les Editions suivantes. Voïez la Remarque sur le Vers 458. de la Satire X.

deur: & la raison que vous en donnez ne le prouve point. S'il étoit vrai que la pudeur fût offensée de tous les termes qui peuvent présenter à notre esprit certaines choses dans la matiere de la pureté, vous l'auriez bien offensée vous-même, quand vous avez dit, *Que les anciens Poëtes enseignoient divers moïens pour se passer du mariage, qui sont des crimes parmi les Chrétiens, & des crimes abominables.* Car y a-t-il rien de plus horrible & de plus infame, que ce que ces mots de *crimes abominables* présentent à l'esprit? Ce n'est donc point par là qu'on doit juger si un mot est deshonnête, ou non.

On peut voir sur cela 3 une Lettre de Ciceron à Papirius Pætus, qui commence par ces mots, *Amo verecundiam, tu potiùs libertatem loquendi*. Car c'est ainsi qu'il faut lire, & non pas *Amo verecundiam, vel potiùs libertatem loquendi*, qui est une faute visible qui se trouve presque dans toutes les Editions de Ciceron. Il y traite fort au long cette question, sur laquelle les Philosophes étoient partagez: S'il y a des paroles qu'on doive regarder comme mal-honnêtes, & dont la modestie ne permette pas que l'on se serve. Il dit que les Stoïciens nioient qu'il y en eût: il raporte leurs raisons. Ils disoient que l'obscénité, pour parler ainsi, ne pouvoit être que dans les mots ou dans les choses; Qu'elle n'étoit point dans les mots, puisque plusieurs mots étant équivoques, & aïant diverses significations, ils ne passoient point pour deshonnêtes selon une de leurs significations, dont il apporte plusieurs exemples: Qu'elle n'étoit point aussi dans les choses; parce que la même chose pouvant être signifiée par plusieurs façons de parler, il y en avoit quelques-unes, dont les Personnes les plus modestes ne faisoient point de difficulté de se servir; Comme, dit-il, personne ne se blessoit d'entendre dire, *Virginem me quondam invitam, is per vim violat*: au lieu que si on se fût servi d'un autre mot que Ciceron laisse sous-entendre, & qu'il n'a eu garde d'écrire, *Nemo*, dit-il, *tulisset*, personne ne l'auroit pû souffrir.

Il est donc constant, selon tous les Philosophes, & les Stoïciens mêmes, que les Hommes sont convenus, que la même chose étant exprimée par de certains termes, elle ne blesseroit pas la pudeur; & qu'étant exprimée par d'autres, elle la blesseroit. Car les Stoïciens mêmes demeuroient d'accord de cette sorte de convention: mais la croïant déraisonnable, ils soûtenoient qu'on n'étoit point obligé de la suivre. Ce qui leur faisoit dire, *nihil esse obscœnum, nec in verbo nec in re*; & que le Sage appeloit chaque chose par son nom.

Mais comme cette opinion des Stoïciens est insoûtenable, & qu'elle est contraire à saint Paul, qui met entre les vices, *Turpiloquium*, les mots

REMARQUES.

3. *Une Lettre de Ciceron.*] Livre IX. Epît. 22.

mots fales; il faut néceffairement reconnoître, que la même chofe peut être exprimée par de certains termes, qui feroient fort deshonnêtes; mais qu'elle peut auffi être exprimée, par de certains termes, qui ne le font point du tout au jugement de toutes les perfonnes raifonnables. Que fi on veut en favoir la raifon, que Ciceron n'a point donnée, on peut voir ce qui en a été écrit dans *l'Art de penfer*, première Partie, chap. 13.

Mais fans nous arrêter à cette raifon, il eft certain que dans toutes les Langues policées, car je ne fai pas s'il en eft de même des Langues fauvages; il y a de certains termes que l'ufage a voulu qui fuffent regardez comme deshonnêtes, & dont on ne pourroit fe fervir fans bleffer la pudeur; & qu'il y en a d'autres, qui fignifiant la même chofe ou les mêmes actions, mais d'une maniere moins groffière, & pour ainfi dire, plus voilée, n'étoient point cenfez deshonnêtes. Et il falloit bien que cela fût ainfi. Car fi certaines chofes qui font rougir, quand on les exprime trop groffièrement, ne pouvoient être fignifiées par d'autres termes dont la pudeur n'eft point offenfée, il y a de certains vices dont on n'auroit point pû parler, quelque néceffité qu'on en eût, pour en donner de l'horreur, & pour les faire éviter.

Cela étant donc certain, comment n'avez-vous point vû que les termes que vous avez repris, ne pafferont jamais pour deshonnêtes? Les premiers font *les voix luxurieufes*, & *la Morale lubrique de l'Opera*. Ce que l'on peut dire de ces mots, *luxurieux* & *lubrique*, eft qu'ils font un peu vieux: ce qui n'empêche pas qu'ils ne puiffent bien trouver place dans une Satire. Mais il eft inouï qu'ils aient jamais été pris pour des mots deshonnêtes, & qui bleffent la pudeur. Si cela étoit, auroit-on laiffé le mot de *luxurieux* dans les Commandemens de Dieu que l'on apprend aux enfans? *Les rendez-vous chez la Cornu* font affurément de vilaines chofes pour les perfonnes qui les donnent. C'eft auffi dans cette vûë que l'Auteur de la Satire en a parlé, pour les faire détefter. Mais quelle raifon auroit-on de vouloir que cette expreffion foit malhonnête? Eft-ce qu'il auroit mieux valu nommer le métier de la Cornu par fon propre nom? C'eft au contraire ce qu'on n'auroit pû faire fans bleffer un peu la pudeur. Il en eft de même *des plaifirs de l'Enfer goûtez en Paradis*. Et je ne voi pas que ce que vous en dites foit bien fondé. C'eft, dites-vous, *une expreffion fort obfcure*. Un peu d'obfcurité ne fied pas mal dans ces matieres. Mais il n'y en a point ici que les gens d'efprit ne dévelopent fans peine. Il ne faut que lire ce qui précède dans la Satire, qui eft 4 la fin de la fauffe Dévote:

Voi-

REMARQUES.

4. *La fin de la fauffe Dévote.*] Il a voulu dire: *La fin du portrait de la fauffe Dévote.*

* *Voilà le digne fruit des soins de son Docteur.*
Encore est-ce beaucoup, si ce Guide imposteur,
Par les chemins fleuris d'un charmant Quiétisme
Tout-à-coup l'amenant au vrai Molinozisme,
Il ne lui fait bien-tôt, aidé de Lucifer,
Gouter en Paradis les plaisirs de l'Enfer.

N'est-il pas loüable d'avoir cherché les plus noires couleurs qu'il a pû, pour donner de l'horreur d'un si détestable abus, dont on a vû depuis peu de si terribles exemples ? On voit assez que ce qu'il a entendu par ce que nous venons de rapporter, est le crime d'un Directeur hypocrite, qui aidé du Démon, fait goûter des plaisirs criminels, dignes de l'Enfer, à une Malheureuse qu'il auroit feint de conduire en Paradis. *Mais*, dites-vous, *l'on ne peut creuser cette pensée, que l'imagination ne se salisse effroïablement.* Si creuser une pensée de cette nature, c'est s'en former dans l'imagination une image sale, quoi qu'on n'en eût donné aucun sujet, tant pis pour ceux, qui, comme vous dites, creuseroient celle-ci. Car ces sortes de pensées revêtuës de termes honnêtes, comme elles le sont dans la Satire, ne présentent rien proprement à l'imagination, mais seulement à l'esprit, afin d'inspirer de l'aversion pour la chose dont on parle. Ce qui bien loin de porter au vice, est un puissant moïen d'en détourner. Il n'est donc pas vrai qu'on ne puisse lire cet endroit de la Satire, sans que l'imagination en soit salie : à moins qu'on ne l'ait fort gâtée par une habitude vicieuse d'imaginer ce que l'on doit seulement connoître pour le fuïr, selon cette belle parole de Tertullien, si ma mémoire ne me trompe, *Spiritualia nequitiæ non amicâ conscientiâ, sed inimicâ scientiâ novimus.*

Cela me fait souvenir de la scrupuleuse pudeur du P. Bouhours, qui s'est avisé de condamner tous les Traducteurs du Nouveau Testament pour avoir traduit, *Abraham genuit Isaac*, Abraham engendra Isaac; parce, dit-il, que ce mot, *engendra*, salit l'imagination. Comme si le mot Latin, *genuit*, donnoit une autre idée que le mot *engendrer* en François. Les personnes sages & modestes ne font point de ces sortes de réflexions, qui banniroient de notre Langue une infinité de mots, comme celui de *concevoir*, *d'user du Mariage*, *de consommer le Mariage*, & plusieurs autres. Et ce seroit aussi en vain que les Hébreux loueroient la chasteté de la Langue Sainte dans ces façons de parler, *Adam connut sa femme*, *& elle enfanta Caïn.* Car ne peut-on pas dire qu'on ne peut creuser ce mot, *connoître sa femme*, que l'imagination

n'en

* V. 619. & suiv.

n'en soit salie ? Saint Paul a-t-il eu cette crainte, quand il a parlé en ces termes de la fornication, dans la première Epître aux Corinthiens, chapitre 6. *Ne savez-vous pas*, dit-il, *que vos corps sont les membres de Jesus-Christ ? Arracherai-je donc à Jesus-Christ ses propres membres, pour en faire les membres d'une Prostituée ? A Dieu ne plaise. Ne savez-vous pas que celui, qui se joint à une Prostituée, devient un même corps avec elle ? Car ceux qui étoient deux, ne sont plus qu'une même chair,* dit l'Ecriture: *mais celui qui demeure attaché au Seigneur, est un même esprit avec lui. Fuïez la fornication.* Qui peut douter que ces paroles ne présentent à l'esprit des choses qui feroient rougir, si elles étoient exprimées en certains termes que l'honnêteté ne souffre point ? Mais outre que les termes dont l'Apôtre se sert, sont d'une nature à ne point blesser la pudeur ; l'idée qu'on en peut prendre, est accompagnée d'une idée d'exécration, qui non seulement empêche que la pudeur n'en soit offensée, mais qui fait de plus que les Chrétiens conçoivent une grande horreur du vice dont cet Apôtre a voulu détourner les Fidelles. Mais veut-on savoir ce qui peut être un sujet de scandale aux Foibles ? C'est quand un faux Délicat leur fait appréhender une saleté d'imagination, où personne avant lui n'en avoit trouvé. Car il est cause par là qu'ils pensent à quoi ils n'auroient point pensé, si on les avoit laissez dans leur simplicité. Vous voïez donc, Monsieur, que vous n'avez pas eu sujet de reprocher à votre Adversaire, qu'il avoit eu tort de se vanter, *qu'il ne lui étoit pas échappé un seul mot, qui pût blesser le moins du monde la pudeur.*

La seconde chose qui m'a fait beaucoup de peine, Monsieur, c'est que vous blâmez dans votre Préface les endroits de la Satire, qui m'avoient paru les plus beaux, les plus édifians, & les plus capables de contribuer aux bonnes mœurs, & à l'honnêteté publique. J'en rapporterai deux ou trois exemples. J'ai été charmé, je vous l'avouë, de ces Vers (v. 125. & suiv.)

L'Epouse que tu prens, sans tache en sa conduite,
Aux vertus, m'a-t-on dit, dans Port-Roïal instruite,
Aux Loix de son devoir règle tous ses desirs.
Mais qui peut t'assûrer qu'invincible aux plaisirs,
Chez toi dans une vie ouverte à la licence,
Elle conservera sa première innocence ?
Par toi-même bien-tôt conduite à l'Opera,
De quel air penses-tu que ta Sainte verra
D'un spectacle enchanteur la pompe harmonieuse,

Ces danses, ces Heros à voix luxurieuse,
Entendra ces discours sur l'Amour seul roulans,
Ces doucereux Renauds, ces insensez Rolans;
Saura d'eux qu'à l'Amour, comme au seul Dieu suprème,
On doit immoler tout, jusqu'à la Vertu même :
Qu'on ne sauroit trop tôt se laisser enflammer ;
Qu'on n'a reçû du Ciel un cœur que pour aimer ;
Et tous ces Lieux-communs de Morale lubrique,
Que Lulli rechauffa des sons de sa Musique ?
Mais de quels mouvemens, dans son cœur excitez,
Sentira-t-elle alors tous ses sens agitez ?

On trouvera quelque chose de semblable dans un Livre imprimé il y a dix ans. Car on y fait voir par l'autorité des Païens mêmes, combien c'est une chose pernicieuse de faire un Dieu de l'Amour, & d'inspirer aux jeunes personnes qu'il n'y a rien de plus doux que d'aimer. Permettez-moi, Monsieur, de rapporter ici ce qui est dit dans ce Livre, qui est assez rare. *Peut-on avoir un peu de zèle pour le salut des ames, qu'on ne déplore le mal que font dans l'esprit d'une infinité de personnes, les Romans, les Comédies, & les Opera ? Ce n'est pas qu'on n'ait soin présentement de n'y rien mettre qui soit grossièrement deshonnête : mais c'est qu'on s'y étudie à faire paroître l'Amour comme la chose du monde la plus charmante & la plus douce. Il n'en faut pas davantage pour donner une grande pente à cette malheureuse passion. Ce qui fait souvent de si grandes plaies, qu'il faut une grace bien extraordinaire pour en guérir. Les Païens mêmes ont reconnu combien cela pouvoit causer de desordres dans les mœurs.* ⁵ *Car Ciceron aïant rapporté les Vers d'une Comédie, où il est dit que l'Amour est le plus grand des Dieux* (ce qui ne se dit que trop dans celles de ce tems-ci) *il s'écrie avec raison : O la belle réformatrice des mœurs que la Poësie, qui nous fait une Divinité de l'Amour, qui est une source de tant de folies & de déreglemens honteux ! Mais il n'est pas étonnant de lire de telles choses dans une Comédie : puisque nous n'en aurions aucune, si nous n'approuvions ces desordres :* De Comœdia loquor, quæ, si hæc flagitia non approbaremus, nulla esset omnino.

Mais

REMARQUES.

5. *Car Ciceron aïant raporté les Vers d'une Comédie.*] Du Poëte Cécilius. Après quoi Ciceron s'écrie : O præclaram emendatricem vitæ, Poëticam! quæ Amorem, flagitii & levitatis auctorem, in concilio Deorum collocandum putet. De Comœdia loquor, &c. Cic. Tuscul. Liv. 4. vers la fin.

6. *Le poison de ces chansons lascives.*] Ce que Monsieur Arnauld & Monsieur Despréaux ont dit de la *Morale lubrique* & des chansons de l'Opera, Ciceron l'avoit dit auparavant des Poëtes. *Sed videsne,*

Mais ce qu'il y a de particulier dans l'Auteur de la Satire, & en quoi il est le plus louable, c'est d'avoir représenté avec tant d'esprit & de force, le ravage que peuvent faire dans les bonnes mœurs les Vers de l'Opera, qui roulent tous sur l'Amour, chantez sur des airs, qu'il a eu grande raison d'appeller *luxurieux*; puisqu'on ne sauroit s'en imaginer de plus propres à enflammer les passions, & à faire entrer dans les cœurs *la Morale lubrique* des Vers. Et ce qu'il y a de pis, c'est que ⁶ le poison de ces chansons lascives ne se termine pas au lieu où se jouent ces Pièces, mais se répand par toute la France, où une infinité de gens s'appliquent à les apprendre par cœur, & se font un plaisir de les chanter par tout où ils se trouvent.

Cependant, Monsieur, bien loin de reconnoître le service que l'Auteur de la Satire a rendu par-là au Public, vous voudriez faire croire, que c'est pour donner un coup de dent à Monsieur Quinault, Auteur de ces Vers de l'Opera, qu'il en a parlé si mal: & c'est dans cet endroit-là même, que vous avez crû avoir trouvé des mots deshonnêtes dont la pudeur est offensée.

Ce qui m'a aussi beaucoup plû dans la Satire, c'est ce qu'il dit contre les mauvais effets de la lecture des Romans. Trouvez bon, Monsieur, que je le rapporte encore ici.

* Supposons toutefois, qu'encor fidèle & pure,
Sa vertu de ce choc revienne sans blessure;
Bien-tôt dans ce grand monde, où tu vas l'entraîner,
Au milieu des écueils qui vont l'environner,
Crois-tu que toujours ferme aux bords du précipice,
Elle pourra marcher sans que le pied lui glisse;
Que toûjours insensible aux discours enchanteurs
D'un idolatre amas de jeunes Séducteurs,
Sa sagesse jamais ne deviendra folie?
D'abord tu la verras, ainsi que dans Clélie,
Recevant ses Amans sous le doux nom d'Amis,
S'en tenir avec eux aux petits soins permis;
Puis, bien-tôt en grande eau sur le fleuve de Tendre

Na-

REMARQUES.

videsne, dit-il, *Poëta quid mali afferant ? Lamentantes inducunt fortissimos viros : molliunt animos nostros : ita sunt deinde dulces , ut non legantur modò, sed etiam ediscantur. Sic ad malam domesticam disciplinam, vitamque umbratilem & delicatam cùm accesserunt etiam Poëtæ nervos omnes virtutis elidunt.* Tuscul. Liv. 2. avant le milieu.

* v. 149. & suiv.

Naviger à souhait, tout dire, & tout entendre.
Et ne présume pas que Vénus, ou Satan,
Souffre qu'elle en demeure aux termes du Roman.
Dans le crime il suffit qu'une fois on débute,
Une chûte toujours attire une autre chûte:
L'Honneur est comme une Isle escarpée & sans bords;
On n'y peut plus rentrer dès qu'on en est dehors.

Peut-on mieux représenter le mal, que sont capables de faire les Romans les plus estimez, & par quels degrez insensibles ils peuvent mener les jeunes gens, qui s'en laissent empoisonner, bien loin au delà des termes du Roman, & jusqu'aux derniers desordres? Mais parce qu'on y a nommé la Clélie, il n'y a presque rien dont vous fassiez un plus grand crime à l'Auteur de la Satire. *Combien*, dites-vous, *a-t-on été indigné de voir continuer son acharnement sur la Clélie? L'estime qu'on a toujours fait de cet Ouvrage, & l'extrème vénération qu'on a toujours eüe* [7] *pour l'illustre Personne qui l'a composé, ont fait soûlever tout le monde contre une attaque si souvent & si inutilement répetée.* Il paroit bien que le vrai merite est bien plutôt une raison pour avoir place dans ses Satires, qu'une raison d'en être exempt.

Il ne s'agit point, Monsieur, du merite de la Personne qui a composé la Clélie, ni de l'estime qu'on a faite de cet Ouvrage. Il en a pû meriter pour l'esprit, pour la politesse, pour l'agrément des inventions, pour les caractères bien suivis, & pour les autres choses qui rendent agréable à tant de personnes la lecture des Romans. Que ce soit, si vous voulez, le plus beau de tous les Romans: mais enfin c'est un Roman. C'est tout dire. Le caractère de ces Pièces est de rouler sur l'Amour & d'en donner des leçons d'une manière ingenieuse, & qui soit d'autant mieux reçuë, qu'on en écarte le plus en apparence tout ce qui pourroit paroître de trop grossiérement contraire à la pureté. C'est par-là qu'on va insensiblement jusqu'au bord du précipice, s'imaginant qu'on n'y tombera pas, quoi qu'on y soit déja à demi tombé par le plaisir qu'on a pris à se remplir l'esprit & le cœur de la doucereuse Morale qui s'enseigne au païs de Tendre. Vous pouvez dire, tant qu'il vous plaira, que cet Ouvrage est en vénération à tout le monde. Mais voici deux faits dont je suis très-bien informé. Le premier

REMARQUES.

7. *Pour l'illustre Personne qui l'a composé.*] Mademoiselle de Scuderi.

8. *Une Pièce en prose contre les Romans.*] C'est le Dialogue, qui est dans ce Volume pag. 207. & suiv.

mier est que feuë Madame la Princesse de Conti, & Madame de Longueville, aiant sû que Monsieur Despréaux avoit fait [8] une Pièce en prose contre les Romans où la Clélie n'étoit pas épargnée; comme ces Princesses connoissoient mieux que personne, combien ces lectures sont dangereuses; elles lui firent dire qu'elles seroient bien aises de la voir. Il la leur recita; & elles en furent tellement satisfaites, qu'elles témoignèrent souhaiter beaucoup qu'elle fût imprimée. Mais il s'en excusa, pour ne pas s'attirer sur les bras de nouveaux Ennemis.

L'autre fait est, qu'un Abbé de grand merite, & qui n'avoit pas moins de piété que de lumière, se résolut de lire la Clélie, pour en juger avec connoissance de cause; & le jugement qu'il en porta, fut le même que celui de ces deux Princesses. Plus on estime l'illustre Personne à qui on attribuë cet Ouvrage, plus on est porté à croire qu'elle n'est pas à cette heure d'un autre sentiment que ces Princesses; & qu'elle a un vrai repentir de ce qu'elle a fait autrefois lorsqu'elle étoit moins éclairée. Tous les Amis de [9] Monsieur de Gomberville, qui avoit aussi beaucoup de merite, & qui a été un des premiers Académiciens, savent que ç'a été sa disposition à l'égard de son Polexandre; & qu'il eût voulu, si cela eût été possible, l'avoir effacé de ses larmes. Supposé que Dieu ait fait la même grace à la personne que l'on dit Auteur de la Clélie, c'est lui faire peu d'honneur, que de la représenter comme tellement attachée à ce qu'elle a écrit autrefois, qu'elle ne puisse souffrir qu'on y reprenne ce que les règles de la piété Chrétienne y font trouver de répréhensible.

Enfin, Monsieur, j'ai fort estimé, je vous l'avouë, ce qui est dit dans la Satire contre un miserable Directeur, qui feroit passer sa Dévote du Quiétisme au vrai Molinozisme. Et nous avons déja vû que c'est un des endroits où vous avez trouvé le plus à redire. Je vous supplie, Monsieur, de faire sur cela de serieuses réflexions.

Vous dites à l'entrée de votre Préface que *dans cette dispute entre vous & Mr. Despréaux, il s'agit non seulement de la défense de la Verité, mais encore des bonnes mœurs & de l'honnêteté publique.* Permettez-moi, Monsieur, de vous demander, si vous n'avez point sujet de craindre que ceux qui compareront ces trois endroits de la Satire avec ceux que vous y opposez, ne soient portez à juger que c'est plûtôt

de

REMARQUES.

9. *Monsieur de Gomberville.*] Marin Le Roi, Sieur de Gomberville, de l'Académie Françoise. Outre son Polexandre, il a composé encore deux autres Romans; savoir, *la Cythérée* & *la jeune Alciane.*

de son côté que du vôtre, qu'est la défense des bonnes mœurs, & de l'honnêteté publique. Car ils voient du côté de la Satire, 1°. Une très-juste & très-Chrétienne condamnation des Vers de l'Opera, soûtenus par les airs efféminez de Lulli. 2°. Les pernicieux effets des Romans, représentez avec une force capable de porter les peres & les meres qui ont quelque crainte de Dieu, à ne les pas laisser entre les mains de leurs enfans. 3°. Le Paradis, le Démon, & l'Enfer, mis en œuvre pour faire avoir plus d'horreur d'une abominable profanation des choses saintes. Voilà, diront-ils, comme la Satire de Mr. Despréaux est contraire aux bonnes mœurs, & à l'honnêteté publique.

Ils verront d'autre part dans votre Préface, 1°. ces mêmes Vers de l'Opera, jugez si bons, ou au moins si innocens, qu'il y a, selon vous, Monsieur, sujet de croire qu'ils n'ont été blâmez par Mr. Despréaux, que pour donner un coup de dent à Mr. Quinault qui en est l'Auteur: 2°. Un si grand zèle pour la défense de la Clélie, qu'il n'y a guères de choses que vous blâmiez plus fortement dans l'Auteur de la Satire, que de n'avoir pas eû pour cet Ouvrage assez de respect & de véneration: 3°. Un injuste reproche que vous lui faites d'avoir offensé la pudeur, pour avoir eu soin de bien faire sentir l'énormité du crime d'un faux Directeur. En verité, Monsieur, je ne sai si vous avez lieu de croire que ce qu'on jugeroit sur cela vous pût être favorable.

Ce que vous dites de plus fort contre Mr. Despréaux, paroît appuïé sur un fondement bien foible. Vous prétendez que sa Satire est contraire aux bonnes mœurs; & vous n'en donnez pour preuve que deux endroits. Le premier est ce qu'il dit, en badinant avec son Ami,

Quelle joie, &c.
De voir autour de soi croître dans sa maison
De petits Citoïens, dont on croit être Pere ?

L'autre est dans la page suivante, où il ne fait encore que rire:

On peut trouver encor quelques Femmes fidèles.
Sans doute, & dans Paris, si je sai bien compter,
Il en est jusqu'à trois que je pourrois citer.

Vous dites sur le premier; *Qu'il fait entendre par là, qu'un homme n'est guères fin ni guères instruit des choses du monde, quand il croit que ses enfans sont ses enfans.* Et vous dites sur le second, *Qu'il fait*
aussi

aussi entendre, que, selon son calcul, & le raisonnement qui en résulte, nous sommes presque tous des enfans illégitimes.

Plus une accusation est atroce, plus on doit éviter de s'y engager, à moins qu'on n'ait de bonnes preuves. Or c'en est une assurément fort atroce, d'imputer à l'Auteur de la Satire, d'avoir fait entendre qu'un homme n'est guères fin, quand il croit que les enfans de sa femme sont ses enfans, & qu'il n'y a que trois femmes de bien dans une Ville, où il y en a plus de deux cens mille. Cependant, Monsieur, vous ne donnez pour preuve de ces étranges accusations, que les deux endroits que j'ai raportez. Mais il vous étoit aisé de remarquer, que l'Auteur de la Satire a clairement fait entendre, qu'il n'a parlé qu'en riant dans ces endroits, & sur tout dans le dernier. Car il n'entre dans le serieux, qu'à l'endroit où il fait parler Alcippe en faveur du Mariage, qui commence par ces Vers:

Jeune autrefois par vous dans le monde conduit, &c.

& finit par ceux-ci qui contiennent une verité que les Païens n'ont point connuë, & que saint Paul nous a enseignée: *Qui se non continet, nubat; melius est nubere, quàm uri.*

L'Hyménée est un joug, & c'est ce qui m'en plaît.
L'Homme en ses passions toûjours errant sans guide,
A besoin qu'on lui mette & le mords & la bride;
Son pouvoir malheureux ne sert qu'à le gêner,
Et pour le rendre libre, il le faut enchaîner.

Que répond le Poëte à cela? Le contredit-il? Le réfute-t-il? Il l'approuve au contraire en ces termes:

Ha, bon! voilà parler en docte Janseniste,
Alcippe, & sur ce point si savamment touché;
Desmâres dans saint Roch n'auroit pas mieux prêché.

Et c'est ensuite qu'il témoigne qu'il va parler serieusement & sans raillerie.

Mais c'est trop t'insulter; quittons la raillerie;
Parlons sans hyperbole & sans plaisanterie.

Peut-on plus expressément marquer, que ce qu'il avoit dit auparavant de ces trois Femmes fidèles dans Paris, n'étoit que pour rire? Des hyperboles si outrées ne se disent qu'en badinant. Et vous même, Monsieur, voudriez-vous qu'on vous crût, quand vous dites, *Que pour deux ou trois Femmes dont le crime est averé, on ne doit pas les condamner toutes.*

De bonne foi, croïez-vous qu'il n'y en ait gueres davantage dans Paris, qui soient diffamées par leur mauvaise vie? Mais une preuve évidente, que l'Auteur de la Satire n'a pas crû qu'il y eût si peu de femmes fidèles, c'est que dans une vingtaine de portraits qu'il en fait, il n'y a que les deux premiers qui aïent pour leur caractère l'infidélité; si ce n'est que dans celui de la fausse Dévote, il dit seulement que son Directeur pourroit l'y précipiter.

Pour ce qui est de ces termes, *dont on croit être Pere*; il n'est pas vrai qu'ils fassent entendre *qu'un Mari n'est gueres fin ni gueres instruit des choses du monde, quand il croit que ses enfans sont ses enfans.* Car outre que l'Auteur parle-là en badinant, ils ne disent au fond, que ce qui est marqué par cette règle de Droit: *Pater est quem nuptiæ demonstrant*; c'est-à-dire, que le Mari doit être regardé comme le Pere des enfans nez dans son mariage, quoi que cela ne soit pas toûjours vrai. Mais cela fait-il qu'un Mari doive croire, à moins que de passer pour peu fin, & pour peu instruit des choses du monde, qu'il n'est pas le Pere des enfans de sa femme? C'est tout le contraire. Car à moins qu'il n'en eût des preuves certaines, il ne pourroit croire qu'il ne l'est pas, sans faire un jugement témeraire très-criminel contre son Epouse.

Cependant, Monsieur, comme c'est de ces deux endroits, que vous avez pris sujet de faire passer la Satire de Mr. Despréaux pour une déclamation contre le mariage, & qui blessoit l'honnêteté & les bonnes mœurs; jugez si vous l'avez pû faire sans blesser vous-même la justice & la charité.

Je trouve dans votre Préface deux endroits très-propres à justifier la Satire, quoi que ce soit en la blâmant. L'un est ce que vous dites en la page cinquième, *que tout homme qui compose une Satire, doit avoir pour but, d'inspirer une bonne Morale; & qu'on ne peut sans faire tort à Mr. Despréaux, présumer qu'il n'a pas eû ce dessein.* L'autre est la réponse que vous faites à ce qu'il avoit dit à la fin de la Préface de sa Satire, *que les Femmes ne seront pas plus choquées des prédications qu'il leur fait dans cette Satire contre leurs défauts, que des Satires que les Prédicateurs font tous les jours en Chaire contre ces mêmes défauts.*

Vous avoüez qu'on peut comparer les Satires avec les Prédications, & qu'il est de la nature de toutes les deux de combattre les vices: mais que ce ne doit être qu'en général, sans nommer les personnes. Or Monsieur Despréaux n'a point nommé les personnes, en qui les vices qu'il décrit,

décrit, se rencontroient; & on ne peut nier que les vices qu'il a combatus, ne soient de veritables vices. On le peut donc loüer avec raison d'avoir travaillé à inspirer une bonne Morale; puis que c'en est une partie de donner de l'horreur des vices, & d'en faire voir le ridicule. Ce qui souvent est plus capable, que les discours serieux, d'en détourner plusieurs personnes, selon cette parole d'un Ancien,

* *Ridiculum acri*
Fortiùs ac meliùs magnas plerumque secat res.

Et ce seroit en vain qu'on objecteroit, qu'il ne s'est point contenté, dans son quatrième portrait, de combattre l'Avarice en général, l'aïant appliquée à deux personnes connuës. Car ne les aïant point nommées, il n'a rien appris au public qu'il ne sût déja. Or, comme ce seroit porter trop loin cette prétenduë règle de ne point nommer les personnes, que de vouloir qu'il fût interdit aux Prédicateurs de se servir quelquefois d'histoires connuës de tout le monde, pour porter plus efficacement leurs Auditeurs à fuïr de certains vices; ce seroit aussi en abuser que d'étendre cette interdiction jusqu'aux Auteurs de Satires.

Ce n'est point aussi comme vous le prenez. Vous prétendez que Monsieur Despréaux a encore nommé les personnes dans cette dernière Satire, & d'une manière qui a déplû aux plus enclins à la médisance. Et toute la preuve que vous en donnez, est qu'il a fait revenir sur les rangs Chapelain, Cotin, Pradon, Coras, & plusieurs autres : *ce qui est*, dites-vous, *la chose du monde la plus ennuïeuse, & la plus dégoûtante*. Pardonnez-moi si je vous dis, que vous ne prouvez point du tout par-là ce que vous aviez à prouver. Car il s'agissoit de savoir, si Monsieur Despréaux n'avoit point contribué à inspirer une bonne Morale, en blâmant dans sa Satire les mêmes défauts, que les Prédicateurs blâment dans leurs Sermons. Vous aviez répondu que, pour inspirer une bonne Morale, soit par les Satires, soit par les Sermons, on doit combatre les vices en général, sans nommer les personnes. Il falloit donc montrer, que l'Auteur de la Satire avoit nommé les Femmes dont il combattoit les défauts. Or Chapelain, Cotin, Pradon, Coras, ne sont pas des noms de femmes, mais de Poëtes. Ils ne sont donc pas propres à montrer que Monsieur Despréaux, combattant differens vices des Femmes, ce que vous avoüez lui avoir été permis, se soit rendu coupable de médisance, en nommant des Femmes particulières, à qui il les auroit attribuez.

Voilà donc Monsieur Despréaux justifié selon vous-même sur le sujet

* *Horace, Liv. I. Sat. x. v. 14.*

des Femmes, qui est le capital de sa Satire. Je veux bien cependant examiner avec vous, s'il est coupable de médisance à l'égard des Poëtes.

C'est ce que je vous avouë ne pouvoir comprendre. Car tout le monde a crû jusques ici, qu'un Auteur pouvoit écrire contre un autre Auteur, remarquant les défauts qu'il croïoit avoir trouvez dans ses Ouvrages, sans passer pour médisant; pourvû qu'il agisse de bonne foi, sans lui imposer, & sans le chicaner ; lors sur tout qu'il ne reprend que de veritables défauts.

Quand, par exemple, le Pere Goulu, Général des Feuillans, publia, il y a plus de soixante ans, deux volumes contre les Lettres de Monsieur de Balzac, qui faisoient grand bruit dans le monde ; le Public s'en divertit. Les uns prenoient parti pour Balzac, les autres pour le Feuillant; mais personne ne s'avisa de l'accuser de médisance. Et on ne fit point non plus ce reproche à Javersac, qui avoit écrit contre l'un, & contre l'autre. Les guerres entre les Auteurs passent pour innocentes, quand elles ne s'attachent qu'à la critique de ce qui regarde la Litterature, la Grammaire, la Poësie, l'Eloquence ; & que l'on n'y mêle point de calomnies & d'injures personnelles. Or que fait autre chose Monsieur Despréaux à l'égard de tous les Poëtes qu'il a nommez dans ses Satires, Chapelain, Cotin, Pradon, Coras, & autres, sinon d'en dire son jugement, & d'avertir le Public que ce ne sont pas des modèles à imiter ? Ce qui peut être de quelque utilité pour faire éviter leurs défauts, & peut contribuer même à la gloire de la Nation, à qui les Ouvrages d'esprit font honneur, quand ils sont bien faits ; comme au contraire, ç'a été un deshonneur à la France, d'avoir fait tant d'estime des pitoïables Poësies de Ronsard.

Celui dont Monsieur Despréaux a le plus parlé, c'est Monsieur Chapelain. Mais qu'en a-t-il dit ? Il en rend lui-même compte au Public dans sa neuvième Satire.

> *Il a tort, dira l'un ; pourquoi faut-il qu'il nomme ?*
> *Attaquer Chapelain ! Ah ! c'est un si bon homme.*
> *Balzac en fait l'éloge en cent endroits divers.*
> *Il est vrai, s'il m'eût crû, qu'il n'eût point fait de Vers.*
> *Il se tuë à rimer : que n'écrit-il en Prose ?*
> *Voilà ce que l'on dit ; & que dis-je autre chose ?*
> *En blâmant ses Ecrits, ai-je d'un stile affreux*
> *Distilé sur sa vie un venin dangereux ?*
> *Ma Muse, en l'attaquant, charitable & discrète,*
> *Sait de l'Homme d'honneur distinguer le Poëte.*

Qu'on

A Mr. PERRAULT.

Qu'on vante en lui la foi, l'honneur, la probité ;
Qu'on prise sa candeur, & sa civilité ;
Qu'il soit doux, complaisant, officieux, sincère ;
On le veut, j'y souscris, & suis prêt de me taire.
Mais que pour un modèle on montre ses Ecrits,
Qu'il soit le mieux renté de tous les beaux Esprits,
Comme Roi des Auteurs qu'on l'élève à l'Empire,
Ma bile alors s'échaufe, & je brûle d'écrire.

Cependant, Monsieur, vous ne pouvez pas douter que ce ne soit être médisant, que de taxer de médisance celui qui n'en seroit pas coupable. Or si on prétendoit que Monsieur Despréaux s'en fût rendu coupable, en disant que Monsieur Chapelain, quoi que d'ailleurs honnête, civil & officieux, n'étoit pas un fort bon Poëte, il lui seroit bien aisé de confondre ceux qui lui feroient ce reproche. Il n'auroit qu'à leur faire lire ces Vers de ce grand Poëte sur la belle Agnès,

On voit hors des deux bouts de ses deux courtes manches
Sortir à découvert deux mains longues & blanches,
Dont les doigts inégaux, mais tout ronds & menus,
Imitent l'embonpoint des bras ronds & charnus.

Enfin, Monsieur, je ne comprens pas comment vous n'avez point appréhendé, qu'on ne vous appliquât ce que vous dites de Monsieur Despréaux dans vos Vers, *Qu'il croit avoir droit de maltraiter dans ses Satires ce qu'il lui plaît ; & que la Raison a beau lui crier sans cesse, que l'équité naturelle nous défend de faire à autrui ce que nous ne voudrions pas qui nous soit fait à nous-mêmes. Cette voix ne l'émeut point.* Car si vous le trouvez blâmable d'avoir fait passer la Pucelle & le Jonas pour de méchans Poëmes, pourquoi ne le seriez-vous pas d'avoir parlé avec tant de mépris de son Ode Pindarique, qui paroît avoir été si estimée, que [1]° trois des meilleurs Poëtes Latins de ce tems ont bien voulu prendre la peine d'en faire chacun une Ode Latine. Je ne vous en dis pas davantage. Vous ne voudriez pas sans doute, contre la défense que Dieu en fait, avoir deux poids & deux mesures. Je vous supplie, Monsieur, de ne pas trouver mauvais qu'un Homme de mon âge vous donne ce dernier avis en vrai ami.

On

REMARQUES.

10. *Trois des meilleurs Poëtes Latins.*] Messieurs Rollin, Lenglet, & de Saint-Remi.

On doit avoir du respect pour le jugement du Public ; & quand il s'est déclaré hautement pour un Auteur, ou pour un Ouvrage, on ne peut guères le combattre de front & le contredire ouvertement, qu'on ne s'expose à en être maltraité. Les vains efforts du Cardinal de Richelieu contre le Cid en font un grand exemple ; & on ne peut rien voir de plus heureusement exprimé que ce qu'en dit votre Adversaire.

En vain contre le Cid un Ministre se ligue :
Tout Paris pour Chimène a les yeux de Rodrigue ;
L'Académie en corps a beau le censurer ;
Le Public revolté s'obstine à l'admirer.

Jugez par-là, Monsieur, de ce que vous devez esperer du mépris que vous tâchez d'inspirer pour les Ouvrages de Monsieur Despréaux dans votre Préface. Vous n'ignorez pas combien ce qu'il a mis au jour a été bien reçû dans le monde, à la Cour, à Paris, dans les Provinces, & même dans tous les Païs étrangers, où l'on entend le François. Il n'est pas moins certain que tous les bons Connoisseurs trouvent le même esprit, le même art, & les mêmes agrémens dans ses autres Pièces, que dans ses Satires. Je ne sai donc, Monsieur, comment vous vous êtes pû promettre qu'on ne seroit point choqué de vous en voir parler d'une manière si opposée au jugement du Public ? Avez-vous crû, que supposant sans raison que tout ce que l'on dit librement des défauts de quelque Poëte, doit être pris pour médisance, on applaudiroit à ce que vous dites, *Que ce ne sont que ses médisances qui ont fait rechercher ses Ouvrages avec tant d'empressement. Qu'il va toujours terre à terre, comme un Corbeau qui va de charogne en charogne. Que tant qu'il ne fera que des Satires comme celles qu'il nous a données, Horace & Juvénal viendront toujours revendiquer plus de la moitié des bonnes choses qu'il y aura mises. Que Chapelain, Quinaut, Cassagne, & les autres qu'il y aura nommez, prétendront aussi qu'une partie de l'agrément qu'on y trouve, viendra de la célébrité de leurs noms, qu'on se plaît d'y voir tournez en ridicule. Que la malignité du cœur humain, qui aime tant la médisance & la calomnie, parce qu'elles élevent secretement celui qui lit, au dessus de ceux qu'elles rabaissent, dira toujours que c'est elle qui fait trouver tant de plaisir dans les Ouvrages de Monsieur Despréaux, &c.*

Vous reconnoissez donc, Monsieur, que tant de gens qui lisent les Ouvrages de Monsieur Despréaux, les lisent avec grand plaisir. Comment n'avez-vous donc pas vû, que de dire, comme vous faites, que ce qui fait trouver ce plaisir est la malignité du cœur humain, qui aime la médisance & la calomnie, c'est attribuer cette méchante disposition à tout ce qu'il y a de gens d'esprit à la Cour & à Paris?

Enfin, vous devez attendre qu'ils ne seront pas moins choquez du peu de cas que vous faites de leur jugement, lors que vous prétendez que Monsieur Despréaux a si peu réüssi, quand il a voulu traiter des sujets d'un autre genre que ceux de la Satire, qu'il pourroit y avoir de la malice à lui conseiller de travailler à d'autres Ouvrages.

Il y a d'autres choses dans votre Préface que je voudrois que vous n'eussiez point écrites: mais celles-là suffisent pour m'acquitter de la promesse que je vous ai faite d'abord de vous parler avec la sincerité d'un Ami Chrétien, qui est sensiblement touché de voir cette division entre deux Personnes, qui font tous deux profession de l'aimer. Que ne donnerois-je pas pour être en état de travailler à leur réconciliation plus heureusement que les gens d'honneur, que vous m'apprenez n'y avoir pas réüssi? Mais mon éloignement ne m'en laisse guères le moïen. Tout ce que je puis faire, Monsieur, est de demander à Dieu qu'il vous donne à l'un & à l'autre cet esprit de charité & de paix, qui est la marque la plus assurée des vrais Chrétiens. Il est bien difficile que dans ces contestations on ne commette de part & d'autre des fautes, dont on est obligé de demander pardon à Dieu. Mais le moïen le plus efficace que nous avons de l'obtenir, c'est de pratiquer ce que l'Apôtre nous recommande, *de nous supporter les uns les autres, chacun remettant à son Frere le sujet de plainte qu'il pouvoit avoir contre lui, & nous entrepardonnant, comme le Seigneur nous a pardonné.* On ne trouve point d'obstacle à entrer dans des sentimens d'union & de paix, lors qu'on est dans cette disposition. Car l'Amour propre ne regne point où regne la Charité; & il n'y a que l'Amour propre qui nous rende pénible la connoissance de nos fautes, quand la Raison nous les fait appercevoir. Que chacun de vous s'applique cela à soi-même, & vous serez bien-tôt bons amis. J'en prie Dieu de tout mon cœur; & suis très-sincèrement,

MONSIEUR,

Mai 1694.

Votre très-humble, & très-obéïssant serviteur,

A. ARNAULD.

REMERCIMENT
A Mr. ARNAULD,
SUR LA
LETTRE PRÉCEDENTE.
¹*LETTRE VI.*

JE ne saurois, Monsieur, assez vous témoigner ma reconnoissance, de la bonté que vous avez eûë de vouloir bien permettre, qu'on me montrât la Lettre que vous avez écrite à Mr. Perrault sur ma derniere Satire. Je n'ai jamais rien lû qui m'ait fait un si grand plaisir; & quelques injures que ce galant Homme m'ait dites, je ne saurois plus lui en vouloir de mal, puis qu'elles m'ont attiré une si honorable Apologie. Jamais cause ne fut si bien défenduë que la mienne. Tout m'a charmé, ravi, édifié dans votre Lettre: mais ce qui m'y a touché davantage, c'est cette confiance si bien fondée avec laquelle vous y déclarez que vous me croïez sincérement votre Ami. N'en doutez point, Monsieur, je le suis; & c'est une qualité dont je me glorifie tous les jours en présence de vos plus grands ennemis. Il y a des Jésuites qui me font l'honneur de m'estimer, & que j'estime & honore aussi beaucoup. Ils me viennent voir dans ma solitude d'Auteuil, & ils y séjournent même quelquefois. Je les reçois du mieux que je puis: mais la premiere convention que je fais avec eux, c'est qu'il me sera permis dans nos entretiens de vous louër à outrance. J'abuse souvent de cette permission, & l'Echo des murailles de mon jardin a retenti plus d'une fois

REMARQUES.

1. Cette Lettre fut écrite en Juin, 1694.
2. *Qui des deux partis.*] Mr. Despréaux se piquoit sur tout d'être franc. On en voit ici une belle preuve, puisqu'écrivant à Mr. Arnauld lui-même, il dit, *qu'il n'examine pas qui des deux partis au fond a droit ou tort.* [Le Commentateur nous donne ici, dit-il, une *belle preuve* que Mr. Despréaux *se piquoit sur tout d'être franc.* Il a donc crû que lors que Mr. Despréaux dit qu'il *n'examine pas qui des deux partis au fond avoit droit ou* tort, de l'Auteur des Lettres Provinciales, ou des Jésuites; il a voulu faire connoître à Mr. Arnauld, son Ami & son Apologiste, qu'il s'abstenoit de porter aucun jugement définitif sur cette dispute. Mais ce n'est là ni le sens, ni le but de ces paroles. Mr. Despréaux les rapporte historiquement, & dans la seule vûë d'aprendre à Mr. Arnauld, la maniere dont il s'entretenoit avec les Jésuites, & les ménagemens qu'il gardoit en leur faisant l'éloge des Provinciales : c'est que sans *examiner qui*
des

fois de nos contestations sur votre sujet. La verité est pourtant qu'ils tombent sans peine d'accord de la grandeur de votre génie, & de l'étenduë de vos connoissances. Mais je leur soutiens moi, que ce sont là vos moindres qualitez, & que ce qu'il y a de plus estimable en vous, c'est la droiture de votre esprit, la candeur de votre ame, & la pureté de vos intentions. C'est alors que se font les grands cris. Car je ne démords point sur cet article, non plus que sur celui des Lettres au Provincial, que, sans examiner ² qui des deux partis au fond a droit ou tort, je leur vante toûjours comme le plus parfait Ouvrage de Prose, qui soit en notre Langue. Nous en venons quelquefois à des paroles assez aigres. A la fin néanmoins tout se tourne en plaisanterie: *ridendo dicere verum quid vetat?* Ou quand je les voi trop fâchez, je me jette sur les louanges du R. P. de la Chaize, que je révère de bonne foi, & à qui j'ai en effet tout recemment encore une très-grande obligation, puisque c'est en partie à ses bons offices que je dois la Chanoinie de la Sainte Chapelle de Paris, que j'ai obtenuë de Sa Majesté, ³ pour mon Frere le Doïen de Sens. Mais, Monsieur, pour revenir à votre Lettre, je ne sai pas pourquoi les Amis de Mr. Perrault refusent de la lui montrer. Jamais Ouvrage ne fut plus propre à lui ouvrir les yeux, & à lui inspirer l'esprit de paix & d'humilité, dont il a besoin aussi bien que moi. Une preuve de ce que je dis, c'est qu'à mon égard, à peine en ai-je eû fait la lecture, que frappé des salutaires leçons que vous nous y faites à l'un & à l'autre, je lui ai envoyé dire qu'il ne tiendroit qu'à lui que nous ne fussions bons Amis: que s'il vouloit demeurer en paix sur mon sujet, je m'engageois à ne plus rien écrire dont il pût se choquer; & lui ai même fait entendre que je le laisserai tout à son aise faire, s'il vouloit, un Monde renversé du Parnasse, en y plaçant les Chapelains, & les Cotins, au dessus des Horaces & des Virgiles. Ce sont les paroles que Mr. Racine, & Mr. l'Abbé Tallemant lui ont portées de ma part. Il n'a point voulu entendre à cet accord, & a exigé de moi, avant toutes choses, pour ses Ouvrages une estime & une admiration, que franchement je ne lui saurois promettre sans trahir la Raison, & ma conscien-

REMARQUES.

des deux partis au fond avoit droit ou tort, il leur vantoit toujours ces Lettres comme le plus parfait Ouvrage de prose qui soit en notre Langue. Ainsi bien loin que les paroles, dont il s'agit, donnent à entendre que Mr. Despréaux n'adoptoit point le sentiment de Mr. Arnauld au sujet des Provinciales (car c'est aparemment en cela qu'on veut faire consister sa *franchise*) : elles insinuent, au contraire, qu'il en jugeoit comme ce Docteur, mais qu'il ne trouvoit pas à propos de s'expliquer là-dessus avec les Jésuites qui l'alloient voir, de peur de les desobliger. Et en effet, il paroît par la Satire contre l'Equivoque que c'étoit là son sentiment, puisqu'il y répète les mêmes réproches que Mr. Pascal a fait aux Jésuites. A D D. *de l'Edit. d'Amst.*]

3. *Pour mon Frere le Doïen de Sens.*] Le Roi lui avoit donné ce Canônicat l'année précedente, 1693.

fcience. Ainfi nous voila plus brouillez que jamais, au grand contentement des Rieurs, qui étoient déja fort affligez du bruit qui couroit de notre réconciliation. Je ne doute point que cela ne vous faſſe beaucoup de peine. Mais pour vous montrer que ce n'eſt pas de moi que la rupture eſt venuë, c'eſt qu'en quelque lieu que vous ſoïez, je vous déclare, Monſieur, que vous n'avez qu'à me mander ce que vous ſouhaitez que je faſſe pour parvenir à un accord, & je l'exécuterai ponctuellement; ſachant bien que vous ne me preſcrirez rien que de juſte, & de raiſonnable. Je ne mets qu'une condition au Traité que je ferai. Cette condition eſt que votre Lettre verra le jour, & qu'on ne me privera point, en la ſupprimant, du plus grand honneur que j'aïe reçû en ma vie. Obtenez cela de vous & de lui; & je lui donne ſur tout le reſte la carte blanche. Car pour ce qui regarde l'eſtime qu'il veut que je faſſe de ſes Ecrits, je vous prie, Monſieur, d'examiner vousmême ce que je puis faire là-deſſus. Voici une liſte des principaux Ouvrages qu'on veut que j'admire. Je ſuis fort trompé ſi vous en avez jamais lû aucun.

Le Conte de Peau-d'Ane, & l'Hiſtoire de la Femme au nez de boudin, mis en Vers par Mr. Perrault de l'Académie Françoiſe.

La Métamorphoſe d'Orante en Miroir.

L'Amour Godenot.

Le Labyrinthe de Verſailles, ou les Maximes d'Amour & de Galanterie, tirées des Fables d'Eſope.

Elégie à Iris.

La Proceſſion de Sainte Geneviève.

Parallèles des Anciens & des Modernes, où l'on voit la Poëſie portée à ſon plus haut point de perfection dans les Opera de Mr. Quinault.

Saint Paulin, Poëme Heroïque.

Réflexions ſur Pindare, où l'on enſeigne l'Art de ne point entendre ce grand Poëte.

Je ris, Monſieur, en vous écrivant cette liſte, & je crois que vous aurez de la peine à vous empêcher auſſi de rire en la liſant. Cependant je vous ſuplie de croire que l'offre que je vous fais eſt très-ſerieuſe, & que je tiendrai exactement ma parole. Mais ſoit que l'accommodement ſe faſſe ou non, je vous répons, puiſque vous prenez ſi grand interet à la mémoire de feu Mr. Perrault le Medecin, qu'à la premiere Edition qui paroîtra de mon Livre, il y aura dans la Préface un Article exprès en faveur de ce Medecin, qui ſûrement n'a point fait la Façade du Louvre, ni l'Obſervatoire, ni l'Arc de Triomphe, comme on le prouvera dans peu démonſtrativement: mais qui au fond étoit un homme de beaucoup de merite, grand Phyſicien, & ce que j'eſtime encore plus que tout cela, qui avoit l'honneur d'être votre Ami. Je doute

doute même, quelque mine que je fasse du contraire, qu'il m'arrive jamais de prendre de nouveau la plume pour écrire contre Mr. Perrault l'Académicien, puisque cela n'est plus nécessaire. En effet, pour ce qui est de ses Ecrits contre les Anciens, beaucoup de mes Amis sont persuadez, que je n'ai déja que trop emploïé de papier dans mes Réfléxions sur Longin, à réfuter des Ouvrages si pleins d'ignorance & si indignes d'être réfutez. Et pour ce qui regarde ses Critiques sur mes mœurs & sur mes Ouvrages, le seul bruit, ajoûtent-ils, qui a couru que vous aviez pris mon parti contre lui, est suffisant pour me mettre à couvert de ses invectives. J'avouë qu'ils ont raison. La verité est pourtant, que pour rendre ma gloire complète, il faudroit que votre Lettre fût publiée. Que ne ferois-je point pour en obtenir de vous le consentement? Faut-il se dédire de tout ce que j'ai écrit contre Mr. Perrault? Faut-il se mettre à genoux devant lui? Faut-il lire tout Saint Paulin? Vous n'avez qu'à dire: Rien ne me sera difficile. Je suis avec beaucoup de respect, &c.

A Mr. LE VERRIER.

¹ LETTRE VII.

N'ETES-vous plus fâché, Monsieur, du peu de complaisance que j'eûs hier pour vous ? Non sans doute, vous ne l'êtes plus, & je suis persuadé, qu'à l'heure qu'il est, vous goûtez toutes mes raisons. Supposé pourtant que votre colère dure encore, je m'offre d'aller aujourd'hui chez-vous à midi & demi vous prouver le verre à la main, par plus d'un argument en forme, qu'un homme comme moi n'est point obligé de préférer son plaisir à sa santé, ni de demeurer à souper, même avec la meilleure compagnie du monde, quand il sent que cela le pourroit incommoder, & quand il a, pour s'en excuser, ² soixante & six raisons aussi bonnes & aussi valables, que celles que ³ *la Vieillesse avec ses doigts pesans m'a jettées sur la tête*. Et pour commencer ma preuve, je vous dirai ces Vers d'Horace à Mécénas.

Quam mihi das ægro, dabis ægrotare timenti,
Mecænas, veniam. ⁴

En cas donc que vous vouliez que j'achève ma démonstration, mandez-moi,

Si validus, si lætus eris, si denique posces. ⁵

Autrement ordonnez qu'on ne m'ouvre point chez vous. J'aime encore mieux n'y point entrer que d'y être mal reçû. Au reste, j'ai soigneusement relû votre Plainte contre les Tuileries, & j'y ai trouvé des Vers si bien tournez, que franchement en les lisant je n'ai pû me défendre d'un moment de jalousie Poëtique contre vous. De sorte qu'en la remaniant, j'ai plutôt songé à vous surpasser qu'à vous réformer. C'est cette jalousie qui m'a fait mettre la Pièce en l'état où vous l'allez voir. Prenez la peine de la lire.

PLAIN-

REMARQUES.

1. L'Original de cette Lettre est entre les mains de l'Auteur de ces Remarques. Elle fut écrite en 1703.

2. *Soixante & six raisons.*] Il en avoit bien soixante & sept ; étant né en 1636.

A Mr. LE VERRIER.

PLAINTE CONTRE LES TUILERIES.

Agréables Jardins, où les Zéphirs & Flore
Se trouvent tous les jours au lever de l'Aurore,
Lieux charmans, qui pouvez dans vos sombres réduits
Des plus tristes Amans adoucir les ennuis,
Cessez de rappeler dans mon ame insensée
De mon premier bonheur la gloire enfin passée.
Ce fut, je m'en souviens, dans cet antique bois
Que Philis m'apparut pour la première fois:
C'est ici que souvent, dissipant mes alarmes,
Elle arrêtoit d'un mot mes soupirs & mes larmes;
Et que me regardant d'un œil si gracieux,
Elle m'offroit le Ciel ouvert dans ses beaux yeux.
Aujourd'hui cependant, injustes que vous êtes,
Je sai qu'à mes Rivaux vous prêtez vos retraites,
Et qu'avec elle assis sur vos tapis de fleurs,
Ils triomphent contens de mes vaines douleurs.
Allez, Jardins dressez par une main fatale,
Tristes Enfans de l'Art du malheureux Dédale,
Vos bois, jadis pour moi si charmans & si beaux,
Ne sont plus qu'un Desert, réfuge de Corbeaux,
Qu'un séjour infernal, où cent mille Vipères
Tous les jours en naissant assassinent leurs Meres.

Je ne sai, Monsieur, si dans tout cela vous reconnoîtrez votre Ouvrage, & si vous vous accommoderez des nouvelles pensées que je vous prête. Quoi qu'il en soit, faites-en tel usage que vous jugerez à propos. Car pour moi, je vous déclare que je n'y travaillerai pas davantage. Je ne vous cacherai pas même que j'ai une espèce de confusion, d'avoir, par une molle complaisance pour vous, emploïé quelques heures à un Ouvrage de cette nature, & d'être moi-même tombé dans le ridi-

---

REMARQUES.

3. *La vieillesse avec ses doigts pesans* &c.] Termes de l'Epître X. Vers 25.

4. Horace, Liv. I. Ep. 7. v. 4.
5. Horace Liv. I. Epître 13. v. 3.

ridicule dont j'accuse les autres, & dont je me suis si bien moqué par ces Vers de la Satire à mon Esprit :

> *Faudra-t-il de sens froid, & sans être amoureux,*
> *Pour quelque Iris en l'air faire le langoureux;*
> *Lui prodiguer les noms de Soleil & d'Aurore,*
> *Et toujours bien mangeant, mourir par métaphore ?*

Ce qu'il y a de sûr, c'est que je ne retomberai plus dans une pareille foiblesse, & que c'est à ces Vers d'Amourettes, bien plus justement qu'à ceux ⁶ de ma pénultième Epître, qu'aujourd'hui je dis très-sérieusement,

> *Adieu, mes Vers, adieu pour la dernière fois.*

Du reste, je suis parfaitement Votre, &c.

REMARQUES.

6. *De ma pénultième Epître.*] C'est de l'antépénultième, c'est-à-dire, de la dixième.

A Mr. RACINE.

LETTRE VIII.

JE crois que vous ferez bien aife d'être inftruit de ce qui s'eft paffé dans la vifite, que nous avons, fuivant votre confeil, renduë ce matin, mon Frère le Docteur de Sorbone & moi, au Révérend Père de la Chaize. Nous fommes arrivez chez lui fur les neuf heures, & fi tôt qu'on lui a dit notre nom, il nous a fait entrer. Il nous a reçûs avec beaucoup d'agrément, m'a interrogé fort obligeamment fur l'état de ma fanté, & a paru fort content de ce que je lui ai dit que ² mon incommodité n'augmentoit point. Enfuite il a fait apôrter des chaifes, s'eft mis tout proche de moi, ³ afin que je le pûffe mieux entendre, & auffi-tôt entrant en matière, m'a dit, que vous lui aviez lû un Ouvrage de ma façon, où il y avoit beaucoup de bonnes chofes: mais que la matière que j'y traitois, étoit une matière fort délicate, & qui demandoit beaucoup de favoir. ⁴ Qu'il avoit autrefois enfeigné la Théologie, & qu'ainfi il devoit être inftruit de cette matière à fond. Qu'il falloit faire une grande différence de l'Amour affectif d'avec l'Amour effectif. Que ce dernier étoit abfolument néceffaire, & entroit dans l'Attrition; au lieu que l'Amour affectif venoit de la Contrition parfaite, & qu'ainfi il juftifioit par lui-même le Pécheur; mais que l'Amour effectif n'avoit d'effet qu'avec l'abfolution du Prêtre. Enfin il nous a débité en très-bons termes tout ce que beaucoup d'habiles Auteurs Scholaftiques ont écrit fur ce fujet, fans pourtant dire, comme quelques-uns d'eux, que l'Amour de Dieu, abfolument parlant, n'eft point néceffaire pour la juftification du Pécheur. Mon Frère applaudiffoit à chaque mot qu'il difoit, paroiffant être enchanté de fa Doctrine, & encore

REMARQUES.

1. Cette Lettre a été écrite en 1697. Mr. Racine étoit à la Cour, en qualité de Gentilhomme Ordinaire du Roi.

2. *Mon incommodité.*] Un Afthme, ou une difficulté de refpirer, à laquelle Mr. Defpréaux a été fujet prefque toute fa vie.

3. *Afin que je le pûffe mieux entendre.*] Le R. P. De la Chaize étoit alors âgé de foixante & treize ans, & avoit la voix foible. M. Defpréaux avoit peine à entendre, fur tout de l'oreille gauche. C'eft, pour le dire en paffant, ce qui l'obligeoit de prier ceux qui alloient le voir, de fe mettre à fa droite, quand même cette place n'étoit pas la plus honorable par la fituation où l'on fe trouvoit.

4. *Qu'il avoit autrefois enfeigné la Théologie.*] Au Collège de Lyon.

core plus de sa manière de l'énoncer. Pour moi je suis demeuré dans le silence. Enfin lorsqu'il a cessé de parler, je lui ai dit, que j'avois été fort surpris, qu'on m'eût prêté des charitez auprès de lui, & qu'on lui eût donné à entendre que j'avois fait un Ouvrage contre les Jésuites, ajoûtant que ce seroit une chose bien étrange, si, soûtenir qu'on doit aimer Dieu, s'appeloit écrire contre les Jésuites. Que mon frere avoit apporté avec lui vingt passages de dix ou douze de leurs plus fameux Ecrivains, qui soûtenoient en termes beaucoup plus forts que ceux de mon Epître, que pour être justifié, il faut indispensablement aimer Dieu. Qu'enfin j'avois si peu songé à écrire contre les Jésuites, que les premiers à qui j'avois lû mon Ouvrage, c'étoit six Jésuites des plus célèbres, qui m'avoient tous dit, qu'un Chrétien ne pouvoit pas avoir d'autres sentimens sur l'Amour de Dieu, que ceux que j'énonçois dans mes Vers. J'ai ajoûté ensuite, que depuis peu j'avois eû l'honneur de réciter mon Ouvrage à Monseigneur l'Archevêque de Paris, & à Monseigneur l'Evêque de Meaux, qui en avoient tous deux paru, pour ainsi dire, transportez. Qu'avec tout cela néanmoins, si sa Réverence croïoit mon Ouvrage périlleux, je venois présentement pour le lui lire, afin qu'il m'instruisît de mes fautes. Enfin je lui ai fait le même compliment que je fis à Monseigneur l'Archevêque, lorsque j'eûs l'honneur de le lui réciter, qui étoit que je ne venois pas pour être loüé, mais pour être jugé : que je le priois donc de me prêter une vive attention, & de trouver bon même que je lui répetasse beaucoup d'endroits. Il a fort approuvé ma proposition ; & je lui ai lû mon Epître très-posément ; jettant au reste dans ma lecture toute la force & tout l'agrément que j'ai pû. J'oubliois de vous avertir que je lui ai auparavant dit encore une particularité, qui l'a assez agréablement surpris ; c'est à savoir que je prétendois n'avoir proprement fait autre chose dans mon Ouvrage, que mettre en Vers la Doctrine qu'il venoit de nous débiter, & l'ai assûré que j'étois persuadé que lui-même n'en disconviendroit pas. Mais pour en revenir au récit de ma Pièce, croiriez-vous, Monsieur, que la chose est arrivée comme je l'avois prophétisé, & qu'à la réserve des deux petits scrupules, qu'il vous a dits, & qu'il nous a répetez, qui lui étoient venus au sujet de ma hardiesse à traiter en Vers une matière si délicate, il n'a fait d'ailleurs que s'écrier, PULCHRE, BENE, RECTE. *Cela est vrai. Cela est indubitable ; Voilà qui est merveilleux. Il faut lire cela au Roi. Répetez-moi encore cet endroit. Est-ce là ce que Monsieur Racine m'a lû ?* Il a été sur tout extrèmement frapé de

REMARQUES.

5. *Monsieur son Frere.*] Le Comte de la Chaize, Capitaine de la Porte du Roi.

6. *A sa Maison de Campagne.*] A Mont-Louïs : maison à une demi-lieuë de Paris qui appartient aux

de ces Vers, que vous lui aviez paſſez, & que je lui ai recitez avec toute l'énergie dont je ſuis capable.

> *Cependant on ne voit que Docteurs, même auſtères,*
> *Qui les ſemant par tout s'en vont pieuſement*
> *De toute piété ſaper le fondement, &c.*

Il eſt vrai que je me ſuis heureuſement aviſé d'inſerer dans mon Epître huit Vers que vous n'avez point approuvez, & que mon Frère juge très-à-propos de retablir. Les voici. C'eſt enſuite de ce Vers,

> *Oui, dites-vous. Allez, vous l'aimez, croïez-moi.*

> *Qui fait exactement ce que ma Loi commande,*
> *A pour moi, dit ce Dieu, l'amour que je demande.*
> *Faites-le donc; & ſûr qu'il nous veut ſauver tous,*
> *Ne vous alarmez point pour quelques vains dégoûts,*
> *Qu'en ſa faveur ſouvent la plus ſainte Ame éprouve.*
> *Marchez, courez à lui. Qui le cherche, le trouve;*
> *Et plus de votre cœur il paroît s'écarter,*
> *Plus par vos actions ſongez à l'arrêter.*

Il m'a fait redire trois fois ces huit Vers. Mais je ne ſaurois vous exprimer avec quelle joie, quels éclats de rire il a entendu la Proſopopée de la fin. En un mot, j'ai ſi bien échauffé le Réverend Père, que ſans une viſite, que dans ce tems-là ⁵ Monſieur ſon Frère lui eſt venu rendre, il ne nous laiſſoit point partir, que je ne lui euſſe récité auſſi les deux autres nouvelles Epîtres de ma façon, que vous avez lûës au Roi. Encore ne nous a-t-il laiſſé partir, qu'à la charge que nous l'irions voir ⁹ à ſa maiſon de Campagne: & il s'eſt chargé de nous faire avertir du jour où nous l'y pourrions trouver ſeul. Vous voïez donc, Monſieur, que ſi je ne ſuis pas bon Poëte, il faut que je ſois bon Récitateur. Après avoir quitté le Père de la Chaize, nous avons été voir le Pere Gaillard, à qui j'ai auſſi, comme vous pouvez penſer, récité l'Epître. Je ne vous dirai point les loüanges exceſſives qu'il m'a données. Il m'a traité d'homme inſpiré de Dieu, & m'a dit qu'il

n'y

REMARQUES.

aux Jéſuites de la ruë Saint Antoine. Le R. P. de la Chaize, qui l'avoit fort embellie, y paſſoit ordinairement toutes les Semaines deux ou trois jours.

n'y avoit que des Coquins, qui puffent contredire mon opinion. Je l'ai fait reffouvenir 7 du petit Théologien, avec qui j'eus une prife devant lui chez Monfieur de Lamoignon. Il m'a dit que ce Théologien étoit le dernier des hommes. Que fi fa Société avoit à être fâchée, ce n'étoit pas de mon Ouvrage, mais de ce que des gens ofoient dire que cet Ouvrage étoit fait contre les Jéfuites. Je vous écris tout ceci à dix heures du foir, au courant de la plume. Je vous prie de retirer la Copie que vous avez mife entre les mains de Madame de... afin que je lui en donne une autre, où l'Ouvrage foit dans l'état où il doit demeurer. Je vous embraffe de tout mon cœur, & fuis tout à vous.

REMARQUES.

7. *Du petit Théologien.*] Voiez la Remarque fur le Vers 191. de l'Epitre XII.

A

A Mr. DE MAUCROIX.

LETTRE IX.

Es choses hors de vrai-semblance, qu'on m'a dites de Mr. de la Fontaine, sont à peu près celles que vous avez devinées : je veux dire, que ce sont ces haires, ces cilices, & ces disciplines, dont on m'a assûré qu'il affligeoit fréquemment son Corps, & qui m'ont paru d'autant plus incroïables de notre défunt Ami, que jamais rien, à mon avis, ne fut plus éloigné de son caractère que ces mortifications. Mais quoi ? La grace de Dieu ne se borne pas à des changemens ordinaires, & c'est quelquefois de véritables métamorphoses qu'elle fait. Elle ne paroit pas s'être répanduë de la même sorte sur le pauvre ² Mr. Cassandre, qui est mort tel qu'il a vécu ; c'est à savoir très-misanthrope, & non seulement haïssant les hommes, mais aïant même assez de peine à se réconcilier avec Dieu, à qui, disoit-il, si le raport qu'on m'a fait est veritable, il n'avoit nulle obligation. Qui eût crû que de ces deux hommes, c'étoit Monsieur de la Fontaine ³ qui étoit le Vase d'élection ? Voilà, Mon-

REMARQUES.

1. *Cette Lettre*, qui est du 29. Avril 1695. & dont j'ai l'Original entre les mains, parut la première fois dans un Recueil imprimé à Paris chez Jaques Etienne, 1710. sous le titre d'*Oeuvres posthumes de Mr. de Maucroix*. Les Journalistes de Trévoux, parlant de ce Volume dans leur mois d'Octobre de la même année, dirent que *c'est le chef-d'œuvre d'un Ecrivain, qui profitant de ses réflexions & des critiques, a toûjours été attentif à perfectionner ses Ouvrages ; & qui dans ceux-ci paroit s'être entièrement corrigé de ce stile un peu lâche qu'on blâme dans ses premières Traductions*. En effet, les Traductions que Monsieur de Maucroix avoit publiées de son vivant, & la plûpart de celles qui entrent dans ce Recueil, sont d'un stile & d'un goût si différent, que le Public ne tarda pas à mettre une partie de celles-ci sur le compte de l'Editeur. Cependant l'Editeur, zèlé pour la mémoire de Monsieur de Maucroix, auroit persisté à ne rien avoüer, s'il n'avoit été trahi obligeamment par quelques Amis, qu'il avoit emploïez à la révision de ces Ouvrages ; & nommément par Monsieur Despréaux lui-même. Ce qui fut cause que dans la seconde Edition de Paris, & dans celle de Hollande *, ce Recueil perdant son premier titre d'*Oeuvres posthumes* &c. fut imprimé sous celui de *Traductions diverses pour former le goût de l'Eloquence, sur les modèles de l'Antiquité*.

2. *Monsieur Cassandre*.] J'ai parlé de lui dans la Remarque sur le 1. Vers de la I. Satire.

3. *Qui étoit le Vase d'élection*.] Rien de plus certain que la conversion de Monsieur de la Fontaine. En pourroit-on douter après le témoignage qu'on voit ici ? Ceux qui l'ont connu particulièrement, assurent qu'il ne s'étoit point forgé de Système contraire à la Foi ; & que c'étoit seulement un Esprit indéterminé & indolent sur la Religion, comme sur la plûpart des autres choses. Environ deux ans avant sa mort, il envisagea l'autre vie avec une telle fraïeur, que ses Amis crûrent qu'il se troubleroit : ce qui pourtant n'empêcha pas que dans certains intervales, où son inconstance naturelle reprenoit le dessus, il ne rimât encore deux ou trois petits Contes assez gais, dont on lui

---

* Ce Livre n'a point été imprimé en Hollande ; mais on a mis sur une partie des exemplaires *A Amsterdam chez P. Humbert*.

Monsieur, de quoi augmenter les réflexions sages & Chrétiennes, que vous me faites dans votre Lettre, & qui me paroissent partir d'un cœur sincérement persuadé de ce qu'il dit.

Pour venir à vos Ouvrages, j'ai déja commencé à conferer le Dialogue des Orateurs avec le Latin. Ce que j'en ai vû me paroît extrémement bien. La Langue y est parfaitement écrite. Il n'y a rien de gêné, & tout y paroît libre & original. Il y a pourtant des endroits, où je ne conviens pas du sens que vous avez suivi. J'en ai marqué quelques-uns avec du craïon, & vous y trouverez ces marques quand on vous les renvoïera. Si j'ai le tems, je vous expliquerai mes objections: car je doute sans cela que vous les puissiez bien comprendre. En voici une que par avance je vais vous écrire, parce qu'elle me paroît plus de conséquence que les autres. C'est à la page 6. de votre Manuscrit, où vous traduisez, *Minimum inter tot ac tanta locum obtinent imagines, ac tituli & statuæ, quæ neque ipsa tamen negliguntur* : ,, Au ,, prix de ces talens si estimables, qu'est-ce que la noblesse & la naiss-,, sance, qui pourtant ne sont pas méprisées? Il ne s'agit point à mon sens dans cet endroit de la noblesse ni de la naissance, mais des Images, des Inscriptions, & des Statuës, qu'on faisoit faire souvent à l'honneur des Orateurs, & qu'on leur envoïoit chez eux. * Juvénal parle d'un Avocat de son tems, qui prenoit beaucoup plus d'argent que les autres, à cause qu'il en avoit une équestre. Sans raporter ici toutes les preuves que je vous pourrois alléguer, Maternus lui-même, dans votre Dialogue, fait entendre clairement la même chose, lorsqu'il dit que *ces Statuës & ces Images se sont emparées malgré lui de sa maison*. *Æra, & imagines, quæ etiam me nolente in domum meam irruperunt.* Excusez, Monsieur, la liberté que je prends de vous dire si sincérement mon avis. Mais ce seroit dommage, qu'un aussi bel Ouvrage que le vôtre eût de ces taches où les Savans s'arrêtent, & qui pour-

REMARQUES.

avoit fait le récit. Et même peu de jours avant sa dernière maladie, étant à dîner chez Mr. de Sillery, Evêque de Soissons, comme le discours tomba sur le goût de ce Siècle: *Vous trouverez encore parmi nous*, dit-il de tout son sérieux, *une infinité de gens qui estiment plus Saint Augustin que Rabelais*. On éclata de rire à cette proposition, sans que La Fontaine s'aperçût qu'elle dût être rectifiée. La veille de sa mort il repeta plusieurs fois, que s'il demandoit au Seigneur une prolongation de quelques jours, c'étoit pour se faire traîner dans un tombereau par les rues de Paris, afin que personne n'ignorât combien il detestoit les Poësies licentieuses qu'il avoit eu le malheur de composer. Enfin, pour ne rien omettre ici de ce qui regarde la sincérité de sa conversion, & les vives fraïeurs dont elle fut accompagnée, je vais raporter une Lettre, qui lui fut écrite par son ami Maucroix le 14. de Février, 1695. c'est-à-dire, un mois avant sa mort ; car il mourut le 13. de Mars suivant. Cette Lettre qui m'a été remise en original, est imprimée parmi les prétenduës Oeuvres postumes de Monsieur de Maucroix. La voici. ,, Mon cher Ami, la douleur que ta ,, derniere Lettre me cause, est telle que tu te la ,, dois imaginer. Mais en même tems je te dirai ,, que j'ai bien de la consolation des dispositions ,, Chrétiennes, où je te vois. Mon très-cher, ,, les

A Mr. DE MAUCROIX.

pourroient donner occasion de le ravaler. Et puis vous m'avez donné tout pouvoir de vous dire mon sentiment.

Je suis bien aise que mon goût se rencontre si conforme au vôtre, dans tout ce que je vous ai dit de nos Auteurs, & je suis persuadé aussi bien que vous, que Monsieur Godeau est un Poëte fort estimable. Il me semble pourtant qu'on peut dire de lui ce que *Longin dit d'Hyperide, qu'il est toûjours à jeun, & qu'il n'a rien qui remuë, ni qui échauffe: en un mot qu'il n'a point cette force de stile, & cette vivacité d'expression, qu'on cherche dans les Ouvrages, & qui les font durer. Je ne sais point s'il passera à la Posterité: mais il faudra pour cela qu'il ressuscite, puisqu'on peut dire qu'il est déja mort, n'étant presque plus maintenant lû de personne. Il n'en est pas ainsi de Malherbe, qui croît de réputation à mesure qu'il s'éloigne de son siècle. La verité est pourtant, & c'étoit le sentiment de nôtre cher Ami Patru, que la nature ne l'avoit pas fait grand Poëte. Mais il corrige ce défaut par son esprit & par son travail. Car personne n'a plus travaillé ses Ouvrages que lui, comme il paroît assez par le petit nombre de Pièces qu'il a faites. Nôtre Langue veut être extrémement travaillée. Racan avoit plus de génie que lui, mais il est plus négligé, & songe trop à le copier. Il excelle sur tout, à mon avis, à dire les petites choses, & c'est en quoi il ressemble mieux aux Anciens, que j'admire sur tout par cet endroit. Plus les choses sont sèches & malaisées à dire en Vers, plus elles frapent quand elles sont dites noblement, & avec cette élégance qui fait proprement la Poësie. Je me souviens que Monsieur de la Fontaine m'a dit plus d'une fois, que les deux Vers de mes Ouvrages qu'il estimoit davantage, c'étoit ceux où je loüe le Roi d'avoir établi la manufacture des Points de France, à la place des Points de Venise. Les voici. C'est dans la premiere Epître à sa Majesté.

Et

REMARQUES.

„ les plus justes ont besoin de la misericorde de
„ Dieu. Prens y donc une entière confiance, &
„ souviens-toi qu'il s'appelle le Pere des miseri-
„ cordes, & le Dieu de toute consolation. In-
„ voque-le de tout ton cœur. Qu'est-ce qu'une
„ véritable contrition ne peut obtenir de cette
„ bonté infinie? Si Dieu te fait la grace de te
„ renvoïer la santé, j'espère que tu viendras
„ passer avec moi les restes de ta vie, & que
„ souvent nous parlerons ensemble des miseri-
„ cordes de Dieu. Cependant, si tu n'as pas la
„ force de m'écrire, prie Monsieur Racine de
„ me rendre cet office de charité, le plus grand

„ qu'il me puisse jamais rendre. Adieu, mon
„ bon, mon ancien, mon veritable Ami. Que
„ Dieu, par sa très-grande bonté, prenne soin
„ de la santé de ton corps, & de celle de ton
„ ame.

4. *Juvénal parle d'un Avocat.*] Satire VII. v. 124.
Æmilio dabitur, quantum petet: (& melius nos
Egimus) hujus enim stat currus aheneus alti-
Quadrijuges in vestibulis, atque ipse feroci
Bellatore sedens curvatum hastile minatur
Eminus, & statuâ meditatur prælia luscâ.

5. *Longin dit d'Hyperide.*] Traité du Sublime, chap. 28.

312 LETTRE IX.

Et nos Voisins frustrez de ces tributs serviles,
Que païoit à leur Art le Luxe de nos Villes.

Virgile & Horace sont divins en cela, aussi bien qu'Homère. C'est tout le contraire de nos Poëtes, qui ne disent que des choses vagues, que d'autres ont déja dites avant eux, & dont les expressions sont trouvées. Quand ils sortent de là, ils ne sauroient plus s'exprimer, & ils tombent dans une sécheresse qui est encore pire que leurs larcins. Pour moi je ne sais pas si j'y ai réussi : mais quand je fais des Vers, je songe toujours à dire ce qui ne s'est point encore dit en notre Langue. C'est ce que j'ai principalement affecté [6] dans une nouvelle Epître, que j'ai faite à propos de toutes les Critiques qu'on a imprimées contre ma derniere Satire. J'y conte tout ce que j'ai fait depuis que je suis au monde. J'y rapporte mes défauts, mon âge, mes inclinations, mes mœurs. J'y dis de quel Père & de quelle Mère je suis né. J'y marque les degrez de ma fortune, comment j'ai été à la Cour, comment j'en suis sorti ; les incommoditez qui me sont survenuës ; les Ouvrages que j'ai faits. Ce sont bien de petites choses dites en assez peu de mots, puisque la Pièce n'a pas plus de cent trente Vers. Elle n'a pas encore vû le jour, & je ne l'ai pas même encore écrite. Mais il me paroît que tous ceux à qui je l'ai récitée, en sont aussi frapez que d'aucun autre de mes Ouvrages. Croiriez-vous, Monsieur, qu'un des endroits où ils se récrient le plus, c'est un endroit qui ne dit autre chose, sinon qu'aujourd'hui, [7] que j'ai cinquante-sept-ans, je ne dois plus prétendre à l'approbation publique. Cela est dit en quatre Vers que je veux bien vous écrire ici, afin que vous me mandiez si vous les approuvez.

Mais aujourd'hui qu'enfin la Vieillesse venuë,
Sous mes faux cheveux blonds déja toute chénuë,

A

REMARQUES.

6. *Dans une nouvelle Epître.*] L'Epître X. à ses Vers.

7. *Que j'ai cinquante-sept-ans.*] Il en avoit cinquante huit & demi, quand il écrivoit ceci.

8. *Surchargez de deux ans.*] L'Auteur mit *de trois ans*, quand il fit imprimer l'Epître X.

9. *Aux Pièces que vous m'avez mises entre les mains.*] C'étoient *la Vieillesse*, *l'Amitié*, & *la premiere Tusculane* de Ciceron, avec le *Dialogue de Causis corruptæ Eloquentiæ*. Monsieur de Maucroix vouloit faire un Volume de ces quatre Traductions, & il les avoit données aux Reviseurs ordinaires pour avoir l'Approbation & le Privilège. Monsieur Du-Bois, de l'Académie Françoise, qui de son côté avoit traduit les Traitez *de la Vieillesse* & *de l'Amitié*, obtint des Reviseurs qu'ils garderoient près d'un an le Manuscrit de Mr. de Maucroix, & pendant ce tems-là il fit imprimer le sien. Monsieur de Maucroix, après avoir bien grondé dans sa Province contre la lenteur des Reviseurs de Paris, apprit enfin le tour que Monsieur Du-Bois lui avoit joué. C'est-à ce sujet que

Mon-

A Mr. DE MAUCROIX. 313

A jetté fur ma tête, avec fes doigts pefans,
Onze Luftres complets [8] *furchargez de deux ans.*

Il me semble que la Perruque est assez heureusement frondée dans ces quatre Vers. Mais, Monsieur, à propos des petites choses qu'on doit dire en Vers, il me paroît qu'en voila beaucoup que je vous dis en Prose, & que le plaisir que j'ai à vous parler de moi, me fait assez mal à propos oublier à vous parler de vous. J'espère que vous excuserez un Poëte nouvellement délivré d'un Ouvrage. Il n'est pas possible qu'il s'empêche d'en parler, soit à droit, soit à tort.

Je reviens [9] aux Pièces que vous m'avez mises entre les mains. Il n'y en a pas une qui ne soit très-digne d'être imprimée. Je n'ai point vû les Traductions des Traitez de la Vieillesse & de l'Amitié, qu'a faites aussi bien que vous le Devot dont vous vous plaignez. Tout ce que je sais, c'est qu'il a eû la hardiesse, pour ne pas dire l'impudence, de retraduire les Confessions de Saint Augustin, après Messieurs de Port-Roïal, & qu'étant autrefois leur humble & rampant Ecolier, il s'étoit tout à coup voulu ériger en Maître. Il a fait une Préface au devant de sa Traduction des Sermons de Saint Augustin, qui, quoi qu'assez bien écrite, est un chef-d'œuvre d'impertinence & de mauvais sens. Monsieur Arnauld, un peu avant que de mourir, a fait contre cette Préface une Dissertation [10] qui est imprimée. Je ne sais si on vous l'a envoïée: mais je suis sûr que si vous l'avez lûë, vous convenez avec moi qu'il ne s'est rien fait en notre Langue de plus beau ni de plus fort sur les matières de Rhétorique. C'est ainsi que toute la Cour & toute la Ville en ont jugé, & jamais Ouvrage n'a été mieux réfuté que la Préface du Devot. Tout le monde voudroit qu'il fût en vie, pour voir ce qu'il diroit en se voïant si bien foudroïé. Cette Dissertation est le pénultième Ouvrage de Monsieur Arnauld, & j'ai l'honneur que c'est par mes loüanges que ce grand Personnage a fini, puisque la Lettre qu'il a écrite sur mon sujet à Monsieur Perrault est son dernier Ecrit. Vous savez

sans

REMARQUES.

Monsieur Despréaux lui dit ici: *le Devot dont vous vous plaignez*. Sa colère alla jusqu'à ne vouloir publier ensuite aucune de ces Traductions. On n'a imprimé après sa mort que celle du Dialogue *de Cauſis* &c.

10. Le P. Lami Bénédictin, dans ses Traitez *De la Connoiſſance de ſoi-même*, & dans ses Eclaircissemens sur ces Traitez, se déclara contre la Rhétorique, ou plutôt contre l'Eloquence, à l'exemple de Monsieur Du-Bois. Monsieur de Sillery, Evêque de Soissons, le refuta aussi vivement que poliment, & l'Ouvrage de cet illustre Prelat fut imprimé en 1700. avec la Dissertation de Monsieur Arnauld, & une Préface du P. Bouhours, dans un Recueil qui a pour titre, *Réflexions ſur l'Eloquence*. Le P. Lami aiant renouvellé cette dispute, Monsieur Gibert, savant Professeur de Rhétorique au Collège de Mazarin, a écrit contre lui avec beaucoup de succès.

LETTRE IX.

sans doute ce que c'est que cette Lettre qui me fait un si grand honneur; & Monsieur le Verrier en a une Copie, qu'il pourra vous faire tenir quand vous voudrez, supposé qu'il ne vous l'ait pas déja envoïée. Il est surprenant qu'un homme dans l'extrème vieillesse ait conservé toute cette vigueur d'esprit & de mémoire, qui paroît dans ces deux Ecrits, qu'il n'a fait pourtant que dicter; la foiblesse de sa vûë ne lui permettant plus d'écrire lui-même.

Il me semble, Monsieur, que voila une longue Lettre. Mais quoi? le loisir que je me suis trouvé aujourd'hui à Auteuil, m'a comme transporté à Rheims, où je me suis imaginé que je vous entretenois dans votre jardin, & que je vous revoïois encore, [11] *comme autrefois*, avec tous ces chers Amis que nous avons perdus, & qui ont disparu, [12] *velut somnium surgentis*. Je n'espère plus de m'y revoir. Mais vous, Monsieur, est-ce que nous ne vous reverrons plus à Paris, & n'avez-vous point quelque curiosité de voir ma solitude d'Auteuil? Que j'aurois de plaisir à vous y embrasser, & à déposer entre vos mains les chagrins, que me donne tous les jours le mauvais goût [13] de la plûpart de nos Académiciens, gens assez comparables aux Hurons & aux Topinamboux, comme vous savez bien que je l'ai déja avancé dans mon Epigramme: *Clio vint l'autre jour* &c. J'ai supprimé cette Epigramme, & ne l'ai point mise dans mes Ouvrages, parce qu'au bout du compte je suis de l'Académie, & qu'il n'est pas honnête de diffamer un Corps, dont on est. Je n'ai même jamais montré à personne une badinerie que je fis ensuite pour m'excuser de cette Epigramme. Je vais la mettre ici pour vous divertir; mais c'est à la charge que vous me garderez le secret, & que ni vous ne la retiendrez par cœur, ni ne la montrerez à personne.

J'ai

REMARQUES.

11. *Comme autrefois.*] Quand Monsieur Despréaux eut l'honneur d'accompagner le Roi en Alsace, il passa par Rheims.

12. *Velut somnium surgentis.*] On lit dans le Pseaume LXXII. 20. *Somnium surgentium*.

13. *De la plûpart de nos Académiciens*, &c.] Dans le Recueil dont j'ai parlé ci-dessus, Remarque 1. de cette Lettre, on avoit mis: *De la plûpart de nos Ecrivains modernes. Adieu, Monsieur, je suis extrèmement à Vous.* Et cette Lettre finissoit là. Le surplus, que j'ajoûte ici conformément à l'Original, fut supprimé par l'Editeur. On en verra la raison dans un billet que Monsieur Despréaux lui écrivit de sa Maison au Collège de Louïs le Grand, le 13. de Décembre, 1709. & dont je crois qu'on me pardonnera de transcrire ici une partie: ne fût-ce que pour faire connoître les sentimens que Monsieur Despréaux avoit, & que j'ai moi-même pour un si digne Ami.

,, Vous m'avez fait un très-grand plaisir de
,, m'envoïer la Lettre que j'ai écrite à Monsieur
,, de Maucroix. Car comme elle a été écrite fort
,, à la hâte, &, comme on dit, *currente calamo*,
,, il y a des négligences d'expression qu'il sera
,, bon de corriger. Vous faites fort bien, au
,, reste, de ne point inserer dans votre copie la
,, fin de cette Lettre, parce que cela me pourroit faire des affaires avec l'Académie, & qu'il
,, est bon de ne point reveiller les anciennes querelles. J'oubliois à vous dire, qu'il est vrai
,, que mes Libraires me pressent fort de donner
,, une nouvelle Edition de mes Ouvrages; mais,
,, que

A Mr. DE MAUCROIX.

J'ai traité de Topinamboux
Tous ces beaux Censeurs, je l'avoüe,
Qui de l'Antiquité si follement jaloux,
Aiment tout ce qu'on hait, blâment tout ce qu'on loüe.
Et l'Académie, entre nous,
Souffrant chez soi de si grands fous,
Me semble un peu Topinamboüe. 14.

C'est une folie, comme vous voiez, mais je vous la donne pour telle. Adieu, Monsieur, je vous embrasse de tout mon cœur, & suis entièrement à vous.

DESPREAUX.

REMARQUES.

„ que je n'y suis nullement disposé, évitant de
„ faire parler de moi, & fuïant le bruit, avec
„ autant de soin que je l'ai cherché autrefois. Je
„ vous en dirai davantage la première fois que
„ j'aurai le bonheur de vous voir. Ce ne sau-
„ roit être trop tôt. Faites-moi donc la grace de
„ me mander quand vous voulez que je vous en-
„ voie mon carrosse. Il sera sans faute à la por-
„ te de votre Collège, à l'heure que vous me
„ marquerez, Le droit du jeu pourtant seroit que
„ j'allasse moi-même vous dire tout cela, chez
„ vous; mais comme je ne saurois presque plus
„ marcher qu'on ne me soûtienne, & qu'il faut
„ monter les degrez de votre escalier, pour avoir
„ le plaisir de vous entretenir, je crois que le
„ meilleur est de nous voir chez moi. Adieu,
„ mon très-Réverend Pere. Croïez que je sens,
„ comme je dois, les bontez que vous avez pour
„ moi; & que je ne vous donne pas une petite
„ place entre tant d'excellens hommes de votre
„ Societé que j'ai eüs pour amis, & qui m'ont
„ fait l'honneur, comme vous, de m'aimer un
„ peu; sans s'effraïer de l'estime très-bien fon-
„ dée que j'avois pour Monsieur Arnauld, &
„ pour quelques personnes de Port-Roïal, ne
„ m'étant jamais mêlé des querelles de la Grace.

14. Voïez ce qui a été dit sur cette Epigramme, au premier Tome, où elle est rapportée en son rang.

RÉPONSE
DE MONSIEUR
DE MAUCROIX[1],
A Mr. DESPRÉAUX,
LETTRE X.

23. Mai, 1695.

J'AI différé quelque tems à vous répondre, Monsieur. C'est moins par négligence que par discrétion. Il ne faut pas sans cesse interrompre vos études, ou votre repos.

Mais au lieu de commencer par les remercimens que je vous dois, souffrez que je vous fasse des reproches. Pourquoi me demander que j'excuse *la liberté que vous prenez de me dire si sincèrement votre avis ?* Vous ne sauriez, je vous jure, me faire plus de plaisir. Autant de coups de craïon sur mes Ouvrages, autant d'obligations que vous vous acquerez sur moi. Mais cela, Monsieur, c'est la pure vérité. Je conviens de bonne foi que je ne suis point entré dans le sens de l'Auteur sur ces mots *imagines ac tituli & statuæ*. Au cas que ma Traduction s'imprime, non-seulement je profiterai de votre correction, mais j'avertirai le Public qu'elle vient de vous, si vous l'agréez; & par là je me ferai honneur, car on verra du moins que je suis un peu de vos amis. Il y a encore dans ce Dialogue beaucoup d'autres endroits que je n'ai pas rendus scrupuleusement en notre Langue, parce qu'il auroit fallu des Notes pour les faire entendre à la plûpart des Lecteurs, qui ne sont point instruits des Coûtumes

de

REMARQUES.

1. François de Maucroix, Chanoine de Rheims, étoit né à Noyon le 7. de Janvier, 1619. & mourut à Rheims dans sa quatre-vingt dixième année, le 9. d'Avril, 1708. Il avoit été reçû Avocat, & il fréquenta le Barreau jusqu'à l'âge de trente ans. On voulut alors l'engager à se marier, sur quoi il fit l'Epigramme suivante, qui est peut-être ce qu'il a fait de meilleur.

Ami, je vois beaucoup de bien
Dans le parti qu'on me propose :
Mais toutefois ne pressons rien;
Prendre femme est étrange chose.
Il faut y penser mûrement.
Gens Sages, en qui je me fie,
M'ont dit que c'est fait prudemment
Que d'y songer toute sa vie.

de l'Antiquité, & qui sont cependant bien aises qu'on leur épargne la peine de se rabattre sur des Notes. Vous savez d'ailleurs que le Texte de cet Ouvrage est fort corrompu; la lettre y est souvent défectueuse; comment donc le traduire si litéralement?

Venons à Mr. Godeau. Je tombe d'accord qu'il écrivoit avec beaucoup de facilité. Il faisoit deux & trois cens Vers, comme dit Horace, *stans pede in uno*. Ce n'est pas ainsi que se font les bons vers. Je m'en rapporte volontiers à votre expérience. Néanmoins, parmi les vers négligez de Mr. Godeau, il y en a de beaux qui lui échapent. Par exemple, lorsqu'il dit à Virgile en lui parlant de ses Géorgiques,

Soit que d'un coûtre d'or tu fendes les guérets,

ne trouvez-vous pas que ce Vers-là est heureux? Mais pour vous dire la vérité, dès notre jeunesse même nous nous sommes apperçûs que Mr. Godeau ne varie point assez. La plûpart de ses Ouvrages sont comme des Logogriphes, car il commence toujours par exprimer les circonstances d'une chose, & puis il y joint le mot. On ne voit point d'autre figure dans son *Benedicite*, dans son *Laudate*, & dans ses Cantiques. A l'égard de Malherbe & de Racan, selon moi vous en jugez très-bien, & comme toute ma vie j'en ai entendu juger aux plus habiles. Ce que notre ami la Fontaine vous a dit sur les deux Vers qu'il estimoit le plus dans vos Ouvrages, il me l'a dit aussi; & je ne sais pas même si je ne lui ai point dit cela le premier, je n'en voudrois pas répondre. Du reste, j'ai bien reconnu, il y a long-tems, que vous ne dites point les choses comme les autres. Vous ne vous laissez pas gourmander, s'il faut ainsi dire, par la Rime. C'est, à mon avis, l'écueil de notre versification, & je suis persuadé que c'est par-là que les Grecs & les Latins ont un si grand avantage sur nous. Quand ils avoient fait un vers, ce vers demeuroit; mais pour nous ce n'est rien que de faire un vers, il en faut faire deux; & que le second ne paroisse pas fait pour tenir compagnie au premier.

L'en-

REMARQUES.

Il se régla tellement sur cette maxime, que contre le gré de ses Amis, & lorsqu'ils s'y attendoient le moins, il prit le parti de l'Eglise. Ses Amis en murmurérent, ils le voïoient avec regret quitter Paris; & ce fut à ce sujet que Monsieur de la Fontaine fit la Fable qui a pour titre: *Le Meunier, son fils, & l'Ane*. Les quatre Lettres initiales, *A. M. D. M.* qui sont après le titre, signifient *A Monsieur de Maucroix*. [Il semble qu'on veuille dire ici que Mr. de la Fontaine *fit*, ou inventa cette Fable pour Mr. de Maucroix: mais si c'est là la pensée du Commentateur il se trompe assurément. Cette Fable n'est pas originairement de la Fontaine, mais de Malherbe, qui la *fit* ou inventa pour son Ami Racan. Voïez la Vie de Malherbe par Racan; & la Fable même de la Fontaine. ADD. *de l'Edit. d'Amst.*] 2. Quand le second Vers étoit plus foible que le

L'endroit de votre dernière Epître, dont vous me régalez, me fait souhaiter le reste avec une extrême impatience. J'aime bien cette *Vieillesse qui est venuë sous vos cheveux blonds*, & si tout le reste est de la sorte, vous pourrez dire comme Malherbe, [3] *Les puissantes faveurs dont Parnasse m'honore, non loin de mon berceau commencèrent leur cours. Je les possédai jeune, & les possède encore à la fin de mes jours.* Ne trouvez-vous pas plaisant que j'écrive des vers comme si c'étoit de la prose? Racan n'écrivoit pas autrement ses Poësies.

J'ai lû la Dissertation de Monsieur Arnauld sur la Préface du Devot. Je fus fâché, en la lisant, de n'être pas un peu plus vindicatif que je ne suis; car j'aurois eû bien du plaisir à voir tirer de si belle force les oreilles à mon homme. Qu'auroit-il pû répondre à tant de bonnes raisons, qui détruisent son ridicule système d'Eloquence? Faites-moi la grace de m'envoïer cette Lettre que Monsieur Arnauld écrit à Mr. Perrault, & où il parle de vous comme toute la France en doit parler. Monsieur Perrault est un galant homme, qui entend raison sur tout, excepté sur les Modernes. Depuis qu'il a épousé leur parti, il s'aveugle même sur le merite des Modernes qui défendent les Anciens. Notre siècle, il est vrai, a produit de très-grands hommes en toute sorte d'Arts & de Sciences. La magnanimité des Romains se retrouve toute entière dans Corneille, & il y a beaucoup de Scènes dans Moliére qui déconcerteroient la gravité du plus sévère des Stoïques. Mais nous ne sommes pas contens de ces loüanges, & à moins de mettre les Anciens sous nos pieds, nous ne croïons pas être assez élevez. Quand nous en serions nous-mêmes les Juges, nous devrions avoir honte de prononcer en notre faveur. C'est de la Postérité qu'il faut attendre un jugement décisif; & il y a certainement peu de nos Ecrivains, qui, comme vous, Monsieur, ne doivent pas craindre de paroître un jour devant son tribunal.

Pour moi, & les Traducteurs [4] mes confrères, c'est inutilement que nous le craindrions. Vous m'avez dit plus d'une fois que la Traduction n'a jamais mené personne à l'Immortalité. Mettant la main à la conscience, je crois aussi que j'aurois tort d'y prétendre. Je ne m'en flatte point. *Oportet unumquemque de mortalitate aut de immortalitate sua cogitare.* Ce mot de Pline le Jeune me paroit une des meilleures choses qu'il ait dites. Pour écrire, il me faudroit un grand fonds de Scien-

ce,

R E M A R Q U E S.

le premier, Monsieur Despréaux l'appelloit *le Frere-Chapeau*: faisant allusion à l'usage des Moines qui sont accompagnez d'un Frere, quand ils sortent du Couvent. *On ne verra point*, disoit-il, *de Frere-Chapeau parmi mes Vers.* Aussi faisoit-il ordinairement le second Vers avant le premier, comme je l'ai dit ailleurs.

3. Ces quatre vers de Malherbe sont la Stance trente-

ce, & peu de paresse. Je suis fort paresseux, & je ne fais pas beaucoup. La Traduction répare tout cela. Mon Auteur est savant pour moi; les matières sont toutes digérées; l'invention & la disposition ne me regardent pas; je n'ai qu'à m'énoncer. Un avantage que je trouve encore dans la Traduction, & dont tout le monde ne s'avise point, c'est qu'elle nous fait connoître parfaitement un Auteur; elle nous le fait voir tout nud, si j'ose parler ainsi : le Traducteur découvre toutes ses beautez & tous ses défauts. Je n'ai jamais si bien connu Ciceron, que je fais présentement; & si j'étois aussi hardi que les Critiques de son siècle, j'oserois peut-être, comme eux, lui reprocher en quelques endroits un peu de verbiage; mais il ne m'appartient pas de parler avec si peu de respect d'un si grand Orateur. Je vous avoüe pourtant que si la fortune m'eût fixé à Paris, je me serois hazardé à composer une Histoire de quelqu'un de nos Rois. Mais je me trouve dans un lieu où l'on manque de tous les secours nécessaires à un Ecrivain. Ainsi j'ai été contraint de me borner à la Traduction. Je ne saurois m'en repentir, si j'ai le bonheur de vous plaire un peu. Aimez-moi toûjours, je vous supplie, & assurez le cher Mr. Racine, que je serai éternellement son très-humble serviteur, aussi bien que le vôtre.

REMARQUES.

trente-sixième de son Ode pour le Roi allant châtier la rebellion des Rochelois.

4. Monsieur de Maucroix ne prend ici que la qualité de Traducteur : cependant il a fait des Poësies, & même on peut dire qu'il n'y réussissoit pas mal, à en juger par le peu que nous en avons dans quelques Recueils.

LETTRE DE Mr. RACINE [1]
A L'AUTEUR [2]
DES HERESIES IMAGINAIRES,
ET DES DEUX VISIONAIRES.

LETTRE XI.

ONSIEUR,

Je vous déclare que je ne prens point de parti entre Mr. Desmarêts & Vous. Je laisse à juger au monde quel est le Visionaire de vous deux. J'ai lû jusqu'ici vos Lettres avec assez d'indifference, quelquefois avec plaisir, quelquefois avec dégoût, selon qu'elles me sembloient bien ou mal écrites. Je remarquois que vous prétendiez prendre la place de l'Auteur [3] des petites Lettres, mais je remarquois en même tems que vous étiez beaucoup

REMARQUES.

1. J'ai déja averti dans les Remarques sur l'Epigramme à Monsieur Racine, que je raporterois tout au long une de ses Lettres. Le nom de l'Auteur & le merite de cette Piéce, m'ont interessé à la conserver ; & j'ai crû pouvoir avec bienséance associer un Ouvrage de Mr. Racine à ceux de Mr. Despréaux son ami & son confrere. En voici le sujet. Mr. Racine aïant fait ses études à Port-Roïal des Champs, vint à Paris, & tourna toutes ses vûës du côté de la Poësie. Quand Desmarêts écrivit contre Port-Roïal Mr. Nicole répliquâ à Desmarêts par huit Lettres, intitulées Visionaires ; & dans la premiere de ces Lettres, qui est datée du dernier jour de Décembre, 1665. il traita les faiseurs de Romans, & les Poëtes de Théatre, d'*Empoisonneurs publics*, *& de gens horribles parmi les Chrétiens*. Monsieur Racine, qui avoit déja donné au Public ses deux premières Tragédies, crût avoir sujet de penser que ce trait-là tomboit en particulier sur lui : il prit la défense du Théatre, & attaqua Messieurs de Port-Roïal. Ces Messieurs, alarmez par cette Lettre, qui les menaçoit d'un Ecrivain aussi redoutable que Pascal, trouverent le moïen d'appaiser le jeune Racine,

A L'AUTEUR DES HERESIES IMAGINAIRES.

coup au deſſous de lui, & qu'il y avoit une grande différence entre une *Provinciale*, & une *Imaginaire*.

Je m'étonnois même de voir le Port-Roïal aux mains avec 4 Mr. Chamillard & Deſmarêts. Où eſt cette fierté, diſois-je, qui n'en vouloit qu'au Pape, aux Archevêques, & aux Jéſuites? Et j'admirois en ſecret la conduite de ces Peres qui vous ont fait prendre le change, & qui ne ſont plus maintenant que les ſpectateurs de vos querelles. Ne croïez pas pour cela que je vous blâme de les laiſſer en repos. Au contraire, ſi j'ai à vous blâmer de quelque choſe, c'eſt d'étendre vos inimitiez trop loin, & d'intereſſer dans le démêlé que vous avez avec Deſmarêts, cent autres perſonnes dont vous n'avez aucun ſujet de vous plaindre.

Et qu'eſt-ce que les Romans & les Comédies peuvent avoir de commun avec le Janſéniſme? Pourquoi voulez-vous que ces Ouvrages d'eſprit ſoient une occupation peu honorable devant les hommes, & horribles devant Dieu? Faut-il, parce que Deſmarêts a fait autrefois un Roman, & des Comédies, que vous preniez en averſion tous ceux qui ſe ſont mêlez d'en faire? Vous avez aſſez d'ennemis, pourquoi en chercher de nouveaux? O que le Provincial étoit bien plus ſage que vous! Voïez comme il flatte l'Académie dans le tems même qu'il perſecute la Sorbone. Il n'a pas voulu ſe mettre tout le monde ſur les bras. Il a ménagé les faiſeurs de Romans. Il s'eſt fait violence pour les louer. Car Dieu-merci vous ne louez jamais que ce que vous faites. Et croïez-moi, ce ſont peut-être les ſeules gens qui vous étoient favorables.

Mais, ſi vous n'étiez pas content d'eux, il ne falloit pas tout d'un coup les injurier. Vous pouviez emploïer des termes plus doux que ces mots 5 d'*Empoiſonneurs publics*, & de *gens horribles parmi les Chrétiens*. Penſez-vous que l'on vous en croïe ſur votre parole? Non, non, Monſieur, on n'eſt point accoûtumé à vous croire ſi légerement.

REMARQUES.

tine, & même ils le regagnèrent tellement, que juſqu'à ſa mort il a été un de leurs plus zélez partiſans.

2. *A l'Auteur des Hereſies* &c.] En 1664, & 1665, MM. de Port-Roïal publièrent ſucceſſivement dix Lettres, intitulées les *Imaginaires*, ou *Lettres ſur l'Hereſie imaginaire*; & en 1666 ils en donnèrent de même huit autres, ſous le titre de *Viſionaires*, qui étoient une ſuite des précedentes. On attribuë ces Lettres à Monſieur Nicole. Quand Monſieur Racine compoſa celle-ci on n'avoit encore publié que les deux premieres *Viſionaires*, en Janvier, 1666.

3. *Des petites Lettres.*] Des Lettres Provinciales.

4. *Monſieur Chamillard.*] Docteur de Sorbonne.

5. *D'Empoiſonneurs publics* &c.] Voici le paſſage de la premiere Viſionaire. *Ces qualitez* [de faire des Romans & des Pièces de Théatre] *qui ne ſont pas fort honorables au jugement des honnêtes gens, ſont horribles étant conſiderées ſelon les principes de la Religion Chrétienne; & les règles de l'Evangile. Un faiſeur de Romans, & un Poëte de Théatre eſt un empoiſonneur public, non des corps, mais des ames* &c.

ment. Il y a vingt ans que vous dites tous les jours que les cinq Propositions ne sont pas dans Jansenius : cependant on ne vous croit pas encore.

Mais nous connoissons l'austerité de votre Morale. Nous ne trouvons point étrange que vous damniez les Poëtes, vous en damnez bien d'autres qu'eux. Ce qui nous surprend, c'est de voir que vous voulez empêcher les hommes de les honorer. Hé ! Monsieur, contentez-vous de donner les rangs dans l'autre Monde, ne règlez point les récompenses de celui-ci. Vous l'avez quitté, il y a long-temps. Laissez-le juger des choses qui lui appartiennent. Plaignez-le, si vous voulez, d'aimer des bagatelles & d'estimer ceux qui les font. Mais ne leur enviez point de miserables honneurs, ausquels vous avez renoncé. Aussi bien il ne vous sera pas facile de les leur ôter. Ils en sont en possession depuis trop de siècles. Sophocle, Euripide, Terence, Homère & Virgile, nous sont encore en véneration, comme ils l'ont été dans Athènes & dans Rome. Le temps qui a abbatu les Statuës qu'on leur a élevées à tous, & les Temples mêmes qu'on a élevez à quelques-uns d'eux, n'a pas empêché que leur mémoire ne vînt jusqu'à nous. Notre siècle, qui ne croit pas être obligé de suivre votre jugement en toutes choses, nous donne tous les jours des marques de l'estime qu'il fait de ces sortes d'Ouvrages, dont vous parlez avec tant de mépris, & malgré toutes ces maximes severes que toûjours quelque passion vous inspire, il ose prendre la liberté de considerer toutes les personnes en qui l'on voit luire quelques étincelles du feu qui échauffa autrefois ces grands Génies de l'Antiquité.

Vous croïez sans doute qu'il est bien plus honorable de faire [6] des *Enluminures*, des *Chamillardes*, & des *Onguents pour la brûlure*. Que voulez-vous ? Tout le monde n'est pas capable de s'occuper à des choses si importantes, tout le monde ne peut pas écrire contre les Jésuites. On peut arriver à la gloire par plus d'une voïe.

Mais, direz-vous, il n'y a plus maintenant de gloire à composer des Romans & des Comédies. Ce que les Païens ont honoré est devenu horrible parmi les Chrétiens. Je ne suis pas un Théologien comme Vous ; je prendrai pourtant la liberté de vous dire, que l'Eglise ne nous défend point de lire les Poëtes, qu'elle ne nous commande point de

REMARQUES.

6. *Des Enluminures, des Chamillardes, &c.*] Ce sont les Titres de quelques Livres, que Messieurs de Port-Roïal écrivoient en ce tems-là contre leurs Adversaires. [Les Jésuites aïant fait graver en 1654. un Almanac, où sous diverses figures emblematiques, ils representoient les Jansenistes comme les ennemis de l'Eglise, &c ; Mr. de Saci y opposa un Poëme d'environ mille vers, intitulé les *Enluminures du fameux Almanac des PP. Jésuites*, dans lequel il tournoit cette Estampe en ridicule, & se moquoit à son tour des Reverends Peres Jésuites. Voïez la Note de Mr. Nicole sur

A L'AUTEUR DES HERESIES IMAGINAIRES.

de les avoir en horreur. C'est en partie dans leur Lecture que les anciens Peres se sont formez. Saint Grégoire de Nazianze n'a pas fait de difficulté de mettre la Passion de Notre Seigneur en Tragédie. Saint Augustin cite Virgile aussi souvent que vous citez Saint Augustin.

Je sai bien qu'il s'accuse de s'être laissé attendrir à la Comédie, & d'avoir pleuré en lisant Virgile. Qu'est-ce que vous concluez de là? Direz-vous qu'il ne faut plus lire Virgile, & ne plus aller à la Comédie? Mais Saint Augustin s'accuse aussi d'avoir pris trop de plaisir aux chants de l'Eglise ; est-ce à dire qu'il ne faut plus aller à l'Eglise?

Et vous autres qui avez succedé à ces Peres, dequoi vous êtes-vous avisez de mettre en François les Comédies de Terence? Falloit-il interrompre vos saintes occupations pour devenir des Traducteurs de Comedies? Encore, si vous nous les aviez données avec leurs graces, le Public vous seroit obligé de la peine que vous avez prise. Vous direz peut-être que vous en avez retranché quelques libertez. Mais vous dites aussi que le soin qu'on prend de couvrir les passions d'un voile d'honnêteté ne sert qu'à les rendre plus dangereuses. Ainsi vous voilà vous-mêmes au rang des *Empoisonneurs*.

Est-ce que vous êtes maintenant plus saints, que vous n'étiez en ce tems-là? Point du tout. Mais en ce tems-là Desmarêts n'avoit pas écrit contre vous. Le crime du Poëte vous a irritez contre la Poësie. Vous n'avez pas consideré que ni Monsieur d'Urfé, ni Corneille, ni Gomberville votre ancien ami n'étoient point responsables de la conduite de Desmarêts. Vous les avez tous enveloppez dans sa disgrace. Vous avez même oublié que Mademoiselle de Scuderi avoit fait une Peinture avantageuse du Port-Roïal dans sa Clélie. Cependant j'avois ouï dire que vous aviez souffert patiemment qu'on vous eût loüez dans ce Livre horrible. L'on fit venir au desert le volume qui parloit de Vous. Il y courut de main en main, & tous les Solitaires voulurent voir l'endroit où ils étoient traitez d'illustres. Ne lui a-t-on pas même rendu ses loüanges dans l'une des Provinciales, & n'est-ce pas elle que l'Auteur entend lors qu'il parle d'une Personne qu'il admire sans la connoître?

Mais, Monsieur, si je m'en souviens, on a loüé même Desmarêts dans ces

REMARQUES.

sur la troisième Lettre *Provinciale*.

Mr. Chamillard publia quelques Lettres contre Messieurs de Port-Roïal, qui furent refutées par d'autres Lettres, auxquelles on donna le nom de *Chamillardes*.

L'*Orguent pour la brûlure* &c, petit Poëme contre les Jésuites, qui parut en 1664. est de Mr. Barbier Daucourt, si connu par sa Critique des *Entretiens d'Ariste & d'Eugene* du Pere Bouhours. ADD. *de l'Ed. d'Amst.*]

ces Lettres. D'abord l'Auteur en avoit parlé avec mépris, sur le bruit qui couroit qu'il travailloit aux Apologies des Jésuites. Il vous fit savoir qu'il n'y avoit point de part. Aussi-tôt il fut loüé comme un homme d'honneur, & comme un homme d'esprit 7.

Tout de bon, Monsieur, ne vous semble-t-il pas qu'on pourroit faire sur ce procédé les mêmes réflexions que vous avez faites tant de fois sur le procédé des Jésuites ? Vous les accusez de n'envisager dans les personnes que la haine ou l'amour qu'on avoit pour leur Compagnie. Vous deviez éviter de leur ressembler. Cependant on vous a vûs de tout temps loüer & blâmer le même homme, selon que vous étiez contens ou mal satisfaits de lui. Surquoi je vous ferai souvenir d'une petite Histoire que m'a contée autrefois un de vos Amis. Elle marque assez bien votre caractère.

Il disoit qu'un jour deux Capucins arrivèrent au Port-Roïal, & y demanderent l'hospitalité. On les reçût d'abord assez froidement, comme tous les Religieux y étoient reçûs. Mais enfin il étoit tard, & l'on ne pût pas se dispenser de les recevoir. On les mit tous deux dans une chambre, & on leur porta à souper. Comme ils étoient à table, le Diable qui ne vouloit pas que ces bons Peres soupassent à leur aise, mit dans la tête de quelqu'un de vos Messieurs, que l'un de ces Capucins étoit un certain 8 Pere Maillard, qui s'étoit depuis peu signalé à Rome en sollicitant la Bulle du Pape contre Jansénius. Ce bruit vint aux oreilles de la 9 Mere Angélique. Elle accourut au Parloir avec précipitation, & demande, qu'est-ce qu'on a servi aux Capucins, quel pain & quel vin on leur a donné ? La Touriere lui répond qu'on leur a donné du pain blanc & du vin des Messieurs. Cette Superieure zelée commande qu'on le leur ôte, & que l'on mette devant eux du pain des valets & du cidre. L'ordre s'exécute. Ces bons Peres qui avoient bû chacun un coup, sont bien étonnez de ce changement. Ils prennent pourtant la chose en patience, & se couchent, non sans admirer le soin qu'on prenoit de leur faire faire pénitence. Le lendemain ils demandèrent à dire la Messe. Ce qu'on ne pût pas leur refuser. Comme ils la disoient, Monsieur de Bagnols entra dans l'Eglise, & fut bien surpris de trouver le visage d'un Capucin de ses parens dans celui que l'on prenoit pour le Pere Maillard. Monsieur de Bagnols avertit la Mere Angélique de son erreur, & l'assûra que ce Pere étoit un fort bon Religieux,

REMARQUES.

7. Voïez l'Avertissement qui est à la fin de la seizième *Provinciale*.
8. *Pere Maillard.*] Il est nommé Pere Mulard, 1666.

dans la Réponse * qu'un Ecrivain de Port-Roïal fit à cette Lettre, le Premier d'Avril,

* C'est la seconde Réponse. On la trouvera ci-dessous. ADD. *de l'Ed. d'Amst.*

A L'AUTEUR DES HERESIES IMAGINAIRES.

ligieux, & même dans le cœur assez ami de la Verité. Que fit la Mere Angélique? Elle donna des ordres tout contraires à ceux du jour de devant. Les Capucins furent conduits avec honneur de l'Eglise dans le Réfectoir, où ils trouvèrent un bon déjeuner qui les attendoit, & qu'ils mangérent de fort bon cœur, benissant Dieu qui ne leur avoit pas fait manger leur pain blanc le premier.

Voila, Monsieur, comme vous avez traité Desmarêts, & comme vous avez toûjours traité tout le monde. Qu'une femme fût dans le desordre, qu'un homme fût dans la débauche, s'ils se disoient de vos Amis, vous esperiez toûjours de leur salut; s'ils vous étoient peu favorables, quelque vertueux qu'ils fussent, vous apprehendiez toûjours le jugement de Dieu pour eux. La Science étoit traitée comme la Vertu. Ce n'étoit pas assez pour être savant, d'avoir étudié toute sa vie, d'avoir lû tous les Auteurs, il falloit avoir lû Jansénius, & n'y avoir point lû les Propositions.

Je ne doute point que vous ne vous justifiiez par l'exemple de quelque Pere. Car qu'est-ce que vous ne trouvez point dans les Peres? Vous nous direz que S. Jerôme a loué Rufin comme le plus savant homme de son Siècle, tant qu'il a été son ami; & qu'il traita le même Rufin comme le plus ignorant homme de son Siècle, depuis qu'il se fut jetté dans le parti d'Origène. Mais vous m'avouërez que ce n'est pas cette inégalité de sentimens qui l'a mis au rang des Saints & des Docteurs de l'Eglise.

Et sans sortir encore de l'exemple de Desmarêts, quelles exclamations ne faites-vous point, sur ce qu'un homme qui a fait autrefois des Romans, & qui confesse, à ce que vous dites, qu'il a mené une vie déréglée, a la hardiesse d'écrire sur les matières de la Religion? Dites-moi, Monsieur, que faisoit dans le monde Monsieur le Maître? Il plaidoit, il faisoit des Vers: tout cela est également profane selon vos Maximes. Il avouë aussi dans une Lettre, qu'il a été dans le dérèglement, & qu'il s'est retiré chez vous pour pleurer ses crimes. Comment donc avez-vous souffert qu'il ait tant fait de Traductions, tant de Livres sur les matières de la Grace? Ho, ho, direz-vous, il a fait auparavant une longue & serieuse pénitence. Il a été deux ans entiers à bêcher le jardin, à faucher les prez, à laver les vaisselles.

Voi-

REMARQUES.

9. *Mere Angélique.*] Angélique Arnauld, Abbesse de Port-Roïal. Elle étoit Sœur de Monsieur Arnauld, Docteur de Sorbone, & de Monsieur d'Andilly.

Voilà ce qui l'a rendu digne de la Doctrine de S. Augustin. Mais, Monsieur, vous ne savez pas quelle a été la pénitence de Desmarêts. Peut-être a-t-il fait plus que tout cela. Croïez-moi, vous n'y regarderiez point de si près, s'il avoit écrit en votre faveur. C'étoit là le seul moïen de sanctifier une plume profanée par des Romans & des Comédies.

Enfin, je vous demanderois volontiers ce qu'il faut que nous lisions, si ces sortes d'Ouvrages nous sont défendus. Encore faut-il que l'esprit se délasse quelquefois. Nous ne pouvons pas toûjours lire vos Livres. Et puis, à vous dire la verité, vos Livres ne se font plus lire comme ils faisoient. Il y a long-tems que vous ne dites plus rien de nouveau. En combien de façons avez-vous conté l'Histoire du Pape Honorius? Que l'on regarde tout ce que vous avez fait depuis dix ans, vos Disquisitions, vos Dissertations, vos Réflexions, vos Considerations, vos Observations; on n'y trouvera autre chose sinon que les Propositions ne sont pas dans Jansénius. Hé! Messieurs, demeurez-en là. Ne le dites plus. Aussi bien, à vous parler franchement, nous sommes résolus d'en croire plûtôt le Pape & le Clergé de France, que vous.

Pour vous, Monsieur, qui entrez maintenant en lice contre Desmarêts, nous ne refusons point de lire vos Lettres. Poussez votre Ennemi à toute rigueur. Examinez chrétiennement ses mœurs & ses Livres. Feuilletez les Regiſtres du Châtelet. Emploïez l'autorité de S. Augustin & de S. Bernard, pour le déclarer Visionaire. Etablissez de bonnes règles pour nous aider à reconnoître les foûs. Nous nous en servirons en tems & lieu. Mais ne lui portez point de coups qui puissent retomber sur les autres. Sur tout, je vous le répète, gardez-vous bien de croire vos Lettres aussi bonnes que les Lettres Provinciales. Ce seroit une étrange vision que celle-là. Je voi bien que vous voulez attraper ce genre d'écrire. L'enjoûment de Monsieur Pascal a plus servi à votre parti que tout le serieux de Monsieur Arnauld. Mais cet enjoûment n'est point du tout votre caractère. Vous retombez dans les froides plaisanteries des *Enluminures*. Vos bons mots ne sont d'ordinaire que de basses allusions. Vous croïez dire, par exemple, quelque chose de fort agréable, quand vous dites sur une exclamation que fait Monsieur Chamillard, que *son grand O, n'est qu'un o en chiffre*; & quand vous l'avertissez de ne pas suivre le grand nombre, *de peur d'être un Docteur à la douzaine*; on voit bien que vous vous efforcez d'être plaisant, mais ce n'est pas le moïen de l'être.

Retranchez-vous donc sur le serieux. Remplissez vos Lettres de longues & doctes periodes. Citez les Peres. Jettez-vous souvent

A L'AUTEUR DES HERESIES IMAGINAIRES.

sur les injures, & presque toujours sur les Antithèses. Vous êtes appelé à ce stile : il faut que chacun suive sa vocation. * Je suis, &c.

* Mr. Racine avoit défendu cette Lettre par une seconde où il n'avoit pas moins répandu d'enjoûment & de raillerie que dans la première; mais l'aïant montrée à M. Despréaux son intime ami, à qui il n'avoit pourtant pas communiqué la première, cet illustre Poëte lui répondit : *Votre Lettre est bien écrite, mais en verité vous prenez un mauvais parti, & vous attaquez les plus honnêtes gens qui soient au monde. Eh bien donc*, reprit M. Racine, *celle-ci ne verra jamais le jour.* Il la resserra aussi-tôt dans son Porte-feuille, ne la communiqua à personne, retira de là la première tous les Exemplaires qu'il put retrouver, & alla chez M. de Saci pour se reconcilier avec lui, M. l'Abbé Dupin l'y accompagna. ADD. *de l'Ed. d'Amst.*

I. RÉPONSE
A LA
LETTRE PRÉCEDENTE
DE Mr. RACINE
CONTRE LES HERESIES
IMAGINAIRES,
ET LES VISIONAIRES.

LETTRE XII.

ONSIEUR,

J'ai lû ce que vous répondez à l'Auteur des *Herefies Imaginaires*, & des *Vifionaires*. Vous déclarez d'abord que vous ne prenez point de parti entre lui & Defmarêts. Je vous déclare auſſi que je n'y en prens point, mais je ne veux pas dire comme vous que *je laiſſe à juger au monde quel des deux eſt le Vifionaire*. Je ne voudrois pas que le monde crût que je ne fuſſe pas faire un jugement ſi aiſé ; & que voyant d'un côté

REMARQUES.

1. Cette Réponſe & la ſuivante ne ſe trouvent point dans l'Edition de Geneve. On ne voit pas pourquoi l'Editeur, qui a trouvé à propos d'enrichir les Oeuvres de M. Deſpréaux de la Lettre de M. Racine, a negligé d'y ajouter ces Réponſes. Elles parurent ſéparément en 1666. Mrs. Du Bois & de Saci en ſont les Auteurs. M. Nicole, qui n'avoit pas jugé à propos de répondre lui-même à M. Racine, inſera ces deux Réponſes dans l'Edition des *Imaginaires* faite en 1667. in 12. Voici ce qu'il en dit à la pag. 20. de l'Avertiſſement qui eſt à la tête du II. Vol. de cette Edition. ,, Pendant qu'on demêloit cette ,, querelle avec le Sieur Defmarêts, on en fit ,, une à l'Auteur des *Vifionaires* ſur quelques mots ,, qu'il avoit dit en paſſant dans la premiere de ,, ces Lettres contre les Romans & les Comé- ,, dies. Un jeune Poëte s'étant chargé de l'in- ,, terêt commun de tout le Théatre, l'attaqua ,, par une Lettre qui courut fort dans le monde, ,, où il contoit des hiſtoires faites à plaiſir, & il ,, enveloppoit tout le Port-Roïal dans ce diffé- ,, rend particulier qu'il avoit avec l'Auteur des ,, *Vifionaires*. Car il y déchiroit feu M. le Maître, ,, la feue Mere Angelique, l'Auteur des *Enlumi-* ,, *nures* & de la Traduction de Terence. Tout ,, étoit faux dans cette Lettre & contre le bon ,, ſens depuis le commencement juſqu'à la fin.
,, Elle

côté l'Auteur des Lettres qui ne cite que les Saints Peres, comme vous lui reprochez : & de l'autre côté Desmarêts qui ne dit que des folies, je ne pusse pas discerner que c'est ce dernier qui est le *visionnaire* & le fanatique. Mais cela ne doit pas vous faire croire que je *prens parti*, puisque c'est au contraire une preuve que je n'en prens point, & que je suis seulement pour la verité.

Je vous dirai donc sans aucun interêt particulier, que le monde rit de vous entendre parler si négligemment d'un Ouvrage qui a été généralement aprouvé, & qui ne pouvoit pas manquer de l'être sous le nom de tant de Saints Peres qui le remplissent de leurs plus beaux sentimens. *J'ai lû vos Lettres*, dites-vous, *avec assez d'indifference ; quelquefois avec plaisir, quelquefois avec dégoût, selon qu'elles me sembloient bien ou mal écrites.* C'est-à-dire, selon que vous étiez de bonne ou de mauvaise humeur. Mais je ne m'arrête point à cela, & je crois que c'est seulement un préambule pour venir à votre but, qui est de venger la *Poësie* d'un affront que vous prétendez qu'elle a reçu. *Le crime du Poëte*, dites-vous à tout Port-Roïal, *vous a irrité contre la Poësie*.

Mais, Monsieur, s'il se trouvoit qu'en effet on ne l'eût point offensée, n'auroit-on pas grand sujet de se moquer des efforts que vous faites pour la défendre ? Voyez donc tout à loisir si on peut lui avoir fait quelque outrage, puisqu'on n'a pas seulement parlé d'elle. On n'a pas nommé la *Poësie* dans toute la Lettre, & tout ce qu'on y dit ne regardant que les Poëtes de Théatre, si c'est une injure elle ne peut offenser que la Comédie seulement, & non pas la Poësie. Croyez-vous que ce soit la même chose, & prenez-vous ainsi l'espece pour le genre ?

On voit bien dès là que vous êtes un Poëte de Théatre, & que vous défendez votre propre cause ; car vous auriez vû plus clair dans celle d'un autre, & vous n'auriez pas confondu deux choses qui sont aussi diffe-

REMARQUES.

,, Elle avoit néanmoins un certain éclat qui la rendoit assez proportionnée aux petits esprits dont le monde est plein, de sorte qu'il y eut deux personnes qui crurent à propos d'y répondre, & ils le firent en effet d'une telle maniere, que ceux qui avoient témoigné quelque estime pour cette Lettre, eurent honte d'en avoir ainsi jugé. On a cru que l'on feroit bien aise que l'on conservât ces deux Réponses en les inserant dans ce Recueil, d'autant plus que le monde fut partagé dans le jugement qu'il en fit, les uns aiant plus estimé celle qui parut la première, & qui par cette raison est imprimée la première dans ce Recueil, & les autres s'é- tant hautement déclarez pour la seconde. Je ne préviendrai point le jugement des Lecteurs en me déclarant plus pour l'une que pour l'autre : mais il est vrai néanmoins que je ne suis aucunement partagé entre ces deux Pièces, & qu'il me semble qu'elles sont assez visiblement inégales, pour ne pas douter de celle à qui l'on doit donner l'avantage. " Nous avons transcrit d'autant plus volontiers ce passage qu'on l'a retranché, aussi bien que les deux Réponses que nous donnons ici, dans l'Edition des *Imaginaires* faite in 8. en 1683. & que l'Edition de 1667. est fort rare.

differentes que le bien & le mal. Mais enfin puisqu'on a seulement parlé des Poëtes de Théatre, qu'a-t-on dit contre eux qui puisse vous mettre si fort en colere ? On les a appellé *Empoisonneurs des ames*. C'est ce qui vous offense, & je ne sai pourquoi, car jusques ici ces Poëtes n'ont point accoûtumé de s'en offenser. Peut-être avez-vous oublié, en écrivant votre Lettre, que la Comédie n'a point d'autre fin que d'inspirer des passions aux Spectateurs, & que les passions, dans le sentiment même des Philosophes Payens, sont les maladies & les poisons des Ames.

Au moins apprenez-moi comme il faut agir avec vous, car je vois qu'on vous fâche quand on dit que les Poëtes *empoisonnent*, & je crois qu'on vous fâcheroit encore davantage, si l'on disoit que vous *n'empoisonnez* point : que votre Muse est une innocente ; qu'elle n'est pas capable de faire aucun mal ; qu'elle ne donne pas la moindre tentation ; qu'elle ne touche pas seulement le cœur, & qu'elle le laisse dans le même état où elle le trouve.

Ce discours vous devroit flater bien sensiblement puis qu'il est tout contraire à celui qui vous a si rudement choqué. Mais, si je ne me trompe, il vous deplait encore plus que tout ce qu'a pu dire l'Auteur des Lettres, & peut-être voudriez-vous à present ne vous être pas piqué si mal à propos de ce qu'il a dit que les Poëtes de Théatre sont des *empoisonneurs d'ames*.

Je ne pense pas aussi que ces Poëtes s'en offensent, & je crois qu'après vous il n'y en a point qui ne sachent que l'Art du Théatre consiste principalement dans la composition de ces *poisons* spirituels. N'ont-ils pas toujours nommé la Comédie l'Art de charmer, & n'ont-ils pas cru en lui donnant cette qualité la mettre au dessus de tous les Arts ? Ne voit-on pas que leurs Ouvrages sont composez d'un mêlange agréable d'intrigues, d'interêts, de passions, & de personnes où ils ne considerent point ce qui est veritable, mais seulement ce qui est propre pour toucher les Spectateurs, & pour faire couler dans leurs cœurs des passions qui les *empoisonnent* de telle sorte, qu'ils s'oublient eux-mêmes & qu'ils prennent un interêt sensible dans des avantures imaginaires.

Mais cet *empoisonnement* des cœurs, qui les rend ou gais ou tristes au gré des Poëtes, est le plus puissant effet de la Comedie, & les Poëtes n'ont garde de s'offenser quand on leur dit qu'ils *empoisonnent*, puisque c'est leur dire qu'ils excellent dans leur Art, & qu'ils font tout ce qu'ils veulent faire.

Pourquoi donc trouvez-vous si mauvais ce que tous les autres ne trouvent point desagréable ? Et pourquoi n'avez-vous pu souffrir que l'Auteur des Lettres ait dit en passant que les Pièces de Théatre sont *horribles étant consiaerées selon les principes de la Religion Chrétienne*

&

& les règles de l'Evangile ? Il me semble que la Vérité & la Politique devoient vous obliger de souffrir cela patiemment. Car enfin puisque tout le monde sait que l'Esprit du Christianisme n'agit que pour éteindre les passions, & que l'Esprit du Théatre ne travaille qu'à les allumer; quand il arrive que quelcun dit un peu rudement que ces deux Esprits sont contraires, il est certain que le meilleur pour les Poëtes c'est de ne point répondre, afin qu'on ne replique pas, & de ne point nier, afin qu'on ne prouve pas plus fortement ce qu'on avoit seulement proposé.

Est-ce que vous croyez que l'Auteur des Lettres ne puisse prouver ce qu'il avance ? Pensez-vous que dans l'Evangile, qui condamne jusques aux paroles oisives, il ne puisse trouver la condamnation de ces paroles enflammées, de ces accens passionnez & de ces soupirs ardens qui font le stile de la Comédie ? Et doutez-vous qu'il ne soit bien aisé de faire voir que le Christianisme a de l'horreur pour le Théatre, puisque d'ailleurs le Théatre a tant d'horreur pour le Christianisme ?

L'Esprit de pénitence qui paroît dans l'Evangile, ne fait-il pas peur à ces Esprits enjouez qui aiment la Comédie ? Les vertus des Chrétiens ne sont-ce pas les vices de vos Heros ? Et pourroit-on leur pardonner une patience & une humilité Evangelique ? La Religion Chrétienne, qui règle jusqu'aux desirs & aux pensées, ne condamne-t-elle pas ces vastes projets d'ambition, ces grands desseins de vengeance & toutes ces avantures d'amour qui forment les plus belles idées des Poëtes ? Ne semble-t-il pas aussi que l'on sorte du Christianisme quand on entre à la Comédie ? On n'y voit que la Morale des Païens, & l'on n'y entend que le nom des faux Dieux.

Je ne veux pas pousser ces raisons plus loin, & ce que j'en ai dit est seulement pour vous faire connoître à quoi vous vous exposez d'écrire contre l'Auteur des Lettres, qui peut bien en dire davantage, lui qui sait les Peres, & qui les cite si à propos.

Vous eussiez mieux fait sans doute de ne point relever ce qu'il a dit, & de laisser tout tomber sur Desmarêts, à qui on ne pouvoit parler moins fortement, puisqu'il est assez visionnaire pour dire lui-même qu'il a fait les avantures d'un Roman avec l'esprit de la Grace, & pour s'imaginer qu'il peut traiter les mysteres de la Grace avec une imagination de Roman.

Vous deviez, ce me semble, penser à cela, & prendre garde aussi à qui vous aviez à faire, parce qu'il y a des gens de toute sorte. Ce que vous dites seroit bon de Poëte à Poëte, mais il n'est rien de moins judicieux que de le dire à l'Auteur des Lettres, & à ceux que vous joignez avec lui.

Ce sont des *Solitaires*, dites-vous, *des austeres qui ont quitté le monde,*

monde, & parce qu'ils ont écrit cinq ou six mots contre la Comédie, vous invectivez auſſi-tôt contr'eux, & vous irritez cette auſterité chrétienne qui pourroit vous dire des veritez dont vous ſeriez peu ſatisfait.

Je ne comprens point par quelle raiſon vous avez voulu leur répondre, & il me ſemble qu'un Poëte un peu politique ne les auroit pas ſeulement entendu. Eſt-ce que vous ne voulez pas qu'il ſoit permis à qui que ce ſoit de parler mal de la Comedie? Entreprendrez-vous tous ceux qui ne l'approuveront pas? Vous aurez donc bien des Apologies à faire, puiſque tous les jours les plus grands Prédicateurs la condamnent publiquement aux yeux des Chrétiens, & à la face des Autels.

Mais vous n'avez pas ſongé à tant de choſes, & vous êtes venu dire tout d'un coup : *Qu'eſt-ce que les Romans & les Comédies peuvent avoir de commun avec le Janſéniſme ?* Rien du tout, Monſieur, & c'eſt pourquoi vous ne devez pas trouver fort étrange ſi le Janſeniſme n'approuve pas la Comédie. Ce n'eſt pas après tout que l'Auteur des Lettres ait rien dit que vous ne diſiez encore plus fortement, & vous prouvez poſitivement tout ce qu'il avance, quoi que vous ayez deſſein de prouver le contraire. Il dit que les Poëtes de Théatre ne travaillent pas ſelon les règles de l'Evangile, & vous ſoûtenez qu'on leur a bâti des Temples, dreſſé des Autels & élevé des Statues ; il faut donc conclure, que les Poëtes ont rendu les Peuples idolâtres, & qu'eux-mêmes ont été les Idoles. Peut-on dire plus fortement qu'ils ſont des *Empoiſonneurs publics*, & que leurs Ouvrages ſont *horribles*, étant conſiderez ſelon les principes de la Religion & les Règles de l'Evangile.

Tout ce que vous dites enſuite, vos raiſonnemens, vos comparaiſons, vos hiſtoires & vos railleries, ſont des preuves particulieres de ce que l'Auteur des Lettres n'a dit qu'en général, & il n'y à perſonne qui n'en pût dire bien davantage, s'il vouloit juger des autres Poëtes par vous-même.

Que penſez-vous qu'on puiſſe croire de votre Eſprit quand on vous entend parler des Saints Peres avec un mépris ſi outrageant, & quand vous dites à tout le Port-Roïal : *Qu'eſt-ce que vous ne trouvez point dans les Peres?* comme ſi des Peres étoient de faux témoins & qu'ils fuſſent capables de dire toute choſe. Ils ne diſent pourtant pas que la Comédie ſoit une occupation chrétienne, & vous ne trouverez pas non plus dans leurs Livres cette maniere mépriſante dont vous traitez les Saints que l'Egliſe honore. Mais vous croyez avoir grande raiſon, & vous apportez l'exemple de S. Jerôme, comme ſi ceux de Port-Roïal avoient deſſein de s'en ſervir pour juſtifier une prétendue contradiction dont vous accuſez leur conduite. *Vous nous direz*, leur dites-vous, *que*

S.

S. Jerôme a loué Rufin comme le plus savant homme de son siècle, tant qu'il a été son ami, & qu'il traita le même Rufin comme le plus ignorant homme de son siècle depuis qu'il se fut jetté dans le parti d'Origène. Vous devinez mal, ils ne vous diront point cela, ce n'est point leur pensée, c'est la vôtre; mais quand ils auroient voulu dire une si mauvaise raison & d'une maniere si injurieuse à S. Jerôme, vous deviez attendre qu'ils l'eussent dit, & alors vous auriez eu raison de vous railler d'eux, au lieu qu'ils ont sujet de se moquer de vous.

Après ce raisonnement vous en faites un autre pour justifier la Comédie, & il y a plaisir de vous le voir pousser à votre mode. Vous croïez qu'il est invincible, & parce que vous n'en voïez point la réponse, vous ne pouvez concevoir qu'il y en ait. Vous la demandez hardiment à l'Auteur des Lettres comme s'il ne pouvoit la donner, & comme s'il étoit impossible de savoir ce que vous ne savez pas. *S. Augustin*, dites-vous, *s'accuse de s'être laissé attendrir à la Comédie, qu'est-ce que vous concluez de là? direz-vous qu'il ne faut point aller à la Comédie? Mais S. Augustin s'accuse aussi d'avoir pris trop de plaisir au chant de l'Eglise, est-ce à dire qu'il ne faut point aller à l'Eglise?*

Ce raisonnement prouve invinciblement ce que vous dites six ou sept lignes plus haut, que vous n'êtes point Théologien. On ne peut pas en douter après cela, mais on doutera peut-être si vous êtes Chrétien, puis que vous osez comparer le chant de l'Eglise avec les déclamations du Théatre.

Qui ne sait que la divine psalmodie est une chose si bonne d'elle-même qu'elle ne peut devenir mauvaise que par le même abus qui rend quelquefois les Sacremens mauvais? Et qui ne sait au contraire que la Comédie est naturellement si mauvaise qu'il n'y a point de détour d'intention qui puisse la rendre bonne.

Avec quel esprit avez-vous donc joint deux choses plus contraires que n'étoient l'Arche d'Alliance, & l'Idole de Dagon, & qui sont aussi éloignées que le Ciel l'est de l'Enfer? Quoi, vous comparez l'Eglise avec le Théatre? les divins Cantiques, avec les cris des Bacchantes? les saintes Ecritures avec des discours impudiques? les lumières des Prophetes, avec des imaginations de Poëtes? l'Esprit de Dieu avec le Démon de la Comédie? Ne rougissez-vous pas & ne tremblez-vous pas d'un excès si horrible?

Non, vous n'en êtes pas seulement ému, & votre Muse n'a point peur de cette effroïable impieté, ni des effets malheureux qu'elle peut produire. *Nous ne trouvons pas étrange*, dites-vous, *que vous damniez les Poëtes: ce qui nous surprend, c'est que vous voulez empêcher les hommes de les honorer*; c'est-à-dire que ce misérable honneur, que vous cherchez parmi les hommes, vous est plus precieux que votre salut: vous ne trouvez pas étrange qu'on vous damne, & vous ne pouvez souffrir qu'on ne vous estime pas. Vous renoncez à la communion des Saints, & vous n'aspirez qu'au partage des *Sophocles* & des *Virgiles*. Qu'on dise de vous tout ce qu'on voudra; mais qu'on ne dise point que vous n'avez pas *quelques étincelles de ce feu, qui échaufa autrefois ces grands Genies de l'Antiquité*. Vous ne craignez point de mourir comme eux, après avoir vécu comme eux; & vous ne pensez pas au miserable état de ces malheureux *genies*, que vous regardez avec tant d'envie & d'admiration. Ils brûlent perpetuellement où ils sont, & on les loue seulement où ils ne sont pas.

C'est ainsi que les Saints Peres en parlent, mais il vous importe peu de ce qu'ils disent, ce ne sont point vos Auteurs, & vous ne les citez que pour les accuser. Vous n'avez cité S. Jerôme que pour faire voir qu'il avoit l'esprit inégal; vous n'avez cité S. Augustin que pour montrer qu'il avoit le cœur trop sensible; & vous ne citez S. Gregoire de Nazianze que pour abuser de son autorité en faveur de la Comédie. *S. Gregoire de Nazianze*, dites-vous, *n'a pas fait de difficulté de mettre la Passion de notre Seigneur en Tragédie*; mais quoi qu'il en soit, si vous prétendez vous servir de cet exemple, il faut vous resoudre à passer pour un Poëte de la Passion, & à renoncer à toute l'Antiquité Païenne. Voïez donc ce que vous avez à faire, voulez-vous quitter ces grands Héros? Voulez-vous abandonner ces fameuses Heroïnes? Si vous ne le faites, S. Gregoire de Nazianze ne fera rien pour vous, & vous l'aurez cité contre vous-même. Si vous ne suivez son exemple vous ne pouvez emploïer son autorité, & vous ne sauriez dire que parce qu'il a fait une Tragédie Sainte, il vous est permis d'en faire de profanes. Tout ce qu'on peut conclure delà, c'est que la Poësie est bonne d'elle-même; qu'elle est capable de servir aux divins mystères; qu'elle peut chanter les louanges de Dieu, & qu'elle seroit très-innocente si les Poëtes ne l'avoient point corrompuë.

Cette seule raison détruit tous les faux raisonnemens que vous faites, & que vous concluez en disant à tous les gens de Port-Roïal *que le crime du Poëte les a irritez contre la Poësie*. On voit bien que vous avez voulu faire une pointe: mais vous l'avez faite de travers, & vous deviez dire au contraire que le crime contre la Poësie les a irritez contre le Poëte, car ils n'ont parlé que des Poëtes profanes qui abusent de leur Art, & ils n'ont rien dit qui pût offenser la Poësie. Ils savent qu'elle n'est point mauvaise de sa nature, & qu'elle est sanctifiée par les Prophètes, par les Patriarches, & par les Peres. David, Salomon, S. Prosper ont fait des Poësies, & à leur exemple ceux de Port-Roïal en ont fait aussi. Ils ont mis en vers François les plus augustes mystères de la Religion, les plus saintes maximes de la Morale Chrétienne, les

A Mr. RACINE.

Hymnes, les Profes, les Cantiques de l'Eglife, & ils ont fait de faints concerts, que les Fidèles chantent & que les Anges peuvent chanter.

Il n'y a donc point de conféquence ni de proportion de ce qu'ils font avec ce qu'ils condamnent, & c'eft vainement que vous tâchez d'y en trouver, & que vous comparez la conduite de M. le Maître avec celle de Defmarêts. En verité vous ne pouviez rien faire de plus contraire à cette gloire que vous pourfuivez fi ardemment ; car quelle eftime peut-on avoir pour vous quand on voit que vous comparez fi injuftement deux perfonnes, dont les actions font autant oppofées qu'elles le peuvent être.

Tout le monde fait que M. le Maître a fait des Plaidoïers que les Jurifconfultes admirent, où l'Eloquence défend la Juftice, où l'Ecriture inftruit, où les Peres prononcent, où les Conciles décident. Et vous comparez ces Plaidoïers aux Romans de Defmarêts qu'on ne peut lire fans horreur, où les paffions font toutes nuës, & où les vices paroiffent effrontément & fans pudeur.

Pour qui penfez-vous paffer, & quel jugement croïez-vous qu'on faffe de votre conduite, quand vous offenfez tous les Juges en comparant le Palais avec le Théatre, la Jurifprudence avec la Comédie, l'Hiftoire avec la Fable, & un très-célèbre Avocat avec un très-mauvais Poëte.

Pouvez-vous dire que M. le Maître a fait dans fa retraite, *tant de Traductions des Peres*, & le comparer avec Defmarêts qui fait gloire de ne rien traduire, & qui ne produit que des vifions chimeriques ? Il faut pourtant que vous acheviez cette comparaifon fi odieufe à tout le monde, & parce que Defmarêts avouë des crimes qu'il ne peut nier, vous en accufez auffi M. le Maître ; vous abufez indignement de fon humilité, qui lui a fait dire qu'il avoit été dans le déréglement, & vous ne prenez pas garde que ce qu'il apèle déréglement, c'eft ce que vous apelez fouverain bien ; c'eft cet honneur du fiècle que vous cherchez avec tant de paffion, & qu'il a fui avec tant de force. Il s'eft derobé à la gloire du monde qui l'environnoit, & il eft vrai que pour s'en éloigner davantage il a fait toutes les actions qui lui font le plus contraires.

Mais s'il a *bêché la terre*, comme vous dites, avec quel efprit ofez-vous en parler comme vous faites ? & quel fentiment pouvez-vous avoir des vertus Chrétiennes, puifque vous raillez publiquement ceux qui les pratiquent ? Vous parleriez ferieufement & avec éloge de ces anciens Romains qui favoient cultiver la terre, & conquerir les Provinces ; que l'on voïoit à la tête d'une Armée après les avoir vûs à la queue d'une charrue ; & vous vous moquez d'un Chrétien qui a *bêché la terre* avec

la

la même main dont il a écrit les Vies des Saints, & les Traductions des Peres. Vous ne sauriez voir sans rire un homme véritablement Chrétien, véritablement humble, & véritablement savant de cette Science qui n'enfle point, qui n'empêchoit pas l'Apôtre de travailler de ses mains au même tems qu'il prêchoit l'Evangile.

Mais après que vous avez bien raillé d'une *longue & serieuse Penitence*, vous dites, pour achever votre comparaison, que Desmarêts *a peut-être fait plus que tout cela.* Je voudrois de tout mon cœur le pouvoir dire ; mais je me tromperois & je le démentirois en le disant. Il n'a garde de se repentir d'avoir fait des Romans, puisqu'il assure lui-même qu'il les a faits avec l'Esprit de Dieu. Il proteste en parlant de son Roman [1] en vers, qui est rempli de fables impertinentes, & de fictions impures, *que Dieu l'a si sensiblement assisté pour lui faire finir ce grand Ouvrage, qu'il n'ose dire en combien peu de tems il l'a achevé.* Il attribuë au S. Esprit tous les égaremens de son imagination. Il prend pour des graces divines les corruptions, les profanations, & les violemens qu'il fait de la Parole divine. Si on le veut croire, ce n'est plus lui qui parle, c'est Dieu qui parle en lui, il est l'organe des veritez celestes & adorables, c'est un *David*, c'est un *Prophete*, c'est un *Michaël*, c'est un *Eliacim*. C'est enfin tout ce qu'un fou s'imagine. Mais il ne se l'imagine pas seulement, il l'écrit, il l'imprime, il le publie, & on le peut voir dans les endroits de ses Livres que l'Auteur des Lettres a citez.

Si vous aviez fait réflexion sur toutes ces choses je ne pense pas que vous eussiez pu comparer Desmarêts, avec aucun des mortels. Il est sans doute incomparable, il le dit lui-même, & s'élevant plus haut que l'Apôtre n'a jamais été, il parle bien plus hardiment que lui des choses divines ; il ne s'écrie point *ô altitudo !* rien ne l'épouvante, & il entre sans crainte dans les mystères incompréhensibles de l'Apocalypse. C'est son Livre, il se plaît à dissiper par ses lumières les ombres mysterieuses que Dieu a répandues sur ces saintes veritez ; & comme avec l'ombre & la lumière on fait toutes sortes de figures, aussi Desmarêts, avec le feu de son imagination, & l'obscurité de l'Apocalypse, forme toute sorte de visions & de fantômes.

C'est ainsi qu'il a fait cette grande Armée de *cent-quarante-quatre-mille personnes*, dont il parle tant dans ses *Avis du S. Esprit, au Roi* ; & c'est ainsi qu'il a formé toutes ces conceptions chimeriques & monstrueuses, que l'Auteur des Lettres a rapportées, & que vous témoignez avoir lûës.

Mais en vérité pouvez-vous les avoir lûës, & parler de Desmarêts comme vous faites, le défendre publiquement, & inventer pour lui
tant

---

[1] *Clovis ou la France Chrétienne*, &c.

tant de fausses raisons ? Ne craignez-vous point qu'on dise que vous êtes un Soldat de son Armée, & qu'on mette dans le rang de ses visions la comparaison que vous faites de M. le Maître avec lui ? Je voi bien que tout vous est égal, la Verité & le Mensonge, la Sagesse & la Folie, & qu'il n'y a rien de si contraire que vous n'ajustiez dans vos comparaisons.

Pour vos Histoires, elles sont poëtiques; vous les avez accommodées au Théatre, & il n'y a personne qui ne sache que vous avez changé un Cordelier en Capucin. Mais cette fausseté, qui est si publiquement reconnue, & qui ôte la vraisemblance à tout le reste, decredite encore moins votre histoire que la conduite que vous attribuez à la Mere Angelique. On voit bien que ce n'est pas elle qui parle, & que cette sainte Religieuse étoit bien éloignée de penser à ce que vous lui faites dire dans un conte si ridicule. Aussi n'empêcherez-vous jamais par de telles suppositions, qu'il ne soit véritable que tous les Religieux ont toujours été bien reçus à Port-Roïal, & l'on n'a que trop de témoins de la charité & de la générosité avec laquelle on y a reçu les Jesuites mêmes dans un tems où il sembloit qu'ils n'y étoient venus que pour voir les marques funestes des maux qu'ils y ont fait, & pour insulter à l'affliction de ces pauvres filles. On ne peut pas demander une plus grande preuve de l'hospitalité de Port-Roïal, ni souhaiter une conviction plus forte de la fausseté de votre histoire. Je ne pense pas aussi, que vous l'ayez dite pour la faire croire, mais seulement pour faire rire; & vous n'avez été trompé qu'en ce que vous croyiez qu'on riroit de l'histoire & qu'on ne rit que de celui qui l'a inventée.

On jugera si vos reproches sont plus raisonnables, voici le plus grand que vous faites à ceux de Port-Roïal, & par lequel vous prétendez les rendre coupables des mêmes choses qu'ils condamnent dans les Poëtes de Théatre. *Dequoi vous êtes-vous avisez*, leur dites-vous, *de mettre en François les Comedies de Térence ?* Ils se sont avisez, Monsieur, d'instruire la jeunesse dans la Langue Latine qui est necessaire pour les plus justes emplois des hommes; & de donner aux Enfans une Traduction pure & chaste d'un Auteur qui excelle dans la pureté de cette Langue. Mais vous-même *de quoi vous êtes-vous avisé* de leur reprocher cette Traduction plutôt que celle des autres Livres de Grammaire qu'ils ont donnez au Public, puis qu'ils ont tous une même fin, qui est l'instruction des Enfans, & qu'ils viennent d'un même principe, qui est la charité.

Vous voulez abuser du mot de *Comédies*, & confondre celui qui les fait pour le Théatre, avec celui qui les traduit seulement pour les Ecoles: mais il y a tant de difference entr'eux qu'on ne peut pas tirer de conséquence de l'un à l'autre. Le Traducteur n'a dans l'esprit que des règles de Grammaire qui ne font point mauvaifes par elles-mêmes, & qu'un bon deffein peut rendre très-bonnes : mais le Poëte a bien d'autres idées dans l'imagination, il fent toutes les paffions qu'il conçoit & il s'efforce même de les fentir afin de les mieux concevoir. Il s'échauffe, il s'emporte, il fe flate, il s'offenfe & fe paffionne jufqu'à fortir de lui-même, pour entrer dans le fentiment des perfonnes qu'il repréfente. Il eft quelquefois Turc, quelquefois Maure, tantôt homme, tantôt femme; & il ne quitte une paffion que pour en prendre une autre. De l'amour il tombe dans la haine, de la colere il paffe à la vengeance, & toûjours il veut faire fentir aux autres les mouvemens qu'il fouffre lui-même; il eft fâché quand il ne réuffit pas dans ce malheureux deffein, & il s'attrifte du mal qu'il n'a pas fait.

Quelquefois fes Vers peuvent être affez innocens, mais la volonté du Poëte eft toûjours criminelle ; les Vers n'ont pas toûjours affez de charmes pour *empoifonner*, mais le Poëte veut toûjours qu'ils *empoifonnent*, il veut toûjours que l'action foit paffionnée & qu'elle excite du trouble dans le cœur des Spectateurs.

Quel raport trouvez-vous donc entre un Poëte de Théatre, & le Traducteur de Térence ? L'un traduit un Auteur pour l'inftruction des enfans, qui eft un bien neceffaire ; l'autre fait des Comédies, dont la meilleure qualité eft d'être inutiles. L'un travaille à éclaircir la Langue de l'Eglife ; l'autre enfeigne à parler le langage des Fables & des Idolatres. L'un ôte tout le poifon que les Païens ont mis dans leurs Comédies ; l'autre en compofe de nouvelles, & tâche d'y mettre de nouveaux poifons. L'un enfin fait un facrifice à Dieu en travaillant utilement pour le bien de l'Etat & de l'Eglife, & l'autre fait un facrifice au Démon, comme dit S. Auguftin, en lui donnant des armes pour perdre les ames. Cependant vous égalez ces deux efprits ; vous ne mettez point de différence entre leurs Ouvrages ; & vous obligez toutes les perfonnes juftes de vous dire avec S. Jerôme, qu'il n'eft rien de plus honteux que de confondre ce qui fe fait pour le plaifir inutile des hommes avec ce qui fe fait pour l'inftruction des Enfans, *& quod in pueris neceffitatis eft, crimen in fe facere voluptatis.*

Reconnoiffez donc, Monfieur, que la Traduction de Térence eft bien differente des Comédies de Defmarêts, & qu'une Traduction fi pure, qui eft une preuve de doctrine & un effet de charité, ne fauroit jamais être un fondement raifonnable du reproche que vous faites à ceux que vous attaquez.

Mais vous les accufez encore avec plus d'injuftice & plus d'imprudence quand vous leur dites ; *En combien de façons avez-vous conté l'Hiftoire du Pape Honorius ?* N'eft-ce pas là un reproche bien judicieux ? Vous ne dites point que cette Hiftoire foit fauffe, vous ne dites point

point qu'ils la raportent mal, & vous les accusez seulement de l'avoir souvent raportée. Mais je vous demande qui est le plus coupable, ou celui qui prêche toujours la Verité, ou celui qui résiste toujours à la Verité? Et qui doit-on accuser, ou le Port-Roïal qui a dit tant de fois une Histoire véritable, ou les ennemis de Port-Roïal qui n'ont jamais répondu à cette Histoire, & qui bien souvent ont fait semblant de ne la pas entendre?

Est-ce point cette surdité politique que vous trouvez si admirable dans les Jesuites, & qui vous fait dire : *J'admirois en secret la conduite de ces Peres, qui vous ont fait prendre le change, & qui ne sont plus maintenant que les Spectateurs de vos querelles?* On ne peut pas vous répondre plus doucement, qu'en disant qu'il est très-faux que les Jesuites aïent fait prendre le change à Port-Roïal, & qu'au contraire le Port-Roïal a toujours eu une constance invincible en défendant la Verité contre tous ceux qui l'attaquent. Que si depuis quelque tems les Ecrits ne s'adressent pas directement aux Jesuites, & s'ils ne sont plus, comme vous dites, que les Spectateurs du combat, c'est parce qu'on les a mis hors d'état de combatre. On a ruiné leurs desseins; on a découvert leur secret; on a éclairci leurs équivoques; on les a enfin réduits à ne plus répondre, & assurément vous n'avez rien à reprocher au Port-Roïal de ce côté-là.

Vous tournez d'un autre, & vous dites à l'Auteur des *Imaginaires*, qu'il a affecté le style des *Provinciales*. C'est par là que vous commencez & que vous finissez votre Lettre. *Vous prétendiez*, lui dites-vous, *prendre la place de l'Auteur des petites Lettres. Je voi bien que vous voulez attraper ce genre d'écrire; mais cet enjoûment n'est point du tout votre caractère.* Je ne vous répons pas ce que tout le monde sait, que les sujets sont bien differens, & qu'un enjoûment perpetuel seroit peut-être un aussi grand défaut dans les *Imaginaires*, comme il est une grande grace dans les *Provinciales*. Je vous demande seulement pourquoi vous jugez des intentions d'un Auteur qui vous sont cachées? Et pourquoi vous n'avez pas voulu juger des actions & des Livres de Desmarêts qui sont visibles à tout le monde? Ce ne peut être que par une raison fort mauvaise pour vous; n'obligez personne à la découvrir, & ne dites point de vous-même que l'Auteur des Lettres a voulu écrire comme Mr. Pascal. Il n'a voulu faire que ce qu'il a fait; il a voulu convaincre ses Lecteurs de la fausseté d'une prétenduë hérésie, & il les en a convaincu d'une maniere qui sans comparaison est forte, évidente, agréable, & très-facile.

On peut en juger par les efforts que vous avez fait contre lui, puis que vous avez été chercher des railleries jusques dans l'Ecriture sainte. *Jettez-vous sur les injures*, lui dites-vous, *vous êtes appellé à ce stile, & il faut que chacun suive sa vocation.* Vous pensez donc que la vocation porte au mal & aux injures. La Sorbonne diroit assurément que c'est une erreur; mais pour moi je dis seulement que c'est une mauvaise raillerie, & peut-être que vous serez plus touché d'avoir fait un mensonge ridicule, que d'avoir outragé la Vérité.

Il paroît assez par la profession que vous faites, & par la maniere dont vous écrivez, que vous craignez moins d'offenser Dieu que de ne plaire pas aux hommes; puisque pour flâter la passion de quelques-uns vous vous moquez de l'Ecriture, des Conciles, des Saints Peres, & des personnes qui tâchent d'imiter leurs vertus.

Pour justifier la Comédie, qui est une source de corruption, vous raillez la pénitence qui est le principe de la vie spirituelle; vous riez de l'humilité que S. Bernard appèle la vertu de Jesus-Christ; & vous parlez avec une vanité de Païen, des actions les plus saintes & des Ouvrages les plus Chrétiens. Vous pensez qu'en nommant seulement les Livres de Port-Roïal, vous les avez entierement détruits, & vous croïez avoir suffisamment répondu à tous les anciens Conciles en disant seulement qu'ils ne sont pas nouveaux.

Desabusez-vous, Monsieur, & ne vous imaginez point que le monde soit assez injuste pour juger selon votre passion: il n'y a personne au contraire qui n'ait horreur de voir que votre haine va déterrer les morts, & outrager lâchement la memoire de M. le Maître & de la Mere Angelique par des railleries méprisantes & des calomnies ridicules.

Mais quoique vous disiez contre des personnes d'un mérite si connu dans le Monde & dans l'Eglise, ce sera par leur vertu qu'on jugera de vos discours, on joindra le mépris que vous avez pour elles, avec les abus que vous faites de l'Ecriture & des Saints Peres; & l'on verra qu'il faut que vous soyez étrangement passionné, & que ceux contre qui vous écrivez soient bien innocens, puis que vous n'avez pu les accuser sans vous railler de ce qu'il y a de plus saint dans la Religion, & de plus inviolable parmi les hommes, & sans blesser en même tems la Raison, la Justice, l'Innocence & la Pieté.

Ce 22. Mars 1666.

II. REPONSE
A LA LETTRE
DE Mr. RACINE.
LETTRE XIII.

ONSIEUR,

 Je ne fai fi l'Auteur des *Hérésies Imaginaires* jugera à propos de vous faire réponse. Je connois des gens qui auroient sujet de se plaindre s'il le faisoit. Ils ont souffert avec patience qu'on ait répondu à Mr. Desmarêts, & je ne m'en étonne pas : Un Prophéte mérite quelque préference. Mais vous, Monsieur, qui n'avez pas encore prophetisé, il y auroit de l'injustice à vous traiter mieux, qu'on ne les a traitez. Pour moi qui ne suis point de Port-Roïal & qui n'ai de part à tout ceci qu'autant que j'y en veux prendre, je croi que sans vous faire d'affaire avec le P. du Bosc, ni avec M. de Marandé, je vous puis dire un mot sur le sujet de votre Lettre. J'espere que cela ne sera pas inutile pour en faire connoître le prix. Le monde passe quelquefois trop legerement sur les choses : il est bon de les lui faire remarquer.

 Vous avez grand soin pour vous mettre bien dans l'esprit du Lecteur, de l'avertir avant toutes choses que vous *ne prenez point le parti* de M. Desmarêts. C'est fort prudemment fait. Vous avez bien senti qu'il n'y a pas d'honneur à gagner. Il commence à être connu dans le monde, & vous savez ce qu'on en a dit en assez bon lieu. Mais sans mentir cette prudence ne dure gueres. Et comment peut-on dire dans les trois premieres lignes d'une Lettre, qu'on ne se déclare point pour Desmarêts, & qu'on laisse à juger au monde lequel est le *visionnaire* de lui ou de l'Auteur des *Hérésies Imaginaires ?* En verité tout homme qui peut parler de cette sorte est bien déclaré.

 Cela n'étoit pas difficile à voir ; mais l'envie de dire un bon mot vous a emporté ; & cette maniere de dire à celui que vous attaquez qu'il est un visionnaire, vous a paru si heureuse & si galante que vous n'avez sû vous retenir.

Mais, Monsieur, croïez-vous qu'il n'y ait qu'à dire des injures aux gens, & ne savez-vous pas qu'il y a un choix d'injures comme de louanges ; qu'il faut que les unes & les autres conviennent & qu'il n'y a rien de si miserable que de les appliquer au hazard ? On a pu traiter Desmarêts de *Visionnaire*, parce qu'il est reconnu pour tel, & qu'il a eu soin d'en donner d'assez belles marques. Vous voudriez bien lui faire avoir sa revanche ; mais la voie que vous prenez ne vous réussira pas. On dira que vous ne vous connoissez pas en *Visionnaires*, & que si jamais vous le devenez, il y a sujet de craindre que vous ne le soïez long tems avant que de vous en apercevoir. Tout le monde convient, jusqu'aux ennemis de Port-Roïal & aux Jesuites mêmes, que l'Auteur des *Hérésies Imaginaires* n'a rien qui ressente la *vision*. On ne s'est encore gueres avisé de l'attaquer sur cela ; & ceux même qui l'ont accusé d'héréfie, se sont bien gardez de l'accuser d'extravagance. Car en matiere d'héréfie, il est plus aisé d'en faire accroire, & sur tout quand il s'agit d'une héréfie aussi mince & aussi difficile à appercevoir, que celle qu'on reproche aux Jansenistes. Il y a peu de gens capables de démêler les choses : on dispute : on embrouille : l'accusateur se sauve dans l'obscurité. Mais en matiere de folie, dès qu'il y a une accusation formée, il est sûr qu'il y aura quelcun de condamné. Le monde s'y connoît ; il juge, il fait justice ; mais il veut des preuves & des preuves qui concluent ; sinon votre accusation sans preuve devient une preuve contre vous.

Vous voila donc, Monsieur, réduit à la nécessité de prouver ce que vous avez avancé contre l'Auteur des *Hérésies Imaginaires* ; autrement vous voïez bien où cela va, & vous n'en serez pas quitte pour dire que vous n'avez point jugé, que vous vous êtes contenté de laisser à juger aux autres, & que vous n'avez point appliqué les regles que vous voulez qu'on établisse. Le monde entend ce langage, & si vous n'avez que cela pour vous sauver, je vous tiens en grand danger.

Mais ce n'est pas votre maniere, que d'entrer dans le détail & de vous embarrasser à chercher des preuves ; & cela est aisé à voir quand vous dites à l'Auteur des *Hérésies Imaginaires* que vous avez lû ses Lettres *tantôt avec plaisir, tantôt avec degoût, selon qu'elles vous sembloient bien ou mal écrites*. Je voi bien ce que vous voulez qu'on entende par là : c'est-à-dire que vous louez ce qu'il y a de bon, & que vous blâmez ce qu'il y a de mauvais. Cette sorte de critique est fort prudente. Tant que vous parlerez comme cela, vous ne vous commettrez point. Toutefois vous prenez courage ; & pour faire voir que vous êtes homme de bon goût, & que vous vous y connoissez, vous vous avancez jusqu'à dire qu'il y a grande différence entre les *Imaginaires*

&

& les *Lettres au Provincial*. Voila un grand effort de jugement & qui vous a bien coûté. Mais encore, Monsieur, ne nous direz-vous rien de plus précis, & ne marquerez-vous point ce que vous trouvez à redire dans les *Hérésies Imaginaires* ? Vous nous le faites attendre long-tems, & vous ne vous expliquez là-dessus que vers la fin de votre Lettre. Mais enfin vous faites bien voir que vous savez approfondir quand il vous plait. Veut-on donc savoir ce qu'il y a de mauvais dans les Lettres de l'*Hérésie Imaginaire* ? Le voici ; c'est que *les bons mots (des Chamillardes) ne sont d'ordinaire que de basses allusions ; comme quand on dit que le grand O de M. Chamillard, n'est qu'un o en chiffre; & qu'il ne doit pas suivre le grand nombre, de peur d'être un Docteur à la douzaine*. Il n'y a personne qui n'y fut attrapé, & on ne se seroit jamais avisé qu'on pût prouver qu'il y a trop de pointes dans les Epigrammes de Catulle, parce que celles de Martial en sont pleines. Quoi donc, Monsieur, est-il possible que vous n'ayez pas connu la difference qu'il y a des *Imaginaires* aux *Chamillardes* ? Et comment avez-vous pu croire qu'elles fussent du même Auteur, & même que ces dernieres vinssent de Port-Roïal ? Faut-il donc que vous soïez si malheureux, que tous les efforts que vous avez faits contre les *Imaginaires*, se réduisent à faire voir que vous n'êtes pas capable de connoître une difference aussi visible & aussi marquée que celle-là ? Je ne sai si cela ne feroit point entrer les gens en soupçon sur les loüanges que vous donnez aux *Provinciales*. On croira que vous les louez sur la foi d'autrui, & que vous seriez peut-être aussi embarrassé à en marquer les beautez, que vous avez été peu heureux à trouver les défauts des *Hérésies Imaginaires*. Quiconque aura bien senti les graces des premieres, aimera celles-ci, & verra bien que s'il y a quelque chose qui se puisse soûtenir auprès des *Provinciales*, ce sont les *Hérésies Imaginaires*.

Il est certain que les *petites Lettres* sont inimitables. Il y a des graces, des finesses, des délicatesses qu'on ne sauroit assez admirer. Mais il est vrai aussi qu'il n'y a jamais eu de sujets plus heureux que celui de Mr. Pascal. On n'en trouve pas toûjours qui soient capables de ces sortes d'agrémens. Et quoi que ce soit une extravagance insigne que de prétendre qu'on soit obligé à la créance interieure du fait de Jansenius, & qu'on puisse traiter comme hérétiques ceux qui n'en sont pas persuadez, cela ne se fait pas sentir, & ne divertit pas comme les décisions des Casuistes. C'est une grande faute de jugement, que de demander par tout le même caractere & le même air : & c'est avec beaucoup de raison que l'Auteur des *Hérésies Imaginaires*, bien *loin de vouloir attraper ce genre d'écrire*, comme vous le lui reprochez à perte de vûe, a pris une maniere plus grave & plus serieuse. Cependant lorsqu'il lui tombe quelque chose entre les mains qui mérite d'être joüé,

peut-

peut-on s'y prendre plus finement, & y donner un meilleur tour ? Et quelque sujet qui se presente, peut-on demêler les choses embrouillées avec plus d'adresse & de netteté ? Peut-on mieux mettre les véritez dans leur jour ? Peut-on mieux pénetrer les replis du cœur humain, & en faire mieux connoître les ruses ?

Je ne prétens pas marquer tout ce qu'il y a de beau dans les Lettres de l'*Hérésie Imaginaire*: cela seroit fort superflu pour les gens qui ont le goût bon, & fort peu utile pour les autres. Et pour vous, Monsieur, je ne sai si vous en profiteriez. C'est une mauvaise marque de finesse de sentiment, que d'avoir confondu les *Chamillardes* avec les *Hérésies Imaginaires*, & les *Enluminûres* avec l'*Onguent à la brûlure*. Et si vous avez eu si peu de discernement en cela, il est difficile que vous en aïez beaucoup en d'autres choses.

D'ailleurs je croi qu'on auroit de la peine à vous faire entendre raison sur le sujet de l'Auteur des *Hérésies Imaginaires*. Il vous a touché par où vous étiez le plus sensible. Le moïen de souffrir que l'on maltraite ainsi impunément les faiseurs de Romans & les Poëtes de Théatre ? Il est aisé à voir que vous plaidez votre propre cause, & que ce que vous dites sur ce sujet ne vous a guere coûté. Cette tirade d'éloquence, ou plutot ce lieu commun de deux pages représente parfaitement un Poëte qui se fâche. Mais encore est-il bon de savoir pourquoi. Dites-nous donc, Monsieur, prétendez-vous que les Faiseurs de Romans & de Comédies soient des gens de grande édification parmi les Chrétiens ? Croïez-vous que la lecture de leurs Ouvrages soit fort propre à faire mourir en nous le vieil Homme, à éteindre les Passions, & à les soumettre à la Raison ? Il me semble qu'eux-mêmes s'en expliquent assez, & qu'ils font consister tout leur art & toute leur industrie à toucher l'Ame, à l'attendrir, à imprimer dans le cœur de leurs Lecteurs toutes les Passions qu'ils peignent dans les Personnes qu'ils représentent, c'est-à-dire à rendre semblables à leurs Heros, ceux qui doivent regarder Jesus-Christ comme leur Modèle & se rendre semblables à lui. Si ce n'est là tout le contraire de l'Evangile, j'avouë que je ne m'y connois pas; & il faut entendre la Religion comme Desmarêts entend l'Apocalypse, pour trouver mauvais qu'un Théologien, étant obligé de parler sur cette matière, appelle ces gens-là des *Empoisonneurs* publics, & tâche de donner aux Chrétiens de l'horreur pour leurs Ouvrages.

Mais bien loin que cela les offense, n'y trouvent-ils pas même quelque chose qui les flate ? Et n'est-ce pas les loüer selon leur goût, que de leur reprocher de faire ce qu'ils prétendent ? Les injures n'offensent que lors qu'elles nous exposent au mépris, ou des autres, ou de nous-mêmes. Or personne ne croit qu'on ait droit de le mépriser, ni ne se mé-

méprise soi-même pour pécher contre des regles contraires à celles qu'il s'est proposé de suivre. Ainsi nous voyons que ceux qui cherchent à s'agrandir dans le monde ne s'offensent point des injures que leur disent les Philosophes contemplatifs qui prêchent la vie retirée: ils les regardent dans un ordre dont ils ne sont pas, & où l'on juge autrement des choses.

Voilà donc les bons Poëtes hors d'interêt. Les autres devroient prendre peu de part à cette injure. Car ils *n'empoisonnent* guères, ils ne sont coupables que par l'intention. Cependant ils murmurent par un secret dépit de voir qu'ils n'ont part qu'à la malediction du péché, & qu'ils n'en recueillent point le fruit. On les reconnoit par-là; & je croi qu'on peut presque établir pour règle, que dès qu'on en voit quelqu'un qui fait ces sortes de plaintes, on peut lire ses Ouvrages en sureté de conscience.

Que s'il y a quelque gloire à bien faire des Comédies & des Romans, comme il y en peut avoir, en mettant le Christianisme à part, & à ne considerer que cette malheureuse gloire que les Hommes reçoivent les uns des autres, & qui est si contraire à l'esprit de la Foi, selon les paroles de Jesus-Christ, l'Auteur des *Hérésies Imaginaires* ne veut point la ravir à ceux à qui elle est duë, quoi qu'à dire vrai, cette gloire consiste plutôt à se connoître à ces choses, & à être capable de les faire, qu'à les faire effectivement, elle ne mérite pas qu'on y employe son tems & son travail; & s'il étoit permis d'agir pour la gloire, ce n'est pas celle-là qu'il faudroit se proposer. La véritable gloire, s'il y en a parmi les Hommes, est attachée à des occupations plus serieuses & plus importantes. Car ils ont eu cette justice de regler les récompenses selon l'utilité des emplois, & ils savent bien faire la difference de ceux qui leur procurent des biens réels & solides, & de ceux qui ne contribuent qu'à leur divertissement. C'est-ce qu'a voulu dire l'Auteur des *Hérésies Imaginaires*, quand il a dit que cette occupation étoit peu *honorable*, même devant les Hommes.

Mais enfin il n'empêche pas qu'on ne connoisse ce qu'il y a de beau dans les Ouvrages de Sophocle, d'Euripide, de Térence & de Corneille, & qu'on ne l'estime son prix. On peut même dire qu'il s'y connoît, qu'il fait les règles par où il en faut juger. Il n'ignore pas que ce qu'il y a de plus fin dans l'Eloquence, les graces les plus naturelles, les manières les plus tendres & les plus capables de toucher se trouvent dans ces sortes d'Ouvrages. Mais c'est pour cela même qu'ils sont dangereux. Plus ceux qui les composent sont habiles, plus on a droit de les traiter d'*Empoisonneurs*; & plus vous vous efforcez de les louër, plus vous les rendez dignes de ce reproche.

Que voulez-vous donc dire, & que prétendez-vous par cette grande exaggeration qui fait la moitié de votre Lettre ? Que signifient tous ces beaux traits : *Que les Romans & les Comédies n'ont rien de commun avec le Janfenisme : qu'on se doit contenter de donner les rangs en l'autre monde, sans regler les récompenses de celui-ci : qu'on ne doit point envier à ceux qui s'amusent à ces bagatelles de miserables honneurs ausquels on a renoncé ?* pour ne rien dire du reste; car il faudroit tout copier. En verité le zèle de la Poësie vous emporte. Il est dangereux de s'y laisser aller : on n'en revient pas comme on veut : cela n'aide pas à penser juste; & toute votre Lettre se ressent de cette émotion qui vous a pris dès le commencement. Car dites-moi, Monsieur, à quoi songez-vous quand vous avancez, que si l'on concluoit, *qu'il ne faut pas aller à la Comédie, parce que S. Augustin s'accuse de s'y être laissé attendrir; il faudroit aussi conclurre, de ce que le même Saint s'accuse d'avoir trop pris de plaisir aux chants de l'Eglise, qu'il ne faut plus aller à l'Eglise?* Quoi, s'il faut quitter les choses qui sont mauvaises, & dont nous ne saurions faire un bon usage, faut-il aussi quitter les bonnes, parce que nous en pouvons faire un mauvais ? Est-ce ainsi que vous raisonnez ? Mais si cette fougue n'est pas heureuse pour le raisonnement, au moins elle sert à embellir les histoires, & il est aisé de connoître celles qui ont passé par les mains de ceux qui savent faire des desseins de Romans.

On voit bien que vous avez travaillé à celle des deux Capucins. Mais ce n'est pas assez; il est juste que chacun profite de ce qui lui apartient, & que le monde sache ce qu'il y a de votre invention dans le recit de cette Avanture. Je ne vous déroberai rien; ce qui n'est point de vous est fort peu de chose, & vous allez être fort bien partagé.

Il est vrai, car j'ai eu soin de m'en informer, que deux Capucins, dont l'un étoit parent de Mr. de Bagnolx, vinrent un jour à Port-Roïal demander l'hospitalité. On en donna avis à la Mere Angelique; & comme on lui demanda si l'on ne leur feroit point quelque reception extraordinaire à cause de Mr. de Bagnolx, elle répondit qu'on ne devoit rien ajouter pour cela à la maniere dont on avoit accoûtumé de recevoir les Religieux, & que Mr. de Bagnolx ne vouloit point qu'en sa consideration on changeât, même dans les moindres choses, les pratiques du Monastère.

Voilà, Monsieur, comment la chose se passa. De sorte que cette imagination que l'un de ces Capucins fût le P. Maillart ou Mulart; cet empressement avec lequel la Mere Angelique *court au parloir*; ce *cidre* & ce *pain des valets* mis à la place du *pain blanc* & du *vin des Messieurs*; cette reconnoissance du prétendu P. Maillart en disant la Messe; tout cela est de votre cru, sans compter l'application des proverbes & les autres gentillesses de la narration.

Cela ne va pas mal pour une petite histoire, & sur ce pied-là du moindre sujet du monde vous feriez un fort gros Roman. Ce que j'y trouve à redire, est que la vraisemblance n'est pas tout-à-fait bien gardée, & qu'il eût été difficile qu'à Port-Roïal, où l'on étoit bien averti que c'étoit le P. Mulart Cordelier qui avoit sollicité à Rome la Constitution du Pape Innocent X. contre les cinq Propositions, on eût pû prendre un Capucin pour cet homme-là. Mais vous n'y regardez pas de si près; & d'ailleurs c'est là tout le nœud de l'affaire. Car si ce Capucin ne passe tantôt pour le P. Mulart, & tantôt pour le parent de Mr. de Bagnolx; & si selon cela on ne lui fait boire tantôt du *cidre*, & tantôt du *vin des Messieurs*, à quoi aboutira l'histoire? Il faut songer à tout. Vous aviez besoin de quelque chose qui prouvât, *qu'on a vû de tout tems ceux de Port-Roïal louër & blâmer le même homme, selon qu'ils étoient contents ou mal satisfaits de lui.* Car en verité l'exemple de Desmarêts ne suffisoit pas. Et si vous prétendez qu'on l'ait loué pour une simple excuse de civilité que lui fait Mr. Pascal, d'avoir cru qu'il étoit l'Auteur des Apologies des Jesuites, vous n'êtes pas difficile en panegyriques.

Pour l'histoire du volume de *Clelie*, peut-être qu'en réduisant tous les Solitaires à un seul qui n'étoit pas de ceux qu'on pouvoit appeller de ce nom-là, & le plaisir que vous supposez qu'ils prirent à se voir *traiter d'illustres*, à la complaisance qu'il ne put se défendre d'avoir pour un de ses amis qui lui envoïa ce Livre, & qui l'obligea de voir l'endroit dont il s'agit; peut-être, dis-je, qu'elle aprocheroit de la verité: mais je ne voi pas qu'en cet état-là elle vous pût servir de grand' chose.

Que vous reste-t-il donc qui puisse donner quelque couleur au reproche que vous faites à ceux de Port-Roïal, de ne juger des choses que selon leur interêt? *On a bien souffert*, dites-vous, *que Mr. le Maître ait fait des Traductions & des Livres sur la matiere de la Grace; & on trouve étrange que Desmarêts en fasse sur des matieres de Religion.* Sans mentir, la comparaison est bien choisie. Mr. le Maître, après avoir passé plusieurs années dans une grande retraite, & dans la pratique de plusieurs exercices de pénitence & de pieté Chrétienne: & après avoir joint à ses talens naturels des connoissances qui le rendoient très-capable d'écrire sur les plus grandes veritez de la Religion, ne s'en est pas toutefois jugé digne par cette même humilité, qui fait qu'il s'accuse de déreglement; quoi que même avant sa retraite sa vie eût toujours été fort reglée. Il n'a jamais écrit sur les matieres de la Grace, & n'a rien entrepris que de simples Traductions & des Histoires pieuses. Et Desmarêts, après avoir passé sa vie à faire des Romans & des Comédies, a sauté tout d'un coup jusqu'au plus haut degré de la contemplation, & de la spiritualité la plus fine. Et sur le témoignage qu'il a rendu de lui-même, qu'il étoit envoïé pour donner aux Hommes l'intelligence des mystemystères, il a commencé à se mettre en possession du titre & du ministère de Prophete; à établir le nouvel ordre des victimes; à leur donner les règles de sa nouvelle Théologie mystique, enfin à débiter cet amas & ce mélange horrible de profanations & d'extravagances qui paroissent dans ses Ouvrages. Que dites-vous de ce parallèle? Trouvez-vous que cette reserve & cette modestie si Chrétienne de Mr. le Maître soit fort propre pour autoriser les égaremens de Desmarêts? Je ne sai s'il vous saura bon gré de vous être avisé de cette comparaison? Il faut qu'il ait soin de se tenir toujours dans cette élevation de l'ordre prophetique, pour n'en pas sentir le mauvais effet: & pour peu qu'il voulût revenir à la condition des autres hommes, il verroit que c'est un mauvais lustre pour lui que Mr. le Maître.

Vous voyez donc, Monsieur, que vous ne faites rien moins que ce que vous prétendez; & je ne pense pas que personne demeure convaincu, sur l'histoire des deux Capucins, sur les louanges qu'on a données à Mr. Desmarêts, ni sur l'exemple de Mr. le Maître, que ceux de Port-Roïal ne jugent que selon leurs passions & leurs intérêts. Votre première saillie vous a mis en malheur. Quand on est échaufé on s'éblouït soi-même de ce qu'on écrit, & l'on se persuade aisément que les choses sont bien prouvées, pourvû qu'elles soient soutenuës d'amplifications & de lieux communs. Pour cela vous vous en servez admirablement. Peut-on rien voir de mieux poussé que celui-ci? *Qu'une femme fût dans le desordre, qu'un homme fût dans la débauche, s'ils se disoient de vos amis, vous esperiez toujours de leur salut: s'ils vous étoient peu favorables, quelque vertueux qu'ils fussent, vous apprehendiez toujours le jugement de Dieu pour eux. Ce n'étoit pas assez pour être savant, d'avoir étudié toute sa vie; d'avoir lu tous les Auteurs, il faloit avoir lu Jansenius, & n'y avoir point lu les Propositions.*

Il ne manque rien à cela que d'être vrai. Mais nous en parlons bien à notre aise, nous qui le regardons de sang froid. Si nous étions piquez au jeu, & que nous nous sentissions enveloppez dans la disgrace commune des Poëtes de Théatre & des faiseurs de Romans, cela nous paroîtroit vrai comme une Démonstration de Mathematique. L'imagination change terriblement les objets. Quand on est plein de la douleur d'une telle injure, il n'est pas aisé de s'en défaire. On a beau parler d'autre chose, on ne songe qu'à celle-là, & l'on y revient toujours. Y a-a-il rien de plus naturel que cette demande qui sort de la plenitude de votre cœur? *Enfin que faut-il que nous lisions si ces sortes d'Ouvrages sont défendus?* Il n'y a personne qui ne crût que c'est-là la conclusion d'un discours qu'on auroit fait pour soûtenir qu'il est permis de lire des Romans & des Comédies. Point du tout, il ne s'agit point de cela. Mais c'est un cœur pressé qui se décharge & qui fait tout venir à propos.

Cette

Cette queſtion me fait ſouvenir de ce qu'un homme diſoit à un Evêque qui ne vouloit pas le recevoir aux Ordres: *Que voulez-vous donc que je faſſe, Monſeigneur: que j'aille voler ſur les grands chemins?* Cet homme ne connoiſſoit que deux conditions dans le monde, celle de *Prêtre*, & celle de *Voleur de grands chemins*. Et vous, vous ne connoiſſez qu'une ſorte de plaiſir dans la vie, la lecture des Romans & des Comédies. Mon Dieu, Monſieur, qu'il me ſemble que vous auriez des choſes à faire avant que de ſonger à lire des Romans! Mais vous avez pris votre parti, & il y a grande apparence que vous n'en reviendrez pas ſitôt. Je voi à peu près ce qu'il vous faut, & je ne m'étonne pas ſi les *Diſquiſitions* & les *Diſſertations* vous ennuïent. Vous n'avez pas beſoin d'une fort grande ſoûmiſſion pour vous rapporter de tout cela au Pape & au Clergé de France. Ce n'eſt pas là ce qui vous intéreſſe. Vous trouverez bon tout ce que fera l'Auteur des *Héréſies Imaginaires*; vous lui donnez tout pouvoir, & vous lui abandonnez même Mr. Deſmarêts, pourvû *qu'il ne lui porte point de coups qui puiſſent retomber ſur les autres*, (car c'eſt-là ce qui vous tient au cœur) & qu'il vous laiſſe jouïr en paix de cette *petite étincelle du feu qui échaufa autrefois les grands genies de l'antiquité*, qui vous eſt tombée en partage.

Mais, Monſieur, il ſemble qu'un homme auſſi tendre & auſſi ſenſible que vous l'êtes, ne devroit ſonger qu'à vivre doucement, & à éviter les rencontres fâcheuſes. Et comment eſt-ce que vous n'avez pas mieux aimé diſſimuler la part que vous auriez pu prendre à l'injure commune, que de vous mettre au hazard de vous attirer une querelle particuliere? Cependant vous ne vous contentez pas d'attaquer celui dont vous croïez avoir ſujet de vous plaindre; vous étendez votre reſſentiment contre tous ceux qui ont quelque liaiſon avec lui. Il ſemble qu'ils ſoient en communauté de péchez, & qu'en faiſant le procès au premier qui ſe préſente, on le fait à tous.

Voudriez-vous répondre comme cela pour tous vos Confreres, & n'auriez-vous point aſſez de votre iniquité à porter? Il eſt vrai que ſi vous ne vous étiez aviſé de cet expedient, votre Lettre auroit été un peu courte. Il a fallu mettre tous les Janſeniſtes en un; & même avoir recours à des choſes où ils n'ont point de part, pour trouver de quoi la groſſir: encore avec tout cela n'avez-vous pas eu grand' choſe à dire, & peut-être qu'après avoir bien tout conſideré, on trouvera que vous n'avez rien dit. Vous voïez bien à quoi ſe réduit ce que nous avons vû de votre Lettre juſqu'ici. Et croïez-vous encore dire quelque choſe quand vous alleguez la Traduction de Terence? N'eſt-ce pas un beau moïen pour repouſſer le reproche d'*Empoiſonneurs*, & pour rendre ceux de Port-Roïal coupables du mal que ce Livre peut faire, que de dire qu'ils ont tâché d'y apporter le remede, & qu'ils ont pris pour cela la meilleure voie qu'on pouvoit prendre? Les Comédies de Terence sont entre les mains de tout le monde, & particulierement de ceux qui apprenent la Langue Latine. Il faut qu'ils passent par-là; c'est une nécessité qu'on ne sauroit éviter. On l'a même reconnuë au Concile de Trente. Et dans l'Index des Livres défendus, on a excepté expressément ceux que le besoin qu'on a d'apprendre le Latin a rendus nécessaires. Que peut-on donc faire de mieux pour les jeunes gens qui ont ce Livre entre les mains, & qui tâchent de l'entendre, que de leur donner une Traduction qui le leur explique de telle sorte, qu'elle les fasse passer par dessus les endroits qui seroient capables de les corrompre; qui leur ôte de devant les yeux tout ce qu'il y a de trop libre, & qui supprime à ce dessein des Comédies toutes entieres? S'il y en a qui s'attachent à ce Livre par le plaisir qu'ils y prennent, sans se mettre en peine du peril où ils s'exposent, on ne sauroit les en empêcher. Mais peut-on nier que cette Traduction ne soit un excellent moïen pour conserver la pureté & l'innocence de ceux qui ne cherchant dans cet Ouvrage que ce qu'on y doit chercher, qui est d'y prendre une teinture de l'air & du stile de cet Auteur, & d'y apprendre la pureté de sa Langue, se tiennent à ce que la Traduction leur explique, & sont détournez de lire le reste où le secours de cette Traduction leur manque, par la peine qu'ils auroient à l'entendre? Que peut-on donc dire de celui qui pour avoir un prétexte de traiter d'*Empoisonneur* l'Auteur de cette Traduction, & d'envelopper dans ce reproche tous ceux de Port-Roïal, selon le nouveau privilège qu'il se donne, tâche lui-même d'*empoisonner* un dessein qui n'est pas seulement très-innocent, mais qui est encore très-louable & très-utile.

Vous avez bien connu qu'il y avoit là un peu de mauvaise foi. Et c'est pour cela que vous avez voulu essayer de prévenir la réponse qu'on vous pourroit faire. Mais vous vous y prenez d'une manière qui mérite d'être remarquée. Vous vous êtes souvenu qu'on avoit dit quelque part, que le *soin qu'on prend de couvrir des Passions d'un voile d'honnêteté ne sert qu'à les rendre plus dangereuses*; & sans savoir trop bien ce que cela signifie, vous avez cru que vous vous sauveriez par-là, comme si en retranchant les libertez des Comédies de Terence, on avoit rendu les Passions qui y sont représentées plus dangereuses en les couvrant d'un voile d'honnêteté.

C'est le plus grand hazard du monde quand on applique bien ce qu'on n'entend pas: *Couvrir les passions d'un voile d'honnêteté*, ce n'est pas ôter d'un Livre ce qu'il y a d'impur & de deshonnête. Un même Livre peut avoir des endroits trop libres, & d'autres où les passions soient *couvertes d'un voile d'honnêteté*; c'est-à-dire où elles soient exprimées par des voies qui ne blessent point la pudeur ni la bienséance, qui fas-

faſſent beaucoup entendre en diſant peu, & qui ſans rien perdre de ce qu'elles ont de doux & de capable de toucher, leur donnent encore l'agrément de la retenue & de la modeſtie. Ce ne ſont pas ces endroits deshonnêtes qui empêchent le mal que ceux-ci peuvent faire. Ce ſeroit un plaiſant ſcrupule que de n'oſer les ôter de peur de rendre le Livre plus dangereux, & je ne connois que vous qui les y vouluſſiez remettre par principe de conſcience.

Mais d'ailleurs ce n'eſt pas par ces paſſions couvertes & déguiſées que Terence eſt dangereux, ſur tout dans les Comédies qu'on a traduites : il y a des délicateſſes admirables, mais elles ne ſont pas de ce genre-là, & dès qu'on en a retranché ce qu'il y a de trop libre, il n'eſt plus capable de nuire.

Je pourrois ajoûter à cela, qu'encore que toutes les Comédies ſoient dangereuſes, & qu'il fût à ſouhaiter qu'on les pût ſupprimer toutes, celles des Anciens le ſont beaucoup moins que celles qu'on fait aujourd'hui. Ces dernières nous émeuvent d'ordinaire tout autrement, parce qu'elles ſont priſes ſur notre air & ſur notre tour ; que les perſonnes qu'elles nous repréſentent ſont faites comme celles avec qui nous vivons ; & que preſque tout ce que nous y voïons, ou nous prépare à recevoir les impreſſions de quelque choſe de ſemblable que nous trouverons bientôt, ou renouvelle celles que nous avons déja reçuës.

Mais nous retomberions inſenſiblement ſur un ſujet qui vous importune, & vous ne prenez pas plaiſir qu'on parle contre les Comédies & les Romans. D'ailleurs je voi que vous n'aimez pas que l'on ſoit long-tems ſur une même matière. C'eſt ce qui vous a dégoûté des Ecrits de Port-Roïal, & qui fait que vous vous plaignez qu'ils ne diſent plus rien de nouveau. Cela ne me ſurprend point. Je commence à connoître votre humeur. Vous jugez à peu près de ces Ecrits comme des Romans ; vous croïez qu'ils ne ſont faits que pour divertir le monde, & que comme il aime les choſes nouvelles, on doit avoir ſoin de n'y rien dire que de nouveau. Il y a d'autres gens qui les liſent dans une diſpoſition un peu différente de la vôtre. Ils y cherchent l'éclairciſſement des Conteſtations. Ils tâchent à profiter des veritez dont on ſe ſert pour ſoûtenir la cauſe que l'on défend. Ils remarquent comment on démêle les difficultez & les équivoques. Ils ſont ſurpris d'y voir que tandis que ceux qui diſent que les Propoſitions ſont dans Janſenius demeurent ſans preuve ſur une choſe dont les yeux ſont juges, ceux qui nient qu'elles y ſoient, quoi qu'ils fuſſent déchargez de la preuve ſelon la règle de Droit, ont prouvé cent & cent fois cette négative d'une manière invincible. Enfin ils aiment à voir diſſiper tout ce qu'on allegue pour la créance du fait de *Janſenius*, en le réduiſant à l'eſpèce de celui d'*Honorius* : & au lieu que la repetition de cette hiſtoire vous ennuïe,

nuïe, ils voient avec plaisir qu'il n'y a qu'à la repeter pour faire évanoüir le fantôme de la *nouvelle Héréfie* toutes les fois qu'on le ramène. N'eft-il pas vrai, Monfieur, que vous avez bien de la peine à comprendre comment il peut y avoir des gens de cette humeur-là? Quoi! on ne fe laffe point de lire les Ecrits de Théologie *pleins de longues & de doctes periodes*, où l'on ne fait autre chofe que *citer les Peres*; & où l'on *juftifie fa conduite par leurs exemples*? On peut fouffrir des gens qui *trouvent* dans *les Peres*, tout ce qu'ils veulent, qui *examinent Chrétiennement les mœurs & les Livres*, & qui vont chercher dans S. *Bernard* & dans S. *Auguftin* des *règles* pour difcerner ceux qui font véritablement fages d'avec ceux qui ne le font pas?

Je croi, Monfieur, qu'il eft bon de vous avertir que fi les meilleurs amis de ceux de Port-Roïal les vouloient loüer, ils ne diroient que ce que vous dites. Je voi bien que vous n'y prenez pas garde; & fous ombre qu'on ne loüe point de cette forte ni les Romans ni ceux qui les font, vous croïez ne les point loüer. Voilà ce que c'eft que de vous être rempli la tête de ces belles idées. Vous ne concevez rien de grand que ces fortes d'Ouvrages & leurs Auteurs, & vous ne connoiffez point d'autres loüanges que celles qui leur conviennent. Cet entêtement pourroit bien vous jouer quelque mauvais tour, & vous ne feriez pas mal de vous en défaire. Mais au moins tant qu'il durera, prenez bien garde qui vous louerez: autrement en penfant louer quelque Pere de l'Eglife, ou quelque Théologien, vous courez rifque de faire infenfiblement l'éloge de La Calprenede. Cela vaut la peine que vous y fongiez.

Cependant, Monfieur, je croi que l'Auteur des *Imaginaires* peut fe tenir en repos, & qu'à moins qu'il ne fe faffe en vous un changement auffi prompt & auffi extraordinaire que celui qui s'eft fait dans Mr. Defmarêts, vous ne lui ferez pas grand mal, non plus qu'à tous les autres que vous intereffez dans la querelle que vous lui faites. Vous auriez pu chercher quelque autre voie *pour arriver à la gloire*; & quand vous y aurez bien penfé, vous trouverez fans doute que celle-ci n'eft pas la plus aifée ni la plus fûre.

Ce 1. Avril 1666.

DISSERTATION
SUR LA JOCONDE:
A MONSIEUR
L'ABBÉ LE VAYER.
LETTRE XIV.

ONSIEUR,

Votre gageure est sans doute fort plaisante, & j'ai ri de tout mon cœur de la bonne foi avec laquelle votre Ami soutient une opinion aussi peu raisonnable que la sienne. Mais cela ne m'a point du tout surpris: ce n'est pas d'aujourdhui que les plus méchans Ouvrages ont trouvé de sincères protecteurs, & que des opiniâtres ont entrepris de combattre la Raison à force ouverte. Et pour ne vous point citer ici d'exemples du commun, il n'est pas que vous n'aiez ouï parler du goût bizarre [2] de cet Empereur, qui préféra les Ecrits d'un je ne sai quel Poëte,

aux

REMARQUES

[1] Il parut en 1663. deux Traductions * en Vers François de la Joconde, l'une desquelles étoit du célèbre La Fontaine, & l'autre du Sr. Bouillon, très-méchant Poëte. Il y eut une gageure considerable sur la préférence de ces deux Ouvrages, entre Mr. l'Abbé Le Vayer, & Mr. de St. Gilles. Molière étoit leur ami commun: ils le prirent pour Juge; mais il refusa de dire son sentiment, pour ne pas faire perdre la gageure à St. Gilles, qui avoit parié pour la Joconde du Sr. Bouillon. Mr. Despréaux, jeune alors, décida le differend par cette Dissertation en forme de Lettre, qu'il adressa à Mr. l'Abbé Le Vayer. Il ne l'a jamais fait imprimer parmi ses autres Ouvrages, ne se faisant pas honneur d'avoir emploié sa plume à défendre une pièce du caractère de la Joconde.

Ce Mr. de St. Gilles étoit un homme de la vieille Cour, d'un caractère singulier. C'est lui que Molière a peint dans son Misanthrope, Acte 2. Sc. 4. sous le nom de Timante.

C'est de la tête aux pieds, un homme tout mystère,
Qui vous jette, en passant, un coup d'œil égaré,
Et sans aucune affaire, est toujours affairé.
Tout ce qu'il vous débite en grimaces abonde;
A force de façons il assomme le monde.
Sans cesse il a tout bas, pour rompre l'entretien,
Un secret à vous dire, & ce secret n'est rien.
De la moindre vetille il fait une merveille,
Et jusques au bon-jour, il dit tout à l'oreille.

[2] *De cet Empereur.*] Caligula. Voïez Suétone.

* On a cru faire plaisir au Lecteur en les inserant l'une & l'autre dans ce Volume après cette Dissertation.

LETTRE XIV. DISSERTATION

aux Ouvrages d'Homère, & qui ne vouloit pas que tous les hommes ensemble, pendant près de vingt siècles, eussent eu le sens commun.

Le sentiment de votre Ami a quelque chose d'aussi monstrueux. Et certainement quand je songe à la chaleur avec laquelle il va, le Livre à la main, défendre ³ la Joconde de Mr. Bouillon, il me semble voir Marfise dans l'Arioste (puis qu'Arioste y a) qui veut faire confesser à tous les Chevaliers errans, que cette Vieille qu'il a en croupe, est un chef-d'œuvre de beauté. Quoi qu'il en soit, s'il n'y prend garde, son opiniâtreté lui coûtera un peu cher, & quelque mauvais passe-tems qu'il y ait pour lui à perdre cent Pistoles, je le plains encore plus de la perte qu'il va faire de sa réputation dans l'esprit des habiles gens.

Il a raison de dire qu'il n'y a point de comparaison entre les deux Ouvrages dont vous êtes en dispute, puis qu'il n'y a point de comparaison entre un Conte plaisant, & une narration froide ; entre une invention fleurie & enjouée, & une Traduction sèche & triste. Voila en effet, la proportion qui est entre ces deux Ouvrages. Mr. de la Fontaine a pris à la verité son sujet d'Arioste : mais en même tems il s'est rendu maître de sa matière : ce n'est point une copie qu'il ait tirée un trait après l'autre sur l'original, c'est un original qu'il a formé sur l'idée qu'Arioste lui a fournie. C'est ainsi que Virgile a imité Homère ; Terence, Ménandre ; & le Tasse, Virgile. Au contraire, on peut dire de Mr. Bouillon que c'est un Valet timide qui n'oseroit faire un pas sans le congé de son Maître, & qui ne le quitte jamais que quand il ne le peut plus suivre. C'est un Traducteur maigre & décharné : Les plus belles fleurs qu'Arioste lui fournit, deviennent sèches entre ses mains, & à tous momens quittant le François pour s'attacher à l'Italien, il n'est ni Italien ni François.

Voilà à mon avis ce qu'on doit penser de ces deux Pièces. Mais je passe plus avant, & je soûtiens que non seulement la Nouvelle de Mr. de la Fontaine est infiniment meilleure que celle de ce Monsieur, mais qu'elle est même plus agréablement contée que celle d'Arioste. C'est beaucoup dire, sans doute, & je vois bien que par-là je vais m'attirer sur les bras tous les amateurs de ce Poëte. C'est pourquoi vous trouverez bon que je n'avance pas cette opinion, sans l'apuier de quelques raisons.

Premièrement je ne vois pas par quelle licence Poëtique Arioste a pû, dans un Poëme heroïque & serieux, mêler une Fable, & un Con-

te

REMARQUES.

3. *La Joconde de Monsieur Bouillon.*] Ses Poësies furent imprimées à Paris, chez Guignard, en 1663.

té de Vieille, pour ainsi dire, aussi burlesque qu'est l'Histoire de Joconde. *Je sai bien*, + dit un Poëte, grand Critique, *qu'il y a beaucoup de choses permises aux Poëtes & aux Peintres; qu'ils peuvent quelquefois donner carriere à leur imagination; & qu'il ne faut pas toûjours les resserrer dans les bornes de la Raison étroite & rigoureuse.* Bien loin de leur vouloir ravir ce privilége, je le leur accorde pour eux, & je le demande pour moi. Ce n'est pas à dire toutefois qu'il leur soit permis pour cela de confondre toutes choses, de renfermer dans un même Corps mille espèces differentes, aussi confuses que les rêveries d'un malade; de mêler ensemble des choses incompatibles; d'accoupler les Oiseaux avec les Serpens, les Tigres avec les Agneaux. Comme vous voïez, Monsieur, ce Poëte avoit fait le procès à Arioste, plus de mille ans avant qu'Arioste eût écrit. En effet, ce corps composé de mille espèces differentes, n'est-ce pas proprement l'image du Poëme de Roland le furieux? Qu'y a-t-il de plus grave & de plus heroïque que certains endroits de ce Poëme? Qu'y a-t-il de plus bas & de plus bouffon que d'autres? Et sans chercher si loin, peut-on rien voir de moins serieux que l'Histoire de Joconde & d'Astolphe? Les Avantures de Buscon & de Lazarille, ont-elles quelque chose de plus extravagant? Sans mentir, une telle bassesse est bien éloignée du goût de l'Antiquité; & qu'auroit-on dit de Virgile, bon Dieu! si à la descente d'Enée dans l'Italie, il lui avoit fait conter par un hôtelier, l'Histoire de Peau-d'Asne, ou les Contes de ma Mere-l'Oye? Je dis les Contes de ma Mere-l'Oye, car l'Histoire de Joconde n'est guères d'un autre rang. Que si Homère a été blâmé dans son Odyssée (qui est pourtant un Ouvrage tout comique, comme l'a remarqué Aristote) si, dis-je, il a été repris par de fort habiles Critiques, pour avoir mêlé dans cet Ouvrage l'Histoire des Compagnons d'Ulysse changés en Pourceaux, comme étant indigne de la majesté de son sujet; que diroient ces Critiques, s'ils voioient celle de Joconde dans un Poëme Heroïque? N'auroient-ils pas raison de s'écrier, que si cela est reçû, le Bon Sens ne doit plus avoir de Jurisdiction sur les Ouvrages d'esprit, & qu'il ne faut plus parler d'Art ni de Règles? Ainsi, Monsieur, quelque bonne que soit d'ailleurs la Joconde de l'Arioste, il faut tomber d'accord qu'elle n'est pas en son lieu.

 Mais éxaminons un peu cette Histoire en elle-même. Sans mentir, j'ai de la peine à souffrir le serieux avec lequel Arioste écrit un Conte si

REMARQUES.

4. *Dit un Poëte.*] Horace, Art. poët. vers 9. & suiv.
—— —— *Pictoribus atque Poëtis, Quidlibet audendi semper fuit aqua potestas*; &c.

si bouffon. Vous diriez que non seulement, c'est une Histoire très-veritable, mais que c'est une chose très-noble & très-heroïque qu'il va raconter: Et certes s'il vouloit décrire les exploits d'un Alexandre, ou d'un Charlemagne, il ne débuteroit pas plus gravement.

> *Astolfo Rè de' Longobardi, quello*
> *A cui lasciò il fratel monaco il Regno,*
> *Fu ne la giovaneza sua sì bello,*
> *Che mai poch' altri giunsero à quel segno.*
> *N'havria à fatica un tal fatto a pennello*
> *Appelle, Zeusi, ò se v'è alcun più degno.*

Le bon Messer Ludovico ne se souvenoit pas, ou plûtôt ne se soucioit pas du précepte de son Horace.

Versibus exponi Tragicis res Comica non vult.

Cependant il est certain que ce précepte est fondé sur la pure Raison, & que comme il n'y a rien de plus froid que de conter une chose grande en stile bas, aussi n'y a-t-il rien de plus ridicule, que de raconter une Histoire comique & absurde en termes graves & serieux: [5] à moins que ce serieux ne soit affecté tout exprès, pour rendre la chose encore plus burlesque. Le secret donc en contant une chose absurde, est de s'énoncer d'une telle maniere, que vous fassiez concevoir au Lecteur, que vous ne croïez pas vous-même la chose que vous lui contez. Car alors il aide lui-même à se décevoir, & ne songe qu'à rire de la plaisanterie agréable d'un Auteur qui se joue & ne lui parle pas tout de bon. Et cela est si veritable, qu'on dit même assez souvent des choses qui choquent directement la Raison & qui ne laissent pas néanmoins de passer, à cause qu'elles excitent à rire. Telle est cette hyperbole d'un ancien Poëte Comique, pour se moquer d'un homme qui avoit une terre de fort petite étendue: *Il possedoit*, dit ce Poëte, *une terre à la Campagne, qui n'étoit pas plus grande qu'une Epître de Lacédémonien.* Y a-t-il rien, [6] ajoûte un Ancien Rhéteur, de plus absurde que cette pensée? Cependant elle ne laisse pas de passer pour vrai-semblable, parce qu'elle touche la passion, je veux dire qu'elle excite à rire. Et n'est-

REMARQUES.

5. *A moins que ce serieux ne soit affecté* &c.] Pour n'en point chercher d'exemple ailleurs, tel est le serieux du Lutrin.

ce pas en effet ce qui a rendu si agréables certaines Lettres de Voiture, comme 7 celle du Brochet & de la Carpe, dont l'invention est absurde d'elle-même, mais dont il a caché les absurdités par l'enjoûment de sa narration, & par la manière plaisante dont il dit toutes choses? C'est ce que Monsieur de la Fontaine a observé dans sa Nouvelle; il a crû que dans un Conte comme celui de Joconde, il ne falloit pas badiner sérieusément. Il raporte à la verité des avantures extravagantes, mais il les donne pour telles; par tout il rit & il joue; & si le Lecteur lui veut faire un procès sur le peu de vrai-semblance qu'il y a aux choses qu'il raconte, il ne va pas, comme Arioste, les appuïer par des raisons forcées, & plus absurdes encore que la chose même; mais il s'en sauve en riant, & en se jouant du Lecteur, qui est la route qu'on doit tenir en ces rencontres.

Ridiculum acri
Fortius, & melius magnas plerumque secat res.

Ainsi, lors que Joconde, par exemple, trouve sa Femme couchée entre les bras d'un Valet, il n'y a pas d'aparence que dans la fureur il n'éclate contre elle, ou du moins contre ce Valet. Comment est-ce donc qu'Ariofte sauve cela? Il dit que la violence de l'amour ne lui permit pas de faire ce déplaisir à sa Femme.

Ma, da l'amor che porta al suo dispetto,
A l'ingrata moglier, li fù interdetto.

Voilà, sans mentir, un Amant bien parfait, & Céladon ni Silvandre ne sont jamais parvenus à ce haut degré de perfection. Si je ne me trompe, c'étoit bien plûtôt là une raison, non seulement pour obliger Joconde à éclater, mais c'en étoit assez pour lui faire poignarder dans la rage sa Femme, son Valet, & soi-même; puis qu'il n'y a point de passion plus tragique & plus violente que la jalousie qui naît d'un extrême amour. Et certainement, si les hommes les plus sages & les plus moderés, ne sont pas maîtres d'eux-mêmes, dans la chaleur de cette passion, & ne peuvent s'empêcher quelquefois de s'emporter jusqu'à l'excès, pour des sujets fort légers; que devoit faire un jeune homme comme Joconde, dans les premiers accès d'une jalousie aussi-bien fondée.

REMARQUES.

6. *Ajoute un ancien Rhéteur.*] Longin, Traité du Sublime, chap. 31.

7. *Celle du Brochet &c.*] Lettr. 143 de Voiture.

dée que la sienne? Etoit-il en état de garder encore des mesures avec une perfide, pour qui il ne pouvoit plus avoir que des sentimens d'horreur & de mépris? Monsieur de la Fontaine a bien vû l'absurdité qui s'ensuivoit de là: Il s'est donc bien gardé de faire Joconde amoureux, d'un amour Romanesque & extravagant; cela ne serviroit de rien, & une passion comme celle-là n'a point de raport avec le caractère dont Joconde nous est dépeint, ni avec ses avantures amoureuses. Il l'a donc représenté seulement, comme un homme persuadé à fonds de la vertu & de l'honnêteté de sa Femme. Ainsi, quand il vient à reconnoître l'infidélité de cette Femme, il peut fort bien par un sentiment d'honneur, comme suppose Monsieur de la Fontaine, n'en rien témoigner; puis qu'il n'y a rien qui fasse plus de tort à un homme d'honneur en ces sortes de rencontres, que l'éclat.

> *Tous deux dormoient : dans cet abord Joconde*
> *Voulut les envoïer dormir dans l'autre monde;*
> *Mais cependant il n'en fit rien,*
> *Et mon avis est qu'il fit bien.*
> *Le moins de bruit que l'on peut faire*
>   *En telle affaire,*
> *Est le plus sûr de la moitié.*
> *Soit par prudence, ou par pitié,*
> *Le Romain ne tua personne.*

Que si Arioste n'a supposé l'extrême amour de Joconde, que pour fonder la maladie & la maigreur qui lui vint ensuite, cela n'étoit point nécessaire, puisque la seule pensée d'un affront n'est que trop suffisante pour faire tomber malade un homme de cœur. Ajoûtez à toutes ces raisons, que l'image d'un honnête homme lâchement trahi par une ingrate qu'il aime, tel que Joconde nous est représenté dans l'Arioste, a quelque chose de tragique, qui ne vaut rien dans un Conte pour rire: au lieu que la peinture d'un mari qui se résout à souffrir discrètement les plaisirs de sa femme, comme l'a dépeint Monsieur de la Fontaine, n'a rien que de plaisant & d'agréable, & c'est le sujet ordinaire de nos Comédies.

Arioste n'a pas mieux réüssi dans cet autre endroit, où Joconde aprend au Roi l'abandonnement de sa Femme avec le plus laid monstre de la Cour. Il n'est pas vrai-semblable que le Roi n'en témoigne rien. Que fait donc l'Arioste pour fonder cela? Il dit que Joconde, avant que de découvrir ce secret au Roi, le fit jurer sur le Saint Sacrement, ou sur

l'Ag-

l'*Agnus Dei*, ce font fes termes, qu'il ne s'en reffentiroit point. Ne voilà-t-il pas une invention bien agréable? Et le Saint Sacrement n'eft-il pas là bien placé? Il n'y a que la licence Italienne qui puiffe mettre une femblable impertinence à couvert, & de pareilles fottifes ne fe fouffrent point en Latin ni en François. Mais comment eft-ce qu'Ariofte fauvera toutes les autres abfurdités qui s'enfuivent de là? Où eft-ce que Joconde trouve fi vite une Hoftie facrée pour faire jurer le Roi? Et quelle apparence qu'un Roi s'engage ainfi légerement à un fimple Gentil-homme, par un ferment fi exécrable? Avoüons que Monfieur de la Fontaine s'eft bien plus fagement tiré de ce pas, par la plaifanterie de Joconde, qui propofe au Roi, pour le confoler de cet accident, l'exemple des Rois & des Céfars qui avoient fouffert un femblable malheur avec une conftance toute heroïque; & peut-on en fortir plus agréablement qu'il en fait par ces vers?

> *Mais enfin il le prit en homme de courage,*
> *En galant homme; & pour le faire court,*
> *En veritable homme de Cour.*

Ce trait ne vaut-il pas mieux lui feul que tout le ferieux de l'Ariofte? Ce n'eft pas pourtant qu'Ariofte n'ait cherché le plaifant autant qu'il a pû. Et on peut dire de lui, ce que [8] Quintilien dit de Demofthène: *Non difplicuiffe illi jocos, fed non contigiffe:* qu'il ne fuïoit pas les bons mots, mais qu'il ne les trouvoit pas. Car quelquefois de la plus haute gravité de fon ftile, il tombe dans des baffeffes à peine dignes du Burlefque. En effet, qu'y a-t-il de plus ridicule que cette longue généalogie qu'il fait du Reliquaire que Joconde reçut, en partant, de fa femme? Cette raillerie contre la Religion n'eft-elle pas bien en fon lieu? Que peut-on voir de plus fale que cette métaphore ennuïeufe, prife de l'exercice des Chevaux, de laquelle Aftolfe & Joconde fe fervent pour fe reprocher l'un à l'autre leur lubricité? Que peut-on imaginer de plus froid que cette équivoque qu'il emploie à propos du retour de Joconde à Rome? On croïoit, dit-il, qu'il étoit allé à Rome, & il étoit allé à Corneto.

> *Credeano che da lor fi foffe tolto*
> *Per gire à Roma, è gito era à Corneto.*

Si

R E M A R Q U E S.

8. *Quintilien dit de Demofthène.*] Quintil. Inftit. Orat. L. 6. c. 3. Voïez auffi Longin, Chap. 28. du Sublime.

Si Monsieur de la Fontaine avoit mis une semblable sottise dans toute sa Pièce, trouveroit-il grace auprès de ses Censeurs ? Et une impertinence de cette force n'auroit-elle pas été capable de décrier tout son Ouvrage, quelques beautés qu'il eût eu d'ailleurs ? Mais certes, il ne falloit pas appréhender cela de lui. Un homme formé, comme je vois bien qu'il l'est, au goût de Terence & de Virgile, ne se laisse pas emporter à ces extravagances Italiennes, & ne s'écarte pas ainsi de la route du Bon Sens. Tout ce qu'il dit est simple & naturel, & ce que j'estime sur tout en lui, c'est une certaine Naïveté de Langage, que peu de gens connoissent, & qui fait pourtant tout l'agrément du discours. C'est cette Naïveté inimitable qui a été tant estimée dans les écrits d'Horace & de Terence, à laquelle ils se sont étudiez particulierement, jusqu'à rompre pour cela la mesure de leurs Vers, comme a fait Monsieur de la Fontaine en beaucoup d'endroits. En effet, c'est ce *molle* & ce *facetum* qu'Horace a attribué à Virgile, & qu'Apollon ne donne qu'à ses Favoris. En voulez-vous des exemples ?

> *Marié depuis peu : content, je n'en sai rien.*
> *Sa femme avoit de la jeunesse,*
> *De la beauté, de la délicatesse.*
> *Il ne tenoit qu'à lui qu'il ne s'en trouvât bien.*

S'il eût dit simplement, que Joconde vivoit content avec sa femme, son discours auroit été assez froid ; mais par ce doute où il s'embarasse lui-même, & qui ne veut pourtant dire que la même chose, il enjoüe sa narration, & occupe agréablement le Lecteur. C'est ainsi qu'il faut juger de ces Vers de Virgile dans une de ses Eglogues, à propos de Médée, à qui une fureur d'amour & de jalousie avoit fait tuër ses enfans :

> *Crudelis mater magis, an puer improbus ille ?*
> *Improbus ille puer ; crudelis tu quoque mater.*

Il en est de même encore de cette réflexion que fait Monsieur de la Fontaine, à propos de la désolation que fait paroître la femme de Joconde, quand son mari est prêt à partir.

> *Vous autres bonnes gens auriez crû que la Dame*
> *Une heure après eût rendu l'ame.*
> *Moi qui sais ce que c'est que l'esprit d'une femme, &c.*

Je

SUR LA JOCONDE.

Je pourrois vous montrer beaucoup d'endroits de la même force, mais cela ne serviroit de rien pour convaincre votre ami. Ces sortes de beautez sont de celles qu'il faut sentir, & qui ne se prouvent point. C'est ce je ne sai quoi qui nous charme, & sans lequel la beauté même n'auroit ni grace ni beauté. Mais après tout, c'est un je ne sai quoi; & si votre ami est aveugle, je ne m'engage pas à lui faire voir clair: & c'est aussi pourquoi vous me dispenserez, s'il vous plait, de répondre à toutes les vaines objections qu'il vous a faites. Ce seroit combattre des Fantômes qui s'évanouïssent d'eux-mêmes; & je n'ai pas entrepris de dissiper toutes les chimères qu'il est d'humeur à se former dans l'esprit.

Mais il y a deux difficultez, dites-vous, qui vous ont été proposées par un fort galant homme, & qui sont capables de vous embarasser. La première regarde l'endroit où ce Valet d'hôtellerie trouve le moïen de coucher avec la commune Maîtresse d'Astolfe & de Joconde, au milieu de ces deux Galans. Cette avanture, dit-on, paroît mieux fondée dans l'Original, parce qu'elle se passe dans une hôtellerie où Astolfe & Joconde viennent d'arriver fraîchement, & d'où ils doivent partir le lendemain: ce qui est une raison suffisante pour obliger ce Valet à ne point perdre de tems, & à tenter ce moïen, quelque dangereux qu'il puisse être, pour joüir de sa maîtresse; parce que s'il laisse échaper cette occasion, il ne la pourra plus recouvrer: au lieu que dans la Nouvelle de Monsieur de la Fontaine, tout ce mystère arrive chez un Hôte où Astolfe & Joconde font un assez long séjour. Ainsi ce Valet logeant avec celle qu'il aime, & étant avec elle tous les jours, vraisemblablement il pouvoit trouver d'autres voïes plus sûres pour coucher avec elle, que celle dont il se sert.

A cela je répons, que si ce Valet a recours à celle-ci, c'est qu'il n'en peut imaginer de meilleure, & qu'un gros brutal, tel qu'il nous est représenté par Monsieur de la Fontaine & tel qu'il devoit être en effet, pour faire une entreprise comme celle-là, est fort capable de hazarder tout pour se satisfaire, & n'a pas toute la prudence que pourroit avoir un honnête homme. Il y auroit quelque chose à dire si Monsieur de la Fontaine nous l'avoit représenté comme un amoureux de Roman, tel qu'il est dépeint dans Arioste, qui n'a pas pris garde que ces paroles de tendresse & de passion qu'il lui met dans la bouche, sont fort bonnes pour un Tircis, mais ne conviennent pas trop bien à un Muletier. Je soûtiens en second lieu, que la même raison qui dans Arioste empêche tout un jour ce Valet & cette fille de pouvoir exécuter leur volonté; cette même raison, dis-je, a pû subsister plusieurs jours; & qu'ainsi étant continuellement observez l'un & l'autre par les gens d'Astolfe & de Joconde, & par les autres Valets de l'Hôtellerie, il n'est pas dans leur pouvoir d'accomplir leur deffein, fi ce n'eft la nuit. Pourquoi donc, me direz-vous, Monfieur de la Fontaine n'a-t-il point exprimé cela ? Je foûtiens qu'il n'étoit point obligé de le faire, parce que cela fe fuppofe aifément de foi-même, & que tout l'artifice de la narration confifte à ne marquer que les circonftances qui font abfolument néceffaires. Ainfi, par exemple, quand je dis qu'un tel eft de retour de Rome, je n'ai que faire de dire qu'il y étoit allé ; puis que cela s'enfuit de là néceffairement. De même, lorfque dans la Nouvelle de Monfieur de la Fontaine, la Fille dit au Valet qu'elle ne lui peut pas accorder fa demande, parce que fi elle le faifoit, elle perdroit infailliblement l'Anneau qu'Aftolfe & Joconde lui avoient promis : il s'enfuit de là infailliblement qu'elle ne lui pouvoit accorder cette demande fans être découverte, autrement l'Anneau n'auroit couru aucun rifque.

Qu'étoit-il donc befoin que Monfieur de la Fontaine allât perdre en paroles inutiles, le tems qui eft fi cher dans une narration? On me dira peut-être que Monfieur de la Fontaine après tout, n'avoit que faire de changer ici l'Ariofte. Mais qui ne voit au contraire, que par là il a évité une abfurdité manifefte, c'eft à favoir ce marché qu'Aftolfe & Joconde font avec leur Hôte, par lequel ce Pere vend fa fille à beaux deniers comptans. En effet, ce marché n'a-t-il pas quelque chofe de choquant, ou plûtôt d'horrible? Ajoûtez que dans la Nouvelle de Monfieur de la Fontaine, Aftolfe & Joconde font trompez bien plus plaifamment, parce qu'ils regardent tous deux cette fille, qu'ils ont abufée, comme une jeune Innocente à qui ils ont donné, comme il dit,

La première Leçon du plaifir amoureux.

Au lieu que dans Ariofte, c'eft une Infame qui va courir le païs avec eux, & qu'ils ne fauroient regarder que comme une Abandonnée.

Je viens à la feconde objection. Il n'eft pas vrai-femblable, vous a-t-on dit, que, quand Aftolfe & Joconde prennent réfolution de courir enfemble le païs, le Roi, dans la douleur où il eft, foit le premier qui s'avife d'en faire la propofition ; & il femble qu'Ariofte ait mieux réüffi de la faire faire par Joconde. Je dis que c'eft tout le contraire ; & qu'il n'y a point d'aparence qu'un fimple Gentil-homme faffe à un Roi une propofition fi étrange, que celle d'abandonner fon Roïaume, & d'aller expofer fa perfonne en des Païs éloignez, puifque même la feule penfée en eft coupable : au lieu qu'il peut fort bien tomber dans l'efprit d'un Roi, qui fe voit fenfiblement outragé en fon honneur, & qui ne fauroit plus voir fa Femme qu'avec chagrin, d'abandonner fa Cour

Cour pour quelque tems, afin de s'ôter de devant les yeux un objet qui ne lui peut causer que de l'ennui.

Si je ne me trompe, Monsieur, voilà vos doutes assez bien résolus. Ce n'est pas pourtant que de là je veuille inferer que M. de la Fontaine ait sauvé toutes les absurditez qui sont dans l'Histoire de Joconde : il y auroit eu de l'absurdité à lui-même d'y penser. Ce seroit vouloir extravaguer sagement, puis qu'en effet toute cette Histoire n'est autre chose qu'une extravagance assez ingénieuse, continuée depuis un bout jusqu'à l'autre. Ce que j'en dis n'est seulement que pour vous faire voir qu'aux endroits où il s'est écarté de l'Arioste, bien loin d'avoir fait de nouvelles fautes, il a rectifié celles de cet Auteur. Après tout néanmoins, il faut avouer que c'est à Arioste qu'il doit sa principale invention. Ce n'est pas que les choses qu'il a ajoûtées de lui-même, ne pussent entrer en parallèle avec tout ce qu'il y a de plus ingénieux dans l'Histoire de Joconde. Telle est l'invention du Livre blanc que nos deux Avanturiers emporterent pour mettre les noms de celles qui ne seroient pas rebelles à leurs vœux : car cette badinerie me semble bien aussi agréable que tout le reste du Conte. Il n'en faut pas moins dire de cette plaisante contestation qui s'émût entre Astolfe & Joconde, pour le pucelage de leur commune Maîtresse, qui n'étoit pourtant que les restes d'un Valet. Mais, Monsieur, je ne veux point chicaner mal-à-propos. Donnons, si vous voulez, à Arioste toute la gloire de l'invention, ne lui dénions pas le prix qui lui est justement dû pour l'élégance, la netteté, & la briéveté inimitable avec laquelle il dit tant de choses en si peu de mots ; ne rabaissons point malicieusement, en faveur de notre Nation, le plus ingénieux Auteur des derniers siècles. Mais que les graces & les charmes de son esprit ne nous enchantent pas de telle sorte, qu'elles nous empêchent de voir les fautes de jugement qu'il a faites en plusieurs endroits ; & quelque harmonie de Vers dont il nous frape l'oreille, confessons que Monsieur de la Fontaine aïant conté plus plaisamment une chose très-plaisante, il a mieux compris l'idée & le caractère de la narration.

Après cela, Monsieur, je ne pense pas que vous voulussiez éxiger de moi de vous marquer ici exactement tous les défauts qui sont dans la Pièce de Monsieur Bouillon. J'aimerois autant être condamné à faire l'analyse exacte d'une Chanson du Pont-neuf, par les règles de la Poëtique d'Aristote. Jamais stile ne fut plus vicieux que le sien, & jamais stile ne fut plus éloigné de celui de Monsieur de la Fontaine. Ce n'est pas, Monsieur, que je veuille faire passer ici l'Ouvrage de Monsieur de la Fontaine pour un Ouvrage sans défauts ; je le tiens assez galant homme pour tomber d'accord lui-même des négligences qui s'y peuvent rencontrer : & où ne s'en rencontre-t-il point ? Il suffit pour moi que le bon y passe infiniment le mauvais, & c'est assez pour faire un Ouvrage excellent.

> *Ergo ubi plura nitent in carmine, non ego paucis*
> *Offendar maculis* (Hor. Art. poet.)

Il n'en est pas ainsi de Monsieur Bouillon, c'est un Auteur sec & aride, toutes ses expressions sont rudes & forcées, il ne dit jamais rien qui ne puisse être mieux dit, & bien qu'il bronche à chaque ligne, son Ouvrage est moins à blâmer pour les fautes qui y sont, que pour l'esprit & le génie qui n'y est pas. Je ne doute point que vos sentimens en cela ne soient d'accord avec les miens; mais s'il vous semble que j'aille trop avant, je veux bien, pour l'amour de vous, me faire un effort, & en examiner seulement une page.

> *Astolfe, Roi de Lombardie,*
> *A qui son frere plein de vie,*
> *Laissa l'Empire glorieux,*
> *Pour se faire Réligieux:*
> *Naquit d'une forme si belle,*
> *Que Zeuxis, & le grand Apelle,*
> *De leur docte & fameux pinceau,*
> *N'ont jamais rien fait de si beau.*

Que dites-vous de cette longue Periode ? N'est-ce pas bien entendre la manière de conter, qui doit être simple & coupée, que de commencer une Narration en Vers, par un enchainement de paroles à peine supportable dans l'exorde d'une Oraison?

> *A qui son frere plein de vie.*

Plein de vie est une cheville, d'autant plus qu'il n'est pas du texte. Monsieur Bouillon l'a ajouté de sa grace, car il n'y a point en cela de beauté qui l'y ait contraint.

> *Laissa l'Empire glorieux.*

Ne semble-t-il pas que selon Monsieur Bouillon il y a un Empire particuticulier des Glorieux, comme il y a un Empire des Ottomans & des Romains; & qu'il a dit *l'Empire glorieux*, comme un autre diroit *l'Empire Ottoman*? Ou bien il faut tomber d'accord que le mot de *glorieux* en cet endroit-là eſt une cheville, & une cheville groſſière & ridicule.

Pour ſe faire Religieux.

Cette manière de parler eſt baſſe, & nullement Poëtique.

Naquit d'une forme ſi belle.

Pourquoi *nâquit*? N'y a-t-il pas des gens qui naiſſent fort beaux, & qui deviennent fort laids dans la ſuite du temps? Et au contraire n'en voit-on pas qui viennent fort laids au monde, & que l'âge enſuite embellit?

Que Zeuxis, & le grand Apelle.

On peut bien dire qu'*Apelle* étoit un grand Peintre; mais qui a jamais dit *le grand* Apelle? Cette Epithète de *grand* tout ſimple, ne ſe donne jamais qu'à des Conquerans, & à nos Saints. On peut bien appèler Ciceron un *grand* Orateur; mais il ſeroit ridicule de dire *le grand* Ciceron; & cela auroit quelque choſe d'enflé & de puerile. Mais qu'a fait ici le pauvre *Zeuxis*, pour demeurer ſans Epithète, tandis qu'Apelle eſt *le grand Apelle*? Sans mentir, il eſt bien malheureux que la meſure du Vers ne l'ait pas permis, car il auroit été du moins *le brave* Zeuxis.

De leur doête & fameux pinceau,
N'ont jamais rien fait de ſi beau.

Il a voulu exprimer ici la penſée de l'Arioſte, que quand Zeuxis & Apelle auroient épuiſé tous leurs efforts pour peindre une beauté douée de toutes les perfections, cette beauté n'auroit pas égalé celle d'Aſtolfe. Mais qu'il y a mal réuſſi! & que cette façon de parler eſt groſſière! *N'ont jamais rien fait de ſi beau de leur pinceau.*

LETTRE XIV. DISSERTATION

Mais si sa grace sans pareille.

Sans pareille est-là une cheville ; & le Poëte n'a pas pû dire cela d'Astolfe, puis qu'il déclare dans la suite qu'il y avoit un homme au monde plus beau que lui, c'est à savoir Joconde.

Etoit du Monde la merveille.

Cette transposition ne se peut souffrir.

*Ni les avantages que donne
Le Roïal éclat de son sang.*

Ne diriez-vous pas que le sang des Astolfes de Lombardie est ce qui donne ordinairement de l'éclat ? Il falloit dire, *ni les avantages que lui donnoit le Roïal éclat de son sang.*

Dans les Italiques Provinces.

Cette manière de parler sent le Poëme Epique, où même elle ne seroit pas fort bonne ; & ne vaut rien du tout dans un Conte, où les façons de parler doivent être simples & naturelles.

Elevoient au dessus des Anges.

Pour parler François, il faloit dire, *élevoient au dessus de ceux des Anges.*

Au prix des charmes de son Corps.

De son Corps, est dit bassement, & pour rimer. Il faloit dire de sa beauté.

Si jamais il avoit vû naître.

Naître est maintenant aussi peu nécessaire qu'il l'étoit tantôt.

Rien qui fût comparable à lui.

Ne voilà-t-il pas un joli Vers?

> *Sire, je crois que le Soleil*
> *Ne voit rien qui vous soit pareil,*
> *Si ce n'est mon frere Joconde,*
> *Qui n'a point de pareil au Monde.*

Le pauvre Bouillon s'est terriblement embarassé dans ces termes de *pareil*, & de *sans pareil*. Il a dit là bas que la beauté d'Astolfe n'a point de pareille; ici il dit, que c'est la beauté de Joconde qui est sans pareille: de là il conclud que la beauté sans pareille du Roi, n'a de pareille que la beauté sans pareille de Joconde. Mais sauf l'honneur de l'Arioste que Monsieur Bouillon a suivi en cet endroit, je trouve ce compliment fort impertinent, puisqu'il n'est pas vrai-semblable qu'un Courtisan aille de but en blanc dire à un Roi qui se pique d'être le plus bel homme de son siècle: *J'ai un frère plus beau que vous.* Monsieur de la Fontaine a bien fait d'éviter cela, & de dire simplement que ce Courtisan prit cette occasion de louer la beauté de son frere, sans l'élever néanmoins au dessus de celle du Roi. Comme vous voïez, Monsieur, il n'y a pas un Vers où il n'y ait quelque chose à reprendre, & que Quintilien n'envoïât rebatre sur l'enclume.

Mais en voilà assez, & quelque résolution que j'aie prise d'examiner la page entière, vous trouverez bon que je me fasse grace à moi-même, & que je ne passe pas plus avant. Et que seroit-ce, bon Dieu! si j'allois rechercher toutes les impertinences de cet Ouvrage, les mauvaises façons de parler, les rudesses, les incongruités, les choses froides & platement dites qui s'y rencontrent par tout? Que dirions-nous de ces *murailles dont les ouvertures baaillent? De ces erremens qu'Astolfe & Joconde suivent dans les Païs Flamans? suivre des erremens,* juste Ciel! quelle Langue est-ce là? Sans mentir, je suis honteux pour Monsieur de la Fontaine, de voir qu'il ait pû être mis en parallèle avec un tel Auteur; mais je suis encore plus honteux pour votre Ami. Je le trouve bien hardi sans doute, d'oser ainsi hazarder cent Pistoles sur la foi de son jugement. S'il n'a point de meilleure Caution, & qu'il fasse souvent de semblables gageures, il est au hazard de se ruïner. Voilà, Monsieur, la manière d'agir ordinaire des demi-Critiques; de ces gens, dis-je, qui sous l'ombre d'un sens commun, tourné pourtant à leur mode, prétendent avoir droit de juger souverainement de toutes choses, corrigent, disposent, réforment, louent, approuvent, condamnent tout au hazard. J'ai peur que votre Ami ne soit un peu de ce nombre. Je lui pardonne cette haute estime qu'il fait de la Pièce de

Monsieur Bouillon ; je lui pardonne même d'avoir chargé sa mémoire de toutes les sottises de cet Ouvrage ; mais je ne lui pardonne pas la confiance avec laquelle il se persuade que tout le monde confirmera son sentiment. Pense-t-il donc que trois des plus Galans Hommes de France, aillent de gaïeté de cœur se perdre d'estime dans l'esprit des habiles gens, pour lui faire gagner cent Pistoles ? Et depuis Midas, d'impertinente mémoire, s'est-il trouvé personne qui ait rendu un jugement aussi absurde que celui qu'il attend d'eux ? Mais, Monsieur, il me semble qu'il y a assez long-tems que je vous entretiens, & ma Lettre pourroit enfin passer pour une Dissertation préméditée ? Que voulez-vous ? C'est que votre gageure me tient au cœur, & j'ai été bien aise de vous justifier à vous-mêmes le droit que vous avez sur les cent Pistoles de votre Ami. J'espère que cela servira à vous faire voir avec combien de passion je suis, &c.

JOCONDE*.
NOUVELLE TIRÉE DE L'ARIOSTE.
PAR Mr. DE LA FONTAINE.

Jadis regnoit en Lombardie
    Un Prince aussi beau que le Jour,
Et tel, que des Beautez qui regnoient à sa Cour
    La moitié lui portoit envie,
5   L'autre moitié brûloit pour lui d'amour.
Un jour en se mirant, Je fais, dit-il, gageûre,
    Qu'il n'est mortel dans la Nature
    Qui me soit égal en appas;
Et gage, si l'on veut, la meilleure Province
10   De mes Etats;
Et s'il s'en rencontre un, je promets, foi de Prince,
De le traiter si bien qu'il ne s'en plaindra pas.

A ce propos s'avance un certain Gentilhomme
    D'auprès de Rome.
15 Sire, dit-il, si Votre Majesté
    Est curieuse de beauté,
    Qu'elle fasse venir mon frere;
    Aux plus charmans il n'en doit guere:
Je m'y connois un peu; soit dit sans vanité.
20 Toutefois en cela pouvant m'être flaté,
Que je n'en sois pas crû, mais les cœurs de vos Dames:
    Du soin de guerir leurs flames
Il vous soulagera, si vous le trouvez bon:
Car de pourvoir vous seul au tourment de chacune,
25 Outre que tant d'amour vous seroit importune,
Vous n'auriez jamais fait, il vous faut un second.
                                                Là-

* Cette Piece ne se trouve point dans les Editions précedentes des Oeuvres de Mr. Despreaux.

Là-dessus Astolfe répond :
(C'est ainsi qu'on nommoit ce Roi de Lombardie)
Votre discours me donne une terrible envie
30 De connoître ce frere : amenez-le-nous donc.
Voyons si nos beautez en seront amoureuses,
Si ses appas le mettront en credit;
Nous en croirons les connoisseuses,
Comme très-bien vous avez dit.

35 Le Gentilhomme part, & va querir Joconde.
(C'est le nom que ce frere avoit.)
A la campagne il vivoit,
Loin du commerce du monde.
Marié depuis peu : content, je n'en sai rien.
40 Sa femme avoit de la jeunesse,
De la beauté, de la délicatesse ;
Il ne tenoit qu'à lui qu'il ne s'en trouvât bien.
Son frere arrive, & lui fait l'ambassade :
Enfin il le persuade.
45 Joconde d'une part regardoit l'amitié
D'un Roi puissant, & d'ailleurs fort aimable;
Et d'autre part aussi sa charmante moitié
Triomphoit d'être inconsolable,
Et de lui faire des adieux
50 A tirer les larmes des yeux.

Quoi, tu me quittes, disoit-elle,
As-tu bien l'ame assez cruelle,
Pour préferer à ma constante amour,
Les faveurs de la Cour ?
55 Tu sais qu'à peine elles durent un jour :
Qu'on les conserve avec inquiétude,
Pour les perdre avec desespoir.
Si tu te lasses de me voir,
Songe au moins qu'en ta solitude
60 Le repos regne jour & nuit :

Que les ruiſſeaux n'y font du bruit
Qu'afin de t'inviter à fermer la paupiere.
Croi-moi, ne quitte point les hôtes de tes bois,
Ces fertiles vallons, ces ombrages ſi cois,
65 Enfin moi, qui devois me nommer la premiere :
Mais ce n'eſt plus le tems, tu ris de mon amour :
Va cruel, va montrer ta beauté ſinguliere,
Je mourrai, je l'eſpere, avant la fin du jour.

L'Hiſtoire ne dit point ni de quelle maniere
70 Joconde pût partir, ni ce qu'il répondit,
   Ni ce qu'il fit, ni ce qu'il dit ;
Je m'en tais donc auſſi de crainte de pis faire.
Diſons que la douleur l'empêcha de parler ;
C'eſt un fort bon moïen de ſe tirer d'affaire.
75 Sa femme le voyant tout prêt de s'en aller,
L'accable de baiſers, & pour comble lui donne
   Un braſſelet de façon fort mignonne,
     En lui diſant, Ne le pers pas ;
    Et qu'il ſoit toûjours à ton bras,
80 Pour te reſſouvenir de mon amour extrême :
Il eſt de mes cheveux, je l'ai tiſſu moi-même ;
   Et voila de plus mon portrait,
   Que j'attache à ce braſſelet.

Vous autres bonnes gens euſſiez cru que la Dame
85   Une heure après eût rendu l'ame ;
Moi qui ſais ce que c'eſt que l'eſprit d'une femme,
   Je m'en ſerois à bon droit défié.
Joconde partit donc ; mais ayant oublié
   Le braſſelet & la peinture
90   Par je ne ſai quelle avanture.
Le matin même il s'en ſouvient.
Au grand galop ſur ſes pas il revient,
Ne ſachant quelle excuſe il feroit à ſa femme.
Sans rencontrer perſonne & ſans être entendu 95

95 Il monte dans ſa chambre, & voit près de la Dame
Un lourdaut de Valet ſur ſon ſein étendu,
  Tous deux dormoient: dans cet abord Joconde
Voulut les envoïer dormir en l'autre Monde:
   Mais cependant il n'en fit rien;
100   Et mon avis eſt qu'il fit bien.
  Le moins de bruit que l'on peut faire
   En telle affaire
  Eſt le plus ſûr de la moitié.
  Soit par prudence, ou par pitié,
105   Le Romain ne tua perſonne.
D'éveiller ces Amans il ne le faloit pas;
  Car ſon honneur l'obligeoit en ce cas,
   De leur donner le trépas.
   Vi méchante, dit-il tout bas,
110   A ton remords je t'abandonne.

Joconde là-deſſus ſe remet en chemin,
Rêvant à ſon malheur tout le long du voïage.
Bien ſouvent il s'écrie au fort de ſon chagrin;
  Encor ſi c'étoit un blondin!
115 Je me conſolerois d'un ſi ſenſible outrage;
  Mais un gros lourdaut de Valet!
  C'eſt à quoi j'ai plus de regret;
  Plus j'y penſe, & plus j'en enrage.
Ou l'Amour eſt aveugle, ou bien il n'eſt pas ſage,
120   D'avoir aſſemblé ces Amans.
  Ce ſont, helas! ſes divertiſſemens.
  Et poſſible eſt-ce par gageûre
  Qu'il a cauſé cette avanture.

Le ſouvenir fâcheux d'un ſi perfide tour
125   Alteroit fort la beauté de Joconde:
  Ce n'étoit plus ce miracle d'amour
   Qui devoit charmer tout le monde.
Les Dames le voyant arriver à la Cour,

             Dirent

Dirent d'abord, Eſt-ce là ce Narciſſe
130 Qui prétendoit tous nos cœurs enchaîner?
Quoi, le pauvre homme a la jauniſſe!
Ce n'eſt pas pour nous la donner.
A quel propos nous amener
Un Galant qui vient de jeûner
135 La quarantaine?
On ſe fût bien paſſé de prendre tant de peine.

Aſtolfe étoit ravi ; le frere étoit confus ;
Et ne ſavoit que penſer là-deſſus,
Car Joconde cachoit avec un ſoin extrême,
140 La cauſe de ſon ennui.
On remarquoit pourtant en lui,
Malgré ſes yeux cavez, & ſon viſage blême,
De fort beaux traits, mais qui ne plaiſoient point,
Faute d'éclat & d'embonpoint.

145 Amour en eut pitié; d'ailleurs cette triſteſſe
Faiſoit perdre à ce Dieu trop d'encens & de vœux.
L'un des plus grands Suppôts de l'Empire amoureux.
Conſumoit en regrets la fleur de ſa jeuneſſe.
Le Romain ſe vit donc à la fin ſoulagé
150 Par le même pouvoir qui l'avoit affligé.
Car un jour étant ſeul en une Galerie,
Lieu ſolitaire, & tenu fort ſecret,
Il entendit en certain cabinet,
Dont la cloiſon n'étoit que de menuiſerie,
155 Le propre diſcours que voici :
Mon cher Curtade, mon ſouci,
J'ai beau t'aimer, tu n'ès pour moi que glace:
Je ne vois pourtant, Dieu merci,
Pas une Beauté qui m'efface:
160 Cent Conquerans voudroient avoir ta place:
Et tu ſembles la mépriſer,
Aimant beaucoup mieux t'amuſer

JOCONDE

    A jouer avec quelque Page
        Au Lanſquenet,
165 Que me venir trouver ſeule en ce cabinet.
    Dorimene tantôt t'en a fait le meſſage;
      Tu t'ès mis contre elle à jurer,
      A la maudire, à murmurer,
    Et n'as quitté le jeu que ta main étant faite,
170 Sans te mettre en ſouci de ce que je ſouhaite.

    Qui fut bien étonné, ce fut notre Romain.
      Je donnerois juſqu'à demain,
      Pour deviner qui tenoit ce langage,
      Et quel étoit le perſonnage
175   Qui gardoit tant ſon quant-à-moi.
    Ce bel Adon étoit le Nain du Roi,
      Et ſon Amante étoit la Reine.
      Le Romain ſans beaucoup de peine,
      Les vit en approchant les yeux
180 Des fentes que le bois laiſſoit en divers lieux.
    Ces Amans ſe fioient au ſoin de Dorimene;
    Seule elle avoit toûjours la clef de ce lieu là;
    Mais la laiſſant tomber, Joconde la trouva,
      Puis s'en ſervit, puis en tira
185   Conſolation non petite:
      Car voici comme il raiſonna.
    Je ne ſuis pas le ſeul, & puiſque même on quitte
    Un Prince ſi charmant, pour un Nain contrefait,
      Il ne faut pas que je m'irrite
190   D'être quitté pour un Valet.
    Ce penſer le conſole: il reprend tous ſes charmes,
    Il devient plus beau que jamais:
      Telle pour lui verſe des larmes,
      Qui ſe moquoit de ſes attraits.
195 C'eſt à qui l'aimera, la plus prude s'en pique;
      Aſtolfe y perd mainte pratique.
    Cela n'en fut que mieux; il en avoit aſſez

Retournons aux Amans que nous avons laiſſez.

Après avoir tout vû le Romain ſe retire,
200 Bien empêché de ce ſecret.
Il ne faut à la Cour ni trop voir, ni trop dire;
Et peu ſe ſont vantez du don qu'on leur a fait
 Pour une ſemblable nouvelle.
Mais quoi? Joconde aimoit avecque trop de zele
205 Un Prince liberal qui le favoriſoit,
Pour ne pas l'avertir du tort qu'on lui faiſoit.

Or comme avec les Rois il faut plus de myſtere
Qu'avecque d'autres gens ſans doute il n'en faudroit,
Et que de but en blanc leur parler d'une affaire,
210 Dont le diſcours leur doit déplaire,
  Ce ſeroit être mal adroit;
Pour adoucir la choſe, il falut que Joconde,
  Depuis l'origine du Monde,
Fit un dénombrement des Rois & des Ceſars,
215 Qui ſujets comme nous à ces communs hazards,
  Malgré les ſoins dont leur grandeur ſe pique,
  Avoient vû leur femme tomber
  En telle ou ſemblable pratique,
  Et l'avoient vû ſans ſuccomber
220 A la douleur, ſans ſe mettre en colere,
  Et ſans en faire pire chere.

Moi qui vous parle, Sire, ajouta le Romain,
Le jour que pour vous voir je me mis en chemin,
  Je fus forcé par mon deſtin
225 De reconnoître Cocuage
  Pour un des Dieux du Mariage,
  Et comme tel de lui ſacrifier.
Là-deſſus il conta, ſans en rien oublier,
  Toute ſa deconvenue;
230 Puis vint à celle du Roi.

Je vous tiens, dit Aſtolfe, homme digne de foi;
 Mais la choſe, pour être cruë,
 Merite bien d'être vûë.
 Menez-moi donc ſur les lieux.
235 Cela fut fait, & de ſes propres yeux
  Aſtolfe vit des merveilles,
Comme il en entendit de ſes propres oreilles.
L'énormité du fait le rendit ſi confus,
Que d'abord tous ſes ſens demeurerent perclus:
240 Il fut comme accablé de ce cruel outrage:
Mais bientôt il le prit en homme de courage,
 En galant homme, & pour le faire court,
 En veritable homme de Cour.
Nos femmes, ce dit-il, nous en ont donné d'une;
245 Nous voici lâchement trahis:
 Vengeons nous-en, & courons le païs;
 Cherchons par tout notre fortune.
 Pour réuſſir dans ce deſſein,
Nous changerons nos noms, je laiſſerai mon train,
250 Je me dirai votre Couſin,
Et vous ne me rendrez aucune déference:
Nous en ferons l'amour avec plus d'aſſurance,
 Plus de plaiſir, plus de commodité,
Que ſi j'étois ſuivi ſelon ma qualité.

255 Joconde approuva fort le deſſein du voyage.
 Il nous faut dans notre équipage,
Continua le Prince, avoir un Livre blanc,
 Pour mettre les noms de celles
 Qui ne ſeront pas rebelles,
260 Chacune ſelon ſon rang.
 Je conſens de perdre la vie
Si devant que ſortir des confins d'Italie
 Tout notre Livre ne s'emplit;
Et ſi la plus ſevere à nos vœux ne ſe range;

265 Nous sommes beaux, nous avons de l'esprit,
Avec cela bonnes Lettres de change.
Il faudroit être bien étrange,
Pour résister à tant d'appas,
Et ne pas tomber dans les lacs
270 De gens qui semeront l'argent & la fleurette,
Et dont la personne est bien faite.

Leur bagage étant prêt, & le Livre sur tout,
Nos galans se mettent en voie.
Je ne viendrois jamais à bout
275 De nombrer les faveurs que l'Amour leur envoie:
Nouveaux objets, nouvelle proïe:
Heureuses les Beautez qui s'offrent à leurs yeux!
Et plus heureuse encor celle qui peut leur plaire!
Il n'est en la plûpart des lieux
280 Femme d'Echevin, ni de Maire,
De Podestat, de Gouverneur,
Qui ne tienne à fort grand honneur
D'avoir en leur regître place.
Les cœurs que l'on croyoit de glace
285 Se fondent tous à leur abord.
J'entends déja maint esprit fort
M'objecter que la vraisemblance
N'est pas en ceci tout-à-fait.
Car, dira-t-on, quelque parfait
290 Que puisse être un galant dedans cette science,
Encor faut-il du tems pour mettre un cœur à bien.
S'il en faut, je n'en sai rien;
Ce n'est pas mon métier de cajoler personne:
Je le rends comme on me le donne;
295 Et l'Arioste ne ment pas.
Si l'on vouloit à chaque pas
Arrêter un conteur d'histoire,
Il n'auroit jamais fait; suffit qu'en pareil cas
Je promets à ces gens quelque jour de les croire.

300 Quand

300 Quand nos Avanturiers eurent goûté de tout,
(De tout un peu, c'est comme il faut l'entendre)
Nous mettrons, dit Astolfe, autant de cœurs à bout
Que nous voudrons en entreprendre;
Mais je tiens qu'il vaut mieux attendre.
305 Arrêtons-nous pour un tems quelque part;
Et cela plûtôt que plus tard;
Car en amour, comme à la table,
Si l'on en croit la Faculté,
Diversité de mets peut nuire à la santé.
310 Le trop d'affaires nous accable:
Ayons quelque objet en commun:
Pour tous les deux c'est assez d'un.
J'y consens, dit Joconde, & je sais une Dame
Près de qui nous aurons toute commodité.
315 Elle a beaucoup d'esprit, elle est belle, elle est femme
D'un des premiers de la Cité.
Rien moins, reprit le Roi, laissons la qualité:
Sous les cottillons des Grisettes
Peut loger autant de beauté
320 Que sous les jupes des Coquettes.
D'ailleurs, il n'y faut point faire tant de façon,
Etre en continuel soupçon,
Dépendre d'une humeur fiere, brusque, ou volage:
Chez les Dames de haut parage
325 Ces choses sont à craindre, & bien d'autres encor.
Une Grisette est un trésor;
Car sans se donner de la peine,
Et sans qu'aux Bals on la promeine,
On en vient aisément à bout;
330 On lui dit ce qu'on veut, bien souvent rien du tout.
Le point est d'en trouver une qui soit fidelle:
Choisissons-la toute nouvelle,
Qui ne connoisse encor ni le mal ni le bien.
Prenons, dit le Romain, la fille de notre hôte;

335   Je la tiens pucelle sans faute;
       Et si pucelle qu'il n'est rien
       De plus puceau que cette belle;
       Sa poupée en sait autant qu'elle.
J'y songeois, dit le Roi, parlons-lui dès ce soir.
340   Il ne s'agit que de savoir,
   Qui de nous doit donner à cette Jouvencelle,
       Si son cœur se rend à nos vœux,
   La premiere leçon du plaisir amoureux.
   Je sai que cet honneur est pure fantaisie;
345 Toutefois étant Roi l'on me le doit ceder;
   Du reste il est aisé de s'en accommoder.
   Si c'étoit, dit Joconde, une ceremonie,
       Vous auriez droit de prétendre le pas
       Mais il s'agit d'un autre cas.
350   Tirons au sort, c'est la justice;
       Deux pailles en feront l'office.
   De la chappe à l'Evêque, helas! ils se battoient,
       Les bonnes gens qu'ils étoient.

       Quoi qu'il en soit, Joconde eut l'avantage
355   Du prétendu pucelage.
   La belle étant venue en leur chambre le soir,
       Pour quelque petite affaire;
   Nos deux Avanturiers près d'eux la firent seoir,
   Louerent sa beauté, tâcherent de lui plaire,
360   Firent briller une bague à ses yeux.
       A cet objet si precieux
       Son cœur fit peu de résistance.
   Le marché se conclut; & dès la même nuit,
   Toute l'Hôtellerie étant dans le silence,
365   Elle les vient trouver sans bruit.
   Au milieu d'eux ils lui font prendre place,
       Tant qu'enfin la chose se passe
   Au grand plaisir des trois, & sur tout du Romain,
       Qui crut avoir rompu la glace.

370 Je lui pardonne, & c'est en vain
      Que de ce point on s'embarrasse.
      Car il n'est si sotte après tout
      Qui ne puisse venir à bout
      De tromper à ce jeu le plus sage du monde :
375   Salomon qui grand Clerc étoit,
      Le reconnoît en quelque endroit,
      Dont il ne souvint pas au bon homme Joconde.
      Il se tint content pour le coup,
      Crut qu'Astolfe y perdoit beaucoup.
380   Tout alla bien, & Maître Pucelage
      Joua des mieux son personnage.
      Un jeune gars pourtant en avoit essayé.
      Le tems à cela près fut fort bien employé,
      Et si bien que la fille en demeura contente.
385   Le lendemain elle le fut encor,
      Et même encor la nuit suivante,
      Le jeune gars s'étonna fort,
      Du refroidissement qu'il remarquoit en elle :
      Il se douta du fait, la gueta, la surprit,
390   Et lui fit fort grosse quérelle.
      Afin de l'appaiser la belle lui promit,
      Foi de fille de bien, que sans aucune faute
      Leurs Hôtes délogez elle lui donneroit
      Autant de rendez-vous qu'il en demanderoit.
395   Je n'ai souci, dit-il, ni d'Hôtesse ni d'Hôte :
      Je veux cette nuit même, ou bien je dirai tout.
      Comment en viendrons-nous à bout ?
      (Dit la fille fort affligée)
      De les aller trouver je me suis engagée :
400   Si j'y manque, adieu l'anneau,
      Que j'ai gagné bien & beau.
      Faisons que l'anneau vous demeure,
      Reprit le garçon tout à l'heure.
      Dites-moi seulement, dorment-ils fort tous deux ?
405   Oui, reprit-elle ; mais entr'eux

Il faut que toute nuit je demeure couchée:
Et tandis que je suis avec l'un empêchée,
L'autre attend fans mot dire, & s'endort bien fouvent,
  Tant que le fiege foit vacant,
410 C'eft là leur mot. Le gars dit à l'inftant,
Je vous irai trouver pendant leur premier fomme.
 Elle reprit: Ah! gardez-vous-en bien,
  Vous feriez un mauvais homme.
  Non, non, dit-il, ne craignez rien,
415 Et laiffez ouverte la porte.
  La porte ouverte elle laiffa:
  Le galant vint, & s'approcha
  Des pieds du lit; puis fit en forte
  Qu'entre les draps il fe gliffa;
420 Et Dieu fait comme il fe plaça;
  Et comme enfin tout fe paffa;
  Et de ceci ni de cela,
  Ne fe douta le moins du monde,
  Ni le Roi Lombard ni Joconde.
425 Chacun d'eux pourtant s'éveilla
  Bien étonné de telle aubade.
  Le Roi Lombard dit à part foi,
  Qu'a donc mangé mon camarade?
  Il en prend trop; & fur ma foi,
430 C'eft bien fait s'il devient malade.
  Autant en dit de fa part le Romain.
  Et le garçon aiant repris haleine,
S'en donna pour le jour, & pour le lendemain;
  Enfin pour toute la femaine.
435 Puis les voïant tous deux rendormis à la fin,
  Il s'en alla de grand matin,
  Toûjours par le même chemin.
  Et fut fuivi de la Donzelle,
  Qui craignoit fatigue nouvelle.

440 Eux éveillez, le Roi dit au Romain,

440 Frere, dormez jufqu'à demain :
Vous en devez avoir envie,
Et n'avez à prefent befoin que de repos.
Comment? dit le Romain : mais vous-même, à propos,
445 Vous avez fait tantôt une terrible vie.
Moi ? dit le Roi, j'ai toûjours attendu :
Et puis voïant que c'étoit tems perdu,
Que fans pitié ni confcience
Vous vouliez jufqu'au bout tourmenter ce tendron,
450 Sans en avoir d'autre raifon
Que d'éprouver ma patience;
Je me fuis, malgré moi, jufqu'au jour rendormi.
Que s'il vous eût plu, notre ami,
J'aurois couru volontiers quelque pofte.
455 C'eût été tout, n'aiant pas la rifpofte
Ainfi que vous : qu'y feroit-on ?
Pour Dieu, reprit fon compagnon,
Ceffez de vous railler, & changeons de matiere.
Je fuis votre Vaffal, vous l'avez bien fait voir.
460 C'eft affez que tantôt il vous ait plu d'avoir
La fillette toute entiere.
Difpofez-en ainfi qu'il vous plaira;
Nous verrons fi ce feu toûjours vous durera.
Il pourra, dit le Roi, durer toute ma vie,
465 Si j'ai beaucoup de nuits telles que celle-ci.
Sire, dit le Romain, trêve de raillerie,
Donnez-moi mon congé, puifqu'il vous plait ainfi.
Aftolfe fe piqua de cette repartie;
Et leurs propos s'alloient de plus en plus aigrir,
470 Si le Roi n'eût fait venir
Tout incontinent la belle.
Ils lui dirent, Jugez-nous,
En lui contant leur querelle.
Elle rougit, & fe mit à genoux;
475 Leur confeffa tout le myftere.
Loin de lui faire pire chere,

Ils en rirent tous deux : l'anneau lui fut donné,
  Et maint bel écu couronné,
Dont peu de tems après on la vit mariée,
480 Et pour pucelle employée.

  Ce fut par là que nos Avanturiers
  Mirent fin à leurs avantures,
  Se voïant chargez de Lauriers
Qui les rendront fameux chez les races futures :
485 Lauriers d'autant plus beaux qu'il ne leur en coûta
  Qu'un peu d'adresse, & quelques feintes larmes;
Et que loin des dangers & du bruit des allarmes
  L'un & l'autre les remporta.
Tout fiers d'avoir conquis les cœurs de tant de belles,
490 Et leur Livre étant plus que plein,
  Le Roi Lombard dit au Romain;
Retournons au logis par le plus court chemin :
  Si nos femmes sont infidelles,
Consolons-nous, bien d'autres le font qu'elles.
495 La Constellation changera quelque jour :
Un tems viendra, que le flambeau d'amour
Ne brûlera les cœurs que de pudiques flames :
A present on diroit que quelque Astre malin
Prend plaisir aux bons tours des maris & des femmes.
500 D'ailleurs tout l'Univers est plein
De maudits enchanteurs, qui des corps & des ames,
Font tout ce qu'il leur plaît : savons-nous si ces gens,
  (Comme ils sont traîtres & méchans,
Et toûjours ennemis, soit de l'un, soit de l'autre)
505 N'ont point ensorcelé, mon épouse & la vôtre ?
  Et si par quelque étrange cas,
Nous n'avons point crû voir chose qui n'étoit pas ?
Ainsi que bons Bourgeois achevons notre vie,
Chacun près de sa femme, & demeurons-en là.
510 Peut-être que l'absence, ou bien la jalousie,
Nous ont rendu leurs cœurs, que l'Hymen nous ôta.

Aftolfe rencontra dans cette prophetie.
Nos deux Avanturiers au logis retournez,
Furent très-bien reçus, pourtant un peu grondez;
515   Mais feulement par bien-féance.
L'un & l'autre fe vit de baifers regalé.
On fe récompenfa des pertes de l'abfence.
    Il fut danfé, fauté, balé:
    Et du Nain nullement parlé,
520   Ni du Valet comme je penfe.
Chaque époux s'attachant auprès de fa moitié,
Vécut en grand foulas, en paix, en amitié,
    Le plus heureux, le plus content du monde.
La Reine à fon devoir ne manqua d'un feul point:
525   Autant en fit la femme de Joconde:
Autant en font d'autres qu'on ne fait point.

HISTOIRE DE JOCONDE,
TRADUITE ET IMITEE
DE L'ARIOSTE.

PAR M. BOUILLON.

EAU Sexe à qui dès mon jeune âge
J'ai toûjours rendu tant d'hommage,
Et vous Amants qui respectez,
La gloire des jeunes beautez,
5   Pardonnez si j'ose traduire
Une histoire qui vous peut nuire,
Et si j'expose aux yeux de tous
Ce qui vous doit mettre en courroux:
Bien loin de faire voir au monde
10 Le discours qu'on fait de Joconde
Comme rempli de verité,
Je le soûtiens mal inventé,
Faux, médisant & détestable
Et même indigne de la fable.
15 Moi dont les plaintes & les vers
Ont fait voir à tout l'Univers
Le respect que j'ai pour les Dames
Et l'infortune de mes flammes,
Je sai trop ce que m'ont coûté
20 Mes amours & leur cruauté,
Ainsi je voi comme des songes
Et l'Arioste & ses mensonges:

Et vous pouvez ainſi que moi
N'avoir pour eux jamais de foi.
Si quelqu'ame vindicative
Vouloit prendre l'affirmative
Pour détruire ce que dis
Au mépris de quelque Philis,
Je le renvoie en Italie
Où les maris ont la folie
De ſe montrer toûjours jaloux
Et de vouloir ſous des verroux
Tenir les volontez des femmes,
Comme ſi les brûlantes flammes
Ou de Vulcain ou de l'Amour
Se cachoient au creux d'une tour,
Comme ſi la fille d'Acriſe
En avoit été moins ſurpriſe,
Et ſi l'on ne ſe moquoit pas
Des inutiles cadenas.
La vertu des femmes s'irrite
Par la précaution maudite
Que font naître les vains ſoupçons
De ces gens par de-là les monts,
Et ſi quelques-uns ont pû croire
Que Joconde fût une hiſtoire,
C'eſt en ce païs malheureux
Où c'eſt une hiſtoire pour eux.
Elle eſt pour eux trop veritable
Mais pour nous ce n'eſt qu'une fable,
Et, s'il vous plaît de l'écouter,
Je m'en vai vous la raconter.

 Aſtolfe Roi de Lombardie,
A qui ſon frere plein de vie
Laiſſa l'empire glorieux
Pour ſe faire Religieux,
Nâquit d'une forme ſi belle
Que Zeuxis & le grand Apelle

De leur docte & fameux pinceau
60 N'ont jamais rien fait de si beau.
Mais si sa grace sans pareille
Etoit du monde la merveille,
Plus beau cent fois il se croioit
Que le monde qui le voioit.
65 Il n'estimoit rien sa couronne
Ni les avantages que donne
Le Roïal éclat de son sang,
Il méprisoit ce premier rang
Qu'il tenoit entre tous les Princes
70 Dans les Italiques Provinces:
Il comptoit pour rien ses thresors
Au prix des charmes de son corps,
Que mille flateuses loüanges
Elevoient au-dessus des Anges.
75 Entre plusieurs gens de sa Cour
Le Roi s'enquit de Fauste un jour,
Si jamais il avoit vû naître,
Depuis qu'il se pouvoit connoître,
Rien qui fût comparable à lui;
80 Et ce lui fut un grand ennui
Quand Fauste banissant la crainte
Lui tint ce langage sans feinte.
   Seigneur, je croi que le Soleil
Ne voit rien qui vous soit pareil
85 Si ce n'est mon frere Joconde,
Qui n'a point de pareil au monde;
Et s'il paroissoit devant vous
Je croi qu'au jugement de tous
Il emporteroit la victoire.
90 Le Roi ne voulut point le croire,
Mais afin de le mieux savoir
Il se servit de son pouvoir,
Et d'un accent un peu severe
Il dit qu'il vouloit voir ce frere.

Ddd 2

95 Fauste

95 Fauste avoit beau se tourmenter,
Il avoit beau repréfenter
Que son frere étoit un jeune homme
Nourri dans les plaifirs de Rome,
Qu'il n'en étoit jamais forti,
100 Qu'il avoit choifi le parti
D'y paffer doucement fa vie,
Que de venir jufqu'à Pavie
C'étoit aller au Tanaïs :
Qu'il n'aimoit rien que fon païs,
105 Que fa fortune étoit honnête,
Qu'il ne fe mettoit point en quête
Pour amaffer de plus grands biens,
Qu'il étoit trop content des fiens,
Qu'avec eux il vivoit tranquille :
110 D'ailleurs qu'il étoit difficile
De le tirer de fa maifon
Où fon cœur étoit en prifon
Auprès de fon aimable femme ;
Qu'ils n'étoient qu'un corps & qu'une ame,
115 Et que de feparer leur corps
C'étoit leur donner mille morts.
Malgré ce difcours raifonnable,
Le Prince fut inexorable
Et joignant à fes volontez
120 De grandes liberalitez,
Pour ne le pas mettre en colere
Fauste s'en va querir fon frere.
Il part & fait tant de chemin
Qu'en peu de jours le mur Romain
125 Et la maifon qui l'a vû naître
A fes yeux fe firent paroître.
Là, ce que la dexterité,
Pour vaincre une difficulté,
Au cœur d'un Courtifan infpire,
130 Fauste fe fouvint de le dire,

Et

Et fut par un discours flateur
Surmonter son frere & sa sœur.
Le jour fut pris pour le voyage,
Joconde fait son équipage,
135   Il dresse un magnifique train,
Il choisit des chevaux de main,
Mais toute sa magnificence
Parut sur tout en la dépence
De ses riches habits dorez,
140   Car il sait que les gens parez
D'or, de plume & d'étoffe fine
En ont souvent meilleure mine.
Deux ou trois nuits avant le jour
Qu'il falloit vaincre son amour
145   Pour prendre congé de sa femme,
En des termes tous pleins de flamme
Elle lui disoit, cher époux,
Comment pourrai-je être sans vous?
Votre presence fait ma vie,
150   Et je sens qu'elle m'est ravie
En ce depart trop rigoureux
Qui nous va separer tous deux.
Helas! par de cruels supplices
Je vais bien payer les délices
155   Que vous m'avez fait ressentir,
Et je dois bien me repentir
D'avoir trouvé si desirables,
Ces biens charmants & peu durables.
Et que mon cœur seroit heureux
160   S'il pouvoit mourir avec eux.
A ces mots elle ouvroit la bouche
Et de larmes baignant sa couche,
Ses sanglots, ses soûpirs, ses pleurs,
A l'envi montroient ses douleurs.
165   Joconde son mari fidele
Pleuroit amerement comme elle,

Ddd 3   Mais

Mais il lui juroit mille fois
Qu'il reviendroit avant deux mois
Et que son funeste voyage
Ne dureroit pas davantage,
Quand à dessein de l'engager
Astolfe voudroit partager
Pour lui son propre Diadême,
Son Thrône, & sa richesse extrême.
Joconde par tous ses discours
Ne pouvoit arrêter le cours
Des pleurs de sa femme affligée :
Le mal où son ame est plongée
Rend deux mois à passer si lents
Qu'ils sont pour elle deux mille ans,
Et le mari qui la console
Voudroit retenir sa parole,
Mais le repentir étant vain,
La Dame se tira du sein
Une croix pleine de reliques,
Precieuse & des plus antiques.
Qui fut de la sainte Sion
Rapportée en devotion
Jadis à la ville de Rome
Par un pelerin fort saint homme,
Et cet homme saint & pieux
En fit un don à ses ayeux.
La jeune Dame inconsolable
Lui fit ce présent agréable
Pour être d'elle à l'avenir
Un aimable & doux souvenir.
L'époux plein de tendresse & d'aise
Reçoit son present, & le baise,
Disant qu'elle seroit toûjours
L'objet de ses chastes amours,
Qu'il ne lui falloit point de gage
Pour conserver sa belle image.

Jusques

Jufques à ce dernier moment
Qui le mettroit au monument.
205 Enfin, la nuit des nuits la pire
Précedant l'Adieu qu'il faut dire,
La Dame fe pâme à tous coups
Entre les bras de fon époux,
Et de mille douleurs atteinte
210 Elle n'épargne ni la plainte
Ni les larmes, ni les foûpirs,
Pour témoigner fes déplaifirs.
Joconde une heure avant l'Aurore
Quitte fa femme qu'il adore
215 Et fi-tôt que l'adieu fut dit
Elle va fe remettre au lit.
L'époux au fortir de la ville
N'avoit guere fait plus d'un mille
Qu'il fe fouvint, pauvre infenfé,
220 Sous fon chevet d'avoir laiffé
Cette croix que tant il revere,
Cet aimable & beau Reliquaire,
Ce gage precieux & faint
Du lien facré qui l'étreint.
225 Helas ! difoit-il en foi-même,
Que penfera celle que j'aime,
Me voïant d'un cœur méprifant
Oublier ainfi fon prefent ?
Malheureux ! eft-il quelque excufe
230 Pour faire qu'elle ne m'accufe
De n'avoir pas bien eftimé
Un don fi digne d'être aimé ?
Après une telle conduite,
D'envoïer quelqu'un de ma fuite,
235 Ce feroit auffi lui donner
Un fujet de me condamner:
Il vaut donc mieux aller moi-même.
Lors il pria Faufte qui l'aime

Qu'il lui permît de retourner
240 Et qu'avant qu'il fût au dîner
Il le joindroit en affûrance.
Il marche en toute diligence,
Il arrive fans faire bruit,
Il monte & pas un ne le fuit,
245 Il trouve fa femme endormie,
Mais par hazard ou par magie
Il trouve auffi fort endormi
Entre fes bras un jeune ami.
L'Amour eft un démon fi traître
250 Qu'après tout il pourroit bien être
Qu'il auroit fait au pauvre époux
Ce tour pour le rendre jaloux.
Mais que le tout fût un menfonge,
Il ne le prit pas pour un fonge,
255 Et Joconde frottant fes yeux,
Afin de le connoître mieux,
Vit ou crut voir un domeftique
Qu'entre tous il croïoit unique,
Pour lui garder fidelité.
260 De vous dire l'extremité
Où la chofe porta Joconde,
Je le laiffe à juger au monde,
Je veux dire ces bonnes gens
Verfez en de tels accidens.
265 Deux ou trois fois il eut envie
De les priver tous deux de vie,
Mais malgré lui l'amour vainqueur
Parla pour l'ingrate en fon cœur,
Et la lui dépeignit fi belle
270 Qu'il eut de la pitié pour elle.
Il crut qu'il étoit à propos
De ne point troubler fon repos,
De peur qu'une furprife telle
Ne lui fût un peu trop cruelle.

PAR BOUILLON.

275 Il descend, il monte à cheval,
Tellement pressé de son mal
Que son amour & sa colere
Le porte en volant à son frere.
Il étoit déja si changé
280 Que par son visage alongé
Ses gens jugerent à sa mine
Qu'il avoit l'ame fort chagrine,
Mais pas un ne pût deviner
Ce qui le pouvoit chagriner,
285 Si ce n'étoit que sa souffrance
Lui venoit déja de l'absence.
Son frere qui sait l'amitié
Qu'il a pour sa chaste moitié,
Crut qu'il avoit l'ame blessée
290 Pour l'avoir seule au lit laissée:
Mais ce bon frere est dans l'erreur,
Car ce qui lui touche le cœur
Est de l'avoir abandonnée
Un peu trop bien accompagnée:
295 De cent maux Joconde touché
Tenoit l'œil en terre fiché,
En vain son frere le console
Il n'en tire aucune parole.
Toutes ses meilleures raisons
300 Sont pour Joconde des poisons,
Dont il envenime son ame,
Sur tout lui parlant de sa femme.
Il ne repose jour ni nuit,
Son déplaisir par tout le suit:
305 Il ne goûte point les viandes
Quoi qu'on lui serve les friandes:
Ses membres en sont décharnez,
Sa douleur alonge son nez,
Creuse ses yeux, grossit ses lévres,
310 Et sur le tout de grosses fiévres

Tom. II.   E e e   Pour

HISTOIRE DE JOCONDE,

Pour achever son fier destin
Le viennent surprendre en chemin.
Enfin, ce n'est plus ce Joconde
Tant admiré de tout le monde:
315 Et Fauste qui souffre en son cœur
De le voir mourir en langueur,
Se desespere quand il songe
Que le Roi prendra pour mensonge
Tous les avantageux portraits
320 Qu'il avoit fait de ses attraits.
Enfin, les voila dans Pavie,
Mais Fauste n'aiant pas envie
Qu'Astolfe pris à l'impourvû,
Se moquât de lui l'aiant vû,
325 Avoit écrit au Roi son Maître
L'état auquel il pouvoit être.
Plus Joconde fait de pitié,
Plus le Roi lui fait d'amitié.
Après avoir fait tant de choses
330 Pour le voir en son teint de roses,
Il a le cœur trop satisfait
De le voir en son teint deffait.
Un apartement il lui donne
Près de sa Roïale personne
335 Et le visite à tout moment
Dans ce Roïal apartement.
Les bals, les festins, les musiques,
La chasse & les fêtes publiques,
Furent souvent faites pour lui,
340 Mais il y languissoit d'ennui,
Et par tout son ingrate femme
Lui tourmentoit le corps & l'ame:
Devant sa chambre où tout le jour
On lui venoit faire la Cour,
350 Etoit la galerie antique,
Où rêveur & melancholique

Seul

Seul il se promenoit le soir,
Le cœur outré du desespoir
Où l'avoit plongé sa misere.
350 Un jour en ce lieu solitaire
Dans l'obscurité d'un recoin
Il considere avec soin
Que le plancher & la muraille
Font une ouverture qui baaille,
355 Et qui donne passage aux yeux.
Alors Joconde curieux
Par cette muraille fenduë
Regarde & voit, Dieux ! quelle vuë :
Il voit ce qui touche son cœur
360 De ressentiment & d'horreur.
En une chambre fort secrette
Où la Reine faisoit retraite
Sans vouloir que ses confidens
Missent jamais le pied dedans,
365 Il voit un Nain, un monstre infame,
Faisant ce qu'avec que sa femme
Avoit à son dommage fait
Son jeune & bienheureux valet.
A ce spectacle épouvantable
370 Helas ! dit-il, est-il croïable ?
Et vois-je bien ce que je voi ?
En ce moment il pense à soi.
Hé quoi cette Reine adorable,
Dont l'Epoux est incomparable,
375 Reçoit un monstre dans son lit,
O Dieux, dit-il, quel appetit !
Et moi pour avoir vû ma femme
Encourir un bien moindre blâme
Avec un garçon des mieux faits,
380 J'ai mille fois fait son procès.
Le lendemain à l'heure même
D'un soin & d'une ardeur extrême

Se transportant dessus les lieux
Le même objet s'offre à ses yeux,
Et tous les jours de la semaine
Il voit le Nain avec la Reine.
Mais son plus grand étonnement
Est que la Reine à tout moment
Se plaint qu'il est un infidele
Et qu'il n'a point d'amour pour elle.
Jusques-là qu'une fois le Nain
Lui mit le poignard dans le sein,
Lors que par un second message,
Aïant appellé ce volage,
La confidente qui fait tout
N'en put jamais venir à bout,
Parce que cet amant honnête
Perdoit un teston à la bête.
A ces ridicules objets
Joconde trouve des sujets
De consoler si bien son ame,
Que ne songeant plus à sa femme.
Il revient à son premier point,
Il reprend tout son embonpoint,
Et se montrant le vrai Joconde
Il est l'étonnement du monde.
Si le Roi veut absolument
Savoir d'où vient ce changement,
Joconde pas moins ne desire
D'ouvrir son cœur & de lui dire.
Il veut qu'il sache le forfait
Mais qu'il fasse comme il a fait.
Qu'il ne mal-traite point la Reine,
Qu'il dissimule bien sa haine,
Et pour l'obliger par serment
A se taire éternellement,
Il veut que sa Majesté jure
La main sur la sainte Ecriture,

Quoi qu'il voïe ou qu'il lui soit dit,
420 Qui lui fasse honte ou dépit,
Qu'il n'en tirera point vengeance,
Qu'il gardera bien le silence,
Et qu'enfin les auteurs du fait
Ne sauront jamais qu'il le sait.
425 Le Roi qui croit toute autre chose
Que ce qu'à voir on le dispose,
Promet & jure franchement:
Joconde lui dit librement
Le secret de sa propre histoire
430 Fâcheuse encore à sa memoire,
Ce qu'il avoit trouvé chez lui,
Combien de douleur & d'ennui
Il avoit senti dans son ame
Du crime horrible de sa femme,
435 Et que sans un prompt reconfort
Il en seroit sans doute mort;
Qu'il avoit à son mal extrême
Trouvé remede au Palais même,
Et que dans son sort rigoureux
440 Il n'étoit pas seul mal-heureux.
Ayant conté son avanture,
Il montre au Roi par l'ouverture
Ce qu'on cherche & qu'on ne peut voir
Sans être au dernier desespoir.
445 Astolfe au tourment qui l'assaille
Veut contre l'antique muraille
Sur le champ s'écraser le front.
Pour ne pas sentir cet affront:
Voïant ainsi souiller sa couche
450 Il veut aux cris ouvrir la bouche,
Mais il fallut se faire effort
Et souffrir son malheureux sort,
Car il avoit d'un cœur facile
Juré sur la sainte Evangile.

Eee 3

	Il n'ose donc se parjurer
455	Mais il peut au moins murmurer.
	Que ferai-je, dit-il, Joconde,
	Puis qu'à ma douleur sans seconde
	Tu défends le ressentiment ?
460	Seigneur, ce dit-il hardiment,
	Voïons si les femmes des autres
	Seront chastes comme les nôtres :
	Et les courans de tout côté
	Rendons ce qu'on nous a prêté.
465	Nous avons tous deux tant de charmes,
	Qu'elles seront pour nous sans armes,
	Et ne résisteront jamais
	Puis qu'elles aiment les plus laids :
	Mais à vos qualitez aimables
470	Si leurs cœurs sont inexorables ;
	Il faut, grand Prince, s'il vous plaît,
	Qu'ils se rendent à l'interêt.
	Etre absent, promener ses flammes,
	Pratiquer de nouvelles Dames,
475	Souvent étouffe en peu de jours
	Les plus invincibles amours.
	Le Roi loüe un conseil si sage
	Et sans retarder davantage
	Choisissant deux ou trois des siens,
480	Il sort des champs Italiens.
	Joconde & lui passent en France
	Travestis & pleins de finance ;
	Après, suivant leurs erremens,
	Ils vont au païs des Flamans,
485	Puis ils passent en Angleterre
	Et par tout ils portent la guerre
	Au sexe amoureux & charmant,
	Dont ils triomphent aisément.
	Celle-ci leur fait des avances,
490	Celle-là veut des récompenses,

Tantôt païeurs, tantôt païez,
Mais d'ordinaire défraïez,
Souvent ils pourfuivent les belles,
Souvent ils font pourfuivis d'elles :
495 Ils féjournent ici deux mois,
Ailleurs ils en féjournent trois,
Ils trouvent par tout, hors en France,
Des coquettes en abondance,
Et le fexe plein de pitié
500 Les confole de leur moitié.
Enfin laffez de cette vie,
De perils fans ceffe fuivie,
Le Roi ne veut plus pour tous deux
Avoir qu'un objet amoureux.
505 Puifque dans le fiecle où nous fommes
Au fexe il faut au moins deux hommes,
Je t'aime mieux pour compagnon,
Ce dit-il, qu'un autre mignon.
Ainfi nous vivrons à notre aife,
510 Sans qu'une avanture mauvaife
Vienne jamais mal à propos
Perfecuter notre repos,
Car nos femmes, quoi que peu fages,
Pour nous ne feroient point volages
515 Si pour arrêter leurs efprits
Les loix leur donnoient deux maris,
Et les trouvant toûjours fideles
Nous ferions trop fatisfaits d'elles.
Joconde unit fa volonté
520 A celle de fa Majefté.
   Après avoir avec le Prince
Couru de Province en Province,
Enfin le Romain Cavalier
Chez un Efpagnol hôtelier
525 Logé fur le pont de Valence
Trouve une fille en apparence

Fort

Fort pleine de civilité,
Mais sur tout de rare beauté.
Elle étoit en cet âge tendre
Que les Doctes les savent prendre.
Le pere d'enfans surchargé,
D'un âge caduc affligé,
Avoit été toute sa vie
Ennemi de la gueuserie,
Et dans un pareil sentiment
On le résolut aisément
A ne pas refuser sa fille
Pour en décharger sa famille,
Puisque sur tout on l'assuroit
Qu'en bonnes mains elle seroit.
La fille comme fort bien née,
Fut assez tôt persuadée
Et son ame sans se trahir
Ne pouvoit pas desobeïr.
Elle se met donc en campagne
Pour courir avec eux l'Espagne,
Et tous marchent assez long-temps
Les uns des autres fort contens.
Enfin cette noble famille
Arrive aux portes de Seville,
Et le Roi n'eut pas plûtôt pris
Le meilleur de tous les logis,
Qu'en sa compagnie ordinaire,
Suivant la methode étrangere,
Il va pour voir les raretez
De cette Reine des Citez,
Et Fiamette cette belle,
C'est ainsi que chacun l'appelle,
Demeure seule avec les gens
A la garder trop diligens.
Dans l'auberge étoit un jeune homme
Que le Grec tout le monde nomme,

Domestique de la maison,
Et ce Grec ou ce beau garçon
565 Avoit servi chez Fiamette,
Et l'aimoit d'une amour secrette.
Ils se connûrent aussi-tôt,
Mais tous deux ne se dirent mot,
De peur que tel qui les regarde
570 Ne s'en doutât y prenant garde :
Enfin, quand il en vit le jour,
Le Grec pressé de son amour
L'interroge & la questionne
A qui des deux est sa personne,
575 De l'un ou de l'autre Seigneur.
Elle lui découvre son cœur
Lui racontant la chose nette.
Helas, ce dit-il, Fiamette
Quand j'esperois vivre content
580 Avec toi que j'aime tant,
Tu t'en vas, & mon cœur ignore
Si mes yeux te verront encore.
Cruelle, veux-tu rendre vains
Et ma conduite & mes desseins ?
585 J'avois épargné miserable
Une somme considerable
De tous les presens que me font
Les gens qui viennent & qui vont,
Et je croyois en mariage
590 Te donner un vrai témoignage
De la flamme que j'ai pour toi,
Et ton cœur me manque de foi.
A ce discours la fille émuë
Tient sur le Grec toûjours la vuë :
595 Elle se taît & d'un regard
Elle lui dit qu'il vient trop tard.
Le garçon se plaint & soupire,
Veux-tu que je meure en martyre ?

Ce dit-il, au moins à loisir
600 Accorde-moi ce doux plaisir
De te pouvoir dire ma peine :
Elle qui n'est pas inhumaine
Lui dit, mon cœur plein d'amitié
A pour tes feux tant de pitié
605 Qu'il feroit des choses plus grandes
Que celles que tu me demandes ;
Mais on m'observe avec rigueur.
Cruelle, dit-il, si ton cœur
Avoit pour moi quelque tendresse,
610 Tu ferois ce dont je te presse,
Et la nuit peut facilement
Cacher les larcins d'un amant.
Comment le pourrai-je, dit-elle,
Moi qu'une fortune cruelle
615 Attache entr'eux incessamment ?
Permets-moi, dit-il, seulement
De prendre le soin de l'affaire.
Quelque tems elle délibere,
Mais enfin elle se resout
620 Pour son amant à vaincre tout,
Et le garçon lui fait comprendre
La maniere qu'il s'y faut prendre.
O Dieux ! quelle ruse & quel tour
Ne nous enseigne point l'Amour !
625 Et voit-on des têtes si fines
Que ses ressorts & ses machines
Ne prennent point à dépourvû
Par quelque effet qu'on n'a point vû ?
Il faut surprendre ici deux ames
630 Savantes sur le fait des femmes,
Et dans le métier qu'elles font
Qui les doivent connoître à fond.
La fille aussi jeune que belle
N'avoit point d'autre lit pour elle

635 Que le lit qu'Astolfe en chemin
Partageoit avec le Romain,
Et quand le Roi tenoit sujette
Ainsi la jeune Fiamette,
C'étoit que le Prince avoit peur
640 Qu'on n'attentât à son honneur:
Car d'une volonté sincere
Il avoit promis à son pere
Qu'il garderoit en sûreté
La fille dans sa chasteté;
645 Et les sermens & les paroles
Chez les Rois ne sont point frivoles.
Le Grec qui songe au doux plaisir
De satisfaire son desir,
Ne peut trouver rien qui l'arrête
650 Pour parvenir à sa conquête.
Lors qu'il croit que les deux amis
Profondément sont endormis,
Brûlé du feu qui le transporte
Il vient doucement à la porte,
655 Il l'ouvre, & dans l'obscurité
Il se conduit à pas compté:
Il se soûtient, & sur la terre
Il marche comme sur du verre:
Il porte un bras devant ses yeux,
660 Et de l'autre il sonde les lieux,
Tant qu'il vient à la couche heureuse
Où reposoit son amoureuse.
De vous dire qu'en ce moment
Le cœur de l'un & l'autre amant
665 Fût dans un état bien tranquille,
C'est ce qui seroit inutile:
Mais le garçon ne se rend pas,
Il leve adroitement les dras,
Par les pieds il passe la tête,
670 Il se glisse & point ne s'arrête

Que la belle fille & le Grec
Ne se trouvassent bec à bec.
Là, sans en dire davantage,
Fut consommé le mariage;
675 Et le garçon avant le jour
Tout enivré de son amour,
Le cœur content & plein de joie,
S'en alla par la même voie.
　　Quand le Soleil par ses clartez
680 Eut banni les obscuritez
Pour redonner le jour au monde,
Le Roi levé dit à Joconde,
Cher ami, je trouve à propos
Que tu te donnes du repos.
685 Après tant & tant de merveilles
Je croi qu'il faut que tu sommeilles,
Et que le lit par sa vertu
Remette ton cœur abattu.
A cette douce raillerie,
690 Usant de même batterie,
Joconde répondit au Roi,
Autant que vous avez sur moi
D'avantage dans la naissance,
Autant vous l'avez en vaillance,
695 Et peu de gens, sans vous flâter,
Oseroient vous le disputer.
Mais ici ce qui fait ma peine
Est que votre promesse est vaine
Et que le cœur d'un si grand Roi
700 Manque de parole & de foi.
Croïez-vous avoir l'ame nette
De garder ainsi Fiamette ?
Est-ce là cette chasteté
Dont vous aviez tant protesté
705 De vous rendre depositaire
Quand vous la prites de son pere ?

Au moins, Seigneur, je vous le dy
C'est votre affaire & songez-y.
Le Roi d'une façon galante
710 Pousse cette guerre innocente.
Mais à force de repliquer,
Son ame vient à se piquer,
Et pour la rendre satisfaite,
Il a recours à Fiamette.
715 Voïant qu'Astolfe est en courroux,
La fille embrasse ses genoux,
Et d'une façon ingenuë
Lui dit la chose toute nuë.
Alors surpris d'étonnement,
720 Ils se turent pour un moment,
Se regardans sans se rien dire;
Mais enfin un éclat de rire
Les aïant pris, peu s'en fallut
Que le Roi même n'en mourût.
725 Après avoir avecque peine
Repris le vent de leur haleine.
Et seiché les larmes du ris,
Ces inseparables amis!
Se dirent ainsi l'un à l'autre.
730 Dieux! quelle foiblesse est la nôtre
Et n'est-ce pas être bien fous
De croire qu'un sexe pour nous,
Après une telle avanture,
Gardera sa foi toute pure?
735 Quand nous aurions cent fois plus d'yeux
Qu'on ne voit d'astres dans les Cieux,
Nous n'empêcherions pas nos femmes.
D'avoir d'illégitimes flammes,
Et de prendre assez bien leur tems
740 Pour rendre leurs desirs contens.
Après tant de preuves secrettes
Que du sexe nous avons faites,

Si nous ne le connoiſſons pas
Nous avons tort, & de ce pas
745 Sans nous amuſer davantage
A prolonger notre voyage,
Allons-nous rendre en nos maiſons,
Et par mille bonnes raiſons
Croïons qu'entre toutes les belles
750 Nos femmes ſont des plus fidèles.
Après avoir ainſi conclu,
Sur le champ il fut réſolu,
Pour rendre la choſe complette,
Que le Grec & la Fiamette,
755 En preſence de cent témoins,
En mariage ſeroient joins.
Et le Roi leur fit des largeſſes,
Qui les comblerent de richeſſes,
Dont ils lui dirent grand merci,
770 Et l'hiſtoire finit ainſi.

PREFACES
DIVERSES.

PREFACE

De la premiére Edition faite en 1666. & des Editions suivantes, jusqu'en 1674.

LE LIBRAIRE AU LECTEUR.

Es Satires, dont on fait part au Public, n'auroient jamais couru le hazard de l'impreſſion, ſi l'on eût laiſſé faire leur Auteur. Quelques applaudiſſemens qu'un aſſez grand nombre de perſonnes amoureuſes de ces ſortes d'Ouvrages, ait donnez aux ſiens; ſa modeſtie lui perſuadoit, que de ſe faire imprimer ce ſeroit augmenter le nombre des méchans Livres, qu'il blâme en tant de rencontres, & ſe rendre par là digne lui-même en quelque façon d'avoir place dans ſes Satires. C'eſt ce qui lui a fait ſouffrir fort long-tems, avec une patience qui tient quelque choſe de l'Heroïque dans un Auteur, les mauvaiſes Copies qui ont couru de ſes Ouvrages, ſans être tenté pour cela de les faire mettre ſous la preſſe. Mais enfin, toute ſa conſtance l'a abandonné à la vûë [1] de cette monſtrueuſe Edition qui en a paru depuis peu. Sa tendreſſe de pere s'eſt réveillée à l'aſpect de ſes enfans ainſi défigurez & mis en pièces, ſur tout lors-qu'il les a vûs accompagnez de cette Proſe fade, & inſipide, que tout le Sel de ſes Vers ne pourroit pas relever : Je veux dire de ce [2] *Jugement ſur les Sciences*, qu'on a couſu ſi peu judicieuſement à la fin de ſon Livre. Il a eu peur que ſes Satires n'achevaſſent de ſe gâter en une ſi méchante compagnie : & il a crû enfin, que puiſqu'un Ouvrage, tôt ou tard, doit paſſer par les mains de l'Imprimeur, il valoit mieux ſubir le joug de bonne grace, & faire de lui-même ce qu'on avoit déja fait malgré lui. Joint que ce galant-Homme qui a pris le ſoin de la premiére Edition, y a mêlé les noms de quelques perſonnes que l'Auteur honore, & devant qui il eſt bien aiſe de ſe juſtifier. Toutes ces conſiderations, dis-je, l'ont obligé à me confier les veritables Originaux

de

REMARQUES.

1. *De cette monſtrueuſe Edition.*] Elle avoit été faite à Rouen, en 1665.

2. *Jugement ſur les Sciences.*] C'eſt un petit Diſcours en proſe, de Monſieur de Saint Evremond. Monſieur Deſpréaux ne ſavoit pas alors qui en étoit l'Auteur; mais il ne paroît pas que Monſieur de Saint Evremond ſe ſoit jamais plaint du jugement que l'on fait ici de ſon Ouvrage : au contraire, il a donné dans ſes Ecrits de grandes louanges à Monſieur Deſpréaux.

de ſes Pièces, 3 augmentées encore de deux autres, pour leſquelles il apprehendoit le même ſort. Mais en même tems il m'a laiſſé la charge de faire ſes excuſes aux Auteurs qui pourront être choquez de la liberté qu'il s'eſt donnée, de parler de leurs Ouvrages en quelques endroits de ſes Ecrits. Il les prie donc de conſiderer que le Parnaſſe fut de tout tems un Païs de Liberté: que le plus habile y eſt tous les jours expoſé à la cenſure du plus ignorant: que le ſentiment d'un ſeul homme ne fait point de loi ; & qu'au pis aller, s'ils ſe perſuadent qu'il ait fait du tort à leurs Ouvrages, ils s'en peuvent vanger ſur les ſiens, dont il leur abandonne juſqu'aux points & aux virgules. Que ſi cela ne les ſatisfait pas encore ; il leur conſeille d'avoir recours à cette bien-heureuſe Tranquillité des grands Hommes, comme eux, qui ne manquent jamais de ſe conſoler d'une ſemblable diſgrace 4 par quelque exemple fameux, pris des plus célèbres Auteurs de l'Antiquité, dont ils ſe font l'application tout ſeuls. En un mot, il les ſupplie de faire réflexion, que ſi leurs Ouvrages ſont mauvais, ils meritent d'être cenſurez ; & que s'ils ſont bons, tout ce qu'on dira contre eux ne les fera pas trouver mauvais. 5 Au reſte, comme la malignité de ſes Ennemis s'efforce depuis peu de donner un ſens coupable à ſes penſées, même les plus innocentes; il prie les honnêtes gens, de ne ſe pas laiſſer ſurprendre aux Subtilitez raffinées de ces petits Eſprits, qui ne ſavent ſe vanger que par des voïes lâches, & qui lui veulent ſouvent faire 6 un crime affreux d'une élégance Poëtique.

J'ai charge encore d'avertir ceux qui voudront faire des Satires contre les Satires, de ne ſe point cacher. Je leur répons, que l'Auteur ne les citera point devant d'autre Tribunal que celui des Muſes. Parce que ſi ce ſont des injures groſſières, les Beurrieres lui en feront raiſon ; & ſi c'eſt une raillerie délicate, il n'eſt pas aſſez ignorant dans les Loix, pour ne pas ſavoir qu'il doit porter la peine du Talion. Qu'ils écrivent donc librement: comme ils contribueront ſans doute à rendre l'Auteur plus illuſtre, ils feront le profit du Libraire : & cela me regarde. Quelque interêt pourtant que j'y trouve, je leur conſeille d'attendre quelque tems, & de laiſſer mûrir leur mauvaiſe humeur. On ne fait rien qui vaille dans la colere. Vous avez beau vomir des injures ſales & odieuſes : cela marque la baſſeſſe de votre ame ſans rabaiſſer la gloire de celui que vous attaquez : & le Lecteur, qui eſt de ſang froid, n'épouſe point les ſottes paſſions.

REMARQUES.

3. *Augmentées de deux autres.*] De la Satire III. ſur un Feſtin ridicule, & de la Satire V. ſur la Nobleſſe.

4. *Par quelque exemple fameux.*] Socrate aſſiſta à la repréſentation de la Comédie des Nuées d'Ariſtophane, quoi que cette Comédie fût contre

PREFACES.

sions d'un Rimeur emporté. Il y auroit aussi plusieurs choses à dire, touchant le reproche qu'on fait à l'Auteur, d'avoir pris ses pensées dans Juvénal & dans Horace. Mais, tout bien consideré, il trouve l'objection si honorable pour lui, qu'il croiroit se faire tort d'y répondre.

REMARQUES.

tre lui, & qu'il y fût même nommé.

5. *Au reste*, &c.] Tout ce qui suit, jusqu'à la fin de la Préface, fut ajoûté dans l'Edition de 1668.

6. *Un crime affreux d'une élégance poëtique.*] Voïez les Remarques sur le Vers 302. de la Satire IX.

PRÉFACE

Pour l'Edition de 1674. in quarto.

AU LECTEUR.

'Avois médité une assez longue Préface, où, suivant la coûtume reçuë parmi les Ecrivains de ce temps, j'esperois rendre un compte fort exact de mes Ouvrages, & justifier les libertez que j'y ai prises. Mais depuis j'ai fait réflexion, que ces sortes d'Avant-propos ne servoient ordinairement qu'à mettre en jour la Vanité de l'Auteur, & au lieu d'excuser ses fautes, fournissoient souvent de nouvelles Armes contre

REMARQUES.

1. *Deux Epîtres nouvelles.*] L'Epître II. & l'Epître III. Car la quatrième, adressée au Roi, avoit déja été publiée en 1672.

2. *Et quatre Chants du Lutrin.*] Le cinquième & le sixième Chants ne furent publiez qu'en 1683.

3. *Quelques Dialogues en Prose.*] Il n'a donné dans la suite que le Dialogue sur les Romans. Il en avoit composé un autre, pour montrer qu'on ne sauroit bien parler une Langue morte. Mais il ne l'a jamais voulu publier, de peur d'offenser plusieurs de nos Poëtes Latins, qui étoient ses Amis & ses Traducteurs. Il ne l'a pas même *confié au papier.* Cependant il m'en récita un jour ce que sa mémoire lui pût fournir, & j'allai sur le champ écrire ce que j'en avois retenu. Quoique je n'aïe conservé ni les graces de sa Diction, ni toute la suite de ses pensées, peut-être ne sera-t-on pas fâché de voir mon Extrait, pour juger à peu près du tour qu'il y avoit imaginé.

Apollon, Horace, des Muses, & des Poëtes, sont les Interlocuteurs.

HORACE. Tout le monde est surpris, grand Apollon, des abus que vous laissez regner sur le Parnasse.

APOLLON. Et depuis quand, Horace, vous avisez-vous de parler François?

HORACE. Les François se mêlent bien de parler Latin. Ils estropient quelques-uns de mes Vers : ils en font de même à mon Ami Virgile; & quand ils ont accroché, je ne sais comment, *dissecti membra Poetæ*, ainsi que je parlois autrefois, ils veulent figurer avec nous.

APOLLON. Je ne comprens rien à vos plaintes. De qui donc me parlez-vous?

HORACE. Leurs noms me sont inconnus. C'est aux Muses de nous les apprendre.

APOLLON. Calliope, dites-moi, qui sont ces gens-là? C'est une chose étrange, que vous les inspiriez, & que je n'en sache rien.

CALLIOPE. Je vous jure que je n'en ai aucune connoissance. Ma Sœur Erato sera peut-être mieux instruite que moi.

ERATO. Toutes les nouvelles que j'en ai, c'est par un pauvre Libraire, qui faisoit dernièrement retentir notre Vallon de cris affreux. Il s'étoit ruiné à imprimer quelques Ouvrages de ces Plagiaires, & il venoit se plaindre ici de Vous & de Nous, comme si nous devions répondre de leurs actions, sous prétexte qu'ils se tiennent au pié du Parnasse.

APOLLON. Le bon homme croit-il que nous sachions ce qui se passe hors de notre enceinte? Mais nous voilà bien embarrassez pour savoir leurs noms. Puisqu'ils ne sont pas loin de nous, faisons-les monter pour un moment. Horace, allez-leur ouvrir une des portes.

CALLIOPE. Si je ne me trompe, leur figure sera réjouïssante, ils nous donneront la Comédie.

HORACE. Quelle troupe! Nous allons être accablez, s'ils entrent tous. Messieurs, doucement : les uns après les autres.

Un POETE, s'adressant à Apollon. *Da, Tymbræe, loqui.* . . . .

Autre POETE, à Calliope. *Dic mihi, Musa, Virum.* . . . .

Troisième POETE, à Erato, *Nunc age, qui Reges, Erato.* . . . .

PREFACES.

tre lui. D'ailleurs je ne crois point mes Ouvrages assez bons pour meriter des Eloges, ni assez criminels pour avoir besoin d'Apologie. Je ne me louerai donc ici, ni ne me justifierai de rien. Le Lecteur saura seulement que je lui donne une Edition de mes Satires plus correcte que les précedentes, ¹ deux Epîtres nouvelles, l'Art Poëtique en vers, ² & quatre Chants du Lutrin. J'y ai ajoûté aussi la Traduction du Traité que le Rhéteur Longin a composé du Sublime ou du Merveilleux dans le Discours. J'ai fait originairement cette Traduction pour m'instruire, plûtôt que dans le dessein de la donner au Public. Mais j'ai crû qu'on ne seroit pas fâché de la voir ici à la suite de la Poëtique, avec laquelle ce Traité a quelque rapport, & où j'ai même inseré plusieurs préceptes qui en sont tirez. J'avois dessein d'y joindre aussi ³ quelques Dialogues en Prose que j'ai composez; mais des considerations particulieres m'en ont empêché. J'espere en donner quelque jour un volume à part. Voilà tout ce que j'ai à dire au Lecteur. Encore ne

REMARQUES.

APOLLON. Laissez vos complimens, & dites-nous d'abord vos noms.
Un POETE, *Menagius.*
Autre POETE. *Pererius.*
Troisième POETE. *Santolius.*
APOLLON. Et ce vieux Bouquin que je vois parmi vous, comment s'appelle-t-il ?
TEXTOR. Je me nomme *Ravisius Textor.* Quoique je sois en la compagnie de ces Messieurs, je n'ai pas l'honneur d'être Poëte ; mais ils veulent m'avoir avec eux, pour leur fournir des Epithètes au besoin.
Un POETE. *Latona proles divina, Jovisque....Jovisque....... Jovisque........ Heus tu, Textor! Jovisque........*
TEXTOR. *Magni.*
Le POETE. *Non.*
TEXTOR. *Omnipotentis.*
Le POETE. *Non, non.*
TEXTOR. *Bicornis.*
LE POETE. *Bicornis, optimè. Jovisque bicornis.*
Latonæ proles divina, Jovisque bicornis.
APOLLON. Vous avez donc perdu l'esprit? Vous donnez des cornes à mon Pere.
Le POETE. C'est pour finir le Vers. J'ai pris la première Epithète que Textor m'a donnée.
APOLLON. Pour finir le Vers, falloit-il dire une énorme sottise? Mais vous, Horace, faites aussi des Vers François.
HORACE. C'est-à-dire, qu'il faut que je vous donne aussi une Scène à mes dépens & aux dépens du Sens commun.
APOLLON. Ce ne sera qu'aux dépens de ces Etrangers. Rimez toûjours.

HORACE. Sur quel sujet ? Qu'importe ? Rimons, puisqu'Apollon l'ordonne. Le sujet viendra après.
Sur la rive du fleuve amassant de l'arène.....
Un POETE. Alte là. On ne dit point en notre Langue : sur *la rive* du fleuve, mais sur *le bord* de la rivière ; *Amasser de l'arène*, ne se dit pas non plus ; il faut dire, *du sable.*
HORACE. Vous êtes plaisant. Est-ce que *Rive & bord*, ne sont pas des mots synonymes, aussi bien *Fleuve & rivière* ? Comme si je ne savois pas que dans votre Cité de Paris la Seine passe sous le Pont-neuveau. Je sais tout cela sur l'extremité du doigt.
Un POETE. Quelle pitié ! Je ne conteste pas que toutes vos expressions ne soient Françoises, mais je dis que vous les emploïez mal. Par exemple, quoique le mot de *Cité* soit bon en soi, il ne vaut rien où vous le placez : on dit, *la Ville de Paris*. De même, on dit *le Pont-neuf*, & non pas le *Pont-nouveau*, Savoir une chose *sur le bout du doigt*, & non pas, *sur l'extremité du doigt*.
HORACE. Puisque je parle si mal vôtre Langue, croïez-vous, Messieurs les faiseurs de Vers Latins, que vous soïez plus habiles dans la nôtre? Pour vous dire nettement ma pensée, Apollon devroit vous défendre aujourd'hui pour jamais de toucher plume ni papier.
APOLLON. Comme ils ont fait des Vers sans ma permission, ils en feroient encore malgré ma défense. Mais puisque dans les grands abus, il faut des remèdes violens, punissons-les de la manière la plus terrible. Je crois l'avoir trouvée. C'est qu'ils soient obligez deformais à lire exactement les Vers les uns des autres. Horace, fai-

ne faï-je fi je ne lui en ai point déja trop dit ; & fi en ce peu de paroles je ne fuis point tombé dans le défaut que je voulois éviter.

REMARQUES

tes-leur favoir ma volonté.

HORACE. De la part d'Apollon, il eſt ordonné, &c.

SANTEUL. Que je liſe le galimatias de Du Perier, Moi ! Je n'en ferai rien. C'eſt à lui de lire mes Vers.

DU PERIER. Je veux que Santeul commence par me reconnoître pour ſon Maître, & après cela je verrai ſi je puis me refoudre à lire quelque choſe de ſon Phébus.

Ces Poëtes continuent à ſe quereller, ils s'accablent réciproquement d'injures ; & Apollon les fait chaſſer honteuſement du Parnaſſe.

PRE-

PREFACE

Pour l'Edition de 1675.

AU LECTEUR.

JE m'imagine que le Public me fait la justice de croire, que je n'aurois pas beaucoup de peine à répondre aux Livres qu'on a publiez contre moi ; mais j'ai naturellement une espèce d'aversion pour ces longues Apologies qui se font en faveur de bagatelles aussi bagatelles que sont mes Ouvrages. Et d'ailleurs aïant attaqué, comme j'ai fait, de gayeté de cœur, plusieurs Ecrivains célèbres, je serois bien injuste, si je trouvois mauvais qu'on m'attaquât à mon tour. Ajoûtez, que si les objections qu'on me fait sont bonnes, il est raisonnable qu'elles passent pour telles ; & si elles sont mauvaises, il se trouvera assez de Lecteurs sensés pour redresser les petits Esprits qui s'en pourroient laisser surprendre. Je ne répondrai donc rien à tout ce qu'on a dit, ni à tout ce qu'on a écrit contre moi : & si je n'ai donné aux Auteurs de bonnes régles de Poësie, j'espère leur donner par là une leçon assez belle de moderation. Bien loin de leur rendre injures pour injures, ils trouveront bon que je les remercie ici du soin qu'ils prennent de publier que ma Poëtique est une Traduction de la Poëtique d'Horace. Car puisque dans mon Ouvrage, qui est d'onze cens Vers, il n'y en a pas plus de cinquante ou soixante tout au plus, imitez d'Horace, ils ne peuvent pas faire un plus bel éloge du reste qu'en le supposant traduit de ce grand Poëte ; & je m'étonne après cela qu'ils osent combattre les règles que j'y débite. [1] Pour Vida dont ils m'accusent d'avoir pris aussi quelque chose, mes Amis savent bien que je ne l'ai jamais lû, & j'en puis faire tel Serment qu'on voudra, sans craindre de blesser ma conscience.

REMARQUES.

1. *Pour Vida.*] Marc Jérôme Vida, de Crémone, Evêque d'Albe, Poëte célèbre, qui florissoit au commencement du Seizième Siècle. II. a composé un Art Poëtique en trois Livres, outre plusieurs autres Poësies Latines.

PRÉFACE

Pour les Editions de 1683. & 1694.

VOICI une Edition de mes Ouvrages [1] beaucoup plus exacte que les précedentes, qui ont toutes été assez peu correctes. J'y ai joint [2] cinq Epîtres nouvelles que j'avois composées long-tems avant que d'être engagé [3] dans le glorieux emploi qui m'a tiré du métier de la Poësie. Elles sont du même stile que mes autres Ecrits, & j'ose me flater qu'elles ne leur feront point de tort. Mais c'est au Lecteur à en juger, & je n'emploïrai point ici ma Préface, non plus que dans mes autres Editions, à le gagner, par des raisons dont il doit s'aviser de lui-même. Je me contenterai de l'avertir d'une chose dont il est bon qu'on soit instruit. C'est qu'en attaquant dans mes Satires les défauts de quantité d'Ecrivains de notre Siècle, je n'ai pas prétendu pour cela ôter à ces Ecrivains le merite & les bonnes qualitez qu'ils peuvent avoir d'ailleurs. Je n'ai pas prétendu, dis-je, que Chapelain, par exemple, quoi qu'assez méchant Poëte, [4] n'ait pas fait autrefois, je ne sai comment, une assez belle Ode; & qu'il n'y eût point d'esprit ni d'agrément dans les Ouvrages de Mr. Quinaut, quoi que si éloignez de la perfection de Virgile. [5] J'ajoûterai même sur ce dernier, que dans le tems où j'écrivis contre lui, nous étions tous deux fort jeunes, & qu'il n'avoit pas fait alors [6] beaucoup d'Ouvrages qui lui ont dans la suite acquis une juste réputation. Je veux bien aussi avouër qu'il y a du génie dans les Ecrits de Saint Amand, de Brebeuf, de Scuderi, & de plusieurs autres que j'ai critiquez, & qui sont en effet d'ailleurs, aussi bien que moi, très-dignes de Critique. En un mot, avec la même sincerité que j'ai raillé de ce qu'ils ont de blâmable, je suis prêt à convenir de ce qu'ils peuvent avoir d'excellent. Voilà, ce me semble, leur rendre justice, & faire bien voir que ce n'est point un esprit d'envie, & de médisance qui m'a fait écrire contre eux. Pour revenir à mon Edition, [7] outre mon Remerciment

REMARQUES.

1. *Beaucoup plus exacte &c.*] Dans l'Edition de 1683. on lisoit, *beaucoup plus exacte & plus correcte que les précedentes, qui ont toutes été assez fautives.*

2. *Cinq Epîtres nouvelles.*] Les Epîtres V. VI. VII. VIII. & IX.

3. *Dans le glorieux emploi &c.*] En 1677. le Roi avoit nommé Mrs. Despréaux & Racine, pour écrire son Histoire.

4. *N'ait pas fait autrefois.....une assez belle Ode.*] Au lieu de ces mots, on lisoit dans l'Edition de 1683. *Ne fût pas bon Grammairien.* Chapelain avoit fait une Ode à la gloire du Cardinal de Richelieu, & sur cette Ode seule Chapelain avoit été regardé comme le premier Poëte de son tems.

5. *J'ajoûterai même &c.*] Toute cette phrase, jusqu'à ces mots : *Je veux bien aussi &c.* fut ajoûtée

PREFACES.

ment à l'Académie & quelques Epigrammes que j'y ai jointes, j'ai aussi ajoûté au Poëme du Lutrin deux Chants nouveaux qui en font la conclusion. Ils ne sont pas, à mon avis, plus mauvais que les quatre autres Chants, & je me persuade qu'ils consoleront aisément les Lecteurs de quelques Vers que j'ai rétranchez à l'Episode 8 de l'Horlogère, qui m'avoit toûjours paru un peu trop long. 9 Il seroit inutile maintenant de nier que ce Poëme a été composé à l'occasion d'un differend assez léger qui s'émût dans une des plus célèbres Eglises de Paris, entre le Trésorier & le Chantre. Mais c'est tout ce qu'il y a de vrai. Le Reste, depuis le commencement jusqu'à la fin, est une pure fiction : & tous les Personnages y sont non seulement inventez; mais j'ai eu soin même de les faire d'un caractère directement opposé au caractère de ceux qui desservent cette Eglise, dont la plûpart, & particulierement les Chanoines, sont tous gens non seulement d'une fort grande probité, mais de beaucoup d'esprit, & entre lesquels il y en a tel à qui je demanderois aussi volontiers son sentiment sur mes Ouvrages, qu'à beaucoup de Messieurs de l'Académie. Il ne faut donc pas s'étonner si personne n'a été offensé de l'impression de ce Poëme, puisqu'il n'y a en effet personne qui y soit veritablement attaqué. Un Prodigue ne s'avise guères de s'offenser de voir rire d'un Avare; ni un Dévot de voir tourner en ridicule un Libertin. Je ne dirai point comment je fus engagé à travailler à cette bagatelle 10 sur une espèce de défi qui me fut fait en riant par feu Monsieur le Premier Président de Lamoignon, qui est celui que j'y peins sous le nom d'Ariste. Ce détail, à mon avis, n'est pas fort nécessaire. Mais je croirois me faire un trop grand tort, si je laissois échaper cette occasion d'apprendre à ceux qui l'ignorent, que ce grand Personnage, durant sa vie, m'a honoré de son amitié. Je commençai à le connoître dans le tems que mes Satires faisoient le plus de bruit; & l'accès obligeant qu'il me donna dans son illustre Maison, fit avantageusement mon Apologie contre ceux qui vouloient m'accuser alors de libertinage & de mauvaises mœurs. C'étoit un homme d'un savoir étonnant, & passionné admirateur de tous les bons Livres de l'An-

REMARQUES.

tée par l'Auteur dans l'Edition de 1694.

6. *Beaucoup d'Ouvrages* &c.] On voit que notre Auteur distingue ici deux tems dans la réputation de M. Quinaut : le tems de ses Tragédies, & celui de ses Opera. Il n'avoit encore fait que des Tragédies quand Monsieur Despréaux le nomma dans ses Satires.

7. *Outre mon Remerciment........ & quelques Epigrammes que j'y ai jointes.*] Addition faite dans l'Edition de 1694.

8. *De l'Horlogère.*] De la Perruquière. Voïez les Remarques sur le Lutrin.

9. *Il seroit inutile* &c.] Tout ce qui suit a été détaché d'ici dans l'Edition de 1701. & placé devant le Poëme du Lutrin, où il sert d'*Avertissement au Lecteur.*

10. *Sur une espèce de défi.*] Voïez la Remarque sur cet endroit, au commencement du Lutrin.

l'Antiquité; & c'eſt ce qui lui fit plus aiſément ſouffrir mes Ouvrages, où il crût entrevoir quelque goût des Anciens. Comme ſa piété étoit ſincère, elle étoit auſſi fort gaïe, & n'avoit rien d'embarraſſant. Il ne s'effraïa pas du nom de Satires que portoient ces Ouvrages, où il ne vit en effet que des Vers & des Auteurs attaquez. Il me loua même pluſieurs fois d'avoir purgé, pour ainſi dire, ce genre de Poëſie de la ſaleté qui lui avoit été juſqu'alors comme affectée. J'eus donc le bonheur de ne lui être pas dèſagreable. Il m'appèla à tous ſes plaiſirs & à tous ſes divertiſſemens, c'eſt-à-dire à ſes Lectures & à ſes promenades. Il me favoriſa même quelquefois de ſa plus étroite confidence, & me fit voir à fond ſon ame entière. Et que n'y vis-je point? Quel tréſor ſurprenant de probité & de juſtice! Quel fonds inépuiſable de piété & de zèle! Bien que ſa vertu jettât un fort grand éclat au dehors, c'étoit toute autre choſe au dedans; & on voïoit bien qu'il avoit ſoin d'en temperer les raïons, pour ne pas bleſſer les yeux d'un Siècle auſſi corrompu que le nôtre. Je fus ſincèrement épris de tant de qualitez admirables; & s'il eût beaucoup de bonne volonté pour moi, j'eus auſſi pour lui une très-forte attache. Les ſoins que je lui rendis ne furent mêlez d'aucune raiſon d'interêt mercénaire: & je ſongeai bien plus à profiter de ſa converſation que de ſon crédit. ¹¹ Il mourut dans le tems que cette amitié étoit en ſon plus haut point, & le ſouvenir de ſa perte m'afflige encore tous les jours. Pourquoi faut-il que des Hommes ſi dignes de vivre ſoient ſi-tôt enlevez du monde, tandis que des miſerables & des gens de rien arrivent à une extrême vieilleſſe? Je ne m'étendrai pas davantage ſur un ſujet ſi triſte: car je ſens bien que ſi je continuois à en parler, je ne pourrois m'empêcher de mouiller peut-être de larmes la Préface d'un Livre de Satires & de plaiſanteries.

REMARQUES.

11. *Il mourut.*] Au mois de Décembre, 1677.

AVERTISSEMENT

mis après la Préface, en 1694.

AU LECTEUR.

J'AI laissé ici la même Préface qui étoit dans les deux Editions précedentes à cause de la justice que j'y rends à beaucoup d'Auteurs que j'ai attaquez. Je croïois avoir assez fait connoître par cette démarche, où personne ne m'obligeoit, que ce n'est point un esprit de malignité qui m'a fait écrire contre ces Auteurs; & que j'ai été plûtôt sincère à leur égard, que médisant. Mr. Perrault néanmoins n'en a pas jugé de la sorte. Ce galant Homme, au bout de près ¹ de vingt-cinq ans qu'il y a que mes Satires ont été imprimées la première fois, est venu tout à coup, & dans le temps qu'il se disoit de mes Amis, réveiller des querelles entierement oubliées, & me faire sur mes Ouvrages un procès que mes Ennemis ne me faisoient plus. Il a compté pour rien les bonnes raisons que j'ai mises en rimes pour montrer qu'il n'y a point de médisance à se moquer des méchans Ecrits: & sans prendre la peine de refuter ces raisons, a jugé à propos de me traiter ² dans un Livre, en termes assez peu obscurs, de Médisant, d'Envieux, de Calomniateur, d'Homme qui n'a songé qu'à établir sa réputation sur la ruïne de celle des autres. Et cela fondé principalement sur ce que j'ai dit dans mes Satires, que Chapelain avoit fait des vers durs, & qu'on étoit à l'aise aux Sermons de l'Abbé Cotin.

Ce sont en effet les deux grands crimes qu'il me reproche, jusqu'à vouloir me faire comprendre que je ne dois jamais espèrer de remission du mal que j'ai causé, en donnant par là occasion à la posterité de croire que sous le regne de Louïs le Grand il y a eu en France un Poëte ennuïeux, & un Prédicateur assez peu suivi. Le plaisant de l'affaire est, que dans le Livre qu'il fait pour justifier notre Siècle de cette étrange calomnie, il avoüe lui-même que Chapelain est un Poëte très-peu divertissant, & si dur dans ses expressions, qu'il n'est pas possible

REMARQUES.

1. *De vingt-cinq ans.*] Il faloit dire : *de près de trente ans*; Car la première édition des Satires fut faite en 1666.   2. *Dans un Livre.*] Parallèle des Anciens & des Modernes, Tome III.

sible de le lire. Il ne convient pas ainsi du désert qui étoit aux Prédications de l'Abbé Cotin. Au contraire il assure qu'il a été fort pressé à un des Sermons de cet Abbé; mais en même tems il nous apprend cette jolie particularité de la vie d'un si grand Prédicateur: que sans ce Sermon, où heureusement quelques-uns de ses Juges se trouvèrent, la Justice, sur la requête de ses parens, lui alloit donner un Curateur comme à un imbécille. C'est ainsi que Mr. Perrault sait défendre ses Amis, & mettre en usage les leçons de cette belle Rhétorique moderne inconnuë aux Anciens, où vrai-semblablement il a appris à dire ce qu'il ne faut point dire. Mais je parle assez de la justesse d'esprit de Mr. Perrault dans mes Réflexions Critiques sur Longin; & il est bon d'y renvoïer les Lecteurs.

Tout ce que j'ai ici à leur dire, c'est que je leur donne dans cette nouvelle Edition, outre mes anciens Ouvrages exactement revûs, ma Satire contre les Femmes, l'Ode sur Namur, quelques Epigrammes, & mes Réflexions Critiques sur Longin. Ces Réflexions, que j'ai composées à l'occasion des Dialogues de Mr. Perrault se sont multipliées sous ma main beaucoup plus que je ne croïois, & sont cause que j'ai divisé mon Livre en deux volumes. J'ai mis à la fin du second volume les Traductions Latines qu'ont faites de mon Ode les deux plus célèbres Professeurs en Eloquence de l'Université: je veux dire Mr. Lenglet & Mr. Rollin. Ces Traductions ont été généralement admirées, & ils m'ont fait en cela tous deux d'autant plus d'honneur, qu'ils savent bien que c'est la seule Lecture de mon Ouvrage qui les a excitez à entreprendre ce travail. J'ai aussi joint à ces Traductions quatre Epigrammes Latines que 3 le Reverend Pere Fraguier Jesuite a faites contre le Zoïle Moderne. Il y en a deux qui sont imitées d'une des miennes. On ne peut rien voir de plus poli ni de plus élegant que ces quatre Epigrammes; & il semble que Catulle y soit ressuscité pour vanger Catulle. J'espère donc que le Public me saura quelque gré du présent que je lui en fais.

Au reste dans le tems que cette nouvelle édition de mes Ouvrages alloit voir le jour 4 le Reverend Pere de la Landelle, autre célèbre Jésuite,

REMARQUES.

3. *Le R. P. Fraguier.*] Aujourd'hui [Mr. l'Abbé Fraguier] de l'Académie Françoise, & de l'Académie Roïale des Inscriptions & des Médailles.

4. *Le R. P. de la Landelle.*] C'est le même qui dans les Editions suivantes a pris le nom de Saint-Remi.

5. Les plus célèbres Poëtes du Roïaume se sont appliquez à traduire en Vers Latins presque toutes les Poësies de Mr. Despréaux, dont quelques-unes ont été aussi traduites en Grec. Les Etrangers mêmes, qui ne font pas moins de cas que nous de cet excellent Ecrivain, ont pareillement traduit ses Oeuvres en presque toutes les Langues de l'Europe. Il y en a une Traduction complette en Anglois. Monsieur le Comte d'Ericeyra, un des plus beaux Esprits & des plus grands

PREFACES. 421

suite, m'a apporté une Traduction Latine qu'il a aussi faite de mon Ode, & cette Traduction m'a paru si belle, que je n'ai pû résister à la tentation d'en enrichir encore mon Livre, où on la trouvera avec les deux autres à la fin du second Tome.

REMARQUES.

grands Seigneurs de la Cour de Portugal, a traduit l'Art Poëtique en Vers Portugais. Mr. l'Abbé Mezzabarba, Gentilhomme Milanois, a traduit en Vers Italiens l'Ode sur Namur, & plusieurs autres Pièces. Ce savant Abbé m'aïant donné ces mêmes Traductions, je les envoïai à Mr. Despréaux, qui m'écrivit le 6. Mars, 1705. en ces termes: ,, Pour ce qui est de sa Traduction ,, de mon Ode sur Namur, je ne vous dirai pas ,, qu'il y est plus moi-même que moi-même; ,, mais je vous dirai hardiment, que bien que j'aïe ,, sur tout songé à y prendre l'esprit de Pinda- ,, re, Mr. de Mezzabarba y est beaucoup plus ,, Pindare que moi.

Il y a apparence que l'on fera un Recueil de toutes ces Traductions.

AVER-

AVERTISSEMENT,

pour la premiere Edition de la Satire IX. imprimée séparément en 1668.

LE LIBRAIRE AU LECTEUR.

Voici le dernier Ouvrage qui est sorti de la plume du Sieur Despréaux. L'Auteur, après avoir écrit [1] contre tous les Hommes en géneral, a crû qu'il ne pouvoit mieux finir qu'en écrivant contre lui-même, & que c'étoit le plus beau champ de Satire qu'il pût trouver. Peut-être que ceux qui ne sont pas fort instruits des Démêlez du Parnasse, & qui n'ont pas beaucoup lû les autres Satires du même Auteur, ne verront pas tout l'agrément de celle-ci, qui n'en est, à bien parler, qu'une suite. Mais je ne doute point que les Gens de Lettres, & ceux sur-tout qui ont le goût délicat, ne lui donnent le prix, comme à celle où il y a le plus d'art, d'invention & de finesse d'esprit. Il y a déja du tems qu'elle est faite: l'Auteur s'étoit en quelque sorte résolu de ne la jamais publier. Il vouloit bien épargner ce chagrin aux Auteurs qui s'en pourront choquer. [2] Quelques Libelles diffamatoires que l'Abbé Kautin & plusieurs autres eussent fait imprimer contre lui, il s'en tenoit assez vangé par le mépris que tout le monde a fait de leurs Ouvrages, qui n'ont été lûs de personne, & que l'impression même n'a pû rendre publics. [3] Mais une copie de cette Satire étant tombée, par une fatalité inévitable, entre les mains des Libraires, ils ont réduit l'Auteur à recevoir encore la loi d'eux. C'est donc à moi qu'il a confié l'Original de sa Pièce, & il l'a accompagnée [4] d'un petit Discours en Prose, où il justifie par l'autorité des Poëtes Anciens & Modernes la liberté qu'il s'est donnée dans ses Satires. Je ne doute donc point que le Lecteur ne soit bien aise du présent que je lui en fais.

AVER-

REMARQUES.

1. *Contre tous les Hommes* &c.] Dans la Satire VIII.

2. *Quelques Libelles diffamatoires que l'Abbé Kautin* &c.] L'Abbé Cotin avoit publié une Satire en Vers, contre Mr. Despréaux, & un Libelle en prose intitulé, *Critique des-interessée sur les Satires du tems.* Boursaut avoit fait imprimer *la Satire des Satires.* C'étoit une Comédie où il faisoit la Critique des Satires de notre Auteur.

3. *Mais une copie de cette Satire.*] Voïez la premiére Remarque sur la Satire IX.

4. *D'un petit Discours en Prose.*] *Discours sur la Satire,* imprimé dans ce volume.

AVERTISSEMENT,

pour la seconde Edition de l'Epître I. en 1672.

AVIS AU LECTEUR.

JE m'étois persuadé que la Fable de l'Huître que j'avois mise à la fin de cette Epître au Roi, pourroit y délasser agréablement l'Esprit des Lecteurs qu'un Sublime trop sérieux peut enfin fatiguer, [1] joint que la correction que j'y avois mise sembloit me mettre à couvert d'une faute dont je faisois voir que je m'appercevois le premier. Mais j'avouë qu'il y a eu des personnes de bon sens qui ne l'ont pas approuvée. J'ai néanmoins balancé long-tems si je l'ôterois, parce qu'il y en avoit plusieurs qui la louoient avec autant d'excès que les autres la blâmoient. Mais enfin je me suis rendu à l'autorité [2] d'un Prince non moins considérable par les lumières de son Esprit, que par le nombre de ses Victoires. Comme il m'a déclaré franchement que cette Fable, quoi que très-bien contée, ne lui sembloit pas digne du reste de l'Ouvrage ; je n'ai point resisté, j'ai mis une autre fin à ma Pièce, & je n'ai pas crû pour une vingtaine de Vers devoir me brouiller avec le premier Capitaine de notre Siècle. Au reste, je suis bien aise d'avertir le Lecteur, qu'il y a quantité de pièces impertinentes qu'on s'efforce de faire courir sous mon nom, & entre autres [3] une Satire contre les Maltôtes Ecclésiastiques. Je ne crains pas que les habiles gens m'attribuent toutes ces pièces ; parce que mon stile, bon ou mauvais, est aisé à reconnoître. Mais comme le nombre des sots est grand, & qu'ils pourroient aisément s'y méprendre, il est bon de leur faire savoir, que hors les [4] onze pièces qui sont dans ce Livre, il n'y a rien de moi entre les mains du Public, ni imprimé, ni en manuscrit.

AVER-

REMARQUES.

1. *Joint que la correction que j'y avois mise.*] Voïez la Remarque sur le Vers 150. de l'Epître I.
2. *D'un Prince.*] Le Prince de Condé.
3. *Une Satire contre les Maltôtes Ecclesiastiques.*] Elle commence ainsi :

Quel est donc ce cahos, & quelle extravagance
Agite maintenant l'esprit de notre France ? &c.

On attribue cette Satire au P. Louïs Sanlecque, Chanoine Régulier de la Congrégation de Sainte Geneviéve.

4. *Onze pièces &c.*] Le Discours au Roi, neuf Satires, & l'Epître I. L'Auteur ne comptoit pas son *Discours sur la Satire*, quoi qu'imprimé avec le reste, dans le même volume. Mais il ne parloit que des Ouvrages en Vers.

AVERTISSEMENT,

pour la premiere Edition de l'Epître IV. en 1672.

AU LECTEUR.

JE ne fai fi les rangs de ceux qui paffèrent le Rhin à la nage devant Tolhus, font fort exactement gardez dans le Poëme que je donne au Public, & je n'en voudrois pas être garand; parce que franchement je n'y étois pas, & que je n'en fuis encore que fort médiocrement inftruit. Je viens même d'apprendre en ce moment que Monfieur de Soubize, dont je ne parle point [1] eft un de ceux qui s'y eft le plus fignalé. Je m'imagine qu'il en eft ainfi de beaucoup d'autres, & j'efpère de leur faire juftice dans une autre Edition. Tout ce que je fai, c'eft que ceux dont je fais mention ont paffé des premiers. Je ne me déclare donc caution que de l'Hiftoire du Fleuve en colère, que j'ai apprife d'une de fes Naïades qui s'eft réfugiée dans la Seine. J'aurois bien pû auffi parler de la fameufe rencontre qui fuivit le paffage: mais je la réferve pour un Poëme à part. C'eft là que j'efpère rendre aux mânes de [2] Monfieur de Longueville l'honneur que tous les Ecrivains lui doivent, & que je peindrai cette Victoire qui fut arrofée du plus illuftre Sang de l'Univers. Mais il faut un peu reprendre haleine pour cela.

REMARQUES.

1. *Eft un de ceux qui s'y eft le plus fignalé.*] Qui s'y *font le plus fignalez*; cette expreffion feroit plus correcte.

2. *Mr. de Longueville.*] Charles-Paris d'Orleans, Duc de Longueville, tué après le paffage du Rhin, en 1672.

PRE-

PREFACE

pour la première Edition du Lutrin, en 1674.

AU LECTEUR.

JE ne ferai point ici comme ¹ Arioste, qui quelquefois sur le point de débiter la Fable du monde la plus absurde, la garantit vraye d'une verité reconnuë, & l'appuie même de l'autorité ² de l'Archevêque Turpin. Pour moi je déclare franchement que tout le Poëme du Lutrin n'est qu'une pure fiction, & que tout y est inventé, jusqu'au nom même du Lieu où l'action se passe. ³ Je l'ai appelé *Pourges*, du nom d'une petite Chapelle qui étoit autrefois proche de Montlhéry. C'est pourquoi le Lecteur ne doit pas s'étonner que pour y arriver de Bourgogne la Nuit prenne le chemin de Paris & de Montlhéry.

C'est une assez bizarre occasion qui a donné lieu à ce Poëme. Il n'y a pas long-tems que dans une assemblée où j'étois, la conversation tomba sur le Poëme Heroïque. Chacun en parla, suivant ses lumières. A l'égard de moi, comme on m'en eut demandé mon avis, je soûtins ce que j'ai avancé dans ma Poëtique: qu'un Poëme Heroïque, pour être excellent, devoit être chargé de peu de matière, & que c'étoit à l'Invention à la soûtenir & à l'étendre. La chose fut fort contestée. On s'échauffa beaucoup; mais après bien des raisons alleguées pour & contre, il arriva ce qui arrive ordinairement en toutes ces sortes de disputes; je veux dire qu'on ne se persuada point l'un l'autre, & que chacun demeura ferme dans son opinion. La chaleur de la dispute étant passée, on parla d'autre chose, & on se mit à rire de la manière dont on s'étoit échauffé sur une question aussi peu importante que celle-là. On moralisa fort sur la folie des hommes qui passent presque toute leur vie, à faire serieusement de très-grandes bagatélles, & qui se font souvent une affaire

REMARQUES.

1. *Arioste*] Louis Arioste, Poëte Italien, qui a composé le Poëme de *Roland le furieux*, & plusieurs autres Poësies. Il mourut l'an 1533.
2. *De l'Archevêque Turpin*.] Historien fabuleux des actions de Charlemagne & de Roland. L'Auteur de ce Roman ridicule a emprunté le nom de Turpin, Archevêque de Rheims, Prélat d'une grande réputation, qui avoit accompagné Charlemagne dans la plûpart de ses voïages, & qui, selon Trithème, avoit écrit la vie de cet Empereur, en deux Livres que nous n'avons plus. Le savant Mr. Huet (*Origine des Romans*) croit que le Livre des faits de Charlemagne, attribué à l'Archevêque Turpin, lui est posterieur de plus de 200 ans; & Mr. Allard, dans sa Bibliothèque de Dauphiné, assure que ce Roman a été composé dans Vienne, par un Moine de Saint André, l'an 1092.
3. *Je l'ai appelé* Pourges.] Voïez la Remarque sur le Vers 3. du premier Chant du Lutrin.

faire confiderable d'une chofe indifferente. A propos de cela, ⁴un Provincial raconta un Démêlé fameux, qui étoit arrivé autrefois dans une petite Eglife de fa Province, entre le Tréforier & le Chantre, qui font les deux premières Dignitez de cette Eglife, pour favoir fi un Lutrin feroit placé à un endroit ou à un autre. La chofe fut trouvée plaifante. Sur cela ⁵ un des Savans de l'affemblée, qui ne pouvoit pas oublier fi-tôt la difpute, me demanda: Si moi, qui voulois fi peu de matière pour un Poëme Heroïque, j'entreprendrois d'en faire un, fur un Démêlé auffi peu chargé d'incidens que celui de cette Eglife. J'eus plûtôt dit, pourquoi non? que je n'eus fait réflèxion fur ce qu'il me demandoit. Cela fit faire un éclat de rire à la compagnie, & je ne pûs m'empécher de rire comme les autres: ne penfant pas en effet moi-même que je dûffe jamais me mettre en état de tenir parole. Néanmoins le foir me trouvant de loifir, je rêvai à la chofe, & aïant imaginé en général la plaifanterie que le Lecteur va voir, j'en fis vingt vers que je montrai à mes Amis. Ce commencement les réjouït affez. Le plaifir que je vis qu'ils y prenoient, m'en fit faire encore vingt autres: Ainfi de vingt vers en vingt vers, j'ai pouffé enfin l'Ouvrage ⁶ à près de neuf cens Vers. Voilà toute l'Hiftoire de la bagatelle que je donne au Public. J'aurois bien voulu la lui donner achevée; mais ⁷ des raifons très-fecretes, & dont le Lecteur trouvera bon que je ne l'inftruife pas, m'en ont empêché. Je ne me ferois pourtant pas preffé de le donner imparfait, comme il eft, n'eût été les miferables fragmens, qui en ont couru. C'eft un Burlefque nouveau, dont je me fuis avifé en notre Langue. Car au lieu que dans l'autre Burlefque Didon & Enée parloient comme des Harangeres & des Crocheteurs, dans celui-ci ⁸ une Horlogère & un Horloger parlent comme Didon & Enée. Je ne fai donc fi mon Poëme aura les qualitez propres à fatisfaire un Lecteur: mais j'ofe me flater qu'il aura au moins l'agrément de la nouveauté, puifque je ne penfe pas, qu'il y ait d'Ouvrage de cette nature en notre Langue: ⁹ La défaite des Bouts-rimez de Sarrazin étant plûtôt une pure Allegorie, qu'un Poëme comme celui-ci.

REMARQUES.

4. *Un Provincial raconta &c.*] Cette circonftance eft inventée pour dépaïfer les Lecteurs.

5. *Un des Savans de l'affemblée.*] Monfieur le Premier Préfident de Lamoignon.

6. *À près de neuf cens Vers.*] Cela n'eft vrai qu'à l'égard de la première édition du Lutrin, qui ne contenoit que quatre Chants.

7. *Des raifons très-fecretes.*] Ces raifons très-fecrettes font que le Poëme n'étoit pas encore achevé.

8. *Une Horlogère & un Horloger.*] Une Perruquière & un Perruquier. Voïez le Lutrin, & les Remarques.

9. *La défaite &c.*] *Dulot vaincu, ou la défaite des Bouts-rimez*, Poëme en quatre Chants, par Mr. Sarrazin.

FIN DU TOME II. ET DERNIER.

TABLE

TABLE
DES MATIERES.

Le Chiffre Romain marque le Tome, & le Chiffre Arabe la page.

A.

ABelli, Auteur de la Moëlle Théologique, I. 262, 363
Ablancourt, célèbre Traducteur, I. 101. *aux Notes.*
Abondance vicieuse & stérile, I. 271
Académiciens comparez aux Hurons & aux Topinamboux, I. 408. II. 314, 315
Academie Françoise, son établissement & ses loix, II. 251. *& suiv.*
Action, il n'en faut qu'une pour le sujet d'une Pièce dramatique. I. 41
Adam, sa désobeïssance & sa chûte, I. 153, 187
Admiration, quelles choses sont plus capables de nous en inspirer, II. 68, 69
Adulle, montagne d'où le Rhin prend sa source, I. 192
Afranius, Poëte comique, jugement qu'en fait Quintilien. I. 290. *aux Notes.*
Age d'or, sa description, I. 187. 188. Peinture des Ages de l'homme, I. 310
Agésilas, Roi de Sparte, aimoit la justice, I. 141 *aux Notes.*
Alain Chartier, cité, I. 297. *aux Notes.*
Alexandre le Grand n'avoit permis qu'à Apelle de le peindre, I. 76. pourquoi blâmé de Boileau, I. 76. voulut porter ses conquêtes au delà du Gange, I. 140. Réponse que lui fit un Pirate, *ibid.* *aux Notes.* Froide louange de ce Prince comparé avec un Rheteur, II. 10. Pourquoi appelé le Macédonien, *ibid.* *aux Notes.* Sa Réponse à Parménion touchant les offres de Darius, digne de sa grandeur d'ame, II. 18. 140

Alfane, nom de Cheval, Boileau repris sur le sens de ce mot, I. 52. *aux Notes.*
Alidor, nom déguisé d'un Partisan, I. 94. Epigramme de Furetiere contre lui, *ibid.*
Aloïdes, quels Géans, II. 16. 17. *aux Notes.*
Alouetes, en quelle saison on les mange, I. 32
Alpinus, critiqué par Horace, II. 247
Amand (Saint) défauts de son génie, II. 111. 145. Son Ode de la Solitude critiquée, II. 111. *Voïez Saint-Amand.*
Ambition, ses effets. I. 76
D'Ambre (le Marquis) suit le Roi au passage du Rhin, I. 197
Amis, distinction de divers genres d'Amis, I. 111 *aux Notes.* Amis de Boileau, I. 248, 249. Sincerité que nous devons à nos Amis, II. 2. Utilité qui nous revient de consulter nos Amis sur nos défauts, II. 87. Exemples singuliers là-dessus, II. 88
Amour, portrait ingenieux de cette passion, II. 26
Amour de Dieu, Epître sur cette vertu, I. 256. A quelle occasion, & quand composée, *ibid.* *aux Notes.* L'Amour de Dieu est le fruit de la contrition, I. 257. Effets de l'Amour de Dieu, I. 259. Il est l'ame du Sacrement de Penitence, I. 260. Sans cet Amour toutes les autres vertus ne sont rien, *ibid.* difference entre l'Amour affectif & l'effectif, II. 305
Amphicrate, en quoi blâmé par Longin. II. 7
Amphion, faisoit mouvoir les pierres par son chant.

I i i 2

TABLE

chant, I. 382.
Amplification, son usage pour le Sublime, II. 29. Ce que c'est & en quoi elle consiste, II. 30. 31.
Anacreon, cité, II. 59. 60. *aux Notes*.
Anaxagore, fameux Philosophe Naturaliste, II. 121.
Anciens, comment doivent être imitez, I. 1. *aux Notes*. Maltraitez par Mr. Perrault dans ses Dialogues, II. 273. Abbaissez injustement au dessous des Modernes par le même Auteur, II. 96. Epigrammes en faveur des Anciens, I. 408 *& suiv*. Qu'eux seuls sont veritablement estimables, II. 120. Imitation des Anciens combien utile, II. 274.
Ane, obeït à son instinct, I. 83. Définition de cet animal, I. 84. Mis au dessus d'un Docteur, I. 84, 85, 86. *aux Notes*. Le mot qui signifie cet animal n'a rien de bas en Grec ni en Hébreu, II. 125.
Angeli (l') fou célèbre, I. 16. 76
Anglois, parricides, I. 394
Antoine, Jardinier de Boileau, I. 250. Epître qui lui est adressée, *ibid*. Sa surprise en voïant l'enthousiasme de son maître, *ibid. aux Notes*. Réponses qu'il fait au Pere Bouhours, *ibid*.
Apollon, inventeur du Sonnet, I. 285. Récompense que ce Dieu reserve aux Savans, I. 323. Il se loüe avec Neptune à Laomédon pour rebâtir les murs de Troie, I. 388. Apollon n'est autre chose que le génie, I. 420. *aux Notes*. Son jugement sur l'Iliade & l'Odyssée. *ibid*.
Apollonius, exactitude de son Poëme des Argonautes, II. 65
Apostrophe, exemples de cette figure en forme de Serment, II. 42
Apulée, critiqué, II. 163
Aratus, quel Poëte, II. 28. 53
Archiloque, grand imitateur d'Homère, II. 28. 33 Caractère de ses Ecrits, II. 65
Ardeates, jugement du Peuple Romain sur un différend entre les Ardeates & les Ariciens, I. 184
Argent, vertu de l'Argent, I. 206
Arimaspiens, Peuples de Scythie, II. 27
Arioste, Poëte Italien, I. 306. II. 425. *aux Notes*. Repris, I. 303. II. 355. *& suiv*.
Aristée, critique de sa Description d'une Tempête, II. 27
Aristobule, passage de cet Auteur Juif, II. 163, 164
Aristophane, caractere de ce Poëte, II. 78
Aristote, Arrêt Burlesque pour le maintien de sa doctrine, II. 241. *& suiv*.
Arithmetique, ses deux premières règles comprises dans un Vers, I. 82
Arius, son Herésie, en quoi est-ce qu'elle consistoit, I. 159. *aux Notes*.
Arnauld, Docteur de Sorbone, grand ennemi des Calvinistes, I. 17. Epître qui lui est adressée, I. 185. Fait l'Apologie de Boileau, I. 249. En est blâmé par quelques-uns, I. 256. *aux Notes*.

Avoit fait une étude particulière des écrits de Saint Augustin, I. 363. *aux Notes*. Son Epitaphe, I. 425. Sa Lettre à Mr. Perrault où il defend la dixième Satire de Boileau contre cet Auteur, II. 280. C'est son dernier Ecrit, *ibid. aux Notes & *313. Remerciment que lui en fait Boileau, II. 298. Dissertation de Mr. Arnauld contre le Traducteur des Confessions de S. Augustin, II. 313. Il avoit la vüe fort foible sur la fin de ses jours. II. 314.
Arnauld d'Andilli, cité, I. 22. *aux Notes*.
Arrangement des paroles, combien il contribue au Sublime, II. 16, 75. *& suiv*.
Art, deux choses à quoi il faut s'étudier quand on traite d'un Art, II. 2. S'il y a un Art du Sublime, II. 4. Quel est le plus haut degré de perfection de l'Art, II. 49. Ce que nous considerons dans ces Ouvrages, II. 70
Art Poëtique de Boileau, à quelle occasion, & quand composé, I. 267. Est le chef-d'œuvre de ce Poëte, *ibid*. Est plus methodique que celui d'Horace, I. 268. A été traduit en Portugais, II. 269. *& *421. *aux Notes*. Si c'est une Traduction de la Poëtique d'Horace, II. 415
Astrate, Tragédie de Quinaut jouée à l'Hôtel de Bourgogne, I. 40. II. 230. *aux Notes*. Astrate dans les Enfers, II. 230. Preuve qu'il apporte, *ibid*.
Astrée, Roman d'Honoré d'Urfé, II. 203. Suite de ce Roman, II. 204
Astrolabe, Instrument de Mathematique, I. 123. *aux Notes*. *& *203
Athée, Epigramme contre un Athée, I. 403
Atheniens, Froide exclamation de Timée à l'occasion des Atheniens qui étoient prisonniers de guerre dans la Sicile, II. 10
Attrition insuffisante, I. 257. *& suiv*. 378
Avare, portrait d'un Avare, I. 46, & 75. Pour qui il amasse des richesses, I. 75. En quoi consiste sa Science, I. 80. Leçon qu'il donne à son fils, *ibid*. Portrait d'un Mari & d'une Femme Avares, I. 116.
Avarice, discours de l'Avarice, I. 75. Bassesse de cette passion, II. 84.
Aubaine, ce que c'est que le Droit d'Aubaine, I. 78. *aux Notes*.
Auberi, Chanoine de la Sainte Chapelle, I. 362.
Aubignac (l'Abbé d') Auteur de la Pratique du Théâtre, I. 269. *& *II. 93. *aux Notes*. Sa Tragédie de Zénobie, I. 269. *aux Notes*. Auteur d'un Roman allégorique, intitulé Macarize, I. 416. Il ne nie point qu'Homère ne soit l'Auteur de l'Iliade & de l'Odyssée, II. 93. Dans les dernières années de sa vie, il tomba en une espèce d'enfance, *ibid*.
Aufidius Luscus, critiqué par Horace, II. 247
Augustin (Saint) ce qui le degoutoit de la lecture de l'Ecriture Sainte, lors qu'il étoit Païen, II. 159. S'accuse d'avoir pleuré en lisant Virgile, II. 323. Et d'avoir pris trop de plaisir aux Chants de l'Eglise, *ibid*.
Augustins, soutiennent un Siège contre le Parlement,

DES MATIERES.

ment, I. 333, 334. *aux Notes*. Ballade de La Fontaine à ce sujet, *ibid*.
Aurelian, Empereur, sa Lettre à la Reine Zénobie pour la porter à se rendre, II. IV. Il la fait prisonniere, *ibid*.
Auteurs : Raison de la complaisance qu'ils ont pour leurs Ouvrages, I. 24. *aux Notes*. Sont Esclaves des Lecteurs, I. 96. N'aiment pas à être corrigez, I. 280. Utilité qu'ils peuvent tirer de la censure de leurs amis, II. 87. Ridicule d'un Auteur mediocre qui critique les plus célebres Auteurs, II. 93. & 109. Précautions des Auteurs qui ont censuré Homère & quelques autres Anciens, II. 108. Noms de certains Auteurs estimez dans leur tems & qui ne le sont plus aujourd'hui, I. 117. & *suiv*. Seule raison qui doit faire estimer les Auteurs tant anciens que modernes, II. 120. Le droit de les critiquer est ancien & a passé en coutume, II. 245. & *suiv*. En quel cas un Auteur peut en critiquer un autre sans être accusé de médisance, II. 294.
Auvernat, sorte de vin, I. 30.
Auvry, Trésorier de la Sainte Chapelle, I. 331. *aux Notes*. Son caractère, I. 334, 335.
Auzanet, célebre Avocat, I. 182, 183.

B.

B*Acchylide* ; comparaison de ce Poëte avec Pindare, II. 165.
Baillet, Auteur des Jugemens des Savans, repris, I. 295. *aux Notes*. A confondu Motin avec Cotin, I. 317. *aux Notes*. Cité, II. 95. *aux Notes*
Ballade : caractere de ce genre de Poësie, I. 288
Balzac, jugement qu'il porte de la facilité à écrire de Scuderi, I. 24. Sa reputation & son genie pour la Langue Françoise, II. 118, 119. Défauts de son stile Epistolaire, II. 119. Son stile Sublime, II. 259. Lettre au Duc de Vivonne, dans le stile de Balzac, II. 260
Barbier Daucourt, son Poëme contre Port Roïal. II. 322. *aux Notes*.
Barbin, fameux Libraire, I. 249. 370. La plaine de Barbin, ce que c'est, I. 371. *aux Notes*.
Bardm, Traité contre ce Poëte, I. 91
Bardou, mauvais Poëte, I. 67. *aux Notes*.
Baro, Auteur du V. Tome de l'Astrée, II. 204. *aux Notes*.
Barreau, description des abus qui s'y glissent, I. 17
Barrin, Chantre de la Sainte Chapelle, I. 331. *aux Notes*.
Bartas (du) autrefois estimé, II. 117
Bartole, célebre Jurisconsulte, I. 16. *aux Notes*.
Basile Ponce, Ecrivain de l'Ordre de Saint Augustin, I. 264
Bassesse, voyez *Puerilité*. Ecrivains célebres tombez dans ce défaut, II. 80. & *suiv*. Combien la bassesse des termes avilit le Discours, II. 80.

& *suiv*. 125. & *suiv*. Il faut l'éviter dans toutes sortes d'Ecrits, II. 111. Homère justifié de celle que Mr. Perrault lui prête & lui attribuë, II. 125. & *suiv*.
Baville : Maison de campagne de Mr. de Lamoignon, I. 216. 217
Bauni, célebre Casuiste, I. 362
Bayard, Cheval des quatre fils Aimon : son histoire, I. 52. *aux Notes*.
Bellay (du) estime qu'on avoit autrefois pour ses Ouvrages, II. 117
Bellocq, Poëte Satirique, I. 244. *aux Notes*.
Bembe (Pierre) cité, I. 7. *aux Notes*. Pourquoi il ne vouloit pas lire la Bible, II. 159
Benserade, Auteur ami des Equivoques & des Pointes, I. 152, 153. A fait des Chansons tendres, & des vers galans, I. 324. Epigramme léguée par Boileau à Benserade, I. 417. *aux Notes*.
Bergerat, fameux Traiteur. I. 211
Beringhen, suit le Roi au passage du Rhin, I. 197
Bernier, Medecin, célebre Voïageur, I. 36. *aux Notes*. Disciple de Gassendi, I. 204. *aux Notes*. Il fait une Requête pour l'Université sur le modéle de l'Arrêt Burlesque de Boileau, II. 241. *aux Notes*.
Bertaud, Poëte François. I. 276
Besançon, prise de cette Ville, I. 325
Bezons, Conseiller d'Etat, Prédecesseur de Boileau dans l'Académie Françoise, II. 252. &. *aux Notes*.
Bible.. si la simplicité des termes en fait la sublimité, II. 136. Auteurs qui ne pouvoient souffrir la lecture de ce Divin Livre, II. 145. 158. 159
Bien, quel est, selon Démosthène, le plus grand bien qui nous puisse arriver, II. 5. Biens méprisables, & qui n'ont rien de grand, II. 14
Bignon (l'Abbé) loué, I. 142
Bigot, portrait d'un Bigot, I. 44. 49
Bilain, Avocat célebre, I. 401
Binsfeld, Docteur en Théologie, I. 264
Bizarre, Portrait d'une femme bizarre, I. 119. 120
Blason, son origine, I. 56
Blondel, Medecin, d'où vient, selon lui, la vertu du Quinquina, II. 243. *aux Notes*.
BOILEAU-DESPREAUX. Quelques-unes de ses expressions justifiées, I. 2. 4. 32. *aux Notes*. Brouillé avec son frere aîné, I. 15. 90. *aux Notes*. Reçu Avocat, I. 16. *aux Notes*. Faisoit ordinairement le second Vers avant le premier, I. 22. II. 318. *aux Notes*. Quand il étoit plus foible que le premier il l'apèloit le *Frere Chapeau*, II. 317. 318. *aux Notes*. Laquelle de ses Pieces a paru la premiére devant le Roi, I. 57. *aux Notes*. Son penchant à la Satire, I. 65. Correction d'un de ses Vers, I. 78. *aux Notes*. Pourquoi composa la Satire de l'Homme, I. 71. *aux Notes*. Pourquoi composa la Satire IX. à son Esprit, I. 71. 87. *aux Notes*. Quelle est la plus belle de ses Satires, I. 87. Avoit le talent

L l l 3

TABLE

ient de contrefaire, I. 93. *aux Notes*. Voiez II. 206. Ses ennemis lui reprochoient d'avoir imité les Anciens, I. 93. *aux Notes*. II. 296, 411, 415. Lui faisoient un crime d'Etat, d'un mot innocent, I. 98. Lieu de sa naissance, I. 116. *aux Notes*. Surnommé le chaste Boileau, I. 128. *aux Notes*. Confirmé dans la qualité de Noble, I. 137. *aux Notes*. N'a jamais pris parti dans les démêlez sur la Grace, I. 151. & II. 315. *aux Notes*. Son démêlé avec les Journalistes de Trévoux, I. 168. 169. Accueil favorable que le Roi lui fait, I. 180. 181. Est le premier de nos Poëtes qui ait parlé de l'Artillerie moderne, I. 197. *aux Notes*. Ecrit à Mr. le Comte de Bussi, I. 201. Repris, I. 203. Sa parenté, I. 207. Est gratifié d'une pension par le Roi, I. 180, & 181. 208. En quel tems ses Satires furent imprimées la première fois, I. 213. & II. 294. *aux Notes*. Plusieurs Satires lui sont faussement attribuées, I. 213. *aux Notes*. & II. 302. Il tire avantage de la haine de ses ennemis, I. 222. 223. Sonnet contre lui, & contre Racine, I. 226. *aux Notes*. Il remercie le Roi, dans son Epître huitième, I. 227. *aux Notes*. Raison qui fait estimer ses Vers, I. 234. Caractere de son Esprit, I. 247. Ses parens, sa vie & sa fortune, I. 247. 248. Choisi, avec Mr. Racine, pour écrire l'Histoire du Roi, I. 219. *aux Notes* 248. & II. 253. & 416. *aux Notes*. Aimé des Grands, I. 248. des Jésuites & de ses Amis, I. 249. Son apologie par Mr. Arnaud, I. 249. *aux Notes*. & II. 280, 313. & *suiv*. Adresse une Epître à son jardinier, I. 250. Travailloit suivant la disposition de son esprit, I. 278. *aux Notes*. A fait un couplet contre Liniere, I. 290. *aux Notes*. Deux de ses Sonnets sur la Mort d'une Parente, I. 397. 398. Sa générosité envers Patru, I. 415, Il a possedé un Benefice simple, dont il fit sa démission, & comment, I. 417. 418. *aux Notes*. Eloge de son Pere, I. 423. Epitaphe de sa Mere, I. 424. Brouillé avec son frere aîné, *ibid*. Belle action qu'il fit à l'égard de Mr. Corneille, selon son Commentateur, I. 426. *aux Notes*. Critique de ce Commentateur sur ce sujet, I. 427. *aux Notes*. Vers pour son portrait, I. 428. & *suiv*. Quel est le plus beau de ses portraits, I. 430. Son Buste a été fait en marbre par Mr. Girardon, *ibid*. Faisoit revoir tous ses Ouvrages à Mr. Patru, II. 27. *aux Notes*. En quel tems il donna au Public la Traduction de Longin, & dans quelle vuë est-ce qu'il la fit, II. III. *aux Notes*. & 413. Il étoit sujet à l'Asthme ou à une difficulté de respirer, II. 89. 305. *aux Notes*. En quelle année & comment il fut reçu à l'Académie Françoise, II. 251. & *suiv*. *aux Notes*. Son Art Poëtique traduit en Portugais, II. 269. & 421. *aux Notes*. N'entendoit point cette Langue, II. 269. *aux Notes*. Se piquoit d'être franc, II. 298. *aux Notes*. Année de sa Naissance, II. 302. *aux Notes*. Il avoit peine à entendre sur tout de l'oreille

gauche, II. 305. *aux Notes*. Sujet de son Epître Dixième, II. 312. Quand il faisoit des Vers, il songeoit toujours à dire ce qui ne s'est point encore dit en notre Langue, *ibid*. Sur ses vieux jours fuïoit le bruit & ne pouvoit presque plus marcher à moins qu'on ne le soutînt, II. 314. 315. *aux Notes*. Ses ennemis disoient que son Art Poëtique est une Traduction de la Poëtique d'Horace, II. 415. Ses Oeuvres ont été traduites en presque toutes les Langues de l'Europe, II. 420, 421. *aux Notes*. Poëme qu'il promettoit de donner un jour au Public, II. 424. Jugement que fait de Boileau l'Apologiste de Mr. Huet, II. 181. 182

Boileau (Gilles) de l'Académie Françoise, frere de l'Auteur, sa jalousie contre notre Poëte, I. 15. 90. 40. *aux Notes*. Sa mort, II. 91. *aux Notes*.

Boileau, Abbé, Docteur de Sorbonne, frere de l'Auteur, I. 262. II. 305. *aux Notes*. Ses Vers Latins sur le Portrait de son Pere, I. 424. *aux Notes*. Son Livre des Flagellans, I. 414

Boileau (Hugues) Confesseur du Roi Charles V. & Tresorier de la S. Chapelle, I. 335. *aux Notes*.

Boileau (Baltazar) Cousin de l'Auteur, I. 211. *aux Notes*.

Boileau (Jerôme) frere aîné de l'Auteur, son caractere. I. 47

Boileau de Puimorin, frere puiné de l'Auteur, son Epigramme contre Chapelain, I. 48. Sa mort. I. 225 II. 91. *aux Notes*.

Boirude, Sacristain, son veritable nom. I 342

Boivin, ses Remarques sur Longin, II. VI I & *suiv*.

Bombes comparées au tonnerre, I. 391

Bonecorse, Poëte méprisable, I. 67. Auteur d'un petit Ouvrage intitulé la Montre, I. 234. 235. *aux Notes*. A composé le Lutrigot, contre Boileau, I. 234. Epigramme de Boileau contre lui. I. 402

Bossu (le Pere le) Eloge de son Livre sur le Poëme Epique, II. 96

Bossuet, Evêque de Meaux, Prélat très-éclairé, I. 241. Mr. Huet lui communique sa Démonstration Evangelique, II. 180

Boucingo, fameux Marchand de vin, I. 27

Bouhours : sa conjecture sur l'Ordre des Côteaux, I. 33. *aux Notes*. Cité, I. 76. *aux Notes* Ouvrage contre son Livre de la Manière de bien penser, I. 95. *aux Notes* Réponse qui lui est faite par le jardinier de Boileau, I. 250. *aux Notes*. Scrupule mal fondé de ce Jésuïte, II. 284

Bouillon, mechant Poëte, I. 107. II. 353. *aux Notes*. Repris, II. 364. Son Histoire de Joconde, II. 385. & *suiv*.

Bourdaloue, célèbre Prédicateur, I. 119. 419. Vers sur son portrait, I. 422

Bourfaut, critique Boileau. I. 32. Son démêlé avec ce Poëte, & leur reconciliation, I. 67

Boyer, Poëte médiocre, I. 316. *aux Notes*.

Bre-

DES MATIERES.

Brebeuf, cité. I. 22. *aux Notes* Sa Pharsale, I. 229. Un de ses Vers critiqué, I. 275
Brécourt, Comédien, I. 321. *aux Notes*. Réponse que lui fit Boileau, *Ibid.*
Bretonville (Mad. de) aimée par l'Auteur. I. 417. *aux Notes.*
Brie, Les Vins de cette Province sont si mauvais qu'ils passent en proverbe, I. 42. *aux Notes.*
Brioché, fameux joueur de Marionettes, I. 225
Brodeau, (Julien) son Commentaire sur le Recueil d'Arrêts de Louet, I. 17. *aux Notes.*
Brontin, son veritable nom. I. 340. *aux Notes.*
Broussin, sa délicatesse en fait de repas, I. 26. & 211. *aux Notes.*
Bruiere (la) Auteur des Caracteres de ce siècle, I. 25. 132. Vers pour son portrait, I. 425
Brunot : Valet de Chambre du Chantre & Huissier de la Sainte Chapelle, I. 356. *aux Notes.*
Brutus, (Junius) son caractère I. 299. *aux Notes.* devenu Poëte & amoureux de Lucrece dans les Enfers, II. 223. & *suiv.*
Bucheron (le) & la Mort, Fable mise en vers par l'Auteur, I. 415. Par la Fontaine. *Ibid. aux Notes.*
Burlesque, condamnation du stile Burlesque, I. 272. 273. Ecrivains sur le Caractere du Burlesque, I. 274. *aux Notes.* Burlesque nouveau dont l'Auteur s'est avisé, II. 426
Burluguay, Docteur de Sorbonne, I. 263. *aux Notes.*
Bussi, quels Saints il a célébrez, I. 72. Avoit critiqué l'Epître IV. & ce qui en arriva, I. 200. 201. *aux Notes.* Il écrit à Boileau & pourquoi, I. 201
Buzée, ses Méditations. I. 246.

C.

CAduque, au Masculin. I. 444
Cailli (le Chev. de) une de ses Epigrammes. I. 27. *aux Notes.*
Callisthène, en quoi digne de censure, I. 7
Culprenede, critique d'un de ses Romans, I. 299. II. 235.
Cambrai, prise de cette ville, I. 214. 215
Campagnard, portrait d'un Noble Campagnard, I. 28. 36
Canal de Languedoc, I. 178
Capanée, homme impie, I. 132
Car, si on en met un mal à propos, il n'y a point de Raisonnement qui ne devienne absurde, II. 114
Casaubon, jugement qu'il porte du Traité du Sublime de Longin; II. III. & *aux Notes.* Cité, II. 74. *aux Notes.*
Cassagne : Abbé, de l'Académie Françoise, Prédicateur peu suivi, I. 25. A fait la Préface des Oeuvres de Balzac, *Ibid. aux Notes.*
Cassandre (François) Auteur François, ses Ouvrages, & sa mort, I. 9. *aux Notes.* & II. 309
Cassini, célèbre Astronome. I. 123
Casuiste, on doit toûjours écrire ce mot avec deux ss. II. 124.
Catholicon d'Espagne, Satire ingenieuse, où, & par qui composée, I. 116. *aux Notes*, & 372. *aux Notes.*
Caumartin, Conseiller d'Etat, I. 142
Cavois suit le Roi au passage du Rhin, I. 197
Cecilius, Son origine & sa capacité, II. 1. *aux Notes.* Livre composé par cet Auteur sur le Sublime, II. 1. 2. Bassesse de son Stile & autres défauts de son Livre, *Ibid. aux Notes*, & 16. Injustement prévenu contre Platon en faveur de Lysias, II. 63
Censeur : Voïez *Critique.*
Cervantes cité. I. 97
César : Les conquêtes de Jules César, taxées d'injustice, I. 140. Portoit ordinairement une couronne de laurier, & pourquoi, I. 141. A passé deux fois le Rhin, I. 193. *aux Notes.*
Cession de biens, avec le bonnet vert, I. 10. *aux Notes.*
Césure, doit être marquée dans le Vers, I. 274
Chaise (le Pere de la) aprouve l'Epître de l'Auteur sur l'Amour de Dieu, I. 305. & *suiv.*
Chalcidius, Philosophe Platonicien, II 170
Chambre (la) Auteur du Caractere des Passions, I. 76. 77
Chamillard, Docteur de Sorbonne, ses Lettres contre Messieurs du Port Roïal. II. 323. *aux Notes.*
Champagne, sorte de vin fort estimé, I. 33. 34. *aux Notes.*
Chanmélé : excellente Actrice, I. 219. & *aux Notes.*
Chanoines : leur vie molle & oisive, I. 332. Description ridicule d'un Chapitre de Chanoines, I. 361. & *suiv.* Combat imaginaire qu'ils font entre eux, I. 370
Chansons de l'Auteur, I. 404. 417. 418. 419
Chant, son effet ordinaire & naturel, II. 79
Chantres de la Branche, pourquoi ainsi appelez, II. 94
Chapelain, de l'Académie Françoise, compare le Roi au Soleil dans un Sonnet. I. 2. *aux Notes.* Chargé de faire la liste des Gens de Lettres à qui le Roi donnoit des pensions, I. 15. *aux Notes.* Son Poëme de la Pucelle, I. 31. Critique de ce Poëme, II. 232. & *suiv.* La dureté de ses Vers, I. 38. 47. 48. *aux Notes*, & II. 97. Autres défauts, II. 98. 295. Epigramme contre lui, par le frere de Boileau, I. 48. *aux Notes.* Par Liniere. I. 99. Ses Vers montez sur des échasses, I. 48. 49. *aux Notes.* Forcez, I. 66. Son éloge, I. 97. Critique de ses Vers, I. 125. Plaisanterie contre son Poëme de la Pucelle, I. 400. Vers à sa maniere, I. 404. Chapelain décoiffé, I. 437. Une seule Ode qu'il composa le fit regarder comme le premier Poëte de son tems, II. 416. *aux Notes.*

Char-

TABLE

Charlemagne : Deux Poëmes François de ce nom, I. 238. *aux Notes*. Charlemagne & les douze Pairs de France, I. 251.
Charpentier, de l'Academie Françoise, son Eglogue intitulée *Louis*. I. 3. *aux Notes*. Son stile des Inscriptions critiqué, II. 257.
Chartier (Alain) cité, I. 296
Chevecier, en quoi consiste son emploi. I. 339
Chicane mugit dans la grande salle du Palais, I. 85. Le Trésorier & les Chantres de la Sainte Chapelle, vont consulter la Chicane, I. 367. La peinture de ce Monstre, *Ibid.*
Chiens, durée de leur vie selon Pline & les autres Naturalistes, II. 101. 102
Childebrand, Heros d'un Poëme Heroïque, I. 303. 304
Ciceron, cité I. 142. *aux Notes*. 141. Comparé avec Démosthène, II. 30. 31. *aux Notes*. Mot fameux de cet Orateur Romain en parlant de Pompée, II. 254. *aux Notes*. Sa Lettre à Papirius Pætus au sujet de la modestie & de la pudeur, & en quoi elle consiste, II. 282
Cid : Pièce de Corneille critiquée par l'Académie Françoise, I. 98. 222. Et en vain combatuë par le Cardinal de Richelieu, I. 98. II. 296
Circonstances, choix & amas des plus considerables, combien avantageux pour le Sublime : II. 25
Citeaux, Abbaïe, où la Mollesse fait son séjour, I. 346. 347
Citrons confits à Rouen passent pour les meilleurs, I. 129
Claude, Ministre de Charenton, I. 185
Clélie, Roman de Mademoiselle de Scuderi, critiqué, I. 111. 298. *aux Notes*, & *suiv.* II. 205. 217. & *suiv.* 288. & *suiv.*
Cléomène, passage d'Herodote touchant ce furieux, II. 60. 142
Clerc (Jean le) refuté II. 136 & *suiv.* Sa défense, II. 183. & *suiv.*
Clerc (Michel le) mauvais Poëte, I. 371. *aux Notes*.
Clitarque, ses défauts, II. 7. *aux Notes*.
Clovis, Poëme de Des-Marêts, critiqué I. 400
Cocagne : Païs de Cocagne : Diverses conjectures sur l'origine de cette façon de parler, I. 64. *aux Notes*.
Coeffeteau, Auteur d'un Traité des Passions, I. 77
Coiflin, suit le Roi au passage du Rhin, I. 196
Colbert, Ministre d'Etat, I. 81. Belle action qu'il fit, I. 92. *aux Notes*. Eloge de ce Ministre, I. 233. Il ne pouvoit souffrir Poisson, & pourquoi. I. 313 Sa mort, I. 366. II. 251. *aux Notes*.
Colletet, traité de Parasite, I. 14. *aux Notes*. Mauvais Poëte, I. 67.
Comédie : inventée par les Grecs, I. 309. Elle a eu trois âges, *Ibid.* Traité contre la Comédie I. 321. *aux Notes*. Dangers qui se rencontrent dans la Comédie, II. 286.

Comédies Saintes, fort en vogue sous François I. I. 296
Comparaisons, mal appelées *à longue queuë*, dans Homère, II. 113 & *suiv.* Usage des Comparaisons dans les Odes & les Poëmes Epiques. *Ibid.*
Composition, qualitez que doit avoir la Composition d'un Ouvrage pour le rendre parfait, II. 75. & *suiv.* Elle est comme l'harmonie d'un Discours, II. 76
Compter par ses doigts, expression usitée parmi les Latins, I. 88
Concile de Trente, I. 257. & *suiv. aux Notes*.
Condé, (le Prince de) accompagne le Roi au passage du Rhin, I. 198. Desaprouve la Fable de l'Huitre, I. 179. *aux Notes*, & II. 423. A passé ses dernieres années à Chantilli, I. 224. La Bataille de Seneff par lui gagnée, I. 233. 238. Ce qu'il dit de la Tragédie de l'Abbé d'Aubignac, I. 269. La Bataille de Lens, I. 355. Ce qu'il dit en entendant lire un endroit du Traité du Sublime, II. 14. *aux Notes*. Ce Grand Prince lit la Démonstration Evangelique & marque les endroits qu'il souhaitoit qu'on retouchât, II. 180
Confessions de Saint Augustin traduites en François, II. 313.
Congrés, par qui aboli, I. 79. *aux Notes*.
Conrart, fameux Académicien, I. 173
Contempler, ce verbe à l'Imperatif comment se doit écrire, II. 124
Conti, (le Prince de) ce qu'il desaprouvoit dans la Satire contre les Femmes. I. 107. Mot de ce Prince pour engager Boileau à répondre à Perrault. II. 85. Son éloge. II. 132
Coquette : portrait d'une Coquette, I. 112. & *suiv.*
Coras, mauvais Poëte, Auteur des Poëmes de David, & de Jonas, I. 91
Corbin, Avocat criard, I. 183. Mauvais Poëte, I. 316
Cordeliers, sujet de leurs brouilleries avec les Minimes. I. 332. *aux Notes*.
Coré, critique sur le sens de ce mot Grec, II. 11. *aux Notes*.
Corneille (Pierre) éloge de ce grand Poëte, I. 3. 4. 39. II. 119. 274. Dédia sa Tragédie de Cinna à Montoron, I. 80. *aux Notes* Cité, I. 82. Jugement de ses Tragédies d'Attila, & d'Agésilas, I. 91. 405. 406. Le Cid de Corneille critiqué par l'Académie, I. 98. 222. Sa Tragédie de Cinna, I. 222. 246. Commencement de cette Tragédie, critiqué, I. 293. *aux Notes*. Et celle de la Mort de Pompée, I. 300. II. VII. *aux Notes*. Estimoit Lucain, I. 319. Réponse qu'il fit à Boileau, I. 322. *aux Notes*. Comparé avec Mr. Racine, I. 427. II. 119. Belle action de Boileau à l'égard de Corneille, I. 426. *aux Notes*. Contestée par les Journalistes de Trévoux, I. 427. 428. Raisons pourquoi les Ouvrages de ce Poëte ne sont plus si bien reçus, II. 119. Exemple de Sublime tiré de son

DES MATIERES.

son Horace, II. vii. 140. & suiv. Autre exemple tiré de sa Medée, II. 141. Auteurs dont il a tiré les plus beaux traits de ses Ouvrages, II. 274. Cité, II. 8. aux Notes.
Cornu (la) infame débauchée, I. 112. II. 283
Corps, Description merveilleuse du Corps humain par Platon, II. 61, 62. A quoi les corps doivent leur principale excellence, II. 77. Sagesse de la Nature dans leur formation, II. 8.
Côteaux, explication de cet Ordre, I. 33
Cotin, Abbé, de l'Académie Françoise, Prédicateur peu suivi, I. 29, 83, 89, 90. & II. 419. Composé des Libelles contre Boileau, I. 19. aux Notes, & II. 245, 421. aux Notes. Tourné en ridicule par Moliere, I. 29. aux Notes. Menagé par Boileau, I. 83 aux Notes. Traits contre lui, I. 91, 93, 97. Nommé neuf fois dans la Satire neuvième, I. 102. aux Notes. Epigrammes contre lui, I. 402, 403
Courtois, Medecin, trait contre lui, I. 122. Aimoit fort la Saignée, II. 243. aux Notes. Acte de son opposition au Bon-sens à lui donné par Arrêt du Parnasse, II. 244
Cratès, Philosophe, jetta son Argent dans la mer, I. 206, 207
Grenet, fameux Marchand de vin, I. 31
Cresselle, instrument dont on se sert le Jeudi saint, au lieu de cloches, I. 361
Crissé (la Comtesse de) Plaideuse de profession, Original de la Comtesse de Pimbêche dans les Plaideurs de Racine, I. 32. & du Portrait de la Plaideuse dans la X. Satire, I. 136
Critique: avantages de la Critique, I. 222, 279. & suiv. 319. & suiv.
Croix de funeste présage, I. 60. aux Notes.
Cymbalum mundi, cité. I. 38, 86. aux Notes.
Cyneas, Favori de Pyrrhus, I. 174
Cyrano Bergerac, Auteur plaisant, I. 316, 317
Cyrus, Roman tourné en ridicule, I. 28. 297. 370. Critiqué, II. 211. & suiv. Critique de la Tragédie de Cyrus de Quinaut, I. 298 II. 215. & suiv.

D.

D*Acier*, Savant Traducteur & Commentateur d'Horace, I. 26. aux Notes, & II. vi. Ses Notes sur Longin comment disposées dans cette Nouvelle Edition, II. vi. aux Notes. Quand parurent pour la première fois, II. viii. aux Notes.
Dacier (Madame) louée, II. vi. & aux Notes. Citée, II. 84. aux Notes.
Daguesseau, Avocat General au Parlement de Paris, aujourd'hui Chancelier de France loué, I. 142, 253
Dalencé, Chirurgien fameux, I. 114
Dangeau, éloge de ce Seigneur, I. 51. & suiv.
Darius, Roi de Perse, offres qu'il fait à Alexandre, II. 18
Dassouci, Poëte méprisable, I. 273. II. 126. aux Notes.
De, usage de cet Article devant les noms de Fleuves, I. 305, 306. aux Notes.
Debiteur reconnoissant, I. 415
Declamation, ridicule d'une declamation passionnée dans un sujet froid, II. 9
Déesse des Ténèbres, comment dépeinte par Hésiode, II. 19. Si ce n'est pas plûtôt la Tristesse, ibid. aux Notes.
Défauts, rien de plus insupportable qu'un Auteur médiocre, qui ne voïant point ses défauts, en veut trouver dans les plus célèbres Ecrivains, II. 93
Demetrius de Phalere, ce qu'il dit sur le Sublime, II. 122.
Democrite, cité, I. 5
Démosthène, belle Sentence de cet Orateur, II. 5. Cité, II. 28, 52. Comparé avec Ciceron, II. 31. Son serment en apostrophant les Athéniens, II. 42. Discours sublime quoique simple de cet Orateur, II. 45. 141. Passages où il mêle plusieurs Figures, II. 47. Figure qu'il employe dans son Oraison contre Aristogiton, II. 55. Son sentiment sur l'usage des métaphores, II. 60. Comparaison de cet Orateur avec Hyperide, II. 65. & suiv. Ses défauts & ses avantages, II. 67
Denyau, Medecin, trait contre lui, I. 122. Nioit la circulation du sang, II. 243. aux Notes.
Denys d'Halicarnasse, censeur de Platon en certaines choses, II. 108
Denys le Tyran, pourquoi chassé de son Roïaume, II. 10
Denys Phocéen, hyperbate qui fait la beauté de sa Harangue aux Ioniens, II. 49
Des Barreaux, Auteur d'un Sonnet de pieté, qu'il desavoue, I. 19. aux Notes. Ses sentimens & sa conversion, I. 132. aux Notes.
Descartes, éloge des Ouvrages de ce Philosophe, II. 273, 277
Des Houlieres: Sonnet de cette Dame contre la Phèdre de Racine, & la suite de cette querelle, I. 126. aux Notes. A fait le portrait de Liniere, I. 291
Desmares, Prédicateur fameux, I. 110
Des Marets de Saint Sorlin, a écrit contre les Jansénistes, I. 18. Sa Comédie des Visionnaires, I. 43. Critique Boileau, I. 68. aux Notes. Auteur du Poëme de Clovis, critiqué, I. 302. Epigramme contre lui, & contre le même Poëme, I. 399, 400. Il a écrit contre le Port-Roïal, ibid. aux Notes, & 401. II. 320. aux Notes.
Des Portes, Poëte François, I. 276
Des Roches, Abbé, Ami de Boileau, I. 182
Devant & Avant, usage de ces deux Prépositions, I. 45
Dévot, Dévote: portrait d'une femme Dévote, I. 128. II. 283, 284. Différence d'un dévot &

TABLE

& d'un Chrétien veritable, I. 142
Diaſyrme, quelle figure, II. 74
Dieu, pernicieuſe diſpoſition d'eſprit à ſon égard, I. 9. *aux Notes & 19. au Texte.* Il n'y a rien de veritablement Sublime en Dieu que lui-même; II. 148. 171. La foibleſſe humaine eſt obligée de ſe ſervir d'expreſſions figurées pour le loüer, II. 172. Nous n'en avons que des idées très-foibles, II. 171. 172
Dieux, avec quelle magnificence dépeints par Homère, II. 20, 21, 22. Dans les apparitions des Dieux tout ſe mouvoit & trembloit ſelon les Païens, II. 38, 39. *aux Notes.*
Diogène, & ſa lanterne, I. 138. *aux Notes.* Offre ſon ſervice à Pluton, II. 210
Dircé, ſon Hiſtoire, II. 78. *aux Notes.*
Directeur: portrait d'un Directeur de femmes, I. 129
Diſcorde: trouvée dans un Chapitre de Moines, I. 332. *aux Notes.* Diviſe les Chanoines de la Sainte Chapelle, I. 333. *& ſuiv.* Emprunte la figure d'un vieux Plaideur, I. 353. Deſcription de cette Déeſſe ſelon Homère, II. 19. Priſe mal à propos pour la Renommée, II. 104. *& ſuiv.*
Diſcours, quelle en eſt la ſouveraine perfection, II. 3. Difficulté qu'il y a de bien juger du fort & du foible d'un Diſcours, II. 14. Diſcours diffus, à quoi propre, II. 8. *& aux Notes.* Comparaiſon d'un Diſcours avec le Corps humain, II. 77
Divinités fabuleuſes, qui combattent avec les Heros, I. 198. *aux Notes.*
Docteur, mis au deſſous d'un Ane, II. 82
Doesbourg, priſe de cette Ville, I. 191
Dole, priſe de cette Ville, I. 325
Dongois, Greffier en chef du Parlement, Neveu de Boileau, I. 208. *aux Notes*, II. 241. *aux Notes.*
Du Bois, de l'Académie Françoiſe, tour qu'il joua à Mr. de Maucroix, II. 312. *aux Notes.*
Dunois, amoureux de la Pucelle d'Orleans, II. 234

E.

Eglogue, caractere de ce genre de Poëſie, I. 282. Eglogues de Virgile, I. 283
Elégie: caractere de ce genre de Poëſie, I. 283
Elevation d'eſprit naturelle, image de la grandeur d'ame, II. 17. 18. Si elle ſe peut aquerir, & comment, *ibid.*
Elien, mal entendu par Mr. Perrault, II. 94. Sentiment de cet Auteur ſur les Oeuvres d'Homère, II. 95. Ce qu'il dit de Zoïle, II. 107
Empédocle, fameux Philoſophe, avoit mis toute la Phyſique en Vers, II. 121
Emulation, avantage qu'on tire de celle des Poëtes & des Ecrivains illuſtres, II. 32
Enée, quand il dit *je ſuis le pieux Enée* ne ſe loue point, II. 28

Enflure de ſtile, combien vicieuſe dans le diſcours, II. 7. 8. *aux Notes.* Ecrivains de l'Antiquité tombez dans ce défaut, *ibid.* Rien de plus difficile à éviter, II. 8
Enguien: le Duc d'Enguien accompagne le Roi au paſſage du Rhin, I. 198
Enigme ſur la Puce, I. 416
Ennemis: L'utilité qu'on peut tirer de leur jalouſie, I. 222. *& ſuiv.*
Enthouſiaſme, voïez *Pathétique.*
Envie, *Envieux*: Effets de l'Envie, I. 220, 221. Elle s'attache aux perſonnes illuſtres, *ibid.*
Epigramme: caractere de ce genre de Poëſie, I. 286. Ce qu'il faut faire avant que de compoſer une Epigramme, I. 407. *aux Notes.*
Epitaphe de **** I. 404. Epitaphe de la Mere de l'Auteur, I. 424. De Mr. Arnauld, I. 425. De Midias, II. 70
Epithètes d'Homère juſtifiées, II. 128. Les Epithètes enrichiſſent beaucoup la Poëſie, *ibid.* l'Epithète de *Grand* tout ſimple, ne ſe donne jamais qu'aux Conquerans ou aux Saints, II. 365
Equivoque: Satire contre l'Equivoque, I. 151. Apologie de cette Satire, I. 147. 151. A quelle occaſion elle fut compoſée, I. 148. En quel ſens l'Auteur prend le mot d'*Equivoque*, I. 149. En quel ſens le prennent les Caſuiſtes, I. 151. *aux Notes.* Si cette Satire a été faite contre les Jéſuites, II. 191. Sonnet contre cette Satire, I. 453
Eraſme, grand admirateur de l'Antiquité, II. 131
Eratoſthène, exactitude de ſon Erigone, II. 65
Ericeyra (le Comte d') Lettre à ce Comte ſur ſa traduction en Vers Portugais de l'Art Poëtique de Boileau, II. 269
Eſchyle, Poëte Grec, a perfectionné la Tragédie, I. 295. Ses avantages & ſes défauts, II. 38, 39
Eſclave, incapable de devenir jamais Orateur, pourquoi, II. 83
Eſprit, Amuſement des grands Eſprits, quand ils commencent à décliner, II. 23, 24. Vaſte étenduë de l'eſprit de l'homme, II. 68. Cauſe de la décadence des Eſprits, II. 82. *& ſuiv.*
Eſſais de Montagne, Livre utile, I. 210. *aux Notes.*
Eſtaing. Cette Maiſon porte les armes de France, & pourquoi, I. 51. *aux Notes.*
Etna, Montagne de la Sicile, jette des pierres &c. II. 69
Eumée, natif de Syros, II. 103
Eunapius, ſon eſtime exceſſive pour Longin, II. 111
Eupolis, Poëte Comique, II. 42
Evrard, veritable nom de ce Chanoine, I. 362
Euripide, Poëte Grec, ſon talent & ſes défauts, II. 36. 37. 39. 83.
Euſtathius, ſelon lui Ariſtarque & Zénodote ont contribué à mettre en ordre les Oeuvres d'Homère.

DES MATIERES.

mière, II. 96. Sentiment de cet Auteur sur la signification du mot Grec Τψιηγόρει, II. 100 C'est le seul Commentateur qui ait bien entendu Homère, II. 101
Exageration, ses deux differens effets, II. 74
Exorde, en quoi consiste la beauté de l'Exorde, II. 91, 92. Mal comparé au frontispice d'un Palais, 92
Expression, ce qui en fait la noblesse, II. 59 Defaut le plus capable de l'avilir. II. 80. & suiv.

F.

Fable, de l'Huître, I. 179. aux Notes, & 184. II. 423. Mise en Vers par la Fontaine, I. 184. aux Notes. Agrémens de la Fable, I. 301. Fable du Bucheron & de la Mort, I. 415
Fabri Chanoine de la Sainte Chapelle, son veritable nom, I. 373
Fagon, savant Medecin, I. 142
Farer Ami de Saint Amand, I. 276. aux Notes.
Fatras, sorte de Poësie ainsi nommée, I. 444. aux Notes.
Fautes, on y tombe plus ordinairement dans le Grand que dans le Médiocre, II. 64. Fautes dans le Sublime excusables, II. 69
Femmes: Satire contre les Femmes, I. 105. Apologie de cette Satire, II. 280. & suiv. Differens caracteres ou portraits des Femmes, I. 110. & suiv. La Coûtume de Paris leur est extrêmement favorable, I. 135. aux Notes. Femmes belles, appelées *le mal des yeux*, II. 12. & aux Notes.
Festin, description d'un Festin ridicule, I. 26. Festin de Pierre, Comédie, I. 35, 44. aux Notes.
Feuilles, Prédicateur outré, I. 99
Fevre, (Tannegui le) Professeur à Saumur, II. v. vi. vii. aux Notes. Selon lui Longin avoit lû quelque chose dans les Ecrits de Moïse, II. 163
Figures, de deux sortes, II. 16. Leur usage pour le Sublime, ibid. & 41. Besoin qu'elles ont d'en être soûtenuës, II. 44. Il n'y a point de plus excellente Figure que celle qu'on n'aperçoit point, ibid. Mêlange de plusieurs Figures ensemble, II. 47. Ne les employer qu'à propos & dans les grandes passions, II. 61. & aux Notes. Elles perdent le nom de Figures, quand elles sont trop communes, II. 164
Fils, autrefois en Grece le Fils ne portoit point le nom de son Pere, II. 128
Fleurs, comment appelées, II. 12. aux Notes.
Flute difference de celle des Anciens d'avec celle d'aujourd'hui, II. 7. aux Notes. Effet du son de cet instrument, II. 75
Folie, divers genres de Folie, I. 43, 45, 46, 47, 49. aux Notes.
Fontaine de Bourbon, Vers adressez à cette Fontaine, I. 407
Fontaine (la) Poëte célèbre, I. 168. Ses Contes,

I. 321. N'étoit bon qu'à faire des Vers, ibid. aux Notes. Ballade de ce Poëte, sur un Siège soûtenu par les Augustins contre le Parlement de Paris, I. 334. aux Notes. Sa Fable: Le Bucheron & la Mort. I. 414, 415. aux Notes. Raison pourquoi ses Ouvrages sont toûjours estimez, II. 118. En quelle année & comment il fut reçu à l'Académie Françoise, II. 251. aux Notes. Eloge des Ouvrages de ce Poëte, II. 273. Particularitez touchant sa mort, II. 309. & suiv. Avec quelle fraieur il envisageoit l'autre vie, II. 309. aux Notes. Regret qu'il avoit d'avoir composé des Poësies trop libres, II. 310. aux Notes. Vers de Boileau qu'il estimoit le plus, II. 311. Pourquoi il fit la Fable qui a pour titre: Le Meünier, son Fils & l'Ane, II. 317. aux Notes. Son éloge, II. 354. & suiv. Sa Traduction de la Joconde, II. 369. & suiv.
Fontange, ornement de Femme, par qui inventé, I. 111. aux Notes.
Fontenelle a écrit en faveur des Modernes, I. 287. aux Notes. Epigramme qu'il a faite contre Boileau, ibid.
Fouquet, Sur-Intendant des Finances, I. 81
Fourcroi, Avocat célèbre, Repas qu'il donna à l'Auteur, I. 28. aux Notes.
Fournier (Pierre) Procureur, pourquoi appellé Pefournier, I. 17. aux Notes.
Fraguier (l'Abbé) de l'Académie Françoise, II. 420. aux Notes.
Francœur, fameux Epicier, I. 172, 173 aux Notes.
Fredoc tenoit une Académie de jeu, I. 46
Furetiere de l'Académie Françoise a fait des Satires, I. 9. aux Notes. Son Roman Bourgeois, I. 12. aux Notes. Ce qu'il fit en voïant la première Satire de Boileau, I. 70 Epigramme contre un Partisan, I. 94
Fureur hors de saison, quel vice dans le discours, II. 9

G.

Gain, objet indigne d'un Ecrivain illustre. I. 322
Galant, portrait d'un galant, I. 44
Gallet, fameux joüeur, I. 75. Raillé par Regnier, I. 75. II. 248
Gamache, Docteur & Professeur de Sorbonne, I. 262
Garasse (le P. François) raison qu'il donne de la complaisance que les Auteurs ont pour leurs Ouvrages, I. 24. aux Notes.
Garnier, Chapelain de la Sainte Chapelle, son veritable nom, I. 363
Gassendi, superieur pour la Physique aux plus habiles Philosophes de l'Antiquité, II. 277
Gautier, Avocat célèbre, fort mordant, I. 88
Gélais (Saint) pourquoi les Ouvrages de ce Poëte sont toûjours estimez, II. 117

Kkk 2   Ge-

TABLE

Genest (l'Abbé) cité, I. 282
Génie, sans le génie on ne peut être Poëte, I. 269
Gibert, célèbre Professeur de Rhétorique, I. 320. II. 313. *aux Notes*. Fait apercevoir Boileau d'une faute, I. 320. *aux Notes*.
Gilotin, son veritable nom, I. 337
Girard, Sonneur de la Sainte Chapelle. I. 359
Girardon, célèbre Sculpteur, a fait le Buste de l'Auteur, I. 430
Glace, quand l'usage en a commencé en France, I. 31
Glisser, ce verbe mis dans le sens actif, II. 278. *aux Notes*.
Goa, Ville des Portugais dans les Indes, I. 75
Godeau, caractere de sa Poësie, II 315. 317
Gombaud, Poëte François, I. 286. Peu lû à présent, I. 347
Gomberville, regret qu'a eu cet Auteur d'avoir composé son Polexandre, II. 289
Gorgias, raillé, II. 7
Goulu, Général des Feuillans, a critiqué Balzac, II. 294
Gouvernement, si le populaire est plus propre à former les grands génies, II. 83. Effets attribuez au Gouvernement Monarchique, *ibid*.
Graces, de deux sortes, & leur usage dans la composition, II. 67. *aux Notes*.
Grammont passe le Rhin par l'ordre du Roi, I. 196
Grand, en quoi il consiste, II. 14, 15. Sources du Grand, II. 16. Il est difficile qu'on n'y tombe en quelques negligences, II. 64, 65
Guenaud, fameux Medecin de Paris, I. 44, 61
Guêpe : Si cet Insecte meurt après avoir piqué avec son aiguillon, I. 336. *aux Notes*. Critique d'un passage de Clitarque sur cet Insecte. II. 7. *aux Notes*.
Gueret, Auteur de la Guerre des Auteurs & du Parnasse Reformé, cité, I. 14
Guéronet, Aumonier du Tresorier de la Sainte Chapelle, I. 337. *aux Notes*.
Guerre, inconveniens d'une trop longue guerre, II. 84
Guidon des Finances, I. 80
Guillaume, Prince d'Orange, opiniâtre Ennemi de la gloire de LOUIS LE GRAND, II. 254
Guillaume, enfant de chœur, I. 340
Guilleragues, Secretaire du Cabinet, I. 202. Ambassadeur à Constantinople, *ibid*. *aux Notes*.

H.

Hâbleur, portrait d'un Hâbleur, I. 33
Hainaut, Auteur du Sonnet sur l'Avorton, I. 92. *aux Notes*. Et d'un Sonnet contre Mr. Culbert, *ibid*.
Hamon, fameux Medecin, son éloge, I. 426
Harangue d'un Magistrat critiquée, I. 405
Harderwic, prise de cette Ville. I. 191

Harmonie, sa définition, II. 75. Son effet pour remuer les passions, II. 76. *& aux Notes*.
Hautile: description de ce Hameau, I. 210
Hecatée, Livre perdu, cité. III. 55
Hector, paroles de ce Heros à ses Soldats, II. 54
Hegésias, blâmé par Longin. II. 7
Heréfie, fille de l'Equivoque, I. 159. Herésie d'Arius en quoi consistoit, *ibid*. *aux Notes*. Maux que l'Herésie a causez, I. 160
Hermitage, vin de l'hermitage, I. 31
Hermogene, sa Critique d'un mot de Gorgias, II. 7. *aux Notes*.
Herodote, grand imitateur d'Homère, II. 33. Caractere & élevation de son stile, II. 49. 52, 53, 57. 60. Hyperbole dont il s'est servi dans un endroit de ses Ouvrages, II. 73. Défauts qu'on lui reproche, II. 12, 80, 125.
Heros Chimeriques, II. 229. Condamnez à être jettez dans le fleuve de Lethé, II. 239
Heros, Sentimens d'un vrai Heros dans Homère, II. 22
Hésiode, loué. I. 323. Vers de ce Poëte sur la Déesse des Ténèbres, II. 19
Heures, comment datées autrefois en Grece, II. 115
Hiatus, ou Bâillement, vicieux dans un Vers, I. 274, 275. *aux Notes*.
Hibou, caché dans un pupitre, I. 352
Histoires Tragiques de notre tems, I. 108
Hollande, Hollandois : Campagne de Hollande, I. 190 *& suiv*. Discours du Dieu du Rhin aux Hollandois. I. 195
Homere a excellé dans les peintures, I. 41. *aux Notes*. Eloge de ce grand Poëte, I. 306. Critiqué mal-à-propos, I. 308. *aux Notes*. loué I. 323. On lui attribue un Poëme de la guerre des Rats & des Grenouilles, I. 358. Il avoit beaucoup voïagé, I. 291. *aux Notes*. Epigramme sur lui tirée de l'Anthologie, I. 420. Estimé pour la sublimité des pensées, II. 19. Termes majestueux qu'il emploie quand il parle des Dieux, II. 20 *& suiv*. Homère plus foible dans l'Odyssée que dans l'Iliade, II. 23. Lequel de ces deux Poëmes il a composé le premier, *ibid*. Sens de Longin dans la critique qu'il en fait. II. 24. *aux Notes*. cité. II. 46. 52, 54, 56. Sentence judicieuse de ce Poëte sur l'esclavage, II. 83. On lui dispute à tort l'Iliade & l'Odyssée, II. 93. *& suiv*. Noms differens donnez à ses Ouvrages, II. 94, 95 Son Apologie contre les reproches de Mr. Perrault, *ibid*. *& suiv*. Appelé Diseur de Sornettes par Zoïle, II. 109. Estimé pour ses comparaisons, II. 113
Hommes, Combien differens dans leurs pensées, I. 43. *& suiv*. Tous se croient sages, *ibid*. Tous sont fous, chacun en leur manière, I. 45. Peinture satirique de l'Homme, I. 71. A combien de passions est sujet, I 74. Est condamné au travail, dans le repos même, I. 253. Eloges de l'Homme, & de ses vertus, I. 77. 79. Simplicité vertueuse des premiers Hommes, I. 236. Homme né pour le travail, I. 253. *& suiv*. Des-

DES MATIERES.

Description des âges de l'Homme, I. 310.
Quelle voie il a pour se rendre semblable aux Dieux, II. 3. Vûe de la Nature dans sa naissance, II. 68.
Honneur: Du vrai & du faux honneur, I. 137. *& suiv.* Fable allégorique de l'Honneur, I. 143. *& suiv.* Représenté sous la figure d'un jeune Homme, I. 145. *aux Notes.*
Honte: effets de la mauvaise Honte, I. 185. & *suiv.*
Horace, Pere des trois Horaces, sage réponse de ce vieux Romain, II. VII. 140.
Horace, reprenoit les vices de son tems, I. 69. Pourquoi l'Auteur disoit qu'Horace étoit Janseniste. I. 109. Donnoit des louanges à Auguste, I. 231. Sens d'un Vers d'Horace, I. 225, 272. Caractere de ses Satires, I. 289. Amateur des Hellenismes, II. 27. *aux Notes.* Il nomme les personnes dont il se raille, II. 246. Seul Poëte Lyrique du Siècle d'Auguste, II. 277.
Horatius Coclès, amoureux de Clélie, II. 217.
Horloge: Epigramme contre un Amateur d'Horloges, I. 407.
Hozier (d') très-savant dans les Généalogies, I. 57. 126.
Huet, Evêque d'Avranches, écrit une Dissertation dans laquelle il refute d'une manière vive & judicieuse le Livre des Parallèles, II. 88. *aux Notes.* Critiqué, II. 136. *& suiv.* Sa défense, II. 155. *& suiv* 175. *& suiv.*
Huot, Avocat médiocre, mais fort employé, I. 17. *aux Notes* Trait contre cet Avocat. II. 207.
Hydropique, il n'y a rien de plus sec qu'un Hydropique, II. 8.
Hyperbate, définition de cette figure, II. 48. Ses effets, *ibid.*
Hyperbole, ce qu'il faut observer dans l'usage de cette figure, II. 71. *& aux Notes.* Quelles sont les meilleures, II. 73. On l'emploie pour diminuer les choses comme pour les agrandir, II. 74, 356.
Hyperide, excellence de ses Ouvrages, II. 41. 65. *& suiv. aux Notes.* Comparaison de cet Orateur avec Démosthène, II. 65. En quoi il le surpasse, *ib d & suiv.* Ses défauts, II. 67, 311.
Hypochondre, hypochondriaque, usage de ces mots, I. 84. *aux Notes.*

I. & J.

Jalousie: portrait d'une femme jalouse, I. 127. Jalousie noble & utile, II. 33 Jalousie d'Auteur, marque d'un Esprit bas & mediocre, I. 321. Il n'y a point de passion plus violente que la Jalousie qui naît d'un extrême amour, II. 357.
Iambe, dans les Poëtes Grecs il n'y a point d'Exemple d'un Iambe, qui commence par deux anapestes, II. 8. *aux Notes.*

Jambon de Mayence, II. 36. *aux Notes.*
Jansenisme: Maux qu'il a causez à l'Eglise, I. 144. *aux Notes.* Les cinq Propositions condamnées, I. 167.
Faverfac, critique les Ouvrages de Balzac, & la Critique qu'en avoit faite le Pere Goulu, II. 294.
Idolatrie: extravagance de l'homme dans l'Idolatrie, I. 84. *&* 155. Idolatrie grossière & ridicule des Egyptiens, *ibid.*
Idylle, caractere de ce genre de Poësie, I. 282. Idylles de Theocrite, louées, I. 283.
Jérôme (Saint) inégalité de ses sentimens, II. 325
JESUS-CHRIST, Son incarnation, & sa Passion, I. 157.
Jesuites, traits contre ces Peres, I. 144. Satires de l'Equivoque contre les mêmes, I. 151.
Ignorance aimable, I. 236.
Iliade. Si Homère en est certainement l'Auteur aussi bien que de l'Odyssée, II. 93. *& suiv.* Fortune de ces Poëmes & par qui donnez au Public, II. 94, 95.
Images, ce qu'on entend par ce mot dans le Discours, II. 35. Usage different des Images, dans la Poësie & dans la Rhétorique, II. 35, 39, 40. *& aux Notes.*
Imitateur, comment appelé par Horace, II. 181.
Imitation des Anciens, I. 2. *aux Notes.* Pourquoi l'Imitation plait à l'esprit, I. 292. *aux Notes.* Celle des Ecrivains illustres, quelle voie pour le Sublime, II. 32. Pratique de cette Imitation, II. 34.
Impudence, quel en est le siege principal, II. 14.
Infortiat. Livre de Droit, I. 374.
Innocent XI. Propositions condamnées par ce Pape, I. 164.
Inscriptions. Discours sur le stile des Inscriptions, II. 257, 258.
Instrumens de Musique, leur usage pour élever le courage & émouvoir les passions, II. 75. *& aux Notes.*
Interrogations, usage de ces sortes de figures dans les discours sublimes, II. 45.
Joad, belle réponse de ce Grand Prêtre à Abner, II. 153.
Joconde: Son Histoire tirée de l'Arioste, I. 107. *aux Notes.* Mise en Vers François, *ibid. &* II. 353. *aux Notes.* 369. 385. Dissertation sur la Joconde par Boileau, II. 353.
Joli, fameux Prédicateur, I. 50.
Ion, Poëte de Chio, comparé à Sophocle, II. 65.
Joueur, portrait d'un Joueur, I. 47. Portrait d'une Joueuse, I. 114, 133.
Isambert, Docteur de Sorbonne, I. 262.
Isocrate, Son Panégyrique, II. 10. *aux Notes.* A quelle occasion composé, *ibid.* Défaut de cet Orateur, II. 72.
Jupiter nourri par des colombes, II. 24. *& aux Notes.*
Justice: éloge de cette Vertu, I. 140. *& suiv.*
Juvenal, faisoit dans ses Vers la guerre au vice, I. 69.

Kkk 3

TABLE

I. 69. A fait une Satire contre les Femmes, I. 106. Caractère de ses Satires, I. 289. Comment il parle des Auteurs de son tems, II. 248

K.

K*Notzembourg*, prise de ce Fort, I. 191

L.

L*Aideur*, beau portrait de la Laideur, II. 228, 229
Lambert, Musicien célèbre, I. 27. *aux Notes*
Lamoignon. Premier Président, proposa à l'Auteur de composer le Poëme du Lutrin, I. 329. & 417, 426. Eloge de ce grand Magistrat, I. 329, 330. & II. 417, 418. Son intégrité & ses soins à rendre la justice, I. 380. Termine le different entre le Tréforier & le Chantre de la Sainte Chapelle, I. 382. Son exactitude pour ne se laisser pas surprendre, II. 241. *aux Notes*. Etoit doux & familier, *ibid*. Sa mort, II. 418
Lamoignon, Avocat Géneral, Epître à lui adressée, I. 210. Invite Boileau de quitter la campagne, *ibid. aux Notes*. Les fonctions de sa charge, I. 216, 217
Lamoignon (Mademoiselle de) Ses Vertus, I. 422
Lamour, Perruquier célèbre, I. 340, 341. Son caractere, *ibid. aux Notes*. Est chargé de remettre le Lutrin à sa place, *ibid*. Sa Femme l'en veut détourner, I. 343
Landelle (Le Pere de la) célèbre Jésuite prend le nom de Saint Remi, II. 420. *aux Notes*. A traduit en Vers Latins l'Ode de notre Auteur, sur la prise Namur, *ibid*.
Langbaine, (Gerard) Jugement sur sa Traduction Latine de Longin, II. IV. V. *aux Notes*.
Langue, la chute de plusieurs Auteurs ne vient pas du changement des Langues, II. 117. Bizarrerie & différence des Langues sur la bassesse ou la beauté des mots qui servent à exprimer une même chose, II. 125, 126. On ne sauroit s'assurer qu'on parle bien une Langue morte, II. 412. *aux Notes*.
Langue Françoise, ingrate en termes nobles, II. 126. Capricieuse sur les mots, *ibid*. Peu propre pour les Inscriptions, II. 258. & *aux Notes*. Veut être extrêmement travaillée, II. 311
Langue Grecque, Elle est au dessus de la Latine pour la douceur de la Prononciation, I. 199. Elle ne souffre pas qu'un seul Vers renferme deux verbes de même tems &c. II. 51. *aux Notes*. Un Terme Grec très-noble ne peut souvent être exprimé en François que par un terme très-bas, II. 125, 126
Langue Latine, plus propre que la Françoise pour les Inscriptions & pourquoi, II. 258

Lapins domestiques, ou clapiers, I. 31, 34
Lecteurs, leur profit doit être le but de tout Ecrivain, II. 1
Lelius, Consul Romain, ami de Lucilius, I. 100. II. 246
Lenglet, Professeur en Eloquence, a traduit en Vers Latins l'Ode de notre Poëte sur la prise de Namur, II. 420
Lesdiguiere passe le Rhin, I. 196
Les-Fargues, Auteur du Poëme, intitulé *David*, I. 91. *aux Notes*.
Lethé, Fleuve de l'Oubli, II. 139
Liaisons, rien ne donne plus de mouvement au Discours, que de les ôter, II. 46, 47
Libelles scandaleux & médisans & leurs Auteurs à quoi condamnez, II. 176
Liberté, de quel secours elle peut être pour élever l'Esprit, II. 82, 83
Libertin, portrait d'un Libertin, I. 44, 186
Lignage, sorte de vin, I. 30
Limoges: Le Comte de Limoges écrit au Comte de Bussi-Rabutin, au sujet de Boileau, I. 200. *aux Notes*.
Liniere: son Epigramme sur la brouillerie de notre Auteur avec Gilles Boileau son frere, I. 15. *aux Notes*. A écrit contre Chapelain, I. 99. *aux Notes*. Son Epigramme contre Conrart, I. 173. *aux Notes*. A écrit contre Boileau, II. 182. *aux Notes*. Il critique l'Epître quatrième, I. 200. *aux Notes*. Surnommé Idiot, & l'Athée de Senlis, I. 224. Réussissoit à faire des Couplets, I. 290. *aux Notes*. Ses sentimens sur la Religion, I. 291. *aux Notes*.
Livre: tout bon Livre a des Censeurs, II. 240
Longin, nombre & excellence de ses Ouvrages, II. 111. Son merite personnel & sa faveur auprès de la Reine Zénobie, II. III. IV. Sa mort, II. IV. Ses Traducteurs, II. V. Manuscrits de Longin de la Bibliotheque du Roi, II. I. *aux Notes*. Ce que cet Auteur entend par le mot de *Sublime*, II. 136. & *suiv*. Critique de son sentiment & de celui de Mr. Despréaux sur le passage de la Genese, *Que la lumiere soit faite* &c. II. 155. & *suiv* S'il avoit lû quelque chose dans les Livres de Moïse, II. 163
Longueville, le Duc de ce nom tué après le passage du Rhin, II. 424. *aux Notes*.
Lopé de Véga, Poëte Espagnol, plus fécond qu'exact, I. 293. *aux Notes*. Défense de ce Poëte. *ibid*.
Louange, doit être donnée à propos, I. 232. & *suiv*. Doit être véritable, I. 239
Louet, son Recueil d'Arrêts, commenté par Brodeau, I. 17. *aux Notes*.
Louis XI. Bon mot de ce Roi, I. 94. *aux Notes*.
LOUIS LE GRAND. Eloges differens de ses grandes qualitez & de ses conquêtes, I. 1. & *suiv*. Donne des pensions aux Gens de Lettres, I. 15, 179. *aux Notes*. Eloge du Roi, I. 57. C'est de sa main que la Satire Neuvième a passé dans les mains du Public, I. 87. *aux Notes*.

DES MATIERES.

Notes. Les merveilles de son Regne, I. 88, 89. Sa campagne de Lille, en 1667. *ibid.* Autre éloge du Roi, I. 102. Etablit la Maison de saint Cyr, I. 120. Loué comme un Héros paisible, I. 171. *& suiv.* Ses principales actions, I. 176. *& suiv.* Fait un accueil favorable à Boileau, I. 180, 181. Sa campagne de Hollande, I. 190. Comparé à Jupiter, I. 193. Comparaison de deux éloges du Roi, I. 220. *aux Notes.* Invitation à tous les Poëtes de chanter ses louanges, I. 324. *& suiv.* Bel éloge de ce Roi dans la bouche de la Mollesse, I. 348. Reprend un Vers de l'Auteur, I. 358. *aux Notes.* Vers pour mettre sous son Buste, I. 421. Fournit un exemple à l'Auteur, II. 102. *aux Notes.* Se déclare Protecteur de l'Académie Françoise, II. 252. *aux Notes.* L'Europe entière trop foible contre lui seul, II. 254.
Lucilius, Poëte Latin, I. 99, 100. Inventeur de la Satire, I. 288. Licence qu'il se donne dans ses Ouvrages, II. 246. *& suiv.*
Lucrece, critique du personnage qu'on lui fait jouer dans la Clelie, II. 222
Lucrece, ce Poëte a imité l'Ode de Sapho, II. 26. *aux Notes.*
Lulli, célèbre Musicien, I. 111. II. 97
Lumiere, il y a du Sublime, renfermé dans ces mots de la Genèse, *Que la Lumiere se fasse*, &c. II. VI. 22. 136. *& suiv* 142, 143. Critique de ce sentiment, II. 155. *& suiv.* Pourquoi on a cru qu'il y avoit du Sublime dans ce Passage, II. 160
Lupus raillé par Lucilius, II. 246
Luther, fameux Hérésiarque, I. 256, 257. Ses principales erreurs, *ibid.*
Lutrin: Poëme Heroï-Comique de l'Auteur. Sujet de ce Poëme, I. 329. Tems auquel il fut publié, *ibid. aux Notes.* Quel jour le Lutrin fut placé, I. 331. *aux Notes.* On tira au billet à qui placera le Lutrin, I. 340. On le brise, I. 365. Double procès intenté à ce sujet, I. 369, 370. *aux Notes.* On enlève le Lutrin, I. 382. L'Auteur y produit un bon Evêque sous son nom propre, II. 181
Luxe, Ses mauvaises suites, II. 86. Ses desordres, II. 127. D'où passé en Europe, *ibid.*
Lycurgue, apporte d'Ionie les Oeuvres d'Homère, II. 95
Lyre, effets du son de cet instrument, II. 75
Lysias, en quoi il a excellé, II. 66, 67. *aux Notes.* Comparé avec Platon, II. 68

M.

Madrigal: caractere de cette espèce de Poësie, I. 288
Magnon, mauvais Poëte, I. 316. Ses Ouvrages *ibid. aux Notes.*
Mainard, Poëte François, I. 286. Eloge des Ouvrages de ce Poëte, II. 273

Maine: Louange de Monseigneur le Duc du Maine, I. 421
Maintenon (Mad. de) son Eloge. I. 127
Maires du Palais, sous les Rois de la première Race, I. 348. *aux Notes.*
Maitre (le) quelle penitence on lui fit faire, II. 325
Maizeaux (Des) Lettre sur l'origine du nom des Côteaux. I. 33
Malherbe, s'est servi d'une expression semblable à une de Boileau. I. 2. expression singulière qu'il a employée plusieurs fois, I. 22. *aux Notes.* Ce qu'il a dit de la Mort appliqué à la Raison. I. 50. A été imité par quelques Poëtes, I. 172. *aux Notes.* A perfectionné notre Poësie, I. 276. Il consultoit sur ses Vers jusqu'à l'oreille de sa Servante, II. 88. Eloge de ses Ouvrages, II. 273. 311
Malleville, Poëte François, I. 286. Sonnet qu'il fit sur la belle Matineuse, *ibid. aux Notes.*
Manceaux, accusez d'aimer les procès, I. 368
Mandille, ce que c'est. I. 57. *aux Notes.*
Mansard, célèbre Architecte. I. 314
Manufactures établies en France, I. 178. II. 311.
Mariage: éloge du Mariage, I. 109. II. 281. Jolie Epigramme sur ce Sacrement, II. 316. *aux Notes.*
Marigni, ce qu'il dit en voiant l'Angeli qui faisoit rire le Roi. I. 16
Marot, Sa naïveté & son elegance, I. 274. Imitation de Marot par Boileau, *ibid.* A perfectionné la Poësie Françoise, I. 275. Pourquoi ses Ouvrages ne vieillissent point, II. 117, 118
Martinet, trait contre cet Avocat. II 207
Mascaron (Jule) ses Sermons pleins de pointes, I. 287. *aux Notes.*
Matris Auteur blâmé par Longin. II. 7
Maucroix: Veut changer deux Vers de Boileau, I. 105. *aux Notes.* Lettre à ce Traducteur, II. 309. *& suiv.* Difference de ses Traductions Posthumes d'avec celles qu'il avoit publiées pendant sa vie, II. 209. *aux Notes.* Remarques sur ses Ouvrages, II. 310. Sa Réponse à Mr. Despréaux, II. 316. *& suiv.* Jolie Epigramme de sa façon, II. 316. *aux Notes.* Raison pour laquelle il fut contraint de se borner à la Traduction, II. 318, 319
Maugis, Enchanteur, Cousin des quatre fils Aimon, I. 251
Mauroy, Testu de Mauroi, I. 67
Mazier (le) Avocat criard, I. 17. *aux Notes.* 183
Meandre, Faute de Mr. Perrault sur ce Fleuve de Phrygie, II. 101
Medecin, devenu Architecte, I. 314, 399. II. 89. 266. Devenu Curé, II. 405
Medée, Réponse sublime de cette Enchanteresse, II. 141
Mediocre, Lequel vaut mieux d'un Médiocre parfait ou d'un Sublime defectueux, II. 64
Médisante, La Médisance est un Art qui a ses règles, I. 95. *aux Notes.* Est souvent fatale à leur Au-

TABLE

Auteur, II. 177
Meditations de Buzée & d'Hayneuve, I. 246
Menage, Abbé, avoit peu de naturel pour la Poëſie, I. 21. *aux Notes.* Son ſentiment ſur l'origine du nom des Côteaux. I. 33. Ses Mercuriales, I. 48. *aux Notes.* A retourné un Vers de Corneille, I. 174. *aux Notes.*
Menardiere, ſa Tragédie d'Alinde, I. 269. *aux Notes.* Poëte médiocre, I. 316
Meotide, le Palus Meotide. I. 175
Mercure, Dieu de l'Eloquence, les Ecrivains d'aujourd'hui lui préferent leur Phébus, II. 237
Meſure, combien dangereux d'en trop affecter dans les paroles, II. 79
Meſsene, le ſiège de cette Ville dura vingt ans, II. 10 *aux Notes.*
Métamorphoſe d'un Medecin en Architecte, I. 314. II. 89. De la Perruque de Chapelain en Cométe, I. 450
Métaphores, en quel nombre & comment les emploïer, II. 60. 149. Difference des Paraboles & des Comparaiſons aux Métaphores, II. 71. *aux Notes.*
Métellus, raillé par Lucilius, II. 246
Μετίωρα, ſignification de ce mot, II. 7. *aux Notes.*
Méthode, il en faut une, même dans le Sublime, pour ne dire que ce qu'il faut & en ſon lieu, II. 5, 92
Mezerai, Hiſtorien François, I. 285
Mezzabarba, l'Abbé de ce nom a traduit en Vers Italiens l'Ode ſur Namur &c. de notre Auteur, II. 421. *aux Notes.*
Midas, avoit des oreilles d'Ane, I. 98
Midias, ſon épitaphe, II. 70
Mignot, traiteur peu entendu dans ſon métier, I. 30. Fait un procès à l'Auteur, *ibid. aux Notes.* Vendoit d'excellens biſcuits, & avanture plaiſante à ce ſujet, *ibid.* Doit ſa fortune aux Satires de Boileau, *ibid.*
Modernes, aux Ecrits deſquels on a rendu juſtice, II. 273, 274
Mœurs : de quel genre eſt ce mot, I. 420. *aux Notes.*
Moines : brouilleries & diviſions qui arrivent entre eux, I. 332
Moiſe, Legiſlateur des Juifs, Auteur de la Geneſe, loué par Longin, II. 22. 136 Examen du ſentiment de Longin ſur un paſſage de Moïſe, II. 155. *& ſuiv.*
Moliere, ſa Comédie du Tartuffe, I. 27. Eloge de ſon eſprit, *&* de ſa facilité à faire de bons vers, I. 20. Sa Traduction de Lucrèce, *ibid. aux Notes.* Vouloit faire une Comédie ſur l'idée de celle des Viſionaires, I. 43. *aux Notes.* A imité une penſée de Boileau, I. 44. *aux Notes* A été enterré ſans bruit, I. 220. *aux Notes.* Succès de ſes Comédies, I. 221. Bannit les Turlupinades, I. 288. *aux Notes.* Jugement de Boileau ſur Mollere, I. 311. Boileau le loue ſur ſa Comédie de l'Ecole des femmes, I. 396. Il conſultoit ſa Servante ſur ſes Comédies, II. 88. Eloge de ſes Ouvrages, II, 273.

Auteurs anciens où il a puiſé les plus grandes fineſſes de ſon Art, II. 274. Nom de celui qu'il a peint dans ſon Miſanthrope ſous le nom de Timante, I. 353. *aux Notes.*
Molinos, Molinoziſme, I. 130. *aux Notes.* 143. *aux Notes.*
Molleſſe, fait ſon ſéjour à Cîteaux, I. 347. Elle fait un bel éloge de Louis le Grand, I. 348. Ses mauvais effets, II. 85
Monde, comparé à un Théatre, I. 138
Mondori, Comédien, I. 219. *aux Notes.* 272, 273. *aux Notes.*
Monleron, fameux Partiſan, I. 13. *aux Notes.*
Monnoye (de la) ſa Remarque ſur le Païs de Cocagne. I. 64
Montauzier (le Duc de) n'aimoit pas Boileau, à cauſe de ſes Satires, I. 13. 93. *aux Notes.* Sujet de leur réconciliation, I. 225. *aux Notes.* Lettre de Mr. Huet à ce Duc contre Boileau, II. 155. *& ſuiv.* Comment on devoit, ſelon lui, traiter les Auteurs Satiriques, II. 176
Monterey, Gouverneur des Païs-bas, aſſiege Oudenarde, I. 233
Montfleuri, Comédien, excellent Acteur, I. 219. *aux Notes.*
Montfleuri le jeune, traits contre lui. I. 313
Montlhéri : la fameuſe tour de Montlhéri, I. 350
Montmaur, Profeſſeur en Grec, fameux Paraſite, I. 14. *aux Notes.* La guerre que lui firent les beaux eſprits de ſon tems, I. 15
Montreuil, Poëte raillé, I. 69
Morel, Docteur de Sorbonne, ſurnommé *La Mâchoire d'Ane*, I. 71. *aux Notes.*
Morliere (la) mauvais Poëte, fort inconnu, I. 316, 317. *aux Notes.*
Motin, Poëte froid, I. 317. Confondu avec Cotin, *ibid. aux Notes.*
Motte (De la) réfutation de la Critique que cet Académicien a fait d'un endroit de la Tragédie de Phedre de Mr. Racine, II. 149. *& ſuiv.* Sa Réponſe, II. 195
Mots, de quelle conſéquence eſt le choix des beaux mots dans le Diſcours, II. 58. Les beaux mots ſont la lumiere propre de nos penſées, II. 59. Grands mots pour exprimer des choſes baſſes, à quoi comparez, *ibid.* Quel grand défaut que la baſſeſſe des mots, II. 80. *& ſuiv. & ſuiv.*
Muret, a le premier traduit en Latin les Ecrits de Longin, II. IV
Muſcade, on ne vouloit plus qu'elle ſe fit ſentir dans les ragoûts. I. 35
Muſique ne peut exprimer les grands mouvemens de la Poëſie, I. 433. Si dans la Muſique des Anciens il y avoit des parties, I. 56, 57. *aux Notes.*

N.

Namur: priſe de cette ville, I. 387
Nantes (de) Avocat, ſon Sonnet contenant l'éloge de Mr. Deſpréaux. I. 452. Sur la Satire contre

DES MATIERES.

contre l'Equivoque, I. 453. Vers sur ces deux Sonnets. I. 454
Nanteuil, fameux Graveur, I. 261
Nantouillet, suit le Roi au passage du Rhin, I. 196
Nassau, Prince d'Orange, vaincu par Monsieur le Duc d'Orleans, à la Bataille de Cassel, I. 215. Voit prendre Namur par Louis le Grand, I. 389. & *suiv*.
Nature, c'est ce qui est le plus necessaire pour arriver au Grand, II. 5. Besoin qu'elle a en cela du secours de l'Art, II. 5, 71. La Nature ne réussit jamais mieux que quand l'Art est caché, II. 49. Conduite de la Nature dans la formation de l'homme, en quoi imitable, II. 81
Nausicaa, passage d'Homère sur un mot de cette Princesse à Ulysse, expliqué, II. 99
Neptune, se loue avec Apollon pour bâtir les murs de Troie, I. 388
Neron, Vers de cet Empereur critiqué par Perse, II. 248
Nevers (le Duc de) Sonnet contre lui attribué faussement à Boileau & à Racine, I. 226. Sonnet du Duc de Nevers contre Boileau & Racine, *ibid*. Illustre par la Beauté de son esprit, II. 176. Ce qu'il dit de Boileau, II. 177
Neveu (la) femme débauchée, I. 44
Neuf-Germain, Poëte ridicule, I. 90. Raillé par Voiture, II. 249
Nicole, Auteur d'un Traité contre la Comédie, I. 321. *aux Notes*. Publie huit Lettres sous le titre de Visionaires, II. 320, Ces Lettres défendues contre Mr. Racine, II. 328. & *suiv*.
Nimegue, prise de cette Ville, I. 191
Noailles, Archevêque de Paris, & Cardinal, I. 150. 241, 242
Nobles, Noblesse, Caracteres & marques de la veritable Noblesse, I. 51. & *suiv*. Le seul merite faisoit autrefois les Nobles, I. 55. Ce qui porte les Nobles à faire des alliances inégales, I. 57. Noblesse de Boileau & de sa famille, confirmée par Arrêt, I. 137. *aux Notes*.
Nogent, suit le Roi au passage du Rhin, I. 197
Nombre, changement de nombre dans un Discours, II. 50. & *suiv*. Nombres Dactyliques, ce que c'est, II. 76, 77. *aux Notes*.
Noms, remarques sur leur usage parmi les Grecs, II. 128
Normands: Réponses Normandes, I. 155. Accusez de peu de sincerité, I. 168, 237. *aux Notes*. Leçon qu'un Pere Normand donne à son fils, I. 183. Aiment les Procès, I. 333, 368, *aux Notes*.

O.

O De: caractere de ce genre de Poësie, I. 284, 385. Discours sur l'Ode, I. 285. Ode sur la prise de Namur, I. 387. Elle a été traduite en Latin, II. 295, 420. En Italien, II. 421.

aux Notes. Ode contre les Anglois, I. 394
Odyssée: n'est, à proprement parler, que l'Epilogue de l'Iliade, II. 23
Oedipe, épouse sa mere, II. 51
Olympiques, Jeux Olympiques, II. 122
Opera, Spectacle enchanteur & dangereux, I. 110. Vers des Opera, blâmez, I. 236, Prologue d'un Opera, I. 433. & *suiv*. Ce mot au pluriel se doit écrire sans s. II. 124. Dangers de l'Opera, II. 285
Or. Il donne un grand relief à la naissance, I. 57. Donne du lustre à la laideur, I. 81
Oracles, leurs réponses équivoques, I. 155. Leur cessation, I. 158. Prêtresse d'Apollon, ce qui lui fait prononcer des oracles, II. 32
Orateurs, leur differente disposition pour le Panegyrique ou le Pathétique, II. 17. Première qualité d'un Orateur, II. 18. Comparaison de deux Orateurs, II. 30, 31. *aux Notes*. Pourquoi si peu d'Orateurs peuvent s'élever fort haut dans le Sublime, II. 82. On faisoit faire souvent à leur honneur des Statues & on les leur envoioit chez eux, II. 316
Orbayi (d') fameux Architecte, son témoignage sur la façade du Louvre, sur l'Observatoire &c. II. 90
Ordonnances pour l'abréviation des procédures, I. 178
Oreste tourmenté par les Furies, II. 36
Orientaux, fausseté de l'opinion, qui leur attribue plus de vivacité d'esprit qu'aux Européens & sur tout qu'aux François, II. 113, 114
Orleans: Monseigneur le Duc d'Orleans, Regent du Roiaume, I. 125. *aux Notes*.
Orsi: le Marquis Orsi, Auteur Italien, a écrit contre le Pere Bouhours, I. 95. *aux Notes*.
Orsoi, prise de cette Ville, I. 191, 192
Ortygie, une des Cyclades, maintenant Delos, II. 100. *aux Notes*.
Ossone: le Duc d'Ossone donne la liberté à un Forçat, & pourquoi, I. 137. *aux Notes*.
Ostorius, Tragédie de l'Abbé de Pure jouée à l'Hôtel de Bourgogne, II. 231
Ostracisme en usage chez les Athéniens, I. 144
Oüate: Etymologie de ce mot, I. 357
Ovide: Son Art d'Aimer, I. 284
Ouvrages: on juge des Ouvrages par ce qu'ils ont de pire, II. 64. Preuve incontestable de la bonté des Ouvrages de l'esprit, *ibid*. C'est la Posterité seule qui y met le prix, *ibid*. Si le bon y passe de beaucoup le méchant, c'est assez pour qu'ils soient excellents, II. 364

P.

P Acolet, Valet de pié du Prince de Condé, I. 239
Pactole, Riviere fameuse, I. 139
Pais (le) Ecrivain médiocre, I. 38. Singe de Voiture, I. 39. *aux Notes* Son Livre intitulé *Amours, Amitiez, Amourettes*, I. 235
Paix,

TABLE

Paix, inconveniens d'une trop longue Paix, II. 84
Panégyriques, leur Sublimité détachée pour l'ordinaire des passions, II. 17
Parabole, définition de cette figure, II. 71
Parallaxe, terme d'Astronomie, I. 203. *aux Notes*.
Paris: Description des embarras de cette Ville, I. 59. *& suiv.* Police admirable qui y est observée, I. 62, 63. *aux Notes*. Divers chagrins que Boileau y reçoit, I. 212. *& suiv.*
Parisiens, leur caractere, I. 135
Parodie de Pindare, contre Mr. Perrault, I. 411. De quelques Scènes du Cid, contre Chapelain, I. 437
Paroles, choix des plus propres combien essentiel au Sublime, II. 58, 59. Avantage, qui naît de leur juste composition, II. 76. Il faut qu'elles répondent à la Majesté des choses dont on traite, II. 81
Partisans, leurs biens immenses, I. 11. *au Texte*.
Pascal, cité, I. 143, 144. M. Despreaux a copié les accusations qu'il fait contre les Jesuites, I. 167. Son enjouëment plus utile que le serieux de Mr. Arnauld, II. 326
Pasquier (Etienne) son Epitaphe, I. 322
Passions, il en est qui n'ont rien de grand, comme il y a de grandes choses où il n'entre point de passion, II. 16. Desordre porté dans l'ame par les passions humaines, II. 84
Pathétique: ce que c'est & son usage pour le Sublime, II. 9, 16, 44, 45
Patru, de l'Académie Françoise, fameux Avocat, I. 17, 101, 206. *aux Notes.* Critique habile, I. 319. *aux Notes.* Débiteur réconnoissant, I. 415. Boileau lui faisoit revoir tous ses Ouvrages, II. 27. *aux Notes*.
Pavillon, Evêque d'Aleth, son éloge, I. 340
Paul (Saint) qualifié Saint dès le tems qu'il gardoit les Manteaux de ceux qui lapidoient Saint Etienne, II. 128
Pédant, portrait d'un Pédant, I. 43. Son caractere, II. 109, 110
Pélisson, de l'Académie Françoise, & Maître des Requêtes: sa beauté, I. 81. *aux Notes*.
Pelletier, méchant Poëte, I. 3, 12, 66. Est traité de Parasite, I. 22. Compofoit beaucoup d'Ouvrages, I. 23. Ses Oeuvres en cornets de papier, I. 35. Ses Sonnets peu lûs, I. 286
Penélope, Fictions absurdes sur la mort de ses Amans, II. 25. Apostrophe qu'elle adresse à ses Amans, II. 56
Pensées, en quoi consiste leur sublimité, II. 17. *& suiv.*
Perier (du) Poëte François imitateur de Malherbe, I. 99. *aux Notes.* Recitateur éternel de ses Vers, I. 318. *aux Notes*.
Periodes, force qu'elles ont étant coupées, & prononcées néanmoins avec précipitation, II. 46. Sublime dans les Periodes à quoi comparé, II. 78. Quelle en doit être la mesure & l'arrangement, II. 79. *& suiv.*
Periphrase, harmonie qu'elle produit dans le Discours, II. 56. Ce qu'il y faut observer, *ibid. & 57*
Perrault (Pierre) Receveur Général des Finances,

ses principaux Ouvrages, I. 100. II. 90, 91. *aux Notes*.
Perrault (Claude) Medecin & Architecte, & de l'Académie des Sciences, I. 314. II. 89. *aux Notes*. Epigrammes contre lui, I. 399, 410. II. 267. Ses médisances contre l'Auteur, II. 89. C'est lui qui a donné au Public la Traduction de Vitruve, II. 90, 109. *& suiv.* 266. *aux Notes.* C'est sur ses desseins, dit-on, que fut élevée la façade du Louvre &c. II. 90. 267. *aux Notes.* Voïez aussi II. 300
Perrault (Charles) de l'Académie Françoise, traits contre lui, I. 100, 124. A écrit contre les Anciens, I. 385. II. 272, 318. Epigrammes contre lui, I. 408. *& suiv.* Sur sa réconciliation avec Boileau, I. 412. II. 273. Tems auquel il mourut, II. 88. *aux Notes.* Bévües & absurditez de ses *Parallèles des Anciens & des Modernes*, II. 88, 92. *& suiv.* Plan de cet Ouvrage, II. 112. Ridicules Bévües de l'Abbé & du Président, qui y parlent, *ibid. & suiv.* Jugement du Prince de Conti sur ces Dialogues, II. 132. Il étoit Contrôleur Général des Bâtimens du Roi, II. 267. *aux Notes.* C'est contre lui que Boileau a écrit les Réflexions Critiques sur Longin, *ibid.* Condamné par Mr. Arnauld, II. 280. *& suiv.* Liste de ses Ouvrages, II. 274, 300. En voulant défendre Cotin il fait paroître peu de justesse d'esprit, II. 420
Perrin, Poëte médiocre, I. 66, 91. A eu le privilége de l'Opera, *ibid.*
Perruques frondées, I. 244. II. 312, 313
Perse, Poëte Latin, caractere de ses Satires, I. 289. Ce Poëte a osé critiquer Neron selon Boileau, II. 248. Auteur célèbre qui en doute, *ibid. aux Notes*.
Personnes, changement de personnes dans le discours, de quel effet, II. 53
Persuasion, difference de la Persuasion & du Sublime, II. 3
Petit, condamné à être brûlé pour avoir fait imprimer des Chansons impies & libertines de sa façon, I. 290
Petites-Maisons, Hôpital des foux, I. 43, 77
Petra (Gabriel de) Jugement sur sa Version de Longin, II. IV. v
Pétrarque: fameux Poëte Italien, I. 285. *aux Notes*.
Petrone, sa Morale licentieuse, I. 140
Phaëton: Sujet d'un Opera entrepris par Mr. Racine, I. 421. Avis que son Pere le Soleil lui donna en lui mettant entre les mains les rênes de ses Chevaux, II. 37
Pharamond aux Enfers, amoureux de Rosemonde, II. 235
Pharsale de Brebeuf, I. 229, 274
Phébus, certain Phébus préferé à Apollon, II. 237
Phédre: son caractere dans une Tragédie de Racine, I. 113, 223. Tragédie de Phédre, quand représentée, I. 219. *aux Notes.* Défense d'un endroit de la Tragédie de Phédre de Mr. Racine contre Mr. de la Motte, II. 149. *& suiv.*
Philippe, Roi de Macédoine, sa réponse à un Cour-

DES MATIERES.

Courtisan, I. 12. *aux Notes.*
Philippe, Frere du Roi Louis XIV. Duc d'Orleans, défait le Prince d'Orange, I. 215
Philiscus, Poëte Comique, II. 78. *aux Notes.*
Philiste, caractere de cet Orateur, II. 78
Philosophe, comment il se perfectionne, I. 203. II. 225
Philostrate, ce qu'il dit de l'Orateur Isée, II. 13. *aux Notes.*
Phocion, une de ses paroles, II. 135
Phrynicus, tout le Théatre fondit en larmes à la représentation d'une de ses Tragédies, II. 52
Piété: sa retraite ordinaire, I. 377. Sa requête à Themis pour la réforme de la Discipline ecclesiastique, *ibid.* Réponse de Themis, I. 379. Plainte de la Piété à Mr. le Premier Président de Lamoignon, I. 381
Pigeons Cauchois & Ramiers, I. 34, 35
Pinchêne, mauvais Poëte, neveu de Voiture, I. 203, 231, 244, 316, 372
Pindare, critiqué par Mr. Perrault, I. 385. II. 121. Loué par Horace, I. 386. II. 123. Comparé à un Aigle, I. 387. Caractere de Pindare, II. 65. Mauvaise Traduction d'un passage de ce Poëte par Mr. Perrault, II. 123. Parodie burlesque de sa premiere Ode, I. 411
Pisistrate, donne au Public les Oeuvres d'Homere, II. 95. Se rend maître d'Athènes, II. 96
Place (la) Professeur de Rhétorique, II. 128, 129. *aux Notes.* Boileau a étudié sous lui, *ibid.*
Plaideur, Plaideuse, Caractere d'une Plaideuse, I. 136. Folie des Plaideurs, I. 183
Plaisirs, combien l'amour en est dangereux & nuisible à l'esprit, II. 84
Plinpisson, indigné contre le Parterre, I. 221. *aux Notes.*
Platon, sur quoi blâmé, II. 12, 58, 63. Elevation & beautez de son stile dans plusieurs figures, II. 30, 32, 52, 57. Profit qu'il a tiré de l'imitation d'Homere, II. 32, 33. Préference qu'il merite sur Lysias, II. 63, 68. S'il a lû l'Ecriture Sainte, II. 164
Pline, faute de Mr. Perrault sur un passage de cet Auteur, II. 101, 102
Pline le jeune, son Panégyrique de Trajan desaprouvé par Voiture, II. 263. *aux Notes.*
Pluriers, pour des singuliers, rien quelquefois de plus magnifique, II. 51. Exemples de cette figure & ce qu'il y faut observer, *ibid. &* 52. Pluriers au contraire reduits en singuliers, II. 52
Poëme épique, son caractere & ses règles, I. 300. *& suiv.*
Poëme Heroïque, pour être excellent doit être chargé de peu de matiere, I. 425
Poësie: Histoire de la Poësie Françoise, I. 275. Ses effets avantageux, I. 322. *& suiv.* Dispute entre la Poësie & la Musique, I. 433
Poëte miserable, qui abandonne Paris, I. 9. *& suiv.* Instructions utiles aux Poëtes, I. 315. *& suiv.* I. 322. Les mechans Poëtes étoient condamnez autrefois à effacer leurs Ecrits avec la Langue, II. 249. *& aux Notes.* Difference des anciens d'avec les modernes, II. 311. Poëtes de Théatre traitez d'empoisonneurs publics, II. 320, 321. *aux Notes.* C'est en partie dans leur lecture que les anciens Peres se sont formez, II. 323. Beau passage de Ciceron sur les Poëtes, II. 286. *aux Notes.*
Pointe, vicieuse dans les Ouvrages d'esprit, I. 287. Peut entrer dans l'Epigramme, *ibid.*
Poisson, Comedien, pourquoi M. Colbert ne pouvoit le souffrir, I. 313
Politesse accompagne rarement un grand savoir, II. vii.
Politien (Ange) pourquoi il ne vouloit point lire la Bible, II. 159
Polyclete, excellent Statuaire, II. 70
Polycrène, Fontaine près de Bâville, I. 217
Pompone, (Simon Arnauld Marquis de) loué, I. 225
Porphyre, Disciple de Longin, II. iii.
Port-Roïal: célèbre monastere de Filles, I. 110. Ecrits contre Mrs. du Port Roïal, II. 320. *& suiv.* Il y a dans la Clélie une peinture avantageuse de ce monastere, II. 323. Defense du Port Roïal, II. 328. *& suiv.*
Portrait: Inscription pour le Portrait de Boileau, I. 247. *aux Notes.*
Posterité, quel motif pour nous exciter que de l'avoir en vûe, II. 34. *& aux Notes.* C'est elle qui établit le vrai merite de nos Ecrits, II. 117, 119, 318
Potosi, Montagne où il y a des mines d'argent, 205
Pourchot, Professeur au Collège des quatre Nations, II. 242. *aux Notes.*
Pourget, nom d'une Chapelle, I. 331. *aux Notes.* II. 425
Pradon, Poëte médiocre, I. 191. Fait la Critique des Oeuvres de Boileau, I. 212. *aux Notes.* Composé une Tragédie de Phedre, I. 219. *aux Notes.* Etoit fort ignorant, I. 226, 245. *aux Notes.* Grand démêlé que sa Phedre excita, I. 226. Ses Tragédies de Pirame & de Regulus, I. 246. Epigramme contre Pradon, I. 402
Précieuse, portrait d'une Précieuse, I. 124
Prédications, rapport qui se peut trouver entre les Prédications & les Satires, II. 292
Prix, utilité de ceux qu'on propose dans les Républiques, pour aiguiser & polir l'esprit, II. 83
Probabilité, le Dogme de la Probabilité censuré, I. 161
Prodigue, portrait d'un Prodigue, I. 46, 47
Prosopopée à un Théologien, I. 263
Proverbe Grec, I. 12. Vers de Boileau devenu Proverbes, I. 233. *& 243. aux Notes.* Celui-ci. *Il parle comme un livre*, pour qui il sembloit avoir été fait, II. 275. *aux Notes.*
Provins, le Sieur de Provins raillé par Regnier, II. 248
Ptolémée, Roi d'Egypte, ce qu'il répondit à un Rhéteur, II. 106
Puce, Enigme de l'Auteur sur cet insecte, I. 416
Pucelle d'Orleans, Poëme de Chapelain, 38, 93. II. 232.

L l l 2

TABLE

II. 232. Les Vers en sont durs & forcez, I. 48, 66. II. 232. & suiv. Jeanne d'Arc, ou la Pucelle d'Orleans, à délivré la France, I. 395. II. 232. Amoureuse du Comte de Dunois, II. 234

Puerilité, combien vicieuse dans le stile, & en quoi elle consiste, II. 8. Ecrivains célèbres tombez dans ce défaut, II. 9. & suiv.

Pupitre: Voïez *Lutrin*.

Pure (Michel de) Abbé: Son démêlé avec l'Auteur; Ses Ouvrages, I. 20. aux Notes. II. 23. Ennuïeux célèbre, I. 59. Rampe dans la fange, I. 88

Pussort, Conseiller d'État, qui a travaillé à la Reformation des Ordonnances, I. 368

Pygmées: Peuples fabuleux, I. 337. Comment on les empêchoit de croître, II. 83

Pyrrhus, sage conseil que lui donne son confident, I. 174. Comparé à Alexandre, *ibid. aux Notes.* Caractere de Pyrrhus dans l'Andromaque de Racine, I. 222. aux Notes.

Pythagore, belle Sentence de ce Philosophe, II. 3. Fameux Philosophe Naturaliste, II. 121. Habillé en galant, II. 225

Q.

Quiétisme, I. 130. aux Notes. Erreurs des Quiétistes condamnées, I. 259. aux Notes.

Quinaut, Poëte célèbre, I. 21. Dans ses Tragédies tous les sentimens tournez à la tendresse, I. 39. Sa Tragédie de Stratonice, I. 40. aux Notes. Celle d'Astrate, I. 40. II. 230. aux Notes. Sa réconciliation avec Boileau, I. 280. aux Notes. Caractere de ses Poësies, I. 374. aux Notes. Son unique talent pour la Poësie, II. 97. Quel étoit d'ailleurs son merite, ibid. Pourquoi censuré par Boileau, selon le defenseur de M. Huet, II. 181

Quinquina, d'où vient sa vertu, selon un célèbre Medecin, II. 243. aux Notes.

Quintilien cité, I. 200. 290. II. 130. 164. 166. Ce qu'il dit de Démosthène, II. 359

Quintinie, Directeur des Jardins du Roi, I. 250. II. 274.

R.

Rabelais cité. I. 12. 31

Racan, Poëte estimé, I. 89. 270. Poëte célèbre, II. 273. Comparé avec Malherbe, II. 311. Sa plaisante manière d'écrire les Vers, II. 318

Racine: Expression de ce Poëte semblable à une autre de Boileau. I. 5. Sa Tragédie d'Alexandre le Grand, I. 39. Epître à lui dediée, I. 219. Sa Tragédie de Phédre & Hippolite, *ibid aux Notes.* Celle d'Iphigenie, I. 219. Conseils à lui donnez pour se mettre à couvert de l'envie & de la censure, I. 221. 222. Ses Tragédies d'Andromaque, & de Britannicus, I. 222. aux Notes. Celle de Phédre, I. 223. Sonnet contre cette Tragédie, & ce qui en arriva, I. 226. Nommé pour écrire l'Histoire du Roi, I. 219. aux Notes. 247. & II. 253. 416. aux Notes. Vers d'Andromaque à Pyrrhus, I. 315. aux Notes. Racine comparé avec Corneille, I. 427. aux Notes. II. 119. 154. Releve dans son Iphigenie la défense de l'Opera d'Alceste, II. 90. Traduction du Verset 35. du Pseaume XXXVI. II. 104. Justifié sur quelques endroits de sa Tragédie de Phédre, critiquez par Mr. de la Motte, II. 149. & suiv. Exemple du Sublime tiré de son Athalie, II. 153. Défense de la Critique de Mr. de la Motte, II. 195. Sur quels Auteurs anciens il s'est formé, II. 274. Lettre de Racine à l'Auteur des Hérésies Imaginaires, II. 305. Lettre de Racine à l'Auteur des Hérésies Imaginaires, II. 320. I. Réponse à cette Lettre, II. 328. & suiv. II. Réponse, II. 341. & suiv.

Raconis, Evêque de Lavaur, I. 362

Raison souvent incommode, I. 50. Doit s'accorder avec la Rime, I. 22. 270. Fait tout le prix des Ouvrages d'esprit, I. 271

Rampale, Poëte médiocre, I. 316

Rapin (le Pere) Jésuite, cité, II. 95. aux Notes.

Ratabon, célèbre Architecte. II. 266

Rate, à quoi elle sert, II. 62. aux Notes.

Raulin, Fondateur d'un Hôpital, I. 94. aux Notes.

Raumaville, fameux fripon. I. 67

Recteur de l'Université allant en procession, I. 36

Reduit, ce que c'est. I. 317

Regnier, Poëte Satirique fameux, I. 39. 86. 99. aux Notes. Jugement sur ce Poëte, I. 289. II. 110. Il nomme par leur nom ceux qu'il raille, II. 248. Portrait qu'il fait d'un Pedant. II. 119. Beauté de ses Satires, II. 276

Regnier Desmarais (l'Abbé) I. 370. aux Notes.

Renard, Poëte François, I. 244. aux Notes.

Renaudot, de l'Académie Françoise, I. 256. Avertissement que cet Abbé a mis au devant de la dixième Réflexion de Boileau sur Longin, II. 133. & suiv. Réponse à cet Avertissement, II. 175. & suiv.

Renommée: sa description, I. 343. Appellée fille de l'Esperance, II. 35. aux Notes. Erreur de Mr. Perrault à son occasion, II. 104

Rentes, retranchement d'un quartier de Rentes, I. 27. aux Notes.

Revel se signale au passage du Rhin, I. 195

Reynie (la) Lieutenant Général de Police, I. 63. 141

Rhadamanthe, Juge des Enfers, II. 209

Rhapsodies, origine & signification de ce mot, appliqué aux Ouvrages d'Homère, II. 93. 94

Rhimberg, prise de cette Ville. I. 192

Rhin, passage du Rhin, I. 192. & suiv. & II. 424. Sa source au pied du mont Adulle I. 192. Passé deux fois par César, I. 193. aux Notes. Le Dieu du Rhin prend la figure d'un Guerrier, I. 194. Discours de ce Dieu aux Hollandois, I. 195

Riche-

DES MATIERES.

Richelet : Auteur d'un Dictionaire François, I. 14. 23. 120.

Richesource, miserable Déclamateur, I. 38. *aux Notes.* II. 120 121. *aux Notes.*

Richesses, rien de plus opposé au bonheur de l'homme que d'en avoir un desir excessif, II. 84. De combien de maux elles font naturellement accompagnées, *ibid. & * 85. Rendent l'homme superbe, II. 123.

Rime : accord de la Rime & de la Raison, I. 22. Rimes extraordinaires, I. 224. *aux Notes.* Doit obeïr à la Raison, I. 270. C'est l'écueil de notre versification, II. 317.

Riquet (Paul) proposa le dessein du Canal de Languedoc, I. 178.

Rire, passion de l'ame, II. 74.

Riviere, (Abbé de la.) Evêque de Langres : son caractere, I. 13. *aux Notes.*

Roberval : savant Mathématicien, I. 122.

Rochefoucaut, Auteur des Maximes morales, I. 225. *aux Notes.*

Rocinante : Vers pour le portrait de ce fameux cheval, I. 417.

Rohaut, disciple de Descartes, I. 204. 205.

Rolet, Procureur au Parlement, I. 12. Comparé à un Renard, I. 79. *aux Notes.*

Rollin (Charles) Professeur Roïal en Eloquence, a traduit en vers Latins l'Ode sur la prise de Namur, II. 420.

Romans : Cyrus tourné en ridicule, I. 28. Romans de dix Volumes, I. 92. Distinction qu'on fait dans la Clélie des divers genres d'Amis, I. 111. Anciens Romans pleins de confusion, I. 275. *aux Notes* Faux caracteres des Heros de Roman, I. 297, 298, 299. Cyrus & la Clélie font les deux plus fameux, quoi que remplis de puerilitez, II. 104. Critique des Romans, II. 207. *& suiv.* Leur lecture pernicieuse, II. 287. *& suiv.* Les faiseurs de Romans traitez d'empoisonneurs publics, II. 320, 321. *aux Notes.*

Rondeau, doit être naïf, I. 288. Son vrai tour trouvé par Marot, &c, II. 117.

Ronsard, Poëte fameux, chez qui l'art a corrompu la nature, I. 37. Son caractere, & la chute de ses Poësies, I. 276. Affectoit d'emploïer le Grec & le Latin, I. 276. *aux Notes.* Caractere de ses Eglogues, I. 283. Pourquoi ses Vers ne font plus goutez, II. 117. ç'a été un deshonneur à la France d'avoir tant estimé ses Poësies, II. 294.

Rôt, s'il faut dire Rôt ou Rôti, I. 31.

Rufin, comment traité par Saint Jerôme, II. 325.

Rus (le P. du) Réponse à une Epigramme de Mr. Despréaux, I. 413.

Rutgersius, repris, II. 37, 38. *aux Notes.*

Ruyter (Michel Adrien) par qui vaincu, II. 265. *aux Notes.*

S.

Sacy, son autorité fort petite en matiere de critique, II. 161. N'est pas un bon Interprete, II. 194.

Sage, Portrait d'un Sage, I. 45.

Sagesse, sa définition, I. 72.

Saint-Amand, Poëte fort pauvre, I. 16. Son Poëme de la Lune, *ibid.* Celui du *Moïse sauvé*, I. 91, 270. Décrit le passage de la Mer Rouge, I. 304. II. 145. *Voiez* Amand.

Saint-Ange, Voleur de grand chemin, I. 140.

Saint-Cyr, Maison destinée pour de jeunes Demoiselles, I. 120.

Sainte-Chapelle : Eglise collégiale de Paris. Démêlé entre les Chanoines de cette Eglise, I. 331. *& suiv.* Sainte-Chapelle de Bourges, *ibid. aux Notes.* Le Trésorier de la Sainte-Chapelle porte les Ornemens Pontificaux, I. 335. *aux Notes.* Incendie de la Sainte-Chapelle, I. 361. *aux Notes.* Fondée par Saint Louis, I. 363, 379.

Saint-Evremond, Ecrivain célèbre : Un des trois Côteaux, I. 34. *aux Notes.* Sa morale, I. 140. Estimoit beaucoup notre Auteur, II. 409. *aux Notes.*

Saint-Gilles étoit un homme d'un caractere singulier, II. 353. *aux Notes.* C'est lui que Moliere a peint dans son Misanthrope sous le nom de Timante, *ibid.*

Saint-Mauris, Chevau-léger, donna au Roi la Satire IX. I. 87. *aux Notes.* Montroit à tirer au Roi, *ibid.*

Saint-Omer : prise de cette ville, I. 215.

Saint-Pavin, fameux libertin, I. 18. Reproche à Boileau qu'il avoit imité les Anciens, I. 93. *aux Notes.* Epigramme contre lui, & Sonnet de Saint Pavin contre Boileau, I. 403 *& aux Notes.*

Saint-Paulin : Poëme de Mr. Perrault, I. 125. *aux Notes.* 393. II. 281.

Saint-Remi, Voïez *Landelle.*

Sainte-Beuve, célèbre Docteur de Sorbonne, I. 17. *aux Notes.*

Salart, suit le Roi au passage du Rhin, I. 196.

Salins, prise de cette Ville, I. 325.

Salle (la) suit le Roi au passage du Rhin, I. 197.

Salviati (le Cavalier) trait de cet Auteur contre la Jerusalem delivrée du Tasse, I. 96.

Saplecque, Poëte Satirique, I. 244. *aux Notes.* Satire qu'on lui attribué, II. 423. *aux Notes.*

Santeul, ce qu'il pensoit de ses Poësies, I. 25. *aux Notes.* Epigramme sur sa maniere de reciter, I. 406.

Sappho, son Ode sur les effets de l'Amour, II. 26. *& aux Notes.* Inventrice des Vers sapphiques, II. 225. Fait le détail de la beauté de Tisiphone, II. 228.

Sarrazin, loué, II. 273. Beauté de ses Elégies, II. 276. Son Poëme de la défaite des Bouts rimez, II. 426. *aux Notes.*

Satire, redoutable, à qui ? I. 5. Souvent dangereuse à son Auteur, I. 65. 99. II. 176. Quelle

L l l 3

TABLE

est la plus belle Satire de Boileau, I. 87. aux Notes. Utilité de la Satire, I. 100. Caractere de ce genre de Poëſie, I. 268. Auteurs qui y ont excellé, I. 288, 289. II. 246. & ſuiv. L'Auteur loué d'avoir purgé ce genre de Poëſie de la ſaleté qui, juſques à ſon tems, lui avoit été comme affectée, I. 330. II. 418

Saturne : ſi cette Planete fait une parallaxe à nos yeux, I. 203. *aux Notes.*

Savante : portrait d'une Femme Savante, I. 123

Saumaiſe, Auteur célebre : Sa facilité à écrire, I. 24. *aux Notes.* Savant Critique & Commentateur, I. 90. Cité, II. 38. *aux Notes.*

Savoiard, fameux Chantre du Pont neuf, I. 91. Une de ſes Chanſons, I. 418. II. 218. *aux Notes.*

Savot (Louis) Médecin du Roi, négligé ſa profeſſion pour s'attacher à la ſcience des Bâtimens, II. 266. *aux Notes.*

Sauvalle, Auteur d'une Hiſtoire de Paris, I. 66. *aux Notes.*

Sauveur, Savant Mathématicien, I. 122

Scaliger (Jules) mépris que lui attira la Critique d'Homere, II. 131, 132. Mépriſe de Boileau ſur cet Auteur, *ibid.*

Scarron, critiqué, I. 273, 274. Cité, II. 261. *aux Notes.*

Scipion, ami de Lucilius, II. 246

Scot, ſurnommé le Docteur ſubtil, ſon véritable nom, II. 243. *aux Notes.*

Scotiſtes, Diſciples de Scot, I. 83. *aux Notes.*

Scuderi, de l'Académie Françoiſe, Auteur d'un grand nombre d'Ouvrages, I. 24. Lettres de ſa Veuve au Comte de Buſſi Rabutin, I. 73. *aux Notes.* Ce que Scuderi diſoit pour s'excuſer de ce qu'il compoſoit vîte, I. 278. *aux Notes.* Son Poëme d'Alaric, I. 305. II. 91

Scuderi, Sœur de l'Auteur du même nom, Auteur du Roman de Clélie, I. 111. II. 204, 205. 217. & ſuiv. Son portrait, II. 228 Il y a dans ce Roman une peinture avantageuſe du PortRoïal, II. 323

Scythes, maladie dont Vénus les affligea pour avoir pillé ſon Temple, II. 57, 58. *aux Notes.*

Segoing, Auteur du Mercure Armorial, I. 56. *aux Notes.*

Segrais, ſes Poëſies Paſtorales, I. 324

Seguier (Pierre) Chancelier de France, ſa mort. II. 252

Seignelai (le Marquis de) Epître à lui adreſſée, I. 232

Senaut, Auteur d'un Traité des Paſſions, I. 76, 77

Seneque le Tragique, traits contre lui. I. 300

Seneque le Philoſophe, ſa Morale. I. 140

Sermons, qu'ils ont plus de force dans le Pathétique que dans le Sublime, II. 42. *aux Notes.*

Serre (la) mauvais Ecrivain, I. 38. 90. II. 121. Se flattoit de bien compoſer des éloges, I. 232. *aux Notes.*

Servien, Surintendant des Finances, mal loué par Menage. I. 238

Servitude, Ses effets ſur l'eſprit par raport aux Sciences, II. 83

Sidrac : Caractere d'un vieux Plaideur, I. 338

Siécle, Superiorité de notre Siécle ſur l'Antiquité, II. 276

Siége ſoûtenu par les Auguſtins contre le Parlement de Paris, I. 333, 334. *aux Notes.* Ballade de La Fontaine à ce ſujet, I. 334

Singuliers qui ont la force de Pluriels, II. 51

Skink, Foretereſſe confiderable ſur le Rhin, I. 194, 199

Socrate, Son amour pour la juſtice, I. 141. Aimoit Alcibiade, I. 157. Sa vertu ſoupçonnée, *aux Notes. ibid.* juſtifiée. *ibid.* Joué dans les Comédies d'Ariſtophane, I. 309. II. 410. *aux Notes.*

Sonnet : caractere & règles de ce genre de Poëſie, I. 285. Par qui inventé, *ibid. aux Notes.* Combien il eſt difficile d'y réuſſir, I. 286. Sonnets ſur la belle Matineuſe, *ibid. aux Notes.* Deux Sonnets de Boileau, ſur la mort d'une Parente, I. 397, 398

Sonnetes, les Anciens avoient accoûtumé d'en mettre aux harnois de leurs chevaux dans les occaſions extraordinaires, II. 52. *aux Notes.*

Sophiſte, ſignification differente de ce mot parmi les Grecs & parmi nous, II. 10. *aux Notes.*

Sophocle, Poëte Grec, a perfectionné la Tragédie, I. 295. Mot de Sophocle, II. 7. Il excelle à peindre les choſes, II. 39, 51. Préference qu'il mérite nonobſtant quelques défauts, II. 65. Excellence de ſes Ouvrages, II. 119

Soubize, ſe ſignale au paſſage du Rhin, II. 424

Souhait (du) mauvais Poëte, I. 316

Souvré, les repas du Commandeur de Souvré, I. 27. *aux Notes.*

Sparte, cette ville étoit ſans murailles, II. 12. *aux Notes.*

Stace, critiqué, I. 304. Veneration de ce Poëte pour *Virgile*, II. 278

Stagire, ville de Macédoine, II. 241

Steſichore, grand imitateur d'Homere, II. 33

Stile doit être varié, I. 272. Doit être noble, I. 273. Stile Burleſque condamné, *ibid.* Doit être proportioné au ſujet, I. 274. Doit être pur & correct, I. 277. II. 182. Caractere du ſtile déclamatoire, II. 3. *aux Notes.* Stile froid combien vicieux, II. 9. & ſuiv. Origine du Stile froid, II. 13. Il eſt dangereux de trop couper ſon Stile, II. 80. Stile figuré des Aſiatiques depuis quand en vogue, II. 114. Stile enflé, Voiez *Enflure.*

Sublime. Ce que c'eſt dans le ſens de Longin & ſa difference d'avec le ſtile ſublime, II. VI, 136. Exemple tiré du commencement de la Geneſe, *ibid.* Critique de cet exemple, II. 155. & ſuiv. 184. & ſuiv. Autres exemples tirez de l'Horace & de la Medée de Corneille, II. VII. 140. & 141. Avantages & effets du Sublime, II. 3, 4, 14. *aux Notes.* Défauts qui lui ſont oppoſez, II. 4. & ſuiv. Moïens pour le réconnoître & pour en bien juger, II. 14. & ſuiv. & *aux Notes.* Quel eſt le propre du Sublime, II. 15, 153. Quelles en ſont les principales ſour-

ces,

DES MATIERES.

ces, II. 16. L'approbation universelle, preuve certaine du Sublime, II. 15. 151. Préference dûe au Sublime, quoiqu'il ne se soûtienne pas également, II. 65. Pourquoi si peu d'Ecrivains y parviennent, II. 82. Il devient hors de son lieu une grande puerilité, II. 91. Ce qui fait le Sublime, II. 135, 142, 143. Quatre sortes de Sublime, II. 144, 169. Définition du Sublime, II. 153

Sumen, ou, le ventre de la truïe, étoit défendu parmi les Romains, comme étant trop voluptueux, II. 116

Superstitions, sur treize personnes à table, & sur un Corbeau aperçu dans l'air, I. 84

Suze (Mad. la Comtesse de la) beauté de ses Elégies, II. 276

Syros, situation de cette Ile, selon le vrai sens d'Homére, II. 100

T.

TAbarin, bouffon grossier, I. 272, 273. Voïez aussi, II. 112

Tableau, Comparaison du Sublime & du Pathétique d'un Discours avec le coloris d'un Tableau, II. 45

Tablettes, de cyprès, comment appelées, II. 12. & *aux Notes.*

Tacite, fait allusion à un passage de Demosthene, II. 45. *aux Notes.*

Talens sont partagez, I. 270

Tallemant, Traducteur de Plutarque, I. 224. Il débite une fausse avanture contre Boileau, *ibid. aux Notes.*

Tardieu, Lieutenant Criminel, fort avare, I. 75, 116. Sa mort & celle de sa Femme, I. 119. II. 208, 209. *aux Notes.* Equipage de sa Femme entrant aux Enfers, II. 209

Tardieu (Pierre) Sieur de Gaillerbois, frere du Lieutenant Criminel, Chanoine de la Sainte-Chapelle, I. 372. & *aux Notes.*

Le Tasse: son clinquant préféré à l'or de Virgile, I. 95. Sa Jerusalem délivrée, I. 96. *aux Notes.* & 302. Jugement de Mr. Perrault sur ce Poëte, II. 97

Tassoni: Poëte Italien, son Poëme de la *Secchia rapita*, I. 329, 358. Traduction Françoise de ce Poëme, II. 91. *aux Notes.*

Tavernier, célèbre Voïageur, I. 423

Tempête, description d'une Tempête, II. 27, 28

Tems, effets merveilleux du changement de tems dans le Discours, II. 53

Tendre: Carte du Roïaume de Tendre, I. 112. II. 220. Il y a de trois sortes de Tendre, II. 220

Tenèbres, comment la Déesse des Ténèbres est dépeinte par Hesiode, II. 19. Si ce n'est pas plûtôt la Tristesse, *ibid. aux Notes.*

Terence, Poëte, I. 312. II. 246. Ses Comédies traduites en François, II. 323

Terentianus (Posthumius) à qui Longin a dedié son Traité du Sublime, II. 1. & *aux Notes.*

Terte (du) voleur de grand chemin, I. 140

Thalès, fameux Philosophe Naturaliste, mettoit l'Eau pour principe des choses, II. 121. & *aux Notes.*

Théano, fille de Pythagore, II. 225

Théatre François, son origine, I. 296. On y representoit nos mysteres, *ibid. aux Notes.*

Thémis: plainte portée à Thémis par la Piété, I. 377. Réponse de Thémis à cette plainte, I. 379

Théocrite: éloge de ses Idylles, I. 283. Son caractere, II. 64, 65. *aux Notes.*

Theodore, comment il apèle le défaut opposé au Grand qui regarde le Pathétique, II. 9

Theodoret, passage de cet Auteur, II. 4. *aux Notes.*

Théophile, Poëte François, qui a peu de justesse, I. 37. Il s'est moqué des mauvais imitateurs de Malherbe, I. 172. *aux Notes.*

Théopompus, blâmé mal à propos par Cecilius, II. 59. Emploïe des termes trop bas, II. 80

Thespis, Poëte Grec, inventeur de la Tragédie, I. 295

Tholus, (ou plûtôt *Tolhuys*) ce que c'est, I. 192, 193

Thomistes, Disciples de Saint Thomas, I. 82, 83. *aux Notes.*

Thomyris, Reine des Massagètes, I. 298. II. 215. Amoureuse de Cyrus, II. 216

Thucydide, caractere de ses Ouvrages, II. 49, 50, 53, 72, 73

Tibulle: éloge de ce Poëte, I. 284

Tilladet (l'Abbé) critiqué par l'Abbé Renaudot, I. 132. Sa Défense, II. 175. & *suiv.*

Timée, ses défauts, II. 9. & *suiv.*

Tisiphone, beau Portrait de cette Furie, II. 228

Titreville, Poëte très-obscur, I. 67. *aux Notes.*

Titus: parole mémorable de cet Empereur, I. 176. *aux Notes.*

Tollius, a donné au Public une Edition de Longin avec des Notes très-savantes, II. VI. *aux Notes.* Repris, II. 12, 30. *aux Notes.* A confondu le Style Sublime avec la chose même, II. 162

Touchet (René & François) Voleurs qui assassinerent le Lieutenant Criminel & sa Femme, leur supplice, I. 119. *aux Notes.*

Traductions, differences des Traductions qui se font de Grec en Latin, d'avec les Traductions en Langue vulgaire, II. v. Ne menent point à l'immortalité, II. 318. Elles font connoître parfaitement un Auteur, II. 319

Tragédie: caractere & règles de ce genre de Poëme, I. 292. & *suiv.* Passions qu'elle doit exciter, *ibid.* Son Origine, I. 295. Ne peut souffrir un Stile enflé, II. 6, 7. Les Poëtes Tragiques modernes sont superieurs aux Latins, II. 276

Transitions sont difficiles dans les Ouvrages d'esprit, I. 136. Transitions imprevues, leur effet dans le Discours, II. 54. & *suiv.* Veritable lieu d'user de cette figure, II. 55

Transposition de pensées ou de paroles, beauté de cette figure, II. 48

Travail, necéssaire à l'Homme, I. 254, 255

Treize, nombre de mauvaise augure, I. 84

Trevoux: Journal qu'on imprime dans cette ville, I. 168, 169. Démêlé de Boileau avec les Auteurs de ce Journal, *ibid.* Epigramme aux mêmes, I. 412. Leur réponse, I. 413. Réplique, aux

TABLE

est la plus belle Satire de Boileau, I. 87. *aux Notes*. Utilité de la Satire, I. 100. Caractere de ce genre de Poësie, I. 288. Auteurs qui y ont excellé, I. 288, 289. II. 246. *& suiv*. L'Auteur loué d'avoir purgé ce genre de Poësie de la saleté qui, jusques à son tems, lui avoit été comme affectée, I. 330. II. 418

Saturne: si cette Planete fait une parallaxe à nos yeux, I. 203. *aux Notes*.

Savante: portrait d'une Femme Savante, I. 123

Saumaise, Auteur célèbre: Sa facilité à écrire, I. 24. *aux Notes*. Savant Critique & Commentateur, I. 96. Cité, II. 38. *aux Notes*.

Savoiard, fameux Chantre du Pont neuf, I. 91. Une de ses Chansons, I. 418. II. 218. *aux Notes*.

Savot (Louis) Medecin du Roi, néglige sa profession pour s'attacher à la science des Bâtimens, II. 266. *aux Notes*.

Sauval, Auteur d'une Histoire de Paris, I. 66. *aux Notes*.

Sauveur, Savant Mathématicien, I. 122

Scaliger (Jules) mépris que lui attira la Critique d'Homere, II. 131, 132. Méprise de Boileau sur cet Auteur, *ibid*.

Scarron, critiqué, I. 273, 274. Cité, II. 261. *aux Notes*.

Scipion, ami de Lucilius, II. 246

Scot, surnommé le Docteur subtil, son veritable nom, II. 243. *aux Notes*.

Scotistes, Disciples de Scot, I. 83. *aux Notes*.

Scuderi, de l'Académie Françoise, Auteur d'un grand nombre d'Ouvrages, I. 24. Lettres de sa Veuve au Comte de Bussi Rabutin, I. 73. *aux Notes*. Ce que Scuderi disoit pour s'excuser de ce qu'il composoit vite, I. 278. *aux Notes*. Son Poëme d'Alaric, I. 305. II. 91

Scuderi, Sœur de l'Auteur du même nom, Auteur du Roman de Clélie, I. 111. II. 204, 205. 217. *& suiv*. Son portrait, II. 228. Il y a dans ce Roman une peinture avantageuse du Port-Roïal, II. 323

Scythes, maladie dont Vénus les affligea pour avoir pillé son Temple, II. 5, 58. *aux Notes*.

Segoing, Auteur du Mercure Armorial, I. 56. *aux Notes*.

Segrais, ses Poësies Pastorales, I. 324

Seguier (Pierre) Chancelier de France, sa mort. II. 252

Seignelai (le Marquis de) Epître à lui adressée, I. 232

Senaut, Auteur d'un Traité des Passions, I. 76, 77

Seneque le Tragique, traits contre lui. I. 300

Seneque le Philosophe, sa Morale. I. 140

Sermens, qu'ils ont plus de force dans le Pathétique & pour le Sublime, II. 42. *aux Notes*.

Serre (la) mauvais Ecrivain, I. 38. 90. II. 121. Se flattoit de bien composer des éloges, I. 232. *aux Notes*.

Servien, Surintendant des Finances, mal loué par Menage. I. 238

Servitude, Ses effets sur l'esprit par raport aux Sciences, II. 83

Sidrac: Caractere d'un vieux Plaideur, I. 338

Siécle, Superiorité de notre Siécle sur l'Antiquité, II. 276

Siége soûtenu par les Augustins contre le Parlement de Paris, I. 333, 334. *aux Notes*. Ballade de La Fontaine à ce sujet, I. 334

Singuliers qui ont la force de Pluriels. II. 51

Skink, Forteresse considerable sur le Rhin, I. 194, 199

Socrate, Son amour pour la justice, I. 141. Aimoit Alcibiade, I. 157. Sa vertu soupçonnée, *aux Notes*. *ibid*. justifiée. *ibid*. Joué dans les Comédies d'Aristophane, I. 309. II. 416. *aux Notes*.

Sonnet: caractere & regles de ce genre de Poësie, I. 285. Par qui inventé, *ibid*. *aux Notes*. Combien il est difficile d'y réussir, I. 286. Sonnets sur la belle Matineuse, *ibid*. *aux Notes*. Deux Sonnets de Boileau, sur la mort d'une Parente, I. 397, 398

Sonnetes, les Anciens avoient accoûtumé d'en mettre aux harnois de leurs chevaux dans les occasions extraordinaires, II. 52. *aux Notes*.

Sophiste, signification differente de ce mot parmi les Grecs & parmi nous, II. 10. *aux Notes*.

Sophocle, Poëte Grec, a perfectionné la Tragédie, I. 295. Mot de Sophocle, II. 7. Il excelle à peindre les choses, II. 39, 51. Preference qu'il mérite nonobstant quelques défauts, II. 65. Excellence de ses Ouvrages, II. 119

Soubize, se signale au passage du Rhin, II. 424

Souhait (du) mauvais Poëte, I. 316

Souvré, les repas du Commandeur de Souvré, I. 27. *aux Notes*.

Sparte, cette ville étoit sans murailles, II. 12. *aux Notes*.

Stace, critiqué, I. 304. Veneration de ce Poëte pour *Virgile*, II. 278

Stagire, ville de Macédoine, II. 241

Stesichore, grand imitateur d'Homere, II. 33

Stile doit être varié, I. 272. Doit être noble, I. 273. Stile Burlesque condamné, *ibid*. Doit être proportioné au sujet, I. 274. Doit être pur & correct, I. 277. II. 182. Caractere du stile déclamatoire, II. 3. *aux Notes*. Stile froid combien vicieux, II. 9. *& suiv*. Origine du Stile froid, II. 13. Il est dangereux de trop couper son Stile, II. 80. Stile figuré des Asiatiques depuis quand en vogue, II. 114. Stile enflé, Voïez *Enflure*.

Sublime, Ce que c'est dans le sens de Longin & sa difference d'avec le stile sublime, II. VI, 136. Exemple tiré du commencement de la Genese, *ibid*. Critique de cet exemple, II. 155. *& suiv*. 184. *& suiv*. Autres exemples tirez de l'Horace & de la Medée de Corneille, II. VII. 140. *& 141*. Avantages & effets du Sublime, II. 3, 4, 14. *aux Notes*. Défauts qui lui sont opposez, II. 4. *& suiv*. Moïens pour le reconnoître & pour en bien juger, II. 14. *& suiv*. & *aux Notes*. Quel est le propre du Sublime, II. 151, 153. Quelles en sont les principales sources,

DES MATIERES.

ces, II. 16. L'approbation universelle, preuve certaine du Sublime, II. 15. 151. Préférence dûe au Sublime, quoiqu'il ne se soûtienne pas également, II. 65. Pourquoi si peu d'Ecrivains y parviennent, II. 82. Il devient hors de son lieu une grande puerilité, II. 91. Ce qui fait le Sublime, II. 139, 142, 143. Quatre sortes de Sublime, II. 144, 169. Définition du Sublime, II. 153

Sumen, ou, le ventre de la truïe, étoit défendu parmi les Romains, comme étant trop voluptueux, II. 116

Superstitions, sur treize personnes à table, & sur un Corbeau aperçu dans l'air, I. 84

Suze (Mad. la Comtesse de la) beauté de ses Elégies, II. 276

Syros, situation de cette Ile, selon le vrai sens d'Homere, II. 100

T.

TAbarin, bouffon grossier, I. 272, 273. Voïez aussi, II. 112

Tableau, Comparaison du Sublime & du Pathétique d'un Discours avec le coloris d'un Tableau, II. 45

Tablettes, de cyprès, comment appelées, II. 12. *& aux Notes.*

Tacite, fait allusion à un passage de Demosthene, II. 45. *aux Notes.*

Talens sont partagez, I. 270

Tallemant, Traducteur de Plutarque, I. 224. Il débite une fausse avanture contre Boileau, *ibid. aux Notes.*

Tardieu, Lieutenant Criminel, fort avare, I. 75, 116. Sa mort & celle de sa Femme, I. 119. II. 208, 209. *aux Notes.* Equipage de sa Femme entrant aux Enfers, II. 209

Tardieu (Pierre) Sieur de Gaillerbois, frere du Lieutenant Criminel, Chanoine de la Sainte-Chapelle, I. 372. *& aux Notes.*

Le Tasse: son clinquant préféré à l'or de Virgile, I. 95. Sa Jerusalem délivrée, I. 96. *aux Notes. & 302.* Jugement de Mr. Perrault sur ce Poëte, II. 97

Tassoni: Poëte Italien, son Poëme de la *Secchia rapita*, I. 329, 358. Traduction Françoise de ce Poëme, II. 91. *aux Notes.*

Tavernier, célèbre Voïageur, I. 423

Tempête, description d'une Tempête, II. 27, 28

Tems, effets merveilleux du changement de tems dans le Discours, II. 53

Tendre: Carte du Roïaume de Tendre, I. 112. II. 220. Il y a de trois sortes de Tendre, II. 220

Tinébres, comment la Déesse des Ténébres est dépeinte par Hesiode, II. 19. Si ce n'est pas plûtôt la Tristesse, *ibid. aux Notes.*

Térence, Poëte, I. 312. II. 246. Ses Comédies traduites en François, II. 323

Terentianus (Posthumius) à qui Longin a dédié son Traité du Sublime, II. 1. *& aux Notes.*

Terte (du) voleur de grand chemin, I. 140

Thalès, fameux Philosophe Naturaliste, mettoit l'Eau pour principe des choses, II. 121. *& aux Notes.*

Théano, fille de Pythagore, II. 225

Théatre François, son origine, I. 296. On y representoit nos mysteres, *ibid. aux Notes.*

Thémis: plainte portee à Thémis par la Piété, I. 377. Réponse de Thémis à cette plainte, I. 379

Théocrite: éloge de ses Idylles, I. 283. Son caractere, II. 64, 65. *aux Notes.*

Théodore, comment il appèle le défaut opposé au Grand qui regarde le Pathétique, II. 9

Theodoret, passage de cet Auteur, II. 4. *aux Notes.*

Théophile, Poëte François, qui a peu de justesse, I. 37. Il s'est moqué des mauvais imitateurs de Malherbe, I. 172. *aux Notes.*

Théopompus, blâmé mal à propos par Cecilius, II. 59. Emploïe des termes trop bas, II. 80

Thespis, Poëte Grec, inventeur de la Tragédie, I. 295

Tholus, (ou plûtôt *Tolhuys*) ce que c'est, I. 192, 193

Thomistes, Disciples de Saint Thomas, I. 82, 83 *aux Notes.*

Thomyris, Reine des Massagètes, I. 298. II. 215. Amoureuse de Cyrus, II. 216

Thucydide, caractere de ses Ouvrages, II. 49, 50, 53, 72, 73

Tibulle: éloge de ce Poëte, I. 284

Tilladet (l'Abbé) critiqué par l'Abbé Renaudot, II. 132. Sa Défense, II. 175. *& suiv.*

Timée, ses défauts, II. 9. *& suiv.*

Tisiphone, beau Portrait de cette Furie, II. 228

Titreville, Poëte très-obscur, I. 67. *aux Notes.*

Titus: parole mémorable de cet Empereur, I. 176. *aux Notes.*

Tollius, a donné au Public une Edition de Longin avec des Notes très-savantes, II. vj. *aux Notes.* Repris, II. 12, 30. *aux Notes.* A confondu le Style Sublime avec la chose même, II. 162

Touchet (René & François) Voleurs qui assassinerent le Lieutenant Criminel & sa Femme, leur supplice, I. 119. *aux Notes.*

Traductions, differences des Traductions qui se font de Grec en Latin, d'avec les Traductions en Langue vulgaire, II. v. Ne menent point à l'immortalité, II. 318. Elles font connoître parfaitement un Auteur, II. 319

Tragédie: caractere & règles de ce genre de Poëme, I. 292. *& suiv.* Passions qu'elle doit exciter, *ibid.* Son Origine, I. 295. Ne peut souffrir un Stile enflé, II. 6, 7. Les Poëtes Tragiques modernes sont superieurs aux Latins, II. 276

Transitions sont difficiles dans les Ouvrages d'esprit, I. 126. Transitions impreveues, leur effet dans le Discours, II. 54. *& suiv.* Veritable lieu d'user de cette figure, II. 55

Transposition de pensées ou de paroles, beauté de cette figure, II. 48

Travail, nécessaire à l'Homme, I. 254, 255

Treize, nombre de mauvaise augure, I. 84

Trevoux: Journal qu'on imprime dans cette ville, I. 168, 169. Démêlé de Boileau avec les Auteurs de ce Journal, *ibid.* Epigramme aux mêmes, I. 412. Leur réponse, I. 413. Réplique aux

TABLE DES MATIERES.

aux mêmes, I. 414
Triſtan l'Hermite, Epigramme ſur lui, I. 10. *aux Notes.*
Troiſville (Henri Joſeph de Peyre, Comte de) quitte la profeſſion des armes & s'attache à l'étude où il fait de grans progrès, II. 275. *aux Notes.* Avoit l'eſprit d'une juſteſſe merveilleuſe. *ibid.*
Turenne, gagne la bataille de Turkein contre les Allemans, I. 233. Sa mort, I. 227
Turlupin & *Turlupinade*, I. 288. Leur origine, *ibid. aux Notes.*
Turpin, Hiſtorien fabuleux des actions de Charlemagne, II. 425. *aux Notes.*

V. & U.

Val (du) Docteur de Sorbonne, I. 262
Valencienne: priſe de cette ville, I. 214
Valincour (de) Epître qui lui eſt adreſſée, I. 137
Valois (Adrien) repris au ſujet de S. Pavin, I. 18. *aux Notes.*
Varillas, célèbre Hiſtorien, I. 126. *aux Notes.*
Vau (Louis le) premier Architecte du Roi, II. 90, 266. *aux Notes.*
Vaudeville: caractère du Vaudeville, I. 290. Les François y excellens, *ibid.*
Vaugelas, merite de cet Ecrivain, II. 87
Vautours appelez des ſepulchres animez, II. 7
Vayer (le) Abbé, Auteur de quelques Ouvrages, I. 43. *aux Notes.* Etoit ami de Boileau & de Moliere, *ibid.* Fait une gageure conſiderable, I. 353. *aux Notes.*
Vendôme, ſuit le Roi au paſſage du Rhin, I. 196
Ventre de certains animaux étoit un des plus délicieux mets des Anciens, II. 116
Venus, quelle maladie eſt ce que cette Déeſſe envoïa aux Scythes, II. 57, 58. *aux Notes.*
Verdure, comment appelée, II. 13. *aux Notes.*
Verney (du) Medecin Anatomiſte, II. 124
Verres de fougère, I. 350. *aux Notes.*
Verrier (le) Lettre qui lui eſt adreſſée, II. 301. Sa Plainte contre les Tuileries, II. 303
Vers, il eſt comme impoſſible qu'il n'en échape dans la Proſe, II. 27. *aux Notes.* Vers écrits comme ſi c'étoit de la Proſe, II. 318
Verſification, écueil de la Verſification Françoiſe, II. 317
Vertu. La Vertu eſt la marque certaine d'un cœur noble, I. 53. Vertus appelées du nom de Vices, I. 155. La ſeule Vertu peut ſouffrir la clarté, I. 237. Decadence & corruption qui ſuit l'oubli du ſoin de la Vertu, II. 85
Veſel, priſe de cette Ville, I. 192, 193
Vida, Poëte célèbre, II. 415. *aux Notes.* Boileau n'avoit jamais lû l'Art Poëtique de ce Poëte, *ibid. au Texte.*
Villandri, connoiſſeur en bon vin, I. 27
Villon, ancien Poëte François, I. 38. *aux Notes.* 275
Virgile: éloge de ſes Eglogues, I. 283. Eloge de

ſon Enéide, I. 305. Critique mal-à-propos, I. 308. *aux Notes.* Son éloge, II. 117. Tout ſage que ſoit ce Poëte, il ne laiſſe pas de mordre quelquefois, II. 249
Vitruve, Architecte, II. 277. Jugement ſur la Traduction de cet Auteur, II. 105, 106. Quand eſt-ce qu'elle parut, II. 266. *aux Notes.*
Vivonne, Maréchal Duc: ſuit le Roi au paſſage du Rhin, I. 196. Lettres à ce Maréchal ſur ſon entrée dans le Fáre de Meſſine, II. 259. *& ſuiv.* Etoit fertile en Bons Mots, II. 262, 263. *aux Notes.* Lettre à ce Maréchal qui n'avoit jamais été imprimée, II. 265. *& ſuiv.*
Ulyſſe, s'attachant à une branche de figuier, II. 115
Univerſité de Paris, I. 80, 85. *aux Notes.* Voïez auſſi, II. 241. *aux Notes.*
Voiture, célèbre Ecrivain, I. 39. *aux Notes, &* 88. Aimoit les jeux de mots, & les proverbes, I. 153. Son Sonnet d'Uranie, I. 284. *aux Notes.* Rit aux dépens de Neuf-Germain, II. 249. Lettre dans ſon ſtile, II. 262. *& ſuiv.* Avoit ſept Maîtreſſes & les ſervoit toutes ſept à la fois, *ibid.* Beauté de ſes Elégies, II. 276
Volupté, c'eſt l'amorce de tous les malheurs qui arrivent aux hommes, II. 61. Il n'y a point de vice plus infame, II. 84
Vopiſcus, (Flavius) ce qu'il dit touchant la mort de Longin, II. IV
Vrai: éloge du vrai, & de la verité, I. 138, 142. Le vrai ſeul eſt aimable, I. 232. *& ſuiv.*
Urfé (Honoré d') Auteur du Roman d'Aſtrée, II 203
Uſurier, qui prête au denier cinq, I. 80
Vuide, ſentimens differens des Philoſophes ſur le Vuide, I. 204

W.

Wageningen, priſe de cette Ville. I. 191
Wurts, Général des Hollandois, I. 199

X.

Xenophon, critiqué, II. 11. Traits excellens de cet Auteur, II. 53, 57, 61
Xerxès, appelé le Jupiter des Perſes, II. 7. Châtie la Mer, II. 260

Y.

Yeux, il n'y a point d'endroit ſur nous où l'impudence éclate plus que dans les yeux, II. 11. Ceux d'autrui voient plus loin que nous dans nos défauts. II. 88

Z.

Zenobie, Réine des Palmyreniens, eſtime qu'elle faiſoit de Longin, II. 111. Sa Réponſe à l'Empereur Aurélian, II. IV. Quelles en furent les ſuites, *ibid.*
Zénodote, fameux Grammairien, II. 96. *aux Notes.*
Zoïle, Succès de la liberté qu'il ſe donna de critiquer les plus grands hommes de l'Antiquité, II. 105. Son origine, II. 107. Depuis lui tous les envieux ont été appelez du nom de Zoïles, *ibid.*
Zoſime, Hiſtorien Grec, II. IV
Zutphen, priſe de cette Ville, I. 191

FIN DE LA TABLE DES MATIERES.

www.ingramcontent.com/pod-product-compliance
Lightning Source LLC
Chambersburg PA
CBHW070214240426
43671CB00007B/648